L'INSURRECTION

DE LA

GRANDE KABYLIE

EN 1871

Par le Colonel **ROBIN**

ANCIEN DIRECTEUR DES AFFAIRES ARABES DE LA DIVISION D'ALGER

MEMBRE RÉSIDANT DE L'ACADÉMIE DE NIMES

PARIS
Henri CHARLES-LAVAUZELLE
Éditeur militaire
10, Rue Danton, Boulevard Saint-Germain, 118
—
(MÊME MAISON A LIMOGES)

OUVRAGES DU MÊME AUTEUR

Histoire du chérif Bou-Bar'la, 1 volume in-8° raisin.

Le Mzab et son annexion à la France, brochure in-8° raisin.

Soumission des Beni-Yala et opérations du colonel Canrobert en juillet 1849, brochure in-8° raisin.

Notes et documents concernant l'insurrection de la Kabylie en 1856 et 1857, 1 volume in-8° raisin.

CHAPITRE PREMIER

Objet de ce livre. — Situation de la subdivision de Dellys au moment de la guerre contre la Prusse.— Fonctionnement des institutions kabyles.— Organisation du commandement indigène, élections, sofs. — Impôts. — Juridiction des djemaas. — Justice répressive. — Organisation communale, commune subdivisionnaire de Dellys. — Travaux publics. — Instruction publique. — École des arts et métiers. — Colonisation, villages créés. — Communes mixtes. — Situation matérielle. — Situation politique. — Prosélytisme religieux chrétien. — Développement de la confrérie des rahmania. — Chikh-el-Haddad. — Si ben Ali Chérif, bach agha de Chellata; appréciation sur ce chef indigène. — L'agitateur Bou-Bekeur-ben-Khadouma.

Je n'ai pas l'intention de refaire l'histoire de l'insurrection de l'Algérie après l'œuvre magistrale du commandant Rinn (1); je veux seulement, en limitant mon étude à une portion restreinte du théâtre de cette formidable levée de boucliers, donner certains détails qui n'ont pu trouver place dans une histoire d'ensemble où ils auraient alourdi le récit.

Je m'occuperai plus particulièrement de la Grande Kabylie, de la subdivision de Dellys, mais je parlerai aussi des faits insurrectionnels qui se sont produits dans la subdivision d'Aumale et dans l'annexe d'Alger (2), faits qui ont une trop grande connexité avec les événements de la Grande Kabylie pour qu'on puisse les en séparer.

Je vais d'abord donner un aperçu de la situation de la subdivision de Dellys au moment de l'insurrection et exposer comment ont fonctionné les institutions kabyles dans l'organisation qui a été donnée au pays par le maréchal Randon, après l'expédition de 1857. Il est intéressant de noter ce qu'a

---

(1) *Histoire de l'insurrection de 1871 en Algérie*, par Louis Rinn, conseiller du gouvernement de l'Algérie.
(2) Voir, aux annexes, le tableau d'organisation de ces territoires.

donné à l'usage cette organisation spéciale, aujourd'hui abandonnée, qu'on avait cherché à adapter aux coutumes kabyles; elle n'était pas tout à fait conforme à l'ancienne constitution de la Kabylie, que nous ne connaissions encore qu'imparfaitement en 1857 et qu'on n'avait pas jugée applicable dans son intégrité, mais elle s'en rapprochait dans ses parties essentielles.

ORGANISATION DU COMMANDEMENT, ÉLECTIONS. — Dans l'ancienne coutume (1), chaque village ou chaque toufik (groupe de villages formant une unité communale) constituait une petite république indépendante, qui faisait elle-même ses lois et règlements et les appliquait sans aucune intervention étrangère; la djemaa, ou assemblée de tous les hommes du village ou du toufik, réunissait tous les pouvoirs. Le président de la djemaa, qui était l'amin, était choisi par cette assemblée, mais l'élection se faisait d'un commun accord sans qu'on eût recours à un vote. Les pouvoirs de l'amin avaient une durée indéterminée et on ne le remplaçait que lorsqu'il avait cessé d'être en communauté d'idées avec la djemaa.

Les tribus, composées d'un certain nombre de villages solidarisés par leur situation topographique et ayant des intérêts communs, ne se donnaient un chef, amin el arch ou amin el oumena, que lorsqu'elles étaient engagées dans une guerre de tribu à tribu ou contre nous, pour grouper toutes les forces, régler le service des contingents et répartir les charges qui résultaient de l'état de guerre. En temps de paix, les intérêts communs des villages formant la tribu étaient débattus dans des assemblées de délégués des djemaas.

Dans l'organisation que nous avons appliquée à la Kabylie, les amins furent nommés dans chaque village au suffrage universel à la majorité des voix; on donna des amins el oumena à toutes les tribus et ces chefs indigènes furent élus, au 2ᵉ degré, par les suffrages des amins de leur tribu.

---

(1) Voir, pour les coutumes kabyles, l'excellent ouvrage du général Hanoteau et du conseiller Letourneux, ayant pour titre : *La Kabylie et les coutumes kabyles.*

Les amins el oumena étaient divisés en trois classes suivant l'importance des tribus et ils recevaient, sur le budget de l'Algérie, un traitement annuel de 1.000 francs pour la 1re classe, de 700 francs pour la 2e et de 500 francs pour la 3e classe.

Dans le principe, les élections avaient lieu tous les ans au mois de décembre et les nouveaux élus entraient en fonctions à partir du 1er janvier ; mais, plus tard, pour diminuer l'agitation que faisaient naître dans les populations kabyles les intrigues des partis pendant la période électorale, on a cherché à rendre les élections triennales avec le consentement des populations intéressées. Les djemaas ont été appelées à opter entre les élections annuelles et les élections triennales et, lorsque dans une tribu la majorité des djemaas avaient les élections triennales, l'amin el oumena était aussi nommé pour trois ans. La plupart des djemaas ont préféré renouveler leurs amins tous les ans.

Pour être valables, les élections devaient être approuvées par l'autorité supérieure ; mais celle-ci faisait bien rarement usage de son droit de veto et seulement lorsque les élus se trouvaient être des repris de justice ou des chefs indigènes révoqués.

Voyons comment se faisaient les élections. Tous les hommes figurant sur les listes d'impôts étaient électeurs. Dans les tribus kabyles de la subdivision de Dellys, l'impôt unique était une taxe de capitation qui frappait tous les hommes ayant atteint l'âge du jeûne ; dans l'annexe des Beni-Mançour (1) il n'y avait pas d'impôt de capitation, on y payait l'achour et le zekkat comme dans les tribus arabes.

Dans la plupart des cas, les djemaas choisissaient leur amin d'un commun accord, ou plutôt, le sof de l'opposition, reconnaissant son infériorité notoire, acceptait de bon gré le candidat du sof le plus nombreux ; lorsqu'il en était ainsi, les noms des élus étaient simplement inscrits au bureau arabe. Lorsque

---

(1) Le régime kabyle avait été étendu à toutes les tribus de l'annexe des Beni Mançour, lesquelles étaient d'origine kabyle.

dans un toufik les deux partis aspirant au pouvoir étaient à peu près égaux et n'avaient pu s'entendre, les électeurs étaient convoqués au chef-lieu du cercle, si les tribus n'en étaient pas trop éloignées ; dans le cas contraire, des officiers du bureau arabe étaient envoyés pour faire procéder au vote sur place.

Les électeurs devaient se présenter sans armes et même sans bâtons, les deux partis se rangeaient sur deux lignes parallèles sur un terrain autant que possible dépourvu de pierres et on les faisait asseoir sur leurs talons à la manière arabe; les agents du makhezen veillaient à ce que personne ne se levât jusqu'à la fin des opérations. Ces précautions étaient nécessaires pour empêcher les sofs d'en venir aux mains lorsqu'une contestation survenait sur l'identité des électeurs. L'appel était fait au moyen des listes de capitation et les individus ne figurant pas sur ces listes étaient exclus. Il suffisait alors de compter les sofs pour constater lequel avait la majorité.

Pendant la période électorale il y avait souvent des rixes sanglantes dans les villages, chaque sof cherchant par tous les moyens et au besoin par la violence à rallier à lui les gens de l'autre sof; malgré toutes les précautions qu'on pouvait prendre, il est arrivé plus d'une fois que ces conflits se sont produits même en présence des officiers appelés à faire procéder aux élections.

Les amins une fois nommés, il fallait constituer les djemaas. Suivant les anciennes coutumes, tous les hommes d'un toufik faisaient partie de droit de la djemaa, mais la pratique ne tarda pas à nous forcer à instituer des djemaas restreintes. La djemaa avait à exercer des pouvoirs administratifs et judiciaires et on lui faisait rédiger les procès-verbaux, contrats et jugements qui étaient de son ministère. On ne pouvait pas exiger que ces documents portassent les noms de tous les assistants; or, il était arrivé assez souvent que l'amin, avec les gens de son sof, avait tranché, au nom de la djemaa, et en l'absence de l'autre sof, sur des questions intéressant ce sof, avait fait prendre acte de ces décisions irrégulières et avait présenté ces actes comme des jugements de la djemaa. Pour empêcher l'exclusion de la djemaa des hommes du sof de la minorité, on fut amené à faire désigner, dans chaque kharouba (groupe de familles ayant un ancêtre commun), un daman (répondant) sorte d'adjoint pour la kharouba et un akeul (sage, homme de jugement), et on exigeait que ces gens fussent présents à toutes les délibérations et que leurs noms fussent portés dans les actes. Tous les hommes du village pouvaient toujours assister aux séances de la djemaa, mais la présence des damans et akeuls était obligatoire sauf empêchement légitime.

La djemaa du village se complétait par un oukil, comptable chargé du recouvrement et de la conservation des deniers communaux, et par un khodja ou secrétaire qui remplissait en même temps les fonctions d'iman pour le culte.

Au moment des élections, l'amin une fois nommé, on prenait comme oukil de la djemaa le chef du parti de la minorité; puis, dans chaque kharouba, l'amin désignait le daman et l'oukil l'akeul. Le khodja était au choix de l'amin.

L'élection des amins étant terminée et les djemaas constituées, les amins élus étaient convoqués chez le commandant du cercle et on procédait, pour chaque tribu, à l'élection de l'amin el oumena.

La nomination des amins par la voie de l'élection et leur renouvellement périodique présentaient de sérieux avantages. Si ces chefs indigènes avaient été nommés par l'autorité française pour un temps indéterminé, ils auraient été pris naturellement parmi les gens les plus influents et disposant du sof le plus nombreux et, au moins dans le principe, ils n'auraient pas eu besoin de notre appui pour exercer leurs fonctions; mais, au bout de quelque temps, à part quelques hommes sages qui seraient restés dans le droit chemin, beaucoup d'amins se seraient laissés aller à abuser de leurs pouvoirs si complexes, si étendus et si dangereux, et ils auraient vu se former contre eux une opposition de plus en plus compacte qui nous aurait créé des embarras incessants. On ne peut pas contenter tout le monde, et les amins qui auraient bien fait leur devoir n'auraient pas toujours échappé pour cela aux manœuvres des ambitieux aspirant à les remplacer, qui auraient ameuté contre eux les mécontents.

La nécessité d'appuyer les amins, tant qu'il n'aurait pas été bien prouvé qu'ils étaient des prévaricateurs, aurait usé notre autorité dans des détails de maigre importance et nous aurait laissé la responsabilité morale des injustices qu'ils auraient pu commettre à notre insu.

Avec des amins élus, on était certain d'avoir toujours des hommes soutenus par le sof le plus fort, et l'autorité française n'avait plus la responsabilité morale dont je viens de parler ; si les amins mécontentaient leurs administrés, ceux-ci n'avaient qu'à s'en prendre à eux-mêmes de leur mauvais choix et ils n'avaient qu'à ne plus les réélire au bout de l'année. Il est à considérer aussi que les Kabyles sont possédés de l'esprit d'intrigue ; il faut que les sofs agissent toujours, c'est un besoin pour eux ; les élections périodiques étaient un aliment à l'activité des sofs, c'était un dérivatif qui les détournait de conspirer contre nous.

Les sofs avaient le plus grand intérêt à arriver au pouvoir et il est facile de le comprendre. Les attributions des djemaas étaient très nombreuses et très importantes ; ces assemblées préparaient les listes de capitation, prononçaient des amendes de police pour réprimer les contraventions et certains délits, elles recevaient les contrats et jugeaient tous les procès civils sans limite de compétence.

Pour l'impôt de capitation, les contribuables étaient divisés en quatre classes : la 1re classe payait 15 francs par tête ; la 2e, 10 francs ; la 3e, 5 francs, et la 4e, composée des indigents, ne payait rien. La djemaa était chargée de dresser les listes de recensement et de classer les contribuables ; or, comme il était naturel de s'y attendre, les partisans de l'amin étaient classés de préférence dans les catégories inférieures et les cotes les plus fortes revenaient aux gens du parti de la minorité. Les réclamations étaient écoutées par les officiers des bureaux arabes qui arrêtaient définitivement les listes ; mais on comprend combien il était difficile de constater le bien fondé de ces réclamations, d'apprécier la situation de fortune relative des réclamants, on ne pouvait que réformer les injustices les plus criantes et le reste passait tel quel.

Pour les amendes de police, les partisans de l'amin avaient des immunités particulières ; enfin, lorsqu'on avait un procès en instance, il faisait bon, pour avoir gain de cause, d'appartenir au sof le plus fort. Il fallait donc, à tout prix, l'emporter aux élections, aussi les luttes électorales étaient-elles acharnées; elles n'avaient pas lieu seulement au moment des élections, on peut dire qu'elles duraient toute l'année dans les villages où les sofs étaient à peu près égaux ; les djemaas ne pouvaient y prendre une décision sans que le sof de la minorité allât porter ses réclamations à l'autorité française.

Cet état d'agitation perpétuelle n'existait pas à un degré aussi intense avant la conquête ; pour vider les différends graves on se battait, et le sof le plus faible était obligé de se soumettre ou de s'exiler ; comme nous ne pouvions pas autoriser ces recours aux armes, les minorités n'ayant plus rien de grave à redouter pouvaient s'en donner à cœur joie.

Quoi qu'il en soit, toutes ces luttes stériles pour arriver au pouvoir jetaient un grand malaise dans la population et beaucoup de gens sensés auraient volontiers renoncé à l'avantage de choisir eux-mêmes leurs chefs pour recouvrer la paix et la tranquillité.

Il faut bien observer néanmoins, pour ne pas prendre une trop mauvaise opinion de l'ordre de choses établi, que les luttes intestines que je viens de signaler n'existaient que dans un nombre assez restreint de toufiks et que, dans la plupart, les choses se passaient avec beaucoup d'entente et sans qu'on vît se produire de réclamations sérieuses.

Mais, s'il était excellent de faire nommer les amins à l'élection, il n'en était plus de même pour ce qui regardait les amins el oumena. Le maréchal Randon avait eu tant de difficultés à propos des caïds qu'il avait nommés en décembre 1854 dans les Beni-Raten (1), qu'il n'avait plus voulu nommer directe-

---

(1) Voir, dans la *Revue africaine* de 1899, l'article : *Notes et documents concernant l'insurrection de 1856-1857 de la Grande Kabylie*, par l'auteur.

ment aucun chef indigène en Kabylie et, en cela, il avait été beaucoup trop loin en appliquant cette abstention aux amins el oumena. Ces chefs indigènes étaient, en effet, les seuls représentants de l'autorité française dans les tribus, ils n'avaient pas à s'immiscer dans le fonctionnement des djemaas ; leur mission se bornait à informer le commandement des faits qui se passaient dans leur tribu et à y faire exécuter ses ordres ; ils étaient les agents de l'autorité française et il était peu logique de les faire nommer par ceux qu'ils étaient chargés de surveiller. La conséquence infaillible de cette manière de faire fut que les amins el oumena étaient beaucoup plus portés à ménager leurs subordonnés, qui étaient leurs électeurs, et à cacher leurs fautes, qu'à dénoncer les agissements contraires à l'ordre qu'ils remarquaient ; ils faisaient bien juste ce qui était nécessaire pour ne pas trop nous mécontenter et pour avoir l'air de nous servir.

Les amins servaient les intérêts des djemaas et il était naturel de les faire nommer par elles ; les amins el oumena étaient exclusivement nos agents, nous leur assurions un traitement et nous aurions dû nous réserver leur nomination.

Je dois dire, pour être juste, que malgré leur origine il y a eu parmi les amins el oumena des serviteurs dévoués.

La nomination des chefs de tribu à l'élection a encore eu, dans un autre ordre d'idées, un résultat fâcheux. Nous avions dans beaucoup de tribus, avant 1857, des caïds qui, pour la plupart, avaient rendu de bons services, qui s'étaient compromis pour nous et s'étaient fait des ennemis en exécutant nos ordres. Quelques-uns réussirent d'abord à se faire élire amins el oumena ; mais, peu à peu, ils finirent tous par être renversés du pouvoir et nous dûmes les abandonner aux représailles de leurs anciens administrés.

Nous retrouverons, au moment de l'insurrection, bon nombre de ces anciens chefs indigènes parmi nos ennemis les plus acharnés ; ils ne nous avaient pas pardonné d'avoir méconnu leurs services et de les avoir abandonnés.

JURIDICTION DES DJEMAAS. — En outre de leurs attributions

municipales, les djemaas avaient, comme il a été dit plus haut, toutes les attributions des cadis du pays arabe ; elles recevaient les contrats, dressaient les actes, jugeaient en dernier ressort tous les procès civils et pourvoyaient à l'exécution des jugements ; aucune juridiction régulière d'appel n'avait été instituée.

Les djemaas jugeaient d'après l'*ada*, c'est-à-dire d'après la coutume qui variait légèrement de tribu à tribu et même de village à village ; l'ada n'était pas écrite, elle se transmettait par tradition.

Le point capital des coutumes, ce qui tenait le plus à cœur aux Kabyles, était l'exclusion de la femme des successions. La raison de cette exclusion était que la femme en devenant propriétaire pouvait, par un mariage au dehors du village, amener l'intrusion sur le territoire de ce village d'un étranger qui serait venu rompre l'unité d'intérêts et donner peut-être naissance à des conflits et à des guerres, l'étranger en question se faisant soutenir par les siens. Ce n'était qu'après bien des guerres intestines que les Kabyles s'étaient décidés à prendre cette mesure radicale en rompant carrément avec la loi musulmane dont ils avaient également rejeté les prescriptions dans tout ce qui concernait le mariage. Les Kabyles qui méconnaissaient ainsi les préceptes du Coran étaient regardés par les bons musulmans comme de véritables schismatiques.

L'exercice du droit de *chefa* (1), poussé jusqu'à ses dernières limites, concourait également à écarter les étrangers du territoire du village ; une mesure complétait l'autre.

Au temps de l'indépendance kabyle, les djemaas n'étaient pas, à proprement parler, des tribunaux judiciaires ; elles étaient prises à témoin dans toutes les conventions, elles faisaient le partage des successions, recevaient les réclamations et y donnaient suite et faisaient des conciliations ; le serment

---

(1) Lorsqu'un Kabyle vend un immeuble, il peut être repris par droit de *chefa* ou de préférence moyennant la restitution du prix d'achat, d'abord par le co-propriétaire, puis par les parents du vendeur dans l'ordre de successibilité, puis par les gens de la kharouba, enfin par les gens du village. Le droit de chefa s'étendait même quelquefois aux gens de la tribu.

déféré soit aux parties, soit aux témoins, soit à certains parents des parties et prononcé sur le tombeau d'un saint marabout réputé pour sa sévérité à l'égard des parjures, était le grand moyen employé pour régler les différends. Mais lorsqu'il y avait un procès litigieux nécessitant les lumières d'un jurisconsulte, les parties avaient recours, d'un commun accord, à des marabouts réputés pour leur science et leur intégrité qui jugeaient comme arbitres. Lorsque les intéressés ne pouvaient s'entendre sur le choix des arbitres, la djemaa en désignait un ou plusieurs d'office; son rôle se bornait alors à faire exécuter les jugements rendus. Dans les titres anciens possédés par les Kabyles, on ne trouve pas d'autres jugements que ceux rendus de cette manière.

Lorsqu'on en arrivait à la mise à exécution des jugements d'arbitres, on voyait souvent naître de nouvelles difficultés, la partie qui n'avait pas eu gain de cause cherchant à s'y soustraire par toutes sortes d'échappatoires, et il fallait être appuyé par un sof sérieux pour obtenir satisfaction. Le règne de la justice n'était pas toujours assuré en Kabylie et la force y primait souvent le droit.

Les gens sans appui étaient obligés de prendre un oukil parmi les notables du parti au pouvoir et de lui abandonner une part souvent fort grosse de l'objet du litige. Les orphelins qui n'avaient pas de proches parents pour soutenir leurs droits risquaient fort de se voir dépouiller, quelquefois par leurs parents eux-mêmes; aussi était-il de règle, dans certaines tribus, d'attribuer à l'oukil d'orphelins un tiers de leurs biens lorsqu'ils arrivaient à leur majorité.

Comme je l'ai dit, les djemaas se sont trouvées investies par nous de droits plus étendus que ceux qu'elles avaient auparavant; nous en avions fait de véritables tribunaux et c'étaient des assemblées politiques qui jugeaient les procès entre particuliers. Se représente-t-on, même en France, un conseil municipal divisé par l'esprit de parti chargé de rendre la justice! Dans les villages où l'accord régnait, les choses se passaient encore d'une manière assez satisfaisante, mais dans ceux déchirés par l'esprit de sof, on voyait s'accomplir de nombreux dénis de justice et il se produisait des réclamations contre des jugements visiblement iniques.

Aucune juridiction d'appel n'avait été prévue, aucune ligne de conduite n'avait même été tracée par l'autorité supérieure pour permettre de donner un recours aux plaideurs lésés, et pourtant on ne pouvait laisser consommer des injustices flagrantes. Il fallut chercher des combinaisons offrant aux intéressés des garanties suffisantes d'impartialité. Les Kabyles ont des vertus sociales incontestables, mais ils ont cela de fâcheux, c'est qu'ils ne savent généralement pas résister à l'appât du lucre et il est difficile de trouver, parmi eux, des hommes inaccessibles à la corruption ; c'est ce qui rendait la recherche malaisée.

Plusieurs procédés, qui étaient dans l'esprit des anciennes coutumes, étaient employés et les officiers des affaires indigènes décidaient arbitrairement, faute de réglementation, celui à appliquer dans chaque cas particulier. Le plus fréquemment usité était le renvoi devant une djemaa tierce acceptée par les parties ; en cas de désaccord, l'un des adversaires choisissait la tribu et l'autre y désignait la djemaa.

Dans les affaires très sérieuses, on constituait des medjelès composés de notables, lettrés ou non, appartenant à diverses tribus (1); le plus souvent, pour éviter toute tentative de corruption, les parties étaient convoquées avec leurs témoins au bureau arabe, le jour du marché du chef-lieu du cercle, et les membres du medjelès étaient cueillis sur le marché même et conduits au bureau arabe où ils entraient immédiatement en séance. Un taleb faisait toujours partie du medjelès pour la rédaction du jugement. Dans d'autres cas, on invitait les parties à choisir parmi les eulama du pays un arbitre au jugement duquel ils déclaraient s'en rapporter ; un procès-verbal de la djemaa constatait cette acceptation, et le jugement de l'arbitre devenait exécutoire.

Tous les contrats passés devant la djemaa, tous les juge-

---

(1) Lorsque les djemaas étaient parties intéressées, c'était au medjelès qu'on recourait toujours.

ments rendus étaient transcrits sur un registre coté et paraphé; ce registre était présenté tous les mois au bureau arabe pour être visé; les expéditions des actes, dûment collationnées, étaient traduites sommairement en marge et recevaient, comme garantie d'authenticité, la signature et le cachet du commandant supérieur. Les djemaas n'avaient pas de cachet, non plus que les chefs indigènes.

Justice répressive. — La justice criminelle était autrefois exercée par les djemaas, mais celles-ci n'appliquaient pas d'autres peines que l'amende et le bannissement; la peine de mort par lapidation n'était prononcée que dans des cas tout à fait exceptionnels.

Le meurtre était puni par la peine du talion et l'exécuteur était le plus proche parent de la victime; cette dette de sang (*rekba*) était sacrée. Ce n'était pas seulement un droit que de tuer le meurtrier ou un membre de sa famille, c'était un devoir et celui qui ne remplissait pas ce devoir ou acceptait la *dia* (prix du sang) était déshonoré. De même, l'adultère de la femme devait être puni par la mort de celle-ci et par celle de son complice; à défaut du mari, c'était son plus proche parent qui était chargé de venger l'honneur de la famille.

Après la soumission de la Kabylie, la justice criminelle fut retirée aux djemaas qui conservèrent seulement le droit d'infliger des amendes pour punir les contraventions et certains délits comme vols simples, coups et blessures, affaires de mœurs; les amendes étaient infligées d'après le kanoun particulier à chaque village, et le produit était encaissé par l'oukil qui en était comptable. Les amendes pouvaient s'élever autrefois jusqu'à la totalité des biens des coupables et, dans ce cas, elles étaient employées en *ouzias* (distribution de viande). Ces confiscations complètes furent supprimées; on ne fixa pas de limite aux amendes que pouvaient prononcer les djemaas, mais dans la pratique elles ne dépassaient jamais 500 francs.

Les Kabyles durent, de leur côté, renoncer à la rekba, mais ils ne le firent qu'avec beaucoup de peine; il y avait pour eux une question de *nif* (amour-propre, honneur) à ne pas renoncer à ce qu'ils regardaient comme un devoir et le *nif* est un stimulant bien puissant chez ces montagnards.

Les crimes furent déférés aux conseils de guerre, et la plupart des délits, suivant décision du général commandant la division, aux commissions disciplinaires; les informations préalables étaient faites exclusivement par les officiers des bureaux arabes qui avaient qualité d'officiers de police judiciaire militaire.

L'instruction des crimes et délits n'était pas chose commode en Kabylie, surtout lorsque les questions de sof se mettaient de la partie; les Kabyles sont ordinairement de bonne foi dans les relations ordinaires de la vie, mais lorsque l'esprit de sof est en jeu, ils regardent comme un devoir de cacher les méfaits des leurs et d'accuser leurs ennemis politiques ; tout le monde ment, même les hommes les plus honorables, ou, du moins, ceux qui ne veulent pas mentir ne disent pas ce qu'ils savent, s'il peut en résulter un préjudice pour leur sof. Il arrivait assez souvent que des individus victimes d'un crime aimaient mieux, au lieu de rechercher le véritable coupable, faire leurs efforts pour faire diriger les poursuites contre leurs ennemis de sof et ils trouvaient des témoins pour appuyer leurs dires.

On comprend combien, dans de pareilles conditions, les informations judiciaires étaient difficiles et laborieuses.

Lorsque l'esprit de sof n'était pas éveillé et qu'on n'avait affaire qu'à des criminels de profession, les témoignages pouvaient être acceptés avec confiance et alors on n'avait plus à lutter que contre la réserve des inculpés qui ne cherchent pas à donner des explications où ils pourraient se faire trouver en défaut et qui se bornent à dire : « Je suis innocent, ceux qui m'accusent sont mes ennemis, je ne sais rien, je n'ai rien vu. »

Les commissions disciplinaires prononçaient sur le simple rapport des officiers de police judiciaire, les commissions de cercle pouvaient infliger 2 mois de prison et 200 francs d'amende et les commissions disciplinaires de subdivision 1 an de prison et 1.000 francs d'amende. Les unes et les autres prononçaient sur les demandes de dommages-intérêts, ce qui était interdit aux conseils de guerre.

Les peines de prison étaient subies dans les pénitenciers agricoles.

Les commandants supérieurs pouvaient prononcer des punitions disciplinaires allant jusqu'à 15 jours de prison et 50 francs d'amende; les commandants de subdivision pouvaient infliger un mois de prison et 100 francs d'amende, le commandant de la division 2 mois de prison et 200 francs d'amende.

Organisation communale. Commune subdivisionnaire. — Les villages et toufiks de la Kabylie formaient autant de petites communes, mais les règles de la comptabilité publique ne leur étaient pas appliquées. En dehors du produit des biens communaux, leur principal revenu était celui des amendes infligées par les djemaas et par le commandement; les principales dépenses étaient les frais d'hospitalité des officiers des affaires indigènes en tournée et des agents du makhezen, qui avaient droit à la difa, et les travaux communaux, édification de fontaines, petits travaux d'art sur les routes, etc.

L'oukil de la djemaa, qui était comptable des fonds communaux, avait un registre des recettes et des dépenses et il le faisait vérifier et arrêter tous les mois au bureau arabe.

L'organisation communale qui existait au moment de l'insurrection était celle édictée par le décret impérial du 9 mai 1868, et l'arrêté du gouverneur général de l'Algérie du 20 mai de la même année.

Le territoire de la subdivision de Dellys formait une commune subdivisionnaire (1) au budget de laquelle se rattachaient ceux des douars-communes organisés par application du sénatus-consulte du 22 avril 1863; ses ressources financières s'élevaient à environ 176.000 francs. Les principales

---

(1) Les communes subdivisionnaires ont été supprimées par arrêté du 13 novembre 1874 et remplacées par des communes indigènes comprenant le territoire de chaque cercle.

recettes étaient : les centimes additionnels aux impôts arabes; le produit de l'adjudication des marchés; la portion des amendes arabes non attribuée aux chefs indigènes et la totalité de celles infligées par les commissions disciplinaires. Les principales dépenses étaient : l'hébergement des hôtes dans les chefs-lieux de cercle, l'entretien des indigènes détenus dans les cercles et dans les pénitenciers; les travaux d'utilité publique; les frais d'instruction publique des indigènes.

En fait de travaux publics, ce qu'il y avait de plus urgent au point de vue commercial et au point de vue militaire, c'était l'ouverture de routes carrossables ou au moins muletières dans un pays montagneux où les communications étaient fort difficiles. Malgré la modicité des ressources de la commune subdivisionnaire, relativement à l'étendue du territoire, on aurait pu faire beaucoup, grâce à l'appoint des prestations en nature dues par les indigènes et par leurs bêtes de somme; malheureusement les communes subdivisionnaires étaient obligées par les règlements de recourir au service du Génie pour leurs travaux publics; or, dans les places, ce service n'avait que le personnel nécessaire pour les travaux militaires et il n'avait pas d'agents à envoyer sur les points éloignés. Des sommes allouées pour travaux de routes sont souvent restées sans emploi pour ce motif. D'un autre côté, les projets établis par les agents locaux subissaient des vérifications et des modifications à tous les échelons hiérarchiques du Génie; ces projets n'étaient approuvés que fort longtemps après leur préparation : ils revenaient avec des retouches faites par des officiers qui n'avaient pas vu le terrain, de sorte que les commissions municipales avaient beaucoup de peine à obtenir ce qu'elles désiraient.

La vérification de l'emploi des fonds était surveillée exclusivement par le Génie qui faisait de fréquents virements sans que les autorités locales eussent été consultées.

Les communes subdivisionnaires auraient certainement obtenu de meilleurs résultats si elles avaient été laissées libres d'employer des agents voyers qui auraient été entièrement à leur disposition. Ces agents auraient fait les tracés de route et fait exécuter les petits travaux d'art et alors, au moyen des prestations, on aurait exécuté à peu de frais les terrassements et les empierrements. Les prestations employées sur de mauvais tracés ne produisaient rien de durable ni de définitif.

Malgré l'entrave dont je viens de parler on a pu exécuter dans la subdivision de Dellys des travaux de route d'une certaine importance, savoir : la route de Fort-Napoléon au col de Tirourda qui a nécessité des travaux de mine considérables et le percement de tunnels à travers des montagnes rocheuses ; la route muletière de Tizi-Ouzou à Dra-el-Mizan par les Maatka ; la route de Dra-el-Mizan à Fort-Napoléon par les Ouadia.

La commune subdivisionnaire n'entretenait qu'une seule école arabe-française, celle de Tizi-Ouzou, qui avait de nombreux élèves et qui donnait des résultats remarquables. Les jeunes Kabyles apprennent facilement le français et ils peuvent lutter sans désavantage avec les fils de nos colons sur toutes les matières de l'instruction primaire. La commune subdivisionnaire entretenait un certain nombre de boursiers indigènes au collège arabe-français d'Alger ; ces boursiers étaient ordinairement choisis parmi les meilleurs élèves de l'école arabe-française.

Une des principales charges de la commune subdivisionnaire de Dellys a été la création et l'entretien de l'école des arts et métiers de Fort-Napoléon. Cette école, construite sur un mamelon à 600 mètres en dehors de l'enceinte du fort, avait été agencée de manière à recevoir 80 élèves.

Le personnel de l'école se composait d'un directeur, qui était le capitaine du génie Damarcy, d'un gérant, de 2 chefs d'ateliers, de 3 sous-chefs, d'un instituteur et d'un concierge.

Les élèves étaient partagés en deux divisions, celle des ouvriers en fer et celle des ouvriers en bois.

La durée des études était de trois ans.

Les ouvriers en fer passaient successivement aux ateliers de forge, d'ajustage et de serrurerie ; les ouvriers en bois passaient de même successivement aux ateliers de sciage, de charpenterie, de menuiserie, de tour et de charronnage.

En outre des travaux manuels, les élèves recevaient une instruction théorique comprenant la langue française, la lecture, l'écriture, le calcul, la grammaire, le tracé des ouvrages exécutés dans les ateliers, la pratique des épures de charpente ou autres

Les cours étaient interrompus pendant la durée du jeûne du ramdan, ce qui donnait un mois de vacances.

A la fin des trois années d'études, chaque élève recevait un certain nombre d'outils de sa profession.

Les élèves devaient être âgés de 15 ans au moins et de 25 ans au plus ; leur admission était prononcée par le général commandant la division. Les indigènes de toute la province pouvaient y être admis ; le prix de la pension, qui était de 500 francs, était payé par les communes subdivisionnaires. Une décision du général commandant la division, du 8 décembre 1868, avait réparti entre les communes subdivisionnaires autres que celle de Dellys la charge de 40 bourses ; si les communes subdivisionnaires ne trouvaient pas de titulaires pour les bourses qu'elles payaient, le général commandant la division en disposait à son gré.

Les élèves de l'école des arts et métiers appartenaient en grande majorité au cercle de Fort-Napoléon et même à la tribu des Beni-Raten. On pouvait admettre des élèves européens ; il y en avait 4 dans les derniers temps de l'école.

Les élèves recevaient à l'école un salaire journalier de 1 fr. 05 sur lequel on prélevait 5 centimes pour la masse ; ils devaient se loger et se nourrir à leurs frais. Les étrangers qui ne trouvaient pas à se placer dans des familles indigènes pouvaient être autorisés à loger à l'établissement et il était pourvu à leur nourriture au moyen d'une retenue sur leur salaire.

Les élèves de chaque division classés les premiers recevaient un supplément de salaire de 10 centimes ; le nombre des hautes payes ne pouvait pas dépasser 6 pour toute l'école.

Les jeunes Kabyles sont intelligents et adroits et on a pu

facilement en faire de bons ouvriers ; malgré cela les résultats obtenus n'ont pas été en rapport avec les dépenses que l'école des arts et métiers a occasionnées. On avait voulu faire grand et on avait installé des machines-outils mues par la vapeur dont les élèves n'avaient aucune chance de se servir une fois sortis de l'école ; or, le charbon venu de France et transporté à Fort-Napoléon revenait à des prix fantastiques. D'un autre côté, il faut le dire, la plupart des élèves n'avaient aucun désir, une fois sortis de l'école, d'exercer la profession qu'ils avaient apprise ; les parents les avaient fait admettre à l'école dans le but de s'attirer la bienveillance de l'autorité française. Un grand nombre de jeunes gens des Beni-Raten avaient trouvé avantageux d'obtenir sans trop de peine un salaire d'un franc par jour qu'ils n'auraient pas trouvé à gagner ailleurs.

Il est toujours si difficile d'introduire quelque chose de nouveau dans un pays qui n'a pas encore été entraîné par le courant du progrès, qu'on était obligé de prendre tout ce qu'on trouvait, dans la pensée que, si tous les élèves ne profitaient pas de l'enseignement acquis, il en résulterait néanmoins un grand bien. On comptait sur le temps pour éclairer les Kabyles sur les avantages qu'ils pourraient tirer d'une bonne instruction professionnelle qui leur permettrait de trouver du travail dans les ateliers européens ; mais le temps a manqué, l'école ayant été détruite pendant l'insurrection. Dans les quatre ans qu'elle a fonctionné elle a produit un certain nombre de bons ouvriers qui ont répandu dans les tribus l'usage d'outils plus parfaits et les procédés de travail qui leur ont été enseignés.

J'ai dit qu'au budget de la commune subdivisionnaire étaient rattachés ceux des douars-communes organisés par l'application du sénatus-consulte du 22 avril 1863. En organisant ces douars-communes, on avait eu l'intention d'initier les indigènes à la vie communale, à la gestion de leurs intérêts communs ; mais ces unités communales avaient de si maigres ressources qu'on ne put rien faire de sérieux et on n'obtint pas d'autre résultat qu'une complication plus grande dans la comptabilité.

Colonisation. Communes mixtes. — La colonisation n'avait pas encore pris un grand essor dans la subdivision de Dellys ; voici un aperçu succinct de ses développements successifs.

Le maréchal Bugeaud a occupé la ville indigène de Dellys le 7 mai 1844 ; il y a créé, par arrêté du 2 mars 1845, un centre européen de 200 familles. En 1854, un nouveau centre de population fut établi à Ben-Nechoud, à 10 kilomètres de Dellys, et l'ensemble des deux territoires fut érigé en commune par un décret du 31 décembre 1856, qui confia son administration à un commissaire civil.

Un arrêté du gouverneur général du 27 octobre 1858 créa un centre de population de 94 feux, avec un territoire de 286^h 5^a 65^c à Tizi-Ouzou, et un autre arrêté du 30 décembre de la même année créa un centre de 82 feux à Dra-el-Mizan, avec un territoire de 683^h 18^a 45^c.

La fondation du village de Bordj-Ménaïel, dans le cercle de Dellys, remonte à 1856 ; une décision du 10 juillet 1861 a ajouté à ce village un hameau de 266^h 47^a 22^c, ce qui a porté l'étendue de son territoire à 1.718^h 19^a 30^c. Le village de Bordj-Menaïel a été rattaché au territoire civil par décret du 27 janvier 1869 et a formé une section de la commune de Dellys ; puis il a été érigé en commune de plein exercice le 18 novembre 1870.

Un décret du 16 août 1859 a fait entrer dans le territoire de la commune de Dellys les tribus des Beni-Tour et des Taourga et l'étendue réservée pour la création d'un nouveau centre à Dar-el-Beïda ; ce nouveau centre, datant du 4 juin 1860, reçut le nom du commandant Boyer de Rebeval, du 54e de ligne, tué à Imanseren, près de Fort-Napoléon, le 24 mai 1857 ; la dotation de Rebeval fut de 631^h 44^a 80^c.

Enfin, le village de Palestro, fondé le 18 novembre 1869, dans la tribu des Ammal, sur la rive droite de l'Oued-Isser, et comprenant 59 feux, reçut une attribution de 546^h 31^a 10^c.

Si la colonisation n'avait pas fait plus de progrès en Kabylie, cela tenait moins à l'absence de terres domaniales qu'à l'insignifiance des résultats qu'on avait obtenus au point de vue du peuplement européen. Pour n'en donner qu'un exemple, je citerai le village de Bordj-Menaïel, qui avait été pourvu d'excellentes terres sur une bonne route carrossable et dans une région où les colons pouvaient se défaire de leurs récoltes sur place, les Kabyles, qui ne produisent pas les céréales nécessaires à leur consommation, étant obligés d'en acheter de grandes quantités hors de leur pays. Au bout de dix ans, une grande partie des terres étaient passées aux mains des indigènes, les colons les leur ayant vendues dès qu'ils avaient eu leurs titres définitifs ; si bien qu'en 1870 le village ne comptait plus que 39 habitants européens. Il avait fallu sacrifier plus de 1.700 hectares de bonnes terres pour fixer sur le sol une population de 39 colons !

Ce résultat n'était pas encourageant ; néanmoins, deux nouveaux villages, situés à Aïn-Zaouïa et à Bor'ni, dans le cercle de Dra-el-Mizan, étaient en voie de création au moment où a éclaté l'insurrection. De nombreuses demandes de concession avaient déjà été reçues par l'administration, mais toutes émanaient d'anciens colons, de sorte que la population européenne de l'Algérie n'en aurait pas été augmentée.

Trois communes mixtes, dans les conditions du décret du 9 mai 1868, ont été organisées dans la subdivision de Dellys par arrêté du 6 novembre 1868, et elles sont entrées en fonctionnement à partir du 1er janvier 1869, savoir :

1° La commune mixte de Dra-el-Mizan, comprenant le territoire de colonisation de ce village et la tribu des Abid ; ses ressources financières s'élevaient à 8.680 francs.

Sa population était de :

  Français............. 172
  Musulmans........... 606
  Étrangers............ 18
    Total........... 796 habitants.

Sa superficie, de :
1° Territoire de colonisation.......... 683^h 13' 15" :
2°. Territoire indigène............... 2.500^h.

A cette commune mixte a été rattaché, comme section de la commune, par arrêté gouvernemental du 17 mars 1870, le nouveau centre de Palestro, qui a été distrait, par ce fait, de l'annexe d'Alger.

2° La commune mixte de Tizi-Ouzou, qui ne comprenait que le territoire agricole attribué au village au moment de la création du village: ses ressources financières s'élevaient à 8.400 francs, et sa population était la suivante :

Français	205
Musulmans	25
Israélites	10
Étrangers	36
Total	276 habitants.

3° La commune mixte de Fort-Napoléon, qui ne comprenait que la superficie de la ville avec une banlieue très restreinte; ses revenus s'élevaient à environ 5.000 francs ; voici sa population :

Français	168
Musulmans	13
Israélites	8
Étrangers	39
Tot l	228 habitants.

Dans les communes mixtes, le commandant supérieur du cercle remplissait les fonctions de maire ; il avait dans la population civile un adjoint qui remplissait, en particulier, les fonctions d'officier de l'état civil.

SITUATION MATÉRIELLE. — La pacification générale de la Kabylie qui suivit l'expédition de 1857 ouvrit pour ce pays une ère de prospérité qui dut adoucir pour les Kabyles les regrets de la perte de leur indépendance. Leurs produits agricoles : huile, figues, raisins, etc., et ceux de leur industrie trouvèrent des débouchés avantageux dans nos villes et dans les tribus arabes, et leurs marchés furent désormais largement approvisionnés en céréales et en bestiaux ; des permis de voyage gratuits, largement délivrés, leur permirent d'aller faire au loin du colportage et d'aller chercher un travail rémunérateur chez nos colons, où ils faisaient la moisson, le fauchage des prairies, les travaux de binage, et sur nos chantiers de travaux publics, où ils s'employaient comme terrassiers. Ils se mirent partout à défricher les broussailles pour augmenter leurs terrains de labour et leurs plantations de figuiers, de vignes, d'oliviers. L'impôt de capitation (lezma) qu'ils payaient étant d'ailleurs fort modéré, ils purent augmenter leur bien-être et amasser des épargnes fort notables. C'est ce qui leur permit, après l'insurrection, d'acquitter assez rapidement les énormes contributions de guerre qui leur furent imposées et le prix de rachat du séquestre collectif.

Quelque temps avant la guerre, ils avaient eu à passer plusieurs années désastreuses : l'année 1864, où il y eut une première invasion de sauterelles ; l'année 1865, où la sècheresse fit manquer à la fois les récoltes du blé, de l'orge, du bechena et des olives. L'année 1866 s'était annoncée en Kabylie, du moins au nord du Djurdjura, sous d'heureux auspices ; [les cultures avaient un bel aspect, lorsque le vent du sud apporta des nuées de sauterelles qui, en quelques jours, dévorèrent les blés et orges jusqu'à la racine ; peu après, des légions de criquets sortirent de terre et tous les arbres furent dépouillés de leurs feuilles et de leurs fruits. Les pertes causées par ce fléau ont été évaluées, pour la subdivision de Dellys, à 1.268.000 francs, mais elles furent, en réalité, bien plus considérables.]

En 1867, la sècheresse continue plus intense que jamais, sur beaucoup de points, les céréales semées ne trouvent pas assez d'humidité pour lever ; aucune herbe ne pousse dans les champs, les troupeaux meurent de faim et le bétail est vendu à vil prix.

Puis, c'est le choléra qui fait dans la subdivision plus de 10.000 victimes ; puis vint la famine qui a amené des scènes d'horreur dont tout le monde a gardé le souvenir ; sur quelques points de l'Algérie, les indigènes, poussés par la faim, ont commis non seulement des actes de cannibalisme, mais ils sont allés jusqu'à déterrer les morts pour les dévorer !

La Kabylie, grâce à la variété de ses cultures, a moins souffert de la disette que le pays arabe et elle s'est vue peu à peu envahir par un flot d'étrangers affamés, hommes, femmes et enfants dans le plus affreux dénûment. C'était un spectacle inoubliable que celui de ces gens réduits à l'état de squelettes tant leur maigreur était extrême et pouvant à peine se traîner. Il y en eut parmi eux dont l'épuisement était si grand que, quand on voulut les secourir, ils ne pouvaient plus manger, leur estomac refusait toute nourriture; la vermine les envahissait à tel point qu'on eût dit qu'elle sortait spontanément de leur corps. La mortalité fut grande.

Dans l'hiver de 1867-1868, la Kabylie put ainsi nourrir plus de 12.000 étrangers qu'il fallut renvoyer au printemps de 1868 pour empêcher que les récoltes ne fussent dévorées avant d'arriver à maturité. Cette fois, l'herbe avait pu pousser dans les champs et les affamés y trouvaient des plantes qu'ils faisaient cuire et avec lesquelles ils trompaient leur faim.

Dans cette année de 1868, le ciel parut avoir épuisé ses rigueurs, les récoltes furent magnifiques; malheureusement, faute de grains de semence en quantité suffisante, les étendues labourées étaient restreintes.

Les années 1869 et 1870 furent encore excellentes, la misère avait disparu et la prospérité était revenue.

SITUATION POLITIQUE. — La situation politique de la Kabylie lorsque survint la guerre contre l'Allemagne était excellente. Les populations kabyles qui, comme nous venons de le voir, étaient arrivées à une grande prospérité matérielle, qui avaient conservé leurs coutumes et qui jouissaient, sous une administration paternelle et bienveillante, d'une paix et d'une sécurité inconnues jusque-là dans leurs montagnes, n'avaient pas la moindre velléité de révolte et il n'y aurait certainement pas eu d'insurrection en Kabylie sans les fautes commises par le gouvernement de la Défense nationale et sans les folies et les excès des énergumènes qui voulaient profiter des malheurs de la France pour s'emparer du pouvoir et de tout ce qui était bon à prendre, sous prétexte de mettre en pratique leurs utopies révolutionnaires.

Il y avait pourtant en Kabylie un mauvais symptôme, c'était la recrudescence du fanatisme religieux et le développement prodigieux qu'avait pris l'affiliation des khouans de Si-Abd-er-Rahman-bou-Goberin.

Peut-être ce mouvement religieux était-il une réaction contre les tentatives de prosélytisme chrétien qui étaient faites depuis quelques années ?

Mgr Lavigerie, archevêque d'Alger, avait recueilli, pendant la famine de 1867, un grand nombre de petits Arabes des deux sexes devenus orphelins; il les avait élevés dans la religion chrétienne et il voulait prendre les plus intelligents pour en faire des auxiliaires pour sa propagande religieuse et fonder avec les autres des établissements agricoles chrétiens. En Kabylie, dans le cercle de Fort-Napoléon, certains membres du clergé avaient essayé, depuis plus longtemps encore, de faire des conversions chez les indigènes. Avant d'exposer les agissements des khouans, je vais raconter ces derniers faits de prosélytisme chrétien, qui n'ont d'ailleurs eu aucun succès.

En 1863, le père Creusat, de l'ordre des Jésuites, s'était fait nommer curé à Fort-Napoléon dans le but d'y faire de la propagande religieuse; il espérait que les Kabyles, qui avaient été autrefois chrétiens, seraient moins réfractaires que les Arabes à ses prédications et qu'il en amènerait un certain nombre à embrasser le christianisme. Il commença par attirer chez lui les Kabyles par des libéralités en argent, vêtements, sucre, café, comestibles et en leur donnant l'hospitalité quand ils venaient au fort pour leurs affaires; il se fit ainsi une nombreuse clientèle. Quand il eut préparé le terrain de cette manière, il commença à parler religion; on l'écouta sans s'effaroucher. Les Kabyles ne songeaient qu'à l'exploiter et ils riaient ouvertement entre eux de ses prédications.

Le père Creusat avait pris au sérieux la docilité des Kabyles à l'écouter et il avait concentré ses efforts sur le village des

Aït-Ferah, situé à une heure de marche de Fort-Napoléon. Quelques individus lui avaient fait croire que la djemaa lui donnerait du terrain pour y élever un établissement religieux. Le bruit en courut au fort et les colons en parlèrent aux Aït-Ferah qui, comprenant qu'ils avaient été trop loin, ne trouvèrent rien de mieux, pour se tirer d'embarras, que d'organiser une mystification grossière qui décourageât le zèle du père Creusat.

Un jour que celui-ci avait appelé le provincial des Jésuites, le père Laurenceau, pour lui faire constater le succès de sa mission, les gens des Aït-Ferah couvrirent d'excréments humains le banc sur lequel le père Creusat avait coutume de s'asseoir, en les dissimulant sous de la paille et des feuillages; ce banc avait d'ailleurs été placé dans un coin obscur du local. Le père Creusat et le provincial allèrent s'y asseoir sans méfiance et, le soir, tous les villages des Beni-Raten riaient de la mésaventure des deux missionnaires.

Le père Creusat ne s'était pas plaint de cet outrage, mais le colonel Martin, commandant supérieur de Fort-Napoléon, en eut connaissance et il infligea une punition à ses principaux auteurs.

Le père Creusat n'avait pas encore ouvert les yeux ; on lui fit croire qu'il avait été victime d'une minorité turbulente et le colonel Martin, en présence d'affirmations faites avec une inébranlable assurance, écrivit à la djemaa pour connaître ses intentions. Celle-ci répondit aussitôt en termes énergiques et catégoriques :

> Nous ne renoncerons jamais à notre religion ; si le gouvernement veut nous y contraindre, nous lui demanderons un moyen de quitter le pays; si nous n'en trouvons pas, nous préférons la mort plutôt que d'embrasser votre religion.
> Quant aux autres choses qui nous viennent du gouvernement et qui ont pour but notre bien être, nous serons toujours prêts à les accepter et nous le devons, car nous vivons sous son ombre protectrice. Nous serons loyaux dans nos actions parce que le gouvernement n'a en vue pour nous que notre bien et la paix et nous le reconnaîtrons en agissant pour le bien.

Quant à ce qui regarde notre conversion, nous aimons mieux la mort que de renoncer à notre religion.

Pour ce qui concerne la demande de ce prêtre d'habiter parmi nous, Dieu nous garde d'y consentir à moins que l'autorité ne nous y force! Dans ce cas, nous lui obéirons, mais s'il venait habiter notre village, nous en sortirions et nous ne demeurerions jamais avec lui.

Dès l'arrivée à Fort-Napoléon du colonel Hanoteau, qui prit le commandement du cercle en février 1866, plusieurs mois après les faits rapportés ci-dessus, il comprit vite la situation et, quand le père Creusat lui parla de ses projets, il lui dit franchement qu'il les regardait comme aussi chimériques que dangereux. Cependant, pour éviter qu'on pût dire que la mission évangélique du père Creusat avait échoué par suite du mauvais vouloir du commandement, il le laissa libre de continuer sa propagande dans son domicile, mais il le pria de ne plus aller dans les villages kabyles.

Au mois de décembre 1867, l'archevêque d'Alger, Mgr Lavigerie, devait faire un voyage à Fort-Napoléon; le père Creusat organisa secrètement une manifestation en lui faisant écrire par les djemaas pour lui dire qu'elles consentaient à laisser habiter dans leur village des religieux des deux sexes.

C'est avec une surprise extrême que le colonel Hanoteau lut, quelque temps après, dans le journal l'*Akhbar*, une lettre de l'archevêque, datée du 31 mai, dans laquelle il disait que plusieurs djemaas lui avaient fait demander par écrit la faveur d'avoir chez elles des établissements religieux. Vérification faite, on reconnut que les lettres n'émanaient pas des djemaas mais avaient été fabriquées par des faussaires qui avaient abusé de la bonne foi du père Creusat.

Voici un fait qui s'est passé au mois d'avril 1868. Le père jésuite Stumpf avait été envoyé à Fort-Napoléon pour remplacer momentanément le père Creusat, parti en mission à Dellys; il demanda au commandant supérieur s'il y aurait des inconvénients à ce qu'il allât visiter le Djurdjura. Le colonel Hanoteau comprit bien qu'il s'agissait encore de propagande religieuse, mais loin d'empêcher ce voyage, il donna au père

Stumpf tous les moyens de l'effectuer afin de faire voir la vérité à un homme sans prévention.

Celui-ci partit donc accompagné d'un autre prêtre et de deux des agents les plus actifs de la propagande, les frères Jeannin et Falcon. Ils se rendirent à Tala-Ntazert, dans les Beni-bou-Drar, village dont l'amin était le commensal assidu du père Creusat à Fort-Napoléon et qui, en retour de l'hospitalité qu'il avait reçue, n'avait pas été avare de promesses.

A peine les voyageurs avaient-ils mis pied à terre, qu'ils furent entourés par toute la population du village. Le père Stumpf, voyant les anciens groupés près de lui, leur fit demander par le frère Jeannin, son interprète, s'ils voulaient recevoir des missionnaires, énumérant en même temps les avantages qu'ils en tireraient : prêts d'argent, instruction aux enfants, soins aux malades, etc. Au lieu de l'accueil qu'il attendait, le père Stumpf reçut un refus net, catégorique, exprimé en termes fort vifs. Le frère Jeannin, se tournant alors vers l'amin, lui rappela ses promesses ; mais celui-ci, sans se déconcerter, répondit qu'il n'avait pas supposé que le père Creusat prendrait au sérieux des conversations en l'air, qu'il n'avait pas le pouvoir d'engager son village et qu'il n'était pas plus disposé que les autres à amener des prêtres chrétiens, sachant bien que, s'il prenait cette initiative, ses propres frères seraient les premiers à lui faire un mauvais parti.

En résumé, pendant les cinq ans qu'il est resté à Fort-Napoléon, le père Creusat n'a pas obtenu une seule conversion. Il avait fondé de grandes espérances sur un jeune marabout des Aït-Ferah ; il l'avait hébergé, pourvu de tout, catéchisé et, à l'approche des fêtes de Pâques de 1868, il voulut le mettre en demeure de se prononcer ; mais le jeune néophyte, poussé dans ses derniers retranchements, leva le masque et alla s'engager aux spahis.

Le père Creusat avait été remplacé définitivement à Fort-Napoléon par le père Vincent, mais cela ne l'empêchait pas d'y faire du prosélytisme religieux par l'intermédiaire du frère Lérondelle.

Au village d'Imanseren, près du fort, une femme, nommée Hassenia, était restée veuve avec cinq enfants : trois garçons et deux filles; en comblant cette femme de petites largesses, il essaya de l'amener à lui confier ses enfants. L'un des garçons, le jeune Mouhoub, l'accompagna dans un voyage en France entrepris pour faire des quêtes au profit des missions; une des petites filles, Aïchoucha, fréquenta l'école des sœurs. Le 25 janvier 1870, sous prétexte de leur faire des cadeaux, le frère Lérondelle fit venir ces enfants à Fort-Napoléon, chez les sœurs de la doctrine chrétienne; Aïchoucha fut habillée avec l'uniforme des pensionnaires de l'orphelinat, une voiture fut amenée et le frère Lérondelle voulut y faire monter, avec l'aide de la sœur supérieure, les deux enfants. Ceux-ci résistèrent et un attroupement se forma; le fils aîné d'Hassenia, nommé Mohamed, protesta de toutes ses forces contre l'enlèvement et le frère Lérondelle, voyant que son entreprise échouait, mit fin à cette scène en promettant qu'il emmènerait simplement les enfants sur la route de Tizi-Ouzou jusqu'à la rencontre du père Vincent, en promenade de ce côté, et que ce dernier les ramènerait chez leur mère à Imanseren; c'est ce qui fut fait.

[Toutes ces tentatives de prosélytisme religieux n'avaient pas grande portée, mais elles inquiétaient les Kabyles qui connaissaient, d'autre part, l'œuvre entreprise par l'archevêque d'Alger, et, comme ils sont très ombrageux sur les questions de religion, les gens malintentionnés n'avaient pas manqué de leur faire entrevoir qu'ils ne jouiraient peut-être pas toujours de la liberté absolue qui leur avait été laissée en matière de culte et que nous chercherions, par la persuasion ou autrement, à les convertir à la religion catholique. Ce motif n'était pas le seul, sans doute, qui les poussait à s'affilier à l'ordre des Rahmania, mais il y contribua dans une certaine mesure.]

L'ordre religieux des Rahmania, fondé par Si-Mhamed-ben-Abd-er-Rahman-bou-Goberin, dont la zaouïa était située dans les Beni-Smaïl du cercle de Dra-el-Mizan, existait depuis une centaine d'années et il s'était répandu dans toute l'Algérie, mais il n'avait commencé à prendre une grande extension en

Kabylie qu'une quinzaine d'années avant l'insurrection de 1871 ; c'est le grand maître de cet ordre, Si-el-Hadj-Amar, qui a provoqué l'insurrection de la Grande Kabylie de 1856-1857 (1). Si-el-Hadj-Amar ayant été contraint de s'exiler après l'expédition de 1857, ce ne fut pas un marabout qui recueillit sa succession, ce fut un Kabyle d'origine obscure, Chikh-Mohamed-Amzian-ben-Ali-el-Haddad, de Seddouk, tribu des Beni-Aïdel, descendant d'un forgeron, comme son nom l'indique, et qu'on désigne ordinairement sous le nom de Chikh-el-Haddad.

C'était, à l'époque dont nous nous occupons, un vieillard de 80 ans, d'aspect vénérable et qui s'était fait une grande réputation de sainteté par les pratiques d'un ascétisme des plus raffinés. Il n'était pas sorti depuis des années de la chambre qu'il habitait et on ne communiquait avec lui que par une lucarne. Il avait pris sur ses khouan un ascendant extraordinaire.

A la zaouïa des Beni-Smaïl, il n'y avait plus qu'un oukil qui, pendant quelque temps, avait fait une dissidence en se donnant comme le véritable grand maître des Rahmania, mais qui avait fini par se rallier sous la direction de Chikh-el-Haddad. Cet oukil, au moment de l'insurrection, était Si-el-Hadj-Mhamed-ben-Mohamed-el-Djadi, originaire de la tribu des Beni-Djad du cercle d'Aumale.

Chikh-el-Haddad avait deux fils; l'aîné, Mhamed, était un homme austère, fanatique, voué au mysticisme, qui avait été un des lieutenants du fameux agitateur de la Kabylie, le chérif Bou-Bar'la et qui était maintenant cadi des Beni-Aïdel et des Rir'a; le second était Aziz, intelligent, homme d'intrigues, jouisseur et débauché; il était caïd des Amoucha dans l'annexe de Takitount et chevalier de la Légion d'honneur.

Chikh-el-Haddad agissait sur ses khouans au moyen de ses mokoddems qui étaient répandus dans les tribus et qui le visitaient fréquemment. Les mokoddems étaient chargés de

---

(1) Voir, dans la *Revue africaine* de 1899, l'étude intitulée : *Notes et documents sur l'insurrection de 1856-1857 de la Grande Kabylie*, par l'auteur.

recruter les néophytes, de les catéchiser, de leur donner l'ourad (initiation); ils présidaient des réunions périodiques (hadera) dans lesquelles ils leur communiquaient les instructions du chikh, leur rappelaient les devoirs que leur imposait leur titre de khouan et où on priait en commun. Les khouans devaient une obéissance aveugle à leur chikh; *ils devaient être entre ses mains comme le cadavre entre les mains du laveur des morts qui le tourne et le retourne à son gré.* Les khouans faisaient des pèlerinages fréquents à Seddouk pour y porter leurs offrandes et pour être admis à voir ou à entendre leur chikh vénéré; ils y étaient conduits par leurs mokoddems.

L'ordre des Rahmania avait fait, sous la direction de Chikh-el-Haddad, des progrès extraordinaires; tout le monde voulait en être, les femmes elles-mêmes étaient admises et elles se distinguaient par leur ferveur. Les mokoddems cherchaient particulièrement à amener à eux nos chefs indigènes et les agents du makhezen. Les Kabyles trouvaient dans les pratiques qu'on leur imposait, et qui leur valaient des indulgences et des immunités particulières (1), un moyen commode de gagner le paradis. Ce qu'on leur demandait surtout, c'était de faire abnégation de leur volonté. Ils voyaient aussi, en s'affiliant à cette franc-maçonnerie, un moyen de se créer des appuis parmi leurs frères influents, et puis ils étaient fiers d'être autre chose que leurs cotributes et ils se sentaient devenir comme de petits marabouts.

Il y avait en 1870, dans la subdivision de Dellys, 73 mokoddems ainsi répartis : cercle de Dellys, 11; cercle de Tizi-Ouzou, 24; cercle de Fort-Napoléon, 29; cercle de Dra-el-Mizan, 9. (Il devait y en avoir un plus grand nombre dans le cercle de Dra-el-Mizan, je donne le chiffre des rapports officiels.)

Quant au chiffre des khouans, il serait bien difficile de le donner même approximativement; ce qu'il y a de bien certain, c'est qu'il était considérable.

---

(1) Voir *Marabouts et Khouans*, du commandant Rinn, p. 468.

Chikh-el-Haddad avait-il seulement en vue, comme il l'a prétendu, les intérêts de la religion ? Il est permis d'en douter ; mais qu'il ait eu le dessein prémédité de préparer une insurrection pour nous chasser du pays, cela n'est pas probable. Il cherchait la puissance que donnent un grand nombre de fidèles soumis à sa volonté et les richesses que ces fidèles lui apportaient, sauf à en faire, à un moment donné, suivant les circonstances, l'usage qui lui conviendrait.

Le développement que prenait de jour en jour l'association des Rahmania n'était pas sans inquiéter l'autorité française, mais la difficulté était de savoir ce qu'il convenait de faire pour enrayer ce mouvement religieux. Employer la persécution, interdire les réunions de khouans, les pèlerinages à Seddouk, n'eût pas conduit à de grands résultats : les khouans auraient continué secrètement ce qu'ils faisaient ouvertement et la seule différence eût été que nous n'aurions plus connu ni les affiliés ni leurs chefs. On crut avoir trouvé, sinon une solution complète, du moins un palliatif en mettant Chikh-el-Haddad sous la dépendance d'un grand chef indigène en position de contrebalancer son influence religieuse, qui ne se laisserait pas lui-même dominer par le chikh et qui surveillerait ses menées d'un œil attentif. On choisit pour cela le chef de la zaouïa vénérée de Chellata, Si-Mohamed-Saïd-ben-Ali-Cherif, caïd des Beni-Aïdel, et le maréchal de Mac-Mahon, gouverneur général, le nomma bach-agha de Chellata par décision du 24 décembre 1869.

Son commandement, qui releva du cercle de Bougie, comprenait les Beni-Aïdel du cercle de Sétif, les Ouzellaguen, Beni-Our'lis-Imzalen, Mcisna détachés du caïdat des Oulad-Abd-el-Djebar de Bougie, et les Beni-Our'lis-Açameur, du même cercle. On lui donna un traitement annuel de 12.000 francs, qui devait le dédommager des pertes qu'avait subies sa zaouïa par suite de la rivalité religieuse de Chikh-el-Haddad. Son fils, Si-Mohamed-Chérif, le remplaça comme caïd des Beni-Aïdel et des Illoula-Açameur.

La nomination comme bach-agha de Si-ben-Ali-Chérif fut vue de très mauvais œil par Chikh-el-Haddad et par son fils

Aziz, qui avait ambitionné pour lui-même un grand commandement et n'avait pu l'obtenir; Aziz ne tarda pas à donner, par dépit, sa démission de caïd des Amoucha.

Le choix du gouverneur général était-il bon? La personnalité de Si-ben-Ali-Chérif a été très discutée et j'ai été amené à étudier minutieusement les actes de ce chef indigène, afin de pouvoir émettre, en connaissance de cause, un jugement sur son compte; j'ai consigné mes recherches dans une notice qu'on trouvera aux annexes. Voici à quelles conclusions je suis arrivé :

Si-Mohamed-Saïd-ben-Ali-Chérif était un homme d'une intelligence supérieure, instruit, de manières distinguées; insinuant et séduisant avec les grands qu'il voulait gagner, il était hautain et brusque avec les petits, car il avait un immense orgueil. Il avait une grande facilité de parole, même en français. Plusieurs séjours en France lui avaient fait comprendre la supériorité de notre civilisation et il en avait même adopté certains raffinements dans son train de vie; il se plaisait davantage à sa campagne de Koubba, près d'Alger, qu'à sa zaouïa. Il s'était fait une idée juste de notre puissance et avait saisi les rouages de notre administration; il tenait parfaitement sa place au conseil général de Constantine dont il était membre.

Seulement, il était loin d'avoir l'immense influence religieuse qu'on lui attribuait et il n'avait pas les qualités de commandement qu'on doit demander à un chef indigène.

Son rêve eût été de jouer vis-à-vis de nous le rôle que jouaient avec le gouvernement turc les marabouts influents de la Kabylie. Ces marabouts servaient d'intermédiaires bénévoles aux Turcs lorsque ceux-ci avaient quelque chose à obtenir des tribus kabyles, aussi étaient-ils traités avec de grands égards; ils n'étaient soumis à aucune autorité et, en échange de leurs services, ils étaient exempts d'impôts eux et les leurs, on leur faisait des cadeaux et on écoutait avec faveur les gens qu'ils recommandaient.

Si-ben-Ali-Chérif eût voulu n'avoir affaire qu'à l'autorité supérieure et n'être pas traité par elle en subordonné; on lui aurait demandé ses bons offices lorsqu'on aurait eu besoin de lui, mais sans avoir le mauvais goût de lui donner des ordres. N'ayant pas de commandement, il n'aurait eu aucune responsabilité et il n'aurait eu à rendre compte de ses actes à personne. Il a toujours tendu à arriver à cet idéal; malheureusement pour lui cette situation à côté, quasi-indépendante, n'était pas admissible : il lui fallait ou être subordonné à un chef indigène ou accepter lui-même un commandement.

Il était venu à nous en 1847, au moment de l'expédition du maréchal Bugeaud dans l'oued Sahel; on avait voulu lui donner un grand commandement qu'il n'avait pas accepté, mais il s'était laissé nommer caïd des Beni-Aïdel, sauf à ne pas en exercer sérieusement les fonctions, uniquement afin d'éviter qu'on n'en nommât un autre à sa place. Quand on a voulu l'employer comme chef indigène, on n'en a jamais obtenu un service réel; si son influence religieuse était grande, il ne l'a jamais montré par des résultats tangibles. Beaucoup de lettres, beaucoup de paroles, mais des actes point. C'était la mouche du coche.

Ce qui lui convenait bien, c'était, quand une de nos colonnes avait battu les Kabyles, de se donner comme intermédiaire entre le commandant de la colonne et ces derniers; il s'assurait ainsi un rôle influent sans avoir eu à faire d'efforts personnels.

Nommé bach-agha de Chellata pour combattre l'influence de Chikh-el-Haddad, il eût bien volontiers anéanti ce Kabyle de basse extraction qui jouait au pontife à côté de lui, le vrai chef religieux du pays par droit de naissance, qui lui enlevait ses serviteurs religieux en tarissant les revenus de sa zaouïa, et dont l'influence, il ne pouvait se le dissimuler, éclipsait la sienne; mais ses rancunes furent impuissantes et Chikh-el-Haddad continua à étendre de plus en plus le réseau de ses khouans qui enveloppait une grande partie des provinces de Constantine et d'Alger.

En 1870, avant la déclaration de guerre à la Prusse, un aventurier étranger avait essayé, mais sans succès, de jouer le rôle de chérif ; les agitateurs de cette sorte avaient foisonné autrefois en Kabylie, mais, depuis la soumission générale de 1857, on n'en avait plus entendu parler.

Donc, au mois d'avril de ladite année, un personnage qui se faisait appeler El-Hadj-Mohamed-ben-Abd-es-Slam, après avoir traversé pédestrement en chétif équipage les cercles de Dra-el-Mizan, Fort-Napoléon et Tizi-Ouzou demandant l'hospitalité sur sa route, s'arrêta dans le cercle de Bougie, chez un marabout nommé Si-Ahmed-ou-Yahia de Tazrout, tribu de l'Oued-el-Hammam. Ce dernier était un homme d'intrigues et de désordre qui avait déjà été emprisonné à Bougie pour ses agissements ; il avait ensuite séjourné à Tunis et il en était revenu depuis deux ou trois ans. El-Hadj-Mohamed-ben-Abd-es-Slam et Si-Ahmed-ou-Yahia étaient tous deux mokoddems de l'ordre religieux des Chadelia qui a de grandes affinités avec celui des Rahmania.

Sous le patronage de son ami, le nouveau venu, qui se donnait comme originaire de Fez et comme ayant achevé ses études à Tunis, se mit à faire de la propagande chez les Kabyles. Il disait que son intention était de fonder, dans leur pays, un établissement religieux destiné à répandre l'instruction et à ramener les populations aux pratiques du culte qui lui paraissaient tombées en désuétude.

Il obtint le concours de quelques chefs indigènes et en particulier de l'amin el oumena de l'Oued-el-Hammam. Il affiliait les Kabyles à l'ordre des Chadelia et, accompagné de ses disciples, il allait de village en village, recrutant de nouveaux adhérents et se faisant donner l'hospitalité. Personne n'osait rien refuser à un aussi saint personnage qui n'hésitait d'ailleurs pas à bâtonner vigoureusement ceux qui ne lui témoignaient pas une déférence suffisante ; comme il parlait au nom de la religion, on se laissait faire sans se plaindre.

Quand son influence se fut un peu assise, il songea à faire construire son établissement religieux et les tribus laissèrent d'un commun accord à sa disposition une terre appelée blad Aït-Aouana, qui paraît provenir du domaine des anciens sultans de Koukou et du Tamgout et qui, après la disparition de la dynastie des Oulad-el-Kadi, devint une proie que se disputèrent les tribus voisines et qui fut l'objet de bien des rivalités et de bien des combats (1).

Toutes les tribus voisines des cercles de Bougie et de Tizi-Ouzou lui fournirent des travailleurs volontaires et on vit s'élever rapidement deux grandes maisons en pierre d'une superficie d'environ 40 mètres carrés chacune, avec une grande cour au fond de laquelle on avait bâti une maison d'habitation à l'usage personnel du marabout. Celui-ci recevait déjà de nombreux adhérents des cercles de Bougie, Tizi-Ouzou, Fort-Napoléon et Dellys ; il dressait des listes des hommes qu'il admettait comme khouans des Chadelia.

Les visiteurs, en rentrant dans leurs tribus, se laissaient aller à leur imagination et racontaient les miracles que le marabout avait faits devant eux : en frappant dans ses mains, il s'y dessinait une montre indiquant l'heure, il transformait des morceaux de papier en pièces d'argent. Ses pouces, disaient-ils, avaient une coudée de longueur (le personnage avait en effet les mains très longues) et il était doué d'une force musculaire merveilleuse. Ces contes excitaient la curiosité et les visiteurs affluaient de plus en plus.

L'autorité française fut informée de ces manœuvres par une lettre de l'amin el oumena du Beni-Hassaïn de Tizi-Ouzou, Saadi-ou-Boudjema, adressée au général commandant la division.

Le lieutenant d'artillerie Bernardin, adjoint stagiaire au bureau arabe de Tizi-Ouzou, fut envoyé sur les lieux pour faire une enquête et il en rapporta que l'étranger ne s'occupait que de religion et qu'il n'avait essayé aucune menée politique.

Le gouverneur général, sur les rapports qui lui furent adressés, comprit qu'il y avait là autre chose que de la religion pure et, comme le personnage se donnait comme originaire

---

(1) C'est dans des conditions analogues que les familles de marabouts d'origine arabe qu'on trouve sur tous les points de la Kabylie se sont établies dans le pays, particulièrement à l'époque où des missionnaires arabes ont entrepris de convertir au mahométisme les populations kabyles qui étaient chrétiennes.

de Fez, il donna l'ordre de le rapatrier sur Tanger. Cet ordre fut exécuté sans résistance par les soins du commandant supérieur de Bougie et les constructions élevées aux Aït-Aouana furent rasées.

Pendant plusieurs mois il ne fut plus question d'El-Hadj-Mohamed-ben-Abd-es-Slam ; mais, à la fin de septembre 1870, on apprit qu'il avait reparu dans l'Oued-el-Hammam. Il était revenu de Tanger par Sidi-bel-Abbès, avait fait un court séjour à Médéa, était passé par Tizi-Ouzou et les Beni-R'obri et était arrivé chez Si-Ahmed-ou-Yahia de Tazrout.

Dans l'intervalle, les événements avaient marché, la guerre avait été déclarée à la Prusse, la plus grande partie des troupes d'occupation de l'Algérie avaient été embarquées, nos armées avaient éprouvé leurs premières défaites, l'Empereur avait été fait prisonnier et la République avait été proclamée. Aussi, cette fois, El-Hadj-Mohamed-ben-Abd-es-Slam agit-il ouvertement en vue de la guerre sainte. Il avait conservé la liste de ses adhérents dans les tribus de Bougie et de la subdivision de Dellys et il leur adressa une circulaire dont un exemplaire a été saisi et envoyé à l'autorité supérieure. En voici la traduction :

Louange à Dieu unique, c'est de lui que nous implorons le secours.
A la totalité des marabouts de la zaouïa (1) et à tous les frères auxquels nous avons conféré l'ourad. Puisse Dieu vous conduire dans la bonne voie et améliorer votre situation ! Que le salut, la miséricorde et la bénédiction de Dieu soient sur vous et qu'il vous accorde ses grâces !
Vous avez appris mon retour dans cette contrée que j'habitais antérieurement à ce jour. Vous n'ignorez pas non plus mes intentions, le but que je me propose et la sincérité de mes sentiments à l'égard de tous ceux qui m'ont connu. Mon désir est de faire votre salut en déclarant la guerre sainte aux ennemis de Dieu et de son prophète et d'éteindre le feu des troubles qui surgissent à l'occasion de la nouvelle année (2), troubles qui engendrent la famine et la misère et que nous suscitent les ennemis de Dieu parce qu'ils ne

---

(1) Cette lettre était adressée à Sid Saïd-ben-Es-Saïd.
(2) Allusion aux élections qui avaient lieu à la fin de chaque année.

veulent point nous laisser jouir de la paix et de la tranquillité. Maintenant je reviens ici, car le moment est venu où les ennemis de Dieu vont quitter le sol algérien et ce fait est annoncé par des prédictions.

J'abrège : que celui qui a du courage, ne fût-ce que gros comme une graine de moutarde, vienne me trouver ici avec ses armes; je lui donnerai 50 francs de solde, Dieu le récompensera aussi en dernier lieu. Nous nous concerterons pour savoir de quel côté nous commencerons nos attaques. Prenez garde de manquer de venir vers moi. N'ayez aucune crainte des ennemis de Dieu : ils sont impuissants, découragés et sur le point d'être anéantis par la guerre qu'ils soutiennent actuellement. Il est donc préférable de venir à moi que de s'abstenir. Je me suis levé pour la guerre sainte. Il est dit dans le Coran : « Les combattants pour la guerre sainte auront une grande récompense de Dieu. » Je désire que vous m'aidiez parce que vous êtes de la contrée et le prophète a dit : « Fais-toi aider par les gens du pays. » Dieu, par sa force et sa puissance, nous conduira dans le sentier du bien.

Écrit par ordre de Si-el-Hadj-Mohamed-ben-Abd-es-Slam, que Dieu le protège, l'aide dans son entreprise et lui fasse atteindre le but de ses désirs! C'est tout ce que j'ai à vous apprendre et cela suffit. Salut au lecteur et aux auditeurs. Le 29 djoumad tani 1287 (25 septembre 1870).

A cette époque, la Kabylie ne désirait encore que la paix; aussi bien peu de khouans répondirent à l'appel du chérif; il lui arriva seulement une cinquantaine d'individus en armes des Beni-Djennad, Beni-R'obri et Beni-Fraoucen du cercle de Tizi-Ouzou et de la tribu de l'Oued-el-Hammam de Bougie. On parlait déjà des razias qui allaient être exécutées, mais les partisans du chérif, se voyant trop peu nombreux, se dispersèrent.

Le 25 septembre, l'amin el oumena de l'Oued-el-Hammam, qui avait autrefois patronné l'aventurier, craignant d'être rendu responsable des désordres qui pourraient survenir, s'était mis en route pour prévenir le commandant supérieur de Bougie. Le faux chérif, informé de cette démarche, alla s'embusquer sur le chemin de l'amin el oumena dans l'intention de le tuer; mais, lorsqu'il voulut lui tirer un coup de pistolet, son arme rata et il prit la fuite.

Des officiers des bureaux arabes de Bougie, Tizi-Ouzou,

Fort-Napoléon et Dellys se portèrent sur la limite de leurs cercles respectifs, pour concourir à l'arrestation de l'agitateur. Le 26 septembre, le goum de Bougie tomba subitement sur le village de Tazrout, mais le faux chérif était sur ses gardes ; il se cacha d'abord dans la forêt des Beni-R'obri et il parvint à déjouer toutes les recherches, à quitter le pays et à gagner le cercle de Médéa. Là, il recommença ses menées et recruta des khouans dans les smalas de spahis de Berrouaguia et de Moudjebeur, ainsi que dans les tribus des Oulad-Deïd et des Rir'a de Médéa et dans le cercle d'Aumale. Il se donnait maintenant le nom d'El-Hadj-Mohamed-ben-Abd-el-Malek.

Les autorités militaires de Médéa avaient connaissance de ces manœuvres ; la difficulté était de s'emparer de l'agitateur sans faire un déploiement de forces qui aurait pu conduire plus loin qu'on n'eût voulu. Le capitaine Coÿne, chef du bureau arabe de Médéa, décida le caïd des caïds des Abid, Djilali-ben-el-hadj-Miloud, chef indigène très dévoué, à tendre un piège au faux chérif pour s'en rendre maître par surprise.

Ce chef indigène écrivit à l'aventurier en lui faisant entendre qu'il avait l'intention de se rallier à lui et lui demanda un rendez-vous ; la rencontre eut lieu le 13 février 1871, près de Berrouaguia, dans la forêt de l'Oued-el-Hammam. Le chérif annonça au caïd qu'il allait commencer la guerre sainte, qu'il avait déjà de nombreux adhérents, et il lui demanda de rallier à sa cause ses amis et en particulier les Oulad-Mokhtar-R'eraba du cercle de Boghar ; il lui demanda en outre de lui fournir un cheval, un cachet, un drapeau et de mettre à sa disposition quelques cavaliers à l'aide desquels il s'emparerait des chevaux de la zmala de spahis de Berrouaguia. Le caïd promit tout et, avec l'assentiment du général commandant la subdivision de Médéa, il fit fabriquer un cachet et un drapeau et il donna rendez-vous au chérif dans la maison de son oukil El-Hadj-Mohamed-ben-Kaddour pour la nuit du 22 au 23 février ; il s'était assuré du concours d'une douzaine de khammès en armes qui devaient se cacher dans un ravin près de la maison.

Le chérif arriva au rendez-vous avec trois individus armés

de pistolets. Sous prétexte de les faire mettre à leur aise pour la difa qu'on allait servir, le caïd les débarrassa de leurs armes; puis, à un signal donné, Djilali et ses serviteurs se précipitèrent sur leurs hôtes et les ligotèrent solidement. Le lendemain le caïd livra ses prisonniers au capitaine Coÿne.

Le faux chérif fut alors reconnu comme étant tout simplement un nommé Bou-Bekeur-ben-Khadouma, de la tribu des Haracta, annexe de Zamoura, qui avait déjà voulu jouer dans la subdivision de Médéa, en 1859, le rôle de Moul-Saa. Ayant volé, dans la nuit du 29 au 30 septembre de ladite année, un cheval de spahis à la zmala de Moudjebeur et s'étant enfui, il avait été arrêté à Mostaganem d'où il avait été ramené à Boghar pour l'instruction du vol. Il s'était évadé de la prison et il n'avait pas été repris.

Le général Lallemand, commandant supérieur des forces de terre et de mer, prononça, le 28 avril 1871, l'internement aux îles Sainte-Marguerite de Bou-Bekeur-ben-Khadouma et de ses complices.

CHAPITRE II

Déclaration de guerre à la Prusse. — Dispositions des indigènes de l'Algérie.
— Proclamation de la République. — Expulsion du général Walsin Estherazy, gouverneur intérimaire. — Arrestation de diverses autorités. — Comités de défense. — Ils demandent le départ de toutes les troupes régulières, qui sont remplacées par des mobiles et des mobilisés. — Excès commis par la presse.
— Enrôlement des indigènes. — Idées séparatistes émises par certains journaux. — Motifs de l'antipathie des colons pour le régime militaire. — Mouvement communaliste. — Officiers capitulés. — Désorganisation des services de l'Algérie par les décrets de la délégation de Tours. — Naturalisation des Israélites indigènes. — Organisation des cours d'assises et du jury. — Extension du territoire civil. — Déplacement des chefs-lieux de division. — Décret sur la hiérarchie et la responsabilité des bureaux arabes. — Généraux administrateurs.
— Nomination de Gent comme gouverneur et du général Lallemand comme commandant des forces de terre et de mer. — Nomination de du Bouzet comme commissaire extraordinaire.

Le 15 juillet 1870, la guerre était déclarée à la Prusse et, dès le 18 juillet, les premières troupes de l'armée d'Afrique s'embarquaient à Alger au milieu de l'enthousiasme général. On était si bien habitué à voir nos armes toujours victorieuses qu'on aurait regardé comme antipatriotique de supposer qu'il pût, cette fois, en être autrement.

Les indigènes, qui ne doutaient pas non plus de nos triomphes futurs, avaient tout d'abord envisagé la guerre avec calme et ils n'étaient pas bien loin de partager notre enivrement patriotique. Une souscription pour les blessés, ouverte dans les tribus, recueillit des sommes importantes; tous les terrains disponibles qu'on put trouver furent ensemencés gratuitement par les indigènes pour le même objet; les engagements dans les régiments de tirailleurs furent nombreux. Mais nos premiers revers ne tardèrent pas à ralentir cette ardeur; ils reçurent la nouvelle de la déchéance de l'Empereur et de la proclamation de la République avec une surprise mêlée d'inquiétude.

L'Empereur était très populaire chez les Arabes; il s'était toujours occupé avec sollicitude de leurs intérêts et de leurs besoins; leurs grands chefs avaient été reçus avec honneur aux grandes chasses de Compiègne et plus d'un avait eu ses dettes payées sur la cassette impériale; dans ses voyages en Algérie, l'Empereur avait semé l'argent à pleines mains (1); enfin, il avait donné aux indigènes le sénatus-consulte du 22 avril 1863 qui était son œuvre et qui les avait surtout gagnés à lui. Pour bien comprendre la portée de cet acte législatif, il faut se reporter à l'époque des commissions des transactions et partages et des commissions de cantonnement où on en était encore à cette proposition, digne des temps de barbarie, qu'en pays musulman toutes les terres appartiennent au sultan et où on exigeait, pour reconnaître la propriété privée, des titres établis dans des conditions telles que les indigènes ne pouvaient que bien exceptionnellement en produire de semblables. Le sénatus-consulte reconnaissait les droits collectifs des tribus et n'exigeait, pour établir les droits à la propriété individuelle, que la possession permanente et traditionnelle; désormais la propriété sortait de son ancien état précaire et jouissait d'une sécurité complète.

La nouvelle forme du gouvernement n'inspirait pas aux indigènes grande confiance; dans leur langage, lorsqu'ils veulent rappeler une époque d'anarchie et de désordre comme celle, par exemple, qui suivit la chute du gouvernement turc en Algérie, ils la désignent sous le nom de zman Boubelik (époque de la République).

Malgré tout, ils n'auraient pas songé à se révolter si on avait eu la sagesse de maintenir l'ancien organisme gouvernemental, au moins jusqu'après la tourmente, et de remettre jusque-là l'application des réformes étudiées depuis longtemps et qui allaient entrer dans la période d'exécution au moment de la déclaration de guerre. Mais il semble que tout le monde ait été pris de vertige, aussi bien au gouvernement de la métro-

---

(1) Ceci est littéralement exact, il avait toujours dans sa voiture des sacs d'écus qu'il faisait jeter aux Arabes qui se pressaient autour de lui.

pole que dans la colonie; on se serait étudié à tout faire pour amener les indigènes à la révolte, qu'on n'aurait peut-être pas trouvé mieux.

Le maréchal de Mac-Mahon, gouverneur général de l'Algérie, était allé prendre le commandement d'un corps d'armée sur le Rhin et il avait été remplacé, par intérim, par le général Durrieu, sous-gouverneur. Le 23 octobre, cet officier général fut à son tour rappelé en France et la délégation du gouvernement de la Défense nationale installée à Tours désigna pour prendre le commandement intérimaire de l'Algérie le général Walsin Estherazy, qui commandait la province d'Oran.

Ce général était mal vu par la population civile parce qu'il était accusé de tiédeur pour la nouvelle forme du gouvernement et qu'il avait montré de l'énergie en protégeant le préfet d'Oran contre un mouvement populaire en faisant arrêter quatre des principaux meneurs; aussi, lorsqu'il débarqua à Alger, le 27 octobre, fut-il accueilli par des huées et des sifflets.

Le lendemain 28, son quartier général est envahi par la foule; le maire Vuillermoz, qui avait convoqué la milice et le conseil municipal, le force à donner sa démission; il est enlevé et conduit à bord de la frégate cuirassée *la Gloire*, au milieu d'une foule tumultueuse qui l'accable d'injures et cherche à renverser sa voiture. N'ayant pas de troupes pour le défendre, le général avait dû céder à l'émeute.

Le même jour, le maire d'Alger veut s'emparer du télégraphe; il révoque de sa propre autorité le directeur, M. Brettenbach, et le remplace par un ancien transporté de 1851 appelé Flasselière, mais le personnel refuse de reconnaître cette usurpation.

Le lendemain, 29 octobre, le préfet d'Alger, M. Warnier, est contraint, à son tour, de donner sa démission.

L'attitude énergique de l'amiral Fabre la Maurelle, qui fit garder l'amirauté par ses marins avec quatre obusiers de montagne et y donna asile au général Lichtlin, capitulé de Sedan à qui incombait le commandement après le départ du général Walsin Estherazy, arrêta un peu le triomphe des révolutionnaires d'Alger. Le général Lichtlin dut rester dans ce refuge jusqu'au moment où il fut relevé de son commandement.

A Oran, le 30 octobre, c'est le général Saurin, aussi capitulé de Sedan, qui est empêché de prendre son commandement et dont on obtient le remplacement.

A Alger, le commissaire central, M. Brunet, récemment relevé de ses fonctions, est arrêté par ordre de la municipalité et mis en prison ; puis ce fut le colonel de gendarmerie de Colonjon qui fut incarcéré au Fort-l'Empereur sur un ordre verbal du commandant de place le colonel Renoux. Le premier président, M. Pierrey, fut également mis en état d'arrestation le 30, mais il fut relâché presque aussitôt.

Des comités de défense s'étaient constitués dans toutes les villes et même dans les petites localités et ils avaient la prétention de tout diriger et d'imposer leurs volontés aussi bien aux autorités militaires qu'aux autorités civiles.

Le conseil municipal d'Alger, qui était en même temps comité de défense et se donnait le titre de comité de *Salut public*, voyant l'Algérie sans direction, ne trouva rien de mieux que d'élire, dans sa séance du 8 novembre, le maire Vuillermoz comme commissaire extraordinaire pour prendre les fonctions de gouverneur général en attendant l'arrivée du titulaire. Ce titulaire, M. Henri Didier, procureur de la République, avait été nommé par décret du 24 octobre, mais, comme il se trouvait enfermé dans Paris assiégé, il n'avait pu rejoindre son poste. Le comité de défense demanda la ratification de cette élection à tous les comités de défense de l'Algérie et il la notifia au gouvernement de Tours. C'était le régime de la Commune inauguré. Quelques comités de défense donnèrent leur assentiment ; mais le plus grand nombre, jaloux de la prépondérance que voulait se donner le comité d'Alger, refusèrent le leur.

Depuis le 4 septembre, la presse algérienne était dans un état d'exaltation indescriptible, attaquant les autorités civiles comme les autorités militaires de la façon la plus injurieuse, dénonçant tout le monde, réclamant des révocations, des expulsions, proposant les mesures les plus arbitraires, poussant la troupe à l'indiscipline, à la révolte contre l'autorité des officiers. Quand on lit les journaux algériens de l'époque, sauf quelques exceptions, on a le sentiment qu'ils étaient rédigés par des fous furieux.

Voici un exemple, pris entre beaucoup d'autres, des conséquences que pouvaient entraîner les excitations des journaux :

Le 3 novembre 1870, 46 zouaves, la plupart engagés volontaires, désertent le camp de Boghar avec armes et bagages et se rendent à Médéa au lieu d'aller à Boghari. Un officier du camp se met à leur poursuite et parvient à les ramener au devoir ; le lendemain, 29 d'entre eux reprennent le chemin de Médéa, toujours avec armes et bagages ; des gendarmes et deux escadrons de spahis sont envoyés pour les arrêter et ils durent déployer une grande prudence pour éviter l'effusion du sang.

Voici le mot qu'un journal, le *Zeramna*, a trouvé pour caractériser cette faute : « Bravo les zouaves ! »

Ces 29 zouaves furent traduits devant une cour martiale qui leur a infligé, le 10 novembre, de 2 à 10 ans de travaux publics.

Les comités de défense, les journaux, poussaient surtout au départ de toutes les troupes de l'armée permanente. Au moment de la proclamation de la République, il n'y avait déjà plus en Algérie que 4 régiments d'infanterie, force bien insuffisante pour assurer la sécurité de la colonie; mais la population algérienne fit tant d'instances auprès du gouvernement de Tours, se faisant forte de maintenir la soumission des indigènes avec ses milices (1), que ces régiments furent encore embarqués les uns après les autres. On envoya en Algérie pour les remplacer des bataillons de garde mobile et de garde nationale mobilisée.

Ces bataillons, dont les officiers étaient nommés à l'élection,

---

(1) Le maire d'Alger disait dans une proclamation du 16 janvier 1871 : « Elle (la municipalité) ne doute pas que le maire, assisté seulement de deux miliciens sans armes, n'ait l'autorité suffisante pour arrêter, ce que rien ne fait prévoir, toute manifestation violente. »

n'avaient ni instruction ni discipline et ils étaient mal armés ; ils eurent aussi le malheur d'être poussés à l'insubordination par les clubs et les journaux et le tort de céder trop souvent à ces excitations.

Il y avait bien encore en Algérie des dépôts de zouaves et du train, mais ils n'avaient que des conscrits ou des engagés volontaires pas mieux instruits que les mobiles et leur cadre d'officiers et de gradés était tout à fait insuffisant. Le nombre des engagés volontaires de ces corps était considérable ; beaucoup avaient choisi les zouaves à cause du vieux renom de ces régiments, mais les autres avaient fait ce calcul qu'en s'engageant dans des corps d'Afrique on les enverrait d'abord rejoindre des dépôts où ils seraient retenus un certain temps et qu'ils retarderaient ainsi le moment d'aller se mesurer avec les Allemands.

Les colons se faisaient de singulières illusions sur les sentiments des indigènes des tribus ; ils se figuraient que ceux-ci partageaient notre douleur de voir le sol de la France envahi par les Allemands et notre soif de revanche et qu'ils ne demandaient qu'à s'enrôler en masse pour courir sus à l'ennemi. Les journaux déclaraient qu'on pourrait recruter parmi eux 100.000 hommes qui, une fois en France, auraient été en même temps des otages entre nos mains. En réalité, les indigènes qui s'engageaient aux tirailleurs, bien traités par leurs officiers qui cherchaient à éveiller chez eux le sentiment de l'honneur militaire, finissaient par s'attacher au drapeau et ils se sont battus avec un courage merveilleux ; mais les Arabes des tribus n'étaient pas si chagrinés que cela de nos revers qui faisaient naître chez eux certaines espérances.

Les comités de défense voulurent passer à la mise en pratique de leur idée. Le comité d'Alger envoya en Kabylie un délégué, nommé Chassagneux, qui était un ancien brigadier de spahis. Il se présenta au commandant de la subdivision de Dellys pour demander l'appui de l'autorité militaire ; des lettres lui furent données pour l'accréditer auprès des commandants supérieurs et des chefs de tribus ; il parcourut les environs de Dellys et de Tizi-Ouzou, mais il ne put recru-

qu'un Kabyle, le nommé Mohamed-ou-Idir des Hassenaoua du cercle de Tizi-Ouzou, seulement il ne voulait partir qu'avec le grade de sous-lieutenant.

Le délégué du comité de défense n'offrait aucune prime, alors que les indigènes qui s'engageaient aux tirailleurs touchaient 300 francs; il n'avait donc aucune chance de succès.

D'ailleurs, l'autorité militaire n'eut pas plus de réussite en Kabylie lorqu'elle voulut concourir au recrutement du corps des éclaireurs algériens créé par décret du 19 octobre 1870; un officier du bureau arabe de Dellys parcourut les tribus des Isser où il y avait bon nombre de fils de famille pourvus de bons chevaux, où il espérait faire des recrues, et il revint sans avoir pu trouver un seul amateur. 'Les indigènes sentaient déjà l'insurrection qui se préparait, ils ne se souciaient pas d'abandonner leurs familles et leurs biens à la merci des bandes de pillards qui ne manqueraient pas de se former; ils ne se souciaient pas non plus de nous servir d'otages. Si l'appel avait eu lieu au début de la guerre, il est presque certain qu'il aurait eu du succès.'

Si les meneurs du parti communaliste poussaient si fort au départ des troupes, ce n'était pas précisément par patriotisme: c'était surtout pour rester les maîtres du terrain et avoir toute facilité pour s'emparer du pouvoir. Le salut de la patrie était le moindre de leurs soucis, et la preuve, c'est que les principaux organes de la presse ne craignaient pas d'afficher des doctrines séparatistes; les uns voulaient se donner à l'Angleterre, les autres aux États-Unis d'Amérique (1); d'autres enfin, sans demander de sécession, voulaient l'autonomie de l'Algérie, mais une autonomie d'une forme toute particulière : la France n'aurait eu qu'à fournir l'argent pour les dépenses et les assemblées coloniales se seraient chargées d'en régler

---

(1) « L'Algérie avec ses 150.000 âmes de population française et 80.000 Européens non Français, au milieu de 2.000.000 d'Arabes et Kabyles, ne pourrait résister à une armée bonapartiste qui débarquerait à Sidi-Ferruch. Il nous faut donc un protectorat à l'ombre duquel nous puissions grandir, ne pas être étouffés au berceau et former un jour une nation nouvelle.

« Que nos représentants s'occupent de cette question. Nous ne voulons de

l'emploi et elles auraient légiféré sur toutes les questions administratives, judiciaires et coloniales (1).

La bête noire de la presse, des comités de défense et des clubs, c'était l'autorité militaire ; on peut se demander d'où

Bonaparte à aucun prix, et certes, plutôt que de subir encore ce chenapan, nous préférerions nous donner à l'Angleterre.

» L'Angleterre a pour principe de donner à toutes ses colonies un conseil électif et législatif, qui vote tous les impôts et en règle l'emploi. Il résulte de ce système une prospérité qui fait contraste avec l'état des colonies françaises.

» Voyez le Canada, voyez l'Ile-de-France, deux colonies françaises cédées à l'Angleterre il y a un demi-siècle ou un siècle..... » (*Indépendant* du 9 février 1871.)

« ..... Sans nous préoccuper davantage des agissements cléricaux, nous saisissons l'occasion que nous fournissent les saintes feuilles pour faire connaître la pensée tout entière des républicains algériens sur la question de séparation.

» Nous ne sommes pas des sécessionnistes quand même, nous sommes Français jusqu'au bout des ongles..... Avec la France humiliée, démembrée, malheureuse, mais républicaine, nous resterons ce que nous sommes. Avec la France déshonorée, réduite à subir une restauration monarchique et la suzeraineté de la Prusse, nous tenterons une séparation.....

» Nous ne nous dissimulons pas les périls que présentera une tentative de sécession dans les conditions où nous sommes ; nous n'avons pas la folie de croire que la France monarchique consentira bénévolement à perdre sa plus précieuse colonie. Nous n'ignorons pas qu'elle pourra, sans grands efforts, brûler les villes du littoral algérien et peut-être aussi nous réduire, à titre de châtiment, à l'état de la malheureuse Irlande.

» Sans flotte, sans ressources pécuniaires et, pour ainsi dire, sans autres combattants que les soldats-citoyens, notre impuissance est manifeste ; nous nous rendons à l'évidence et nous ne désespérons pas cependant de réussir dans notre entreprise courageuse, si les républicains du continent ne restent pas sourds à notre appel et si, surtout, les Américains, auprès desquels nous déléguerons une ambassade, consentent à nous couvrir de leur pavillon protecteur..,.. » (*Solidarité* du 26 février 1871.)

(1) « L'Algérie, sous la forme républicaine, continuera à faire partie intégrante de la République française ; elle se fédéralise avec les provinces de France.

» Le Parlement algérien, composé d'un nombre égal de citoyens pris dans chacune des provinces de l'Algérie, sera nommé à l'élection de tous les citoyens algériens. Il établira la propriété individuelle chez les indigènes et disposera des terres domaniales disponibles au profit des provinces et des communes.

» Il élaborera les codes de justice civile, criminelle et commerciale les plus propres à concilier les intérêts et les usages des populations cosmopolites de la colonie.

» Le président du Parlement, élu pour deux ans, sera le chef du pouvoir exécutif ; il sera le chef direct des milices et de la marine algériennes, ainsi que des administrations, sur lesquelles il exercera le droit de contrôle et de direction. Il sera le lien politique entre l'Algérie et le gouvernement français.

» Il sera justiciable du Parlement, qui pourra, seul, le mettre en accusation, le condamner ou le suspendre..... » (*Indépendant* du 30 mai 1871.)

« Seul lien de subordination envers la métropole : nomination du gouverneur général. Solde des troupes françaises et traitement du gouverneur général à la charge de la France, qui ne fournira pas d'autres subsides. » (*Projet de constitution algérienne*, par un colon.)

venait cette profonde antipathie qui n'était d'ailleurs pas chose nouvelle. Voici, je crois, comment on peut l'expliquer :

Le colon est avide de concessions de terres, non pas toujours, malheureusement, pour les cultiver, mais, le plus souvent, pour les louer aux indigènes, ordinairement aux anciens détenteurs du sol. Ceux-ci fournissent les bœufs de labour, la semence, la main-d'œuvre et ils donnent le quart ou le cinquième de la récolte. Ce système est fort commode, mais il produit peu, de sorte que, pour pouvoir vivre largement avec le revenu de sa concession, il faut qu'elle ait une grande étendue ; aussi les colons veulent-ils beaucoup de terre, ils en sont insatiables.

Mais pour leur donner des terres une fois les réserves domaniales épuisées, il fallait les prendre aux indigènes et on inventait toutes sortes d'arguties pour établir que ceux-ci n'étaient pas de vrais propriétaires et qu'on n'avait qu'à les déposséder. Il leur semblait, en voyant aux mains des Arabes de belles propriétés qui auraient si bien fait leur affaire, qu'ils étaient victimes d'une spoliation (1).

L'autorité militaire, à toutes les époques, avait dû défendre les indigènes contre cet esprit d'envahissement et elle avait été l'inspiratrice du sénatus-consulte du 22 avril 1863. De là, la rancune des colons.

D'un autre côté, les colons, surtout dans les centres nouveaux, ont une tendance à se comporter vis-à-vis des indigènes comme des vainqueurs en pays conquis (2), et il fallait bien les maintenir dans les limites de l'équité.

---

(1) En 1868, j'étais chef du bureau arabe de Tizi-Ouzou, lorsqu'arriva le maire de Ruffec qui parcourait l'Algérie avec une mission agronomique du ministre de l'agriculture ; il me parla des belles terres qu'il avait vues sur sa route dans la plaine de l'Isser, en venant d'Alger, et il m'exprima son étonnement de ce qu'on les eût laissées aux mains des Arabes qui n'en tiraient pas tout le parti qu'on aurait pu en tirer, alors que les colons se plaignaient de n'avoir pas assez de terres. Je lui expliquai qu'on ne pouvait donner en concession que des terres appartenant à l'État, que celles qu'il avait remarquées étaient à des propriétaires indigènes et qu'on ne pouvait les leur prendre. Il parut surpris et non convaincu et, visiblement, sa pensée était ceci : On a bien raison de dire que les militaires aiment mieux les Arabes que les colons.

(2) Le procès du maire d'Aumale, Sartor, qui a eu lieu il y a quelques années, donne une idée des agissements auxquels je fais allusion.

Les Arabes n'étaient pas non plus de petits saints : il y avait et il y a toujours parmi eux des voleurs et des maraudeurs, contre lesquels les colons ont peine à se défendre. Lorsque les coupables ne pouvaient être découverts, l'autorité militaire faisait assez souvent application du principe de la responsabilité collective des tribus (1) pour punir ces déprédations et faire indemniser les victimes; mais ce n'était là qu'un moyen d'exception dont on ne pouvait faire une règle générale, d'où mécontentement de la part des colons à qui on avait refusé ce moyen de rentrer dans leur bien et qui trouvaient, naturellement, qu'on protégeait les voleurs.

Les grands chefs indigènes, avec leurs manières de grands seigneurs, paradant, suivis d'une brillante escorte de cavaliers, étalant leurs décorations, reçus avec honneur dans les soirées des plus hautes autorités, invités aux chasses de l'Empereur, n'étaient pas non plus sans offusquer les colons qui n'avaient pas les mêmes privilèges et en voulaient à l'autorité militaire de leur situation d'infériorité.

Il ne faudrait pas étendre à tous les colons ce que je viens de dire des quémandeurs de concessions et des perpétuels mécontents; il y a parmi eux beaucoup de gens laborieux et honnêtes, mais les braves gens se taisent, les énergumènes se font seuls entendre et faussent l'opinion des personnes qui n'ont pu voir par elles-mêmes.

Pour en finir avec les débordements de la presse, j'ai encore à parler de la question des officiers capitulés. On appelait capitulés ou capitulards les officiers des armées de Sedan et de Metz qui avaient profité de la clause des capitulations qui les autorisait à rentrer en France à condition de ne plus servir contre l'Allemagne pendant la durée de la guerre et qui en avaient pris l'engagement écrit. Le gouvernement de Tours

---

(1) Pour que la responsabilité collective soit imposée aux tribus dans des conditions raisonnables d'équité, il est nécessaire que celles-ci soient autorisées à établir des postes de surveillance et à prendre des mesures de police pour la circulation. C'est ce qui s'est fait à certaines époques troublées.

pensa qu'on pourrait les envoyer servir en Algérie où ils remplaceraient des officiers qui prendraient rang dans les armées combattantes.

Ces officiers prisonniers sur parole, qui avaient signé le revers, comme on disait dans le langage de l'époque, furent très mal reçus par la population civile ; on les regardait comme des complices des auteurs des capitulations et on jugeait qu'ils avaient déserté le devoir. On leur fit toutes sortes d'avanies, comme nous l'avons déjà vu pour le général Lichtlin et le général Saurin ; on s'opposa au débarquement de quelques-uns et on excita les hommes à leur refuser l'obéissance, les déclarant indignes de commander. Certainement, ces officiers auraient mieux fait de rester avec leurs camarades et on leur a fait porter la peine de leur défaillance devant les commissions de classement pour l'avancement, mais on ne pouvait les regarder comme des traîtres parce qu'ils avaient profité d'une faveur que leurs chefs militaires avaient eu le tort d'introduire dans les capitulations qu'ils avaient acceptées. Les officiers internés dans les villes d'Allemagne avaient aussi signé l'engagement de ne pas chercher à s'évader et on n'a jamais songé à leur reprocher de ne pas s'être fait tous enfermer dans des forteresses pour garder la possibilité de s'enfuir si l'occasion s'en présentait.

Les indigènes, pour lesquels l'uniforme militaire avait gardé un grand prestige et qui ne faisaient pas les distinctions subtiles des Algériens, furent singulièrement impressionnés en voyant des officiers et même des généraux conspués et humiliés de toutes les façons, et leur respect en fut ébranlé. Toutes ces insultes, toutes ces avanies portèrent une grave atteinte aux sentiments de discipline chez les soldats.

Les journaux d'Algérie qui demandaient à grands cris le départ des généraux connaissant le pays qui restaient encore, parce qu'ils les regardaient comme des séides de l'Empire, ne songeant qu'à conspirer contre la République, repoussaient en même temps les généraux provenant des capitulations ; il n'y en avait pourtant pas d'autres. Il aurait sans doute fallu, pour les satisfaire, prendre des journalistes pour en faire des généraux au titre de l'armée auxiliaire, comme le fait s'était vu en France.

Dans la province d'Alger, sauf à Alger même, les officiers capitulés ont été regardés d'un mauvais œil par la population civile, mais ils n'ont été ni injuriés ni malmenés. Les officiers prisonniers sur parole se sont d'ailleurs bravement conduits partout où ils ont eu à agir ou à combattre.

La délégation de Tours avait reçu la tâche d'organiser en France la défense nationale; le titre même qu'avait pris le gouvernement après le 4 septembre, gouvernement dont elle émanait, indiquait que ce devait être là sa seule préoccupation. Loin de se renfermer dans cette noble mission, elle s'est mise à légiférer, en Algérie, sur des matières absolument étrangères à la défense; les mêmes hommes qui s'étaient tant élevés autrefois, lorsqu'ils étaient de l'opposition, contre le pouvoir personnel, et qui voulaient que l'Algérie ne fût régie que par des lois, n'ont pas craint, lorsqu'ils ont tenu le pouvoir, d'y tout bouleverser d'un trait de plume, au risque de déchaîner l'insurrection, et cela avec une désinvolture vraiment criminelle.

Puisqu'il existait une administration fonctionnant régulièrement, la sagesse indiquait de la conserver, fût-elle mauvaise, et d'attendre, pour introduire des réformes, que la tourmente fût passée. Loin de garder cette prudente réserve, la délégation, dans son existence éphémère, n'a pas rendu moins de 58 décrets sur toutes les matières politiques, administratives et judiciaires, changeant tout de fond en comble. Ces décrets, souvent incohérents et d'une application impossible, mettaient tout dans le plus grand désarroi.

M. Crémieux, qui était chargé de l'étude des questions algériennes, qu'il passait pour connaître, avait abusé de la confiance de ses collègues pour trancher souverainement sur toutes les questions qui lui tenaient à cœur et en particulier sur celles intéressant ses coreligionnaires les juifs d'Algérie; c'est lui qui doit en porter toute la responsabilité.

Ce à quoi il tenait avant tout, c'était à faire des citoyens français des juifs indigènes de l'Algérie, qui avaient vécu pendant des siècles sous un régime d'oppression et de mépris qui avait déprimé les caractères, qui étaient ignorants de tout sentiment noble et n'avaient que la passion du lucre, et que rien n'avait préparés pour un changement aussi radical dans leurs lois civiles, particulièrement à ce qui touche la constitution de la famille. Sauf quelques personnalités mieux éclairées que le vulgaire, les juifs algériens ne désiraient même pas cet honneur; car, si le titre de citoyen français donne des droits politiques, il impose aussi des charges, comme l'obligation du service militaire qui n'était pas du tout dans leurs goûts.

La question de la naturalisation des juifs algériens avait déjà été étudiée avant la guerre; elle devait être reprise plus tard et elle aurait parfaitement attendu, car il n'y avait pas péril en la demeure, mais M. Crémieux jugeait sans doute fort problématique l'adoption du projet de naturalisation en masse, et il profita de la situation où les malheurs de la patrie l'avaient amené pour forcer la main au pays et faire en sorte qu'on se trouvât plus tard en présence d'un fait accompli.

Le 24 octobre 1870, parut un décret qui déclarait citoyens français les israélites indigènes de l'Algérie, décret qu'on regarde comme une des causes de l'insurrection de 1871.

Je vais chercher à analyser quels sont les sentiments des indigènes musulmans à l'égard des juifs. Les musulmans professent pour eux le plus souverain mépris; c'est à tel point que tuer un juif est à leurs yeux une action déshonorante comme serait celle de tuer une femme sans défense. Il est bien entendu que les coupeurs de routes n'ont pas de ces scrupules. Ce mépris est analogue à celui qu'éprouvent les Américains pour les gens ayant du sang nègre dans les veines; il n'est pas raisonné et ne se discute pas. Ce sentiment n'est pas la haine aveugle, fortement entachée de jalousie, qui s'est révélée en Algérie, dans ces derniers temps, de la part de la population européenne, d'une manière si intense et si irréductible; les musulmans les méprisent, mais ils ne les honorent pas de leur haine.

Le juif a le génie du commerce; tout, pour lui, est matière à trafic. A tout prendre, il a rendu des services en Algérie ; toutes les fois qu'on a créé des postes nouveaux, le premier commerçant qui s'y est établi pour y faire pénétrer les produits européens a toujours été un juif ; dans les villes, lorsqu'on ne craint pas de marchander, c'est encore dans les magasins juifs qu'on trouve à se pourvoir à meilleur compte (1). Si, lorsqu'on débat les conditions d'un marché, le juif se montre très rapace, le marché une fois accepté il est généralement honnête dans son exécution (2).

⨯ Beaucoup d'indigènes ont laissé ce qu'ils possédaient aux mains des juifs. Voici comment, le plus souvent, la chose se produisait : au moment où doivent avoir lieu les labours, l'Arabe n'a pas de bœufs, n'a pas de grains de semence ; il lui en faut à tout prix, car, s'il ne laboure pas, ce sera la disette l'année suivante. S'il s'adressait aux philanthropes qui s'élèvent contre l'usure, ceux-ci lui demanderaient de sérieuses garanties qu'il ne peut donner ; il est donc obligé de recourir au juif, qui se contente souvent de garanties précaires, mais qui exige de gros intérêts proportionnés aux risques qu'il court. Si le prêteur doit perdre une partie de ses créances, il faut que l'ensemble de ses opérations lui rapporte un gain raisonnable ; et, pour obtenir son argent des gens peu solvables, que de démarches n'est-il pas obligé de faire ! ⨯

Si la récolte est bonne, l'Arabe peut se libérer et il est à peu près sauvé pour cette fois ; mais, si elle est mauvaise, il est obligé de recourir encore à l'emprunt dans des conditions de plus en plus désastreuses ; il est pris dans un engrenage et il y laissera probablement tout son bien.

Pour le chef arabe, c'est l'ostentation, le besoin de paraître qui le met aux mains des juifs.

---

(1) J'ai ouï dire que des commerçants israélites vendaient quelquefois leurs marchandises presque à prix coûtant ; comme ils ont pour payer un crédit de trois à six mois, ils préfèrent réaliser de suite et faire produire à l'argent de gros intérêts par l'usure.

(2) J'ai reçu un jour, en Kabylie, la plainte d'un juif qui réclamait diverses sommes à des Kabyles ; ces derniers niaient. Des notables indigènes qui étaient présents dirent alors : « Si le juif réclame, c'est qu'on lui doit ; tu peux faire payer. » Personne ne protesta. Cet incident m'a beaucoup frappé.

Bien que le prêt à intérêts soit proscrit par le Coran, aussi bien d'ailleurs que par la loi mosaïque, les Arabes et surtout les Kabyles ne s'effraient pas des gros intérêts ; chez ces derniers, on emprunte couramment à raison d'un tiers du capital, c'est-à-dire à 33 p. 100 et on trouve ce taux assez raisonnable. Les emprunteurs qui se trouvent dépouillés, parce qu'ils n'ont pas pu faire face à des engagements librement consentis, se résignent.

Les musulmans ont été certainement froissés de nous voir élever à notre niveau des gens qu'ils regardent comme vils et abjects, mais ils n'en ont pas ressenti de jalousie, car ils n'aspirent pas à être soumis à nos lois civiles ; ceux d'entre eux qui se sont fait naturaliser sont regardés par leurs coreligionnaires comme des renégats, car ils ont renoncé à la loi du Coran. Les musulmans nous ont plaints d'avoir élevé les juifs à notre hauteur, et ils en ont conçu pour nous une certaine mésestime. « Ce ne sont pas les juifs qui deviennent Français, disaient-ils avec amertume, ce sont les Français qui se font juifs. »

Mais ce dont ils ne pouvaient supporter l'idée, c'était la possibilité de voir des juifs les commander ou être appelés à les juger au civil ou comme membres des jurys criminels.

Un juif d'Oran, M. Ben Ichou, ayant été nommé juge de paix à Sidi-bel-Abbès, cette nomination souleva un si vif émoi, aussi bien chez les Européens que chez les arabes, qu'il ne put être maintenu à ce poste.

Le décret de naturalisation des juifs, non par lui-même, mais considéré seulement au point de vue de l'autorité qu'il permettait de donner à ceux-ci sur les Arabes a contribué à pousser ces derniers à l'insurrection ; les chefs de la révolte en ont fait un argument dans leurs proclamations : « Le civil, a dit Bou-Mezrag, dans une lettre qui sera reproduite plus loin, veut se venger des musulmans, depuis que les emplois dans les administrations sont ouverts aux israélites. A Dieu ne plaise que cela soit accepté, contre tout droit, des musulmans ! Le Maître des mondes nous en demanderait compte. »

La naturalisation des juifs indigènes n'amena pas, de la

part des colons, autant de protestations qu'on aurait pu le penser, et cela se comprend : ces juifs étaient devenus électeurs, ils votaient comme un seul homme pour les candidats choisis par leurs rabbins, ils pouvaient donc apporter un appoint assez fort pour faire pencher la balance du côté où ils se mettraient et on cherchait à se les attirer par de bonnes manières. Ils eurent d'ailleurs l'adresse de se mettre avec le parti le plus fort qui les soutenait et allait même jusqu'à la flatterie.

Depuis, les choses ont bien changé !

Je vais examiner, parmi les autres décrets du gouvernement de Tours, ceux qui ont encore eu une influence fâcheuse sur la tranquillité de l'Algérie.

Un décret du 24 octobre 1870 organisa les cours d'assises et le jury, en Algérie, dans les mêmes conditions qu'en France. Outre que l'introduction de l'élément israélite dans le jury soulevait, vis-à-vis des Arabes principalement, des difficultés très graves, l'institution se trouvait faussée en ce sens que les indigènes n'étaient pas jugés par leurs pairs, mais par des hommes qui auraient dû être récusés après l'insurrection pour suspicion légitime, car ils devaient être portés plutôt à la vengeance qu'à rendre une justice impartiale.

Cette institution faisait peser d'ailleurs une charge très lourde sur la population civile, à peine suffisante pour fournir à une seule cour d'assises alors que c'était le service de quatre cours qu'il fallait assurer.

Un autre décret du 24 octobre 1870 sur l'extension, dans le Tell algérien, du territoire civil et sur l'administration des territoires annexés, contenait ces dispositions :

Article premier. — Dans toute l'étendue du Tell, sont détachés des territoires dits militaires et passent immédiatement sous l'autorité civile tous les territoires définis par la circulaire du 21 mai 1866, ainsi que ceux des tribus contiguës aux territoires civils actuellement existants.....

Art. 2. — Jusqu'à l'érection de ces territoires en communes de plein exercice, le commissaire extraordinaire prendra, pour en assurer l'administration au moyen des autorités civiles communales et départementales les plus voisines, telles mesures qu'il y aura lieu.

Art. 3. — Les chefs indigènes existant dans ces tribus continueront à y exercer leur autorité à titre d'agents municipaux.....

Ce décret, qui annexait au territoire civil des étendues considérables, était absolument inexécutable et on n'essaya jamais de l'exécuter ; mais il effrayait les Arabes, peu soucieux d'être gouvernés par les apôtres du régime civil, il effrayait surtout les chefs indigènes qu'il menaçait dans leur situation. Mokrani, le bach-agha de la Medjana, dont la famille avait toujours joui d'une situation quasi princière, et qui se trouvait atteint par ce décret pour une grande partie du territoire qu'il administrait, avait la perspective de tomber sous l'autorité du maire de Bordj-bou-Aréridj et de devenir conseiller municipal de cette commune.

Dans les territoires dont je m'occupe plus particulièrement, je citerai, comme exemple des conséquences de ce décret, le village de Bordj-Menaïel, qui comptait 39 colons au moment de l'insurrection, et auquel on aurait dû annexer une partie des Flissat-Oum-el-Lil (les Oulad-Amran), les Isser-Droeu et les Zmoul, comprenant une population de plus de 13.000 âmes dans laquelle les Flissat-Oum-el-Lil, qui ont toujours compté beaucoup de voleurs et de receleurs, n'étaient pas commodes à gouverner.

La commune de Dellys aurait eu à administrer les Isser-el-Djedian, les Isser-Drœu, Sebaou-el-Kedim et les Ameraoua comptant 21.800 âmes et dont le territoire s'étendait jusqu'à 55 kilomètres de Dellys, en englobant le village et le fort de Tizi-Ouzou.

Le décret resta lettre morte, mais il est à remarquer que si, au point de vue administratif, on pouvait attendre les mesures d'exécution, les territoires ainsi annexés au territoire civil passaient *ipso facto*, et sans rien attendre, sous la juridiction civile; les pouvoirs disciplinaires des commandants supérieurs et des chefs indigènes s'y trouvaient abolis. Comme la magistrature civile n'était pas en mesure d'y assurer la poursuite des crimes et délits, les voleurs et les assassins auraient pu en prendre à leur aise si on n'avait pas laissé le décret en oubli.

Le décret du 1er décembre 1870 prescrivit le déplacement du chef-lieu des divisions militaires et l'arrêté du 2 décembre du commissaire extraordinaire les fixa : à Médéa pour la division d'Alger, à Tlemcen pour la division d'Oran et à Batna pour celle de Constantine.

Ce décret, dans la division d'Alger, fut exécuté le 16 mars 1871 par le général Savaresse, commandant la division, qui se transporta d'Alger à Médéa avec son état-major, le bureau divisionnaire des affaires indigènes et son bureau civil.

Cette mesure était mauvaise, comme les événements le firent voir, en ce qu'elle retarda l'organisation des colonnes et la transmission des ordres; aussi ne tarda-t-elle pas à être rapportée.

J'ai dit que les indigènes avaient vu dans le sénatus-consulte du 22 avril 1863 un bienfait, car ils étaient reconnus propriétaires des terrains dont ils avaient la jouissance permanente et traditionnelle; M. Crémieux prit sur lui d'en suspendre l'exécution par dépêche du 16 décembre 1870. Les indigènes pouvaient voir dans cette mesure une menace pour l'avenir; le sénatus-consulte fut en effet abandonné et remplacé par une loi de juillet 1873.

Un décret du 24 décembre sur la hiérarchie et la responsabilité du personnel des bureaux arabes contenait, à son article 5, les dispositions suivantes :

Tout mouvement insurrectionnel qui aura lieu dans un centre administré militairement entraînera obligatoirement la comparution en conseil de guerre de l'officier administrateur et de ses chefs et adjoints du bureau arabe, lesquels auront à justifier de leurs efforts pour prévenir la révolte et des mesures prises pour en empêcher l'extension.

Dans sa circulaire d'envoi, M. Crémieux aggravait encore

l'outrage qu'il faisait au personnel des bureaux arabes en disant :

Ce décret est destiné à rompre la hiérarchie des bureaux arabes et la politique traditionnelle et antinationale que cette hiérarchie avait pour but de perpétuer.

Jamais gouvernement n'avait tenu pareil langage! C'était la défiance et la suspicion organisées, la destruction de l'autorité morale du chef vis-à-vis de ses inférieurs, la responsabilité des inférieurs en raison des actes de ce supérieur auquel ils devaient une obéissance absolue.

Ils avaient trop largement versé leur sang pour la France sur tous les champs de bataille, dit M. de La Sicotière (1) dans son rapport à l'Assemblée nationale (p. 758), pour qu'il n'y ait pas ingratitude à leur attribuer des soulèvements dont ils n'étaient que les victimes!

On paraissait vouloir assimiler la situation d'un commandant militaire à celle du commandant d'un navire qui fait naufrage; mais alors pourquoi ne pas traduire également en justice les administrateurs des territoires civils dont les populations indigènes s'insurgeaient?

Déjà, au moment où la guerre avait éclaté, les officiers des affaires indigènes avaient demandé l'autorisation de rejoindre leur corps et cette autorisation leur avait été refusée par la circulaire ci-après, du 27 août 1870, n° 403.

Alger, le 27 août 1870.

Mon cher Général,

Des officiers de tous grades, commandants territoriaux ou employés dans les affaires arabes, m'adressent journellement des demandes instantes pour être autorisés à rentrer à leur corps et pouvoir ainsi prendre part à la guerre contre la Prusse.

Les sentiments qui animent ces officiers sont trop honorables pour que je n'y applaudisse pas vivement, mais, comme je vous l'ai dit déjà, je ne puis accueillir favorablement leurs demandes, parce que le ministre de la guerre qui, seul, a mission d'apprécier sur quels points leurs services peuvent être plus particulièrement utiles,

---

(1) Rapport fait au nom de la commission d'enquête sur les actes du gouvernement de la Défense nationale par M. de La Sicotière, membre de l'Assemblée nationale.

a donné l'ordre formel de maintenir en Algérie les officiers chargés du commandement et de l'administration des indigènes.

Je reconnais ce que le rôle assigné à ces officiers exige d'abnégation et de sacrifices de toute sorte de leur part, dans les circonstances actuelles surtout. Cependant, tous comprendront combien est sage et prudente la mesure générale qui assure à l'Algérie, pour les circonstances difficiles qu'elle traverse, le concours des officiers les plus aptes à y rendre de bons services. Tous se diront qu'en consacrant leurs efforts au maintien de l'ordre, de la paix et de l'esprit d'obéissance dans l'Algérie presque complètement dégarnie de troupes, ils dégagent la France de graves préoccupations et l'aident ainsi de leur dévouement dans la lutte qu'elle soutient.

Sans doute, le théâtre où ils ont à agir est moins vaste et moins éclatant que celui de la guerre avec la Prusse, mais les dangers ne leur manqueront pas dans les tournées et opérations fréquentes auxquelles ils doivent plus que jamais se livrer et l'utilité des services qui leur sont demandés n'en est pas moins réelle et grande. A ce titre je crois pouvoir compter sur le zèle et l'empressement de tous.

Je ne négligerai, soyez-en certain, aucune occasion de signaler au ministre ceux de ces officiers dont la conduite et le dévouement vous paraîtront dignes d'être récompensés.

Le ministre de la guerre, vieil Algérien, n'est pas homme à les méconnaître.

Signé : Baron DURRIEU.

En présence des accusations odieuses formulées dans un document officiel, les officiers des affaires arabes envoyèrent tous leur démission. La situation était difficile; déjà beaucoup d'officiers des affaires indigènes qui avaient obtenu de l'avancement avaient été placés dans des régiments de marche et étaient partis; il ne restait plus que quelques officiers au courant des affaires indigènes (1), s'ils avaient aussi rejoint leurs corps, il n'y aurait plus eu d'administration et les tribus

---

(1) Au moment où l'insurrection a éclaté, il restait en tout, dans la division d'Alger, 18 officiers au courant du service, en comptant les officiers généraux, les officiers supérieurs et les officiers subalternes; or, il fallait au moins, pour assurer le service : un commandant de la division, un chef du bureau arabe divisionnaire, 5 commandants de subdivision, 5 bureaux subdivisionnaires, 9 commandants de cercle, 9 bureaux arabes de cercle, 2 commandants d'annexes, soit 32 emplois en ne prenant que les chefs des bureaux, sans tenir compte des officiers adjoints. En outre, la plupart des officiers restants avaient été déplacés pour obtenir une meilleure répartition du personnel et ils étaient nouveaux venus dans les postes qu'ils occupaient.

auraient été abandonnées à elles-mêmes; c'était le désordre organisé et peut-être une insurrection immédiate. On avait bien réparti entre les cercles un certain nombre d'officiers prisonniers sur parole arrivés à partir du mois d'octobre, mais ils étaient absolument inexpérimentés, ne savaient pas l'arabe et étaient tout à fait incapables de répondre d'une situation.

Le général Lallemand, commandant supérieur des forces de terre et de mer, fit appel au patriotisme, au dévouement et à l'abnégation des officiers des affaires arabes dans une circulaire confidentielle que je reproduis ci-dessous, et les démissions furent retirées.

Alger, le 11 janvier 1871.

Mon cher Général,

Des commandants supérieurs et des officiers des bureaux arabes viennent de m'adresser leurs démissions, se trouvant atteints dans leur dignité personnelle par le préambule et l'article comminatoire du décret rendu le 24 décembre par MM. les membres du gouvernement de la Défense nationale. Aussitôt que la dépêche télégraphique qui m'annonçait la promulgation de ce décret m'est parvenue, j'ai adressé à M. le ministre de la justice des représentations sur le décret et principalement sur la clause comminatoire. Je faisais remarquer à M. le garde des sceaux que la suspicion à laquelle s'associait le Gouvernement était injuste, blessante et ne reposait que sur d'odieuses calomnies. J'ajoutais que les vaillants généraux Vinoy, Ducrot, Chanzy, qui sont aujourd'hui les soutiens et la gloire de la France, avaient eux-mêmes appartenu à l'administration militaire et que, chez leurs successeurs, il y avait encore quantité de nobles cœurs qui battaient à l'unisson des leurs. Je suppliais M. le garde des sceaux de rapporter une clause qui ne pouvait que causer des froissements pénibles sans être d'aucun effet avantageux pour le pays.

J'ignorais encore les termes employés dans le préambule du décret du 24 décembre 1870.

M. le ministre de la justice répondit aussitôt à ma communication et je joins à cette dépêche la copie conforme du télégramme qui m'a été adressé par M. Crémieux, à la date du 27 décembre.

Bien que ce document ne donne point une entière satisfaction aux plaintes qui sont adressées de toutes parts contre la promulgation du décret du 24 décembre 1870, cependant il faut comprendre que la haute administration de la métropole n'a point voulu blesser dans ces circonstances l'honorabilité des membres de l'armée qui concourent aujourd'hui encore à l'administration de l'Algérie.

En présence des malheurs qui sont venus fondre sur la France, voici les questions que doivent s'adresser MM. les officiers qui ont donné leurs démissions et ceux qui, par abnégation, n'ont pas protesté : 1º L'administration militaire en territoire arabe est-elle, oui ou non, encore indispensable en ce moment? 2º Le concours dévoué des officiers qui ont, par leurs efforts, maintenu, dans cette époque de crise, la tranquillité du pays, est-il encore nécessaire? 3º N'y a-t-il pas, pour la mère-patrie, un intérêt considérable à maintenir la tranquillité dans notre belle colonie d'Algérie, et n'est-ce point aux officiers commandants supérieurs et officiers des bureaux arabes qu'incombe encore en ce moment cette tâche ingrate et difficile?

Je laisse à tous les officiers sous vos ordres le soin de répondre à ces questions en leur âme et conscience.

Sans aucun doute, l'homme peu soucieux des intérêts de la patrie ou trop préoccupé de son intérêt personnel peut répondre négativement; mais le bon Français, le soldat vraiment patriote, n'hésitera point à se dévouer encore, méprisant les attaques injustes et puisant dans sa conscience la force nécessaire pour résister à des entraînements qui seraient funestes aux intérêts du pays.

Lorsqu'il sera possible de remplacer par une administration civile l'administration militaire qui subsiste encore, tous nous nous effacerons avec joie et nous nous retirerons avec la ferme conviction d'avoir, dans des temps difficiles, accompli avec abnégation une mission utile à la France. Mais tant qu'il ne sera pas possible d'organiser un autre rouage administratif que celui qui existe, nous devons réagir contre nos consciences outragées, et, comme de vaillants soldats, rester sur la brèche, exposés aux reproches immérités et à l'animadversion des gens qui ignorent le pays et les difficultés qu'il présente.

MM. les commandants supérieurs et MM. les officiers des affaires arabes doivent donc conserver leurs fonctions et continuer à marcher, comme par le passé, dans la voie du devoir et du désintéressement.

Je vous prie, mon cher Général, de vouloir bien communiquer la présente dépêche à MM. les officiers placés sous vos ordres.

J'espère que les conseils que je crois devoir leur donner seront écoutés et que tous ceux qui m'ont fait parvenir des demandes pour rentrer à leurs corps n'hésiteront pas à retirer leurs démissions et à conserver des fonctions qui font peser sur eux une responsabilité grave sans doute, mais devant laquelle ils ne reculeront pas, car, se retirer en ce moment, ce serait compromettre la chose publique.

Signé : LALLEMAND.

On avait promis aux officiers des affaires indigènes qu'il

leur serait tenu compte de leur abnégation; mais au bout de quelques années ces promesses furent oubliées et beaucoup d'entre eux ont vu leur avancement limité parce qu'ils n'avaient pas pris part à la campagne contre l'Allemagne, ce qui les mettait en position d'infériorité à côté de leurs camarades (1).

Les officiers des affaires arabes ont subi bien des épreuves et supporté bien des attaques injustes, et il a fallu pour leur rendre justice, en dehors, bien entendu, de leurs chefs militaires, l'affirmation, qu'on ne suspectera pas de partialité, de leur ancien ennemi Jules Favre, qui avait plaidé dans le procès Douano en 1856 et qui avait dit : « Les bureaux arabes, ce sont les templiers modernes. » Dans le procès des grands chefs indigènes qui s'est déroulé devant la cour d'assises de Constantine, étant le défenseur de Zerroug-ben-Illès, Ali-ben-Hamidi, Brahim-ben-Illès et Salah-ben-Illès, il a prononcé ces paroles dans la séance du 25 avril 1873 : « L'éternel honneur des officiers des bureaux arabes est d'avoir su devenir et rester les amis des indigènes. » Dans la bouche de Jules Favre, cet adversaire implacable des bureaux arabes, ces paroles avaient la valeur d'une amende honorable. Elles ont amené une explosion de colère dans quelques journaux algériens (2),

---

(1) Aucun des officiers dont il s'agit, qui ont été retenus en Algérie, n'est arrivé au grade de général, et pourtant il y avait parmi eux des officiers de valeur.

(2) On lit dans le *Radical* de Constantine du 29 avril :

« Nous espérions qu'il leur serait facile, plus qu'à tous autres (il s'agissait de l'arrivée des avocats-députés Lucet, Laurier, Grévy et Jules Favre), de faire jaillir la preuve éclatante de l'impuissance et du danger de l'administration militaire, et, en même temps, de faire peser sur qui de droit la terrible responsabilité de l'insurrection.

» Pour accomplir cet acte de justice, nous comptions surtout sur M. Jules Favre, ce vieil ami de l'Algérie, qui, si souvent, avait mis sa magistrale parole au service de notre cause. Nous nous rappelions que, sous l'Empire, M. Jules Favre avait été un des adversaires les plus terribles et les plus tenaces de l'autorité militaire; qu'il avait forcé le trop célèbre Jérôme David à venir à la tribune faire un *mea culpa* solennel.....

» Mais quelle n'a pas été notre stupéfaction et notre douleur d'entendre le grand orateur renier ouvertement ses anciennes doctrines et exalter les chefs militaires chargés, pendant l'insurrection, de l'administration des indigènes! Son discours a été une immense glorification des bureaux arabes, qui, d'après lui, toujours et partout, ont été admirables de dévouement. « L'éternel honneur des

mais la plupart jugèrent plus prudent de supprimer complètement ce passage dans leurs comptes rendus des débats.

Le décret du 1ᵉʳ janvier 1871 crée, dans chaque département algérien, un général de brigade administrateur du territoire militaire, ayant sous ses ordres tous les officiers administrateurs des cercles ou districts et faisant passer toute sa correspondance par l'intermédiaire du préfet.

Le général administrateur n'avait aucun commandement de troupes, et les officiers administrateurs, dans les localités où ils étaient placés, ne devaient pas avoir le commandement supérieur des troupes, qui était laissé au commandant de détachement le plus élevé en grade.

L'ancienne organisation militaire tire une grande partie de sa force de ce que la direction politique et le commandement des troupes destinées à assurer la sécurité sont dans les mêmes mains ; le principe différent ne peut être qu'une source de lenteurs et de tiraillements. Le décret du 1ᵉʳ janvier était donc l'énervement du commandement, il ne laissait que des officiers privés de leurs attributs, émasculés. D'un autre côté, il violait le grand principe de subordination qui veut que, dans un poste, le commandant d'armes soit toujours l'officier le plus élevé en grade ou le plus ancien dans le grade le plus élevé.

Le décret dont il s'agit n'a reçu qu'une application très incomplète dans la province de Constantine, où le capitaine Rustant fut nommé général de brigade administrateur, le 3 février 1871. Cette mise en œuvre a fait naître des difficultés sérieuses qui n'ont pas eu de suites fâcheuses, grâce au bon sens, à l'esprit conciliant et au bon vouloir du général administrateur choisi.

Je dois ajouter, pour compléter l'analyse de l'œuvre de

» officiers des bureaux arabes, s'est-il écrié, est d'avoir su devenir et rester les
» amis des indigènes » ; et il a ajouté : « Il est impossible, sous peine de voir une
» révolution éclater, de changer l'ancien système : le régime de la force est encore nécessaire, car on ne sait jamais ce qu'une révolution peut amener de
» désastres et de ruines. »
» Ce sont là de bien imprudentes paroles, Monsieur Jules Favre..... »

M. Crémieux, qu'il se hâta de mettre en liberté des personnages indigènes qui étaient internés en France à cause de leurs menées politiques et qu'on avait jugé prudent d'éloigner de leur pays.

J'ai dit que le conseil municipal d'Alger, s'érigeant en comité de salut public, avait donné le gouvernement de l'Algérie au maire Vuillermoz, et j'ai montré l'anarchie qui régnait en ce moment dans la ville; c'est dans ces conjonctures que débarqua à Alger, le 10 novembre 1870, le général Lallemand, qui avait été nommé commandant supérieur des forces de terre et de mer de l'Algérie par le même décret du 24 octobre 1870, qui avait donné à M. Henri Didier, procureur de la République près le tribunal de la Seine, les fonctions de gouverneur général.

La délégation de Tours avait eu la main heureuse en choisissant le général Lallemand pour un commandement qui demandait tant de prudence et de fermeté, dans la situation où se trouvait l'Algérie. C'était un homme simple et droit, foncièrement bon, austère, dépourvu d'ambition, dévoué au devoir, respectueux de la légalité, d'un abord facile, conciliant, toujours calme, sans raideur, très sympathique, inspirant la confiance par sa loyauté. C'était un homme taillé à l'antique. Il n'avait qu'un défaut, c'était d'être déplorablement sourd.

Il était connu, estimé et aimé des indigènes qui l'appelaient Letreuch (le sourd), et qui avaient apprécié sa bonté et son équité (1).

Le général Lallemand fut d'abord accueilli à Alger avec une certaine faveur, car il ne portait pas ombrage et on le savait incapable d'abuser de son pouvoir; puis plus tard on se tourna

---

(1) Il appartenait au corps de l'état-major. Il avait été commandant supérieur de Tizi-Ouzou, du 16 juillet 1857 au 1ᵉʳ novembre 1858; chef du bureau politique, de cette date au 14 novembre 1860, puis commandant de la subdivision d'Aumale jusqu'au 13 septembre 1862, enfin commandant de la subdivision d'Orléansville, jusqu'au 10 octobre 1870, date à laquelle il était passé au commandement de la subdivision de Médéa. Il avait été appelé à l'armée de la Loire le 13 octobre 1870, avant d'avoir pu prendre son nouveau commandement.

aussi contre lui, mais il ne fut jamais attaqué avec la même violence que les autres chefs militaires.

Quelques jours après son arrivée à Alger, un décret, daté du 17 novembre, désignait comme commissaire extraordinaire, provisoirement chargé des attributions de gouverneur civil, M. du Bouzet, ancien professeur du lycée d'Alger, ancien directeur du journal *l'Indépendant* de Constantine; il était devenu rédacteur au journal *le Temps* lorsqu'on en avait fait un préfet d'Oran, le 17 septembre 1870.

C'était un homme de plume, très capable de rédiger une proclamation, mais pas fait du tout pour gouverner dans des circonstances difficiles. Il était hypnotisé par cette idée que les bureaux arabes voulaient soulever une insurrection. En les supposant, bien gratuitement, capables d'un crime aussi monstrueux au moment où la patrie se débattait sous le pied de l'envahisseur, il eût dû se dire au moins que l'heure aurait été bien maladroitement choisie, puisque, sans troupes et sans moyens de répression, ils eussent été les premières victimes du mouvement qu'ils auraient préparé. Mais la passion ne raisonne pas.

Il eut au moins le bon esprit, comprenant son incompétence, de laisser le général Lallemand diriger les affaires des tribus. Le général lui rendait compte, le plus souvent verbalement, des mesures qu'il prenait, mais comme le commissaire extraordinaire n'était pas au courant de la politique indigène, ces comptes rendus ne lui disaient rien. C'est ainsi qu'il a pu affirmer plus tard, de bonne foi, devant la cour d'assises de Constantine, que le général Lallemand ne lui avait pas parlé des efforts faits pour réconcilier le sof de Mokrani avec celui d'Abd-es-Slam; le général n'avait pas manqué de l'entretenir de cette question, mais il n'y avait pas pris garde.

On a affirmé, mais je n'ose y croire, que M. du Bouzet, préoccupé de sa sûreté personnelle, avait organisé une garde du corps au moyen de biskris armés de bâtons.

CHAPITRE III

Les indigènes commencent à entrevoir l'occasion d'essayer de nous chasser de l'Algérie. — Personnel du commandement français et personnalités indigènes à surveiller dans les cercles de Dellys, de Tizi-Ouzou, de Fort-National, de Dra-el-Mizan, dans la subdivision d'Aumale et l'annexe des Beni-Mançour, et dans l'annexe d'Alger. — Commandement de la division d'Alger. — Assassinat du colon Berdoulat, le 5 février 1871, à Tizi-Ouzou. — Un cavalier du bureau arabe de Tizi-Ouzou en service aux Oulad-Sidi-Ali-ou-Moussa est reçu à coups de fusil le 6 février. — Tournée du chef du bureau arabe de Tizi-Ouzou, du 2 au 8 mars. — Assassinat de quatre Européens dans la forêt du Tamgout, le 1er avril. — Le général Hanoteau demande de retarder le retour des tirailleurs en Algérie. — Il demande des renforts. — Effectif des troupes au commencement de 1871.

Comme je l'ai dit, les indigènes avaient d'abord vu sans s'émouvoir la guerre contre la Prusse ; mais lorsqu'ils apprirent nos désastres, la déchéance de l'Empereur, lorsqu'ils virent partir toutes nos troupes régulières qu'on remplaçait par des mobiles et des mobilisés sans discipline et sans instruction militaire, lorsqu'ils virent les officiers, les généraux eux-mêmes insultés, bafoués, expulsés, tous les pouvoirs publics bouleversés et l'anarchie maîtresse dans tous nos grands centres, ils commencèrent à se demander si l'heure de la délivrance n'allait pas bientôt sonner pour eux. Dieu frappe de démence ceux qu'il veut perdre et, à ce compte, il semblait bien qu'un vent de folie eût passé sur la colonie.

Suivant les croyances des indigènes la domination de leur pays par les chrétiens est un châtiment que Dieu leur a infligé et qui était annoncé par d'anciennes prédictions (1), mais ces prédictions ont annoncé aussi qu'un *moul saa* (maître de l'heure), qu'on reconnaîtra à certains signes, surgira au milieu d'eux, chassera les envahisseurs et établira un ordre de

---

(1) Voir l'étude sur l'insurrection du Dhara, du capitaine Richard, publiée en 1846.

choses nouveau; tous sont profondément convaincus que ce *moul saa* arrivera et ils attendent la venue de ce libérateur.

Les Kabyles, dont je m'occupe plus particulièrement, avaient vu souvent surgir des chérifs qui se donnaient comme le *moul saa*, ils les avaient suivis et leur attente avait été trompée, mais leur confiance n'avait pas, pour cela, été ébranlée.

Ils comprenaient très bien qu'ils ne retrouveraient jamais la paix et la prospérité que nous leur avions données; mais la jouissance du bien-être n'avait pas encore étouffé le souvenir de l'indépendance absolue dont ils avaient joui pendant des siècles. D'ailleurs, s'ils avaient été traités jusque-là avec bonté et sollicitude pour leurs intérêts, rien ne prouvait qu'il en serait encore ainsi lorsque les colons feraient eux-mêmes les lois, comme ils en émettaient la prétention.

Les gens sages se disaient bien que, si les Français étaient obligés de quitter l'Algérie, le pays ne ferait probablement que changer de maîtres et qu'ils ne gagneraient peut-être pas au change; mais il y a si peu de gens sages en pays musulman comme ailleurs!

Toutes ces idées les agitaient; ils avaient encore pu, à la fin de septembre, résister aux excitations de l'agitateur Bou-Bekeur-ben-Khadouma, mais, à partir du mois d'octobre, leur manière d'être changea; ils n'avaient plus la même confiance, le même abandon; ils paraissaient attendre quelque chose.

Il n'était pas à croire qu'ils se mettraient, comme autrefois, en insurrection isolément et il était à craindre que, si un jour la révolte était résolue, elle éclaterait dans toutes les tribus à la fois.

Les pèlerinages à Seddouk se multipliaient de plus en plus, le fanatisme religieux, déjà réveillé, comme nous l'avons vu, s'accentuait encore d'une manière alarmante. Les bandes de pèlerins qui se rendaient chez le Chikh-el-Haddad, conduits par leurs mokoddems, suivaient les chemins pieds nus, avec des mines farouches, psalmodiant leur dekeur; les femmes elles-mêmes se rendaient chez le vieux chikh et elles n'étaient pas les moins exaltées. Quelque chose se préparait.

Avant d'aller plus loin, je vais indiquer quel était le personnel du commandement dans les cercles (1) qui allaient être atteints par l'insurrection et quels étaient les personnages indigènes qui travaillaient à préparer la révolte.

Subdivision de Dellys — La subdivision était commandée par le général Hanoteau (2), l'auteur d'une grammaire touareg, d'une grammaire kabyle, des *Poésies populaires de la Kabylie* et l'auteur, en collaboration avec le conseiller Letourneux, de la cour d'appel d'Alger, de l'ouvrage que j'ai déjà cité : *La Kabylie et les Coutumes kabyles*. C'est dire qu'il connaissait à fond le pays kabyle et tous les personnages importants de la subdivision. Il avait commandé les cercles de Dra-el-Mizan et de Fort-Napoléon et il avait été directeur provincial des affaires arabes à Alger.

Le chef du bureau arabe était le capitaine Huber, qui avait été nommé le 19 décembre en remplacement du capitaine Robin. Il était chef de l'annexe de Djelfa au moment de la guerre, mais il avait été un peu auparavant initié aux affaires kabyles comme chef du bureau arabe de Fort-Napoléon. C'était un officier bien au courant du service et à hauteur de la situation.

Celui qui devait être le chef de l'insurrection dans le cercle de Dellys appartenait au territoire civil ; c'était un vieillard qui avait joué un rôle important en Kabylie au début de la conquête, le nommé El-Hadj-Aomar-ben-Mahi-ed-Din. Il avait été le premier à nouer des relations avec les Français, avait longtemps lutté contre Bel-Kassem-ou-Kassi pour la

---

(1) Je conserve l'appellation de cercle bien que le gouvernement de la Défense nationale ait remplacé ce mot par celui de district, parce que le nouveau nom a été éphémère et désignait absolument la même chose.

(2) Au moment de la déclaration de guerre la subdivision de Dellys était commandée par le général de Neveu ; la nomination du général Hanoteau est du 28 novembre 1870. Ce dernier avait commandé le cercle de Dra-el-Mizan de 1858 au 13 octobre 1860, le cercle de Fort-Napoléon du 14 octobre 1860 au 6 novembre 1862, date à laquelle il fut nommé directeur des affaires arabes. Il conserva cette dernière position jusqu'au 26 août 1864. Il avait repris un peu plus tard le commandement de Fort-Napoléon.

prépondérance dans la vallée du Sebaou (1) et il avait fait sa soumission au maréchal Bugeaud lors de l'expédition de mai 1844.

C'était un homme très intelligent et fin, d'un caractère énergique ayant eu dans sa jeunesse une grande réputation de bravoure.

Il n'avait pas voulu de commandement pour lui-même et avait fait nommer agha de Taourga son frère, El-Medani-ben-Mahi-ed-Din, qui eut cinq tribus sous ses ordres.

Ce commandement fut peu à peu réduit à un petit caïdat qui disparut lorsque Taourga passa en territoire civil, le 16 août 1859.

El-Hadj-Aomar-ben-Mahi-ed-Din, qui avait encore une grande influence dans le bas Sebaou, nous avait sans doute gardé rancune de cet abaissement successif de sa famille. Ses menées politiques n'avaient pas attiré l'attention, et ce ne fut que lorsque l'insurrection éclata qu'on le vit à la tête du mouvement.

Parmi les mokoddems de Chikh-el-Haddad, les plus ardents pour la propagation de l'ordre, il faut citer Chikh-Taïeb, dans les Flissat-el-Behar et Si-Mohamed-Cherif-el-Gueribissi du douar des Oulad-Aïssa, tribu des Isser-Drœu, dont la zaouïa de Gueribissa était située à deux kilomètres de Rebeval; le marabout y avait des propriétés, entre autres une briqueterie. Si-Mohamed-Chérif-el-Gueribissi était le président du medjelès de Dellys.

Le commissaire civil de Dellys était M. Le Génissel, bon administrateur, sage et conciliant.

Le maire était M. Jannin, chef du parti avancé, qui avait

---

(1) Bel-Kassem-ou-Kassi, de Tamda, et El-Hadj-Aomar-ben-Mahi-ed-Din, de Taourga, avaient été tous deux nommés agha par Abd-el-Kader, le premier pour le haut Sebaou et le second pour le bas Sebaou, sous l'autorité du khalifa Si-Ahmed-Taïeb-ben-Salem.

En 1844, Bel-Kassem-ou-Kassi était resté insoumis; lorsqu'il fit sa soumission, en 1847, on le nomma bach-agha des Sebaou et son commandement englobait presque toutes les tribus de l'aghalik de Taourga.

L'agha El-Medani mourut le 6 avril 1855; son aghalik fut supprimé et remplacé par un caïdat qu'on donna à un de ses proches parents, Lounès-ben-Mahi-ed-Din.

donné son adhésion à l'usurpation de pouvoir qu'avait voulu commettre le maire d'Alger. Il était de ceux qui attaquaient avec virulence l'autorité militaire, mais il faut dire qu'il n'a suscité aucune difficulté au commandement à Dellys.

Cercle de Tizi-Ouzou. — Le cercle de Tizi-Ouzou avait pour commandant supérieur, depuis le 10 février 1871, M. Leblanc (1), chef de bataillon en retraite, qui avait été rappelé à l'activité au titre de l'armée auxiliaire. C'était un ancien capitaine trésorier du 3ᵉ tirailleurs, qui était passé chef de bataillon à l'ancienneté et qui avait pris sa retraite à la limite d'âge.

Il s'était mis au service de M. Moutte, entrepreneur de transports à Alger, lequel s'était rendu acquéreur de l'usine à huile à l'européenne de Makouda, dans les Beni-Ouaguennoun de Dellys et du moulin à farine et à huile de Saint-Pierre, sur l'oued Aïssi, au pied de la montagne des Beni-Raten.

M. Leblanc habitait Tizi-Ouzou, d'où il surveillait la gestion des deux établissements et il s'y livrait au commerce des olives pour le compte de sa maison. Il était un peu cassant avec les Kabyles et il était en d'assez mauvais termes avec le caïd Ali-ou-Kassi dont je parlerai plus loin.

Au demeurant, c'était un très brave homme et un brave soldat, animé des meilleures intentions ; mais il n'avait aucune expérience des affaires indigènes et il avait eu beau reprendre l'uniforme militaire, les Kabyles voyaient toujours en lui un mercanti.

L'officier qui remplissait les fonctions de chef du bureau arabe était le lieutenant Wolff (2), prisonnier sur parole, qui avait été placé d'abord comme stagiaire à Dellys, avait été nommé adjoint de 2ᵉ classe sur place, puis adjoint de 1ʳᵉ classe

---

(1) Il avait remplacé le capitaine Sériziat, qui avait été nommé major au 1ᵉʳ tirailleurs.
(2) Depuis la guerre, il y avait successivement eu à Tizi-Ouzou : le capitaine Thiébaud, de l'artillerie; puis le lieutenant Tissier, nommé le 19 décembre 1870; puis le lieutenant Wolff.

faisant fonctions de chef de bureau arabe à Tizi-Ouzou. Cette dernière nomination datait du 19 janvier 1871.

Le lieutenant Wolff avait servi aux tirailleurs indigènes, savait un peu d'arabe et avait une certaine connaissance du pays, car il y avait fait les campagnes de Kabylie de 1856 et de 1857.

C'était un officier intelligent, très actif, très allant, brave, mais n'ayant aucune expérience des affaires indigènes. Il aurait eu besoin d'être guidé; or, le commandant supérieur était aussi neuf que lui dans le service.

Il y avait au bureau arabe un adjoint de 2ᵉ classe, qui était le lieutenant de Laforcade, aussi prisonnier sur parole et nouveau venu dans les affaires indigènes. L'interprète, M. Goujon, était un homme déterminé et un vaillant soldat, comme nous le verrons plus tard.

Le centre de Tizi-Ouzou était organisé en commune mixte ; le commandant supérieur en était l'administrateur et l'adjoint civil était M. David, un des plus anciens colons de la localité.

Les colons de Tizi-Ouzou avaient bien leur comité de défense et déblatéraient quelque peu contre les militaires, mais ils n'ont pas fait d'opposition au commandement et, quand l'insurrection est venue, ils se sont conduits comme de braves gens.

Voyons maintenant quels étaient les personnages indigènes méritant plus particulièrement notre attention.

La famille des Oulad-ou-Kassi avait toujours joué le premier rôle dans la vallée du Sebaou, au temps des Turcs comme au temps de l'émir Abd-el-Kader, comme depuis la conquête française.

En faisant sa soumission en 1847, Bel-Kassem-ou-Kassi avait reçu, avec le titre de bach-agha du Sebaou, le commandement de toutes les tribus qui composaient actuellement le cercle de Tizi-Ouzou et d'une grande partie des cercles de Fort-National et de Dellys. Décédé, après nous avoir rendu de grands services, en 1854, à la fin de l'expédition du général Randon, il avait été remplacé, comme bach-agha, par son frère El Hadj-Mohamed-ou-Kassi, vaillant et intrépide cavalier mais qui, au point de vue du commandement, était loin d'avoir la même valeur que Bel-Kassem.

El-Hadj-Mohamed-ou-Kassi, laissé un peu de côté par l'autorité française, n'avait eu qu'une situation effacée et, après l'expédition de 1857, les institutions kabyles ayant été données aux tribus récemment soumises, son commandement devint complètement nul. Un de ses fils, Ahmed, qui avait été caïd du haut Sebaou, est mort en 1866 ; son second fils, Ali, fut alors nommé caïd réel des Ameraoua et caïd honoraire des tribus du haut Sebaou. L'extension aux Ameraoua, en 1860, de l'organisation kabyle, ne laissa au caïd Ali que le titre de caïd honoraire.

Le bach-agha El-Hadj-Mohamed-ou-Kassi est mort le 28 janvier 1864 et le bachagalik du Sebaou fut supprimé.

Le caïd Ali regrettait sans aucun doute la haute position qu'avait occupée sa famille, mais il était d'un tempérament un peu mou et n'était pas fait pour les premiers rôles ; il était plus susceptible de se laisser mettre en avant et pousser par les partisans de sa famille que de chercher à les entraîner lui-même à l'insurrection. Il était intelligent, bon cavalier, parlait un peu le français et on l'avait nommé conseiller général du département d'Alger pour lui donner un peu de relief.

Depuis quelque temps, on l'accusait de nouer des intrigues dans le pays pour préparer la révolte, et, pour le mettre à l'abri de ces accusations, le général de Neveu, qui commandait la subdivision de Dellys, lui avait conseillé d'habiter une maison qu'il possédait dans cette ville, mais il n'avait pas cru devoir suivre ce conseil.

Il avait à sa disposition la maison du commandement du village indigène de Tizi-Ouzou, qui avait été construite par le génie pour le bach-agha, sur les fonds des contributions de guerre et sur les centimes additionnels, et il aurait pu s'y fixer ; mais il préférait habiter la zmala de Tamda, soit qu'il s'y plût davantage, soit qu'il cherchât à se rapprocher de ses partisans et à se trouver moins directement soumis à la surveillance de l'autorité.

Les enfants de Bel-Kassem-ou-Kassi étaient au nombre de

trois : Mohamed-Amokran, Mohamed-Saïd et Mhamed ; ils avaient été écartés de tout commandement par leur oncle El-Hadj-Mohamed-ou-Kassi. L'aîné, Mohamed-Amokran, aurait trouvé naturel de succéder à son père dans son commandement, et il nous gardait rancune de l'oubli où on l'avait laissé ; déjà, en 1856, au moment de la révolte des Ameraoua-Fouaga, il était passé à l'ennemi et était resté un an en insurrection. C'était un brave et hardi cavalier, un peu brutal, d'un caractère décidé, mais il n'avait pas l'art qu'avait eu son père à un haut degré, de faire jouer les ressorts de la politique kabyle.

Une veuve de Bel-Kassem-ou-Kassi, Khedoudja-bent-Ahmed-ben-Kanoun, des Isser, dont la famille avait occupé une situation importante au temps des Turcs (1) avait une influence très grande sur les siens. C'était une femme vraiment supérieure aux femmes indigènes, très intelligente, ayant du caractère et de la dignité. Bel-Kassem ne dédaignait pas de prendre ses conseils. Elle était jeune encore à la mort de son mari et elle avait été très recherchée, mais elle avait préféré conserver son veuvage et rester avec ses enfants. C'était la mère de Mohamed-Saïd et de Mhamed.

Son influence contribua peut-être à faire sortir les Oulad-ou-Kassi du droit chemin, car elle était affiliée à l'ordre de Si-Abder-Rhaman-bou-Goberin et obéissait à l'impulsion de Chikh-el-Haddad.

Les Ouled-ou-Kassi étaient mécontents d'avoir été rabaissés au niveau de tous les Kabyles, mais ils jouissaient encore d'une fort belle position de fortune ; les deux bach-aghas s'étaient fait la part du lion dans les terres beylik des Ameraoua et ils avaient de vastes étendues un peu partout, mais particulièrement dans les Ameraoua-Fouaga.

Dans le cercle de Tizi-Ouzou, il y avait encore eu un grand chef indigène, l'agha Allal-ben-Ahmed-Sr'ir des Ameraoua-

---

(1) Un aïeul de cette femme, Ahmed-ben-Kanoun, avait été chaouch de l'agha des Arabes ; il avait rempli des missions importantes en Kabylie et y avait même conduit des colonnes au temps des Turcs.

Tahta, mais il était mort le 31 janvier 1860 et son aghalik avait été supprimé. Ses fils n'avaient pas une notoriété suffisante pour nous donner des craintes.

Comme je l'ai dit, de nombreux mokoddems travaillaient à la propagation de l'ordre des Rahmania dans le cercle de Tizi-Ouzou ; le plus ardent et le plus influent de tous était Chikh-Mohamed-ou-Ali-ou-el-Kadi de Bou-Hinoun, tribu des Beni-Zmenzer ; son action directe s'étendait sur le pâté montagneux des Beni-Aïssi et des Beni-Zmenzer ; il avait en outre la direction d'un certain nombre de mokoddems sur divers points du cercle et il leur donnait le mot d'ordre. Ce fut lui le véritable organisateur de la révolte (1).

Dans le pâté montagneux des Maatka, au village des Cheurfa-el-Bachir, deux marabouts très vénérés s'attachaient aussi à exciter le fanatisme chez leurs khouans et leurs serviteurs religieux ; c'étaient Si-Mohamed-Salah et Si-Ahmed-el-Bachir, fils du Chikh-el-Bachir qui avait été grand maître de l'ordre des Rahmania de 1836 à 1841.

Après le départ du pays de Si-el-Hadj-Amar, ce grand maître de l'ordre qui avait été le chef de l'insurrection de 1856, Si-el-Hadj-Mhamed-ben-Mohamed-el-Djadi lui avait succédé comme oukil de la zaouïa de Si-Abd-er-Rahman-bou-Goberin et, pendant quelques années, ce marabout avait eu autour de lui un noyau de dissidents qui s'étaient tenus à l'écart de Chikh-ou-Haddad ; Si-Mohamed-Salah et Si-Ahmed s'étaient rattachés à lui. Depuis quelque temps tous s'étaient ralliés à Chikh-el-Haddad contre l'ennemi commun, mais il y avait encore une nuance, ils se regardaient plutôt comme alliés de Chikh-el-Haddad que comme ses serviteurs.

Au moment de l'insurrection de 1856, l'influence des marabouts des Cheurfa-el-Bachir, opposée à celle de Chikh ou Arab des Beni-Raten nous avait été favorable, mais il n'en était plus de même aujourd'hui. Leur homme d'action était Ali-ou-Amar-ou-Boudjema, ancien caïd des Aït-Zaïm (2), qui avait vu le

---

(1) Il a été condamné à Constantine, le 12 mai 1873, à 5 ans de réclusion.
(2) Il avait été nommé caïd le 18 décembre 1866.

commandement lui échapper lorsque l'organisation kabyle avait été étendue aux Maatka ; il était rusé, intrigant, actif, passionné.

Comme mokoddems influents on peut encore citer dans le cercle de Tizi-Ouzou : Si-Mohamed-Amokran d'Handou, tribu des Beni-Djennad de l'est, vieillard fanatique, à la parole violente, toujours en route, allant de Chikh-el-Haddad à Chikh-Mohamed-ou-Ali-ou-el-Kadi, portant leurs ordres et commentant leurs paroles, et Si-Ahmed-ou-Chikh des Aït-Zellal, tribu des Beni-bou-Chaïb, allié aux Oulad-ou-Kassi et à Chikh-Mohamed-ou-Ali d'Isahnounen, tribu des Beni-Raten, dont je vais bientôt parler.

Cercle de Fort-National (1). — Le cercle avait pour commandant supérieur le commandant Hersant, du 83ᵉ de ligne, qui avait succédé, le 25 novembre 1870, au colonel Hanoteau, nommé général de brigade et commandant de la subdivision de Dellys. Le commandant Hersant était venu en Algérie comme prisonnier sur parole ; il n'entendait rien aux affaires indigènes et il était un peu dérouté par les questions qui lui étaient soumises. Heureusement qu'il avait un chef de bureau arabe en état de le renseigner pertinemment ; c'était le capitaine Ravez. Cet officier était adjoint de 2ᵉ classe au bureau arabe au moment de la déclaration de guerre ; il avait été promu adjoint de 1ʳᵉ classe faisant fonctions de chef de bureau arabe, le 1ᵉʳ octobre, au départ du lieutenant Sage, qui avait été nommé capitaine au 1ᵉʳ zouaves de marche, puis il était devenu chef de bureau titulaire par décision du 19 décembre 1870.

Le capitaine Ravez était un officier énergique, vigoureux et actif, d'un tempérament militaire, connaissant bien son cercle.

Il avait pour adjoints : 1° le capitaine Valleur, du 1ᵉʳ zouaves, qui avait déjà été à ce poste avant la guerre, était parti pour

---

(1) A la fin de 1870, le nom de Fort-Napoléon a été changé en celui de Fort-National dans les actes officiels, mais aucune décision n'avait consacré ce changement de nom.

l'armée de la Loire à sa nomination de capitaine et était revenu après la conclusion de la paix; il avait pu arriver à Fort-National le 12 avril; 2° le sous-lieutenant Fiack, prisonnier sur parole, arrivé depuis peu; c'était un bon officier, mais il n'avait aucune expérience des affaires.

Le village de Fort-National formait, comme nous l'avons vu au chapitre Ier, une commune mixte administrée par le commandant supérieur. La population civile, très peu nombreuse, est restée assez calme; l'adjoint était M. Emerat.

Le mokoddem de Chikh-el-Haddad le plus influent, celui qui devait devenir le chef de l'insurrection dans le cercle de Fort-National, était Chikh-Mohamed-ou-Ali-ou-Sahnoun (1) d'Isahnounen, tribu des Beni-Raten; son action de propagande s'étendait sur divers points du cercle et jusque dans le cercle de Tizi-Ouzou au moyen de mokoddems de 2e ordre qui obéissaient à son impulsion.

Parmi les autres mokoddems les plus fanatiques et les plus actifs, on peut citer Si-Mohamed-Naït-Braham de Taourirt-Ali-ou-Naceur, tribu des Beni-Itourar' et Si-Mohamed-el-Haoussin de Bou-Abd-er-Rahman, tribu des Beni-Ouassif.

Parmi les chefs indigènes, quelques-uns nous étaient hostiles; tel était Ali-Amzian-Naït-ou-Kezzouz que le commandement avait vu avec regret élire amin el oumena des Illoula-ou-Malou. Ce chef indigène s'était déjà compromis par ses relations avec l'agitateur Bou-Bekeur-ben-Khadouma qui était venu, au mois de septembre, prêcher la guerre sainte dans l'Oued-el-Hammam; il était en relations constantes avec Chikh-el-Haddad, les Oulad-Mokran de la Medjana et avec le caïd Ali-ou-Kassi. Il était oukil de la zaouïa Ben-Dris.

Mhamed-Isedkaouen, mokoddem de Chikh-el-Haddad, amin el oumena de la fraction de Djira-el-Maan des Beni-Idjeur, secondait Ali-Amzian-Naït-ou-Kezzouz dans ses agissements.

Il y avait encore un vieux marabout des Beni-Itourar', Si-

---

(1) Il a été condamné, par la cour d'assises de Constantine, à la déportation dans une enceinte fortifiée.

Hammou-bou-Dia, amin el oumena de la fraction d'El-Djebel. Après nous avoir rendu des services signalés au moment de l'expédition du général Randon, en 1854, services qui lui avaient valu sa nomination de caïd de sa tribu, il s'était maintenant tourné contre nous et n'était pas des moins acharnés.

Cercle de Dra el-Mizan. — Au début de la guerre contre la Prusse, le cercle avait pour commandant supérieur le capitaine d'état-major Moutz. Cet officier ayant été rappelé en France (1) avait été remplacé, le 25 novembre 1870, par le capitaine Honoré, du 1er chasseurs d'Afrique. Après la conclusion de la paix, le capitaine Moutz, devenu chef d'escadron, était rentré en Algérie et avait été renvoyé dans son ancien commandement à la date du 3 avril 1871.

Le capitaine Belin, chef du bureau arabe, avait été remplacé, le 6 décembre 1870, par le lieutenant Mercier qui, promu capitaine dans un régiment de marche, fut remplacé lui-même, le 19 janvier 1871, par le capitaine Thouverey, prisonnier sur parole. Par suite d'un hasard singulier, le capitaine Thouverey se trouvait justement avoir été le premier chef du bureau arabe de Dra-el-Mizan après la transformation en cercle de l'annexe de même nom (2) ; il se retrouva donc en pays connu.

Les adjoints du bureau arabe étaient le lieutenant Lacipière, du 86e de ligne, et le lieutenant d'artillerie de mobiles Cardot, tous deux prisonniers sur parole et qui ne connaissaient rien aux affaires indigènes.

La commune mixte de Dra-el-Mizan, qui avait comme annexe la section de Palestro, avait pour adjoints civils à Dra-el-Mizan M. Bagès et à Palestro M. Bassetti.

Comme nous le savons, le cercle de Dra-el-Mizan avait sur

---

(1) On avait rappelé en France, par mesure d'exception, les officiers des armes spéciales, état-major, génie et artillerie, qui étaient détachés dans les affaires arabes.
(2) Sa première nomination à Dra-el-Mizan datait du 8 janvier 1857.

son territoire, dans la tribu des Beni-Smaïl, la zaouïa de Si-Abd-er-Rahman-bou-Goberin, qui avait été le berceau de l'ordre des Rahmania et qui attirait encore un grand nombre de pèlerins bien que l'affluence se fût tournée du côté de Seddouk. L'oukil de la zaouïa Si-el-Hadj-Mhamed-ben-Mohamed-el-Djadi, originaire des Beni-Djad du cercle d'Aumale, était un homme de prière, ami de la paix plutôt qu'un homme de poudre, et il ne paraissait pas devoir nourrir personnellement des idées de révolte; néanmoins, sa zaouïa était l'objet d'une grande surveillance.

Son influence s'étendait sur une partie du cercle de Dra-el-Mizan, sur les Maatka de Tizi-Ouzou, sur les Beni-Yala de l'annexe des Beni-Mançour et sur les tribus kabyles du cercle d'Aumale : Beni-Meddour, Merkalla, confédération des Beni-Djad.

Les principaux mokoddems étaient : Rabia-ben-Ali-el-Ameraoui, amin el oumena des Mechtras (1), Si-Mohamed-Arezkei, de la même tribu, ancien bach-adel du cadi de Dra-el-Mizan, Akli-Naït-Bouzid des Benis-Mendès, Mohamed-ou-el-Hadj-bel-Kassem, amin el oumena des Beni-Smaïl, Si-Mohamed-ben-Lounès des Oulad-Ali, tribu des Beni-Khalfoun.

On croyait pouvoir compter sur les caïds des anciennes tribus makhezen, les Abid, les Harchaoua et les Nezlioua, et aussi sur l'amin el oumena des Flissa (2), dont le territoire confinait au territoire de colonisation. Ces quatre tribus, qui pouvaient encore fournir quelques cavaliers, avaient été les seules du commandement de Dra-el-Mizan à ne pas faire défection lors de l'insurrection de 1856 et elles avaient, au contraire, fourni des contingents qui ont donné leur concours à nos troupes. L'espérance de voir ces chefs indigènes rester encore fidèles devait être trompée.

---

(1) On écrit quelquefois Mechtra, mais c'est à tort; le nom vient, en effet, de Mechta-Ras, campement d'hiver de Ras, qui était un personnage kabyle.
(2) Son commandement comprenait deux fractions de la grande confédération des Flissat-oum-el-Lil, les Mzala et les Mkira.

Je vais dire quelques mots sur l'amin el oumena des Flissa Si-Ahmed-ou-bel-Kassem dont j'aurai à parler plus tard.

Ce marabout, chef de la zaouïa de Sidi-Ali-ben-Yahia de Taka, avait, depuis longtemps, joué un rôle important dans le pays. En 1839, lorsque l'émir El-Hadj-Abd-el-Kader alla visiter la Kabylie et s'arrêta à Bor'ni, il nomma Si-Ahmed-ou-bel-Kassem caïd des Guechtoula ; il l'installa à l'ancien bordj turc et lui fit donner 10 askars par son khalifa Si-Ahmed-ben-Salem. Il ne réussit pas à se faire obéir de ces tribus (1) des Guechtoula, qui, au temps des Turcs, étaient à peu près indépendantes et, au bout de quelques mois, il dut rentrer dans les Flissa.

Après la soumission des Flissat-oum-el-Lil par le maréchal Bugeaud, en mai 1844, il fut nommé caïd, mais on ne lui donna l'investiture régulière qu'en 1847.

A l'époque de l'insurrection de Bou-Bar'la, en 1851, et de Si-el-Hadj-Amar, en 1856, sa tribu servit de barrière pour arrêter le mouvement insurrectionnel.

Une décision du gouverneur général, du 27 mars 1861, ayant prescrit que les Flissa seraient soumis à l'organisation kabyle, Si-Ahmed-ou-bel-Kassem cessa d'être caïd et devint amin el oumena, mais sa position dépendit de l'élection des amins.

Voici les notes qui lui furent données en 1865 :

Homme d'intelligence et de progrès, dévoué complètement et depuis longtemps à notre cause, honnête et consciencieux, gouverne paternellement ses administrés qui le prennent souvent comme arbitre dans leurs affaires, homme d'ordre et bon administrateur de sa tribu.

Issu d'une grande famille religieuse et vénéré de ses subordonnés, Si-Ahmed-ou-bel-Kassem, caïd ou amin el oumena des Flissa depuis 18 ans, vient d'être tout dernièrement récompensé de ses longs et loyaux services en obtenant la croix de chevalier de la Légion d'honneur, pour laquelle il était proposé depuis plusieurs années.

Si-Ahmed-ou-bel-Kassem était octogénaire et presque aveugle ; sa haute taille, sa large face douce et sympathique, sa

---

(1) Les Kabyles lui donnèrent ironiquement le nom de caïd-el-berouag, parce qu'il se faisait apporter des charges d'asphodèle pour servir de litière.

longue barbe blanche, son air vénérable lui donnaient l'aspect d'un patriarche biblique.

Comment ce vieillard presque impotent a-t-il pu, reniant son passé, se tourner contre nous, comme il va le faire bientôt, et devenir un de nos ennemis les plus acharnés ? C'est qu'il avait quelque chose sur le cœur.

En 1867, le capitaine Jobst, commandant supérieur de Dra-el-Mizan, employait comme chaouch un homme des Nezlioua appelé Mohamed-ou-Saïd, qui était très intelligent, très adroit, et rendait de réels services, mais qui, en même temps, abusait de sa situation de confiance auprès du commandant supérieur pour extorquer de l'argent à ceux qui avaient recours à son crédit supposé. Une cabale fut montée par des ennemis de l'autorité militaire pour arriver à compromettre, comme complices, le commandant supérieur et l'amin el oumena des Flissa. Le capitaine Jobst, qui était un modèle d'honnêteté et de droiture, ne put supporter l'idée d'être soupçonné d'une action aussi basse et se brûla la cervelle ; Si-Ahmed-ou-bel-Kassem fut emprisonné, conduit à Alger entre deux gendarmes pour être déféré au conseil de guerre. Son innocence fut reconnue et il fut mis en liberté, mais il ne put jamais nous pardonner le traitement ignominieux qui lui avait été infligé.

Subdivision d'Aumale. — Au moment de la déclaration de guerre, la subdivision d'Aumale était commandée par le colonel de Sonis, ancien commandant supérieur de Laghouat ; appelé en France, le colonel de Sonis fut remplacé, le 8 novembre 1870, par le colonel Rollet, qui fit place à son tour, le 13 février 1871, au lieutenant-colonel Trumelet, qui était commandant supérieur du cercle de Teniet-el-Had.

Le lieutenant-colonel Trumelet était un vieil Algérien, en Afrique depuis vingt ans et qui, depuis le siège de Laghouat en 1852, où il avait assisté, avait pris part à toutes les expéditions qui avaient eu lieu dans toutes les régions de l'Algérie, aussi bien dans le Sud qu'en Kabylie : c'est dire qu'il avait une profonde expérience des choses d'Afrique. Il connaissait à fond les indigènes, savait les ressorts qui les font agir et le degré de confiance qu'on pouvait avoir dans leurs chefs selon les circonstances. Il sut établir une bonne police dans les tribus et il était très bien renseigné. C'est sa décision et son énergie qui ont sauvé la banlieue d'Aumale du pillage et de la dévastation.

C'était un littérateur distingué faisant partie de la Société des gens de lettres (1).

Le chef du bureau arabe était le capitaine de cavalerie Cartairade, qui avait succédé, le 26 décembre, au capitaine Saint-Martin, nommé chef de bataillon et parti pour la guerre.

Le capitaine Cartairade était un ancien des affaires arabes, très vigoureux, très énergique, parlant bien l'arabe et ayant un réel ascendant sur les indigènes.

Il avait pour adjoints le capitaine Belot et le lieutenant Masson, tous deux prisonniers sur parole et nouveaux venus aux affaires arabes. L'interprète du bureau, M. Guin, depuis neuf ans à Aumale, connaissait très bien les hommes et les choses et n'était pas confiné dans sa spécialité, il savait très bien charger à la tête d'un goum.

La population civile d'Aumale était relativement calme, le lieutenant-colonel Trumelet lui inspirait confiance par sa bonhomie, ses allures familières et affables.

Le commissaire civil, M. Gagé, était disposé à donner son concours le plus entier au commandant militaire.

Un fait avait jeté depuis quelque temps un certain trouble dans plusieurs tribus d'Aumale. Le bach-agha de la Medjana

---

(1) Voici la liste des ouvrages que le colonel Trumelet a publiés sous son nom et sous le pseudonyme C.-T. de Falon, qui était le nom de sa mère : 1° *Les Français dans le Désert.* Journal historique, militaire et descriptif d'une expédition aux limites du Sahara algérien ; — 2° *Le Livre d'Or des tirailleurs indigènes de la province d'Alger ;* — 3° *Un Amour sous-marin.* Épisode du naufrage de l'Atlas. Récits et propos d'un monomane ; — 4° *Les Saints de l'Islam.* Légendes hagiologiques et croyances musulmanes algériennes ; — 5° *L'Algérie légendaire ;* — 6° *Histoire de l'insurrection des Oulad-Sidi-Ech-Chikh ;* — 7° *Un drame pour un cheveu.* Souvenirs intimes de la vie militaire d'autrefois ; — 8° *Le corps des interprètes militaires. Ce qu'il a été, ce qu'il est, ce qu'il doit être ;* — 9° *Le corps des interprètes militaires. Réponse à nos adversaires ;* — 10° *Une page de la colonisation algérienne. Bou-Farick ;* — 11° *Blida. Récits selon les légendes, la tradition et l'histoire ;* — 12° *Le Général Yusuf.*

El-Hadj-Mohamed-ben-el-Hadj-Amed-el-Mokrani (que j'appellerai simplement Mokrani) était passé au mois d'octobre 1870 dans le cercle d'Aumale venant d'Alger pour rejoindre son commandement ; il était accompagné d'une jeune femme qu'il venait d'épouser dans cette ville. L'agha des Arib, Yahia-ben-Ferhat, reçut chez lui le convoi de ses bagages et de ses serviteurs et il descendit de sa personne chez un nommé Mohamed-ben-Abd-Allah (1), conseiller municipal indigène de la commune d'Aumale, dans une campagne que celui-ci possédait à quelque distance de la ville. Le bach-agha y séjourna trois jours et y reçut la visite d'un assez grand nombre de chefs indigènes et de notables du pays ; il leur parla de ce qu'il avait vu à Alger, de l'anarchie qui régnait dans la population civile ; il leur dit que toutes les troupes régulières étaient parties et qu'il n'y avait plus que des mobiles ou mobilisés mal habillés, mal armés, peu disciplinés, ignorants du métier militaire, et il leur raconta les prétentions émises par les colons dans leurs clubs et dans leurs journaux. Sans leur proposer de s'insurger avec lui, il chercha à connaître leurs dispositions à cet égard.

Après le passage du bach-agha, des relations assez actives s'étaient établies entre la Medjana et les tribus d'Aumale par l'intermédiaire de deux chefs indigènes, l'agha Yahia-ben-Ferhat et le caïd des Beni-Amar, Mohamed-ben-Chennaf.

Le premier était un homme besogneux qui avait dissipé tout son bien et qui vivait d'expédients, manquant de franchise et aussi de décision et toujours engagé dans des intrigues. Mohamed-ben-Chennaf était un ancien cavalier du Makhezen, originaire des Oulad-Bellil, qui s'était tout particulièrement distingué le 3 octobre 1849 dans l'affaire des Cheurfa où le faux Chérif Si-Mohamed-el-Hachemi, qui se faisait passer pour Bou-Maza, avait été tué. C'était Mohamed-ben-Chennaf qui avait frappé le premier l'agitateur qu'on croyait invulnérable. En récompense de ses services, il avait été nommé plus tard caïd des Beni-Amar. C'était un brave homme, très hospitalier,

---

(1) C'était un ancien chaouch du bureau arabe d'Aumale révoqué.

mais qui se laissait mener par son frère Sliman-ben-Chennaf, cheik du douar d'El-Berdi, ambitieux et homme d'intrigues.

Les allées et venues des émissaires étaient activement surveillées ; mais, si elles étaient à juste titre suspectes, l'autorité ne pouvait pas sévir car, après tout, le bach-agha Mokrani n'était pas encore un insurgé.

Dans le cercle d'Aumale, la propagande des mokoddems des Rahmania n'avait recruté un grand nombre d'affiliés que dans les tribus Kabyles des Merkalla, des Beni-Meddour, des Oulad-el-Aziz et dans les tribus des Beni-Djad ; dans le reste du cercle, il n'y avait que des Aïssaoua ou des Rahmania prenant le mot d'ordre auprès du marabout des Cheurfa-el-Hamel du cercle de Bou-Saada, lequel ne voulait pas d'insurrection. Dans les tribus que je viens de nommer, c'était auprès de l'oukil de la Zaouia de Si-Abd-er-Rahman-bou-Goberin que les mokoddems et les khouan prenaient leur direction.

Les principaux mokoddems étaient : 1° Si-Hammouch-ben-Tamr'ir, chef de la zaouïa d'Agueni dans les Beni-Yala de l'annexe des Beni-Mançour ; l'influence religieuse de ce marabout s'étendait sur les Beni-Yala, les Beni-Meddour et les Merkalla ; 2° Si-el-Hadj-Mohamed-ben-el-Taïeb de Zerara, tribu des Ouled-el-Aziz, secondé par son fils Si-el-Arbi, dont l'action s'étendait sur les Ouled-el-Aziz ; 3° Ahmed-ben-el-Laoubi-de-Bezzit, aussi de la tribu des Oulad-el-Aziz ; 4° El-Hadj-Mohamed, des Cheurfa-el-Hammam, marabout fanatique qui agissait sur les Beni-Djad et particulièrement sur la tribu des Senhadja avec le concours de l'ancien caïd Si-Ali-ben-el-Aouadi. Ce dernier, homme d'intrigues, d'une ambition sans bornes, très riche, avait une influence religieuse considérable dans les Senhadja, où sa famille avait presque toujours été au pouvoir. Il avait cherché à faire rétablir en sa faveur l'ancien aghalik des Beni-Djad, supprimé depuis de longues années (1) et, sa demande n'ayant pas été accueillie, il en avait gardé une profonde rancune. Son fils, Si-Ahmed-ben-Ali, était le caïd de

---

(1) Si Allal-el-Merikhi, agha des Beni-Djad avait été révoqué, le 20 août 1853, à cause de ses exactions et l'aghalik avait été supprimé.

la tribu. Il va de soi que l'oukil de Si-Abd-er-Rahman-Si-el-Hadj-Mhamed-el-Djadi exerçait aussi une influence considérable sur les Beni-Djad dont il était originaire.

ANNEXE DES BENI-MANÇOUR. — Depuis la déclaration de guerre, quatre chefs d'annexe s'étaient succédé aux Beni-Mançour : le lieutenant Fontebride, nommé capitaine dans un régiment de marche, laissa le commandement, le 15 octobre 1870, au lieutenant Taizon, qui fut remplacé le 19 décembre par le capitaine Barnier; puis le capitaine Mas, prisonnier sur parole, fut nommé à ce commandement le 19 janvier 1871.

Avant la guerre, cet officier avait été en garnison à Fort-Napoléon et avait été employé par le colonel Hanoteau à des travaux topographiques dans les tribus, mais il n'était pas initié aux affaires indigènes; de plus, il manquait un peu de discernement, qualité essentielle dans un commandement isolé où il n'avait rien à attendre que de lui-même.

Il n'avait pas d'officier adjoint et n'avait avec lui qu'un interprète, M. Bel-Kassem-ben-Mustapha.

La population indigène de l'annexe ne pouvait qu'obéir à l'impulsion de ses voisins qui étaient, d'un côté l'Ouennour'a, les Beni-Abbès, les Beni-Mellikeuch; de l'autre, les tribus du versant nord du Djurdjura.

ANNEXE D'ALGER. — L'annexe d'Alger, dont le siège était à Alger, était commandée, depuis le 19 janvier 1871, par le sous-lieutenant Desnoyers (1), du 9⁰ chasseurs à cheval; c'était un officier bien au courant du service des affaires indigènes, vigoureux et actif et qui avait de l'initiative. Il n'avait pas d'officier adjoint, mais son interprète, M. Leguay, lui rendait tous les services qu'il aurait pu attendre d'un officier.

Les tribus de l'annexe ne donnaient pas d'inquiétudes, sauf

---

(1) Le capitaine Letellier, qui était chef d'annexe au moment de la guerre, était parti comme chef de bataillon et avait été remplacé, le 13 octobre 1870, par le capitaine Durand. Les bureaux de l'annexe étaient rue de Constantine, sur l'emplacement occupé aujourd'hui par l'église Saint-Augustin.

celle des Ammal, qui paraissait animée de mauvaises dispositions.

Les marabouts fanatiques de la zaouïa de Bou-Merdès, du territoire civil, exerçaient sur une partie du commandement une influence fâcheuse, de nature à y porter le désordre.

Division d'Alger. — La division d'Alger était commandée par le général de brigade Savaresse, prisonnier sur parole, qui avait remplacé le général de Neveu (1), décédé à Alger le 17 février 1871. Le général Savaresse avait d'abord été nommé au commandement de la subdivision de Médéa le 13 octobre 1870; il n'avait jamais été en Algérie, mais il avait beaucoup de bon sens et d'esprit pratique et il s'initia promptement à la connaissance des affaires.

Le directeur des affaires indigènes était le capitaine Robin, nommé le 10 décembre 1870, venant du bureau subdivisionnaire de Dellys.

A partir du mois de février 1871 se produisirent plusieurs faits qui témoignaient de modifications profondes dans la manière d'être des Kabyles vis-à-vis de nous. Depuis la soumission définitive de la Kabylie, il n'avait jamais été commis un seul attentat contre les personnes à l'égard d'Européens, et les agents du commandement avaient toujours été respectés dans les tribus; divers assassinats, des actes de rébellion ou manifestations hostiles contre les représentants de l'autorité française furent les avant-coureurs du mouvement insurrectionnel qui se préparait.

Le 5 février au soir, le nommé Berdoulat, briquetier à Tizi-Ouzou, est assassiné dans sa maison, située à quelque distance du village, et la maison est dévalisée; trois indigènes qui travaillaient chez lui furent soupçonnés d'être les auteurs de ce crime.

---

(1) Le général Pourcet, qui commandait la division au moment de la guerre, avait été remplacé, le 6 octobre 1870, par le général de Salignac-Fénelon, et celui-ci, le 10 octobre, par le général Lichtlin. Le général de brigade de Neveu avait été nommé à Alger le 15 novembre 1870.

Le 6 février, un cavalier du bureau arabe de Tizi-Ouzou, envoyé aux Oulad-Sidi-Ali-ou-Moussa, dans les Maatka, pour prescrire à l'amin l'arrestation d'un nommé Si-Ali-ou-Chikh et de deux de ses frères qui colportaient des propos séditieux, fut accueilli à coups de fusil par ces perturbateurs. Le lendemain, le chef du bureau arabe est envoyé sur les lieux avec quelques spahis pour procéder à une enquête; cet officier convoque la djemaa et lui fait ressortir la responsabilité qu'elle assumerait si les coupables n'étaient pas livrés. Il ne put rien obtenir; on lui dit que les auteurs de l'agression avaient pris la fuite. L'attitude de la population fut telle que le chef du bureau arabe, qui voulait d'abord prendre des otages, jugea prudent de ne pas pousser les choses à fond et de se retirer pour éviter une collision.

Le 2 mars, le lieutenant Wolff, chef du bureau arabe de Tizi-Ouzou, fut envoyé en tournée dans le cercle par le commandant Leblanc, avec mission de parcourir les tribus, de réunir les djemaas et de leur annoncer que la paix avait été faite avec l'Allemagne et que nos troupes allaient rentrer en Algérie; il devait les inviter en même temps à s'opposer aux menées des gens de désordre qui cherchaient à mettre le trouble dans le pays. Le lieutenant Wolff parcourut ainsi, du 2 au 8 mars, les tribus des Beni-Fraoucen, Beni-R'obri, Iril-Nzekri, Beni-Hassaïn, Azzouza, Zerkhfaoua, Beni-Djennad, Beni-Ouaguennoun et Ameraoua; il trouva partout des populations très surexcitées, particulièrement aux Beni-Hassaïn, où s'étaient réfugiés beaucoup de perturbateurs du cercle de Bougie; on lui porta des réclamations véhémentes à propos d'affaires insignifiantes où on paraissait vouloir en venir aux mains, et il y eut des attroupements quasi-hostiles qui contrastaient avec la déférence que les officiers des affaires arabes trouvaient habituellement dans les tribus kabyles.

Dans cette tournée, le lieutenant Wolff invita divers colons qu'il trouva à Azeffoun et dans la forêt du Tamgout à rentrer à Tizi-Ouzou, car ils n'étaient plus en sûreté au milieu des Kabyles; mais il ne fut pas écouté et un mois ne s'était pas écoulé qu'on apprenait l'assassinat de quatre de ces colons.

Deux charbonniers européens, Mouretta et Barthélemy, étaient installés dans la forêt du Tamgout (1) pour s'y livrer aux travaux de leur profession; ils habitaient deux gourbis. Ils avaient avec eux la femme Rosalie Hériaut et l'enfant de cette dernière, Joseph Hériaut, âgé de 9 ans.

Le commandant supérieur de Tizi-Ouzou ayant été informé que ces gens avaient été assassinés envoya sur les lieux un officier du bureau arabe, qui y arriva le 3 avril au matin.

Dans un des gourbis, qui servait d'habitation et de cuisine, l'officier trouva la femme Hériaut étendue à terre, baignée dans son sang, la gorge coupée et le corps criblé de coups de hachette et de couteau. Derrière la porte était étendu le corps du jeune Hériaut; il portait aussi de nombreuses blessures et la tête était littéralement broyée. Le crime pouvait remonter à quarante-huit heures; la femme Hériaut avait dû être surprise au moment où elle préparait le repas du soir.

Dans le gourbi, tout était en désordre, les assassins avaient fait main basse sur tout ce qu'ils avaient trouvé bon à emporter.

L'officier du bureau arabe fit faire une battue dans la forêt pour rechercher Mouretta et Barthélemy qu'on n'avait pas vus depuis le 31 mars et on finit par trouver leurs cadavres; ils étaient tailladés à coups de hachette et de sabre, et la tête était presque séparée du tronc. Les assassins avaient dû être en nombre, car les deux victimes étaient des hommes vigoureux et énergiques.

Le sieur Saltel, entrepreneur établi sur un autre point de la forêt, déclara que, quelques jours auparavant, cinq ou six Kabyles armés s'étaient présentés devant son gourbi d'un air menaçant et lui avaient demandé d'abord du travail, puis, finalement, lui avaient dit :

— Tu n'es pas ici chez toi, cette forêt est à nous, du reste, nous verrons plus tard !

Saltel répondit :

---

(1) La forêt du Tamgout couronne la montagne de même nom; elle est à cheval sur les tribus des Beni-Djennad de l'est, des Zerkhfaoua et des Beni-Flik.

— J'ai loué la forêt, cependant si elle vous appartient je ne demande pas mieux que de vous céder la place; donnez-moi vos noms et celui de votre tribu ou venez avec moi à Tizi-Ouzou.

Il refusèrent et s'éloignèrent, rejoints par trois ou quatre autres individus armés de fusils. Ces gens étaient sans doute les auteurs du crime.

Les corps des victimes furent transportés à Tizi-Ouzou, où ils furent inhumés avec l'assistance des autorités civiles et militaires et de toute la population, vivement impressionnée.

Ce crime était un sérieux avertissement, l'insurrection était latente (1). Les Kabyles hésitaient encore et ce ne fut que par les récits des tirailleurs rentrant de captivité qu'ils furent bien convaincus de la situation critique dans laquelle se trouvait la France. Cet effet avait été prévu par le général Hanoteau qui, à la date du 6 mars, avait écrit la lettre suivante :

Les revers que la France a éprouvés dans la lutte qu'elle vient de soutenir contre la Prusse ont beaucoup amoindri, aux yeux des populations indigènes, notre prestige militaire, et affaibli, par suite, le respect dont notre autorité jouissait avant cette guerre malheureuse.

Les récits faits de nos désastres par les tirailleurs déjà rentrés de France pour différentes causes ne contribuent pas peu à prolonger cette impression fâcheuse et, plusieurs fois déjà, j'ai dû faire inviter au silence plusieurs d'entre eux qui font partie de la garnison de Dellys.

Lorsque les troupes indigènes qui ont pris part à la lutte seront de retour, il sera difficile, pour ne pas dire impossible, d'empêcher les hommes qui les composent de raconter les faits dont ils ont été témoins et leurs récits ne peuvent manquer de produire le plus mauvais effet.

Pour éviter cet inconvénient, il serait bon, je crois, de retarder la rentrée en Algérie des régiments indigènes actuellement en France, jusqu'à ce qu'il y ait ici des troupes françaises en nombre suffisant pour affirmer notre force aujourd'hui mise en doute. Bien que cette

---

(1) On remarqua à cette époque que les Kabyles de Fort-National, anciens propriétaires des terrains sur lesquels le fort et ses dépendances étaient établis, recherchaient leurs anciennes limites pour juger sans doute de ce qu'ils trouveraient dessus lorsqu'ils en reprendraient possession.

question sorte complètement de ma compétence, je crois devoir, mon Général, vous soumettre une idée qui serait, j'en ai la conviction, avantageusement mise à exécution.

Il fut impossible de donner suite à cette proposition car on avait trop peu de troupes à envoyer en Algérie pour se priver encore des régiments indigènes.

A la date du 3 avril, en présence de la situation menaçante de la Kabylie, le général Hanoteau renouvela la demande de renforts qu'il avait déjà faite antérieurement.

A plusieurs reprises, depuis la fin de la guerre, j'ai eu l'honneur de vous demander l'envoi de quelques troupes régulières dans les différents postes de la subdivision que je commande ; je viens vous renouveler encore cette demande aujourd'hui que l'insurrection a éclaté autour de nous et cherche à entraîner les Kabyles dans ses rangs. La tranquillité n'a encore été troublée sur aucun point de la subdivision, mais divers symptômes me font craindre que la confiance ne finisse par s'ébranler si la présence de troupes nouvelles, notamment à Dra-el-Mizan, ne vient promptement la fortifier.

Le respect dû à notre autorité diminue chaque jour ostensiblement, les propos malveillants se répandent, on se demande où sont ces soldats nombreux dont l'arrivée était annoncée ; on va jusqu'à mettre en doute la conclusion de la paix. Des mesures prohibitives sur la vente des armes et de la poudre font croire à un sentiment de peur de notre part et les colons européens sont l'objet, depuis quelque temps, de fréquentes menaces.

Je crois, mon Général, devoir vous signaler une situation qui se tend de plus en plus et dont on pourrait, d'un jour à l'autre, ne plus être maître si on n'y prend garde.

Voici l'effectif des troupes de la division d'Alger au 1er janvier 1871.

CORPS ET SERVICES.	OFFI-CIERS.	TROUPE.	CHEVAUX	
			D'OFFI-CIERS.	DE TROUPE.
États-majors	102	119	123	»
Gendarmerie	9	276	17	163
Infanterie (zouaves, bataillons d'Afrique, tirailleurs)	66	3.447	15	»
Compagnies de discipline	5	179	»	»
Cavalerie, 9ᵉ chasseurs, 1ᵉʳ chasseurs d'Afrique, remonte, 1ᵉʳ spahis)	124	3.003	163	1.120
Artillerie	19	1.791	17	285
Génie	6	289	11	82
Train	35	1.752	58	728
Troupes d'administration et services administratifs	147	1.800	12	»
Garde nationale mobilisée	24	882	2	»
Garde nationale mobile	49	1.990	3	»
TOTAUX	586	15.528	421	2.378

Une revue d'effectif passée le 5 février 1871 constatait que la totalité des troupes de l'Algérie ne dépassait pas, à cette date, 45.323 hommes, y compris la garde mobile, les mobilisés, les ouvriers d'administration, les infirmiers et que sur ce chiffre composé des éléments les plus hétérogènes, en partie indisponibles, près de 5.000 hommes, dont 3.054 hommes d'infanterie, n'étaient même pas armés.

Ce ne fut qu'au mois d'avril que l'Algérie put obtenir un premier envoi de troupes composé de 4.000 hommes d'infanterie, 4 régiments de cavalerie, une batterie de mitrailleuses, 10.000 fusils Remington et 4 millions de cartouches.

CHAPITRE IV

Premiers soulèvements insurrectionnels. — Révolte des zmalas de spahis du Tarf, de Bou-Hadjar et d'Aïn-Guettar, le 27 janvier 1871. — Insubordination des spahis de la zmala de Moudjebeur. — Attaque du poste d'El-Milia, le 14 février. — Note sur la famille des Oulad-Mokran et sur le bach-agha de la Medjana-el-Hadj-Mohamed-ben-el-Hadj-Ahmed-el-Mokrani. — Rivalité des Oulad-Abd-es-Slam. — Le général Augeraud opère la réconciliation des deux sofs. — Le bach-agha Mokrani se rend à Akbou, le 5 janvier 1871, pour opérer la réconciliation du bach-agha de Chellata et de Chikh-el-Haddad. — Mokrani travaille à préparer l'insurrection. — Ses intermédiaires dans la subdivision d'Aumale et dans les cercles de Fort-National, Tizi-Ouzou et Dra-el-Mizan. — Agitation qui se produit dans le cercle d'Aumale, conciliabules, nefras sur les marchés. — Menées chez les Beni-Yala, le caravansérail d'El-Esnam, abandonné par son gardien, est incendié le 1er mars. — Arrestation de trente-trois des principaux coupables. — Le caravansérail est réoccupé et de petites garnisons sont envoyées dans ceux de l'Oued-Okheris et de Sidi-Aïssa. — Assassinat aux chantiers des Bibans; évacuation de ces chantiers. — Le bach-agha Mokrani envoie sa démission le 9 mars. — Il se déclare en insurrection le 15 mars et attaque Bordj-bou-Aréridj le 16. — Proclamations envoyées dans les tribus. — Lettre de Bou-Mezrag à l'agha de Bouira.

Le premier acte insurrectionnel se produisit dans la province de Constantine dans les circonstances suivantes : les Éclaireurs algériens, organisés par le colonel Goursaud, avaient rendu en France de bons services et le gouvernement de la Défense nationale, encouragé par cet essai, avait donné l'ordre d'embarquer des escadrons de spahis des zmalas.

Les spahis, organisés en zmalas, ne ressemblent pas du tout aux autres troupes indigènes qui sont assimilées aux troupes françaises; ils sont mariés, ils ont leurs cultures sur les terrains qu'on leur alloue et leurs actes d'engagement ne les obligent pas à servir hors de l'Algérie.

Dans la province d'Alger, les spahis de la zmala de Moudjebeur, dans le cercle de Boghar, désignés pour partir, après s'être mis en route à contre-cœur le 23 janvier, sont arrêtés par leurs femmes et leurs enfants; une bagarre se produit dans laquelle un maréchal des logis est blessé mortellement d'un coup de feu ; les spahis se dispersent et retournent sur leurs pas. Ils sont cernés et conduits à Alger, où le général Lallemand décide que les volontaires seuls partiront.

Dans la province de Constantine, les choses furent plus graves ; le 22 janvier, les zmalas du Tarf, de Bou-Hadjar et d'Aïn-Guettar, installées sur la frontière tunisienne, refusent formellement de partir pour France et celle d'Aïn-Guettar déserte en partie. Les spahis révoltés entraînent avec eux 2.000 cavaliers indigènes et vont attaquer Souk-Harras qui reste bloqué les 26, 27 et 28 janvier.

Cette insurrection fut promptement réprimée par le général Pouget.

Les colons ne croyaient pas encore au danger ; le sous-préfet de Bône, M. Delmarès, ne craignit pas de déclarer qu'il n'y avait là qu'une insurrection factice préparée par l'autorité militaire.

Le 14 février, le poste d'El-Milia est attaqué par les tribus environnantes ; il fallut encore que le général Pouget allât débloquer la place le 27 février.

Le conseil municipal d'Alger trouve le moment opportun pour proposer, dans sa séance du 24 février, la démolition de l'enceinte fortifiée de la ville, regardée comme inutile et qui pouvait fournir d'excellents terrains à bâtir.

Ces révoltes partielles n'étaient que le prélude de l'immense soulèvement qui allait bientôt éclater à la voix du bach-agha de la Medjana.

Il convient d'exposer brièvement les causes qui ont amené cette levée de boucliers.

Depuis plus de trois siècles, la famille féodale des Oulad-Mokran, qui se divisait en plusieurs branches rivales, possédait héréditairement une vaste principauté qui s'étendait de Sétif au Hamza et de la Kabylie au territoire des Oulad-Nayls ; leur capitale et leur lieu de refuge était la Kela des Beni-Abbès.

Pendant la période turque, les Oulad-Mokran continuèrent à gouverner sans contrôle, ayant le droit de haute et basse justice et n'ayant d'autre charge que de faire rentrer les impôts et d'assurer le passage des colonnes turques entre Alger et Constantine par les Portes-de-Fer.

En 1838, lorsqu'on en était encore au système chimérique de l'occupation restreinte, El-Hadj-Ahmed-el-Mokrani, le père du bach-agha, avait apporté la soumission de tout le pays qui reconnaissait l'autorité de sa famille, avant qu'aucune colonne française y eût encore pénétré. Une ordonnance royale du 30 septembre lui donna le titre de khalifa dans des conditions analogues à celles qui avaient existé au temps des Turcs. Aux termes de cette ordonnance, le khalifa ne devait relever que du général commandant la division (1). Ce n'était pas un acte de bon plaisir, c'était un contrat synallagmatique qui engageait les deux parties contractantes l'une envers l'autre.

Les conditions dans lesquelles le grand commandement de la Medjana avait été créé furent peu à peu perdues de vue et le khalifa étant venu à mourir à Marseille, en avril 1853, au retour d'un pèlerinage à La Mecque, son fils aîné, El-Hadj-Mohamed, qui lui succéda, n'eut plus que le titre de bach-agha de la Medjana, et peu à peu on amoindrit le commandement soit comme territoire, soit comme attributions.

El-Hadj-Mohamed-el-Mokrani était un homme d'intelligence et de finesse, magnifique et courtois, animé de sentiments nobles et chevaleresques ; il était le type accompli du grand seigneur de la tente. L'Empereur, qui l'invitait à ses chasses de Compiègne, l'accueillait toujours avec une faveur marquée.

Il n'avait plus qu'un frère, Ahmed-bou-Mezrag, qui était caïd de l'Ouennour'a et qui faisait avec lui un grand contraste. Il n'avait ni les manières nobles, ni l'extérieur du bach-agha, il était même parfaitement laid. On l'accusait de n'être pas très brillant au feu, mais il avait une activité infatigable, une énergie indomptable, ne se laissant pas abattre par les revers et se relevant toujours lorsqu'on pouvait le croire vaincu.

L'ordonnance royale du 30 septembre 1838 n'avait pas

---

(1) Voir l'*Histoire de l'insurrection de 1871 en Algérie*, par L. Rinn, p. 22.

stipulé que le titre de khalifa serait héréditaire dans la famille des Oulad-Mokran et avec les mêmes avantages; mais, dans les conditions où le contrat avait été passé avec le gouvernement français, le bach-agha Mokrani était autorisé à penser que cette clause y était virtuellement contenue; aussi lorsque, le 9 mars 1870, le corps législatif décida que le régime civil serait appliqué à l'Algérie, donna-t-il sa démission, témoignant l'intention de vivre désormais dans une propriété qu'il avait achetée en 1866 à Ben-Aknoun près d'Alger. Il garda son commandement à la prière du gouverneur général de Mac-Mahon, mais en se réservant de donner de nouveau sa démission quand on en viendrait à l'exécution de la décision du corps législatif, qui n'était encore qu'une déclaration de principe.

Le bach-agha Mokrani fut très peiné de la déchéance de l'Empereur et quand l'anarchie succéda à l'ordre et à la régularité, quand il vit les revendications souvent extravagantes des colons et quand le décret du 24 octobre 1870 sur l'extension du territoire civil, qui englobait son commandement, ne lui laissa plus que la perspective de devenir adjoint du maire de Bordj-bou-Aréridj, lui, le seigneur de la Medjana, il comprit que c'en était fait de son ancienne situation et qu'il n'y aurait plus d'entente possible avec nous.

Il ne pouvait se faire à l'idée de voir un juif présider aux destinées de l'Algérie et lorsqu'on lui communiqua la proclamation signée par M. Crémieux, destinée à éclairer les indigènes sur les avantages du nouveau régime, il répondit à cette communication : « Si ma position dans le pays doit dépendre d'un juif, j'y renonce; j'accepterais tout d'un homme portant le sabre, dût-il m'en frapper ! »

On a dit que Mokrani avait des embarras d'argent et que l'insurrection était pour lui une manière de régler ses comptes. Il avait, il est vrai, pendant la famine, et cela était à son honneur, garanti des emprunts pour achats de grains de semence faits par les indigènes de son commandement et donné hypothèque sur tous les biens de sa famille; mais, la dette, qui s'élevait à 500.000 francs, intérêts compris, n'était pas au-dessus de ses ressources et il avait d'ailleurs son recours sur les véritables débiteurs.

Mokrani se trouvait à Alger au moment de la proclamation de la République et des événements qui suivirent; rappelé dans son commandement vers la fin d'octobre par le commandant supérieur de Bordj-bou-Aréridj, il passa, comme nous l'avons vu, par Aumale, où il chercha à se rendre compte des dispositions des tribus.

Une branche de la famille des Oulad-Mokran qui avait pour chef Mohamed-ben-Ahmed-ben-Abd-es-Slam-el-Mokrani, caïd d'Aïn-Tagrout dans le cercle de Sétif, avait disputé le pouvoir dès le temps des Turcs à la branche des Oulad-el-Hadj à laquelle appartenait le bach-agha, et bien du sang avait été répandu dans leurs rivalités; on se mit à ouvrir une campagne dans les journaux et dans la population européenne de Sétif et de Bou-Aréridj où on proposait, suspectant la fidélité du bach-agha, de le remplacer par un Abd-es-Slam.

Il y eut une grande effervescence dans les sofs rivaux, on s'arma de part et d'autre et ces sofs paraissaient sur le point d'en venir à faire parler la poudre. Le premier coup de fusil aurait été le signal d'une conflagration générale et l'insurrection qui existait à l'état latent dans les populations indigènes aurait éclaté aussitôt. Le général Augeraud, commandant la subdivision de Sétif, jugea qu'il fallait tout faire pour empêcher un conflit et il pensa que le meilleur moyen était d'opérer une réconciliation entre le sof de Mokrani et celui des Abd-es-Slam; il voulait ainsi gagner du temps pour permettre à nos troupes d'arriver. Avec l'assentiment de ses chefs il se rendit, le 17 décembre, à Bordj-bou-Aréridj, réunit les principaux membres des deux sofs, causa longuement avec eux et les amena à faire la paix. Dès lors, celui-qui, le premier, ferait acte d'hostilité, serait regardé par nous comme rebelle.

On a attaqué partout avec une violence inouïe cette démarche si naturelle du général Augeraud.

Les Turcs, a dit dans sa déposition devant la commission d'enquête parlementaire M. Warnier, ancien préfet d'Alger, qui n'avaient pas une armée d'occupation comme la nôtre, n'ont dominé le pays pendant trois siècles qu'en opposant les influences indigènes les unes aux autres et en les neutralisant par un équilibre constant maintenu entre elles.

C'est de politique traditionnelle en Algérie. Pourquoi l'abandonner au moment où elle pouvait nous être si utile?

Cette formule paraît simple, mais ce qui ne l'était pas c'était la manière de la mettre en pratique. Mokrani ayant le pouvoir, fallait-il, pour le neutraliser, pousser contre lui les Abd-es-Slam, alors qu'on ne savait pas encore s'ils se mettraient en insurrection? Mais c'était amener tout de suite la conflagration qu'on voulait éviter ou retarder!

Il y a un criterium sûr pour apprécier si la mesure était bonne, c'est de la juger par ses résultats. Que voulait-on? Gagner du temps pour permettre à nos troupes d'arriver; or, grâce à la réconciliation des sofs, la paix a pu être maintenue jusqu'au 15 mars, comme nous le verrons plus loin, et sans la Commune de Paris qui a retardé le départ des troupes, on aurait pu réunir des forces suffisantes pour étouffer l'insurrection dès sa naissance.

Au moment où le général Augeraud venait de terminer la réconciliation du sof des Oulad-el-Hadj avec celui des Abd-es-Slam, le bach-agha Mokrani lui fit remarquer que le résultat ne serait pas complet tant qu'on n'aurait pas réussi à mettre le même accord entre le bach-agha de Chellata, Si-ben-Ali-Chérif, et Chikh-el-Haddad qui avaient aussi, l'un vis-à-vis de l'autre, une attitude très hostile; un conflit entre ces deux personnages aurait nécessairement entraîné lui, Mokrani, du côté de Si-ben-Ali-Chérif (1) et Abd-es-Slam du côté de Chikh-el-Haddad dont il était un des khouans. Il offrit en même temps d'aller à Akbou pour travailler lui-même à cette réconciliation. En faisant cette offre, était-il de bonne foi ou cherchait-il une occasion de se concerter avec Chikh-el-Haddad qu'il voulait associer à ses projets?

---

(1) Si-ben-Ali-Chérif n'a pas toujours tenu pour les Oulad-el-Hadj; en 1846, il donnait asile à Abd-es-Slam, qui obtenait l'aman par son intermédiaire.

Quoi qu'il en soit, le général Augeraud accepta cette idée.

Il désirait aller présider lui-même à la nouvelle réconciliation ; mais, quelques jours après, il était nommé au commandement de la division de Constantine et il dut se contenter de prescrire à son successeur, le colonel Bonvalet, de prendre les mesures nécessaires pour mener cette question à bonne fin.

La réconciliation dont il s'agit ne souriait pas du tout à Si-ben-Ali-Chérif, son orgueil souffrait de la démarche à laquelle on le pria de se prêter à l'égard de Chikh-el-Haddad. A vrai dire, les conditions n'étaient plus les mêmes; les Oulad-Abd-es-Slam, qui appartenaient au cercle de Sétif, n'étaient pas les subordonnés de Mokrani et il n'y avait rien de choquant à ce qu'ils se fissent des promesses d'amitié ; tandis que, dans le cas présent, Chikh-el-Haddad était le subordonné de Si-ben-Ali-Chérif et une promesse de bonne entente, de la part du bach-agha, ressemblait à un engagement de laisser Chikh-el-Haddad agir à sa guise ou à peu près.

Le bach-agha Mokrani arriva à Akbou le 5 janvier 1871 ; le surlendemain, 5 caïds de Bougie, envoyés pour assister aux entrevues, allèrent l'y rejoindre; le 8 janvier, Mokrani et les caïds se rendirent à Seddouk où ils virent Chikh-el-Haddad et, le lendemain, ils rentrèrent à Akbou ramenant Aziz, le fils cadet du vieux chikh, qui était chargé de le représenter. Si-ben-Ali-Chérif et Aziz se donnèrent le baiser de paix et, le 11 janvier, chacun regagna sa tribu.

Un mois après, Si-ben-Ali-Chérif rendit sa visite à Chikh-el-Haddad à Seddouk.

Au cours des conversations qui eurent lieu dans ces entrevues ne fut-il jamais question d'insurrection, comme ceux qui y ont assisté comme témoins l'ont toujours soutenu? Il est permis d'en douter.

Le bach-agha Mokrani mit à profit la trêve que lui donnait sa réconciliation avec les Abd-es-Slam en cherchant partout, pour ses projets de révolte, des adhésions qui n'étaient sans doute encore que conditionnelles.

Dans le cercle d'Aumale, les tribus étaient autrefois partagées en deux sofs (1) qui se sont fréquemment livré bataille : le sof du Titery et le sof des Arib. Ce dernier sof se rattachait à celui des Oulad-el-Hadj et c'est dans les tribus qui le composaient qu'il chercha surtout ses partisans ; c'est pour cette raison qu'il s'aboucha d'abord avec l'agha des Arib, Yahia-ben-Ferhat. Il aurait eu grand intérêt à mettre dans son parti les Arib, qui étaient makhezen au temps des Turcs et dans les premiers temps de l'occupation française et qui avaient des goums nombreux et aguerris.

Les Oulad-Sidi-Hadjerès et les Sellamat étaient des tribus de l'Ouennour'a qui avaient été rattachées à Aumale par décision du 18 janvier 1850 et qui devaient être faciles à entraîner ; les Ahl-el-Ksar et les Sebkha de l'annexe des Beni-Mançour avaient aussi appartenu autrefois à l'Ouennour'a (2) et l'amin des Ahl-el-Ksar avait des relations d'amitié avec Bou-Mezrag.

Les Oulad-Mokran avaient aussi des intelligences dans les Cheurfa de l'annexe des Beni-Mançour et ils avaient chez les Mecchaddala, dans la personne d'Amar-ou-Mohamed, amin des Oulad-Brahim, un intermédiaire influent et actif.

Dans le cercle de Fort-National, les agents du bach-agha étaient l'amin el oumena des Illoula-ou-Malou Ali-Amzian-Naît-ou-Kezzouz, le mokoddem Mhamed-Isedkaouen de la zaouïa Ben-Dris (Illoula ou Malou), le mokoddem Si-el-Hadj-el-Hadi des Beni-Menguellat.

Dans le cercle de Tizi-Ouzou, Mokrani avait des relations avec le caïd Ali-ou-Kassi.

Dans le cercle de Dra-el-Mizan, le caïd des Abid, Mohamed-ben-Toubal, lui était acquis. C'était un bon chef indigène d'une

---

(1) Le sof du Titery comprenait les Adaoura, l'aghalik du Dira supérieur, les Oulad-Sellama, Oulad-Salem, Beni-Iddou, Oued-Berdi, Djouad et Oulad-Ali-ben-Daoud. L'autre sof comprenait les Arib, les Oulad-Msellem, les Beni-Intacen, les Beni-Sliman, les Oulad-Sidi-Hadjerès, Oulad-Bellil, Oulad-Dris, Oulad-Sidi-Aïssa et Oulad-Abd-Allah.
On remarquera que les tribus du sof du Titery ont presque toutes résisté à l'entraînement.
(2) Lorsque Ben-Salem, khalifa d'Abd-el-Kader, établi à Bouïra, voulut imposer son autorité aux Ahl-el-Ksar, ceux-ci résistèrent parce qu'ils faisaient partie de l'Ouennour'a et du commandement du khalifa Si-Ahmed-ben-Amar. Ben-Salem, pour punir cette tribu, la mit à sac au mois d'octobre 1839.

influence nulle en dehors de sa tribu, qui avait été makhezen. Il était sans doute mécontent des projets de création des villages d'Aïn-Zaouïa et de Bor'ni pour lesquels on devait prendre des terres détenues par les gens de sa tribu. Mokrani avait aussi, comme intermédiaires dans le cercle, l'amin el oumena des Oulad-Ali-ou-Iloul, Mohamed-Ihaddaden et l'amin el oumena des Beni-Chebla, Si-el-Mahfoud-ben-Si-Amar (1), marabout influent.

Une propagande active était faite également dans la subdivision de Médéa.

Le bach-agha Mokrani s'était réservé l'ouest de la province de Constantine ; il faisait agir son frère Bou-Mezrag dans l'est de la subdivision d'Aumale où arrivait la limite de son commandement de l'Ouennour'a, tandis que son beau-frère et cousin Saïd-ben-bou-Daoud, caïd du Hodna, s'occupait du sud d'Aumale, du cercle de Bou-Saada et des Oulad-Nayl de Djelfa.

Les incitations de Mokrani n'avaient pas grand effet dans la subdivision de Dellys, où son influence se faisait peu sentir ; tout au plus pouvaient-elles entraîner quelques isolés amateurs d'aventures ; mais, dans la subdivision d'Aumale, elles avaient produit une vive agitation qui se manifestait par des nefras (tumultes, paniques) sur les marchés. Le 22 janvier, une nefra éclatait sur le marché du had des Adaoura ; le 10 février, des scènes de désordre se produisaient sur le marché du sebt de Bouïra et elles n'étaient arrêtées que grâce à l'intervention énergique de l'agha Si-Bouzid-ben-Ahmed et du caïd des Oulad-Bellil, Mhamed-ben-Mançour ; le 14 février, le tleta de Sidi-Aïssa fut, on ne peut plus tumultueux ; le 16 fé-

---

(1) Les marabouts des Beni-Chebla appartenaient à la descendance de Cheikh-el-Mançour, venu il y a quatre siècles du Maroc. Si-Amar-ou-Idir, arrière-grand-père de Si-el-Mahfoud, chef d'une branche de cette famille, s'était fixé à Agueni-ou-Fourrou dans les cimes du Djurdjura. Ces marabouts, dont l'influence s'étendait sur les Beni-Sedka et sur les tribus du versant sud du Djurdjura, ont joué un certain rôle au temps des Turcs en leur servant d'intermédiaires auprès des Kabyles et en facilitant, notamment, le passage des troupes dans l'Oued-Sahel.

Une autre branche de la famille, à laquelle appartenait l'ancien bach-agha Si-el-Djoudi, s'était fixée à Ir'il-ou-Ammès dans les Beni-bou-Drar de Fort-National.

vrier on se tira des coups de fusil sur le khemis des Oulad-Msellem.

Le 11 février, un conciliabule avait lieu chez le cadi des Arib, Si-Ahmed-ben-Kouider, beau-frère de l'agha, à l'occasion de l'arrivée de Mohamed-ben-Messaoud-ben-Abd-es-Slam, de la famille des Oulad-Mokran et gendre du chikh du douar d'Aïn-Hazem; Yahia-ben-Ferhat, Mohamed et Sliman-ben-Chennaf et divers notables des Arib et de l'oued Berdi y assistaient. Dans cette réunion, on agita la question d'insurrection qui ne rencontra que des adhésions. Mohamed-ben-Messaoud s'en retourna chez lui, aux Beni-Abbès, en emportant vingt fusils provenant de dons ou d'achats. Sliman-ben-Chennaf et Mohamed-ben-Toubal, caïd des Abid de Dra-el-Mizan, l'accompagnèrent jusqu'au marché de l'arba des Beni-Abbès.

Dans le même mois de février, il y eut une grande réunion au marché du tleta des Oulad-Sidi-Aïssa; presque tous les caïds des tribus du sud du cercle d'Aumale y assistaient. On lut des lettres du bach-agha ou des siens dans lesquelles étaient rappelés tous les motifs de mécontentement des indigènes et tous donnèrent leur approbation.

Au marché du djemaa, du 17 février, l'agha des Arib donna une preuve évidente de son mauvais esprit. Le commandant de la subdivision, pour assurer le maintien de l'ordre, avait envoyé sur le marché le capitaine Cartairade, chef du bureau arabe, avec quelques spahis. Un grand nombre d'indigènes étaient venus en armes, malgré les défenses faites, et le chef du bureau arabe donna l'ordre de les désarmer.

Cette opération se poursuivait et on avait déjà ramassé une trentaine de fusils, lorsque l'agha des Arib se porta sur le chef du bureau et lui déclara d'un ton hautain que lui seul était responsable de la police du marché et qu'il s'opposait à ce qu'il fût enlevé une seule arme.

La foule commençait déjà à se masser et le capitaine Cartairade, qui n'avait avec lui que quelques spahis, jugea prudent, en présence de cette attitude de l'agha, de ne pas pousser les choses à l'extrême; il se retira, emportant les fusils.

Pour ne pas rester sur cet échec, au marché suivant, du 24 février, le colonel Rollet, commandant la subdivision, assista lui-même au marché avec des forces suffisantes pour faire exécuter ses ordres; il fit procéder au désarmement et, cette fois, l'agha ne souffla mot.

A partir de ce moment, l'insurrection se dessine, les réunions deviennent de plus en plus fréquentes, il ne faut plus qu'une étincelle pour allumer l'incendie.

Les Rebaïa et les Oulad-Allane, du cercle de Médéa, ne pouvaient plus résister à leur penchant pour le pillage; le 15 février, ils sont tombés sur les silos des Oulad-Soultan et ont enlevé les grains après avoir dispersé les Khammès à coups de fusil.

Dans l'annexe des Beni-Mançour, l'amin des Oulad-Brahim, Amar-ou-Mohamed, qui était, comme je l'ai dit, un agent des Oulad-Mokran, après avoir gagné sa tribu à l'insurrection, va entraîner aussi la petite tribu voisine des Beni-Aïssi, puis, avec 10 notables des Mecheddala et 20 des Beni-Aïssi, il va engager des pourparlers dans la tribu des Beni-Yala pour la gagner à la révolte. Les gens de cette tribu étant d'habitude amis du désordre, ils se laissèrent facilement séduire et, au bout de trois jours, Amar-ou-Mohamed avait rempli la mission qui lui avait été donnée. Il y eut alors une réunion générale à un endroit appelé Tir'ilt-Atnout, en face d'El-Esnam; on creusa un trou en terre et chacun des conjurés alla y jeter une pierre en signe d'adhésion à la révolte.

Les Beni-Yala furent les premiers de la subdivision à faire acte de rébellion. Le chef de l'annexe des Beni-Mançour, le capitaine Mas, ayant eu connaissance des menées qui avaient lieu dans la tribu et craignant pour la sûreté du gardien du caravansérail, lui donna, assez intempestivement, l'ordre de se retirer sur le bordj des Beni-Mançour. Ce gardien, qui était le sieur Gallaud, trouva plus simple de se replier sur Bordj-Bouïra, qui n'était qu'à 16 kilomètres de distance, tandis qu'il aurait eu 30 kilomètres à faire pour arriver aux Beni-Mançour; il emmena avec lui les étalons de tribus avec les cavaliers de remonte et partit dans la nuit du 28 février, à 10 heures du soir.

Les Beni-Yala ayant eu connaissance de cet abandon se portèrent, le lendemain 1er mars, sur le caravansérail, le mirent au pillage et incendièrent tout ce qui voulut brûler.

Le lieutenant-colonel Trumelet, le nouveau commandant de la subdivision, qui venait justement de prendre possession de son commandement, jugea qu'il y avait lieu d'agir vigoureusement pour arrêter le mouvement insurrectionnel. Il envoya une section de 50 zouaves, sous le commandement d'un officier, pour réoccuper le caravansérail et pour appuyer l'officier de police judiciaire qui devait procéder à une enquête et arrêter les principaux coupables. Trente-trois indigènes des Beni-Yala furent arrêtés et conduits à Aumale; la tribu s'était soumise d'assez bonne grâce à l'enquête et avait offert toutes les réparations pécuniaires qu'on pouvait exiger d'elle. Les individus arrêtés furent internés plus tard aux îles Sainte-Marguerite.

Comme il était important de garder et de mettre en état de défense les caravansérails échelonnés sur les routes principales, afin de maintenir les communications et d'y trouver des points d'appui et de ravitaillement pour les détachements qu'on aurait à envoyer pour la police du territoire, le lieutenant-colonel Trumelet fit occuper par de petites garnisons, non seulement le caravansérail d'El-Esnam, mais aussi celui de l'Oued-Okheris sur la route d'Aumale à Bordj-bou-Aréridj et celui de Sidi-Aïssa, sur la route d'Aumale à Bou-Saada. Il y fit déposer en même temps un approvisionnement d'un mois de vivres et des munitions.

Le 22 février, quatre Européens, Pujol, Gorot, Varserotti et Serre, employés sur les chantiers de la route d'Alger à Constantine, dans les Biban, qui s'étaient écartés pour aller dans la forêt, sont assassinés. Trois jours après, le 25 février, le bach-agha Mokrani, sur l'ordre qu'il en avait reçu, fait évacuer les chantiers; il préside à cette opération et fait même l'avance des salaires dus aux ouvriers.

Ce jour-là, il eut une dernière entrevue à Ir'il-Ali, dans les Beni-Abbès, avec le bach-agha de Chellata.

Le 28 février, Mokrani fait protéger la rentrée à Bordj-bou-Aréridj du capitaine Duval, détaché à Tazmalt.

Dès le 7 mars, il campe à Dra-Metnan, à une quinzaine de kilomètres au nord-ouest de son bordj de la Medjana, entouré d'environ 3.000 cavaliers et fantassins.

Le 9 mars, il renouvelle sa demande de démission en ces termes :

> Vous m'avez fait connaître que vos affaires étaient terminées et que vos ennemis disparaissaient par suite de la paix conclue avec eux. De cela, il faut rendre grâce à Dieu !
> Il en résulte aussi qu'aujourd'hui nous avons tenu notre parole et que nous sommes complètement dégagés. Les choses étant ainsi et le gouvernement continuant à rester aux civils, je vous renouvelle ma demande de démission de bach-agha. J'ai toujours servi le gouvernement de la France avec un entier dévouement et il m'a prodigué ses bienfaits ; je vous en remercie.

Le 15 mars, il renvoie son mandat de solde de 833 francs au commandant supérieur de Bou-Aréridj et écrit deux lettres, une pour ce dernier et une pour le général Augeraud, dans lesquelles il disait : « Je m'apprête à vous combattre ; aujourd'hui, que chacun prenne son fusil. »

Cette menace fut promptement suivie d'exécution puisque, le 16 mars, Mokrani attaquait Bordj-bou-Aréridj et Bou-Mezrag le caravansérail de l'Oued-Okheris.

En même temps des proclamations étaient envoyées dans les tribus pour appeler les musulmans à la guerre sainte.

Avant de lever l'étendard de la révolte, Mokrani avait dû, évidemment, s'assurer qu'il serait suivi et il avait envoyé de nombreuses lettres dans ce but ; les rapports des espions en signalaient de tous côtés, cependant aucune n'est tombée entre nos mains ; toutes les lettres de Mokrani ou de ses lieutenants qu'on a pu recueillir portent des dates postérieures au 15 mars ; il y en a bien qui n'ont aucune date, mais leur contenu fait voir qu'elles sont de la même époque que celles datées.

En même temps qu'il préparait l'insurrection, le bach-agha continuait à faire des protestations de fidélité; il y avait là une duplicité qui ne s'accorde pas avec la loyauté chevaleresque de Mokrani, mais il faut comprendre qu'il était lié par le secret professionnel du conspirateur vis-à-vis de ses adhérents.

Le bach-agha aurait particulièrement tenu à attirer à lui notre agha de Bouïra, Si-Bouzid-ben-Ahmed. Ce chef indigène, originaire des Oulad-Sidi-Salem, cousin et beau-frère de Si-Ahmed-Taïeb-ben-Salem, l'ancien khalifa de l'émir El-Hadj-Abd-el-Kader, était un homme sage, conciliant, très respecté des indigènes et très influent, qui nous a toujours servis avec dévouement (1). Voici la lettre que lui écrivit Bou-Mezrag, lettre qu'il remit aussitôt au commandant de la subdivision :

Louange à Dieu! Qu'il répande ses bénédictions et qu'il accorde le salut à son apôtre!

Que Dieu comble de bonheur et dirige dans le bien l'ami sincère, celui qui est réellement l'ami véritable, Si-Bouzid-ben-Salem, agha de Bouïra. Que Dieu lui fasse atteindre le but de ses désirs!

Que le salut le plus complet soit sur lui de notre part, avec la miséricorde et la bénédiction divines à perpétuité!

Nous vous demandons des nouvelles de votre chère santé. Si vous vous portez parfaitement bien, tous nous sommes dans l'état le plus satisfaisant et nous ne demandons qu'une seule chose à Dieu, la réalisation du vœu formulé.

Il ne résultera que du bien, s'il plaît à Dieu, de ce que nous avons à vous dire. Vous n'ignorez pas, ce qui paraît à tous les yeux ne peut vous être caché, que nous nous sommes levés pour la défense de la religion, dès que nous avons jugé d'une manière certaine et détaillée que nous n'avions que des peines à attendre pour l'avenir par suite de la scission survenue entre le militaire et le civil.

Pour le militaire, il a combattu jusqu'à son entière destruction. Le civil veut se venger des musulmans, d'après ce qu'estiment les observateurs, depuis que les emplois dans les administrations sont ouverts aux israélites. A Dieu ne plaise que cela soit accepté,

---

(1) L'agha Si-Bouzid a montré, dans les événements de 1871, une fidélité à toute épreuve qu'on ne saurait trop louer. Bien secondé par le caïd des Oulad-Bellil, Mhamed-ben-Mançour, il a toujours tenu bon et il nous a toujours parfaitement renseignés sur ce qui se passait. Entourés de tous côtés par l'insurrection, lui et le caïd sont restés inébranlables et, quand ils étaient serrés de trop près, ils se réfugiaient dans le fort de Bouïra, où il y avait une petite garnison.

contre tout droit, des musulmans! Le Maître des mondes nous en demanderait compte.

Ignorez-vous que de tous côtés le soulèvement a lieu? De Bordj-bou-Aréridj jusqu'aux frontières de la Tunisie et à Biskra, tout est en feu.

Une personne comme vous n'a nullement besoin d'être conseillée contre l'injustice. Après la reconnaissance il n'est point de peine. Rester en deçà de la tâche ne peut être de votre rang. Il n'est rien à ajouter après cela que la demande de votre amitié.

Nous espérons que vous nous répondrez.

Salut de Si-Ahmed-bou-Mezrag-ben-el-Hadj-Ahmed-el-Mokrani, caïd de l'Ouennour'a. Que Dieu le garde!

9 de moharrem, commencement de l'an 1288 (31 mars 1871).

Que le salut le plus complet soit sur celui qui lira cette lettre de la part de son rédacteur.

(Le cachet d'Ahmed-bou-Mezrag-el-Mokrani était apposé au dos du texte.)

Les autres lettres adressées à divers personnages, qu'on a pu recueillir, sont écrites dans le même sens.

Le commissaire extraordinaire du Bouzet avait été remplacé, par décret du 8 février, par Alexis Lambert, préfet d'Oran.

Au moment de la guerre, Alexis Lambert était secrétaire de la mairie de Constantine et il avait été nommé préfet d'Oran le 16 novembre 1870. C'était un homme de mérite et de valeur.

Cette nomination ne produisit aucun changement dans la direction des affaires militaires qui resta aux mains du général Lallemand.

CHAPITRE V

Situation de la garnison d'Aumale. — Attaque du caravansérail de l'Oued-Okheris, le 16 mars. — Rapport du zouave Allemand. — Le capitaine Cartairade y est envoyé avec des chasseurs d'Afrique et un goum. — Il fait une reconnaissance, le 17, vers le Djebel-Affroun et est attaqué au retour. — Le lieutenant-colonel Trumelet se porte à l'Oued-Okheris, le 20 mars, avec 300 mobilisés de la Côte-d'Or. — Combat d'Es-Serroudj livré, le 24 mars, à Bou-Mezrag. — Bou-Mezrag porte son camp, le 5 avril, à Hammam-Zaïan. — Ravitaillement du caravansérail d'El-Esnam, le 6 avril. — Combat de l'Oued-Zaïan contre Bou-Mezrag, le 10 avril. — Attaque du bordj des Beni-Mançour, le 7 avril, blocus de ce fort.

Au moment de l'arrivée à Aumale du lieutenant-colonel Trumelet, le 27 février, la situation politique laissait, comme nous l'avons vu, beaucoup à désirer. Malheureusement, la situation matérielle ne valait pas beaucoup mieux : approvisionnements très incomplets, très peu de troupes et de qualité inférieure.

La garnison d'Aumale se composait, comme infanterie, de petits détachements du 1er zouaves et du 1er tirailleurs, de 40 hommes de la compagnie de discipline et d'environ 600 hommes de mobilisés de la Côte-d'Or (2e bataillon de Beaune). Ces derniers étaient armés de vieux fusils modèle 1857, à piston, et ils en connaissaient à peine le maniement. La cavalerie ne comptait qu'un escadron du 1er chasseurs d'Afrique fort de 120 sabres, mais armé de chassepots; la moitié de l'escadron se composait de jeunes conscrits sachant à peine se tenir à cheval.

Il n'y avait pas de train, et, en fait d'artillerie, 2 obusiers de 16 dont on ne se servait plus depuis longtemps et 3 obusiers de 12 de montagne composaient tout l'armement de la place et il n'y avait, pour les servir, que deux artificiers.

La ville d'Aumale n'avait nullement songé à faire des approvisionnements en farine et en viande. Il y avait très peu d'eau dans la ville même, et la prise d'eau qui alimentait les fontaines était éloignée de 1.500 mètres de la place.

Le caravansérail de l'Oued-Okheris, situé à 28 kilomètres d'Aumale, sur la route de Bordj-bou-Aréridj, était occupé par un détachement de dix zouaves, sous le commandement de l'un d'eux, nommé Allemand, qui était un ancien caporal cassé. Le caïd des Oulad-Salem, Saïdan-ben-el-Guerba (1), s'était enfermé aussi, avec dix de ses cavaliers, dans le caravansérail qui était sur le territoire de son commandement. Le sieur Rey était le gardien du caravansérail; il avait avec lui sa femme et son fils déjà grand.

Le 16 mars, le chikh de la fraction des Oulad-Khalifa des Oulad-Salem, Si-Ali-ben-Mohamed, se trouvant à la chasse dans les environs du caravansérail, aperçut de nombreux indigènes se dirigeant vers cet établissement; il donna immédiatement l'alarme et le caïd Saïdan sortit aussitôt avec ses cavaliers. Arrivé à un kilomètre du caravansérail, le caïd rencontra un groupe d'une vingtaine de cavaliers précédé par un de ceux-ci portant un drapeau bleu. Tous les hommes composant ce goum avaient la figure voilée au moyen de leur haïk. Avant qu'aucune parole eût été échangée, un coup de feu fut tiré sur le caïd Saïdan qui ripostaet tua la jument montée par son agresseur.

A ce moment, un des cavaliers ennemis, s'adressant à Saïdan et aux siens, leur dit : « Allez-vous-en, abandonnez le bordj et les roumis, nous ne voulons pas combattre les musulmans. »

Sur le refus du caïd, le feu recommença; le cavalier qui avait pris la parole, et qui était un serviteur de Bou-Mezrag, eut aussi son cheval blessé, mais les nôtres, voyant alors apparaître de nombreux contingents précédés d'un autre drapeau, durent se retirer à la hâte vers le caravansérail où ils se réfugièrent.

---

(1) Le caïd Saïdan était originaire des Oulad-Dris, il était donc étranger à la tribu et était assez mal vu de ses administrés.

Le feu continua par les créneaux; le tirailleur Ahmed (1) tua deux des assaillants dont les corps furent enlevés; puis le chef du détachement, le zouave Allemand et le tirailleur tirèrent sur le porte-drapeau (2) des contingents à pied qui s'était avancé résolument jusqu'à 50 mètres des murailles et qui tomba mort. Le feu partant du bastion sud-est empêcha l'ennemi d'enlever le cadavre, et le zouave Pivert, sortant du caravansérail, alla s'emparer du drapeau sous les balles ennemies.

Après cet exploit, Allemand tua encore deux rebelles, trois autres furent également tués et 20 à 25 furent blessés. Ces pertes découragèrent l'ennemi qui se retira vers 3 heures de l'après-midi, après deux heures et demie de lutte.

A en juger par la beauté et la finesse de la soie, le drapeau conquis sur l'ennemi devait appartenir à Bou-Mezrag.

Il est à remarquer que l'ennemi, bien qu'il fût très nombreux, n'a pas cherché à envelopper le caravansérail; ses efforts se sont portés presque exclusivement sur le bastion sud-est et principalement sur la face est qu'il avait devant lui en arrivant.

Voici le rapport du zouave Allemand qui fut envoyé la nuit même au commandant de la subdivision :

J'ai l'honneur de vous informer qu'aujourd'hui 16 courant j'ai été attaqué par une troupe d'Arabes composée d'environ 1.500 ou 2.000 hommes commandés par le frère du bach-agha.

Après un combat d'environ deux heures et demie, l'ennemi s'est retiré après avoir perdu de 8 à 9 hommes tués et de 20 à 25 blessés et laissant entre nos mains un drapeau et 3 chevaux tués sur le terrain.

La conduite des hommes composant mon détachement a été très belle; tous sans exception ont fait leur devoir, de sorte que la défense a été énergique. L'ennemi, à trois reprises différentes, à tenté de donner l'assaut, mais toujours il a été repoussé.

Le caïd de la tribu des Oulad-Salem a concouru avec beaucoup de courage à la défense. Ses cavaliers ont poussé plusieurs fois des

---

(1) Cet Ahmed était un indigène que le sieur Rey avait recueilli enfant et avait élevé et qui s'était attaché à son bienfaiteur. Il s'était engagé depuis peu aux tirailleurs et se trouvait en permission à l'Oued-Okheris.

(2) Le porte-drapeau, qu'on apppelait Ben-Tamtan, des Beni-Ilman, était un homme de grande taille, très fanatique et connu dans la région pour sa haine du chrétien.

reconnaissances très près de l'ennemi, lui-même a tué deux hommes et deux chevaux. Dans ces diverses reconnaissances, il a eu deux de ses chevaux tués et deux de ses cavaliers légèrement blessés ; l'un à la cuisse droite et l'autre à l'épaule gauche.

L'ennemi paraît s'être retiré ; néanmoins, voici les précautions que j'ai cru devoir prendre. Cinq postes volants composés d'Arabes de la tribu des Oulad-Salem couvrent le caravansérail à environ un kilomètre. Les neuf zouaves composant mon détachement ont été postés dans les quatre tourelles du caravansérail ; de plus, un factionnaire pris dans le détachement est placé dans la cour de l'établissement.

Il est 11 heures du soir, tout paraît tranquille, jusqu'à présent, les postes n'ont encore rien signalé ; dans tous les cas, je suis prêt à tout. Le reste de la nuit s'est passé tranquillement, rien de plus à signaler.

L'ennemi s'était retiré sur le Djebel-el-Ateuch, à une heure de marche du caravansérail, et, vers 8 heures du soir, de grands feux y ont été allumés.

Au moment où l'attaque s'était produite, un cavalier avait été envoyé aussitôt à Aumale pour en informer le commandant de la subdivision ; celui-ci prit immédiatement ses dispositions pour secourir la garnison de l'Oued-Okheris et, le soir même, à neuf heures, le capitaine Cartairade, chef du bureau arabe, partait avec une division de chasseurs d'Afrique commandée par le capitaine Ulrich, 10 spahis, 15 mokhaznis du bureau arabe et 58 cavaliers du goum, en emportant un approvisionnement de munitions pour les zouaves.

Ces secours arrivèrent à l'Oued-Okheris le 17, à 2 h. 1/2 du matin, sans avoir rien rencontré d'anormal sur la route.

Dans les contingents qui avaient attaqué le caravansérail on avait reconnu des gens des Oulad-Msellem et des Beni-Intacen, et on devait craindre de voir ces tribus tout entières faire défection.

Le capitaine Cartairade employa la journée du 17 à faire des reconnaissances avec le goum dans les environs pour tâcher de ramener à l'obéissance les fractions qui avaient déjà pactisé avec l'ennemi ou qui paraissaient disposées à le faire. La fraction des Mehada de la tribu des Beni-Intacen était en pourparlers avec le chef du bureau arabe lorsqu'une partie des gens de cette fraction, ayant tourné le goum, se mit à lui envoyer quelques coups de fusil. Le capitaine Cartairade, espérant que les Mehada pourraient encore être ramenés, leur donna jusqu'au lendemain matin pour faire acte de soumission et fournir des otages, et il se replia sur le caravansérail.

Le 18 au matin, personne ne se présentant, il envoya le caïd des Beni-Intacen avec mission de ramener ses gens dans le devoir et, pour hâter le résultat espéré, il fit monter tout son monde à cheval dans l'après-midi et se dirigea sur les mechta des Mehada, le goum marchait en avant, soutenu à distance par les chasseurs d'Afrique.

Le capitaine Cartairade remontait l'Oued-Mehada et se disposait, vers 2 heures, à gravir les pentes du Djebel-Afroun, où s'élevaient les gourbis de la fraction rebelle, lorsque ses éclaireurs vinrent le prévenir que des cavaliers et des contingents nombreux de gens à pied se dirigeaient sur lui en deux colonnes. Il eût été imprudent au capitaine Cartairade et contraire aux instructions du commandant de la subdivision d'accepter le combat dans une aussi grande disproportion de forces et surtout sur un terrain qui se prêtait mal à l'action de la cavalerie. Le but de la reconnaissance était d'ailleurs atteint puisqu'il n'y avait plus à douter des intentions des rebelles ; il ne lui restait plus qu'à opérer sa retraite sur le caravansérail, par la ligne la plus favorable à ce mouvement, c'est-à-dire en rejoignant la route de Bordj-bou-Aréridj ; c'était un trajet d'une dizaine de kilomètres.

La division de chasseurs d'Afrique prit la tête de la retraite, le goum devait la soutenir avec les spahis et mokhaznis du bureau arabe. Le mouvement était à peine entamé que les cavaliers ennemis, qui étaient au nombre d'une cinquantaine, ouvrirent leur feu. Notre goum, déjà gagné sans doute à l'insurrection, montra la plus déplorable prudence ; les spahis seuls tinrent ferme, ne rétrogradant de position en position que quand ils en recevaient l'ordre ; mais ils ne suffisaient pas à contenir les cavaliers et fantassins ennemis qui garnissaient tous les bois.

Le capitaine Cartairade dut faire mettre un peloton de chasseurs en tirailleurs pour empêcher les rebelles de lui couper la retraite; quelques coups de chassepot bien dirigés arrêtèrent leurs progrès.

En arrivant sur le caravansérail, le capitaine Cartairade voulut se maintenir sur une crête rocheuse qui le domine à l'est, il fit mettre pied à terre à la moitié des chasseurs et renvoya les chevaux. Les chasseurs purent se maintenir sur cette position pendant une demi-heure; c'est à ce moment que le maréchal des logis Julien eut l'épaule gauche traversée par une balle et que le brigadier Robert reçut une légère blessure à la cuisse droite.

Pendant que les chasseurs couvraient la retraite, M. Guin, interprète, cherchait en vain à ramener au combat les cavaliers du goum; à un moment donné, il se trouva seul avec quatre cavaliers en face de cinquante fantassins ennemis qui n'étaient pas à plus de cinquante pas et il faillit se trouver compromis; les balles pleuvaient comme grêle, mais heureusement tous les coups portaient trop haut et la retraite put s'effectuer.

Il fallut finir par se retirer sur le caravansérail, et la fusillade a continué vive et non interrompue jusqu'à 5 h. 1/2; puis l'ennemi, qui venait d'avoir une dizaine de tués, s'est retiré, suivi jusqu'à quelque distance par nos tirailleurs.

En outre des deux chasseurs d'Afrique cités ci-dessus, le spahis Mohamed-ben-Saïdi a été blessé. Le goum a eu quatre chevaux blessés dont trois mortellement.

Les contingents ennemis se sont retirés dans la direction du Djebel-Affroun; ils avaient eu une vingtaine de morts et un grand nombre de blessés.

Il n'est pas certain que Bou-Mezrag ait assisté en personne à ce combat, mais il n'est pas douteux que son khalifa Bou-R'ennan s'y trouvait.

Les nouvelles qui arrivaient de l'est n'étaient pas rassurantes, les espions rapportaient que le bach-agha et son frère Bou-Mezrag devaient se porter, le 19, en grand nombre, sur Aumale (1) et livrer au pillage et à l'incendie les trois cents

---

(1) Ce jour-là, les Mecheddala ont incendié Tala-Rana, station d'été de la petite garnison des Beni-Mançour, non loin du piton de Lalla-Khedidja.

exploitations agricoles qui entouraient le chef-lieu de la subdivision dans un rayon de plus de dix kilomètres. L'insuccès des attaques contre l'Oued-Okheris avait retardé cette invasion à laquelle devaient se joindre successivement les tribus d'Aumale au passage des rebelles. La population rurale, affolée. affluait sur la ville y jetant le trouble; tous demandaient des soldats pour garder leurs maisons abandonnées.

Le lieutenant-colonel Trumelet pensa qu'il ne fallait pas attendre l'ennemi dans la banlieue, dont l'étendue était telle qu'il était impossible de la protéger sur tous les points avec le peu de forces dont il disposait et qu'il fallait aller au-devant de lui pour lui infliger une bonne leçon qui le rebuterait.

La présence d'une force française au milieu des populations insurgées ou prêtes à passer à l'ennemi paraissait d'ailleurs urgente pour arrêter les défections; les tribus raffermies dans l'obéissance devaient fermer la route aux dissidents.

Le lieutenant-colonel Trumelet se décida à former une colonne légère avec les éléments que pourrait lui fournir la garnison d'Aumale.

L'attitude des mobilisés qui seuls pouvaient constituer le gros de la colonne ne laissait pas que de lui donner des inquiétudes; ils étaient animés d'un bon esprit et leur chef, le commandant Berrieux, soldat de Crimée et d'Italie, était un bon officier de guerre disposé à marcher; mais, depuis la conclusion de la paix, les hommes ne songeaient plus qu'à une chose : rentrer le plus tôt possible dans leurs foyers.

Le lieutenant-colonel Trumelet réunit les officiers et les soldats, fit appel à leur patriotisme (1), leur fit voir que les événements leur donnaient la mission de défendre la cause de la civilisation contre la barbarie et qu'ils avaient ce devoir à accomplir afin de pouvoir rentrer dans leurs foyers le cœur et le front hauts. Cet appel fut entendu et les dispositions furent prises immédiatement pour le départ.

(1) Ces mobilisés étaient arrivés depuis peu de jours de Médéa, le Gouvernement avait donné l'ordre de les renvoyer en France, mais on les avait retenus vu l'urgence. La conduite des mobilisés d'Aumale fait un heureux contraste avec celle de certaines légions de mobilisés qui, dans la province de Constantine, ont refusé de marcher.

La colonne fut constituée de la manière suivante : 300 hommes du 2ᵉ bataillon de mobilisés de la Côte-d'Or, armés du fusil modèle 1842 transformé, sous les ordres du commandant Berrieux; un peloton de chasseurs d'Afrique qui devait rallier la division déjà à l'Oued-Okheris; un obusier de montagne de 12 avec une escouade de soutien du 1ᵉʳ de zouaves; une demi-section d'ambulance.

Avec la division de chasseurs déjà à l'Oued-Okheris, la colonne allait se composer de 20 officiers, 442 hommes, 113 chevaux et 42 mulets.

Comme il n'y avait pas de bâts d'artillerie spéciaux pour arrimer la pièce et son affût, on attela l'obusier tout monté tout le temps qu'on eut une route carrossable et on se servit de bâts arabes très larges pour charger la pièce et son affût sur des mulets, lorsqu'il n'y eut plus de route.

Le lieutenant-colonel rendit compte de son mouvement par télégramme du 19 mars ; il se mit en route le 20 au matin et la colonne dressait le même jour ses tentes à l'Oued-Okheris à 4 heures du soir.

A minuit, le lieutenant-colonel Trumelet recevait du général Lallemand un télégramme, daté du 20, lui donnant l'ordre de rentrer à Aumale sans délai.

La question était fort embarrassante, il était évident que si la colonne se retirait maintenant sans combattre, cela serait un aveu d'impuissance équivalant à une défaite ; les rebelles ne manqueraient pas de suivre la colonne dans sa retraite, entraînant dans l'insurrection les tribus hésitantes, et la banlieue d'Aumale, qu'on avait voulu sauver, était, du même coup, livrée au pillage et à la dévastation.

Le commandant de la colonne était donc moralement forcé de désobéir et, pour ne pas le faire trop ouvertement, le lieutenant-colonel Trumelet trouva une combinaison qui devait le mener au résultat désiré. Bou-Mezrag avait quitté dans la journée le Djebel-Affroun pour se porter dans les Oulad-Msellem au Djebel-Atteuch, à 8 kilomètres du caravansérail, sur la nezla du caïd El-Haddad-Ben-Gueliel, dont il tenait la famille en son pouvoir. Le caïd demandait l'autorisation de tenter un coup de main pour s'emparer par surprise du chef des rebelles, avec l'appui de nos troupes. D'un autre côté, il eût été dangereux de suivre, pour rentrer à Aumale, la route directe qui était ravinée et boisée sur une grande partie de son parcours et il était plus avantageux de rentrer par un autre chemin plus long mais en terrain découvert et traversant des tribus, les Oulad-Selama et les Oulad-Dris, qui étaient restées fermes. Ce chemin passait par Teniet-Oulad-Daoud, suivait la ligne de partage des eaux des bassins de l'Oued-El-Hammam et de l'Oued-Djenan, tributaires du grand chot du Hodna, et gagnait la route d'Aumale à Bou-Saada.

Il fut donc convenu que le caïd El-Haddad-ben-Gueliel, avec les contingents à pied et à cheval de sa tribu et des Oulad-Salem, marcherait sur le campement ennemi, suivi à distance par l'escadron de chasseurs d'Afrique, la colonne, qui passerait à proximité en suivant l'itinéraire ci-dessus, servant de point d'appui.

Le départ eut lieu le 21 mars à 3 heures du matin ; on pouvait donc tomber avant qu'il fît jour sur le camp ennemi. Le capitaine Cartairade, le capitaine Belot, adjoint au bureau arabe, et l'interprète Guin marchaient avec le goum. Le mouvement de l'infanterie fut réglé de façon à la faire arriver à hauteur du campement de Bou-Mezrag au moment présumé de l'attaque.

Lorsque le goum arriva sur son campement, Bou-Mezrag, qui avait été prévenu de la marche de nos troupes, était déjà parti de sa personne, mais l'action fut néanmoins engagée.

Nos contingents arabes lâchèrent pied dès le début ; le goum, attaqué par des forces supérieures et mal disposé à combattre, n'avait pas tardé à reculer ; les chasseurs d'Afrique durent entrer en ligne.

Je laisse maintenant la parole au lieutenant-colonel Trumelet, en reproduisant une partie de son rapport sur le combat du 21 mars.

L'action se passait en un point boisé et raviné du territoire de la tribu des Oulad-Msellem, nommé Es-Serroudj, tout près de Tenia-bou-Beusla.

L'aide que lui prêtait l'escadron et la vigueur de son attaque rendirent la confiance au goum et rétablirent momentanément les affaires ; mais les contingents ennemis se grossissaient d'instant en instant et la position de l'escadron menaçait, malgré la valeur qu'il déployait, de devenir critique ; le chef des affaires indigènes crut devoir m'aviser, sans retard, de cette situation.

J'arrivais précisément à ce moment à hauteur du champ de la lutte. Je fis faire immédiatement tête de colonne à gauche à mon infanterie et la portai en toute hâte sur le lieu de l'action dont j'étais éloigné de deux kilomètres environ.

Il était temps que j'arrivasse, car la mollesse de l'attaque du goum avait rendu extrêmement difficile la situation des chasseurs que l'ennemi cherchait à envelopper.

A ce moment, M. le capitaine Belot (1), adjoint au bureau arabe, avait déjà trouvé la mort en se jetant héroïquement, et à la tête du goum qui ne le suivit pas, sur la ligne des tirailleurs ennemis.

Le point où les rebelles avaient pris position et où s'était engagé le combat était loin d'être favorable à notre attaque : épaissement boisé et affreusement raviné, avec une ligne de retraite courant dans un chemin creux et difficile à flanquer, ce terrain pouvait nous devenir fatal si nous n'avions promptement raison des contingents ennemis, que la voix de la poudre multipliait d'instant en instant et appelait irrésistiblement au combat. Mes efforts durent donc tendre tout d'abord, après avoir dégagé l'escadron, à déplacer le théâtre de la lutte et à le transporter, si les rebelles voulaient bien nous y suivre, sur un point plus favorable à notre action ; il fallait, au plus tôt, sortir de ce coupe-gorge et essayer d'entraîner l'ennemi en terrain découvert.

J'engageai immédiatement la 4ᵉ compagnie de mobilisés (capitaine Alotte) et la 5ᵉ (capitaine André) que je jetai en tirailleurs sur le front de l'ennemi avec mission de le contenir de ce côté. La 6ᵉ compagnie (lieutenant Royer) se déploya face à gauche et perpendiculairement aux 4ᵉ et 5ᵉ compagnies ; elle devait observer le Chabet-ed-Deheb, profond ravin boisé par lequel l'ennemi menaçait de tourner notre position. La 7ᵉ compagnie (capitaine Bidault) et la 8ᵉ (capitaine Girard) furent laissées en réserve. L'escadron du 1ᵉʳ chas-

---

(1) Le capitaine Belot, du 18ᵉ de ligne, était arrivé comme prisonnier sur parole après la capitulation de Strasbourg ; il souffrait des attaques dont les officiers capitulés étaient l'objet de la part des journaux et de la population civile, et il cherchait l'occasion de montrer qu'il n'était pas un lâche. Au moment où le goum reculait, il s'était lancé seul, le sabre au poing, sur un groupe compact d'insurgés et il n'était pas revenu ; il était tombé dans un épais fourré et on ne s'aperçut pas de suite de sa disparition. Il était marié et père d'un enfant. Il venait d'être nommé adjoint de 2ᵉ classe à Miliana et il n'avait pas rejoint son nouveau poste.

seurs et le goum furent ralliés dans une clairière en arrière des compagnies de réserve.

Les fantassins des Oulad-Salem, que je ramenai au combat, furent placés en seconde face sur une crête boisée qui commandait l'Oued-ed-Dis, vallée épaissement fourrée et à fond étranglé se prolongeant sur notre droite et par laquelle l'ennemi pouvait facilement se glisser sans être vu, et déboucher sur notre ligne de retraite. La pièce de montagne fut mise sur son affût et tenue prête à être dirigée là où son action serait la plus efficace. Le convoi et l'ambulance furent massés sur un mouvement de terrain isolé, dans une position centrale et à proximité de la ligne de retraite.

Les mobilisés entamèrent l'action sans hésiter et avec l'aplomb des vieilles troupes ayant l'habitude du feu : ni les cris, ni l'étrangeté de la manière de combattre de l'ennemi — d'un ennemi qui ne fait pas de quartier — ne les ébranlèrent, ni ne les troublèrent ; des deux côtés, la lutte se fit instantanément ardente, acharnée, implacable ; les crépitements de la mousqueterie, le sifflement des obus, les injures de l'ennemi à ses adversaires, les cris de nos fantassins auxiliaires, tous ces bruits sinistres de la guerre d'Afrique semblaient, au contraire, exalter les mobilisés qui, lorsque leurs fusils étaient vides, se ruaient sur les rebelles à la baïonnette. Sur ce point, l'action n'avait pas tardé à dégénérer en un combat à bout portant en corps-à-corps acharné où les mobilisés se montraient intrépides jusqu'à la témérité.

Un contrefort boisé, noué au Djebel-el-Atteuch, et qui, s'allongeant de l'est à l'ouest, barrait au sud le champ du combat, fut pris, quitté et repris par trois fois différentes ; la dernière, ce fut en passant sur une ligne épaisse de cadavres ennemis que les rebelles n'avaient pas eu le temps d'enlever, que les mobilisés s'emparèrent de la redoutable crête.

La vue de la besogne sanglante qu'ils avaient faite exalta les mobilisés au dernier degré ; ils mirent dès lors dans leur attaque une ténacité qui les rendait sourds aux sonneries du clairon et qui faillit leur devenir funeste.

Repoussés sur la première face, les rebelles se répandirent dans les ravins qui limitaient latéralement le théâtre de la lutte, et surgirent nombreux et acharnés sur nos flancs, au delà des positions tenues par la 6ᵉ compagnie de mobilisés et par les fantassins auxiliaires. Une division du 1ᵉʳ chasseurs d'Afrique dut mettre pied à terre pour faire face à l'ennemi qui se montrait sur notre gauche en escaladant les berges du Chabet-ed-Deheb. Vigoureusement et intelligemment conduite par le lieutenant Flahaut, cette dernière prouva une fois de plus, en culbutant l'ennemi dans ce ravin, que nos chasseurs d'Afrique savent, à l'occasion, unir à la valeur et à l'intrépidité du cavalier l'élan et la solidité du fantassin.

Les rebelles tentèrent le même mouvement par l'Oued-ed-Dis, ravin épaissement embroussaillé qui se prolongeait sur notre flanc droit et qui était gardé par nos fantassins des Oulad-Salem. Mal contenu par ces auxiliaires des contingents, l'ennemi faisait, de ce côté, des progrès sérieux et il devenait urgent de parer à cette situation ; la 7e compagnie de mobilisés (capitaine Bidault) fut envoyée au soutien des fantassins indigènes qui reprirent courage et qui, avec l'aide de nos soldats, parvinrent à repousser cette attaque des rebelles. Mais, chassé de ce côté, l'ennemi tenta, en se glissant dans le ravin d'Ed-Dis, de s'établir sur notre ligne de retraite. La 8e compagnie (capitaine Girard) s'y porta rapidement et fit échouer, par sa résolution et sa vigueur, cette tentative des insurgés.

Le combat était dès lors engagé sur toutes les faces du carré.

Se sentant soutenu, et exalté par l'élan communicatif des mobilisés, le goum fut bientôt pris de l'ivresse de la poudre ; vigoureusement entraînés et intelligemment dirigés par le capitaine Cartairade, bien secondé par l'interprète Guin, nos cavaliers indigènes se ruèrent, haut le fusil, malgré la difficulté du terrain, sur la ligne des tirailleurs ennemis qu'ils fusillèrent et sabrèrent sans pitié. Là, caïds, spahis et cavaliers du makhezen montrèrent une brillante valeur et une remarquable intrépidité.

Le tir de l'obusier de montagne fut habilement dirigé par l'artificier Coquet et le canonnier Ollagnier, de la 1re batterie *bis* du 3e d'artillerie, qui se firent remarquer pendant le combat par leur admirable sang-froid et une audace peu commune. Blessés tous deux, ils n'en continuèrent pas moins leur feu avec une précision qui causa parmi les bandes ennemies des ravages sérieux que nous avons pu constater après le combat.

Le sergent Alaux, de la 2e compagnie de fusiliers de discipline, désigné sur sa demande et bien qu'il ne fût pas appelé à marcher, pour commander les zouaves détachés à la pièce en qualité de soutiens et de canonniers auxiliaires, se fit remarquer par son intrépidité et sa vigueur et maintint à distance les tirailleurs ennemis qui, à plusieurs reprises, tentèrent de s'emparer de la pièce.

La lutte continua impétueuse, opiniâtre, et prit bientôt des proportions qui menaçaient de dépasser le but que je m'étais proposé ; emportés par leur ardeur, les mobilisés, audacieux jusqu'à la témérité, engagèrent sur plusieurs points des combats corps-à-corps, la baïonnette fit son œuvre sourdement, sans bruit. Profitant habilement des accidents du terrain, quelques adroits tireurs firent éprouver à l'ennemi des pertes extrêmement sensibles ; c'est ainsi que le garde Colas (Alexis), remarquable tireur et doué d'un admirable sang-froid, abattit, sous mes yeux, dix rebelles en quelques instants. Le garde Colas était le seul des mobilisés qui fût armé d'un fusil modèle 1866.

Malgré la valeur déployée par les troupes de la colonne, nous n'avions pas encore obtenu de résultat décisif. Bien que vigoureusement repoussés et chassés de toutes leurs positions, les rebelles n'en revenaient pas moins bientôt à la charge, plus furieux, plus acharnés. C'était la rage du fanatisme. Vingt fois leurs efforts vinrent se briser impuissants sur la pointe de la baïonnette de nos soldats. A mesure que le combat se prolongeait, les insurgés se multipliaient et accouraient plus nombreux à la voix de la poudre. Il fallait pourtant en finir; désespérant de les faire sortir du bois et de les entraîner en terrain découvert, je résolus de tenter un suprême et dernier effort pour en avoir définitivement raison.

Le gros des rebelles s'était massé à 3 ou 400 mètres en avant de ma ligne de tirailleurs, au pied du versant sud du Teniet-bou-Beusla, qui le défilait de nos feux et où il semblait préparer une attaque générale. Comme une marche sur eux m'enfonçait davantage dans le terrain raviné et boisé d'où je voulais sortir, j'usai d'un stratagème qui, pour ne pas être nouveau, n'en réussit pas moins très souvent : je réunis mes forces et je feignis un mouvement de retraite vers le chemin par lequel j'étais venu. J'avais d'ailleurs prévenu ma petite colonne de ce que je voulais tenter; je lui prescrivais en même temps de mettre dans sa retraite toute la lenteur et tout le calme possibles jusqu'au moment où je lui donnerais le signal du mouvement offensif qu'il importerait de pousser à fond et avec la plus grande vigueur. Ce que j'avais prévu arriva; les contingents rebelles reparurent en masse sur le bourrelet qui limitait au sud le champ du combat, et se précipitèrent ardents sur nos traces en poussant de grands cris et en brandissant leurs armes. Je traversai, sans chercher à les arrêter, une assez vaste clairière dans laquelle j'espérais qu'ils s'engageraient. Ils donnèrent en effet dans le piège. Quand je jugeai le moment favorable, j'arrêtai soudainement mon mouvement de retraite. Je fis faire face aux rebelles et commencer le feu : quelques feux de pelotons à la distance de 200 mètres, parfaitement dirigés et qui produisirent un effet foudroyant, arrêtèrent subitement cette foule hurlante; trois coups de mitraille de ma pièce, que l'artificier Coquet avait mise en batterie d'une façon très intelligente sur un petit mamelon à 300 mètres en arrière de la clairière, complétèrent l'œuvre de la mousqueterie. Le feu d'une division de l'escadron de chasseurs, à laquelle j'avais fait mettre pied à terre, fut des plus efficaces et produisit des ravages sérieux dans cette cohue d'insurgés.

La masse des rebelles, affolés et sans direction, se mit dès lors à tournoyer sur elle-même dans un désordre inexprimable et finit par s'enfuir précipitamment dans toutes les directions, malgré les efforts de quelques fanatiques qui cherchaient à les ramener au combat. Je lançai sans retard mon monde sur les fuyards, ce fut alors le tour de la baïonnette.

Exaltés à la vue de la besogne sanglante qu'ils avaient faite, c'est-à-dire de la ligne épaisse de cadavres dont était jonché le terrain de la lutte et que les insurgés n'avaient pu enlever, les mobilisés s'élancèrent à la poursuite des rebelles avec une ardeur que je ne pus maîtriser immédiatement et qui pouvait leur devenir fatale, surtout dans un pays aussi boisé et tourmenté que l'est celui des Oulad-Msellem.

Cette fois, la déroute des rebelles était aussi complète que possible et j'en étais définitivement débarrassé.

Quant à Bou-Mezrag, il s'était enfui dans la direction du Djebel-el-Affroun avant même que l'action ne fût engagée.

Le combat avait duré trois heures et demie. Le lieutenant-colonel Trumelet, ayant atteint le but qu'il s'était proposé, fit sonner l'assemblée et masser les troupes en dehors de la forêt à une distance d'un kilomètre; les mobilisés étaient tellement surexcités qu'il fallut trois quarts d'heure de cette sonnerie pour les réunir.

Les pertes éprouvées avaient fait chèrement payer le succès obtenu; nous avions comme tués le capitaine Belot et 16 mobilisés (1), et comme blessés 1 capitaine et 16 hommes. Les chasseurs d'Afrique et le goum ont eu 3 chevaux tués et 5 blessés.

Le combat d'Es-Serroudj a été, en tenant compte du nombre des combattants, un des plus rudes et des plus meurtriers qui aient été livrés depuis longtemps en Afrique.

L'ennemi était fort d'environ 3.000 hommes; il a eu 200 morts et le nombre des blessés a dû être considérable.

Après avoir rendu les derniers devoirs aux morts qu'on a pu relever, la colonne se dirigea sur Aumale en suivant l'iti-

---

(1) Voici les noms des gardes nationaux mobilisés qui ont été tués dans le combat : COMPAIN, caporal; DESCHAMPS, caporal; PERNOT, MICHOT, MANLAY, MOPPERT, MOILLARD, FOURNIER, CELOGNY, BUFFENOIR, DUCHEMIN, FROMENTIN, CHANGARNIER, BLANCHARD, LORANCHET (Philibert), LORANCHET (Claude). Le garde PIERRE, grièvement blessé à la tête, succomba le 23 mars, ce qui porte à 17 le nombre des morts.

Un monument a été élevé à la mémoire de ces braves à Nolay, chef-lieu de canton de l'arrondissement de Beaune.

néraire indiqué plus haut et, le même jour, à 5 h. 1/2 du soir, elle faisait son entrée dans la ville (1).

Les bruits les plus alarmants y avaient été répandus sur l'issue du combat; dans un moment de panique, des fermes avaient été abandonnées et les maraudeurs s'étaient hâtés d'en profiter pour faire un peu de pillage.

La population civile se porta au-devant de la colonne et elle fut vite rassurée en voyant les mobilisés rentrer avec ordre et entrain.

Le plus chaud de l'action avait eu lieu dans un terrain très fourré où on n'avait pu retrouver de suite les hommes qui avaient été tués. Des mokhaznis du bureau arabe furent envoyés pour faire faire des recherches par les tribus et on rapporta à Aumale les corps du capitaine Belot et de 9 mobilisés ; ils avaient été dépouillés de leurs vêtements et décapités ; le capitaine Belot avait eu les mains coupées (2).

Le 24 mars, les obsèques de ces braves eurent lieu avec les honneurs militaires et le concours de toute la population civile et de la garnison.

Le poste de l'Oued-Okheris avait été renforcé, le 17 mars, de 12 tirailleurs ; il eut à repousser une nouvelle attaque dans la nuit du 22 au 23, et les hommes ne brûlèrent pas moins de 2.000 cartouches sur les 3.518 que le lieutenant-colonel Trumelet y avait laissées en partant. Bou-Mezrag avait fait parvenir aux tirailleurs de la garnison une lettre où il était dit :

Si vous êtes pour nous, si vous êtes nos enfants et si vous voulez compter dans nos rangs, étendez vos mains, au nom de la guerre sainte, sur ceux qui vous entourent dans ce bordj. Si vous désirez conserver la religion de l'Islam, commencez par les tuer, ainsi que cela est obligatoire. Faites la guerre sainte, cela vous sera compté ! Purifiez ainsi vos corps.

Si vous parvenez à posséder ce mérite si glorieux auprès de Dieu et si honoré parmi le peuple du Prophète (sur qui soient les bénédictions divines et le salut), vous aurez droit à toute notre satisfaction et à des honneurs. Tout ce que vous demanderez vous

---

(1) Elle avait pris quelques heures de repos à Teniet-Oulad-Daoud.
(2) Son corps avait été tailladé, hâché à coups de gadoum (petite hachette).

sera accordé soit que vous vouliez vous retirer n'importe en quel lieu, soit que vous désiriez demeurer avec nous ; dans ce cas, vous aurez la puissance et la distinction.....

Le 23 mars, le zouave Pivert, le même qui avait enlevé un drapeau ennemi le 16 mars, fut tué accidentellement par un tirailleur qui nettoyait son fusil ; ce déplorable accident eut une funeste influence sur le moral des défenseurs.

Le gardien du caravansérail, le sieur Rey, partit de nuit avec sa famille, guidé par le tirailleur Ahmed, dont j'ai déjà parlé, et il fut assez heureux pour arriver à Aumale sans encombre.

Le détachement aux ordres d'Allemand, craignant de manquer de cartouches et craignant aussi la trahison, quitta à son tour le bordj le 24 mars à minuit, après avoir détruit tous les approvisionnements qu'il contenait. La petite troupe traversa les montagnes boisées des Oulad-Salem et du Ksenna et arriva à Aumale le lendemain à 2 heures de l'après-midi, sans avoir rencontré aucun ennemi.

Le zouave Allemand fut fort mal reçu par le commandant de la subdivision, car l'abandon du caravansérail de l'Oued-Okheris devait faire perdre le bénéfice du succès d'Es-Serroudj.

Le 26 mars, les contingents de Bou-Mezrag, entraînant avec eux les Oulad-Salem, les Oulad-Msellem et les Beni-Intacen, incendièrent le caravansérail abandonné et le poste télégraphique aérien de Bahira. Les Ksar et les Sebkha firent aussi cause commune avec Bou-Mezrag.

L'amin des Ahl-el-Ksar, El-hadj-Mohamed-ben-Ammar, avait fait partie du goum du capitaine Cartairade au combat du 18 mars et y avait eu son cheval blessé ; c'était un brave homme qui n'eût pas demandé mieux que de vivre en paix avec nous, mais qui ne sut pas résister à l'entraînement. Bou-Mezrag en fit son khalifa et l'agha Si-Bouzid disait d'eux ironiquement dans une de ses lettres :

Examinez-les ; ce sultan de l'Ouennour'a-Cheraga a une musique militaire qui est composée de tambourins et de flûtes. Ben-Ammar, l'amin des Ksar, a ajouté à cette musique la sienne qui se compose de tambourins et de clarinettes. Les souverains se sont réunis et je ne sais ce qu'ils vont faire de vous et de nous !

Le 24 mars, les Adaoura, pour la plupart de la fraction des Oulad-Aïssa, unis à des indigènes des Djouab et des Oulad-Soultan, avaient pillé radicalement les silos de la fraction des Miaïssa de l'Oued-Ridan. Des spahis envoyés en reconnaissance de ce côté sont revenus en signalant comme mauvaise l'attitude des Djouab, des Oulad-Meriem et des Oulad-bou-Arif sur la route d'Aumale à Médéa ; les caïds de ces tribus et leurs parents avaient seuls prêté main-forte aux Miaïssa, tandis que leurs administrés s'étaient joints aux Adaoura pour piller tentes et silos.

La situation devenait donc de plus en plus mauvaise, tout craquait de toutes parts. Le lieutenant-colonel Trumelet, qui savait combien était chancelante la fidélité de l'agha des Arib, Yahia-ben-Ferhat, l'avait fait arrêter et interner à Aumale le 25 mars, Mohamed-ben-Chennaf, caïd des Beni-Amar, et son frère Sliman-ben-Chennaf, furent également internés à Aumale et soumis à une étroite surveillance, ainsi que le cadi d'Aïn-Bessem, Si-Ahmed-ben-Kouider, qui fut amené quelques jours après. Ce qui avait décidé le lieutenant-colonel Trumelet à prendre cette mesure préventive, c'est qu'il avait eu connaissance que Bou-Mezrag avait écrit à douze tribus d'Aumale et à l'agha des Arib pour les inviter à se joindre à lui, lundi soir 27 mars ou mardi matin 28, à Teniet-Oulad-Daoud. Les tribus, encore sous l'impression du combat du 21 mars, n'osèrent pas répondre à cet appel.

Le 28 mars, Aumale reçut quelques renforts ; c'étaient : 280 zouaves et tirailleurs, 1 escadron du 9e chasseurs et 3 escadrons du 1er chasseurs d'Afrique, sous le commandement du chef d'escadrons Braün. Ces troupes furent installées au camp de Dra-el-Achebour, entre les routes de Sétif et de Bou-Saada. Voici quels étaient les effectifs à ce camp :

	Officiers.	Hommes de troupe.	Chevaux.	Mulets.
3ᵉ d'artillerie	1	59	8	32
1ᵉʳ zouaves	2	75	»	»
1ᵉʳ tirailleurs	8	204	1	»
1ᵉʳ chasseurs d'Afrique	14	230	249	»
9ᵉ chasseurs	5	135	140	»
2ᵉ régiment du train	5	18	2	31
Totaux	30	721	400	63

Le 31 mars, Bou-Mezrag était signalé à Teniet-Oulad-Daoud, point où il avait convoqué les dissidents; il y déployait une grande activité pour obtenir des défections; c'est de là qu'il écrivit à l'agha de Bouïra Si-Bouzid la lettre que j'ai reproduite au chapitre précédent; il en écrivit aussi une très pressante au caïd des Oulad-Bellil, Mhamed-ben-Mançour, et ce chef indigène, comme l'agha, la remit au commandant de la subdivision.

Le 5 avril, le chef des rebelles transporta son camp en plaine à Hammam-Zaïan, à 30 kilomètres à l'est d'Aumale. Il avait été appelé par les Beni-Yala qui n'attendaient que sa présence pour se soulever. De là, il menaçait le caravansérail d'El-Esnam, qui était toujours occupé par une section de zouaves, commandée par le lieutenant Cavaroz, et le bordj de Bouïra, où il y avait aussi une petite garnison et quelques civils.

Le 6 avril, vers 10 heures du matin, des coups de fusil furent tirés sur la sentinelle du caravansérail d'El-Esnam; des Kabyles se glissèrent jusqu'à une meule de paille située près de l'établissement et l'incendièrent. Les coups de feu continuèrent une partie de la journée, à de longs intervalles, sans causer aucun mal; les défenseurs n'y répondirent que très peu pour ménager leurs munitions.

Le caravansérail d'El-Esnam présentait en temps de troubles un inconvénient capital, c'est qu'il ne possédait pas de citerne et qu'il fallait aller chercher l'eau à une source située à une distance de 150 mètres, en un point qui n'était pas battu par le feu des défenseurs. Les Beni-Yala n'avaient pas manqué de tirer parti de cette situation pour tâcher d'en interdire l'accès à nos soldats; embusqués derrière un retranchement en pierres sèches et dans une masure à proximité de la source, ils fusillaient tout ce qui s'en approchait. On avait paré du mieux possible à cet inconvénient au moyen de tonnelets, de jarres et de peaux de bouc qu'on remplissait sous la protection de l'escorte toutes les fois qu'un convoi de ravitaillement arrivait au caravansérail. On était obligé de multiplier les ravitaillements à cause de la difficulté de conserver l'eau longtemps potable dans ces sortes de récipients.

Ayant eu connaissance des projets de Bou-Mezrag, le lieutenant-colonel Trumelet se hâta de prendre des mesures pour rehausser l'approvisionnement en vivres et en munitions des postes d'El-Esnam et de Bouïra. Un goum de 150 chevaux commandé par l'interprète Guin et par le sous-lieutenant de spahis El-Isseri, caïd des Ahl-el-Euch, partait d'Aumale le 6 avril, à 9 heures du soir, pour escorter le convoi; les cavaliers surprirent, à 5 heures du matin, un poste ennemi qui surveillait El-Esnam, lui tuèrent cinq hommes et en blessèrent sept, dont ils rapportèrent les fusils. La garnison profita de la présence du goum pour refaire sa provision d'eau.

Un nouveau convoi de vivres fut encore envoyé le 7 avril, à 9 heures du soir, sous l'escorte de cinquante cavaliers du goum; mais ceux-ci ayant appris en route que les insurgés entouraient le caravansérail, ils n'osèrent pas remplir leur mission jusqu'au bout et allèrent à Bouïra y déposer les vivres destinés à El-Esnam. Or, il était urgent que ce poste fût ravitaillé et refît sa provision d'eau. Je reproduis en partie le rapport du lieutenant-colonel Trumelet sur cette opération qui amena une rencontre avec les contingents de Bou-Mezrag.

J'organisai un goum de 400 chevaux pour exécuter cette opération; mais, sachant que les cavaliers du goum n'ont de valeur qu'autant qu'ils sont appuyés par une force française, j'ordonnai au commandant Braün, du 1er chasseurs d'Afrique, de désigner deux escadrons pour soutenir le goum dans sa mission de ravitaillement. Le choix du commandant porta sur le 3e escadron (capitaine Ulrich) du 1er chasseurs d'Afrique et sur le 1er escadron (capitaine Lambert) du 9e chasseurs de France. Une section d'ambulance (docteur Sorel) marchait avec les escadrons. Le goum était aux ordres du chef des affaires indigènes du bureau d'Aumale, le capitaine Cartairade.

Ces forces quittaient leur camp de Dra-el-Achebour (sous Aumale) le 9 avril à 2 heures de l'après-midi; elles arrivaient à Bordj-Bouïra à 9 heures du soir sans avoir été inquiétées.

Après avoir pris le convoi de vivres laissé le 8 à Bordj-Bouïra, les escadrons et le goum levèrent leur camp le 10, vers 7 heures du matin, pour se diriger sur El-Esnam. A 9 heures, la colonne de cavalerie débouchait dans la plaine d'El-Betta (tribu des Beni-Yala); des fantassins des contingents de Bou-Mezrag, dont le nombre peut être évalué à 6 ou 700, étaient groupés sur le plateau de Ras-el-Guemgoum, qui domine la rive droite de l'Oued-Zaïan, et semblaient observer la marche de la colonne qui se dirigeait droit sur El-Esnam.

Quand la colonne ne fut plus qu'à une courte distance du caravansérail, les fantassins ennemis descendirent résolument les pentes qui commandent l'Oued-Zaïan, franchirent cette rivière et vinrent tirailler sur notre droite.

Le terrain sur lequel la colonne fut attaquée étant particulièrement propre à l'action de la cavalerie, le goum fut lancé vigoureusement par le capitaine Cartairade sur le gros des rebelles, lesquels tinrent bon pendant quelques instants. Pendant ce temps, le capitaine Ulrich, du 1er chasseurs d'Afrique, se portait rapidement avec une division de son escadron sur le caravansérail d'El-Esnam pour y faire entrer le convoi de vivres et le protéger en cas d'attaque. Les abords du caravansérail étaient garnis de nombreux tirailleurs ennemis qui tentèrent de tourner la division de cavalerie. Le capitaine Ulrich fit alors mettre pied à terre à une partie de sa division et à un peloton du 9e chasseurs, qu'il déploya en tirailleurs; quinze zouaves de la garnison du caravansérail renforçaient le détachement de cavalerie et l'aidaient à repousser l'ennemi. Le sous-lieutenant Nicolas, du 1er chasseurs d'Afrique, chargeait en même temps avec son peloton un groupe de Kabyles qui, embusqués dans des bouquets de lentisque, gênaient par leur feu les abords du caravansérail. C'est en chargeant avec son intrépidité ordinaire que M. Nicolas fut atteint, presque à bout portant, d'une balle qui lui contourna la poitrine, et que son cheval tomba tué sous lui.

Le peloton de M. le lieutenant Flahaut, du 1er chasseurs, conduit avec une grande intelligence et une vigueur peu commune, fit éprouver à l'ennemi une perte de 25 hommes qui le décida à la retraite.

Mais, bien que vigoureusement entraîné par le capitaine Cartairade, que secondait parfaitement l'interprète Guin, le goum ne faisait subir à l'ennemi que des pertes insignifiantes et il y avait lieu de hâter la solution. C'est alors que le commandant Braün ordonna la charge sur les fantassins des contingents, qui prirent la fuite en traversant de nouveau l'Oued-Zaïan. Mais les rebelles reparurent bientôt plus acharnés, plus ardents, et s'avancèrent sur nos escadrons avec une résolution que montrent rarement les fantassins indigènes, surtout en pays découvert. Ils tentèrent, à la faveur des bouquets de lentisque dont est parsemé le terrain aux environs d'El-Esnam, de déborder notre cavalerie sur ses flancs ; mais le feu meurtrier de nos chassepots ayant sensiblement refroidi leur ardeur, ils ne tardèrent pas à renoncer à cette combinaison. Dès lors, l'hésitation se mit visiblement parmi eux, et ils commencèrent à tournoyer sans but et sans direction dans la plaine ondulée qui se développe entre le caravansérail et l'Oued-Zaïan. L'occasion si rare dans ce pays de pouvoir fournir une charge de cavalerie se présentait dans de bonnes conditions : le commandant Braün ne la laissa pas échapper. Il lança, avec un remarquable à-propos, l'escadron du 9° de France et deux pelotons du 1er d'Afrique sur l'ennemi qui, après avoir essayé de tenir, lâcha définitivement pied et prit la fuite dans la direction de l'Oued-Zaïan. Le goum, de son côté, avait coopéré au mouvement des chasseurs avec beaucoup d'entrain. La charge continua ardente et irrésistible, malgré une fusillade assez nourrie que dirigeaient les rebelles embusqués dans les lentisques et d'où il fallait les déloger. Arrêtés un instant par les escarpements de l'Oued-Zaïan, que ses berges plates dissimulent traîtreusement, nos escadrons durent interrompre leur poursuite ; mais nos cavaliers, ayant découvert deux ou trois passages gardés et plus ou moins praticables, franchirent la rivière après avoir tué quelques fantassins ennemis qui en défendaient les gués (1) et continuèrent la charge en gravissant les hauteurs de la rive droite où l'ennemi avait essayé de tenir encore ; ils le culbutèrent de nouveau et déterminèrent sa déroute définitive dans la direction du plateau de Ras-el-Guemgoum, sa première position, d'où il se dispersa dans toutes les directions.

Le chemin suivi par la charge était jonché des cadavres de l'ennemi, lesquels formaient barrage dans l'Oued-Zaïan, dont le

---

(1) Dans cette dernière action, M. le sous-lieutenant Nicolas, du 1er chasseurs d'Afrique, tombe blessé, son cheval est tué; le maréchal des logis Castaing, du 9° chasseurs, est tué raide en lui portant secours; son cheval aussi est tué. Le chasseur Vernet est frappé mortellement et cinq autres chasseurs de l'escadron sont blessés. Le cheval du chasseur Morin est tué, ce chasseur est délivré par ses camarades au moment où les Arabes vont le saisir. Le chasseur Jolvot met pied à terre et lutte corps à corps, dans l'eau jusqu'à la ceinture, avec un insurgé qu'il tue; il est lui-même blessé d'un coup de crosse à la figure, deux chevaux sont blessés. Après la sonnerie du ralliement, on revient au bordj avec 11 prisonniers. (Extrait du Journal de route du 1er escadron de marche du 9° chasseurs.)

fond vaseux n'était plus, au passage des gués, qu'une boue sanguinolente.

On évalue à 90 tués les pertes de l'ennemi; le nombre de ses blessés, impossible à fixer, serait considérable.

Pendant que se livrait le combat sur l'Oued-Zaïan, une partie du goum obtenait un avantage important sur l'Oued-ed-Dehous, affluent de gauche du premier de ces cours d'eau. Dirigé sur ce point pour tenter une razzia sur les troupeaux des Beni-Yala, le goum se trouvait bientôt aux prises avec un fort parti de rebelles, qui fut culbuté et mis en fuite en laissant 50 ou 60 des siens sur le terrain.

Après être resté une heure à El-Esnam pour laisser à la garnison le temps de faire son approvisionnement d'eau, la colonne revenait prendre son bivouac à Bordj-Bouïra; elle rentrait à Aumale le 11 avril à 4 heures du soir.

Nos pertes ont été loin d'être en proportion avec celles qu'on avait fait subir à l'ennemi ; nous avions un tué, le maréchal des logis Castaing, du 9e chasseurs, et 8 blessés, dont le sous-lieutenant Nicolas, du 1er chasseurs d'Afrique; un des chasseurs blessés était du 1er d'Afrique et 6 du 9e de France. Nous avons eu, en outre, 4 chevaux tués et 2 blessés.

Les spahis du bureau arabe ont eu un cheval tué et un blessé. Le goum a eu 2 cavaliers blessés, 2 chevaux tués et un blessé; il a pris 55 fusils à l'ennemi.

Le capitaine Mas, chef de l'annexe des Beni-Mançour, avait fait saisir sur la route 4 mulets des Beni-Abbès qui portaient sans doute de la contrebande de guerre; les convoyeurs coururent se plaindre aux gens de leur village et les ameutèrent contre nous. Le 7 avril, vers midi, la garnison du bordj vit sortir de l'oued Marir' des bandes de Kabyles venant des Beni-Abbès, qui commencèrent aussitôt l'attaque; les colons qui habitaient hors du fort eurent à peine le temps de s'y réfugier. Les gens des Beni-Mançour et des Cheurfa se joignirent aux assaillants, pillèrent et incendièrent la maison d'école, le moulin à huile Emery, la maison Lapoque et, dès ce moment, le bordj fut étroitement bloqué. Bou-Mezrag était en ce moment campé près de l'Oued-Zaïan; toutes les tribus de l'annexe qui n'avaient pas encore passé à l'ennemi se mirent dès lors en insurrection.

Une agitation très vive se manifesta aussi dans les tribus environnant Bouïra; l'agha Si-Bouzid et le caïd des Oulad-Bellil durent se réfugier, le 12 avril, dans le fort.

La situation était très compromise dans la subdivision d'Aumale et il était urgent d'y envoyer une colonne.

Le bach-agha Mokrani, malgré des attaques furieuses contre Bou-Areridj, n'avait pas pu parvenir à s'emparer du fort et il avait dû se retirer, le 26 mars, devant la colonne du colonel Bonvalet. Le 8 avril, le général Saussier s'emparait de son bordj de la Medjana.

Par arrêté du 29 mars du chef du pouvoir exécutif, le vice-amiral de Gueydon avait été nommé gouverneur général civil de l'Algérie. Il fit son entrée à Alger le 9 avril. C'était le principe de l'autorité qui succédait enfin au régime révolutionnaire. L'amiral fut accueilli d'abord avec une certaine défiance, mais il sut bientôt se concilier les sympathies des colons en promettant la suppression des bureaux arabes et du régime militaire, de larges indemnités aux colons qui avaient subi des pertes et beaucoup de terres pour la colonisation.

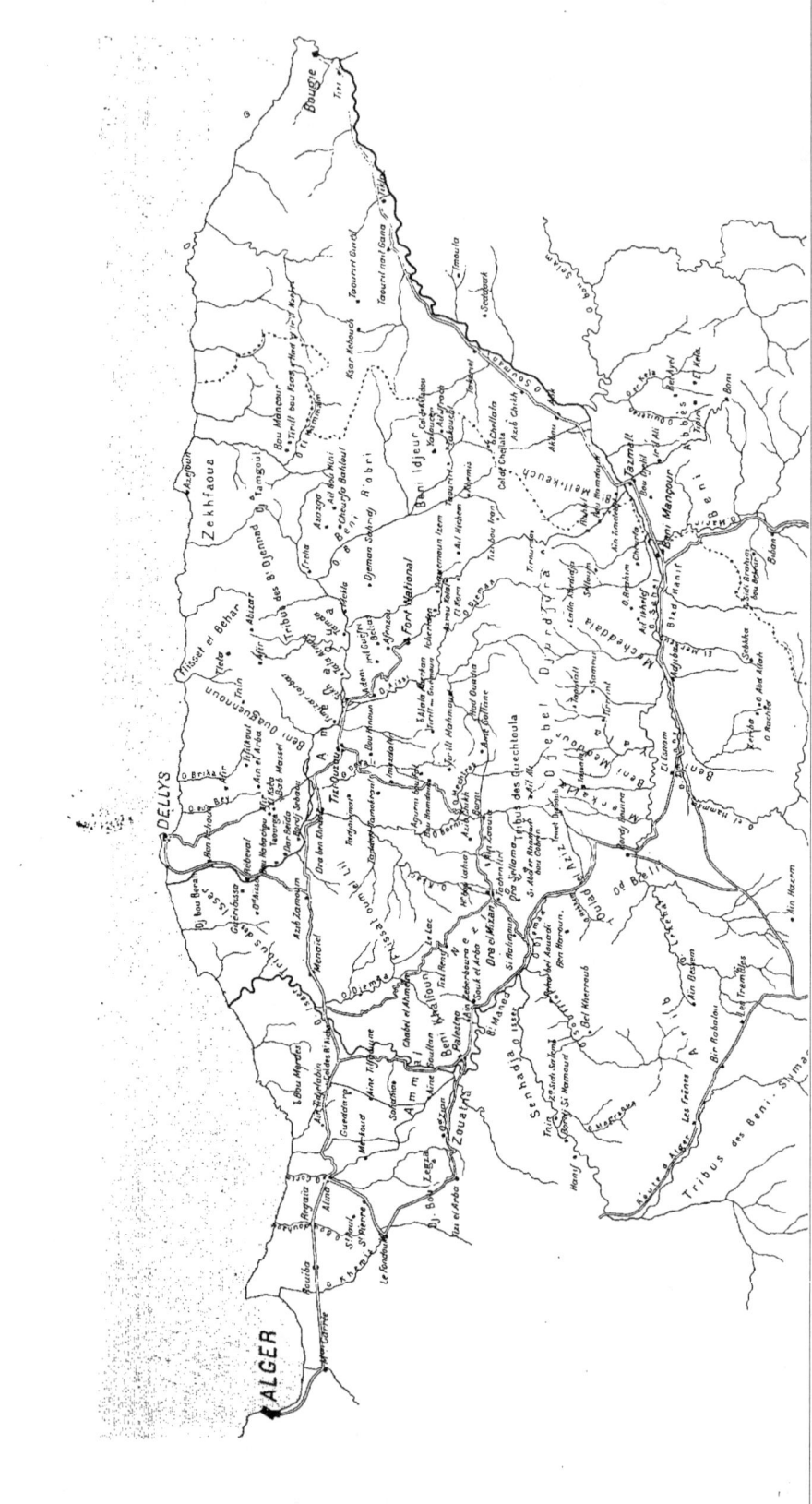

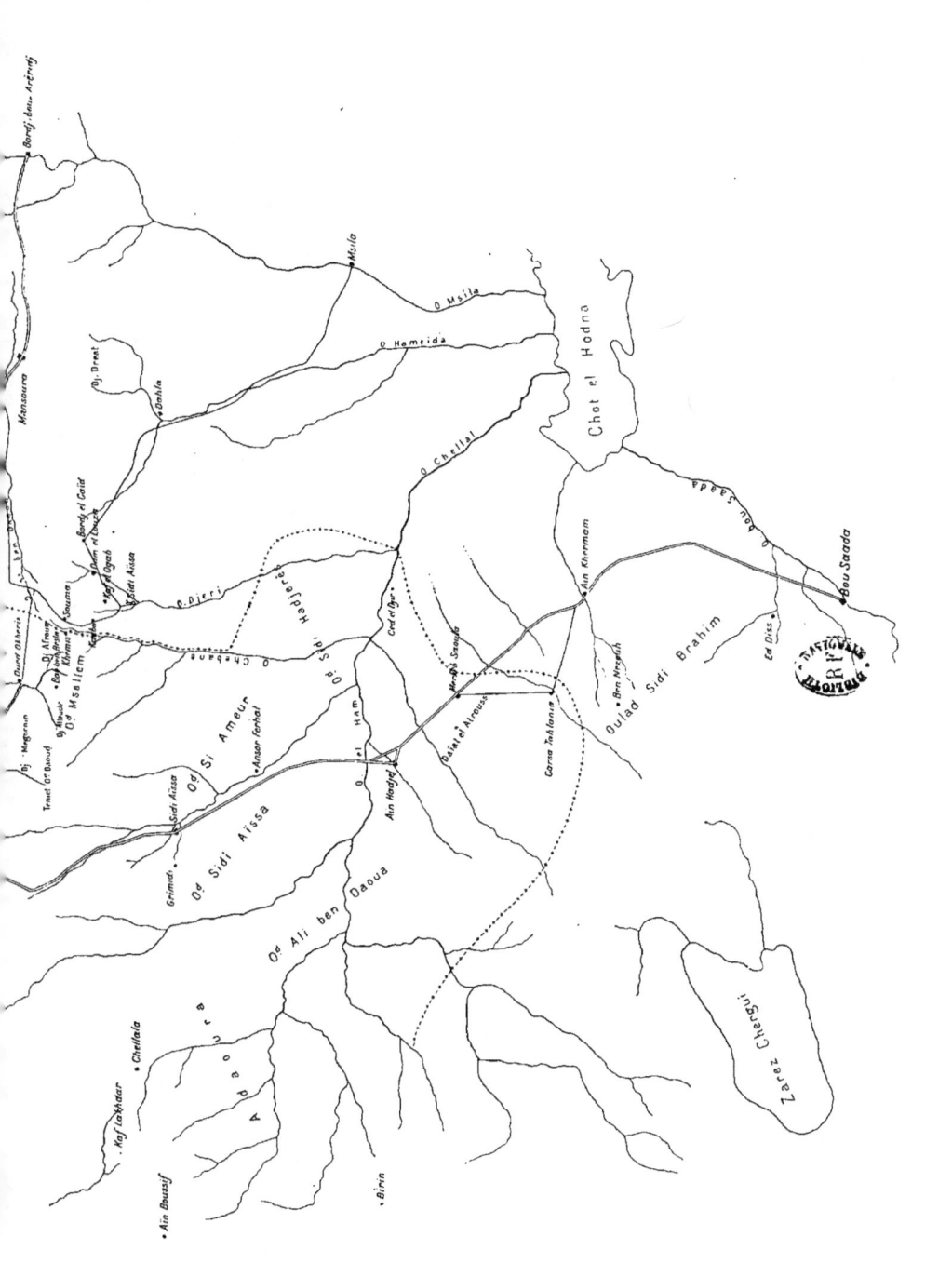

CHAPITRE VI

Difficultés rencontrées pour l'organisation des colonnes expéditionnaires. — Départ d'Alger de la colonne du général Cérez, destinée à Aumale, le 9 avril. — Départ de Boghari de la colonne des Oulad-Allane, le 11 avril. — Organisation définitive de la colonne Cérez, le 15 avril; note sur cet officier général. — Combat de Teniat-Oulad-Daoud, le 18 avril. — La colonne vide les silos des Oulad. Msellem et brûle leurs villages le 19. — Assaut de Soumma le 21 avril, soumission des Oulad-Dan, des Beni-Ilman, des Oulad-Salem et des Oulad-Msellem, le 21 et le 22 avril. — Insurrection de Chikh-el-Haddad et de ses khouan. — Destruction du bordj de Bou-Mezrag à l'Oued-si-ben-Daoud, le 22 avril. — Le sud-est du cercle d'Aumale est entièrement pacifié. — La colonne du général Cérez rentre à Aumale le 25 avril.

Le ministre de la guerre avait annoncé, le 4 mars, l'envoi en Algérie de 16.000 hommes d'infanterie et de 3 régiments de cavalerie comptant ensemble 1.500 hommes, destinés à former 3 brigades actives sous les ordres des généraux Cérez, Saussier et Lapasset, pour la répression de l'insurrection; mais ces troupes n'arrivaient pas. On avait reçu d'abord les généraux qui devaient les commander, puis on vit arriver successivement des détachements de divers corps, dépourvus de tout, presque sans officiers, et qui étaient parfois composés d'hommes douteux dont on avait voulu se débarrasser. Il fallut grouper tous ces éléments divers, leur donner des cadres, les armer, les équiper et les pourvoir de tout ce qui était nécessaire pour faire campagne.

C'est à ce moment qu'on vit bien la faute qui avait été commise en plaçant dans l'intérieur le chef-lieu des divisions. Dans la division d'Alger, les détachements arrivaient dans cette ville; tous les magasins de l'artillerie, du campement, des subsistances s'y trouvaient, et le général commandant la division, qui résidait à Médéa, n'aurait pu, sans faire perdre beaucoup de temps, s'occuper de l'organisation des troupes. Ce fut le général commandant supérieur des forces de terre et de mer qui dut s'occuper lui-même de ces détails en y employant son état-major et le commandant de la subdivision d'Alger. De même pour les comptes rendus fournis par les commandants de colonnes et pour les ordres à leur donner, l'intermédiaire du commandant de la division faisait perdre trop de temps et le général en chef finit par correspondre directement avec les commandants des colonnes, et le commandant de la division n'était informé qu'après coup, quand on songeait à le prévenir, de ce qui se passait dans son commandement ; il n'avait plus rien à prescrire. Le général Savaresse en arriva bientôt à n'avoir plus sous son autorité réelle que la subdivision de Médéa. Dans ces conditions, le général commandant la division devenait, non seulement un rouage inutile, mais plutôt encombrant.

Les commandants territoriaux réclamaient des renforts de tous côtés et on n'avait personne à leur envoyer. La cause de ces retards était, comme je l'ai déjà dit, qu'on avait dû garder pour combattre la Commune de Paris, qui s'était mise en révolte le 18 mars, les troupes qui étaient destinées à l'Algérie.

Ce ne fut que dans les premiers jours d'avril que la colonne du général Cérez put être organisée à Alger ; elle fut composée des troupes ci-après :

Infanterie :

23e bataillon de chasseurs à pied	600	
1 bataillon du 1er régiment de zouaves	480	
2 bataillons du 4e régiment de zouaves	700	2.650 h.
2 bataillons du 4e régiment de marche des zouaves	625	
2 compagnies du 1er régiment de tirailleurs	200	

Cavalerie :

1 escadron du 9e chasseurs	350	
2 escadrons du 1er chasseurs d'Afrique		650 h.
3 escadrons d'éclaireurs algériens	300	
2 sections d'artillerie du 1er régiment à pied	100	
1 section du génie du 2e régiment	20	

Un détachement du 1er régiment du train,
Une ambulance avec une section d'infirmiers,
Une section d'ouvriers d'administration.

Cette colonne fut mise en route le 9 avril et elle arriva à Aumale le 15 à 9 heures du matin.

Le général Cérez avait reçu du gouverneur général civil une délégation, datée du 11 avril, pour réorganiser le commandement indigène, sauf approbation.

La colonne du général Saussier avait été organisée, le 2 avril, à Bordj-bou-Aréridj, en grande partie au moyen des éléments fournis par la colonne du colonel Bonvalet; la colonne du général Lapasset, destinée primitivement à la province d'Oran, d'après l'ordre général du 11 avril, fut organisée à El-Kseur, près de Bougie, le 14 avril.

A l'époque à laquelle nous sommes arrivés, nous n'avions encore eu à combattre, sauf les petits soulèvements locaux, que l'insurrection provoquée par le bach-agha de la Medjana. Mokrani avait cherché à entraîner dans la révolte la subdivision de Médéa et il avait fait de grands efforts auprès du bach-agha du Titery, Ben Yahia-ben-Aïssa, du caïd des Oulad-Mokhtar-Cheraga, Si-Ali-ben-Abd-er-Rahman, et du bach-agha des Oulad-Nayl, Si-bel-Kassem-bel-Harch. Ces chefs indigènes avaient fait bonne contenance, mais ils pouvaient se trouver entraînés par leurs administrés si les dissidents pénétraient sur le territoire de leur commandement; aussi, le général Lallemand avait-il prescrit la formation d'une petite colonne d'observation qui se tiendrait sur la limite du Tell, près de la frontière de la province de Constantine.

Cette colonne, dite des Oulad-Allane, fut placée sous les ordres du lieutenant-colonel du 1er spahis, Muel, ayant pour chef d'état-major le capitaine d'état-major de Lassone et pour chef du service des affaires indigènes le capitaine Coÿne, chef du bureau arabe de Médéa.

Cette colonne comprenait comme infanterie, sous les ordres du commandant Jamot, du 2e bataillon d'infanterie légère d'Afrique :

1 compagnie du 1er bataillon du 1er zouaves .... 168 h.
3 compagnies de mobiles du Puy-de-Dôme 327
4 compagnies du 2e bataillon d'Afrique 497
1 compagnie du 1er bataillon du 1er tirailleurs 64

La cavalerie, aux ordres du commandant de Langle, du 1er spahis, comptait :

1 escadron du 9° chasseurs .... 106 h.
1 escadron de marche du 1ᵉʳ spahis.... 160

Il y avait en outre :

1 section d'artillerie.. 50 h.
1 détachement du 2ᵉ régiment du génie...................... 13
1 détachement du 2ᵉ régiment du train des équipages.......... 61
1 section d'ambulance et d'administration.................... 44
100 cavaliers des goums de Médéa, commandés par le caïd des caïds des Abid, Djilali-ben-el-hadj-Miloud.

Cette colonne, partie de Boghari le 11 avril, arriva à Aïn-Boussif le 12 et elle y séjourna comme colonne d'observation jusqu'au 14 mai.

Dès son arrivée à Aumale, le général Cérez s'occupa de mettre la dernière main à l'organisation de sa colonne et de la pourvoir de tout ce qui était nécessaire pour entrer immédiatement en campagne; elle fut constituée définitivement, sous le nom de colonne de l'Oued-Sahel, de la manière suivante, par un ordre du 15 avril.

Commandant de la colonne : M. le général Cérez.

Etat-major général.

MM.

Ulrich, capitaine d'état-major, aide de camp.
Lebrun, lieutenant au 1ᵉʳ spahis...) officiers d'or-
Henri, lieutenant au 21ᵉ mobilisé . ∫ donnance.
D'Arjuzon, lieutenant-colonel de mobiles, attaché à l'état-major.

État-major de la colonne.

MM.

Rubineau de Barazia, capitaine d'état-major, chef d'état-major.
Maréchal, capitaine au 1ᵉʳ zouaves, adjoint à l'état-major.
Ruyssen, capitaine au 1ᵉʳ tirailleurs, chargé des affaires indigènes.
Ibrahim-bel-Hadjer, sous-lieutenant au 1ᵉʳ spahis, faisant fonctions d'interprète.

Services administratifs.

M. Carrière, sous-intendant militaire.
Génie : M. Mortagne, capitaine, commandant une section.
Artillerie : M. Bury, capitaine (commandant 2 sections de 4 rayés de montagne).
Télégraphe : M. Chrétien.
Ambulance : M. Pajenud, adjudant d'administration en 2ᵉ.
Vivres et administration : M. Chenal, adjoint en 2ᵉ.
Grand prévôt : M. Roussel, lieutenant au 2ᵉ régiment du train.
Médecin de l'ambulance : M. Pateaud, médecin-major de 1ʳᵉ classe.

Infanterie.

MM.
Méric, colonel du 4ᵉ zouaves, commandant.
Colonna, capitaine au 4ᵉ zouaves, officier d'ordonnance.
Noëlla, lieutenant-colonel du 4ᵉ zouaves, commandant le 1ᵉʳ régiment de marche (1).
Bayard, chef de bataillon au 23ᵉ chasseurs à pied, commandant le 2ᵉ régiment de marche (1).

Cavalerie.

MM.
Goursaud, colonel des éclaireurs algériens, commandant.
Delorme, chef d'escadrons au 1ᵉʳ chasseurs d'Afrique, commandant la cavalerie régulière.
Braün, chef d'escadrons au 1ᵉʳ chasseurs d'Afrique.
Lambert, capitaine en 2ᵉ à l'escadron de marche du 9ᵉ chasseurs de France.
de la Roque, chef d'escadrons au 2ᵉ spahis, commandant le régiment des éclaireurs algériens.
Train des équipages : M. Finet, sous-lieutenant.

L'effectif de la colonne, au 20 avril, était de 164 officiers, 2.784 hommes, dont 1.823 d'infanterie, 875 chevaux, 4 pièces de 4 rayées de montagne (2). L'effectif, qui était, le 15, de 3.331 hommes, avait été réduit par le départ immédiat des hommes appartenant au territoire annexé à l'Allemagne.

Je rappelle quelle était à ce moment la situation de la subdivision d'Aumale : l'annexe des Beni-Mançour était tout entière en insurrection et le bordj était bloqué par les bandes de Bou-Mezrag, depuis le 7 avril, et sans communications avec Aumale. Le poste était suffisamment approvisionné en vivres et en munitions et pouvait se défendre, mais il n'avait comme ressource en eau qu'une citerne de 46 mètres cubes, qui avait été remplie en temps utile avec l'eau de l'oued Sahel, et cette réserve ne pouvait pas durer bien longtemps.

Les tribus du nord et du sud du cercle d'Aumale étaient calmes, leurs goums nous servaient avec fidélité sous les ordres de leurs chefs indigènes; les tribus de l'est seules se

---

(1) Le 1ᵉʳ régiment de marche était composé des bataillons du 1ᵉʳ et du 4ᵉ zouaves et des tirailleurs; le 2ᵉ régiment de marche, des chasseurs à pied et du 4ᵉ zouaves de marche.

(2) A la date du 15 avril, l'effectif général des troupes de la division d'Alger n'était que de 16.204 hommes, tout compris.

trouvaient en état d'hostilité ouverte; c'étaient les Oulad-Salem, les Oulad-Msellem, les Beni-Intacen et les Beni-Amar.

Les deux frères El-Haddad et Mohamed-ben-el-Goliel, caïds des Oulad-Msellem et des Beni-Intacen, se trouvaient seuls de leurs personnes dans nos goums, tandis que leurs familles, avec leurs troupeaux, avaient suivi le mouvement de défection de leurs tribus et s'étaient placées sous le commandement de Bou-Mezrag. Les deux caïds avaient de tout temps fait partie de la clientèle de Bou-Mezrag; ils lui avaient tout donné moins leurs personnes, cherchant ainsi à se ménager leur position pour l'avenir, quelle que fût l'issue de la levée de boucliers de Mokrani.

Le caïd des Oulad-Salem, dont la tribu était attenante aux précédentes, nous avait servis avec dévouement, mais il avait été impuissant à empêcher sa tribu de suivre le mouvement de défection déterminé par les efforts d'un perturbateur nommé El-Hadj-Amar, des Oulad-Salem.

L'attitude d'une partie des Adaoura, des Oulad-Meriem, des Oulad-bou-Arif et des Djouab avait laissé à désirer et il y avait en elle des éléments de révolte.

Les tribus des Oulad-el-Aziz, des Merkalla et des Beni-Meddour étaient fort ébranlées, et l'agha Si-Bouzid avait dû, ainsi que le caïd des Oulad-Bellil, s'enfermer dans le fort de Bouïra.

Le général Cérez avait été surpris de trouver internés dans la ville d'Aumale l'agha des Arib, Yahia-ben-Ferhat, et le caïd des Beni-Amar, Mohamed-ben-Chennaf; voici ce qu'il disait à ce sujet dans son rapport politique du 27 avril :

> Je ne saurais approuver cette manière de procéder vis-à-vis des chefs indigènes. C'est ainsi que l'on crée des situations dont il est bien difficile de sortir quand il s'agit, lorsque le calme est rétabli, de dresser le bilan des actes de dévouement et d'insurrection de chaque personnalité.
> Si un chef indigène veut se soustraire à notre autorité, il entraîne sa tribu; son absence n'empêche pas la défection, car son influence est suffisamment exercée par ses créatures. Si la tribu vient à faire défection avec lui, la position est nette : nous savons ce que nous pouvons attendre de sa fidélité.
> Si la tribu vient au contraire à se mettre en insurrection alors

qu'elle est apparemment soustraite à son influence, il est en droit de dire que sa présence aurait pu empêcher cette défection.

Pour ce motif, je ne suis pas partisan des mesures préventives à l'égard des chefs indigènes ; elles n'ont aucun effet pour empêcher les défections et elles créent des situations fausses entre nous et eux.

Ces raisons sont fort bonnes en temps ordinaire, quand on a la force et qu'on peut voir venir les événements sans péril sérieux ; mais laisser l'agha suivre ses inspirations lorsqu'on avait la certitude morale qu'elles étaient mauvaises, aurait été jouer avec le feu, et je crois que le lieutenant-colonel Trumelet a eu raison de préférer rester dans l'incertitude sur les véritables desseins de Yahia-ben-Ferhat que de risquer l'aventure. Ce chef indigène avait donné assez de preuves de ses mauvaises dispositions pour qu'il fût prudent de le mettre hors d'état de nuire. Dans les premiers jours d'avril, alors que Bou-Mezrag menaçait Aumale, il avait tenté de s'évader ; un de ses chevaux tout sellé fut trouvé dans un fondouk et des cavaliers devaient l'attendre à quelque distance de la ville. Prévenu à temps, le commandant de la subdivision avait déjoué cette tentative. Si les Arib s'étaient mis en insurrection, c'en était fait de la colonisation de la banlieue d'Aumale.

Sans doute les Arib auraient pu se révolter en l'absence de leur agha, mais celui-ci n'en aurait pas moins été un otage entre nos mains et les risques de soulèvement étaient moins grands (1).

Le général Cérez, qui avait pour mission première de faire rentrer dans le devoir les tribus insoumises de la subdivision d'Aumale, avait fait toute sa carrière militaire en Afrique et il était bien à hauteur de la tâche qui lui était confiée.

De taille un peu au-dessous de la moyenne, il était vigoureux et alerte. Vigilant, énergique, décidé, il avait la parole tranchante et il n'admettait pas, dans le service, d'autre ma-

---

(1) A partir du jour de l'arrivée de la colonne Cérez, les chefs indigènes internés ont été laissés libres, et ils ont suivi tous les mouvements de la colonne.

nière de voir que la sienne. Lorsqu'il avait donné ses ordres, il n'y avait qu'à obéir, et il fallait faire vite. Il était exigeant et même parfois un peu dur. Il avait sa brigade bien dans sa main et il était en mesure d'en obtenir le maximum d'efforts.

Il était bien au courant de la politique indigène, car il avait servi longtemps dans les affaires arabes ; il avait même été pendant deux ans premier adjoint à la direction des affaires arabes de la division d'Oran ; au moment de la guerre, il était commandant supérieur du cercle de Laghouat.

D'après les renseignements recueillis, Bou-Mezrag, après avoir dirigé les opérations contre le caravansérail d'El-Esnam et fait investir le bordj des Beni-Mançour, avait quitté la subdivision d'Aumale pour conduire à son frère le bach-agha un renfort d'un millier d'hommes ; il avait laissé le commandement à son khalifa et cousin Bou-R'enan, qui avait sous ses ordres, à son camp de Teniet-Oulad-Daoud, où les insurgés étaient retournés, les contingents des Oulad-Salem, Oulad-Msellem, Beni-Intacen, Oulad-Sidi-Hadjeres, Ahl-el-Ksar, Oulad-Dan, Beni-Ilman, et autres tribus de l'Ouennour'a Cheraga. Toutes ses forces pouvaient être évaluées à 2.000 fantassins, avec un petit nombre de cavaliers.

C'est le 18 avril que la colonne commence ses opérations.

Les éclaireurs de la cavalerie, partis à 5 heures du matin d'Aumale, arrivent au col des Oulad-Daoud à 11 heures et signalent l'ennemi qui s'est retranché sur un plateau du Djebel-Mogornin, à droite et en avant, dans une position bien choisie pour la défense.

Le général fait masser son convoi au pied de la montagne, sous la protection de deux bataillons et prend ses dispositions pour l'attaque, qui commence à midi et demi. Les zouaves du 4ᵉ régiment, puis ceux du 4ᵉ de marche, vigoureusement secondés par les chasseurs d'Afrique, abordent l'ennemi avec un entrain remarquable ; les positions sont rapidement enlevées malgré une résistance très vive, à un moment surtout où tout l'avantage de la position était à l'ennemi. A 2 heures, les contingents de Bou-R'enan sont en pleine déroute et fuient dans la direction du sud-est, mais alors ils se heurtent aux éclaireurs algériens, auxquels le général a fait opérer un mouvement tournant par la gauche. Cette attaque est conduite par le colonel Goursaud, avec une intelligente vigueur, à laquelle répond bien l'ardeur de ses officiers et de ses troupes. Le goum a suivi le mouvement, sous les ordres du capitaine Cartairade.

La fuite est devenue une déroute complète et, à 5 heures, le général ramène ses troupes à Teniet-Oulad-Daoud, où était établi le bivouac.

Les renseignements les plus modérés évaluent à 300 au moins le chiffre des morts de l'ennemi; les éclaireurs et le goum ont ramené des chevaux et rapporté au moins 400 fusils, sabres, etc., enlevés aux morts et aux blessés. Le drapeau de Bou-R'enan a été enlevé par un éclaireur qui a tué le porte-drapeau.

De notre côté, nous avons eu 5 zouaves blessés légèrement, 2 éclaireurs algériens tués et 5 blessés, dont 4 très grièvement, 1 cheval tué et 3 blessés. Dans le goum, il y a eu 1 homme tué, 7 blessés, 1 cheval tué et 3 blessés.

Le 19 avril, à 6 heures du matin, la colonne quittait son bivouac de Teniet-Oulad-Daoud pour se mettre à la poursuite des contingents de Bou-R'enan, en prenant le chemin du marché du khemis des Oulad-Msellem. En arrivant à ce point, le général apprit que Bou-R'enan avait disparu et que ses bandes de rebelles s'étaient dispersées, fuyant dans deux directions différentes; le plus grand nombre s'étaient dirigés vers les Beni-Ilman, les autres étaient allés du côté des Ksar et des Sebkha.

Les troupes étant fatiguées, le général Cérez s'arrêta au khemis et y fit établir le bivouac. La colonne profita de son séjour sur ce point pour rechercher les silos des Oulad-Msellem et les vider; la cavalerie et les goums y trouvèrent de quoi nourrir leurs chevaux, l'administration y remplit également tous les sacs vides dont elle pouvait disposer et dont elle pouvait assurer le transport. Dans la journée, on alla incendier dans les environs les villages des Oulad-Msellem, ce qui eut lieu sans qu'on éprouvât aucune résistance; ils avaient été déménagés et on n'y trouva plus que quelques volailles.

Le 20 avril, la colonne se dirigea vers deux gros villages, Soumma et Kasba, du cercle de Bordj-bou-Aréridj, adossés au Djebel-Gourraoui et séparés par une distance de 4 kilomètres; c'est là que s'étaient réfugiées les tribus rebelles, et, en particulier, celles du cercle d'Aumale. Soumma appartenait à la tribu des Oulad-Dan, et Kasba à celle des Beni-Ilman; ce dernier village, situé dans une position très forte, était d'un accès très difficile.

En arrivant en face de ces villages, la colonne trouva les crêtes rocheuses de la montagne garnies d'hommes armés; les familles et les troupeaux avaient été chercher un refuge dans la partie haute des ravins.

Le général Cérez fit aussitôt ouvrir le feu de son artillerie sur le village de Soumma et les rebelles se hâtèrent d'envoyer des députations pour demander l'aman; les Oulad-Salem et les Oulad-Msellem d'Aumale furent les premiers à se présenter. Le général fit suspendre l'attaque et il imposa comme conditions aux tribus révoltées qu'elles livreraient immédiatement leurs armes, qu'elles fourniraient des otages, qu'elles feraient rentrer leurs familles et leurs troupeaux sur leurs territoires respectifs et qu'elles se soumettraient aux mesures de répression que le gouverneur général jugerait devoir leur imposer. Il donna aux autres tribus jusqu'au lendemain matin, pour accepter ces conditions et fournir leurs otages.

Les Oulad-Salem s'installèrent de suite à proximité du camp en attendant leur rentrée sur leur territoire; les Oulad-Msellem firent savoir que, du point où ils étaient campés, il leur faudrait faire un grand détour pour éviter les tribus insoumises dans leur mouvement pour rejoindre la colonne et qu'ils ne pourraient pas venir immédiatement bien qu'ils fussent décidés à se soumettre.

Quant aux Oulad-Dan, de Soumma, leurs offres de soumission n'avaient été qu'un moyen de gagner du temps pour faire filer leurs troupeaux et pour permettre à Bou-Mezrag, qui avait annoncé son retour avec de gros contingents, de venir à leur secours, et, le 21 au matin, au lieu des otages qui devaient être livrés, un seul homme se présenta pour demander de nouveaux délais.

Le général Cérez, qui avait compris le but de cette demande, prit ses dispositions pour l'attaque de Soumma, qui eut lieu à 2 heures de l'après-midi. Le village est protégé à droite et à gauche par des escarpements presque à pic, de sorte qu'il ne peut être attaqué que de front.

L'artillerie ouvrit d'abord, sur le village, un feu remarquable de précision ; puis les tirailleurs algériens et les zouaves d'un côté, un détachement de tirailleurs et le 23e bataillon de chasseurs à pied de l'autre, furent lancés à l'assaut. Les difficultés du terrain ne purent arrêter l'élan de nos troupes qui abordèrent la position avec la plus grande vigueur. Au bout d'une demi-heure, les dissidents étaient en fuite, laissant sur le terrain une cinquantaine de morts. De notre côté, 5 tirailleurs avaient été légèrement blessés.

Le village, qui comptait environ 80 maisons, fut incendié et le génie eut mission de couper les arbres fruitiers des jardins avoisinants, de manière à rendre nulle la récolte de l'année, mais sans détruire les arbres eux-mêmes.

Pendant ce temps la cavalerie brûlait le village d'El-Hammam et un autre appartenant aussi aux Oulad-Dan et d'un abord plus facile que Soumma ; elle vidait les silos et y puisait, ainsi que les goums et les convoyeurs, la nourriture des chevaux et mulets.

Les tribus de l'est du cercle d'Aumale s'étaient mises en mesure de se réinstaller sur leurs territoires après avoir livré leurs otages.

Le châtiment infligé aux Oulad-Dan par la destruction complète de Soumma et des autres villages fit réfléchir les habitants de Kasba, qui n'avaient fait encore que des semblants de soumission ; le 22 au matin, sachant qu'ils allaient être attaqués à leur tour s'ils ne se décidaient pas à se soumettre, ils envoyèrent au général Cérez une lettre portée par trois hommes de la djemaa qui devaient rester entre ses mains comme otages et parmi lesquels se trouvait le frère du chikh.

Les Beni-Ilman déclaraient accepter les conditions qu'on voudrait leur imposer et faisaient part au général de leur vif désir d'être soustraits à l'autorité de Mokrani ou des siens par leur annexion au cercle d'Aumale, qui avait déjà reçu plusieurs tribus de l'Ouennour'a.

Le général répondit qu'il y avait là des questions qu'il ne pouvait trancher, puisque leur tribu dépendait de la subdivision de Sétif, qu'il garantirait seulement la sécurité de leurs personnes et de leurs familles et qu'il garderait leurs otages pour répondre de leur tranquillité. Il les prévint aussi qu'il informerait le gouverneur général des conditions dans lesquelles il leur avait donné l'aman et de leur demande d'être annexés au cercle d'Aumale.

Les Beni-Ilman se déclarèrent satisfaits et ils offrirent même au général de le recevoir et de le fêter avec ses troupes dans leur ville; celui-ci ne put accepter leurs offres, car de graves événements venaient de s'accomplir en Kabylie et dans le nord de la subdivision d'Aumale, qui nécessitaient impérieusement la présence de la colonne. Toute la Kabylie, à la voix de Chikh-el-Haddad, avait levé l'étendard de la révolte; Fort-National, Tizi-Ouzou, Dellys, Dra-el-Mizan étaient bloqués; tous les villages européens avaient été saccagés jusqu'aux abords de la Métidja et un certain nombre de tribus d'Aumale qui étaient jusque-là restées paisibles s'étaient lancées dans le mouvement insurrectionnel et menaçaient de couper les communications entre Aumale et Alger.

Le général Cérez ne s'arrêta donc pas au village de Kasba; après avoir réglé les conditions de la soumission, il se mit en route le jour même, à 11 heures du matin. La nécessité de ravitailler la colonne en vivres et en munitions l'obligeait à reprendre le chemin d'Aumale avant que de se porter vers le nouveau foyer d'insurrection.

Après le combat de Teniet-Oulad-Daoud du 18 avril, les Beni-Intacen et les insurgés de l'Oued-Berdi s'étaient rejetés sur les Ahl-el-Ksar et les sebkha de l'annexe des Beni-Mançour; c'était là qu'il faudrait aller les chercher, mais plus tard, lorsqu'on aurait couru d'abord au plus pressé.

La colonne, en se rendant à Aumale, devait passer à proximité d'un bordj appartenant à Bou-Mezrag et situé à l'Oued-si-ben-Daoud sur la route d'Aumale à Bordj-bou-Aréridj, à égale distance entre ces deux villes; le général résolut d'aller, avec sa colonne, occuper ce point où le chef rebelle avait l'installation d'hiver de ses khammès et ses cultures. Son but était de détruire le bordj et de discréditer ainsi un des chefs de l'insurrection en faisant voir aux populations indigènes son impuissance à défendre son propre bien.

A l'arrivée de nos troupes, Bou-Mezrag en personne, avec 300 fantassins et quelques cavaliers parmi lesquels se trouvaient des spahis déserteurs, fit mine de résister et engagea une fusillade; un escadron de chasseurs d'Afrique et un escadron d'éclaireurs eurent bientôt fait de les mettre en fuite. Les rebelles eurent 8 morts, parmi lesquels un cavalier revêtu d'un burnous bleu, et quelques blessés; de notre côté, il n'y eut aucune blessure reçue dans le combat; seulement, pendant la route, des coups de feu avaient été tirés sur le convoi, un mulet avait été tué et un cantinier civil avait eu la main traversée par une balle.

Le bordj de Bou-Mezrag, dont on avait vanté la magnificence, n'était qu'une simple ferme qui fut détruite de fond en comble. L'ennemi ayant complètement disparu, la tranquillité la plus complète n'a cessé de régner autour du camp.

Le 23 avril, la colonne alla bivouaquer à l'Oued-Okheris; elle trouva le caravansérail complètement détruit par les Arabes; la ligne télégraphique avait été entièrement renversée et les débris embarrassaient parfois la route.

Le 24, la colonne campa à l'Oued-Rémara et le 25, à 9 heures du matin, elle arrivait à Aumale, sans avoir été aucunement inquiétée par les rebelles.

Les Oulad-Msellem, les Oulad-Salem, les fractions insurgées des Oulad-si-Ameur et des Beni-Amar avaient complété leur soumission et s'étaient installés sur le Djebel-Dira, ou bien avaient rejoint les portions de leurs tribus restées fidèles. Toute la partie sud-est du cercle d'Aumale était donc, pour le moment du moins, pacifiée.

Une fraction des Oulad-Msellem, celle des Oulad-Chehaba, plus compromise que les autres par la part qu'elle avait prise à l'attaque du caravansérail et au combat du 18 mars, n'était cependant pas rentrée dans le devoir par crainte d'un châtiment trop sévère; la fraction des Oulad-Okheris des Oulad-Salem n'était pas non plus rentrée pour les mêmes raisons.

CHAPITRE VII

Si-ben-Ali-Chérif se rend à Alger pour donner sa démission de bach-agha; il est reçu par le général Lallemand le 18 mars. — Le 4 avril, il se présente avec le caïd Ali, au commandant supérieur de Tizi-Ouzou. — Mariage de Mohamed-Saïd-ben-bel-Kassem-ou-Kassi le 22 mars. — Le 6 avril, des envoyés de Mokrani vont demander à Chikh-el-Haddad de soulever ses khouan. — Proclamation de la guerre sainte le 8 avril. — Le même jour, les envoyés de Mokrani vont à Akbou. — Lettre de Mokrani aux gens des Illoula-Açameur. — Si-ben-Ali-Chérif prévient le commandement de l'insurrection des khouan. — Mesures prises pour renforcer les garnisons de la Kabylie. — Proclamation de la guerre sainte sur le marché des Beni-Idjeur, le 11 avril. — Nefra sur le marché des Beni-Itourar'; pillage et destruction de la maison cantonnière de Tizi-el-Djema, le 12 avril. — Le capitaine Ravez fait une tournée pour protéger le rétablissement de la ligne télégraphique de Bougie, il convoque des contingents. — Combat de Tala-ou-Malou, le 16 avril; le capitaine Ravez se replie sur Fort-National. — Le fort est investi le 17. — Le lieutenant-colonel Maréchal a pris le commandement du cercle le 16. — Si-ben-Ali-Chérif appelle le caïd Ali à son secours. — Fort-National demande l'arrestation d'Ali-Amzian-Naït-ou-Kezzouz, qui est chez le caïd Ali. — Fuite du caïd Ali. Combat de Tamda le 15 avril. Arrivée du commandant Letellier à Tizi-Ouzou. — M. Jannin, de Dellys, tente de ramener le caïd Ali à la soumission. — Le fort de Tizi-Ouzou est bloqué par les Kabyles le 17. — Evénements du cercle de Bougie. — Si-ben-Ali-Chérif appelle le général Lapasset à son secours le 16 avril. — Le 24 avril il rejoint le caïd Ali au siège de Tizi-Ouzou.

Après la réconciliation entre Si-ben-Ali-Chérif et Chikh-el-Haddad, opérée le 9 janvier 1871, les choses n'avaient pas beaucoup mieux marché dans le bach-aghalik de Chellata; dans les premiers jours de mars il y eut des luttes sanglantes, des incendies de villages entre sofs dans les Illoula-Açameur et ces désordres restèrent sans répression.

Au milieu du mois de mars, au moment où Mokrani envoyait sa déclaration de guerre, Si-ben-Ali-Chérif se rendit à Alger pour y donner sa démission de bach-agha. Le 18 mars, il se trouvait dans le cabinet du général Lallemand en même temps que le général Lapasset, venu pour prendre les instructions du général en chef sur la mission qu'il aurait à remplir avec la brigade active dont il devait avoir le commandement et qui allait arriver de France; l'ancien préfet d'Alger, M. Warnier, arriva également. Comme il connaissait très bien les questions concernant les Oulad-Mokran, le général Lallemand l'avait fait appeler pour le consulter (1). Pendant cette conférence, arrivèrent successivement plusieurs dépêches télégraphiques annonçant l'attaque de Bordj-bou-Aréridj par Mokrani, et on parla des mesures militaires à prendre pour combattre l'insurrection; le général Lapasset ayant appris qu'il allait être envoyé à Bougie d'où il remonterait l'Oued-Sahel, demanda à Si-ben-Ali-Chérif s'il ne voudrait pas marcher avec lui dans cette expédition; celui-ci ne voulut pas accepter, disant qu'il avait donné sa démission. Frappé de cette demande de démission dans un pareil moment, M. Warnier prit à part le général Lallemand et lui dit que le marabout de Chellata n'était venu que pour se renseigner sur notre situation militaire, qu'il était acquis à l'insurrection, et il lui conseilla de le faire arrêter et de l'envoyer immédiatement au fort l'Empereur.

C'était exagéré. Si-ben-Ali-Chérif ne savait pas encore à ce moment s'il ferait défection; il cherchait simplement sa voie pour arriver à tirer son épingle du jeu.

Ce personnage indigène ne pouvait pas désirer l'insurrection; il la voyait inévitable et imminente, mais il comprenait bien qu'il n'avait rien à y gagner et qu'il aurait beaucoup à y perdre. En supposant que l'insurrection fût victorieuse, il n'avait en effet d'autre perspective que de se voir à la remorque et sous la domination de Chikh-el-Haddad et d'Aziz, ses ennemis irréconciliables.

Le général Lallemand, dans une lettre du 24 mars relative à la situation politique, écrivait ceci :

..... Le bach-agha n'a pu cependant entraîner dans la révolte son plus fidèle ami Si-Mohamed-Saïd-ben-Ali-Chérif, bach-agha de Chellata. Si-Mohamed-Saïd-ben-Ali-Chérif vient d'arriver à Alger et s'est présenté à moi pour faire les plus énergiques protestations de fidélité à la France. Seulement, ce chef indigène, se disant très

---

(1) Voir la déposition de M. Warnier dans l'enquête parlementaire, p. 130.

fatigué, m'a remis sa démission de bach-agha. Il prétend pouvoir rendre de plus grands services à la France en n'ayant plus de commandement; il se propose de vivre à Alger, où il sera d'ailleurs, dit-il, toujours à la disposition de l'autorité française.

Résider à Alger ne faisait pas son affaire, car il avait laissé dans les Illoula-Açameur sa famille et ses biens à la merci des événements; il eut l'adresse de se faire inviter à rentrer chez lui par le général Lallemand qui se proposait de le prendre lorsqu'il passerait à la tête d'une colonne pour aller combattre lui-même l'insurrection.

Si-ben-Ali-Chérif partit d'Alger le 3 avril par la voiture publique de Tizi-Ouzou. Le lendemain il se présenta au commandant Leblanc, commandant supérieur de Tizi-Ouzou, avec le caïd Ali-ou-Kassi; il parla des malheurs de la France, de la Commune de Paris, des événements d'Alger en personne bien informée et il finit par recommander à la bienveillance du commandant son ami le caïd Ali.

Celui-ci renouvela une demande qu'il avait déjà faite d'être admis dans le bordj avec sa famille, pour y combattre auprès de nous si l'insurrection éclatait. Cette demande était inadmissible, car la famille des Oulad-ou-Kassi comptait au moins une soixantaine de personnes et l'espace aurait manqué pour loger tant de monde.

Si le caïd Ali avait voulu rester fidèle, il n'avait pas besoin de se réfugier dans le bordj; il avait sa maison de commandement dans le village indigène de Tizi-Ouzou et, en s'entourant de ses partisans, il aurait pu y faire une bonne défense avec l'aide de la garnison de Tizi-Ouzou. Avec une cinquantaine de cavaliers qu'il aurait réunis et la cavalerie de la garnison, on aurait pu longtemps tenir l'ennemi à distance, tant est grande la crainte que les chevaux inspirent en plaine aux Kabyles (1).

Pour obtenir quelque chose, il aurait fallu promettre un

---

(1) Antérieurement, tant que les Ameraoua sont restés fidèles, jamais les Kabyles n'ont osé bloquer Tizi-Ouzou.

commandement aux Oulad-ou-Kassi; or, cette promesse on ne pouvait pas la faire.

Dans ces derniers temps, l'attitude du caïd Ali avait été équivoque; à propos du mariage d'une de ses sœurs qui avait eu lieu depuis peu, il avait tenu à Tamda des réunions de notables des tribus voisines et il avait, à la fin de février, sous prétexte de faire des invitations, parcouru les tribus des Isser. On supposait, non sans apparence de raison, que cette question de mariage couvrait des agissements ayant pour but de préparer l'insurrection.

Voici quel était ce mariage. Une sœur du caïd Ali avait été mariée à Mohamed-Amzian, un des fils du feu bach-agha Bel-Kassem-ou-Kassi; Mohamed-Amzian avait été tué accidentellement, au printemps de 1867, dans une chasse au sanglier, par son frère Mohamed-Saïd-ben-bel-Kassem-ou-Kassi et sa veuve, mère de deux enfants en bas âge, s'était retirée chez le caïd Ali. Mohamed-Saïd avait épousé maintenant celle qu'il avait involontairement rendue veuve.

Le mariage avait eu lieu le 22 mars à la zmala de Tizi-Ouzou et la mariée avait été conduite en grande fantazia à Tamda. Les officiers du bureau arabe de Tizi-Ouzou avaient été invités à cette fête de poudre et ils s'étaient abstenus d'y paraître, mais plusieurs spahis et cavaliers du bureau arabe y avaient assisté.

Dans le courant de février et de mars, les espions avaient signalé à plusieurs reprises la présence à Tamda d'émissaires de Mokrani.

Si-ben-Ali-Chérif, après avoir passé deux jours à Tamda chez le caïd Ali, était rentré, le 6 avril, à Akbou. Ce jour-là même El-Hadj-Bouzid-el-Mokrani, parent du bach-agha de la Medjana, son khalifa Si-Mohamed-el-Arbi-ben-Hamouda et quatre mokoddems des Beni-Abbès, envoyés avec des lettres de Mokrani, arrivèrent à Seddouk et demandèrent à Chikh-el-Haddad de faire lever ses khouan pour la guerre sainte. Après quelques hésitations, Chikh-el-Haddad convoqua ses mokoddems et khouan les plus voisins et, dans une réunion qui eut lieu le 8 avril, sur le marché des Mcisna, au milieu d'une grande affluence de Kabyles, la guerre sainte fut proclamée dans des conditions qui devaient frapper l'imagination des Kabyles : « Le vieux Chikh-el-Haddad, dit le commandant Rinn (1), qui, depuis des années, n'était pas sorti de sa cellule de cénobite, se montra à la foule soutenu par ses deux fils et entouré de l'élite de ses mokoddems. Puis, après une longue prière faite d'après le rituel spécial des khouan de Si-Abd-er-Rahman-bou-Goberin, Chikh-el-Haddad déclara solennellement que ses deux fils étaient ses khalifas et ses naïbs; il fit donner lecture à ses fidèles d'une proclamation les conviant à la guerre sainte; après quoi il leur remit un drapeau que « le » prophète Mohammed lui avait apporté pendant la nuit », et, jetant son bâton au milieu des assistants, il s'écria qu'avec l'aide d'Allah et du prophète il serait aussi facile de jeter les Français à la mer. »

Le 8 avril, les envoyés de Mokrani s'étaient rendus à Akbou et ils avaient remis aux Illoula une lettre de Mokrani où on lisait ceci :

Les croyants n'ont plus rien à attendre des infidèles. Quant à Ben-Ali-Chérif, il ne faut pas vous en préoccuper; j'y ai pensé, et, si les circonstances le permettent, j'accomplirai la volonté de Dieu, je le ferai prisonnier, je démolirai son bordj et son azib, et tout son bien sera attribué aux combattants de la guerre sainte. Il a quitté la voie de son père et de ses ancêtres. Ceux-ci amenaient le monde des ténèbres à la lumière, tandis que lui il veut les ramener de la lumière aux ténèbres. Il ne faut plus écouter ce qu'il vous dira. Vous n'avez certes pas plus d'attachement pour lui que je n'en ai eu moi-même pour toute cette famille; mais, puisque aujourd'hui Ben-Ali-Chérif préfère l'incrédulité à l'Islam et qu'il prend le parti des infidèles, j'ai retiré ma main de la sienne, je n'ai plus d'amitié pour lui.

On dit qu'il veut se sauver à Alger, car il n'a point de courage et toute foi est éteinte dans son cœur; mais sa fuite ne m'importe guère; mon désir est que vous vous réconciliiez, qu'il n'y ait plus de guerre entre vous et que nous nous unissions fermement avec les autres tribus.

Cette lettre était datée du 23 mars.

A mon avis, ce document est suspect, car il veut trop prou-

---

(1) *Histoire de l'Insurrection de 1871 en Algérie*, par Louis Rinn, page 200.

ver; il n'est pas admissible que Mokrani ait prononcé de prime abord une sorte d'excommunication avant de savoir si le marabout de Chellata ne consentirait pas à s'associer à la levée de boucliers de Chikh-el-Haddad. Il est fort à croire que cette lettre avait été concertée entre Ben-Ali-Chérif et Mokrani, dans l'entrevue du 25 février, pour permettre au premier de conserver un pied dans les deux camps, ce qui pouvait être avantageux pour les rebelles dans certaines occasions. C'était un document libérateur (1).

Ce qu'il y a de certain, c'est que l'entrevue d'Akbou du 8 avril a été signalée dans les rapports politiques de l'époque, comme ayant cimenté l'alliance de Mokrani et des khouan et décidé l'insurrection de la Kabylie.

Quoi qu'il en soit, par une lettre datée du 10 avril, Si-ben-Ali-Chérif prévint le commandant supérieur de Fort-National de l'appel à la guerre sainte fait par Chikh-el-Haddad à ses khouan et il envoya en même temps à cet officier supérieur une lettre à faire parvenir au général Lallemand, dans laquelle il lui donnait les mêmes informations (2).

Dès qu'il eut reçu la lettre de Si-ben-Ali-Chérif, le général Lallemand se hâta de prendre des mesures pour renforcer au plus vite les postes de la subdivision de Dellys pour lesquels on réclamait depuis longtemps des renforts. Pour y parvenir, on fit flèche de tout bois; les régiments du train, les compagnies d'ouvriers du train et de l'artillerie durent fournir plusieurs centaines de combattants; en même temps, on épuisa les dépôts des zouaves et des tirailleurs jusqu'à diriger sur les places de la Kabylie des convalescents, des malingres, des blessés, dont on transportait les sacs.

Telle était la faiblesse des effectifs de l'armée d'Afrique (3) qu'on dut recourir à de pareils moyens pour relever les gar-

---

(1) Il n'a pas eu tout l'effet qu'on en attendait, puisque Si-ben-Ali-Chérif a été condamné à cinq ans de prison par la cour d'assises de Constantine.

(2) La lettre n'est parvenue à Alger que le 12, mais la nouvelle de l'insurrection avait été envoyée par le télégraphe le 11 avril.

(3) L'effectif général des troupes de la division d'Alger n'était, au 15 avril, que de 16.204 hommes tout compris.

nisons des places dont on pouvait prévoir le prochain investissement.

L'apparition de quelques bataillons dans la vallée du Sébaou eût sans doute empêché l'insurrection kabyle d'éclater, mais on ne les avait pas.

Dès le 10, la ligne télégraphique de Bougie à Fort-National fut coupée dans les environs de Tizi-Ncheria.

La nouvelle de la proclamation de la guerre sainte, colportée par les mokoddems, se répandit avec une rapidité prodigieuse dans toutes les tribus où s'étendait l'influence de Chikh-el-Haddad et y jeta une émotion extraordinaire.

Dès le 10, le mokoddem Si-Mohamed-el-Haoussin de Bou-Abd-er-Rahman, tribu des Beni-Ouassif, convoquait une réunion de khouan sur l'emplacement de l'ancien marché des Aït-Hamsi, tribu des Akbil, et là, au milieu de plusieurs centaines d'affiliés, il donna communication de la proclamation de Chikh-el-Haddad et il annonça qu'il était chargé de réunir les khouan des Zouaoua et de les conduire contre l'usine de Bor'ni et Dra-el-Mizan, ce qui fut exécuté quelques jours plus tard.

Le 12 avril, le capitaine Ravez, chef du bureau arabe de Fort-National, étant parti en tournée pour juger de l'état du pays et faciliter par sa présence le rétablissement de la ligne télégraphique de Bougie, ne put dépasser la limite des Beni-bou-Youcef. Parvenu à 2 kilomètres de Tiferdout, cet officier fut informé que la veille, 11 avril, Si-Mhamed, fils aîné de Chikh-el-Haddad, s'était présenté sur le marché du Tleta des Beni-Idjeur, accompagné de l'amin-el-oumena des Illoula-ou-Malou, Ali-Amzian-naït-Kezzouz (1), et du marabout Si-Mhamed-Isedkaouen de la zaouïa Ben-Dris ; qu'il avait fait un appel aux armes pour combattre les Français, disant que ceux qui ne le suivraient pas auraient à s'en repentir, et qu'il avait tiré deux coups de fusil en signe de déclaration de guerre ; presque tous les Beni-Idjeur et les Illoula-ou-Malou avaient répondu à cet appel.

---

(1) Il a été condamné à la déportation simple par le conseil de guerre de Blida.

Un peu plus tard on l'informa que, le jour même, sur le marché de l'arba des Beni-Itourar', le mokoddem Si-Mohamed-ou-Braham avait proclamé la guerre sainte en lisant aux Kabyles une lettre du Chikh-el-Haddad ; qu'un grand tumulte en était résulté, et que le mokoddem, entraînant la foule, composée en majeure partie de Beni-Itourar', d'Illilten et de Beni-bou-Youcef, s'était porté sur la maison cantonnière de Tizi-Ndjemà, sur la route de Tirourda, avait fait mettre au pillage les outils du service du génie qu'elle contenait et avait fait saccager la maison dont il avait commencé la démolition de sa propre main.

Le capitaine Ravez, après avoir rendu compte de ces événements au commandant du cercle, alla passer la nuit à Taourirt des Beni-Menguellat. Là, il convoqua les amin-el-oumena des tribus voisines pour s'assurer de leurs dispositions et aviser aux moyens de faire face aux éventualités qui pourraient se produire.

Le lendemain, 13 avril, les amin-el-oumena des Beni-Yahia, Beni-Itourar', Beni-Ouassif, Beni-Yenni, Beni-Attaf, Akbil et Beni-bou-Youcef, venaient protester de leur dévouement en même temps qu'une partie du makhezen du bureau arabe et une centaine de Beni-Raten armés, dont le général Hanoteau avait autorisé la mise sur pied, étaient amenés à Taourirt par le lieutenant Fiack, adjoint au bureau arabe, et par Si-Moula-naït-ou-Amar, khodja du bureau, et en même temps homme très influent des Beni-Raten.

Des démarches actives furent faites inutilement par les rebelles auprès de deux villages des Beni-bou-Youcef qui hésitaient encore à suivre l'exemple parti de Tiferdout. On pouvait encore espérer que les Beni-Yahia et les Beni-Menguellat, quoique fortement travaillés, ne se laisseraient pas entraîner ; mais cette espérance ne fut pas de longue durée, car, le 14 au soir, tous les Beni-Yahia, sauf le village de Taka, se mettaient en insurrection. Les Beni-Menguellat tenaient encore bon.

Le capitaine Ravez avait quitté Taourirt dans la journée du 15 pour aller camper en avant d'El-Korn, où il devait attendre les contingents kabyles qu'il avait convoqués ; là il apprit qu'un combat avait été livré aux Oulad-ou-Kassi dans la plaine du Sébaou. Craignant alors de se voir entouré par les rebelles, il transporta son camp pendant la nuit à Tala-ou-Malou, au-dessous du village d'Aguemoun-Izem, dans les Beni-Raten.

Les mokoddems Arezkei-naït-Hamadouch et son frère El-Hadj-Ramdan, d'Agueni-ou-Djilban, tribu des Beni-Raten, y avaient apporté de Seddouk les ordres de Chikh-el-Haddad, et une certaine agitation s'était produite ; on espérait encore, néanmoins, dans le concours que pourrait donner cette grande tribu, mais il fallait, pour cela, mettre la main sur Si-Mohamed-ou-Ali-ou-Sahnoun, le plus influent des mokoddems de Chikh-el-Haddad dans le cercle de Fort-National, et sur Arezkei-naït-Hamadouch dont je viens de parler, lesquels auraient répondu de la tranquillité des Beni-Raten. Mais Si-Mohamed-ou-Ali, qui s'était rendu à Fort-National sur l'invitation qui lui en avait été faite, avait été relâché par le commandant Hersant, sur la prière d'un grand nombre d'amins de la tribu qui avaient répondu de lui, et Arezkei-naït-Hamadouch se trouvant à Tizi-Ouzou (1) n'avait pu être arrêté.

Soit que la fidélité des Beni-Raten commençât à être ébranlée, soit qu'ils craignissent pour leurs biens, les gens de cette tribu ne répondirent qu'en très petit nombre à la convocation qui leur avait été faite ; leurs contingents, augmentés d'une trentaine de Beni-Yenni amenés par leur amin-el-oumena, ne constituaient pas une force suffisante pour opposer un obstacle sérieux au mouvement insurrectionnel et le capitaine Ravez ne pouvait plus jouer que le rôle de chef d'avant-poste chargé d'empêcher la place de Fort-National d'être attaquée par surprise.

Prévenu qu'il était menacé d'une attaque, il passa la nuit du 15 au 16 avril sur la hauteur qui couronne Aguemoun-Izem et il redescendit à l'aube à Tala-ou-Malou, point bien situé pour un poste de surveillance.

---

(1) Il cherchait à faire enlever, au moyen de 12 mulets, du blé déposé dans la maison de commandement des Oulad-ou-Kassi. Ce blé fut mis sous scellés par ordre du commandant supérieur de Tizi-Ouzou.

Dès 8 h. 1/2 du matin, les coups de fusil et les cris partant des différents villages des Beni-Menguellat annoncèrent que les rebelles allaient commencer les hostilités ; vers 10 heures, en effet, une foule d'hommes armés débouchait par la route de Tirourda et attaquait vigoureusement les 15 spahis ou mokhaznis et les 60 Kabyles fidèles qui composaient toutes les forces du capitaine Ravez et qui avaient été postés à l'avance sur les points les plus favorables pour la défense. L'ennemi fut donc reçu par un feu très vif qui lui fit éprouver des pertes assez notables ; mais les assaillants, dont la masse s'augmentait de moment en moment, étaient trop nombreux, il fallut opérer la retraite.

Elle se fit le plus lentement possible ; l'ennemi, dont la poursuite ne cessa qu'au delà d'Icheriden, fut constamment tenu à distance. A 3 heures de l'après-midi, le capitaine Ravez rentrait dans le fort avec sa petite troupe et les portes furent immédiatement fermées. Le soir même les rebelles se montrèrent en grand nombre sur les hauteurs d'Aboudid et, le lendemain 17 avril, l'investissement du fort était complet.

La mise en état de défense de la place était terminée depuis la veille et l'école des arts et métiers, qu'on voulait mettre à l'abri d'un coup de main, avait reçu une garnison de 20 hommes destinée à renforcer son personnel.

Le lieutenant-colonel Maréchal, du 4e chasseurs d'Afrique, qui avait été nommé commandant supérieur de Fort-National à la date du 7 avril, avait pu rejoindre son poste le 16, veille de l'investissement. Au moment de la guerre il était, comme chef d'escadrons au 3e spahis, commandant supérieur du cercle de Bordj-bou-Aréridj ; le général au titre auxiliaire de Kératry l'appela par dépêche télégraphique, à lui adressée directement, sans s'inquiéter de la voie hiérarchique, à son quartier général à Laval. Les autorités militaires de l'Algérie s'opposèrent au départ, mais le général de Kératry eut gain de cause et le commandant Maréchal fut mis en route. Il rentrait directement du camp de Conlie, avec le grade de lieutenant-colonel, lorsqu'il fut envoyé à Fort-National.

Il n'avait jamais appartenu aux affaires indigènes et ne connaissait pas la langue arabe, mais un long séjour en Algérie lui avait donné une connaissance suffisante des questions indigènes. Il s'était distingué en défendant, comme capitaine, en 1864, le poste d'Ammi-Moussa pendant l'insurrection oranaise et il était tout à fait à hauteur du rôle qu'il allait avoir à remplir et qui devait se borner à un commandement exclusivement militaire.

A partir du 17 avril, le poste de Fort-National resta sans communications avec les autres places et on ne put en avoir de nouvelles que lorsqu'une colonne arriva dans la vallée du Sébaou.

Dans la journée du 13 avril, le commandant Leblanc, commandant supérieur du cercle de Tizi-Ouzou, recevait de son collègue de Fort-National une dépêche télégraphique lui demandant l'arrestation de l'amin-el-oumena des Illoula-ou-Malou, Ali-Amzian-naït-ou-Kezzouz, que nous avons vu faire appel à la guerre sainte sur le Tléta des Beni-Idjeur et qui se trouvait à Tamda, chez le caïd Ali.

Le commandant Leblanc, jugeant cette arrestation d'une haute importance, envoya sur-le-champ à Tamda le sous-lieutenant de Laforcade, adjoint au bureau arabe, avec M. Goujon, interprète militaire, et 4 spahis, avec mission de l'opérer.

Le même jour Mohamed-Saïd-ben-bel-Kassem-ou-Kassi se présenta au commandant supérieur avec une lettre du caïd Ali, son cousin, dans laquelle celui-ci demandait l'autorisation d'aller porter secours à Si-ben-Ali-Chérif à Chellata. A la lettre du caïd Ali était jointe une lettre du marabout dans laquelle celui-ci lui annonçait que toutes les tribus de la Kabylie orientale s'étaient soulevées, qu'il avait été forcé de quitter son bordj d'Akbou pour se réfugier à Chellata afin d'échapper aux Kabyles qui voulaient le prendre pour chef de l'insurrection et qui le gardaient à vue. « Si tu es mon ami, ajoutait-il, viens à mon secours. »

Cette demande était au moins bizarre : le caïd Ali n'avait pas de commandement effectif, il ne disposait de personne et il n'aurait pu emmener que les gens de son sof qui l'auraient suivi volontairement.

On se demande comment il se fait que Si-ben-Ali-Chérif, qui passait pour avoir une immense influence religieuse, n'ait pas songé à utiliser cette influence en appelant à sa défense les serviteurs de sa zaouïa. Il supposait donc que le caïd Ali pourrait réunir assez de monde pour lui permettre de lutter contre les khouan de Chikh-el-Haddad ? Mais dans ce cas celui-ci eût mieux fait de garder ses partisans pour concourir, s'il y avait lieu, à la défense de Tizi-Ouzou.

Le commandant Leblanc pensa que Si-ben-Ali-Chérif n'appelait à lui les partisans du caïd Ali que pour les entraîner avec lui dans la révolte; il fit garder à vue Mohamed-Saïd et il soumit la question au commandant de la subdivision. Le général Hanoteau refusa l'autorisation demandée par le caïd Ali et il donna même l'ordre d'arrêter ce dernier.

Dans la soirée, le commandant Leblanc communiqua la décision du général à M. de Laforcade, à Tamda; il lui recommanda d'agir avec la plus grande circonspection et de se borner à inviter de sa part le caïd Ali à se présenter à Tizi-Ouzou pour conférer avec lui au sujet de la demande contenue dans sa lettre.

Le rapport ci-après indique comment le sous-lieutenant de Laforcade remplit sa mission; il est daté du 14 avril.

En arrivant chez le caïd Ali, nous avons trouvé Comis (1) qui se promenait dans la cour de la maison. Trois autres Européens dont nous ignorions les noms (2) étaient également chez le caïd ; ce sont eux qui nous ont dit que l'amin-el-oumena du cercle de Fort-Napoléon, que nous devions arrêter, *était parti la veille*. Comis, qui était arrivé le jour même à Tamda, nous a affirmé n'avoir pas entendu parler de cet étranger.

Depuis notre arrivée chez le caïd Ali, Comis ne nous a pas quittés un instant; ce n'est que le soir, prévenu par El-Hadj (3) du peu de

---

(1) Comis Pascal, d'origine suisse, était le *factotum* du caïd Ali; il était marié à une femme kabyle des Ameraoua.

(2) Ils s'appelaient Bacquelin, jardinier du caïd Ali depuis le 1er avril, Arnaud et Étienne, maçons employés également chez le caïd.

(3) El-Hadj-el-Ounnès, mokhazni originaire des Ameraoua.

confiance qu'il devait inspirer, que nous avons évité de causer d'affaires sérieuses devant lui.

Vers 8 h. 1/2 du soir, après le départ du caïd Ali, départ que nous ignorions encore, il s'est offert d'aller dans les appartements lui dire que nous le demandions. A son retour il nous a affirmé que le caïd Ali était tombé malade, mais qu'aussitôt qu'il se trouverait mieux il se rendrait près de nous. Nous avions également chargé l'amin de Tamda de voir si le caïd était réellement malade ; ce dernier, comme Comis, nous a affirmé qu'il était dans l'impossibilité de sortir de sa chambre. Ce n'était donc que compère et compagnon.

Vers 10 h. 1/2, Comis a de nouveau proposé de retourner près du caïd — même résultat et même réponse. C'est vers cette heure que les cavaliers nous ont appris la fuite du caïd. Depuis ce moment, nous avons quitté la maison du caïd pour aller coucher près de nos chevaux. Comis est resté seul dans la chambre où nous devions passer la nuit.

Le lendemain matin, nous avons envoyé Si-Mohamed-el Khouas près des quatre Européens, les prévenir de quitter Tamda sur-le-champ et de rentrer à Tizi-Ouzou. Le caïd Ali a répondu à ce cavalier qu'ils rentreraient dans l'après-midi et qu'il chargerait Comis de porter, de sa part, une lettre au commandant supérieur.

En voyant les allées et venues des Kabyles et l'agitation qui régnait dans la nuit à Tamda, le sous-lieutenant de Laforcade ne s'y était plus jugé en sûreté et, non seulement il avait quitté la chambre où on l'avait placé, mais encore il était allé passer le reste de la nuit à Amiis, sur la rive gauche du Sébaou, en face de Tazazereit et sur le territoire de cette zmala, avec M. Goujon et les cavaliers d'escorte. Le lendemain matin, M. Goujon revêtit un burnous et alla à Tazazereit demander quelqu'un pour aller avec lui à Tamda ; un nommé Ali-ou-Amar consentit à l'aider. Ils apprirent, à Tamda que le caïd Ali était parti avec un grand nombre des gens du village ; envoyé à Mekla, à 4 kilomètres de là, Ali-ou-Amar rapporta la nouvelle que des rassemblements armés l'occupaient et qu'on y avait fait le miiz (décharge générale des armes en signe d'adhésion).

Le sous-lieutenant de Laforcade n'ayant plus rien à faire rentra à Tizi-Ouzou.

Le caïd Ali était allé dans la nuit aux Azazga, fraction de la tribu des Beni-R'obri. Le lendemain, 14 avril, il revint et réunit autour de lui à Tazazereit les contingents qu'il avait convoqués ; il y avait les Azazga, qu'il avait ramenés avec lui, les Beni-Fraoucen, Beni-Khelili, Beni-bou-Chaïb, Ameraoua ; Ali-Amzian-naït-ou-Kezzouz lui amena même les contingents des Beni-Idjer et des Illoula-ou-Malou, musique en tête. On fit une décharge générale des armes (miiz), c'était la proclamation de la guerre.

Les femmes et les enfants évacuaient les villages des Ameraoua-Tahta, en emportant ce qu'il y avait de plus précieux.

Mohamed-Saïd, qu'on gardait à vue à Tizi-Ouzou, avait disparu. Mhamed-ben-bel-Kassem-ou-Kassi, le plus jeune des fils de l'ancien bach-agha, avait emmené de la zmala de Tizi-Ouzou, le jour même, les femmes et enfants de la famille, en les faisant passer par Tala-Atman. Ce qui fut laissé de grains et de troupeaux fut saisi par le makhezeni de Tizi-Ouzou.

Les Oulad-ou-Kassi étaient donc en état d'insurrection.

Lorsque cette nouvelle se fut répandue, plusieurs tribus des environs de Tizi-Ouzou, les Betrouna, Beni-Khalifa, Beni-Zmenzer et une partie des Ameraoua offrirent spontanément au commandant Leblanc de lui fournir des contingents et, en effet, 300 Kabyles furent bientôt réunis autour du bordj. Le commandant pensa qu'il pourrait, par un coup de main hardi, étouffer l'insurrection à son origine en profitant de l'autorisation, qui avait été donnée par le général commandant la division, de faire agir les sofs pour localiser le mouvement insurrectionnel (1).

Les gens de Tikobaïn ayant pour chef Ali-ou-el-Hadj-Khalifa,

---

(1) Cette autorisation était donnée en ces termes par une dépêche télégraphique du 14 avril : « J'ai demandé à plusieurs reprises des renforts pour les postes de la Kabylie, mais nous n'avons que fort peu de troupes. Faites des efforts pour localiser l'insurrection en faisant agir les sofs bien disposés pour nous. » Un télégramme du 16 avril donnait des instructions plus précises : « Avec le peu de troupes que vous possédez dans les divers postes de la Kabylie, il n'y a pas à songer à prendre sérieusement l'offensive à une certaine distance de ces postes. Faites agir les contingents des tribus fidèles, si vous le jugez à propos ou si vous le pouvez, mais évitez de compromettre nos troupes. Donnez le commandement des contingents à des indigènes connus et ordonnez que dans les postes on se tienne sur la défensive. »

Ce dernier télégramme est arrivé à Tizi-Ouzou trop tard.

un ennemi ancien des Oulad-ou-Kassi, avaient promis leur concours, et il fut convenu qu'ils attaqueraient le lendemain Tamda, par les crêtes qui dominent le village, tandis que les autres contingents attaqueraient par la vallée.

Le lieutenant Wolff, chef du bureau arabe, reçut l'ordre de se porter, dans la soirée du 14, sur le plateau situé en avant du village de Sikh-ou-Meddour, avec les cavaliers et spahis du bureau arabe et les contingents des tribus, afin de surveiller la vallée du Sébaou et de mettre Tizi-Ouzou à l'abri d'une surprise. Le commandant Leblanc le fit appuyer par un détachement de 50 chasseurs d'Afrique. Il fit garder aussi le moulin Saint-Pierre, situé sur l'Oued-Aïssi, au pied des Beni-Raten.

La nuit du 14 au 15 se passa sans événements.

Dans la matinée du 15, une petite nefra eut lieu sur le marché du Sebt de Tizi-Ouzou, mais l'ordre fut bientôt rétabli par des mesures énergiques.

Le commandant supérieur prescrivit aux colons de monter au bordj leurs valeurs et leurs objets précieux, d'emballer leurs effets et leurs marchandises de manière à n'avoir plus qu'à les monter au fort en cas de nécessité. En même temps, il faisait préparer la défense du bordj, en faisant établir les plates-formes et pratiquer des embrasures provisoires pour les canons, blinder les portes extérieures, abattre les arbres sur tout le pourtour; un redan fut profilé en avant de la porte de l'est.

La garnison de Tizi-Ouzou se composait d'une compagnie de 103 mobilisés de la Côte-d'Or, d'un petit détachement du train (1) qu'on avait fait exercer à la manœuvre du canon, de 50 chasseurs d'Afrique et de 33 cavaliers et spahis du bureau arabe. On doit compter aussi 50 miliciens fournis par le village de Tizi-Ouzou.

Un détachement destiné à la garnison de Fort-National venait justement d'arriver à Tizi-Ouzou; il se composait d'une

---

(1) Le train, le génie, l'artillerie, les infirmiers et l'administration comptaient une centaine d'hommes.

compagnie de chasseurs à pied et de soldats du train (1), commandée par le capitaine Truchy, du 1er zouaves, avec, pour lieutenants, M. Vallée, du train, et M. Massa, du 1er zouaves. Le commandant Leblanc demanda à l'autorité supérieure et obtint de conserver cette compagnie à Tizi-Ouzou.

Voici maintenant le rapport du lieutenant Wolff sur le combat de Tamda du 15 avril :

Conformément à vos ordres, j'ai quitté Tizi-Ouzou le 14 avril au soir avec une petite colonne composée de 50 chasseurs d'Afrique, 30 spahis ou mokhaznis du bureau arabe et 280 hommes des contingents des Ameraoua, des Betrouna et des Beni-Khalifa, pour aller prendre position en avant de Sikh-ou-Meddour. Ma mission consistait d'abord à couvrir Tizi-Ouzou pour mettre le village à l'abri d'une surprise ou d'un coup de main, de surveiller la vallée du haut Sébaou de manière à connaître réellement le degré de gravité de l'insurrection et de marcher, le lendemain, contre les rebelles commandés par les Oulad-ou-Kassi.

Nous espérions, en enlevant Tamda, foyer de l'insurrection, arrêter, s'il était possible encore, le soulèvement général des tribus du cercle.

A 4 heures du soir, je me mis en route avec ma petite colonne. En passant près d'Abid-Chemlal, je fis razzier par mes cavaliers l'azib du caïd Ali et je lui enlevai 13 bœufs; cette razzia s'opéra sans aucune espèce de résistance. A 6 heures du soir, mon bivouac était installé sur le plateau situé en avant de Sikh-ou-Meddour, à l'endroit que vous m'aviez assigné.

De cette position, je pouvais surveiller tout à la fois la vallée du haut Sébaou et couvrir Tizi-Ouzou. Dans la nuit du 14 au 15 avril, ma petite colonne fut renforcée par 80 hommes des Beni-Zmenzer, 90 hommes des Béni-Douala et quelques gens des Béni-Djennad, ce qui porta l'effectif de mes forces à 400 hommes des contingents, 30 cavaliers du bureau arabe et 50 chasseurs d'Afrique. Les gens de Tikobaïn, commandés par Ali-ou-el-hadj-Khalifa, nous avaient aussi promis leur concours; dans la nuit je convins avec eux qu'ils attaqueraient Tamda simultanément avec moi et se porteraient à ma gauche dès que la colonne serait arrivée à hauteur de Tazazereit. J'appris aussi dans la même nuit, par des espions, que les Beni-Fraoucen en entier avaient pactisé avec les rebelles et qu'ils étaient accourus en armes à Tamda pour se ranger sous la bannière des Oulad-ou-Kassi.

La nuit se passa dans le plus grand calme; les reconnaissances

(1) Cette compagnie comptait 66 chasseurs à pied, 40 hommes du train et 24 ouvriers d'artillerie.

envoyées le lendemain 15 avril, à la pointe du jour, ne signalèrent aucun ennemi dans la plaine, mais je sus par des espions que l'ennemi, dont les forces pouvaient s'évaluer à 5 ou 600 hommes, était rangé en avant de Tamda, au pied des hauteurs de Tazazereit.

A 5 heures du matin, je levai mon bivouac et, conformément à vos ordres, je marchai contre les rebelles. Ma troupe était partagée en trois petites colonnes commandées par des chefs indigènes possédant la confiance de leurs gens et ayant déjà fait la guerre. Celle de gauche, formée par les gens des Betrouna, des Beni-Khalifa, plus quelques hommes des Ameraoua, devait suivre la rive gauche du Sébaou, passer cette rivière avant d'arriver à Tazazereit et tendre la main aux gens du Tikobaïn sitôt que ces derniers viendraient se mettre en ligne. Celle de droite était formée par une partie des gens des Ameraoua et des Beni-Zmenzer; elle devait suivre la route de Bougie, contourner le rentrant que forme le Sébaou en face de Tazazereit, passer la rivière et faire une diversion sur Tamda en ayant bien soin de surveiller sa droite, côté des Béni-Fraoucen. Au centre et dans la plaine, une troisième colonne formant la réserve, composée d'une partie des spahis et mokhaznis, des gens des Ameraoua et des Beni-Douala et du peloton de chasseurs d'Afrique.

Les Beni-Douala avaient pris, dès leur arrivée, une attitude suspecte; je les avais placés en réserve plutôt pour les surveiller que pour m'en servir.

En partant, je pris les plus grandes précautions pour surveiller ma marche; en avant de chaque colonne j'avais placé une petite pointe d'avant-garde, formée par quelques cavaliers du bureau arabe, chargée d'éclairer la marche. En arrière, pour surveiller et diriger les contingents, j'avais placé un officier avec quelques spahis: à la colonne de gauche, M. de Laforcade, sous-lieutenant adjoint au bureau arabe; à celle de droite, M. Goujon, interprète militaire; la réserve était placée sous mes ordres immédiats.

La vallée, au moment de mon départ était couverte d'une légère brume, mais qui fut rapidement dissipée par le soleil levant, et j'arrivai ainsi jusqu'à hauteur de Tazazereit sans avoir aperçu un seul ennemi. A cet endroit, le Sébaou forme un coude ou un rentrant qui peut être dangereux pour une colonne qui s'aventure dans la vallée; je le fis surveiller d'une façon toute spéciale par les chasseurs d'Afrique. Au moment où la colonne de gauche arrivait au pied des hauteurs de Tazazereit, elle fut assaillie par une grêle de balles partant d'un jardin de figuiers; ce fut le signal de l'action.

L'ennemi se démasqua aussitôt; il était précédé d'une quinzaine de cavaliers dont la plupart étaient des membres de la famille des Oulad-ou-Kassi; une oriflamme rouge et jaune flottait au premier rang. L'attaque de l'ennemi fut menée avec tant de vigueur, qu'au bout d'un instant la colonne de gauche fut forcée de se replier; la grande majorité des gens, après avoir déchargé leurs fusils, se débandaient malgré l'exemple des officiers et des cavaliers du bureau arabe qui combattaient au premier rang. Je les fis soutenir aussitôt par des contingents de ma réserve, le restant des Ameraoua et quelques hommes des Beni-Djennad, commandés par un nommé Amar-ben-Amar, ex-sergent de tirailleurs. Le combat fut un moment rétabli à chances égales.

Pendant ce temps, la colonne de droite achevait de contourner le rentrant du Sébaou. M. l'interprète Goujon voulut aussitôt lui faire passer la rivière et faire un mouvement pour tourner la gauche de l'ennemi et menacer directement Tamda, mais les gens se groupèrent sur une hauteur qui domine la rive gauche du Sébaou et, malgré l'élan de M. Goujon et des cavaliers qui cherchaient à les entraîner au feu, il n'y eut pas moyen de les faire avancer; ils se mirent à faire le coup de feu contre l'ennemi, mais à une distance tellement grande, que le résultat fut nul.

A ce moment, la débandade se mettait pour la deuxième fois parmi les gens formant la colonne de gauche et bientôt elle se changea en déroute; il n'y avait pas à en douter, nos contingents ne voulaient pas se battre et la défection était dans leurs rangs. Il fallait cependant arrêter l'ennemi qui s'avançait bannière en tête, avec une audace et un élan extraordinaires; il fallait surtout soutenir les spahis et les cavaliers qui, seuls, tenaient encore tête aux Oulad-ou-Kassi. C'est à ce moment que je donnai l'ordre au lieutenant Cayatte, commandant le détachement de chasseurs d'Afrique, d'entrer en ligne. Cet officier fit mettre pied à terre à la moitié de son peloton, et les chasseurs engagèrent le combat à pied. Leur feu fut si bien dirigé et si bien nourri, que l'ennemi fut arrêté dans sa marche agressive; bientôt après, il fut obligé de battre en retraite. Le lieutenant Cayatte profita de cet instant pour faire monter ses chasseurs en selle et, un moment après, il enlevait, avec ses cavaliers et ceux du bureau arabe, les hauteurs de Tazazereit. Ce mouvement fut exécuté avec une vigueur et un entrain remarquables. Si, à ce moment-là, Ali-ou-el-hadj-Khalifa, avec les gens de Tikobaïn, était entré en ligne, nous chassions l'ennemi jusqu'au bout de la plaine et nous brûlions Tamda.

Par suite de la débandade des contingents, nous étions complètement en l'air, il était facile à l'ennemi de se dérober et de venir nous tourner par notre droite; on avait bien prescrit à M. Aressi, commandant le 2e peloton de chasseurs d'Afrique, de ne pas bouger de la plaine et de surveiller le rentrant dangereux; mais entraîné par son courage et son ardeur, il suivit le mouvement du lieutenant Cayatte. L'ennemi ne manqua pas de s'apercevoir de cette faute; il fit une feinte en laissant quelques hommes devant nous et nous tourna par notre droite. Voyant ce mouvement de l'endroit où j'étais placé, je me portai au galop de mon cheval derrière nos cavaliers, et je prévins à temps M. Cayatte d'arrêter sa marche en avant et du danger qui nous menaçait.

Il y eut là un moment très critique; les gens des Oulad-ou-Kassi avaient déjà réussi, grâce aux accidents du terrain, à se porter sur nos derrières et ils cherchaient à nous cerner. Nous fîmes face à droite et nous tînmes tête à l'ennemi qui nous fusillait à ce moment à 50 mètres de distance, et cela pendant que nous étions engagés dans un terrain en pente, très difficile pour les chevaux. Un feu bien dirigé arrêta l'ennemi dans son mouvement tournant. Nous profitâmes de ce moment de répit pour gagner un petit plateau où nous avions l'avantage de la position. Un instant après, je fis manœuvrer, de manière à remettre le théâtre de l'action dans la plaine pour pouvoir me servir plus efficacement de ma cavalerie.

L'ennemi tomba dans le piège et nous suivit dans la plaine; l'occasion était trop belle pour la manquer. Le lieutenant Cayatte fit mettre le sabre à la main et nous poussâmes une charge qui mit l'ennemi en déroute. C'est à ce moment seulement que les gens de Tikobaïn entrèrent en ligne; il était trop tard; s'ils avaient attaqué simultanément avec la colonne, nous aurions infligé une rude leçon aux Oulad-ou-Kassi.

L'attaque des gens de Tikobaïn fut tellement peu vigoureuse et insignifiante, que je ne jugeai pas à propos de l'appuyer; du reste, nous n'avions presque plus de munitions et, vu l'attitude douteuse des contingents, j'ai cru prudent de faire cesser le combat. Après avoir fait encore pendant une heure bonne contenance, voyant l'ennemi en retraite, je repris, avec tout mon monde, le chemin de Sikh-ou-Meddour. A 4 heures du soir, nous étions rentrés à notre bivouac de la veille, sans avoir été inquiétés un seul instant par l'ennemi. Je pris aussitôt toutes les dispositions contre un retour offensif et pour couvrir Tizi-Ouzou.

Les forces des Oulad-ou-Kassi qui ont combattu contre nous peuvent s'évaluer à 5 ou 600 hommes. L'ennemi comptait dans ses rangs les gens de Tamda, de Mekla, les Beni-Fraoucen et une partie des Beni-R'obri. Quant à nous, par suite de la débandade des contingents, nous comptions à peine 110 hommes présents au feu.

L'ennemi a eu 35 à 40 hommes tués ou blessés; parmi ces derniers, trois membres de la famille des Oulad-ou-Kassi. Deux porte-drapeaux ont été tués tenant la bannière du caïd Ali en main. Nous avons fait un prisonnier et pris des armes. Nos pertes ont été de 2 hommes tués et 5 blessés; 5 chevaux tués et 4 blessés.

Ce petit combat fait le plus grand honneur aux chasseurs d'Afrique, qui se sont vaillamment conduits au feu. M. le lieutenant

Cayatte a eu les honneurs de la journée; il a fait preuve de beaucoup de coup d'œil et de sang-froid.....

Tizi-Ouzou, le 17 avril 1871.

Signé : Wolff.

En transmettant ce rapport, le commandant Leblanc ajoutait :

Permettez-moi, mon Général, de recommander à votre haute bienveillance M. Wolff, lieutenant, chef du bureau arabe. Cet officier mérite d'abord d'être cité d'une manière toute spéciale pour l'intelligence et le sang-froid qu'il a déployés au combat de Tamda. Abandonné par ses contingents, ce qui le mettait dans une situation critique, il a su se tirer de ce mauvais pas à notre honneur et en infligeant, quand même, une bonne leçon aux Oulad-ou-Kassi. D'un autre côté, pendant les trois mois que cet officier a été mon chef de bureau, je n'ai eu qu'à me louer de son zèle et de son travail.....

Grâce à l'énergie des officiers qui commandaient, le combat de Tamda, bien qu'il n'ait pas eu les résultats qu'on en attendait, a été très honorable; mais un officier expérimenté ne l'eût pas ordonné dans les conditions difficiles où on se trouvait, car il nous faisait courir de grands risques et ne pouvait nous mener à rien. On ne pouvait pas songer, en effet, à s'emparer de la personne du caïd Ali autrement que par surprise, et, lors même qu'on aurait réussi à brûler Tamda, l'insurrection n'en eût pas moins suivi son cours.

Après le départ du lieutenant Wolff de son bivouac pour le combat de Tamda, de nouveaux contingents, ceux des Betrouna conduits par l'amin-el-oumena Ali-ou-Saïd, ceux des Maatka conduits par Ali-ou-Amar-ou-Boudjema, ancien caïd et ancien amin-el-oumena de la tribu, ceux des Beni-Aïssi et des Beni-Mahmoud, arrivèrent encore à Sikh-ou-Meddour. On leur distribua des cartouches comme on avait fait pour les autres contingents. Les nouveaux venus restèrent toute la journée dans une expectative menaçante.

La nuit du 15 au 16 se passa à Sikh-ou-Meddour sans aucun incident; les reconnaissances envoyées le matin apprirent que le caïd Ali était campé dans les jardins de figuiers qui sont au pied de la croupe qui porte le village de Tazazercit et où de nouvelles bandes de rebelles l'avaient encore rejoint.

La situation des chasseurs d'Afrique et du makhzen était fort risquée; d'un côté le caïd Ali avec de nombreux dissidents; dans le camp même, des contingents regardés comme amis, mais qui étaient déjà gagnés à l'insurrection et n'attendaient qu'un signal pour se tourner contre nous, et, tout auprès, la tribu des Beni-Raten, qui était bien près de passer aussi à l'insurrection.

Ali-ou-Saïd et Ali-ou-Amar-ou-Boudjema (1), dont je viens de parler, étaient deux anciens caïds qui avaient perdu leur situation lorsque l'organisation kabyle avait été appliquée à tout le cercle de Tizi-Ouzou; le premier avait encore réussi à se faire élire amin-el-oumena, mais le second n'était plus rien. Ali-ou-Saïd avait toujours passé pour un très bon chef indigène; Ali-ou-Amar-ou-Boudjema avait toujours été un homme d'intrigues et il était devenu un agent actif des khouan dans sa tribu. Ces deux hommes se concertèrent entre eux et Ali-ou-Amar-ou-Boudjema fut délégué auprès du caïd Ali pour l'informer de la situation, des dispositions des contingents réunis à Sikh-ou-Meddour et pour l'engager à attaquer le camp la nuit suivante.

Dans la matinée du 16, un triste événement vint porter une profonde émotion dans le camp de Sikh-ou-Meddour, où on se sentait dans une atmosphère de trahison. Un homme du contingent de Sikh-ou-Meddour, en jouant avec son fusil, fit partir le coup; la balle atteignit dans les reins le sous-lieutenant Aressi, du 1er chasseurs d'Afrique, au moment où il parlait au lieutenant Wolff; la blessure était très grave. On crut d'abord à un crime, mais une enquête faite aussitôt parut établir qu' n'y avait eu qu'un simple accident. M. Aressi fut transporté à l'hôpital de Tizi-Ouzou.

Le 15 avril au soir, était arrivé dans cette place le commandant Letellier, du 4e zouaves de marche, qui avait été nommé

---

(1) La cour d'assises de Constantine a condamné Ali-ou-Saïd à cinq ans de réclusion, et Ali-ou-Amar-ou-Boudjema à la déportation simple.

commandant supérieur du cercle à la date du 11 avril ; il avait pris son commandement le 16 au matin. Bien que rendu à la vie civile, le commandant Leblanc se mit à la disposition du nouveau commandant supérieur pour concourir à la défense.

Le commandant Letellier était un officier d'une intelligence vive, actif, énergique et pondéré ; au moment de la guerre, il commandait l'annexe d'Alger comme capitaine ; nommé chef de bataillon au mois d'octobre 1870, il était allé prendre part à la guerre contre l'Allemagne et il était revenu en Algérie à la conclusion de la paix. Il connaissait bien les hommes et les choses de la Kabylie, car il avait été adjoint de 1re classe au bureau arabe de Dellys ; il avait eu depuis cette époque des relations amicales avec les Oulad-ou-Kassi, et il pouvait avoir une certaine influence sur eux. C'était bien l'officier qu'il fallait pour le commandement du cercle de Tizi-Ouzou dans les circonstances difficiles qu'on traversait.

S'il était arrivé plus tôt eût-il réussi à mettre une barrière à l'insurrection ? Non, évidemment ; l'insurrection était l'œuvre, non du caïd Ali mais des Khouan Rhamania ; le peuple kabyle la voulait, le vieux Chikh-el-Haddad avait lancé son appel aux armes et rien n'aurait pu désormais l'arrêter ; mais les hostilités n'auraient sans doute pas commencé aussi brusquement. Quoi qu'il en soit, désormais, la situation était nette et il n'y avait plus d'équivoque.

Le même jour était encore arrivé à Tizi-Ouzou, venant de Dellys, le capitaine Sage qui, au moment de la guerre, était lieutenant chef du bureau arabe de Fort-National. Rentré de France, on ne lui avait encore rendu que le grade d'adjoint de 2e classe dans les affaires indigènes et il ne pouvait pas prendre le commandement du bureau arabe ; comme son grade de capitaine ne permettait pas de le mettre sous les ordres du lieutenant Wolff, celui-ci conserva la direction du bureau arabe et le capitaine Sage fut employé comme officier d'ordonnance par le commandant Letellier.

M. Jannin, fils du maire de Dellys, suppléant du juge de paix de cette ville, qui avait beaucoup de relations avec les indigènes et parlait très bien l'arabe, ayant eu connaissance de la défection du caïd Ali, crut qu'il aurait assez d'influence sur lui pour le ramener à la soumission et il écrivit, le 15 avril, au général Hanoteau la lettre suivante :

J'ai eu l'honneur de prier M. le chef du bureau arabe de vous exposer mes intentions. Agissant dans l'intérêt public, je vous prie de me donner tous les moyens possibles pour pouvoir causer avec le caïd Ali, mon ami, qui vient de faire défection, et l'amener auprès de vous pour arriver à une conciliation et éviter de nouveaux malheurs.

Le général Hanoteau lui répondit aussitôt :

Par lettre que je reçois à l'instant, vous vous proposez pour vous rendre auprès du caïd Ali et vous vous faites fort de le ramener, faisant en même temps rentrer dans le devoir ceux qu'il a entraînés dans sa révolte.
Ce résultat est trop désirable et trop désiré par moi pour que je ne m'empresse pas de vous faciliter les moyens de l'obtenir. Aussi, ai-je l'honneur de vous envoyer immédiatement la lettre ci jointe, dans laquelle je donne des ordres formels dans ce sens à M. l'administrateur du district de Tizi-Ouzou, qui mettra à votre disposition tous les moyens possibles pour vous permettre de parvenir au caïd Ali.
Je dois vous prévenir, d'ailleurs, que je ne saurais assumer la responsabilité des conséquences qui pourraient résulter pour vous de la démarche que vous allez faire.
Il est bien entendu que je ne vous autorise en aucune façon à traiter avec le caïd Ali des conditions de la soumission, ne sachant pas moi-même quelles sont celles que M. le Gouverneur général se déciderait à accepter.

Ce jour-là, les amins-el-oumena et les caïds avaient été convoqués à Dellys pour recevoir les instructions du général sur la conduite qu'ils auraient à tenir dans les circonstances où on se trouvait. M. Jannin s'aboucha avec l'amin-el-oumena des Flissat-Oum-el-Lil, Aomar-ben-Zamoum, parent par alliance du caïd Ali, et il le décida à l'accompagner à Tizi-Ouzou pour l'aider dans la mission qu'il s'était donnée.

M. Jannin se rendit à Azib-Zamoum par la voiture publique le 16 au matin, y trouva Aomar-ben-Zamoum, et tous deux, montant sur des mulets, se mirent en route pour Tizi-Ouzou où ils se présentèrent au commandant Letellier.

M. Jannin écrivit au caïd Ali pour lui demander un rendez-vous entre Tamda et Tizi-Ouzou ; celui-ci répondit que si on voulait lui parler, on n'avait qu'à l'aller trouver là où il était. Aomar-ben-Zamoum et M. Jannin envoyèrent encore au caïd Ali le fils de Chikh-Mohamed-Amzian des Oulad-bou-Khalfa, mais il ne revint pas ; ils prirent alors le parti de retourner chez eux, le 17, à 9 heures du matin. Ils donnèrent avis, aux colons qu'ils trouvèrent sur leur route, de l'insurrection qui avait éclaté.

Nous avons vu que le commandant Letellier avait pris le commandement du cercle de Tizi-Ouzou le 16 au matin ; il commença par envoyer, vers 8 heures, près du village des Abid-Chemlal, la compagnie Truchy pour servir d'appui aux troupes de Sikh-ou-Meddour dans le cas où elles seraient obligées de se replier sur Tizi-Ouzou. Dans la journée, trouvant que la situation devenait trop dangereuse, il donna l'ordre au lieutenant Wolff de rentrer avec tout son monde ; la retraite eut lieu à la tombée de la nuit, sans difficulté, sous la protection de la compagnie Truchy ; le complot ourdi par Ali-ou-Amar-ou-Boudjema se trouva ainsi déjoué. On laissa un poste de quinze hommes des chasseurs d'Afrique sur la rive gauche de l'Oued-Aïssi. Ce poste, qui se trouvait trop en l'air, fut lui-même rappelé à 10 heures du soir, et il n'y eut plus que des postes d'infanterie plus rapprochés.

Les contingents de Sikh-ou-Meddour se dispersèrent aussitôt, la plupart se joignirent aux rebelles.

Dans la journée du 16, les colons de Tizi-Ouzou avaient effectué leur déménagement dans le bordj en toute hâte, activés par la crainte de voir à chaque instant surgir les Kabyles. On emporta les approvisionnements de toute sorte, on y conduisit le bétail et on y transporta le plus qu'on put de fourrage et de bois à brûler.

On eut quelque peine à caser toute la population civile de

Tizi-Ouzou; les officiers cédèrent aux familles de colons les logements qu'ils avaient dans les pavillons.

La nuit fut calme, l'ennemi ne se montra pas.

Le 17 avril, le commandant Letellier put encore envoyer au général Hanoteau, à 11 h. 30, la dépêche télégraphique suivante :

M. Jannin a échoué, il est parti pour Dellys. Tous les contingents placés à Sikh-ou-Meddour ont abandonné leur poste et sont rentrés chez eux pendant la nuit. Timizar-Lor'bar a fait défection hier soir; les Oulad-ou-Kassi s'y trouvent en ce moment; leurs contingents ont pillé le moulin Saint-Pierre, ont occupé Sikh-ou-Meddour et sont, en ce moment, dans la rivière entre Timizar-Lor'bar et les Abid-Chemlal.

Je défendrai tout le col de Tizi-Ouzou jusqu'à la fontaine. Peut-être veulent-ils tourner le col par Erdjaouna afin de soulever les Ameraoua-Tahta; je ne compte nullement sur Dra-ben-Khedda et les Oulad-bou-Khalfa. Veillez au bas de la vallée où l'émoi est grand.

Ben-Zamoum est parti promettant de se tenir en relations avec moi.

Les contingents défilent sous le fort, à 1.000 mètres environ, nous avons envoyé quelques coups de canon. Le village, le bordj et le village arabe sont en état de défense; tout le monde est réfugié dans le fort, mais je suis inquiet au sujet de la pénurie de vivres. Toutes les fermes des environs sont brûlées.

A midi, le télégraphe fut coupé et il fut impossible au commandant Letellier de donner de ses nouvelles jusqu'au jour où une colonne vint débloquer le bordj.

Le bordj renfermait 18 officiers, 417 hommes de troupe, 37 hommes des contingents kabyles restés fidèles et 254 colons dont 95 hommes, 92 femmes et 67 enfants.

Dans le cercle de Bougie, le commandant Reilhac, du 1er spahis, commandant supérieur, s'était porté dès le 9 avril à El-Kseur, à 24 kilomètres de la ville, où il était rejoint par les troupes qui débarquaient successivement pour former la colonne du général Lapasset, qui en prit le commandement le 14 avril.

Le 12, les khouan convoqués par les fils de Chikh-el-

Haddad formaient deux camps non loin de Seddouk, l'un sur la rive droite de l'Oued-Sahel, sous les ordres d'Aziz, l'autre sur la rive gauche, commandé par Mhamed. Le 15, Aziz attaque le bordj du vieux caïd de Larach du cercle de Sétif, Si-Cherif-Amzian-Ben-el-Mihoub, chef religieux d'Imoula, qui avait refusé d'adhérer à l'insurrection; il s'en empare, le pille et l'incendie.

Le 16, Si-ben-Ali-Chérif, menacé par les khouan, écrit au général Lapasset pour lui demander instamment de venir à son secours pour le dégager; mais, cet officier général, qui avait bien autre chose à faire de ses troupes, lui répond qu'il ne peut se rendre à sa demande et qu'il n'a qu'à agir pour le mieux.

Le marabout n'avait pas assez de caractère pour imiter l'exemple de Si-Chérif-Amzian; il ne pouvait rester isolé et inactif à Akbou; d'un autre côté, il ne voulait pas se mettre sous les ordres des fils de Chikh-el-Haddad; il prit le parti d'aller rejoindre, le 24 avril, le caïd Ali-ou-Kassi qui assiégeait Tizi-Ouzou; il n'était accompagné que de son fils Abd-er-Rahman et de cinq serviteurs, mais un contingent de deux cents hommes de sa tribu le rejoignit deux jours après.

Si-ben-Ali-Chérif fut le conseiller et l'inspirateur du caïd Ali, mais il eut soin de ne jamais se compromettre; jamais il n'assista de sa personne à une attaque, jamais il n'écrivit aux tribus; toutes les lettres qu'on a recueillies étaient du caïd Ali ou de son cousin Mohamed-Amokran.

CHAPITRE VIII

Les insurgés de Tizi-Ouzou descendent la vallée du Sébaou le 17 avril. — Les colons de Rebeval fuient à Dellys le 17; sept d'entre eux sont assassinés. — Le 18, le village est mis à sac et incendié. — Les colons de Ben-Nechoud se réfugient également à Dellys le 17, l'un d'eux est tué le 18; le village est saccagé et incendié. — Pillage et incendie de la ferme Franceschi le 18. — Attaque et pillage de la ferme Jaunin à Bou-Medas, le 17 avril, deux Khammès sont tués. — Attaque de Dellys. — Aomar-ben-Zamoum fait réfugier les colons d'Azib-Zamoum dans le caravansérail le 18. — Deux charretiers sont assassinés près du col des Beni-Aïcha le 18 avril. — Moussa-ben-Ahmed-ben-Mohamed donne asile aux colons de Bordj-Menaïel dans sa ferme de l'Oued-Chender le 18; le village est pillé et incendié. — Assassinat de Carbonne au hameau de l'Isser, fuite des colons, pillage et incendie de leurs maisons. — Assassinat du père André le 18. — Assassinat de deux cantonniers et de leurs femmes le 20. — Assassinat de Vincenti Gui et de Pepe Camarado. — Les villages et fermes sont pillés et incendiés jusqu'à l'Alma. — Pillage de Saint-Pierre et Saint-Paul, trois Espagnols sont blessés le 19 avril.

Le 17 avril, à 7 heures du matin, les rebelles, qui s'étaient réunis à Sikh-ou-Meddour et à Timizar-Lor'bar au nombre de 12 à 15.000, se mirent en mouvement sur trois colonnes; celle de droite s'engagea dans les gorges du Sébaou pour tourner le col et la montagne du Belloua. Celle de gauche suivit un chemin qui longe le pied des montagnes des Hassenaoua et de Bou-Ilinoun; elle s'arrêta quelque temps au bas de la croupe qui porte ce dernier village, au marabout de Sidi-Ayad où se tenait le mokoddem Si-Mohamed-ou-Ali-ou-el-Kadi, le véritable promoteur de l'insurrection, puis elle alla s'arrêter au Sebt-el-Kedim, près du village de Dra-ben-Khedda, où elle établit son camp. La colonne du centre, après avoir fait mine de forcer le passage du col de Tizi-Ouzou, se décida à suivre la colonne de droite dans les gorges du Sébaou, et toutes deux, sous la conduite de Mohamed-Amokran-ben-bel-Kassem-ou-Kassi, prirent le chemin de Bordj-Sébaou et se répandirent du côté de Rébeval.

Le 17, dans la matinée, le général Hanoteau ayant été informé que les Beni-Ouaguennoun avaient fait défection et s'étaient joints aux Oulad-ou-Kassi, en prévint le commissaire civil de Dellys et l'invita à prévenir les Européens habitant des fermes isolées que, d'un moment à l'autre, ils pourraient ne plus se trouver en sûreté. Le commissaire civil, M. Le Génissel, qui avait reçu un avis analogue du caïd Lounès-ben-Mahi-ed-Din (1), écrivit aux adjoints des villages de Ben-Nechoud et de Rébeval, qui formaient des sections de la commune de Dellys, de faire replier les colons sur cette ville ; les lettres furent portées par la gendarmerie. Il écrivit aussi au maire du village de Bordj-Ménaïel, qui était depuis peu commune de plein exercice, pour l'aviser de l'insurrection et, faute d'autre moyen, il confia la lettre au cantonnier arabe d'Azib-Zamoum ; cette lettre ne parvint pas à destination. Le commissaire civil empêcha aussi le départ de la voiture publique allant à Alger.

C'était justement un lundi, jour du marché de Rébeval, joli village, créé depuis dix ans, situé sur la rive droite du Sébaou, à 17 kilomètres de Dellys, à hauteur de la traille sur laquelle on traverse le Sébaou quand on suit la route de Dellys à Alger ; il est tout proche du village kabyle de Bar'lia. Le marché du Tnin est ordinairement très fréquenté ; vers 1 heure de l'après-midi il s'y produisit une nefra qui nécessita l'intervention des gendarmes et de la milice pour le rétablissement de l'ordre. Après cet incident, le marché se trouva bientôt désert.

La lettre du commissaire civil de Dellys annonçant le danger que courait le village arriva à Rébeval vers 4 h. 1/2 ; beaucoup de colons partirent isolément sur Dellys. Vers 7 heures du soir, ceux qui étaient restés s'assemblèrent en armes pour délibérer sur le parti à prendre ; ils manquaient de moyens de transport et il leur en coûtait d'abandonner tout ce qu'ils possédaient. Une trentaine d'indigènes de Bar'lia, également en

---

(1) Il n'était plus caïd depuis le passage de Taourga en territoire civil, mais on continuait à lui donner ce titre.

armes, se présentèrent conduits par le chikh Saïd-ou-Allal et annoncèrent qu'ils venaient concourir à la défense du village; leur arrivée ne fit que redoubler les alarmes et, à 10 heures du soir, les colons se décidèrent presque tous à partir pour Dellys; ils y arrivèrent vers 2 heures du matin.

Huit d'entre eux, ne voulant pas croire au danger, persistèrent à se fier à la loyauté des indigènes, malgré les supplications de leurs amis; c'étaient les sieurs Jourdan père, son domestique Louis Giraud, Maxime Rey, Canette, Jean Perroto, Lambert, Soudon et Blanc fils, instituteur. Pendant la nuit, les fermes abandonnées par leurs propriétaires furent pillées par les indigènes; le propriétaire d'une de ces fermes située sur la rive gauche du Sébaou, le nommé Alazet, qui avait envoyé sa famille à Rébeval, mais qui s'était attardé dans sa maison, fut recueilli à temps par un indigène de ses voisins nommé Mohamed-ben-Mahi-ed-Din et il assista aux scènes de pillage qui préludaient à la destruction de Rébeval.

Le lendemain, 18 avril, Alazet se rendit au village; il y rencontra Canette et Blanc fils, qui lui dirent que les gens de Bar'lia qui s'étaient chargés de la sécurité du village avaient pillé pendant la nuit le presbytère et la maison de l'épicier Fallière.

Les colons restés à Rébeval songèrent d'abord à se réfugier dans la maison d'école et à s'y défendre, puis ils prirent le parti de regagner Dellys. Ils s'engageaient sur la grand'route lorsqu'ils virent arriver, de l'autre côté du Sébaou, une soixantaine d'indigènes de Bar'lia qui étaient allés conduire leurs troupeaux dans la montagne de Bou-Berak et qui rentraient chez eux; ces indigènes se joignirent à ceux qui avaient passé la nuit à Rébeval pour intercepter la route aux fugitifs. Le chikh Saïd-ou-Allal s'avança vers Jourdan et lui demanda de lui vendre des fèves et du bechna; la proposition était assez intempestive, mais Jourdan n'osa pas refuser et, avec son domestique et Soudon, il rentra chez lui pour mesurer le grain demandé.

Presque aussitôt, le cheval d'Alazet lui fut volé et, pendant qu'il allait à sa recherche, il entendit un coup de feu suivi d'un cri de Jourdan; il vit Perroto, Canette, Giraud et Rey s'enfuir sur la route de Dellys tandis que Lambert, Soudon et Blanc allaient se réfugier dans la maison d'école. Alazet essaya de se joindre à ces derniers, mais un Arabe fit feu sur lui et il courut sur la route pour rejoindre les autres fugitifs dont une grêle de balles précipitait la course. Tous tombèrent sous cette décharge, sauf Alazet qui quitta la route et se jeta dans le lit du Sébaou traqué par trois Kabyles qui s'acharnaient à sa poursuite. Quand il eut franchi la rivière il échangea des coups de feu avec eux et il atteignit enfin sa maison et fut recueilli de nouveau par Mohamed-ben-Mahi-ed-Din; celui-ci le remit au marabout Si-Mahomed-Chérif-el-Gueribissi, mokoddem des Rahmania, qui était un des principaux chefs de l'insurrection (1).

Quant aux trois colons qui s'étaient enfermés dans la maison d'école, ils s'y défendirent vigoureusement. Les insurgés, qui avaient déjà eu plusieurs tués et blessés, amassèrent du bois devant les portes et fenêtres du rez-de-chaussée et y mirent le feu; puis, quand ils purent ainsi pénétrer dans l'intérieur la porte une fois brûlée, ils mirent également le feu au plancher de l'étage. Les quatre fils du vieil El-Hadj-Aomar-ben-Mahi-ed-Din, dont j'ai parlé au chapitre III, Ahmed, Ali, El-Hadj-Saïd et Smaïl, arrivés à la tête des contingents de Taourga, avaient ordonné et dirigé cet incendie; les colons furent brûlés vifs, bien qu'ils eussent demandé à se rendre (2).

---

(1) Plus tard il fut emmené dans les Beni-Idjeur et finalement fut remis au commandant Letellier.

(2) La cour d'assises d'Alger, dans sa séance du 30 mars 1872, a prononcé contre les auteurs du sac de Rébeval six condamnations à mort, quatre à perpétuité, deux à la déportation dans une enceinte fortifiée, et cinq à cinq ans de détention. Trois des condamnés à mort, dont Ahmed fils d'El-Hadj-Aomar-ben-Mahi-ed-Din, ont été exécutés sur la place de Rébeval. Les condamnés à cinq ans étaient El-Hadj-Aomar-ben-Mahi-ed-Din et deux de ses fils Ali et El-Hadj-Saïd (le quatrième fils, Smaïl, avait été tué dans l'insurrection), et deux Oulad-ou-Kassi, Mohamed-Saïd-ben-Bel-Kassem-ou-Kassi et Amar-ben-Mohamed-ou-Kassi.

Les ossements des victimes ont été recueillis et inhumés après le déblocquement de Dellys, le 2 juin; un détachement de francs-tireurs et quelques spahis leur ont rendu les derniers devoirs.

Les Kabyles, restés maîtres du village, emportèrent les denrées, les objets mobiliers, les pièces de construction qu'ils jugeaient pouvoir leur servir ; puis tout le reste fut incendié, sauf une seule maison restée intacte, celle de Si-Mohamed-Cherif-el-Gueribissi.

Après la chute de l'école, il y eut une réunion des chefs sur la place du marché et on y prit note des insurgés qui s'étaient distingués, pour les signaler au caïd Ali.

Le village de Ben-Nechoud, situé à 11 kilomètres de Dellys, sur la rive droite du Sébaou, formait un groupe d'une douzaine de maisons, mais il comptait aux environs plusieurs fermes importantes. Le nombre des habitants européens était de 80 personnes ; le nombre des Kabyles habitant aux alentours était de 4 à 5.000, appartenant à la tribu des Beni-Tour.

Le 17 avril, à 4 heures du soir, un maréchal des logis de gendarmerie apporta la lettre enjoignant aux habitants de se réfugier à Dellys ; le soir même la plupart avaient quitté leurs demeures et étaient partis pour la ville ; mais huit d'entre eux, plus confiants que les autres, s'obstinèrent à y rester ; c'étaient : Tourel et son fils ; Cosma, leur domestique ; Faytral et son fils, âgé de 16 ans ; Lafitte, Bordj et Blassenhoer. Ils s'enfermèrent ensemble dans la maison d'école et passèrent la nuit à faire des patrouilles ; ils eurent plus d'une alerte ; aussi, dès avant le jour, jugeant la position trop dangereuse, se décidèrent-ils à fuir à leur tour. Ils envoyèrent trois d'entre eux à Dellys pour s'y procurer les véhicules nécessaires pour leur déménagement ; ceux qui partirent furent Bordj, Tourel fils et Peytral fils.

Dès le matin, les colons restés à Ben-Nechoud remarquèrent, de l'autre côté du Sébaou, de nombreux groupes d'indigènes ; la plupart étaient réunis près du Bois-Sacré et près de la maison du caïd des Isser-el-Djedian, Dali-Ahmed-ben-Haceïn. On apercevait distinctement des cavaliers poussant des troupeaux vers la montagne. Ils virent bientôt les indigènes traverser le Sébaou et se répandre dans les fermes Maria, Mauria, Bouvard, André Colman, abandonnées par leurs propriétaires, et les mettre au pillage. De nouvelles bandes, venues des villages voisins de Ben-Nechoud, accoururent se joindre aux premières pour dévaster les exploitations européennes; les fermes Grima, Revel et Villenago furent successivement envahies et pillées.

Il était près de 6 heures du matin lorsqu'une vive fusillade se fit entendre du côté de Rébeval, où les colons étaient aux prises avec les insurgés. Comprenant alors que le danger était sérieux, ils résolurent de gagner Dellys sans attendre les voitures qu'ils avaient envoyé chercher; mais ils perdirent un temps précieux, 1 h. 30 environ, en préparatifs de départ, et quand ils voulurent se mettre en route, les révoltés avaient déjà entouré le village et envahi la ferme Tardieu qui le domine.

A ce moment, un des colons fit feu sur les pillards; un des rebelles riposta par un coup de fusil et les colons prirent la fuite, poursuivis par les Kabyles qui leur envoyaient en même temps une fusillade nourrie. Heureusement pour les fugitifs que l'instinct du pillage retint les indigènes qui se disputaient les objets et les armes que les colons abandonnaient dans leur fuite. Ceux-ci gagnaient du terrain en s'abritant derrière des murailles et des talus; mais Blassenhoer, atteint d'un coup de feu, s'arrêta et fit face aux assaillants en croisant la baïonnette. Trois coups de feu lui furent tirés presque à bout portant; il pirouetta sur lui-même et tomba la face contre terre; ses adversaires fondirent sur lui, l'achevèrent à coups de sabre et de matraque et l'un d'eux lui trancha la tête avec un yatagan.

Les quatre survivants se trouvaient à cinquante pas, mais les indigènes abandonnèrent un moment leur poursuite pour se disputer les dépouilles du mort, et les fugitifs purent augmenter un peu la distance les séparant des rebelles qui les traquaient; ils arrivaient au pont du ravin de Touabet quand la poursuite et la fusillade recommencèrent. A ce moment accourut un indigène nommé Ali-ben-Djerra, porteur d'un rouleau de papier qu'il montrait de loin aux révoltés; Tourel le coucha en joue et le somma de s'arrêter; celui-ci adressa quelques paroles à ses coreligionnaires qui renoncèrent à leur poursuite; les colons purent continuer leur route.

Cependant les fils Peytral et Tourel avaient accompli la mission pour laquelle ils avaient été envoyés à Dellys et ils revenaient vers Ben-Nechoud conduisant des voitures, lorsqu'ils firent la rencontre de nombreux groupes d'Arabes armés de fusils. Le fils Peytral, qui était en avant, essuya leur feu; il se précipita à bas de sa voiture et prit la fuite; mais il fut bientôt atteint et désarmé. La dispute qui s'éleva entre les Arabes pour l'attribution de son fusil lui permit d'échapper à leurs étreintes et de rejoindre son père et les autres colons qui arrivaient justement à ce moment et accouraient à son secours. Les indigènes cessèrent leur agression et les colons purent gagner Dellys sans être davantage inquiétés (1).

Toutes les habitations des colons de Ben-Nechoud furent saccagées et quelques-unes brûlées.

Dans la même matinée du 18, les révoltés enlevèrent les troupeaux (2) de la ferme Franceschi qui pacageaient sur les rives du Sébaou, non loin de l'embouchure de cette rivière; la ferme située au tournant de la route près de la lisière du bois de Bou-Khartout fut incendiée.

Le général Hanoteau n'avait pas suffisamment de troupes pour envoyer un détachement au secours de Ben-Nechoud et de Rébeval; il dut se contenter d'envoyer, le 17 au soir, 8 spahis sous les ordres de M. Guérin, interprète militaire, pour protéger la retraite des colons. Les spahis s'étaient postés en dehors de la route non loin de la ferme Franceschi, ils n'avaient vu aucun rebelle.

Dans l'après-midi du 17 avril, une bande de 25 Kabyles se détacha à Sidi-Namen des contingents que conduisait Mohamed-Amokran-ben-bel-Kassem-ou-Kassi, dans le dessein d'aller piller la ferme Jannin, située à Bou-Medas, à 3 kilomè-

---

(1) La cour d'assises d'Alger, jugeant l'affaire de Ben-Nechoud, a condamné, dans sa séance du 1ᵉʳ juin 1872, trois indigènes aux travaux forcés à perpétuité et quatre autres aux travaux forcés à temps.

(2) Les troupeaux comptaient 51 bœufs ou vaches et 416 moutons.

tres de Dellys, sur la route muletière de Dellys à Tizi-Ouzou par la montagne; ils s'y présentèrent vers 11 heures du soir. M. Jannin fils qui, comme nous l'avons vu, était revenu de Tizi-Ouzou dans la journée, avait envoyé ses parents à Dellys et était resté pour garder la ferme avec 18 khammès, dont 5 étaient armés de fusils de la milice; sa femme ne l'avait pas quitté.

Au moment de l'arrivée des rebelles, les khammès étaient dehors autour d'un feu allumé près de la ferme; les assaillants, qui s'étaient approchés avec précaution, leur envoyèrent une décharge qui n'atteignit personne. M. Jannin, réveillé en sursaut, sortit vêtu d'un burnous. Une deuxième décharge atteignit mortellement deux des khammès.

M. Jannin, prenant sa femme sur ses épaules, se jeta dans un champ d'orge pour se dérober à la vue des Kabyles; mais ayant été signalé par ses chiens qui s'étaient attachés à ses pas, il essuya plusieurs coups de fusil; il parvint à se réfugier dans une ferme d'où il gagna Dellys le lendemain matin.

Deux des khammès étaient complices des agresseurs. Ceux-ci enfoncèrent les portes de la ferme et enlevèrent 62 bœufs et vaches, 3 chevaux et 4 mulets et allèrent partager leur butin à Aïn-el-Arba (1).

Les Kabyles qui s'étaient attardés au pillage des villages européens ne parurent devant Dellys que le 18 avril, vers 5 heures du soir; ils se montrèrent alors en masses nombreuses sur les hauteurs dominant la ville et ils portèrent l'incendie et la dévastation dans les fermes de la banlieue; mais ils n'attaquèrent pas immédiatement la ville et les hostilités ne commencèrent que le 20 avril.

La garnison de Dellys avait reçu le 15 avril, par le bateau des messageries, un renfort de 290 zouaves et artilleurs.

Nous avons vu que les insurgés de Tizi-Ouzou avaient établi

---

(1) La cour d'assises d'Alger condamna, le 16 février 1872, un des coupables à la peine de mort, deux aux travaux forcés à perpétuité et six autres à des peines diverses.

leur camp, le 17 avril, au Sebt-el-Kedim, près de Dra-ben-Khedda; de là ils incendièrent les maisons des colons de Fraoun (le Vin-Blanc). Aomar-Zamoum, en ayant été informé dans la nuit, fit rassembler les colons d'Azib-Zamoum le 18 au matin et les fit rentrer dans le caravansérail; le maréchal ferrant Bacque, qui était ivre, fit résistance; il se faisait fort de tuer tous les Kabyles; on l'emmena quand même. La diligence, conduite par le nommé Senac, arrivée d'Alger et qui devait aller à Tizi-Ouzou, fut arrêtée par Aomar-ben-Zamoum et remisée dans le caravansérail; ce chef indigène envoya aussi chercher les colons du Vin-Blanc qui avaient été recueillis par l'amin Saïd-bel-Amara et il les réunit aux autres colons.

La nouvelle des événements de Tizi-Ouzou n'avait pas tardé à arriver à Bordj-Menaïel et, le 18 avril au matin, il régnait une grande émotion dans ce village. Deux charretiers, Demouy et Patoun, avaient été assassinés sur la route des Beni-Aïcha; les denrées qu'ils transportaient et les animaux d'attelage avaient été volés.

Les chefs indigènes des Isser et des Flissa cherchaient à rassurer les colons en leur promettant de les défendre; ceux-ci étaient restés dans leurs maisons et avaient organisé, de concert avec les chefs indigènes, un service de patrouilles.

Le village était situé sur le territoire des Zmoul (douar de Sidi-Sliman), tribu dont le caïd était Mohamed-ben-el-Hadi-ben-Sokheri, fils du caïd des Isser-Oulad-Smir, jeune homme intelligent, ancien élève du collège arabe-français d'Alger, mais qui était plus souvent dans les Oulad-Smir que dans les Zmoul. Les colons avaient davantage de relations avec les Isser-Drœu. Cette dernière tribu se trouvait, peu auparavant, sous le commandement du caïd Ahmed-ben-Mohamed, homme riche et intelligent, qui avait acheté un certain nombre de concessions à des colons de Bordj-Menaïel, avait fait construire des fermes importantes et faisait cultiver ses terres à l'européenne par des fermiers espagnols. Ce caïd était mort le 30 août 1870 et, malgré ses démarches, son fils aîné Saïd n'avait pu obtenir de le remplacer; le caïdat avait été supprimé et les quatre douars entre lesquels le territoire avait été réparti lors de l'application du sénatus-consulte à la tribu des Isser-Drœu formèrent des unités administratives séparées ayant chacune à sa tête un président. Saïd-ben-Ahmed-ben-Mohamed avait été simplement nommé président du douar d'El-Richa, ce qui était pour lui une cause de vif mécontentement; son frère cadet, Moussa (le caïd avait laissé six fils), habitait la ferme de l'Oued-Chinder, sur la route d'Alger à Fort-National, à 3 kilomètres de Bordj-Menaïel.

Les colons, tout en n'abandonnant pas leur village, voulurent mettre leur bétail en sûreté ; ils le rassemblèrent et le firent conduire au Corso par un jeune homme appelé Louis Poncet, qui se mit en route à 10 heures du matin. Il était arrivé un peu au delà du pont de l'Isser, lorsqu'il fut cerné par une trentaine d'indigènes qui étaient conduits par un ancien cadi révoqué des Khachna, nommé Si-Mohamed-ben-Bouzid, qui habitait les Isser ; c'était un vieillard de 70 ans, très fanatique, qui a fait preuve d'un acharnement incroyable dans le mouvement insurrectionnel. Ben-Bouzid fit enlever le troupeau qui comptait 21 bœufs et le fusil du jeune Poncet, lequel fut invité à rebrousser chemin.

Les colons de Bordj-Menaïel portèrent plainte au président Saïd (on lui donnait le titre de caïd bien qu'il n'y eût pas droit) et celui-ci fit des démarches pour obtenir la restitution du troupeau et il finit par y réussir ; mais, quand on lui eut livré les bœufs, au lieu de les rendre à leurs propriétaires, il les fit conduire à la ferme de l'Oued-Chinder.

Vers 4 heures de l'après-midi, une centaine de Kabyles s'étant introduits dans la ferme Migniot se mirent à la livrer au pillage. M. Canal, adjoint au maire, y envoya 4 miliciens en armes ; les pillards n'osèrent pas résister et se dispersèrent. Les rassemblements hostiles en armes grossissaient de moment en moment et devenaient plus entreprenants ; les Kabyles s'emparèrent des cartouches de la milice qui étaient déposées à la mairie ; les miliciens essayèrent de s'y opposer, mais ils étaient 8 hommes en face de plus de 300 individus armés et menaçants, la résistance était impossible.

Les habitants de Bordj-Menaïel songèrent un instant à se réfugier dans le vieux bordj turc où ils auraient pu se défendre, mais il ne s'y trouvait ni eau ni approvisionnements et il n'eût pas été possible d'y tenir bien longtemps. Ils acceptèrent alors la proposition que leur faisait Moussa-ben-Ahmed-ben-Mohamed de chercher un asile dans sa ferme de l'Oued-Chinder, où il promettait de les protéger contre les indigènes qui avaient envahi le village et le mettaient déjà au pillage. Ils se rendirent donc à cette ferme au nombre de 19, hommes, femmes et enfants, et ils eurent le crève-cœur, pendant le trajet, de voir leurs maisons et leurs meules de paille livrées aux flammes.

Le maire de Bordj-Menaïel, qui habitait une ferme écartée, avait trouvé un refuge, avec sa femme et ses cinq enfants, chez l'amin de Rouafa, dans le Flissat-oum-el-Lil.

Le jour suivant les colons furent conduits dans un haouch des Oulad-Aïssa appartenant à la famille de l'ancien caïd et distant de 15 kilomètres ; on leur enleva leurs armes et leurs munitions et on leur fit déposer leur argent, mais on leur en donna un reçu ainsi que pour les troupeaux enlevés la veille.

Au hameau de l'Isser, situé près du confluent de l'Isser et de l'Oued-Djemaa, à côté d'un grand marché arabe qui se tient le vendredi, on remarque, près du pont de l'Isser : deux maisons de cantonniers, l'ancien caravansérail qui a été vendu aux enchères par la commune subdivisionnaire de Dellys et acheté par un indigène très riche, Amar-ben-Taïeb, président du douar d'El-Guious, une briqueterie, une épicerie et deux auberges, dont une tenue par la veuve Barthet.

Le 18 avril, vers 3 heures, les deux cantonniers, effrayés par la nouvelle de l'insurrection, partirent avec leurs femmes et deux ouvriers, abandonnant tout, pour aller se réfugier au col des Beni-Aïcha ; des Arabes qu'ils rencontrèrent se contentèrent de leur enlever leurs armes et ils les laissèrent passer.

La veuve Barthet était partie le matin même pour Alger, laissant son établissement à la garde de deux domestiques, Carbonne et Birkel ; le nommé Mustapha-ben-Taïeb, cousin du président du douar, qui avait des griefs à venger, alla trouver Carbonne, assis devant la porte de l'auberge, et lui demanda de lui vendre de la poudre ; celui-ci répondit qu'il n'en avait pas. Sans plus d'explications, Mustapha fit feu sur lui et l'atteignit au ventre ; Carbonne se releva, alla derrière le caravansérail et tomba en appelant à son secours. Plusieurs personnes s'avançaient vers lui pour le relever, mais Mustapha, qui était arrivé avec 8 ou 10 cavaliers, les écarta et commanda à ses hommes de faire feu sur le blessé ; une décharge l'étendit mort.

Birkel, qui avait voulu s'opposer à l'enlèvement de chevaux dans l'écurie de l'auberge, fut roué de coups à tel point qu'ayant pu s'enfuir, il mourut quelques jours après à l'hôpital d'Alger des suites de ses blessures.

Tous les colons des Isser s'étaient empressés de partir et ils ne furent pas inquiétés sur leur route. Toutes les maisons des colons furent pillées et livrées à l'incendie ; le cadavre de Carbonne fut jeté dans l'auberge Barthet en flammes. L'ex-cadi Ben-Bouzid se signala encore dans ces scènes de pillage.

Voici comment un nommé Joberti Léonard m'a raconté sa fuite :

J'ai assisté à l'assassinat de Carbonne et j'ai pris la fuite jusqu'aux maisons des cantonniers ; ceux-ci étaient déjà partis et la table était mise pour le dîner. Je me suis caché dans le jardin, dans un trou qui avait été creusé au moment de la construction du pont, et j'y suis resté jusqu'à 11 heures du soir sans oser me montrer ; une quinzaine d'Arabes étaient venus piller les maisons des cantonniers, ils ne me virent pas. A 11 heures du soir, ne voyant plus personne, je me suis mis en route pour le col des Beni-Aïcha. Je venais de traverser le pont de l'Isser lorsque des Arabes me barrèrent la route ; ils me firent donner l'argent que j'avais sur moi et, apprenant que je voulais aller au col, ils s'y opposèrent et me renvoyèrent sur mes pas ; l'un d'eux me donna un coup de bâton sur la nuque et les autres me poursuivirent à coups de pierres.

Je retournai donc vers le hameau de l'Isser ; mais, en arrivant au pont de l'Oued-Djemaa, au lieu de m'y engager, je descendis dans la rivière ; je suivis le lit jusqu'au confluent de l'Isser et j'allai me cacher dans des touffes de broussailles. A la pointe du jour, j'ai repris la route du col des Beni-Aïcha ; j'ai rencontré des Arabes et des Kabyles qui n'avaient pas encore connaissance de l'insurrection.

En arrivant au col, je me suis rendu à la gendarmerie pour y faire ma déclaration; on était déjà en train d'évacuer le village et ce que je racontai fit encore hâter le déménagement. On mit les effets sur des voitures dans lesquelles montèrent les femmes et les enfants; les hommes à pied escortèrent les voitures, et ceux qui avaient des chevaux partirent quelque temps après avec les gendarmes, pour faire l'arrière-garde.

Nous avons rencontré le maire de l'Alma, avec un détachement de miliciens, entre la Belle-Fontaine et le Corso. Les insurgés nous tirèrent quelques coups de fusil sans nous atteindre et nous pûmes arriver à l'Alma.

Le père André (1), vieillard à cheveux blancs, qui était à cheval, était resté un peu en arrière des autres cavaliers; un Arabe embusqué à l'angle du chemin de traverse le jeta par terre d'un coup de fusil qui le blessa mortellement; puis il lui prit son cheval et se sauva.

Joanne Neufçout, marchand au hameau de l'Isser, m'a fait aussi sa déclaration en ces termes (2) :

Le mardi 18 avril, ayant remarqué que les choses allaient mal, car les Arabes qui venaient acheter refusaient de payer et tenaient des propos menaçants, je suis parti à 8 heures du matin pour le col des Beni-Aïcha; c'était le jour du marché; tout s'y est passé comme d'habitude, personne n'avait d'arme. Je trouvai sur le marché le caïd Saïd des Khachna de la Montagne, que je connais beaucoup; il m'invita à aller chez lui et il me donna un mulet pour faire la route.

Le lendemain 19, vers 1 heure de l'après-midi, est arrivé un cantonnier de la route de Palestro avec sa femme; c'était le nommé Lallemand. Il dit au caïd qu'un autre cantonnier de la route était resté dans sa maison et le caïd l'envoya chercher par quatre hommes chargés de le protéger; les hommes revinrent vers 9 heures du soir, amenant le cantonnier Lemaître et la femme Rosarié, qui vivait avec lui.

Le lendemain 20 avril, les deux cantonniers et leurs femmes voulurent absolument partir malgré les observations du caïd qui leur représentait les dangers d'un tel voyage. Ils pleurèrent et insistè-

---

(1) Le 3 mai 1873 eut lieu à l'Alma l'exécution d'Osman-ben-Redjeb, Koulour'li, condamné à mort le 5 janvier précédent par la cour d'assises d'Alger, pour l'assassinat d'André Cardi, dit le père André.
(2) Les deux déclarations ont été reçues à l'Alma, à la colonne Lallemand, le 2 mai 1871.

rent tellement, que le caïd ne résista plus et il les accompagna lui-même avec une douzaine d'hommes en armes.

D'après ce que m'a dit le caïd à son retour, en arrivant à Belle-Fontaine, ils avaient rencontré une troupe d'environ 200 rebelles qui avaient exigé qu'on leur livrât les colons; le caïd avait dû les abandonner et, à peine avait-il tourné le dos pour rentrer chez lui, qu'une fusillade avait abattu les malheureux fugitifs.

Le caïd Saïd a été accusé d'avoir tué lui-même le cantonnier Lallemand, pour se faire valoir auprès des insurgés. La femme Rosarié, blessée grièvement, put se relever et s'enfuir jusqu'au Corso, où elle fut tuée quelques heures plus tard; quant à ses compagnons, ils étaient tombés morts.

Les bandes d'insurgés saccagèrent et incendièrent tout jusqu'à l'Alma, où l'attitude énergique des colons leur imposa; elles se répandirent vers la mer et incendièrent les fermes des Foës, de Saint-Antoine et de Trémaux. Le charbonnier Vincent Gui fut assassiné.

Dans la nuit du 19 au 20, deux Espagnols, Molinas et Pepe Camarado, qui étaient couchés dans leur gourbi, furent attaqués par les Arabes; Pepe Camarado fut tué, mais Molinas abattit avec son fusil deux des agresseurs et put prendre la fuite.

Le nommé Riffet, de la ferme Saint-Antoine, après avoir été laissé pour mort, put se relever et s'enfuir; il fut traqué pendant trois jours comme une bête fauve par les indigènes qui le chassaient avec des chiens; il ne leur échappa, après d'horribles souffrances, qu'en se plongeant tout entier, à plusieurs reprises, dans des mares d'eau qu'il avait trouvées sur son chemin.

L'œuvre de pillage s'étendit encore jusqu'à Saint-Pierre et Saint-Paul, où les rebelles pénétrèrent dans la journée du 19 avril; trois Espagnols y furent blessés, dont un grièvement.

CHAPITRE IX

La proclamation de la guerre sainte est envoyée par Chikh-el-Haddad à l'oukil de la zaouïa de Si-Abd-er-Rahman-bou-Goberin, le 11 avril. — Réunion de mokoddems à Elma-Dinar, on décide l'appel aux armes. — Nefra sur le marché de Bor'ni le 16 avril; un poste de zouaves est envoyé au bordj turc. — Dans la nuit du 18 au 19, on fait replier sur Dra-el-Mizan le poste et les employés de l'usine Garro. — L'usine est incendiée dans la nuit du 19 au 20. — Attaque de Dra-el-Mizan le 20 avril, le goum fait défection. — Les rebelles s'emparent du village européen et l'incendient dans la nuit. — L'oukil El-Djadi donne le mot d'ordre aux mokoddems du cercle d'Aumale. — Réunion des conjurés au marché des Senhadja le 16 avril. — Réunion à l'arba des Beni Khalfoun, le 19 avril; l'attaque de Palestro est décidée. — Insurrection de diverses tribus du cercle d'Aumale et de l'annexe d'Alger. — Lettre d'El-Djadi à l'agha Si-Bouzid, ce dernier se réfugie dans le fort de Bouïra. — Situation de la division d'Alger après le soulèvement des khouan.

Dans le cercle de Dra-el-Mizan, la propagande de Chikh-el-Haddad avait été moins active que dans les cercles de Fort-National et de Tizi-Ouzou et le fanatisme religieux y était moins exalté; cela tenait beaucoup au caractère de l'oukil de la zaouïa de Si-Abd-er-Rahman-bou-Goberin, Si-el-Hadj-Mhamed-ben-Mohamed-el-Djadi (que j'appellerai simplement El-Djadi), qui avait la direction des mokoddems des cercles de Dra-el-Mizan et d'Aumale. Comme je l'ai dit au chapitre III, ce marabout était un homme de paix et de prière et il n'était pas taillé pour faire un chef d'insurrection.

Le 11 avril, deux émissaires de Chikh-el-Haddad, Si-Mohamed-Arezkei (1) des Mechtras, ancien bach-adel du cadi de Dra-el-Mizan et Si-Akli-Naït-Bouzid des Beni-Mendès, apportèrent au Chikh-el-Djadi la proclamation du Grand Maître

---

(1) Dans l'arrêté du 20 février 1857, rendant définitif le séquestre apposé sur la tribu des Mechtras à la suite de l'insurrection de 1856, un seul indigène figure comme exempté du séquestre, c'était Si-Mohamed-Arezkei qui, était-il dit, « a toujours servi le drapeau de la France ». Les temps avaient bien changé !

conviant les musulmans à la guerre sainte. Tous les mokoddems des environs furent convoqués immédiatement à Elma-Dinar, point situé à un kilomètre d'Aïn-Soultane, sur la route de Dra-el-Mizan à Fort-National; le résultat de la délibération fut que les mokoddems entraîneraient leurs khouan dans l'insurrection.

Le dimanche 16 avril, une nefra eut lieu sur le marché de Bor'ni : les Kabyles refusaient de payer les taxes du marché et une querelle s'étant élevée entre les Beni-Mendès et les Beni-Smaïl, des coups de pistolet furent tirés et des volées de pierres furent échangées. Il n'y avait, à ce moment, sur le marché, que trois gendarmes et deux spahis, force tout à fait insuffisante pour rétablir l'ordre. Les gendarmes se décidèrent à passer de l'autre côté de la rivière, mais la foule s'était portée vers l'entrée du pont pour leur couper la retraite et ils durent s'y frayer un passage avec leurs chevaux. Un gendarme renversa un Arabe de la zmala de Bor'ni qui fut tué net ; le cheval se cabrant ensuite jeta par terre son cavalier et partit vers Dra-el-Mizan. Le gendarme s'était blessé en tombant et les Kabyles, qui l'assaillaient à coups de pierres, lui auraient fait un mauvais parti si un garde forestier, qui se trouvait sur le marché, n'avait tenu les agresseurs à distance en les menaçant avec son fusil.

Le capitaine Thouverey, chef du bureau arabe de Dra-el-Mizan, arriva à ce moment à la tête d'un petit goum composé des spahis et des mokhaznis du bureau et d'une trentaine de cavaliers des anciennes tribus makhezen (Nezlioua, Abid, Harchaoua, Oulad-el-Aziz) qui avaient été convoqués à Dra-el-Mizan dès le 17 avril; il commença par rétablir l'ordre sur le marché, puis, ayant réuni les chefs indigènes présents, il prescrivit aux amins-el-oumena des Beni-Smaïl, Beni-Mendès, Beni-Koufi et Mechtras de fournir des contingents armés pour garder l'important établissement industriel de Bor'ni (1) et pour assurer la sécurité dans la vallée.

---

(1) Cet établissement, fondé en 1853, saccagé et brûlé par les Kabyles le 29 août 1856, appartenait à M. Garro, d'Alger; il comprenait une usine à huile et un moulin à farine.

Ce jour-là, un détachement de zouaves et d'hommes du train était arrivé à Dra-el-Mizan pour renforcer la garnison, et le commandant Moutz, commandant supérieur, envoya le même jour un détachement de 25 zouaves, sous les ordres d'un officier, pour protéger l'usine. Cette troupe s'installa dans l'ancien fort turc, situé à 500 mètres de l'établissement à préserver.

A Dra-el-Mizan, on s'occupa immédiatement à mettre en état de défense le fort et le village européen.

Les établissements militaires du poste sont étagés à l'extrémité d'une croupe qui se détache du Tachentirt vers l'oued Ksari. Primitivement, en 1851, lorsqu'on avait établi sur ce point le chef-lieu d'une annexe, on n'y avait construit qu'un bordj qui était occupé par le chef d'annexe et par une garnison de quelques hommes ; depuis l'insurrection de 1856, Dra-el-Mizan étant devenu un chef-lieu de cercle, on avait groupé autour du bordj des casernes, des pavillons d'officiers, une maison pour le commandant supérieur, des locaux pour les différents services et on avait enveloppé le tout d'une muraille à tracé bastionné. Un quartier de cavalerie occupait la partie la plus basse du fort, avec une sortie particulière, mais la cavalerie avait été retirée depuis longtemps de la place. A l'ouest de l'ancienne route d'Aumale, sur un petit plateau dominant le fort et à une faible distance de l'enceinte, il existait encore les restes d'une redoute de fortification passagère qui avait été établie en 1851 par la colonne d'observation qui se trouvait alors à Dra-el-Mizan.

Le village européen qui comptait, fermes isolées comprises, une soixantaine de maisons, avait été bâti en contre-bas à l'ouest du fort ; ses premières maisons étaient à 200 mètres de l'enceinte ; le bureau arabe et le presbytère se trouvaient sur la partie la plus élevée du village. Pour mettre celui-ci en état de défense, on construisit cinq barricades au moyen de voitures et de tonneaux pour barrer les rues débouchant au dehors.

La garnison se composait de 150 zouaves ou hommes du train et d'une trentaine de miliciens ; il y avait, en outre de la population européenne, 27 indigènes appartenant au makhezen ou domiciliés dans le village.

Le mardi 18 avril, les Maatka se présentèrent devant l'usine de Bor'ni; la trouvant gardée, ils se retirèrent, mais en se promettant de revenir en force. Ils devaient attaquer le lendemain avec le concours des dissidents des Mechtras, conduits par Ahmed-el-Ounès (1), ancien caïd de la tribu. Les employés de l'usine, ne se sentant plus en sûreté, remirent les clefs aux amins-el-oumena des contingents amis, ou qu'on supposait tels, réunis à Bor'ni, et ils allèrent rejoindre la petite garnison du fort turc.

La situation de cette garnison n'était pas tenable; elle ne pouvait pas protéger sérieusement l'usine et elle était obligée de s'approvisionner d'eau à l'oued Bor'ni, distant de 500 mètres. Le commandant Moutz, qui connaissait les projets d'attaque des Kabyles, réunit, le 18 avril, le conseil de défense, et il fut décidé que le détachement du fort turc se replierait la nuit même sur Dra-el-Mizan. Le capitaine Thouverey partit le 18 au soir avec son goum, qui comptait une quarantaine de cavaliers, pour protéger, au besoin, la retraite. Le retour des zouaves et des employés de l'usine de Bor'ni s'opéra sans incident.

Le 19 avril, les Maatka et de nombreuses bandes de rebelles des tribus des Guechtoula allèrent attaquer l'usine de Bor'ni; les contingents qui la gardaient ne la défendirent pas et firent cause commune avec les assaillants; l'usine fut livrée au pillage et, dans la nuit du 19 au 20 avril, elle fut incendiée. Cet incendie fut le signal de l'insurrection dans le cercle de Dra-el-Mizan.

Le 20 avril, le chikh El-Djadi réunit les contingents amenés par ses mokoddems et il se mit en marche pour Dra-el-Mizan, portant la bannière de Sidi-Abd-er-Rahman-bou-Goberin. Les Guechtoula avaient pour principaux chefs : Mohamed-ou-el-Hadj-bel-Kassem, amin-el-oumena des Beni-

---

(1) Ahmed-el-Ounès avait été nommé caïd des Mechtras après l'expédition de 1856; il avait toujours été noté comme un bon chef indigène et il avait perdu son emploi quand tout le cercle de Dra-el-Mizan avait été soumis à l'organisation kabyle.

Smaïl, que le chikh El-Djadi avait pris pour khalifa; Ahmed-el-Ounès, l'ancien caïd des Mechtras; Si-Mohamed-Arezkei, ancien bach-adel. Les Beni-Sedka étaient conduits par Si-el-Mahfoud-ben-Amar, amin-el-oumena des Beni-Chebla; Amar-naït-Amara, des Beni-bou-Chenacha; Ali-ou-Boudjema, des Ouadia; Aomar-naït-Foulit, de Tagmount-el-Djedid.

Les bandes de rebelles passèrent par Aïn-Zaouïa (village arabe) et gagnèrent l'oued Ksari, où elles furent rejointes par les contingents des Flissa, conduits par Si-Ahmed-ou-bel-Kassem, l'amin-el-oumena des Mzala et Mkira, et par Ali-ben-Gahlouz.

Vers 11 heures du matin, on put, du bordj, voir défiler les rebelles à Dra-Satchem. La population civile courut se réfugier dans le fort; la milice occupa les barricades du village, ainsi que la maison d'école, la maison Fioria et la gendarmerie; les zouaves et les hommes du train fournirent des postes au bureau arabe, au presbytère et à l'ancienne redoute; une pièce d'artillerie fut mise en batterie sur le mamelon du cimetière européen, à 500 mètres de l'enceinte du fort, ayant pour soutien quelques hommes d'infanterie, les spahis et les mokhaznis du bureau arabe.

Les cavaliers des tribus avaient demandé à rester dans le fort, mais le commandant supérieur leur avait répondu que, n'ayant pas d'emplacement pour les loger, il préférait les renvoyer dans leurs tribus, où il les chargeait d'organiser la résistance, et il leur avait donné des cartouches et quelques armes pour leur permettre de défendre leur territoire.

Au Tachentirt, on remarquait un rassemblement de 2 à 300 Kabyles des Nezlioua et des Frikat, mais on pensait qu'ils venaient en amis, ces tribus n'ayant pas encore fait ouvertement défection.

On envoya quelques coups de canon aux rassemblements de l'oued Ksari, qui reculèrent jusqu'aux rochers d'Hadjar-bou-Lahia.

Tout à coup on aperçut une troupe de cavaliers courant au galop vers les rebelles; c'était notre goum, qui était passé à l'est du bordj et qui avait masqué son mouvement en passant en arrière de la croupe sur laquelle se trouve le cimetière. On crut d'abord qu'il allait charger l'ennemi, mais, lorsqu'il fut arrivé à quelques pas des Kabyles, on le vit s'arrêter et faire une décharge de ses armes comme miiz. Les insurgés répondirent à ce salut par une taraka bien nourrie, en signe de réjouissance ; puis les cavaliers, mettant pied à terre, allèrent embrasser dévotement la tête ou le burnous de Chikh-el-Djadi. Les Nezlioua, Harchaoua et Abid avaient fait défection ; seuls, les cavaliers des Oulad-el-Aziz, au nombre de trois, étaient rentrés chez eux. Le caïd des Harchaoua, Ahmed-ben-Aïssa, décoré pour ses anciens services, s'était laissé entraîner par Mohamed-ben-Toubal, caïd des Abid, et par Ali-ben-Tallach, caïd des Nezlioua, qui avaient déjà pactisé avec l'ennemi. Les Kabyles ont cru que les cavaliers du goum avaient fait défection parce qu'ils avaient été subjugués par la vue de la bannière de Sidi-Abd-er-Rahman.

Chikh-el-Djadi voulait remettre l'attaque au lendemain, mais Ahmed-ben-Tallach, frère du caïd des Nezlioua, ancien cavalier du bureau arabe, fit observer qu'il valait mieux attaquer de suite pour ne pas laisser aux chrétiens le temps d'achever leurs travaux de mise en état de défense du village, et cet avis prévalut.

Les contingents, précédés par les cavaliers défectionnaires, se mirent en marche en remontant l'oued Ksari, ce qui les conduisit sur la route d'Alger à l'ouest de Dra-el-Mizan, côté par lequel le village européen est le plus facilement abordable ; ils engagèrent la fusillade et on tiraillla pendant plus d'une heure sans grands résultats. Le bas du village dut être abandonné, et un détachement envoyé dans la maison Rachal fut obligé de remonter.

Cependant, le contingent qui avait été vu au Tachentirt s'était glissé dans les jardins au sud-ouest de Dra-el-Mizan et il ouvrit bientôt le feu, montrant ainsi ses véritables intentions. Prononçant leur attaque entre le village et le bordj, les Kabyles menacèrent de couper la retraite aux défenseurs du village ; d'un autre côté, les zouaves de la redoute, se voyant débordés, furent obligés de se replier sur le fort. Le commandant Moutz n'avait pas assez de monde pour tenter une sortie; voyant le danger que couraient les défenseurs du village, il fit sonner la retraite.

Les miliciens qui étaient dans le bas du village rentrèrent par la porte du quartier de cavalerie; les zouaves et les hommes du train qui étaient au bureau arabe et au presbytère rentrèrent à leur tour par la porte d'Alger, emmenant avec eux les miliciens qui étaient de ce côté.

Un gendarme et trois miliciens s'étaient attardés à la défense de la gendarmerie et ils se trouvèrent enveloppés. Le milicien Guelpa, cherchant à fuir, fut atteint de plusieurs coups de feu et fut tué; les autres gagnèrent le fort. Le gendarme voulut sortir emmenant son cheval par la bride, mais il se trouva devant une bande d'insurgés; il fit feu sur un Kabyle qu'il blessa à la jambe; puis, craignant de ne pouvoir se frayer un chemin de ce côté, il lâcha son cheval, rentra dans la cour, escalada la muraille et put se joindre aux miliciens qui rentraient par la porte d'Alger. Le cheval arriva jusqu'auprès de cette porte; on voulut aller le saisir, mais il s'échappa et retourna du côté des rebelles; trois Kabyles s'avancèrent pour le prendre, une décharge en tua deux et atteignit aussi le cheval qui retourna à son écurie où il tomba mort.

Le milicien Courtois avait eu la main traversée par une balle.

Le village avait été envahi et livré au pillage. La nuit venue, les Kabyles mirent le feu aux maisons, réservant celles qui faisaient face au fort; ces dernières furent crénelées et reliées entre elles de manière à permettre aux rebelles de circuler et de tirer à l'abri.

La conduite d'eau fut coupée immédiatement, mais il resta celle de la source Bouillaud, la plus voisine du fort.

Toutes les tribus du cercle de Dra-el-Mizan sans exception étaient passées au parti de la révolte; le fort se trouva bloqué par les Kabyles et il resta longtemps sans pouvoir donner de ses nouvelles. Les approvisionnements étaient heureusement suffisants pour une assez longue défense.

J'ai dit que 27 indigènes, dont la plupart étaient des spahis ou cavaliers du bureau arabe, se trouvaient dans le fort; les colons qui avaient été témoins de la défection du goum, craignant de leur voir donner la main aux rebelles, demandèrent au commandant supérieur de prendre des mesures de prudence à leur égard; le commandant Moutz, dans le but surtout de les mettre à l'abri des violences de gens affolés, leur fit remettre leurs armes le soir même et il les consigna dans la cour de l'administration; ils ne prirent plus aucune part à la défense de la place.

Dans le cercle d'Aumale, les Rahmania n'avaient un grand nombre d'affiliés que dans les tribus kabyles : Beni-Meddour, Merkalla, Oulad-el-Aziz, confédération des Beni-Djad (1); dans le reste du cercle il n'y avait que des Aïssaoua ou des Rahmania prenant leur mot d'ordre auprès du marabout des Cheurfa-el-Hamel, du cercle de Bou-Saada, lequel ne voulait pas d'insurrection.

Chikh-el-Djadi avait transmis à ses mokoddems du cercle d'Aumale, dont j'ai cité les principaux au chapitre III, l'ordre donné par le Chikh-el-Haddad de faire armer leurs khouan pour la guerre sainte; le 13 avril, il avait envoyé son chapelet à Si-Ali-ben-el-Aouadi, père du caïd des Senhadja, pour lui marquer que l'heure de combattre les chrétiens était arrivée; il avait envoyé en même temps une charge d'oranges qui devaient être distribuées aux conjurés comme signal du soulèvement.

Le dimanche, 16 avril, il y eut, sur le marché des Senhadja, une première réunion des principaux meneurs où se trouvaient Si-Ali-ben-el-Aouadi, son fils le caïd Ahmed, le mokoddem El-Hadj-Mohamed des Cheurfa-el-Hammam, Si-Moussa-ben-Loulou, Ali-ben-Amran et quelques autres affiliés. Là, fut discutée la proposition faite par Chikh-el-

---

(1) Cette confédération comprenait les tribus suivantes : Senhadja, Oulad-Brahim (douar d'El-Betam), Beni-bel-Hacen, Oulad-Selim, Metennan, Cheurfa du sud, Beni-Maned et Oulad-Sidi-Salem.

Djadi et l'avis unanime fut qu'il fallait appeler la tribu aux armes.

Ali-ben-el-Aouadi réunit les chikhs et notables des diverses fractions des Senhadja et même d'une fraction de la tribu des Oulad-Sidi-Salem et leur fit part de la résolution qui avait été prise; tous se déclarèrent prêts à marcher. La fateha fut récitée par le mokoddem El-Hadj-Mohamed pour consacrer cette promesse et on procéda à la nomination des chefs; en première ligne, Ali-ben-Amran fut choisi pour conduire les contingents de la tribu; le mokoddem El-Hadj-Mohamed devait être le porte-étendard des insurgés.

Le 19 avril, eut lieu au marché de l'arba des Beni-Khalfoun une grande réunion à laquelle assistèrent les délégués de diverses tribus; ceux des Beni-Khalfoun, des Ammal, des Senhadja, des Zouatna de l'annexe d'Alger et des Beni-Maned y assistèrent; c'est là que fut résolue l'attaque du village européen de Palestro, qui devait avoir lieu le lendemain.

Le partage du butin fait à Palestro eut lieu le 22 et alors les tribus d'Aumale se portèrent au siège de Dra-el-Mizan; les Senhadja, conduits par Ali-ben-Amran; les Beni-Maned, par leur caïd Ahmed-ben-Amar; les Oulad-el-Aziz, par El-Hadj-Mohamed-ben-el-Taïeb, leur mokoddem; les Beni-Meddour, Merkalla et Beni-Yala, par le mokoddem Si-Hammouch-ben-Tamrir, chef de la zaouïa d'Agueni dans les Beni-Yala. Dans ce mouvement, toutes les maisons cantonnières de la route d'Alger à Constantine furent détruites jusqu'au delà de Bouïra, ainsi que les constructions de M. Beretta, entrepreneur de travaux publics, qu'il avait fait édifier dans les Oulad-el-Aziz.

Chikh-el-Djadi avait cherché à gagner à l'insurrection divers chefs indigènes du cercle d'Aumale et en particulier l'agha de Bouïra, le caïd des Oulad-Belill, Mhamed-ben-Mançour, le caïd des Oulad-Sidi-Salem qui nous étaient restés fidèles.

Je reproduis seulement la lettre adressée à l'agha de Bouïra Si-Bouzid-ben-Ahmed.

Louanges à Dieu unique, qu'il répande ses faveurs sur son apôtre!

(Cachet de fabrication indigène sur lequel on lit : « Le serviteur de Dieu Ben-Ahmed. »)

A la Seigneurie du bon et magnifique Si-Bouzid-ben-Idris-ben-Salem, agha, et au magnifique Mhamed-ben-Mançour, caïd; que le salut soit sur vous deux avec sa miséricorde et ses bénédictions ! Que le salut soit sur tous ceux qui suivent la vraie voie !

Ensuite, Seigneur, vous avez connaissance que votre oncle Si-Amed-et-Taïeb-ben-Salem (1) avait les regards de tout le monde fixés sur lui. Vous, vous avez négligé le sentier de Dieu. Nous désirons que vous soyez avec nous. L'avis, c'est que l'ennemi de Dieu va être brisé et disparaître s'il plaît à Dieu.

Vous êtes des nôtres, vous êtes notre parent, notre ami.

Par ordre de Si-el-Hadj-Mhamed, mokoddem de Chikh-Abd-er-Rahman, et de Si-Ahmed-ben-bel-Kassem-el-Flissi et de tous les musulmans.

Écrit le 4 de safer de l'an 1288 (23 avril 1871).

On remarquera que, dans cette lettre, l'oukil de la zaouïa de Si-Abd-er-Rahman s'associe l'amin-el-oumena des Flissa, Si-Ahmed-ou-bel-Kassem, pour le commandement des moudjehedin (soldats de la guerre sainte). D'autres lettres portent le seul nom de Chikh-el-Djadi.

En résumé, les tribus d'Aumale qui avaient nouvellement fait défection par suite de l'appel à la guerre sainte de Chikh-el-Haddad étaient les Beni-Meddour, les Merkalla, les Oulad-el-Aziz, les Oulad-Sidi-Salem, les Beni-Maned et les Senhadja; d'autres tribus, comme les Oulad-Brahim et les Oulad-Selim des Beni-Djad, étaient fortement ébranlées et les villages des Trembles et de Bir-Rabalou sur la route d'Alger à Aumale se trouvaient menacés.

L'agha Bouzid et le caïd Mhamed-ben-Mançour s'étaient réfugiés dans le fort de Bouïra où il y avait une petite garnison de 22 hommes de troupe; 23 civils, hommes, femmes et enfants, y étaient également réfugiés. Les vivres étaient près de s'épuiser et il n'y avait plus que pour quatre ou cinq jours d'eau.

Dans l'annexe d'Alger, les Khachna de la montagne, une

---

(1) C'était le khalifa de l'émir Abd-el-Kader pour la Kabylie du Sébaou.

partie des Khachna de la plaine, les Ammal, les Zouatna-Mosbaha et les Zouatna-bou-Derbala étaient insurgés.

Ainsi, le mouvement insurrectionnel qui s'était produit à la voix de Chikh-el-Haddad et qui avait pris naissance le 13 avril dans le cercle de Fort-National avait couru comme une traînée de poudre à travers toute la Kabylie et était arrivé jusqu'à la Mitidja le 19 avril; Fort-National et Tizi-Ouzou avaient été bloqués le 17 avril, Dellys et Dra-el-Mizan le 20.

Aucune tribu, aucun chef indigène n'eurent la velléité de résister à ce mouvement. On a beau prétendre que le grand-maître des khouan rahmania, en cherchant à recruter des prosélytes, n'avait eu en vue que le bien de la religion et n'avait cherché qu'à grossir les revenus que lui apportaient les offrandes des affiliés, un mouvement semblable n'aurait pas réussi à se propager avec une aussi foudroyante rapidité s'il n'avait été organisé en vue de la guerre et si les initiés n'avaient pas su à l'avance qu'ils avaient à se préparer à prendre les armes; les réunions de khouan n'étaient pas faites seulement pour réciter des prières.

Nos meilleurs chefs indigènes, sauf quelques-uns qui ont pu s'enfermer dans nos forts, avaient cédé à ce mouvement irrésistible; ils pouvaient croire que, cette fois, c'en était fait de notre domination. Beaucoup d'entre eux n'auraient pas voulu l'insurrection, mais que faire? Ils auraient demandé à se réfugier dans nos forteresses, qu'on n'aurait pas pu les y admettre eux et leurs familles; ils ne pouvaient pas lutter à eux seuls et, plutôt que de se sacrifier sans chance de succès, ils ont pensé à sauver leurs familles et leurs biens. On peut leur reprocher de s'être mis souvent eux-mêmes à la tête des insurgés, mais ils y étaient forcés par leur position et on les eût regardés comme des traîtres s'ils avaient cherché à s'esquiver.

Ce n'est que chez quelques uns de nos anciens caïds qui avaient perdu leur position par suite de l'adoption des institutions kabyles, qu'il existait des sentiments de rancune personnelle; ils voulaient se venger de l'affront qui avait été fait à leur amour-propre et ils se sont montrés nos ennemis acharnés.

Tous nos postes de la Kabylie étaient bloqués, sauf Dellys qui avait ses communications assurées par mer, et leur résistance ne pouvait pas être indéfinie; ils pouvaient être pris par la famine ou par la soif et nous n'avions presque pas de troupes à opposer à un mouvement aussi formidable.

CHAPITRE X

Tournée à Palestro du sous-lieutenant Desnoyers, les 15 et 16 avril. — Cet officier rend compte du danger que court le village et demande l'envoi de troupes. — Mesures prises pour la défense de l'Alma ; le capitaine de Balincourt y est envoyé avec des spahis et des chasseurs et arrive le 18 au soir. — Un demi-bataillon de tirailleurs arrive le 19 au matin. — Le sous-lieutenant Desnoyers est envoyé à l'Alma le 19 avril. — Comptes rendus des 20 et 21 avril. — L'ouverture du tunnel d'Adelia permet l'arrivée des troupes d'Oran. — Organisation de la colonne du colonel Fourchault. — Lettre du caïd Ali aux caïds des Isser. — Arrivée à l'Alma de la colonne Fourchault, combat du 22 avril. — Exécution de la famille Ben-Taïeb. — Une cour martiale condamne à mort une vingtaine d'indigènes arrêtés. — La fraction de Bou-Merdès demande à se soumettre. — Le colonel Fourchault part, le 23, pour secourir Palestro. — Inhumation des victimes du massacre le 24 avril. — Combat du 25 au retour de Palestro. — Rentrée à l'Alma le 26 et combat contre les Kabyles. — Félicitations du général en chef. — Combat soutenu, le 24 avril, par le commandant Cadet. — Aomar-Zamoum tente, le 24, de diriger sur Alger les Européens enfermés dans le caravansérail. — Le général Lapasset prend le commandement de la colonne le 26 avril, il a amené de nouvelles troupes. — Le colonel Fourchault demande à remettre son commandement. — Le général Lapasset promu divisionnaire. — Nouvelles des colons de Palestro échappés au massacre. — Le général Lallemand prend le commandement de la colonne de Kabylie.

On était sans nouvelles de Palestro, village de création récente, situé en amont des gorges de l'Isser, sur la rive droite de cette rivière ; les derniers renseignements officiels sur l'état des esprits dans les tribus environnant ce centre avaient été rapportés par le sous-lieutenant Desnoyers, chef de l'annexe d'Alger, dans les circonstances suivantes :

Le 14 avril, le caïd des Ammal, El-Hadj-Ahmed-ben-Dahman, avait rendu compte qu'un bœuf appartenant à un israélite de Palestro avait été volé par trois indigènes de la fraction de Guergour, et qu'étant allé chez eux pour les arrêter, non seulement ils avaient refusé de le suivre, mais encore qu'ils l'avaient insulté et menacé de leurs armes. Ils avaient appelé à leur aide les gens du village ; ceux-ci étaient accourus et avaient pris une attitude menaçante devant laquelle le caïd avait dû se retirer.

Il importait, pour couper court à ces velléités d'insubordination, d'agir sans retard, et le sous-lieutenant Desnoyers se mit en route le lendemain pour aller procéder lui-même à l'arrestation des coupables. Il prit, le 15 avril au matin, la voiture de Tizi-Ouzou avec M. Leguay, interprète ; les chevaux, avec 4 spahis d'escorte, avaient été envoyés de nuit les attendre au col des Beni-Aïcha. Il y avait dans la voiture le commandant Letellier, qui allait rejoindre son poste à Tizi-Ouzou, et le curé de Palestro, accompagné de deux jeunes gens.

Les voitures partant chaque jour d'Alger et de Tizi-Ouzou se croisaient au col des Beni-Aïcha, où avait lieu le déjeuner ; M. le conseiller Letourneux (1) se trouvait dans celle arrivant de Tizi-Ouzou. Il raconta la défection du caïd Ali et prévint le commandant Letellier qu'il aurait tout juste le temps d'arriver à son poste avant que tout le pays ne fût en pleine insurrection.

Le caïd des Ammal attendait M. Desnoyers à deux kilomètres au delà du tunnel de la route de Constantine ; ils allèrent ensemble à Palestro et descendirent à l'hôtel des Touristes. Le caïd des Khachna de la montagne, Saïd-ben-Mohamed-ou-el-Hadj, et le cadi Ben-Toumi y arrivèrent également et on s'entretint des menées insurrectionnelles.

Le lendemain matin, on se rendit au village de Guergour. Le sous-lieutenant Desnoyers avait prescrit au caïd des Ammal d'amener quelques hommes armés, sur lesquels on pût compter ; ceux-ci furent laissés dans un pli de terrain à 200 mètres du village.

Les habitants de Guergour étaient dans un état d'exaltation peu ordinaire ; l'officier leur fit comprendre à quoi ils s'exposeraient s'ils refusaient de livrer les trois hommes dont on demandait l'arrestation ; alors ceux-ci sortirent d'eux-mêmes du groupe des habitants et se constituèrent prisonniers.

---

(1) C'était le collaborateur du général Hanoteau, avec lequel il avait écrit *La Kabylie et les coutumes kabyles*.

L'officier rendit compte le jour même de l'arrestation des trois hommes des Ammal et il ajoutait :

Je profite de cette lettre, mon Général, pour vous faire part des vives inquiétudes que me donne la tribu des Ammal.
Cette tribu, qui a toujours tenu une conduite assez équivoque vis-à-vis de nous, est atteinte, depuis les événements de Tizi-Ouzou, d'une certaine agitation ; les ordres ne s'exécutent plus ou le sont fort mal ; depuis quelques jours il existe de fréquents rapports entre cette tribu et celle des Beni-Kalfoun qui, d'après certains renseignements, n'attend plus que le moment de faire défection.
Le caïd des Khachna de la montagne me communique également ses craintes de voir sa tribu suivre les Flissa qui, d'un moment à l'autre, peuvent rejoindre le caïd Ali dont l'amin-el-oumena est proche parent.
Cependant, tout en donnant ces renseignements comme certains, je crois, mon Général, que s'il était possible d'envoyer dès aujourd'hui un petit détachement de 300 hommes qui stationnerait à Ben-Hini (1), la confiance renaîtrait parmi les populations et assurerait la tranquillité du cercle entier. Cette mesure protégerait en même temps le petit village de Palestro, qui n'a aucun moyen de défense et qui sera anéanti par les Ammal si nous ne pouvons les maintenir.

Le 18 avril, M. Desnoyers adressait encore au général commandant la division le rapport politique ci-après :

La situation politique des tribus du cercle-annexe d'Alger devenant de plus en plus mauvaise et, par suite, leur fidélité devenant de plus en plus douteuse, il est urgent de prendre, si simples qu'elles soient, des mesures pouvant sinon arrêter l'effervescence dont elles sont fortement atteintes, du moins la paralyser considérablement.
Les Ammal, animés d'un esprit indépendant et très insubordonné, ne manqueront certainement pas de profiter de l'occasion qui leur sera fournie bientôt par leurs voisins les Beni-Khalfoun, tribu des plus turbulentes, du cercle de Dra-el-Mizan.
La fraction entière de Guergour a déjà, par un acte d'insubordination envers son caïd, tenté de se soustraire à l'autorité. La défection de la tribu des Ammal serait d'un effet moral immense dans le cercle. Le village de Palestro deviendrait la proie des insurgés et l'anéantissement de ce petit centre européen serait un

---

(1) C'est le nom arabe que portait l'emplacement du centre de Palestro avant sa création.

triomphe pour les indigènes qui enlèverait toute hésitation aux tribus voisines qui seraient encore dans l'intention de rester dans le devoir.

Quoique les Ammal soient fortement travaillés et peut-être même prêts à suivre leurs voisins les Beni-Khalfoun, dès que l'heure de la défection sonnera, je crois qu'une mesure énergique prise immédiatement permettrait de dominer les esprits très exaltés. L'envoi d'un détachement de 200 hommes et d'une vingtaine de cavaliers près des tribus mêmes du cercle, à Ben-Hini, suffirait à faire renaître la confiance parmi les populations, et à enlever toute inquiétude.

Ce chiffre de 200 hommes au moins est indispensable pour la garde de Palestro, car il faut prévoir que, dans le cas où l'on pourrait maintenir l'ordre avec ce faible détachement, les indigènes se hâteraient d'intercepter la route n° 5, en opérant des éboulements formidables de rochers qui formeraient instantanément des barrages insurmontables et enlèveraient toute communication avec les renforts qu'on voudrait envoyer. Alors il ne resterait aux habitants du village que la ressource de se réfugier dans la maison cantonnière pourvue de vivres et de munitions, et de se défendre énergiquement. Mais, pour cela, faudrait-il encore des forces suffisantes, et, je le répète, 200 hommes sont indispensables.

Quant aux Khachna de la montagne, leur défection sera la conséquence de celle des Flissa, tribu de Dra-el-Mizan (1). Je n'ai d'autre appréciation sur les intentions des Khachna que celles du caïd Saïd, chef de la tribu, et les voici : « Je réponds de ma tribu, me dit-il, si les Flissa ne bougent pas ; mais, malheureusement, la proche parenté de l'amin-el-oumena avec le caïd Ali me donne la certitude que l'amin suivra le caïd, et ma tribu, trop faible pour résister, sera entraînée malgré elle et ne pourra manquer de faire défection. »

Voici donc une tribu qui n'a besoin que d'être soutenue par un peu de troupes campées chez elle ou aux environs pour nous rester fidèle. Je proposerai donc d'envoyer avec le capitaine Bruyère (2), par exemple, 150 hommes à Aïn-Soultane.

Cette position d'Aïn-Soultane forme, pour ainsi dire, le centre mathématique des Khachna de la montagne, des Zouatna et des Ammal, et permettrait, tout en maintenant ces tribus, de corres-

---

(1) Deux fractions des Flissa, les Mkira et les Mzala étaient de Dra-el-Mizan, mais la plus grande partie de la confédération, et l'amin-el-oumena visé, Aomar-ben-Zamoum, relevaient du cercle de Dellys.

(2) Au moment de la guerre, il était lieutenant adjoint au bureau arabe des Beni-Mançour ; il était parti pour l'armée de la Loire comme officier d'ordonnance du général de Sonis, et il était rentré après la paix comme capitaine. Il comptait au bureau arabe d'Alger.

pondre facilement avec Palestro, et de se prêter mutuellement main-forte, en cas de nécessité.

Le danger était pressant; malheureusement il n'y avait pas de troupes à envoyer à Palestro et, pour renforcer les postes de la Kabylie, on venait de faire partir tout ce qu'on avait pu ramasser, même des malades, des blessés et des amputés.

M. Desnoyers n'avait pas qualité pour parler officiellement aux colons de Palestro, puisque ce centre était une section de la commune mixte de Dra-el-Mizan; il n'y était allé que pour y chercher un gîte et il ne pouvait que rendre compte de ses appréhensions à l'autorité supérieure. Il ne parla qu'à son hôtelier et à un nommé Seguy (1), qui avait réclamé une somme d'argent à un homme des Ammal.

Le maire de l'Alma, M. de Schonen, avait fait preuve d'une énergie et d'une décision qu'on ne saurait trop louer; en présence du danger qui menaçait sa commune, il avait laissé partir pour Alger les femmes et les enfants, mais il avait retenu les hommes autant qu'il avait pu et il avait organisé avec sa milice un service de surveillance. Il savait qu'un village abandonné de ses habitants était voué fatalement au pillage.

Un service de patrouilles et d'estafettes avait commencé dès le 15 avril. Dans la nuit du 17 au 18 avril, des feux, qui étaient des signaux, avaient été allumés sur les montagnes à l'est de la Mitidja et, le 18, des bandes d'indigènes armés parcouraient la plaine, enlevant les bestiaux et mettant en fuite les habitants des fermes isolées. Ce jour-là, le général commandant supérieur des forces envoya à l'Alma, sous les ordres du capitaine de Balincourt, du 1er spahis, 2 pelotons de spahis et 2 pelotons du 9e chasseurs de France, et ce petit détachement

---

(1) Le fils du caïd des Ammal, nommé Mohamed, trouvait à son goût la fille de ce colon. Quelques jours avant l'insurrection, cet indigène et son père se trouvaient chez M. Seguy; la jeune fille était dans la même salle travaillant avec une de ses compagnes. Mohamed dit à mi-voix à son père : « Celle-là, si on fait la guerre, je ne veux pas qu'on la tue, je la prendrai pour femme. » La jeune fille, qui comprenait l'arabe, fut tellement effrayée de ce propos, qu'elle voulut absolument partir. Elle se rendit à Alger, avec quelques autres habitants du village, échappant ainsi au sort qui la menaçait.

y arrivait le soir même; il était rejoint, le 19 au matin, par un demi-bataillon du 1er tirailleurs.

Le 19, à 9 h. 30 du matin, les rebelles attaquaient l'Alma; ils furent repoussés par le capitaine de Balincourt.

Comme nous l'avons vu au chapitre VIII, le même jour le maire de l'Alma alla courageusement, à la tête de quelques miliciens, au secours des colons du col des Beni-Aïcha qu'il rencontra entre Belle-Fontaine et le Corso et ramena à l'Alma.

A 7 heures du soir arriva dans cette localité le sous-lieutenant Desnoyers qui avait été envoyé par le général Lallemand avec mission d'organiser la défense du village, de concert avec le maire, et de régler le service de la milice; il avait, à cet égard, une lettre du préfet d'Alger. M. Desnoyers avait aussi la mission de rechercher tous les renseignements concernant l'insurrection et de demander aux tribus de l'annexe restées soumises les services qu'elles seraient à même de rendre. Il était accompagné de M. Leguay, interprète militaire et de 4 spahis.

M. Desnoyers s'occupa immédiatement, avec le maire, de faire renforcer les barricades qui existaient déjà, d'en faire établir de nouvelles et de fixer le service que la milice aurait à fournir.

De petits détachements de troupes ou de milice avaient été également envoyés au Fondouk, avec le capitaine Bruyère, et à l'Arba avec le capitaine Clairac (1). Ces officiers avaient des instructions analogues à celles du sous-lieutenant Desnoyers.

Voici les télégrammes envoyés successivement par ce dernier officier :

L'Alma, 20 avril, 1 h. 17 du matin.

Je suis arrivé à 7 heures à l'Alma. J'ai trouvé 40 chasseurs (2) et 60 spahis campés à 500 mètres du village. Dans la nuit, une compagnie de tirailleurs arriva.

---

(1) Le capitaine d'artillerie Clairac était adjoint au bureau arabe de l'annexe d'Alger et avait été rappelé en France pendant la guerre; il était rentré au service des affaires indigènes après la conclusion de la paix.

(2) Le nombre des chasseurs s'élevait à 65, mais il n'y avait pas un seul officier; il n'y avait, pour commander, que des sous-officiers.

La plus grande panique règne chez les populations de Rouïba et Reghaïa : les habitants fuient et se dirigent en toute hâte sur la Maison-Carrée, emportant avec eux leur matériel et poussant devant eux leurs troupeaux et leurs bêtes ; les fermes des environs de ces villages sont évacuées. Cette fuite ressemble à une véritable émigration. C'est des plus navrant. Les Espagnols sont d'une mollesse qui frise la lâcheté.

Voici les renseignements que j'ai pu recueillir. Hier à 11 heures de la nuit, un gendarme du Col prévenait que les Isser étaient en feu, que le sieur Carbonne, débitant, avait été tué et que les insurgés se dirigeaient sur le col des Beni-Aïcha. Les femmes des Isser, de Bordj-Menaïel et du Col sont arrivées quelques heures après et ont été évacuées sur la Maison-Carrée ainsi que les vieillards ; aucun homme valide n'a manqué à son poste.

Le Col a été envahi aujourd'hui par les indigènes qui ont pillé une partie des maisons presque sous les yeux de 4 ou 5 Français. On prétend que le nombre des insurgés et des malfaiteurs s'élève, soit dans les Isser, soit au Col, à 2.000. Toutes les fermes du Haouch-Corso, à l'exception de deux, sont évacuées ; un petit détachement formé de miliciens de l'Alma, étant allé faire une reconnaissance jusqu'au Col, rend compte qu'en redescendant de cette localité il a rencontré sur la route le nommé André, vieillard harassé de fatigue, qu'il accompagna jusqu'au pont du Corso. Cet homme, qui était à 100 mètres de la première partie du détachement et à une petite distance de la partie qui était à l'arrière, a été assassiné à 40 mètres en amont du pont.

Une reconnaissance a été faite jusqu'à la ferme du Corso, elle y a trouvé une quarantaine d'indigènes qui avaient enfoncé les portes et pillaient la ferme. Les pillards ont été chargés en faisant feu sur eux. Le gendarme Pujol s'est mis à la poursuite de plusieurs qui emmenaient un troupeau et en a percé un de son sabre.

Cette reconnaissance, composée de miliciens de l'Alma et de 23 hommes d'un goum que M. Molini, suppléant du juge de paix, avait emmené avec lui, a capturé une jument sur laquelle un des malfaiteurs était monté.

Au Foës, les Arabes ont attaqué plusieurs Espagnols et en ont blessé plusieurs assez grièvement. Un Espagnol prétend en avoir blessé un avec sa baïonnette.

L'arrivée des troupes a rétabli la confiance à l'Alma. Beaucoup d'Espagnols sont encore actuellement campés dans les broussailles. Il est urgent que M. le colonel Fourchault reçoive des ordres pour les faire rechercher dès demain matin.

J'ai trouvé le brigadier de gendarmerie du col des Beni-Aïcha à l'Alma, je lui ai remis son paquet de service.

Je n'ai pas de nouvelles des Ammal ni de Palestro ; cette contrée est naturellement bloquée par le col. Je n'ai pas vu le caïd des Khachna de la montagne, je redoute sa défection.

L'Alma, 20 avril, 1 h. 37 du soir.

La situation se complique aux environs de l'Alma, des groupes d'indigènes sont signalés de tous côtés. Il est presque certain que le village sera attaqué aujourd'hui. Quelques coups de fusil viennent d'être échangés avec une centaine d'éclaireurs ennemis venant reconnaître probablement nos forces. Il est urgent que le colonel Fourchault vienne ce soir prendre le commandement de ses troupes.

D'un autre côté, je reçois les renseignements suivants : Saint-Pierre est évacué, saccagé; Saint-Paul gardé par 9 hommes, les seuls qui restent. Grande émigration des Arabes de la plaine par les tribus des Oulad-Hadjadj, des Mezara, des Mouïla, se rendant à Sidi-Salem, où 2 à 3.000 Arabes seraient, paraît-il, réunis avec femmes et troupeaux. Saint-Pierre ne pourra pas tenir cette nuit s'il ne reçoit pas de renforts. Des Arabes viennent sans cesse espionner. Il n'est pas douteux que les Arabes, sachant le faible nombre des colons qui défendent le village, ne l'attaquent cette nuit. Grand nombre d'Arabes passent en vue de la ferme Bourlier venant de la montagne ou y allant. Un détachement, soit à Saint-Pierre, soit à la colonie pénitentiaire, couperait court aux allées et venues et relierait le Fondouk et l'Alma.

Les renseignements relatifs à l'effectif du bataillon de la milice du Fondouk ne me sont pas parvenus. Préviendrai.

L'Alma, 21 avril, 6 h. 55 du matin.

La nuit a été très calme dans le village, la milice a montré une grande vigilance. J'apprends d'une manière certaine qu'un charbonnier espagnol (1) a été assassiné cette nuit à Foës. Cette nuit, une lueur rougeâtre dans la direction du Foës et à 8 kilomètres de l'Alma a fait supposer que la ferme San-Salvador, de M. de Vogüé, brûlait.

Pas de nouvelles de Palestro. J'attends toujours Si-Saïd-ben-Mohamed-ou-el-Hadj, caïd des Khachna de la montagne; j'attends également chouaf qui me fixera sur son attitude.

Un des premiers actes de l'amiral de Gueydon, lorsqu'il vint prendre possession de son poste de gouverneur général civil de l'Algérie, fut de mettre fin aux conflits qui se produisaient pour le commandement des milices algériennes; par

---

(1) C'était le nommé Vincenti Gaï.

arrêté du 19 avril, il plaça les milices du territoire civil comme du territoire militaire du département d'Alger sous le commandement de l'autorité militaire, tant pour le service intérieur que pour le service des détachements (1).

On forma immédiatement à Alger un détachement de 250 hommes composé de francs-tireurs et de mobilisés de la milice et il fut dirigé, le 21, sur l'Alma.

Par bonheur, le calme n'avait pas cessé de régner dans la province d'Oran, et le général de Mesanges, qui avait déjà donné plusieurs bataillons pour la province de Constantine, put encore diriger sur Alger 1.500 mobiles de l'Hérault, un bataillon de zouaves et un de tirailleurs; le tunnel d'Adelia qui venait à peine d'être achevé put, heureusement, être utilisé pour la première fois à cette occasion et ces troupes arrivèrent dans les quarante-huit heures; elles étaient, le 20 avril, à la Maison-Carrée.

Le bataillon du 2e zouaves, sous les ordres du commandant Cadet, envoya le même jour 2 compagnies au Fondouk et le reste du bataillon, soit 3 compagnies (2), arrivait à l'Alma le 21 avril, à 5 heures du matin. A 8 heures ce bataillon était déjà employé à repousser une attaque des rebelles du côté de Ben-Rahmoun.

Avec tous les éléments qu'on put ramasser, on organisa à la Maison-Carrée une petite colonne dite « colonne expéditionnaire d'avant-garde », qui fut placée sous le commandement du colonel d'état-major Fourchault et qui, suivant l'ordre général du 19 avril, devait être constituée de la manière suivante :

---

(1) Un arrêté du gouverneur général du 11 mai 1871 fixa la solde des milices mobilisées de la manière suivante : miliciens et caporaux, 1 franc par jour; sous-officiers, 1 fr. 25; francs-cavaliers et brigadiers, 1 fr. 25; sous-officiers, 1 fr. 50.
Chaque homme avait une ration de 750 grammes de pain et chaque cheval une ration réglementaire de fourrages. Les officiers avaient la solde et les indemnités des officiers de 1re classe de leur grade dans la ligne.
Tous pouvaient avoir une ration de sucre et café à titre remboursable.

(2) Le détachement comprenait les 4e, 5e, 6e, 7e et 8e compagnies du 1er bataillon.

Francs-tireurs et miliciens mobilisés d'Alger........	250	hommes.
Deux bataillons de zouaves........................	820	—
Deux bataillons de tirailleurs.....................	930	—
Deux sections d'artillerie.........................	90	—
Une section du génie.............................	30	—
Intendance, administration.......................	11	—
Ambulance.......................................	60	—
Train des équipages (avec 90 mulets).............	50	—
Cavalerie..	250	—
Un bataillon de mobiles de l'Hérault...............	600	—
Total..........	3.091	hommes.

Cette colonne fut mise en route le 21 avril et elle bivouaqua ce jour-là au « Retour de la Chasse ».

Le colonel Fourchault, qui eut un instant de popularité à Alger, était une figure bien personnelle de cette époque agitée, et il convient d'en dire quelques mots.

Il avait fait partie de l'armée de Metz et, à la capitulation, il était rentré comme prisonnier sur parole; mais il avait dégagé sa parole par un procédé particulier qu'il a lui-même raconté dans une profession de foi électorale : il avait profité d'un moment où le commandant militaire allemand s'était absenté de son cabinet, pour reprendre l'engagement écrit de ne pas servir contre l'Allemagne pendant la durée de la guerre, qu'il avait donné, et il l'avait fait disparaître. Se croyant libre de tout engagement, il avait repris du service à l'armée de la Loire et, après la conclusion de la paix, il avait été envoyé en Algérie en position de disponibilité.

Il était très connu à Alger où il avait longtemps servi dans les états-majors; sa situation de capitulé, qui aurait dû le faire mal venir des farouches patriotes de cette ville, ne lui avait pas été reprochée puisqu'il avait repris la parole donnée. On l'autorisa à s'occuper de l'instruction militaire du bataillon des francs-tireurs. Le 2 avril, il avait fait exécuter à ce bataillon des manœuvres de guerre sur le terrain de Mustapha, en présence du général Lallemand. Il avait été nommé sous-chef d'état-major général par décision du 11 avril.

Le colonel Fourchault recherchait la popularité auprès des colons et, pour cela, au moment de l'insurrection, il n'y avait qu'à se montrer arabophobe déterminé. Il se faisait fort de traverser toute la Kabylie avec sa brigade; il l'aurait peut-être fait, mais comme un bateau traverse un lac, sans laisser d'autre trace de son passage qu'un sillage bientôt effacé. La question n'était pas seulement de battre les Kabyles et de traverser leur pays, il fallait les dompter et les réduire à l'obéissance.

Au physique, le colonel Fourchault était un colosse. Il montait un cheval prussien, pris à l'ennemi, qu'il avait ramené, et il portait constamment ses épaulettes de colonel, bien qu'elles ne fissent plus partie de la tenue de campagne. Il était très brave, ne doutant de rien et on le voyait toujours en première ligne, gourmandant de sa grosse voix ses soldats et les excitant au combat. Il aimait les honneurs, et, comme commandant de colonne, il se faisait fournir une garde d'honneur à laquelle les généraux eux-mêmes n'ont pas droit, composée d'un sous-officier, un caporal, un clairon, un trompette, et quinze hommes d'infanterie; cette garde devait s'installer auprès de sa tente dès l'arrivée au bivouac.

Il faisait bon marché de la vie des indigènes et il était grand amateur de razias; mais, en même temps, il avait la main généreuse.

Dans sa jeunesse, il avait joué l'absinthe à l'épée au premier sang avec des camarades aussi fous que lui. Il était bon vivant, jovial, serviable, et plaisait aux colons par sa rondeur et ses façons familières. Les milices bourgeoises l'avaient en haute estime et ne juraient que par lui, car il savait flatter leur amour-propre.

Il avait des relations amicales avec les journalistes d'opinions avancées et il confiait volontiers à la presse le récit de ses faits et gestes et ses idées sur les choses de l'Algérie. Il voulait, entre autres choses, que chaque famille de colons eût deux soldats pour l'aider dans ses travaux. Il avait été lui-même presque colon, car il avait obtenu une concession de terrain dans le centre de Bordj-Menaïel au moment de sa création, mais il l'avait vendue à un indigène des Flissat-oum-el-Lil.

C'était un homme d'une autre époque qui eût été un des célèbres batailleurs du moyen-âge s'il était né quatre ou cinq siècles plus tôt; mais, avec les idées de l'époque actuelle, il était souvent fort compromettant (1).

Quoi qu'il en soit, avec ses qualités et ses défauts, il était capable d'entraîner une troupe dans des opérations périlleuses et de s'en tirer avec succès, et il convenait mieux que tout autre pour tirer parti des milices bourgeoises, ce qui n'était pas chose aisée (2).

Le caïd Ali-ou-Kassi, après le combat de Tamda, avait complètement jeté le masque et il avait pris le commandement, non seulement des rebelles qui attaquaient Tizi-Ouzou, mais encore de ceux qui se portaient dans la direction d'Alger. Les lettres ci-après qu'il écrivit dès les premiers jours à un des caïds de la plaine de l'Isser ne laissent aucun doute à cet égard.

Au caïd El-Hadi (3), que le salut soit sur vous!
Ensuite : notre but est la guerre sainte, vous êtes des musulmans, vos intérêts et vos devoirs sont les mêmes que les nôtres. Nous ne voulons détruire aucun des musulmans, nous n'avons en vue que la guerre sainte et nous désirons que vous soyez avec nous.

Nous avons entendu dire que votre fils avait arrêté les chevaux du gouvernement à l'Azib-Zamoum; prenez garde de vous les laisser reprendre, faites-y bien attention. Que Dieu vous bénisse.

De la part de l'honorable, le vénérable Si-el-Caïd-Ali-ben-ou-Kassi, en moharrem 1288 (23 mars au 21 avril 1871).

---

(1) Le colonel Fourchault a été chef d'état-major de la division de Constantine, puis commissaire du gouvernement près le conseil de revision d'Alger. Étant encore en activité de service, il a été conseiller général du département d'Alger. Ayant pris sa retraite à la limite d'âge, il se fit étudiant en médecine et il fut interne à l'hôpital civil de Mustapha. Un jour, voulant se soigner d'un accès de fièvre, il se fit une injection sous-cutanée de sulfate de quinine, mais le tétanos se déclara et il fut emporté dans les vingt-quatre heures. Il est mort le 10 avril 1884.

(2) « Au début, a déclaré l'amiral de Gueydon à la commission d'enquête parlementaire, les miliciens créèrent partout où ils furent employés des embarras, d'un autre ordre; certains détachements faisaient des razias, vendaient leurs prises et se les partageaient; ils jugeaient, fusillaient! En campagne comme dans la ville, les miliciens se considéraient volontiers comme affranchis de toute sujétion. »

(3) El-Hadi-ben-Sokheri, caïd des Isser-Oulad-Smir.

(En tête, le cachet du caïd Ali, 1275.)

A l'honorable, notre frère, notre parent par alliance, le caïd El-Hadi-ben-Sokheri.

O ami! Il faut que vous vous leviez pour servir la cause des musulmans, celle de la religion et de l'islamisme. Ce n'est pas un homme comme vous qui trahirait la religion des croyants; votre maison n'est pas une demeure de souillure pour qu'on puisse vous suspecter et mettre en doute votre participation à nous suivre sur le chemin de la guerre sainte des musulmans.

Il faut donc qu'à l'arrivée de notre ordre vous vous prépariez avec vos gens et que vous veniez nous trouver avec votre goum. Prenez garde d'y mettre de la négligence, car alors ce que les gens disent de vous serait prouvé.

Écrit par ordre de votre frère et parent par alliance, Sid-el-Caïd-Ali-ou-Kassi. Que Dieu lui accorde la victoire! Amen.

Au 1er tiers de safeur 1288 (22 avril au 1er mai).

(En tête, le cachet du caïd Ali.)

A notre ami, le caïd des Oulad-Smir, El-Hadi-ben-Sokheri.

Il faut que vous réunissiez tous les contingents de votre commandement et que vous alliez avec eux cette nuit au marché de l'Isser. Vous y trouverez notre frère Mohamed-Amokran avec ses contingents. Prenez garde d'être négligent. Quant à votre fils Si-Mohamed-ben-el-Hadi (1) vous nous l'enverrez tout de suite. Il vous rapportera tous les événements et vous ferez de même pour lui.

De la part de Sid-el-Caïd-Ali ou-Kassi, émir des armées musulmanes. Que Dieu lui accorde la victoire! Amen.

En Safeur 1288 (du 22 avril au 20 mai 1871).

(*En marge.*) Votre ami Si-el-hadj-Saïd-ben-Ali vous envoie ses salutations et il vous demande un peu d'oranges (2). Votre fils Si-Mohamed-ben-el-Hadi les lui apportera. Salut.

---

(1) Mohamed-ben-el-Hadi était caïd des Zmoul.

(2) L'épicurien qui aimait tant les oranges était le joyeux *factotum* Saïd, du bach-agha Si-el-Djoudi dont il est question dans l'*Excursion dans la haute Kabylie*, par un juge d'Alger en vacances (M. Hun), brochure publiée en 1859. Ce Saïd était un homme très intelligent qui fut remarqué par le colonel de Neveu lorsqu'il était chef du bureau politique. Le colonel l'avait attaché à lui et l'avait emmené à Alger. Là, Si-Saïd avait appris à parler assez bien le français et on en avait fait un interprète militaire auxiliaire pour la langue kabyle. C'est lui qui avait donné de mémoire les indications qui ont servi à faire le plan en relief de la Grande Kabylie conservé à la bibliothèque-musée d'Alger qui avait remplacé, lors des expéditions de la Grande Kabylie, les cartes qui manquaient encore.

Si-el-hadj-Saïd-ben-Ali a été employé comme interprète au bureau politique et à Dellys; en dernier lieu, il était au bureau arabe des Beni-Mançour. Très bon pour l'interprétation orale, il était nul pour la traduction écrite, car il savait à

Le 21 avril, les Flissa et les Isser campèrent au marché de l'Isser et, le lendemain, ils se portèrent sur l'Alma conduits par Mohamed-Saïd-ben-bel-Kassem-ou-Kassi, frère de Mohamed-Amokran. Les rebelles se heurtèrent à la colonne du colonel Fourchault, comme il est dit dans le compte rendu ci-après de cet officier supérieur.

Je suis parti ce matin du Hamiz avec ma colonne vers 6 heures et demie et me suis dirigé sur l'Alma, marchant militairement avec avant-garde, flanqueurs et arrière-garde. La chaleur était considérable, la poussière suffocante et le soleil en pleine figure; malgré toutes ces circonstances défavorables et grâce à de nombreuses haltes, j'ai franchi assez facilement les 15 kilomètres que j'avais à faire. Arrivé auprès de l'Alma vers 11 heures, je donnai l'ordre de faire masser la colonne et je me dirigeai de ma personne avec mon escorte pour établir le bivouac sur le terrain destiné à cet effet, situé au delà du village.

Je n'avais pas terminé mon opération, lorsque je fus surpris par une fusillade assez vive partant de l'est, au delà de la droite du Boudouaou, et un sergent-major de tirailleurs, qui venait de toute la vitesse de ses jambes, m'informa que plus de 4.000 Arabes s'avançaient vers l'Alma et que la compagnie de grand'garde à laquelle il était attaché allait être obligée de battre en retraite si aucun renfort ne pouvait lui arriver.

Je venais heureusement de donner l'ordre aux 60 spahis de Balincourt de monter à cheval pour m'accompagner dans une reconnaissance que je me proposais d'exécuter; je partis au galop avec ces 60 spahis et mon escorte et me portai au premier col situé sur la traverse de la route de l'oued Corso, rive droite du Boudouaou. De ce point, je reconnus très distinctement sur les crêtes voisines, et à une distance de 5 à 600 mètres, mille ou douze cents Arabes échangeant des coups de fusil avec nos grand'gardes.

Il ne me fut pas difficile d'apprécier la situation et je résolus immédiatement de repousser cette attaque d'une façon prompte et

---

peine écrire en français; de plus il était devenu impotent. Il fut révoqué par décision du 8 septembre 1869, comme incapable, non seulement d'un service actif, mais encore d'un bon service sédentaire. Il s'était retiré dans les Beni-bou-Drar, sa tribu d'origine.

Au début de l'insurrection il écrivit au général Cérez pour lui donner des nouvelles de l'attaque de Fort-National, ajoutant qu'il était cerné et ne pouvait le rejoindre. Il se décida à suivre le caïd Ali.

Après l'insurrection, il fut khodja de Bou-Saad-naït-Kassi, amin-el-oumena des Beni-Attaf; il devint aveugle et mourut vers 1876.

énergique. J'ordonnai aussitôt à M. de Balincourt de se porter rapidement avec ses spahis sur les crêtes de droite et de les balayer sans retard, dès qu'il serait arrivé sur le sommet de la première croupe ; au capitaine d'artillerie, je prescrivis de faire monter ses 4 obusiers rayés sur le premier col dont il a été question ci-dessus. Puis je fis entrer en ligne une nouvelle compagnie de zouaves et deux nouvelles compagnies de tirailleurs.

Cela fait, je me rendis au galop vers mes francs-tireurs, auxquels on distribuait au moment même les cartouches qu'on n'avait pu leur donner à Alger ; je les emmenai au pas de course et une demi-heure après je me trouvai, presque sans coup férir, maître des premières crêtes abandonnées par l'ennemi. Il s'agissait d'enlever les crêtes suivantes.

Cette opération se fit avec toute la régularité désirable ; j'engageai tout au plus 400 hommes, laissant un nombre égal de combattants en soutien et marchant en tirailleurs en grandes bandes sur une longueur de 4 kilomètres environ, spahis à droite, zouaves, francs-tireurs et mobilisés d'Alger, tirailleurs et chasseurs d'Afrique à gauche. Cette marche en bataille s'effectua sous la protection du canon et aux fanfares des francs-tireurs, dans l'ordre le plus parfait.

Nous arrivâmes ainsi jusqu'aux dernières crêtes dominant l'Oued-Corso, où l'on brûla les gourbis des dissidents qui, surpris sans doute par cette résistance offensive, avaient abandonné une grande partie de leurs approvisionnements.

Les Arabes s'enfuirent avec une précipitation inimaginable et il me fut facile de les voir se diriger en groupes assez considérables vers le col des Beni-Aïcha.

Après avoir laissé reposer mes troupes qui, depuis le matin, marchaient et combattaient sans avoir pris la moindre nourriture, et me conformant d'ailleurs aux conditions du programme que vous avez bien voulu me tracer, j'ai fait sonner la retraite sur toute la ligne.

Cette retraite s'est effectuée dans le plus grand ordre et la plus parfaite régularité sans que nous reçussions un seul coup de fusil. Les extrêmes arrière-gardes rentraient avec moi vers 4 heures.

Dans cette journée, je ne saurais trop me louer de l'entrain admirable de toute la colonne et du bon vouloir de tous ; les spahis avaient attaqué avec une furie incroyable et poussé, comme toujours, avec la plus grande témérité. Je les ai fait seconder vigoureusement par les zouaves, et les Arabes ont cédé le terrain, mais un de mes spahis a été tué, un second a été blessé mortellement et deux autres ont été légèrement atteints ; vers la gauche, j'ai eu un tirailleur indigène légèrement touché.

Du côté des Arabes, huit hommes ont été trouvés sur le terrain, et j'ai lieu de supposer qu'ils ont fait des pertes plus sérieuses par le fait du tir remarquable de nos obusiers rayés.

Quelques papiers ont été trouvés sur les morts et j'ai l'honneur de vous les transmettre ci-joint.

Une vingtaine d'Arabes ont été arrêtés, et après avoir bien fait instruire leur cause et sur l'avis de M. de Schonen, maire de l'Alma, ainsi que des notabilités de la localité, bien convaincu moi-même que ces gens n'étaient que de véritables criminels, j'ai donné ordre qu'il soit prodédé à leur exécution. Cette exécution a été opérée par les spahis; un des condamnés a réussi à s'échapper.

Je ne sais si je serai attaqué demain, mais mes dispositions sont bien prises et j'ai lieu de croire que l'attaque dont je pourrai être l'objet n'aura pas plus de résultat que celle d'aujourd'hui.

J'irai à l'Oued-Corso, au col des Beni-Aïcha et même aux Isser quand il me plaira et sans être arrêté ; mais j'attendrai d'être bien assis à l'Alma et que ma colonne y soit définitivement constituée avec tous les éléments qui doivent la composer, pour me porter en avant. Je laisserai en arrière les petites garnisons nécessaires constituées dans le sens des instructions que vous m'avez données.

La colonne n'avait eu affaire qu'à des bandes de pillards qui n'ont songé qu'à fuir ; les spahis seuls, qui ont chargé dès le début, ont eu un engagement sérieux. Une ligne de 400 hommes déployés sur un front de 4 kilomètres n'aurait pas suffi s'il y avait eu autre chose que des fuyards.

Cette petite affaire a servi à donner un peu de confiance et d'aplomb à la troupe, presque entièrement composée d'engagés volontaires non instruits. On a été obligé de consacrer à des exercices d'instruction tous les moments disponibles pour les mettre en état de faire la campagne.

Voici dans quelles circonstances et dans quelles conditions les exécutions dont parle le colonel Fourchault dans son rapport ont eu lieu.

Une famille indigène, celle des Ben-Taïeb, occupait une magnifique ferme appelée Haouch-ben-Turquia, située entre le village de l'Alma et la mer ; une grande fortune lui donnait une certaine indépendance d'allures et lui permettait de marcher presque de pair avec les colons. Cette famille n'était pas aimée à l'Alma, car elle avait eu, avec les habitants, une série de procès qu'elle avait eu l'imprudence de gagner.

Le 20 avril au matin, l'aîné de la famille, Mohamed-ben-Taïeb, se présenta aux avant-postes demandant à parler au maire ; celui-ci l'ayant reçu, il le pria de lui accorder l'autorisation d'amener toute sa famille dans le village et de la placer sous sa protection, offrant en retour de prendre part, lui et ses frères, à la défense du village. Le maire le fit mettre en prison, donnant pour motifs à cette mesure que la famille Ben-Taïeb nous était hostile, qu'elle avait des accointances avec les tribus insurgées et qu'il était de bonne politique de mettre la main sur le chef d'une famille influente qui, sous des dehors de dévouement, cachait des projets de trahison.

Peu après, un frère du prisonnier, El-Hadj-ben-Taïeb, monté sur une magnifique jument alezane, vint pour s'informer de ce qu'était devenu Mohamed ; il fut à son tour conduit en prison et sa jument lui fut enlevée.

Enfin, le lendemain 21, pendant que le sous-lieutenant Desnoyers était allé avec M. Leguay et les spahis faire une reconnaissance dans la forêt de la Reghaïa, le maire alla avec des miliciens à la ferme des Ben-Taïeb, qu'il trouva abandonnée. Poussant ses recherches dans les environs, il finit par découvrir un troisième frère, Rabah-ben-Taïeb dit le Spahis (il avait servi aux spahis), qui s'était caché dans la forêt avec les femmes, les enfants et les troupeaux. Le maire le fit arrêter ainsi que le fils de Mohamed-ben-Taïeb, nommé Abd-el-Kader, un neveu nommé Mbarek, un cousin du nom de Khalifa et quatre khammès, et les fit conduire en prison à l'Alma. Les troupeaux furent razziés. Rabah était porteur, a-t-il dit, d'une somme de 5.000 francs qui lui aurait été enlevée.

Il n'y avait plus qu'un quatrième frère, Saad-ben-Taïeb, mais il était idiot et, en voyant la panique qui régnait dans les villages, la fuite des familles des colons, il avait perdu la tête et s'était enfui dans la montagne. C'est ce qui le sauva.

A la rentrée du combat du 22, le maire de l'Alma exposa les griefs des gens du village contre la famille des Ben-Taïeb au colonel Fourchault, qui, après avoir vu les hommes qu'on avait arrêtés, ordonna leur exécution en masse ; il ne pouvait pas faire moins pour les colons de l'Alma qui l'avaient accueilli comme un sauveur (1).

On s'élève avec raison contre l'horrible cruauté des Kabyles qui ont massacré les colons de Palestro, mais ils ont tué dans l'excitation de la lutte ; que ne devrait-on pas dire de cette exécution barbare, commise de sang-froid dans les circonstances que nous venons de voir ! On n'ose pas approfondir les mobiles inavoués qui ameutaient les colons de l'Alma contre leurs voisins les Ben-Taïeb, de peur d'avoir à en rougir pour les nôtres.

Il est surprenant de voir combien, dans les grandes crises comme celle que traversait l'Algérie, les mauvais instincts de l'homme, refrénés et assoupis par la civilisation, se réveillent féroces. Tout le monde éprouve une fièvre morale qui, chez quelques-uns, va jusqu'au délire ; bien rares sont ceux qui peuvent conserver tout leur sang-froid ; les personnes d'habitude les plus inoffensives ne rêvent plus que destruction et extermination. La conscience est comme paralysée et elle ne sait plus discerner le bien du mal ; ainsi les personnes qui ont demandé la mort des Ben-Taïeb ont cru, pour la plupart, remplir un devoir patriotique.

Aucune voix ne s'est élevée dans la presse pour flétrir cet acte odieux. Un journal d'Alger en a parlé en ces termes à la fin d'un article sur la part prise par les francs-tireurs au combat du 22 avril :

---

(1) Le document ci-après montre que ce n'était pas seulement à l'Alma que les indigènes étaient exposés à des exécutions sommaires.

« Alger, 20 avril.
» Gouverneur général civil à lieutenant Desnoyers, Alma.
» Faites parvenir immédiatement au maire du Fondouk le télégramme suivant :
« J'ai répondu à votre première lettre. J'ai reçu cette nuit votre nouvelle com-
» munication. Ne faites pas fusiller les otages. Ces mesures extrêmes ne se pren-
» nent que contre des espions, des rebelles pris les armes à la main, des traîtres
» dont la trahison est patente. Dans ce cas même, il faut que le péril ne puisse
» être conjuré autrement.
» Ceux qui prescrivent de pareilles mesures en assument toute la responsa-
» bilité. »
» Accusez-moi réception.
» Comte de Gueydon. »

On ne fait pas de prisonniers. Hier soir, en rentrant à l'Alma, on en a fusillé une dizaine parmi lesquels se trouvaient deux des frères Ben-Taïeb de l'Haouch-ben-Turquia, trois de leurs khammès, le fils du marabout Si-Ahmed-ben-Heurdin et plusieurs Kabyles de basse condition.

Cette exécution nocturne dans le lit de la rivière a failli causer un grand malheur. L'un des condamnés, le fils du marabout, tenta de fuir n'ayant été que blessé par la décharge (1) ; aussitôt on tira sur lui sept à huit coups de fusil ; les moblots qui étaient de grand'garde et ne savaient rien de l'exécution, croient que les Kabyles attaquent le camp et les voilà faisant feu à leur tour sans savoir sur qui ni sur quoi. Les balles sifflent dans le camp des francs-tireurs et gardes nationaux. Aucun d'eux n'a été atteint parce que presque tous étaient couchés, mais quelques mobiles ont été blessés plus ou moins grièvement.

En somme, tout va pour le mieux, à part cet accident.....

Le rédacteur de cet article feint de croire qu'il ne s'agissait que d'indigènes pris les armes à la main dans le combat ; mais il paraissait trop bien informé de la qualité des victimes pour n'avoir pas su quand et comment leur arrestation avait été opérée.

L'exécution fut accueillie avec enthousiasme par la population et, le lendemain, on songea à régler le sort d'une quarantaine d'indigènes qui avaient été arrêtés par la milice depuis le 19 et qui avaient été enfermés à la prison de la gendarmerie. C'étaient, pour la plupart, des Kabyles que l'insurrection avait surpris hors de leur pays et qui cherchaient à rentrer chez eux.

Cette fois le colonel Fourchault constitua, pour les juger une cour martiale (2) composée d'un officier supérieur président, d'un capitaine, du maire de l'Alma et d'un notable du village. M. Leguay, interprète, voulut décliner la mission de donner

---

(1) Les condamnés étaient fusillés assis ; au moment du feu, celui qui est parvenu à s'échapper avait fait un bond prodigieux et était parti de toute la vitesse de ses jambes.

(2) Un ordre général du 22 octobre 1870 dit que, suivant les ordres du ministre du 14 octobre, des cours martiales sont établies dans tous les postes où il n'y a pas de conseils de guerre ; elles sont à l'usage des militaires et des indigènes du territoire militaire.

son concours, mais le colonel lui donna l'ordre formel d'assister la cour martiale comme interprète et il dut obéir.

La séance eut lieu dans la cour de la gendarmerie; on fit sortir les prisonniers et on les fit ranger contre un mur. A ce moment se produisit un incident : un indigène protestait avec véhémence contre son arrestation. Il fut reconnu que c'était un cavalier des Khachna de la plaine que le caïd Lekehal-bou-Noua avait désigné au lieutenant Desnoyers pour aller porter une lettre de service au chikh du douar de Bou-Zegza; cet homme avait refusé d'abord d'y aller à cause des dangers qu'il y avait à courir en traversant un pays insurgé, mais il avait fini par consentir. Il était revenu, sa mission terminée, et il pensait n'avoir rien à craindre en rentrant à l'Alma; mais les miliciens l'avaient arrêté, lui avaient pris sa jument, qui lui appartenait, et un fusil qu'on lui avait prêté, et l'avaient mis en prison sans vouloir entendre ses explications. L'erreur fut reconnue par la cour martiale et l'indigène fut mis en liberté.

L'enquête fut fort simple : on se borna à interroger les prisonniers sur les motifs qui les avaient amenés à l'Alma, et, comme il était impossible de vérifier leurs dires, on se contenta d'examiner leurs mains pour reconnaître ceux qui s'étaient servis d'armes à feu; tous ceux à qui on trouva les mains noires furent mis au tas des fusillés. Un seul fut l'objet d'une accusation déterminée, un colon ayant dit le reconnaître comme ayant tiré sur lui aux Isser, au moment où il s'enfuyait devant l'insurrection.

Une vingtaine furent triés de cette façon, condamnés à mort et passés par les armes. Parmi eux il y avait peut-être des gens qui nous avaient combattus ou qui étaient venus jouer le rôle d'espions, mais il serait téméraire de l'affirmer.

La fraction des Oulad-bou-Merdès ayant fait des offres de soumission, le conseil municipal crut devoir se réunir, le même jour, 23 avril, pour régler les conditions de l'aman, s'attribuant ainsi un pouvoir qui n'était même pas donné aux commandants de colonnes. Les conditions exigées par le conseil furent les suivantes :

1° Désarmement complet de la tribu ;

2° Livraison de tous les marabouts de la tribu et du chef de chaque famille ;

3° Livraison de tous les troupeaux.

Les quatre chioukh des Beni-bou-Merdès, qui étaient présents à la séance, se récrièrent contre la dureté de ces conditions, disant qu'ils ne pouvaient les accepter sans consulter leurs contribules. Trois d'entre eux furent alors consignés dans un café maure sous la garde de six miliciens, et le quatrième se rendit dans la tribu. Deux jours après, celui-ci revint avec une réponse négative et on l'envoya rejoindre les autres chioukh. Heureusement pour eux que le général Lapasset arriva quelques jours après prendre le commandement de la colonne, car il leur serait peut-être arrivé malheur.

Le 23 avril, la journée fut calme à l'Alma. Le colonel reçut du général Lallemand l'ordre de préparer immédiatement une colonne légère pour aller secourir les habitants de Palestro, que les nouvelles qu'on venait de recevoir représentaient comme se défendant encore dans une maison servant de réduit, après le massacre d'une partie des colons du village. Ces nouvelles avaient été apportées à Alger par le conducteur des ponts et chaussées Ricard, qui avait réussi à s'enfuir de Palestro le 20 au soir, alors que le village était assiégé par les Kabyles, et qui était parvenu à gagner Alger le 22 avril.

Le caïd des Khachna de la plaine fut envoyé en toute hâte avec mission de ramener tous les mulets qu'il pourrait trouver dans sa tribu, pour les besoins de la colonne. Ce chef indigène revenait avec les animaux demandés, lorsqu'il rencontra, dans le village de Saint-Pierre, un détachement de mobiles de l'Hérault qui avait été envoyé de l'Alma pour relever deux compagnies du 2ᵉ zouaves qui occupaient le Fondouk et un détachement de tirailleurs occupant Saint-Paul. Les troupes relevées devaient rallier la colonne.

Les mobiles avaient, en passant à Saint-Pierre, achevé le pillage de ce village et ils s'étaient enivrés ; voyant arriver le caïd avec les convoyeurs qui l'accompagnaient, ils se livrèrent à des actes de violence qui ont été flétris par l'ordre général ci-dessous, du 26 avril :

La gendarmerie rend compte de faits déplorables à la charge de la compagnie de mobiles de l'Hérault, aux ordres du capitaine Rouet.

En se rendant, le 23, au Fondouk, les hommes de cette compagnie ont achevé le pillage du village de Saint-Pierre, commencé par les Arabes, en dérobant les vins et les spiritueux qui y restaient. Excités par les libations, ils ont arrêté sans discernement et parfois avec violence des indigènes porteurs de permis réguliers et, notamment, le caïd Lekehal-bou-Noua (1), qui était envoyé en mission auprès du colonel Fourchault.

Ces faits, surtout le premier, sont indignes d'une troupe française ; ils dénotent l'absence de tout sentiment honorable et méritent d'être stigmatisés.

Signé : LALLEMAND.

Les mobiles avaient injurié et menacé le caïd, blessé sa jument d'un coup de baïonnette ; d'autres avaient bousculé les convoyeurs, enfourché les mulets et fait si bien que les hommes réquisitionnés s'étaient dispersés et que le colonel Fourchault dut se passer des mulets dont il avait besoin pour l'expédition si urgente qu'il était chargé d'entreprendre.

Trois routes se présentaient pour gagner Palestro.

La plus facile et la meilleure comme chaussée était la route

---

(1) Lekehal-bou-Noua, vieillard à barbe blanche, décoré de la Légion d'honneur, à qui cette avanie a été infligée, était un de nos bons et fidèles serviteurs de la première heure. Il a servi d'abord pendant six ans comme khalifa de l'agha des Khachna El-Arbi-ben-Kahia, qui avait dans son commandement les tribus des Khachna, Ammal, Zouatna, Beni-Moussa et Isser ; puis, à la révocation du caïd des Khachna Ben-Merah, survenue en février 1848, à l'occasion de l'assassinat dans les Ammal du capitaine Cartrix, il reçut le commandement de cette tribu. Sa nomination de caïd fut confirmée à la date du 17 juin de la même année.

Pendant cette longue carrière dont, aux premiers temps de la conquête, la plus grande partie se passa à cheval à la tête des goums de sa tribu, non seulement pour suivre nos expéditions, mais pour lutter avec les seules forces indigènes contre les dissidents, il n'a pas eu une minute de défaillance et il se conduisit toujours bravement. Son frère avait été tué à notre service dans un combat contre les Hadjoutes.

Pendant l'insurrection de 1871, il nous a encore rendu des services signalés, alors qu'il était resté seul fidèle entre le pays insurgé et la Mitidja. Dans cette période difficile, il a été constamment sur pied auprès du sous-lieutenant Desnoyers avec les cavaliers de sa tribu demeurés fidèles.

de Constantine passant par le col des Beni-Aïcha, ouverte depuis peu par les ponts-et-chaussées; elle était excellente et présentait un parcours de 44 kilomètres. Mais, pour la prendre, il eût d'abord fallu se frayer un passage à travers les bandes d'insurgés qui gardaient le col des Beni-Aïcha et franchir le défilé des gorges de l'Isser qui, défendu même par des Kabyles, eût été absolument infranchissable pour une petite troupe. Dans ces gorges, en effet, la route est taillée dans le flanc d'une montagne de roc qui s'élève à plus de 500 mètres au-dessus du lit de la rivière, avec berges verticales, et cela sur un parcours de 3 kilomètres; de plus, on y rencontre un tunnel de 90 mètres également creusé dans le roc. Il n'y avait donc pas à songer à prendre un pareil chemin.

Le deuxième itinéraire suivait, en partie, l'ancienne route turque d'Alger à Constantine, passant au nord du Bou-Zegza par l'Oued-Khedera et l'Aïn-Soultane des Ammal; ce chemin (1) était rocheux, difficile, et il avait le défaut de passer par le territoire des Ammal, tribu rebelle très opiniâtre qui eût suscité de grandes difficultés, surtout à la descente sur Palestro. Son parcours était de 31 kilomètres; c'était l'itinéraire le plus court.

La troisième route, qui était la plus longue, passait au Fondouk, contournait le Bou-Zegza par le sud, passait à Tamda, au col des Oulad-Ziane, et franchissait l'Isser près de l'ancien pont turc de Ben-Hini; elle avait une longueur de 47 kilomètres, mais elle traversait un pays plus facile et faisait passer dans les Zouatna, qui étaient insurgés, mais beaucoup moins agressifs que les Ammal.

Avec la faible troupe dont on disposait, il fallait, pour réussir, arriver par surprise, et la route par les Zouatna présentait, pour cela, les meilleures conditions; c'est celle qui fut adoptée.

Voici le rapport du colonel Fourchault sur la pointe audacieuse qu'il a poussée sur Palestro; il est daté du 27 avril :

---

(1) Il a été suivi, les 5 et 6 mai, par la colonne Lallemand allant dans les Ammal.

J'ai l'honneur de vous rendre compte ci-après de la manière dont j'ai accompli la mission dont vous m'avez chargé par dépêche télégraphique du 23 de ce mois.

Je suis parti de l'Alma vers 8 h. 30 du soir, trois heures après avoir reçu vos ordres. Ma petite colonne se composait de 300 zouaves, 300 tirailleurs indigènes, une section d'artillerie, quelques hommes du génie avec un mulet d'outils, une ambulance légère, 15 mulets de cacolet, un peloton de chasseurs d'Afrique et un demi-peloton de spahis. J'avais fait prendre un baril d'eau-de-vie de 50 litres ; mes hommes étaient sans sacs, mais portaient dans leurs musettes et leurs gibernes 100 cartouches par fusil, quelques biscuits et de quoi faire deux cafés.

A l'exception d'une deuxième pièce d'artillerie et de mon demi-peloton de spahis en plus, c'était exactement la composition que vous aviez réglée vous-même ; j'avais dû prendre cette addition sur moi, dans la pensée que mon unique pièce pouvait tomber dans les ravins, être mise hors de service d'une façon quelconque, et l'effet de l'artillerie sur lequel on devait nécessairement compter aurait été annihilé complètement. Quant aux spahis, vous savez par vous-même de quelle utilité sont ces cavaliers dans toutes les circonstances de cette nature, et j'avais jugé indispensable de m'en adjoindre quelques-uns (1).

Je me suis mis en marche vers 8 h. 30, comme je l'ai dit ci-dessus, et me dirigeai vers le Fondouk en passant par le village dévasté de Saint-Pierre. J'arrivai au Fondouk vers minuit, sans incident qui mérite d'être relaté. Après une demi-heure de repos, je remis ma colonne en marche avec trois bons guides des Kbachna, et me dirigeai vers la montagne par la route muletière qui, passant derrière le Bou-Zegza, débouche vers le pont de Ben-Hini et conduit au village de Palestro (2). J'avais à faire 42 kilomètres et il y avait encore quatre heures de nuit pendant lesquelles j'appréhendais, non pas une attaque précisément sérieuse, mais quelques coups de fusil qui, partant des broussailles voisines, auraient pu jeter quelque perturbation dans ma colonne. Dans l'impossibilité où je me trouvais d'établir un flanquement efficace, autant en raison de l'obscurité qu'à cause des nombreux accidents du terrain, j'avais donné pour consigne de se borner à répondre par une douzaine de coups de fusil à chaque feu dirigé sur nous. Cette disposition n'eut pas lieu d'être appliquée ; après une heureuse ascension des montagnes, les premières lueurs du jour vinrent éclairer ma colonne vers les

---

(1) Le sous-lieutenant Desnoyers et M. Leguay marchaient aussi avec la colonne.

(2) La chute d'un mulet portant une pièce d'artillerie, au passage de l'oued Arbatache, fit perdre un certain temps.

pentes ouest du Bou-Zegza, à environ 600 mètres d'altitude, sans qu'aucun coup de fusil soit venu m'inquiéter.

C'était le point le plus élevé de toute la ligne que j'avais à parcourir (1). Il y avait sur le bord même du chemin plusieurs sources d'eau excellente ; je fis faire une halte d'une heure et on prit le café.

Il était environ 6 h. 1/2 quand je me remis en marche ; mais, à partir de ce moment, l'ordre était donné d'envoyer des flanqueurs à droite et à gauche (2). Cette disposition fut appliquée de la façon la plus précise pendant tout le reste du trajet et, malgré l'élévation considérable des hauteurs le long desquelles marchait ma colonne, nous étions parfaitement gardés et je n'eus d'ailleurs à répondre à aucune attaque.

Il était clair que les Kabyles préféraient nous voir engagés le plus possible au milieu de leur pays, afin d'avoir meilleur marché d'un détachement de troupes dont le nombre d'hommes devait leur paraître sans doute insuffisant contre leurs forces réunies. Ils ignoraient la solidité de mes soldats ; ils devaient en faire le lendemain l'expérience à leurs frais.

La chaleur était devenue considérable, nous avions de plus le soleil en pleine figure. Je fus obligé de faire de nombreuses haltes pour masser ma colonne, remplir les petits bidons et faire reprendre haleine ; mais ces haltes étaient toujours très courtes, tant nous avions hâte d'arriver. Nous allions même jusqu'à nous reprocher cinq minutes de repos, dans la pensée que ces cinq minutes pouvaient décider du sort des malheureux au secours desquels nous étions envoyés. Cependant, un bien douloureux renseignement nous avait été donné pendant le trajet que nous venions

---

(1) On était au col de Tizi-el-Arba, à l'origine de l'Oued-Chouiane, affluent de gauche de l'Oued-Khedera, à 17 kilomètres de Palestro. Des notables indigènes s'y présentèrent au colonel et lui offrirent leurs services ; il leur demanda de faire préparer 1.200 galettes arabes et de les lui porter à Palestro. Ils promirent de le faire.

(2) Le colonel Fourchault faisait marcher de chaque côté une ligne de tirailleurs par le flanc, assez espacés, qui s'avançaient parallèlement à la colonne. Ce système, qui peut être suffisant en plaine, présente des inconvénients graves en pays accidenté. La ligne des flanqueurs est assez souvent perdue de vue par la colonne, elle est exposée à tomber dans des embuscades et ne présente pas une solidité suffisante pour protéger efficacement, elle ne peut qu'éclairer. Obligée de descendre dans des ravins, de remonter des pentes abruptes, de traverser des broussailles, de contourner des obstacles, il lui est impossible, tout en faisant des efforts très pénibles, de se maintenir à hauteur de la colonne, si celle-ci ne s'arrête pas de temps en temps pour l'attendre ; de là, une grande lenteur dans la marche.

On préfère généralement faire occuper les mamelons latéraux par des fractions plus ou moins fortes, prises dans l'avant-garde et qui, si la marche parallèle n'est pas possible, ne rejoignent que lorsque la colonne entière est passée.

d'effectuer. Depuis vendredi 21 avril, nous avait-on assuré, on n'entendait plus aucun bruit du côté de Palestro; la résistance des colons avait dû être vaincue.

Nous arrivâmes vers 1 heure après-midi dans le lit de l'Isser (1) où nous passâmes le gué voisin de l'ancien pont.

Je poussai aussitôt en avant sur la route, à droite sur les collines dominantes, à gauche le long des berges de la rivière, un certain nombre d'éclaireurs d'infanterie et de spahis. La présence de l'ennemi n'ayant pas été signalée, je fis avancer ma colonne dès qu'elle eut effectué le passage de la rivière. Après un repos de quelques minutes, je continuai mon mouvement en avant.

Le village de Palestro, qui devait nous offrir, quelques instants plus tard, un horrible spectacle, déroula alors à nos yeux son rideau de maisons blanches, construites à peine depuis deux ans, sur un large plateau dont il occupe à peu près la position centrale. N'apercevant aucun indice d'animation, n'entendant ni cris ni coups de feu, je ne compris que trop l'inutilité de nos efforts. J'espérais cependant pouvoir saisir quelques-uns de ces atroces bandits et, comme je connaissais parfaitement la localité, je pus facilement prendre mes dispositions à ce sujet. Je donnai ordre aux spahis de cerner au galop le village par la gauche, et aux chasseurs d'Afrique par la droite; puis, avec mon escorte, je me portai rapidement dessus par la route la plus courte; ma colonne suivait d'un pas relativement accéléré malgré la grande chaleur. Aucun coup de feu ne nous accueillit, aucune voix ne se fit entendre, le silence le plus complet, le silence de la mort! Le massacre était accompli et nous nous aperçûmes tout d'un coup que nos chevaux effrayés marchaient au milieu des cadavres de nos malheureux colons. La plupart étaient complètement dépouillés de leurs vêtements, couverts de plaies et de meurtrissures et déjà en décomposition.

Un pillard, qui n'avait pas eu le temps de s'enfuir à notre approche, fut rencontré au milieu de ces hideuses ruines. On en tira quelques renseignements et il fut passé par les armes (2).

Depuis trois jours, la lutte avait cessé, elle avait duré quarante-

---

(1) Du col de Tizi-el-Arba à l'Isser, il y a 15 kilomètres; le trajet a été fait en six heures et demie, soit à raison de 2 k.300 à l'heure. C'est peu pour des hommes sans sacs, pressés d'arriver; le retard doit tenir au système de flanquement employé.

(2) Cet homme avait essuyé, au moment de son arrestation, six coups de revolver à bout portant dont un seul l'avait atteint. Il déclara que, le matin même, un grand conseil auquel assistaient un nombre considérable de Kabyles, s'était tenu sur le mamelon qui domine Palestro du côté de Dra-el-Mizan et qu'il y avait été décidé qu'on se porterait le jour même au col des Beni-Aïcha. Cette circonstance heureuse fit que la colonne trouva relativement peu de monde pour s'opposer à sa marche quand elle reprit le chemin de l'Alma.

huit heures ; quarante-huit heures d'une résistance héroïque dont chaque maison portait les traces nombreuses. Plusieurs tribus avaient pris part au crime, les Ammal, les Beni-Khalfoun, les Beni-Maned, etc. Plusieurs maisons avaient été incendiées et dans l'une d'elles, qui servait de presbytère, se trouvaient deux cadavres carbonisés que l'on crut avoir été les corps du capitaine de génie Auger (1) et du curé Monginot.

Pendant que la cavalerie enveloppait Palestro et en éclairait les abords à une certaine distance, mes troupes s'y engageaient. Je fis former les faisceaux sur la place, je partageai les maisons pour y passer la nuit et je donnai immédiatement les ordres relatifs à l'établissement de mes grand'gardes.

Toutes les maisons présentaient le même spectacle ; les meubles, la vaisselle, les ustensiles de toute sorte, les papiers, les livres, brisés, détruits, lacérés, étaient dispersés pêle-mêle jusque dans les rues (2).

On compta 46 victimes gisant de tous côtés (3) ; il n'y avait que des hommes de l'âge mûr. Les femmes, les enfants, les vieillards avaient sans doute été enlevés. J'ignore complètement ce qu'ils peuvent être devenus ; aucun renseignement n'a pu être donné à ce sujet.

Je fis distribuer une ration d'eau-de-vie à tout mon monde ; nous étions en marche depuis 17 heures et nous avions fait 14 lieues (4).

Je songeai alors à rendre les derniers devoirs à tous mes pauvres morts. Je fis creuser sur la place et près de l'église une grande fosse commune et les y fis déposer. Il était près de 10 heures du soir quand cette lugubre et poignante cérémonie fut terminée. Tous les officiers et une partie des soldats y assistaient.

La nuit se passa sans événement. Des feux brillaient de toutes parts sur la montagne et je dus en conclure que je serais attaqué dès que je quitterais le pays ; aussi ai-je attendu la pointe du jour pour commencer mon mouvement de retraite. Deux coups de fusil furent

---

(1) Le capitaine Auger était prisonnier chez les Beni-Khalfoun.

(2) On découvrit dans les caves quatre ou cinq tonneaux de vin qui furent les bien venus. Comme je l'ai dit, le colonel avait commandé aux Khachna 1.200 galettes arabes ; deux des indigènes à qui la commande avait été faite vinrent dire qu'ils avaient apporté les vivres, mais qu'ayant rencontré des rebelles, ceux-ci les leur avaient enlevés.

Si l'on avait encore trouvé les colons assiégés dans Palestro et s'il avait fallu prolonger le séjour sur ce point, on se fût trouvé dans un grand embarras par suite du manque de vivres.

(3) Quatre cadavres qui étaient sur la terrasse de la maison cantonnière échappèrent aux recherches ; ils ne furent découverts et inhumés que le 3 juin par la colonne du lieutenant-colonel Desandré.

(4) D'après la carte des étapes il n'y avait que 47 kilomètres, soit moins de 12 lieues. C'est déjà une belle marche, surtout faite, en partie, de nuit.

seulement tirés vers 2 heures du matin aux avant-postes et je fis sonner le réveil pour tenir ma troupe prête à tout événement.

Ayant renoncé par des raisons de prudence à revenir à l'Alma par le col des Beni-Aïcha, je remis ma colonne en route vers 5 heures par le même chemin que j'avais suivi la veille. Elle marcha dans l'ordre suivant : une compagnie de tirailleurs formait l'avant-garde, une section d'artillerie suivait, puis le reste des tirailleurs, derrière lesquels étaient placés la moitié des mulets de cacolet ; les zouaves venaient ensuite, fournissant une compagnie d'arrière-garde, avec des cacolets intercalés entre les compagnies. Sept ou huit spahis en tête, autant en queue, et mon peloton de chasseurs d'Afrique marchant sur le flanc de la colonne quand le terrain pouvait le permettre.

Au passage de l'Isser, je fis occuper par mes tirailleurs d'avant-garde les hauteurs qui dominent le gué pour protéger la colonne, qui se mit en marche avec ses flanqueurs de droite et de gauche. Ce fut alors qu'apparurent, en poussant leurs cris aigus, les nombreux Kabyles embusqués depuis longtemps derrière les escarpements, les massifs d'arbres, les touffes de broussaille, impatients de remplir leur rôle. La fusillade s'engagea bientôt et successivement sur tous les points de la ceinture de ma colonne, mais plus particulièrement sur le flanc droit et à l'arrière-garde.

La compagnie Granet, à qui incombait cette délicate opération de la direction de l'arrière-garde, entama sa marche en retraite d'un pas très calme, en occupant avec ses deux sections une série de positions successives. Cet intelligent et vigoureux capitaine était d'ailleurs habilement secondé par ses officiers et parfaitement compris par ses vaillants zouaves auxquels il donnait lui-même, dans la répartition de ses forces sur le terrain, l'exemple du plus grand sang-froid. Grâce à des feux parfaitement nourris et admirablement calculés, il maintint l'ennemi à distance et le mouvement de retraite put se continuer sans autre temps d'arrêt que ceux des haltes obligatoires.

La compagnie Rousseau, du 2e zouaves également, marchait d'ailleurs en avant de la compagnie d'arrière-garde avec mission de venir à son aide si les circonstances l'exigeaient.

Le terrain sur lequel nous marchions était le flanc même d'une vallée large et profonde ; nous avions sur notre gauche des hauteurs considérables, couvertes de broussailles et de massifs d'arbres. Ces hauteurs furent occupées par mes flanqueurs qui, réglant leur marche sur celle de la troupe qu'ils protégeaient, et marchant sur les crêtes malgré les difficultés du terrain, jetant leurs feux partout où paraissait l'ennemi, ôtèrent à ce dernier tout espoir de produire chez nous le moindre désordre. Sur notre droite, le terrain s'abaissait rapidement pour aboutir à un ravin assez évasé et, de l'autre côté de ce ravin, la distance était assez grande pour n'avoir rien à redouter des balles ennemies.

Après avoir marché environ quatre heures dans l'ordre indiqué, repoussant de tous côtés les attaques, nous pûmes remarquer des groupes assez nombreux de Kabyles s'obstinant à suivre l'arrière-garde ; rencontrant alors un terrain propice, je fis mettre mes deux pièces en batterie, tirer quelques obus dont l'effet ne tarda pas à se manifester par un tourbillonnement général des masses ennemies. Je réussis à arrêter la poursuite des Kabyles. Je fis également canonner un gros village des Ammal (1) admirablement placé sur notre droite, à mi-côte sur les pentes du Dra-Tizi-Medran, à environ 1.800 mètres de nous.

L'attaque continuait sur les flancs ; mais grâce à l'action incessante des tirailleurs chargés de les protéger, l'ennemi fut tenu constamment en respect. J'eus même occasion de faire exécuter par les tirailleurs indigènes une charge à la baïonnette qui eut un plein succès.

La marche continua ainsi jusqu'à midi. A midi nous attaquâmes enfin le col de l'arba des Oulad-Zian, qui était une position importante, au point d'attache d'une deuxième vallée dans laquelle j'allais être obligé de descendre.

L'ennemi menacé sur ses flancs par les éclaireurs de droite et de gauche et vigoureusement attaqué en face par la compagnie Henri, du 2e tirailleurs, ayant d'ailleurs reçu quelques bons obus sur le point où il s'était massé pour préparer sa résistance, dut se résoudre promptement à abandonner la position.

Nous étions alors maîtres des hauteurs et le danger avait cessé en partie. Mes troupes étaient fatiguées, mais l'ennemi ne put s'en apercevoir car, pendant ces sept heures de marche et de combat, la défense fut menée avec la même vigueur et sans la moindre interruption.

Tandis que, maîtres des crêtes, mes tirailleurs maintenaient l'ennemi à distance, je fis faire au col une pose de trois quarts d'heure, devenue nécessaire. J'en profitai pour faire relever les flanqueurs, dont la mission avait été des plus pénibles. Les mulets de mon ambulance ne suffisant pas au transport des gens épuisés par la fatigue et de mes quelques blessés, j'avais eu soin de faire mettre pied à terre à mes chasseurs et à mes spahis. Cette disposition fut d'un grand soulagement pour la colonne.

Vers 1 heure, nous nous remîmes en route et toujours dans le même ordre ; la colonne au centre, entourée à grande distance de ses flanqueurs et éclaireurs, marchant sur les pitons des crêtes ou fouillant les profondeurs des ravins. Les Kabyles continuèrent à

---

(1) C'était le village des Oulad-Arkoub.

nous harceler de leurs cris et de leurs coups de fusil, mais il était visible qu'ils y mettaient beaucoup moins d'enthousiasme. Ils n'avaient pu nous ébranler un instant et la lassitude semblait s'être emparée d'eux. Nous marchions toujours faisant de temps en temps de courtes haltes.

A 4 heures, la poursuite avait complètement cessé; quelques coups de fusil se faisaient encore entendre. Il nous fut d'ailleurs facile de distinguer, sur les hauteurs du col que nous venions de quitter, des groupes nombreux de Kabyles en station et occupés sans doute à délibérer. Les turcos prétendaient gaiement qu'ils étaient occupés à faire le rapport. Il était clair pour moi qu'ils étaient fortément affligés de voir s'échapper de leurs mains une proie si appétissante et sur laquelle ils s'étaient sans doute bien promis d'exercer leur cruauté féroce.

A 5 heures, revenu sur les pentes ouest du Bou-Zegza, maître des hauteurs et n'étant du reste plus inquiété dans aucune direction, je jugeai indispensable de donner un peu de repos à mes hommes et je fis faire une halte d'une heure à l'endroit même où on avait fait le café le jour précédent; mais, cette fois, il n'y eut que quelques hommes véritablement économes de leurs ressources qui purent renouveler cette opération et ils partagèrent avec leurs camarades.

J'avais d'ailleurs envoyé, du col de Tizi-el-Arba, un de mes guides au Fondouk, porteur d'une dépêche pour le capitaine Bruyère, dans laquelle je le priais d'envoyer, si la chose était possible, quelques vivres au-devant de ma colonne. Ma lettre était arrivée heureusement à destination et, une heure avant d'atteindre le Fondouk, le capitaine Bruyère venait lui-même avec un petit convoi de pain, sucre, café et eau-de-vie, qui fut reçu avec la plus vive satisfaction.

Nous arrivâmes enfin au Fondouk à 8 heures et mes dispositions furent prises immédiatement pour y passer la nuit.

Le lendemain, 26 avril, à 9 heures, nous étions de retour à l'Alma. Mais j'étais à peine descendu de cheval qu'une formidable attaque arrivait sur mon camp. Remonter en selle et partir avec des troupes fraîches au-devant des assaillants fut l'affaire d'un instant. Je vous ai rendu compte, mon Général, par dépêche télégraphique du même jour, de la manière vigoureuse et rapide dont cette attaque a été repoussée et du nombre des victimes laissées par l'ennemi sur le terrain même de l'action.

Dans cette laborieuse opération de Ben-Hini, je n'ai eu qu'à me louer de l'ardeur et du zèle de tous, mais je signalerai plus particulièrement à votre bienveillante attention : M. le capitaine Wattringues, du 2e régiment de zouaves, qui, par son intelligence et sa grande habitude de la guerre, a si habilement dirigé ses trois compagnies dans la retraite; M. le capitaine d'état-major Hagron, adjudant-major au 2e zouaves; MM. les capitaines Rousseau et Granet, les lieutenants Devos, Marbet et Warion, qui ont admirablement secondé leur commandant de bataillon, M. le capitaine Wattringues.

Dans le 2ᵉ tirailleurs, M. le commandant Canale, M. le capitaine adjudant-major Ollivier, MM. les capitaines Cenac et Henri, M. le lieutenant du Courcet et M. le sous-lieutenant Pinard ; dans l'artillerie, M. le capitaine Carère, qui a dirigé lui-même le tir de ses pièces de la façon la plus efficace et dont le cheval a été frappé d'une balle. Enfin, mon Général, je ne puis me dispenser de citer M. le capitaine Chaffaut, du 2ᵉ régiment de zouaves, et M. le lieutenant d'état-major Lamy, que vous avez bien voulu mettre à ma disposition pour le service d'état-major à la colonne et qui se sont multipliés autour de moi de la façon la plus active et la plus intelligente.

Avec des officiers tels que ceux dont je viens de vous citer les noms, il n'y a pas de difficulté qui ne puisse disparaître.

Je ne dois pas non plus oublier les sergents Notaire, Lamy, La Motterie, Roullière et Cour, les caporaux Barrier et Oudemère, blessé, les zouaves Tavernier, Boussignac, Gérard, Matrier, Bonnet, Gaucher, Jouvence, Robinet, Saive, Allaux, Dardenne, Maignen, Auzias, du 2ᵉ zouaves.

Dans le 2ᵉ tirailleurs : le sergent-major Becherie, les sergents Brochet et Magrenca (indigène), le caporal fourrier Simonet, les caporaux indigènes Kaddour-ould-el-Aïd, Abd-Allah-ben-Kreda, Ahmed-bel-Aoua ; les tirailleurs Jean, Ben-Kohda-ben-Amar, Ahmed-ben-Osman, Ahmed-ben-Djilali, Miloud-ben-Zian et Mohamed-ben-Djilali.

J'attendrai qu'il vous plaise, mon Général, de vouloir bien me prescrire de vous proposer quelques-uns de ces intrépides officiers et soldats pour les récompenses qu'ils me semblent avoir méritées.

Ainsi que ma dépêche télégraphique du 25 vous l'a fait connaître, mes pertes ont été de 2 tués et 7 blessés ramenés à l'ambulance.

*Le colonel commandant la colonne
expéditionnaire d'avant-garde,*

Signé : FOURCHAULT.

Le télégramme dont il est question dans le rapport au sujet de l'attaque du camp est le suivant :

A peine rentré dans mon camp de l'Alma, attaqué avec rage par des contingents considérables d'infanterie et de cavalerie, environ 1.500 hommes. Prise d'armes immédiate par troupes fraîches et en avant! Ardeur incroyable, trop d'ardeur; Arabes bousculés et en fuite en une heure de temps; 45 cadavres ennemis trouvés sur le terrain. De notre côté 1 tué et 10 blessés dont un officier des zouaves de la garde. Francs-tireurs et mobilisés d'Alger vaillamment pris part à l'affaire. Un franc-tireur, M. Bordet, légèrement blessé.

Tout le monde rentré à 1 heure avec le plus grand calme.

Mille remerciements de vos bien gracieuses félicitations pour ma colonne et pour moi.

Voici le télégramme de félicitations auquel fait allusion le colonel Fourchault :

Recevez toutes mes félicitations pour vous et votre vaillante troupe. Cette reconnaissance est une des plus audacieuses qui se soient tentées. Elle m'inquiétait, mais votre valeur et votre habileté, tout aussi bien que le savoir faire de vos officiers, le courage de vos soldats, le bon vouloir de tous ont paré aux énormes difficultés qu'elle présentait.

Je vous remercie de nous avoir ramené nos soldats.

L'œuvre des sauvages était accomplie, il vous restera du moins la consolation d'une tentative noble et généreuse faite aussitôt qu'il a été possible.

Pendant l'absence du colonel Fourchault une reconnaissance avait été poussée jusqu'au Corso, dans la journée du 24, par le commandant Cadet. Voici le compte rendu :

Une reconnaissance de cavalerie m'ayant signalé la présence de l'ennemi, cavaliers et fantassins, à environ 2 kilomètres de l'Alma, j'ai fait prendre les armes aux troupes et me suis porté en avant pour me fixer sur les projets et les forces des insurgés. Je suis allé jusqu'à la vallée du Corso à 7 kilomètres de l'Alma.

Le village n'est pas détruit, une seule maison offrait des traces d'incendie. Les Arabes, au nombre de 4 à 500, ont toujours reculé ; je n'ai pas cru devoir pousser plus loin.

J'ai été suivi, à mon retour, par une vingtaine de cavaliers que j'ai fait disparaître à quelque distance de nos grand'gardes par quelques coups de canon. Deux de ces cavaliers ont été blessés.

Le soir, je fus prévenu que 1.000 à 1.200 Arabes venaient s'établir sur ma droite ; j'ai pris aussitôt mes dispositions et, ce matin, aucun événement ne s'était produit, l'ennemi avait disparu.

Une panique non justifiée, et que j'ai calmée, s'était manifestée dans le village ; tout le monde aujourd'hui a repris confiance.

Le 24 avril, Aomar-ben-Zamoum avait essayé, avec le secours de ses partisans, de faire partir pour Alger, dans la voiture publique qui avait été gardée au caravansérail d'Azib-Zamoum, une partie des colons qui s'étaient réfugiés dans cet établissement ; il avait trouvé au col des Beni-Aïcha des rassemblements kabyles assez considérables, sans doute ceux qui étaient partis de Palestro, et il avait dû rebrousser chemin.

Les contingents rebelles se réunirent en plus grand nombre, le 26, à Aïn-Tidjellabin (Belle-Fontaine) ; il y avait avec eux, comme chefs, Mohamed-Saïd-ben-bel-Kassem-ou-Kassi, les fils de l'ancien caïd des Isser-Drœu, Saïd et Moussa-ben-Ahmed-ben-Mohamed, Aomar-ben-Zamoum qui s'était vu dans l'obligation de marcher aussi, le caïd des Khachna de la montagne Saïd-ben-Mohamed-ou-el-Hadj.

Ce jour-là, les insurgés qui croyaient n'avoir rien à craindre, car ils savaient que le colonel Fourchault avait emmené une bonne partie de la colonne, avaient envoyé 2 à 300 mulets pour faire du vert à l'Oued-Corso ; c'est ce qui fut l'origine du combat livré par le colonel Fourchault, à sa rentrée de la reconnaissance de Palestro.

Dans ce combat, Moussa-ben-Ahmed-ben-Mohamed avait été blessé, ainsi que le cheval de Mohamed-Saïd-ben-bel-Kassem-ou-Kassi.

Les malheureux Ben-Taïeb avaient encore fait les frais d'une nouvelle razzia, comme on peut le voir dans un ordre du 27 avril, du colonel Fourchault, ainsi conçu :

Les commandants de troupe de la colonne expéditionnaire d'avant-garde, présents à l'Alma le 24 avril, feront prendre immédiatement au village de l'Alma, près de la mairie, les moutons, chèvres et bœufs provenant d'une razzia faite sur les Ben-Taïeb, par la troupe et la milice.

Une somme de 1.378 francs, provenant de la vente des chameaux et mulets, sera aussi distribuée dans quelques jours.

Nous avons vu que le général Lapasset, qui opérait dans l'Oued-Sahel, près de Bougie, avait été rappelé avec sa colonne pour défendre la Mitidja menacée, et qu'il s'était embarqué à Bougie le 22 avril ; arrivé à Alger le 25, il s'était mis en marche aussitôt avec ses troupes, et il était venu s'établir à l'Alma le 26. Il prit immédiatement le commandement des forces qui se trouvaient rassemblées sur ce point et qui formaient la colonne de Kabylie.

Le colonel Fourchault fut assez mécontent de se voir déposséder de son commandement, et il se plaignit amèrement de la manière de faire de son successeur dans un télégramme du 27 avril, ainsi conçu :

> Le général Lapasset est venu désorganiser ma belle petite colonne, briser mon commandement et se refuser à me laisser opérer sur le col des Beni-Aïcha, comme je suis assuré qu'il est indispensable de le faire.
> Dans ces conditions, qui sont tout à fait contraires à celles que vous m'avez créées, il ne me semble pas possible d'opérer d'une façon utile; je viens donc vous supplier de vouloir bien me relever de mon commandement et m'autoriser à rentrer à Alger.

Il ne fut pas nécessaire au général Lallemand de se prononcer sur la demande du colonel Fourchault, car le général Lapasset venait d'être promu général de division, et il avait été rappelé en France.

Le 29 et le 30 avril, des reconnaissances furent faites par le commandant Cadet et par le commandant Canale vers le col des Beni-Aïcha et vers la ferme de San-Salvador, à l'embouchure du Boudouaou. Ces reconnaissances n'offrirent rien de particulier.

On était resté sans nouvelles des colons échappés au massacre de Palestro ; ce ne fut que le 1ᵉʳ mai qu'on reçut des renseignements sur leur sort, par la lettre ci-après du caïd des Mosbaha (Zouatna), de l'annexe d'Alger, Hassen-ben-Tatar.

A Monsieur le capitaine Bruyère, attaché aux affaires arabes, au khemis des Khachna (Fondouk) :

> Je vous avertis des nouvelles que j'ai reçues de Dra-el-Mizan ; il n'y a plus que le bordj qui ne soit pas détruit ; tous les chrétiens s'y sont réfugiés et ils s'y défendent.
> Je vous annonce que les chrétiens qui ont été enlevés par les Beni-Khalfoun, du village de Palestro, sont chez Oulid-Ali-ou-Aïssa (amin-el-oumena des Beni-Khalfoun); leur nombre s'élève à 43, compris les grands et les petits, mâles et femelles.
> Je suis prévenu qu'El-Hadj-Ahmed-ben-Dahman (caïd des Ammal) a chez lui un homme qu'on dit être le capitaine du génie (1). Cet

---

(1) C'était le colon Pourtauborde, et non le capitaine Auger.

homme est installé à Mouïa-el-Barda, en face des Oulad-Ziane. Il est avec Aomar-ben-Hamimed (caïd des Zouatna-bou-Derbala) et sa tribu. Ali-ou-Aïssa veut aller les rejoindre avec sa tribu; lorsqu'il se mettra en route, je vous préviendrai.

Hier, je suis parti de mon village et je me suis réfugié au village de Fenoudja, craignant que les Arabes ne me pillassent et ne me tuassent. Ce village est de ceux qui ne se sont pas insurgés et reconnaissent encore mon autorité.

Maintenant la tribu s'est réunie et elle a demandé que j'obtienne le pardon et l'oubli de ce qu'elle a fait. Je demande de vos Seigneuries que vous leur pardonniez jusqu'à l'apaisement des troubles; vous ferez ensuite ce que vous voudrez.

Si vous exigez d'eux qu'ils combattent pour vous, ils le feront; si vous le voulez, envoyez-moi une lettre d'aman.

Je vous ai écrit le 27, de l'arba des Beni-Moussa, je ne sais si ma lettre vous est parvenue. Je vous en ai envoyé une autre le 29 avril. Je demande que vous me répondiez.

Écrit par votre serviteur Hassen-ben-Tatar, le 30 avril.

Le général Cérez avait reçu de son côté, le même jour, des renseignements analogues sur le sort des colons.

Le général Lallemand arriva à l'Alma le 1er mai, pour prendre le commandement de la colonne de Kabylie. Par un ordre général du 30 avril, il avait remis la direction des affaires de son commandement au général de division Barry, qui venait d'être mis à sa disposition par décision ministérielle du 25 avril.

CHAPITRE XI

La colonne Cérez arrive à Bouïra le 27 avril. — Combat du 28 avril chez les Oulad-el-Aziz. — Disparition de M. Montmarquet, vétérinaire. — La colonne Cérez campe à Ben-Haroun le 30 avril. — Le commandant supérieur de Dra-el-Mizan donne de ses nouvelles. — Le 1er mai, deux colonnes légères sous les ordres du lieutenant-colonel Trumelet et du colonel Goursaud ravagent les Harchaoua, les Oulad-Sidi-Salem et les Nezlioua en battant les contingents qui veulent s'y opposer. — Les Senhadja demandent à se soumettre. — Mokrani fait une pointe sur Bouïra, le 2 mai, après avoir razzié les Oulad-Salem. — Lettre de Mokrani à l'agha Si-Bouzid. — Le 3 mai, la colonne Cérez va camper à l'oued Soufflat. — Elle y séjourne le 4 pour attendre la soumission des Senhadja. — Combat de l'oued-Soufflat le 5 mai; mort de Mokrani; les contingents ennemis se dispersent. — Le 6 mai, dévastation des Oulad-Sidi-Salem. — La colonne campe le 7 mai à l'Oued-Magraoua. — Elle reçoit son ravitaillement.

Nous avons vu que le général Cérez, rappelé de l'Ouennour'a par les événements qui avaient suivi la proclamation de la guerre sainte par Chikh-el-Haddad, avait ramené sa colonne à Aumale le 25 avril. L'intention du général était, après s'être ravitaillé, de se diriger vers Beni-Mançour pour débloquer le bordj et de poursuivre ensuite les tribus du cercle d'Aumale qui s'étaient retirées de ce côté; mais, sur l'ordre qu'il reçut du général Lallemand, il dut marcher d'abord sur Dra-el-Mizan qu'on croyait en danger sérieux.

Le général Cérez avait demandé, pour maintenir les résultats obtenus dans le sud-est, de faire rapprocher du cercle d'Aumale la colonne d'observation d'Aïn-Boussif, mais le général en chef ne jugea pas ce déplacement nécessaire pour le moment.

Le 26 avril, l'infanterie fut mise en route seule pour lui faire couper en deux l'étape de Bouïra qui eût été trop longue (35 kilomètres) et elle alla bivouaquer à Aïn-Tiziret. Le reste des troupes partit le 27 à 5 heures du matin, fit sa grande halte à côté de l'infanterie et la colonne reconstituée arriva le même jour à Bordj-Bouïra.

Les nouvelles de source indigène que put se procurer le général, et qui paraissaient dignes de créance, sur la situation de Dra-el-Mizan, étaient rassurantes : non seulement la garnison et les habitants avaient de l'eau, mais leur troupeau pouvait pacager librement sous la protection des feux du fort.

A son arrivée à Bouïra, le général s'était trouvé en présence des tribus insurgées du versant sud du Djurdjura ; la tribu des Oulad-el-Aziz, la plus importante de ce groupe, se montrait disposée à demander l'aman, mais elle se plaignait de subir la pression des contingents des Guechtoula qui se trouvaient sur son territoire et elle s'engageait, aussitôt que la colonne attaquerait, à se joindre à elle pour repousser l'ennemi. Cette promesse, si elle était faite de bonne foi, était un peu téméraire, car les familles et les troupeaux de la tribu avaient été envoyés sur le versant nord du Djurdjura et se trouvaient ainsi à la discrétion des tribus dont se plaignaient les Oulad-el-Aziz. Quoi qu'il en pensât, le général fit savoir aux dissidents qu'il leur donnait jusqu'au lendemain, à 10 heures du matin, pour faire leurs démarches de soumission et que, passé ce délai, il irait les attaquer.

Le général fut averti dans la nuit que des contingents nombreux se portaient dans les Oulad-el-Aziz et qu'il en venait non seulement des tribus les plus voisines des deux versants du Djurdjura, mais encore des Zouaoua de Fort-National et des Beni-Mellikeuch de Bordj-bou-Aréridj. Chikh-el-Djadi, qui avait le commandement de tous ces rebelles, avait quitté le siège de Dra-el-Mizan, ne laissant devant cette place qu'une centaine d'hommes, et avait amené avec lui les contingents qui s'y trouvaient réunis. On avait même rapporté que Chikh-el-Djadi se proposait d'attaquer la colonne pendant la nuit ; le général Cérez prit ses dispositions pour être prêt à tout événement, mais la nuit se passa sans aucune alerte.

Le 28 avril, personne ne s'étant présenté au camp, le général forma une colonne légère composée de 1.200 fantassins sans sacs, de 600 cavaliers, de 2 sections d'artillerie et du goum, et il se mit en marche à midi et demi ; les troupes étaient disposées par bataillons en colonnes et elles formaient un carré ayant l'artillerie au centre ; la cavalerie régulière flanquait ce carré à droite et le goum à gauche.

La colonne s'avança en suivant l'ancienne route d'Aumale à Dra-el-Mizan. En arrivant au mamelon qui porte le nom de Tekouka, on aperçut l'ennemi en position sur une longue crête située à 8 kilomètres de Bouïra, appelée Dra-Oum-er-Rih, et qui court entre l'Oued-Bezzit et l'Oued-Meroudj. Les rebelles avaient établi des lignes de retranchements sur une longueur de plus de trois kilomètres, construits en pierres sèches, et ces retranchements étaient en double ou en triple rang aux cols et aux passages par où on pouvait franchir la crête. Les contingents comptaient au moins 3.000 hommes.

Le général prit aussitôt ses dispositions pour marcher à l'ennemi ; il forma, sous les ordres du colonel Méric, 3 colonnes d'attaque d'infanterie précédées chacune d'une ligne de tirailleurs ; la cavalerie régulière, sous les ordres du colonel Goursaud, devait exécuter un mouvement tournant par la droite, et le goum, commandé par le caïd des Oulad-Ferah, devait faire un mouvement analogue par la gauche. Pendant que la troupe montait à l'assaut des retranchements, l'artillerie avait ouvert son feu pour inquiéter leurs défenseurs.

Les positions furent abordées avec un entrain remarquable et, malgré une très vive résistance, l'ennemi fut culbuté et mis en déroute au bout de 35 minutes de combat. Les rebelles, rejetés d'abord dans l'Oued-Bezzit, furent ensuite poursuivis sur les pentes qui mènent à la ligne de faîte qui prolonge le Djurdjura par le Nador et Tachachit. Tous les villages de la vallée de l'Oued-Bezzit furent enlevés et incendiés, l'artillerie préparant d'abord l'attaque et l'infanterie se portant ensuite à l'assaut. L'ennemi, dans une complète débandade, fut pourchassé au milieu des ravins et des escarpements qui se succédaient les uns derrière les autres ; la cavalerie arriva jusqu'aux crêtes supérieures. On eut peine à ramener les troupes qui continuaient leur poursuite alors même que l'ennemi avait disparu.

« L'ardeur des troupes, dit le général Cérez dans son rapport, a été remarquable; les chasseurs du 1er d'Afrique et du 9e de France ont mis pied à terre pour faire le coup de feu. Les chasseurs du 23e bataillon ont rivalisé avec les zouaves; les éclaireurs ont eu leur hardiesse habituelle. »

Les pertes de l'ennemi ont été énormes, elles dépassent 300 morts constatés; on lui a pris beaucoup de butin, d'armes et de troupeaux. Chikh-el-Djadi avait disparu dès le commencement du combat.

De notre côté nous avons eu : aux zouaves 2 hommes blessés grièvement, 3 légèrement; aux chasseurs d'Afrique 2 hommes et 2 chevaux blessés; aux éclaireurs algériens, le sous-lieutenant de Vialar légèrement blessé à la cuisse, 2 cavaliers blessés, 1 cheval tué et 3 chevaux blessés.

La colonne est rentrée au camp à 8 heures du soir; des chevaux sont tombés fourbus par suite des fatigues de cette journée dans laquelle certaines fractions ont parcouru 50 kilomètres.

Un bien regrettable incident a signalé la fin de la journée : au moment où toute lutte avait pris fin et où les troupes se ralliaient pour regagner le bivouac, M. Montmarquet, vétérinaire au 1er chasseurs d'Afrique, avait été chargé par le commandant Delorme de porter à un escadron qui se trouvait à l'extrême droite, et qui n'entendait pas la sonnerie du ralliement, l'ordre de se mettre en retraite; il n'avait qu'une faible distance à parcourir, mais il devait traverser un ravin boisé. L'escadron rappelé avait rallié de lui-même, il n'avait pas rencontré M. Montmarquet et ce ne fut qu'à la rentrée au bivouac qu'on constata sa disparition. Les recherches actives qui furent faites pour le retrouver restèrent vaines et ce ne fut que longtemps après qu'on sut que ce malheureux vétérinaire avait été tué et dépouillé par un nommé Mohamed-ben-Zouggar, des Beni-Meddour, et un homme des Beni-bou-Addou, et que son cheval, ayant été retrouvé par un nommé Ali-ben-Haïda, des Merkalla, avait été vendu au bach-agha Mokrani. Mohamed-ben-Zouggar avait vendu la montre de M. Montmarquet à Bou-Mezrag.

Malgré le châtiment qu'elle avait reçu, la tribu des Oulad-el-Aziz ne fit encore aucune démarche de soumission. Le général Cérez ne voulut pas s'attarder à la poursuivre à outrance pour la réduire; pour le moment, il avait quelque chose de plus pressé à faire, c'était d'arriver dans les Beni-Djad pour empêcher l'insurrection de se propager vers l'ouest et pour maintenir libres les communications avec Alger, si toutefois la situation de Dra-el-Mizan ne l'appelait pas de ce côté. Le général avait trouvé un indigène qui avait consenti à porter une lettre au commandant supérieur de cette place et il espérait être bientôt fixé à cet égard.

Après avoir donné à sa colonne un jour de repos qu'elle avait bien gagné, le général Cérez reprit, le 30 avril, à 6 heures du matin, sa marche vers Dra-el-Mizan. Un rassemblement d'un millier d'indigènes, qui faisait mine de couper la route à un col des Oulad-el-Aziz, se dispersa à l'approche de l'avant-garde et le bivouac fut établi à 11 heures, à Ben-Haroun, dans les Harchaoua, tribu révoltée du cercle de Dra-el-Mizan. Le point où la colonne s'établit était des plus riants, à côté de belles sources, de prairies, de jardins, de bouquets d'arbres et de beaux villages.

Le général allait continuer sa route le 1er mai sur Dra-el-Mizan lorsqu'il reçut la lettre ci-après, datée du 30 avril à minuit :

Aucun de vos envoyés n'a été aperçu de la place; j'ai moi-même essayé, à plusieurs reprises, de faire connaître notre situation à Aumale; j'ignore si mes émissaires vous sont parvenus.

Ainsi que je vous le disais, le village a été attaqué le 20 par toutes les tribus du cercle et plusieurs tribus des cercles voisins; les goumiers des Nezlioua, Abid et Harchaoua, que j'avais réunis, ont fait défection. Après avoir résisté une partie de la journée, j'ai été obligé de faire replier les colons dans le bordj. Le village a été incendié pendant la nuit.

Depuis cette époque nous sommes étroitement bloqués; nous avons encore des munitions et des vivres; l'eau ne nous fait pas encore défaut, bien que la conduite principale ait été coupée.

La difficulté la plus sérieuse provient du grand nombre d'animaux recueillis dans le bordj et dont l'entretien devient des plus difficiles, la meule de fourrage placée hors du fort ayant été brûlée dès le second jour.

L'état sanitaire et le moral sont bons, mais la garnison commence à se ressentir des veilles continues auxquelles elle est assujettie depuis douze jours et je crois que si notre situation devait se prolonger au delà d'une dizaine de jours, elle pourrait devenir très critique.

J'ignore la force des contingents qui nous entourent en ce moment ; toutes les tribus du cercle, sans exception, ont fait défection ; je crois cependant que le gros de leurs forces s'est porté de votre côté et qu'il n'est resté devant nous que les postes nécessaires pour maintenir l'investissement du fort.

Signé : MOUTZ.

Rassuré sur la situation de Dra-el-Mizan, le général Cérez résolut de se porter dans les Beni-Djad, mais il voulut profiter de la présence de la colonne à Ben-Haroun pour infliger un châtiment aux tribus avoisinantes et particulièrement aux Nezlioua. Dans ce but, il organisa deux colonnes légères chacune de 500 hommes d'infanterie, 250 cavaliers, une pièce d'artillerie et 100 cavaliers du goum, qu'il mit sous le commandement du lieutenant-colonel Trumelet, commandant la subdivision d'Aumale, et du colonel Goursaud ; ces colonnes se mirent en mouvement le 1er mai, à 10 h. 1/2 du matin.

Le lieutenant-colonel Trumelet avait pour mission de dépasser l'oued Soufflat, de pénétrer dans le pays des Senhadja, puis de rabattre vers la droite jusqu'à Sidi-Rahmoun des Nezlioua. Le colonel Goursaud devait, de son côté, se porter à l'est de Dra-Sellama des Nezlioua, puis se rabattre à gauche vers Sidi-Rahmoun, à la rencontre de l'autre colonne.

Le lieutenant-colonel Trumelet avait avec lui le 4e zouaves de marche et le 23e bataillon de chasseurs à pied, aux ordres du commandant Bayard, et 250 chevaux des chasseurs d'Afrique et des éclaireurs algériens sous les ordres du commandant Delorme, plus 100 chevaux des goums d'Aumale commandés par le caïd des Oulad-Dris, Salem-ben-Mohamed. Il descendit l'oued Djelida, qui est un affluent de droite de l'oued Soufflat prenant naissance un peu au sud du village arabe de Ben-Haroun où était établi le camp.

A peine la colonne arrivait-elle aux abords du village d'El-

Djelida, où était la maison du caïd révolté des Harchaoua, Ahmed-ben-Aïssa, que des groupes armés assez nombreux apparaissaient sur la rive gauche du ravin boisé d'El-Akhera (1) au pied du Djebel-Helala. Le lieutenant-colonel Trumelet leur croyant des intentions pacifiques leur envoya le cadi Si-Mohamed-ben-Laoubi pour les inviter à faire leur demande de soumission. Il y eut des pourparlers qui n'aboutirent qu'à des coups de feu tirés du côté des rebelles. Le goum et les éclaireurs algériens furent lancés sur un fort parti de piétons qui, à la faveur des bouquets de lentisque, s'étaient approchés jusqu'à 400 ou 500 mètres de la colonne; on tirailla quelques instants sans résultat, puis l'escadron d'éclaireurs, entraîné par le capitaine de Reynaud de Villeverd, fondit résolument sur eux. Les rebelles se dispersèrent laissant une dizaine de cadavres sur le terrain.

Le village de Djelida fut livré aux flammes. A ce moment, un parti de rebelles, évalué de 600 à 800 hommes, fut signalé descendant les pentes nord du Djebel-Helala; le lieutenant-colonel Trumelet voulait les laisser s'approcher dans un terrain favorable à la cavalerie, mais le commandant Delorme, sans attendre d'ordre, lança trop tôt une portion de sa cavalerie; les rebelles eurent le temps de se rejeter dans d'épaisses broussailles inaccessibles aux chevaux devant lesquelles les cavaliers durent s'arrêter. Il fallut battre en retraite sous le feu de l'ennemi qui, enhardi par ce mouvement rétrograde, s'avança plus nombreux; cette fois, on le laissa s'approcher. Deux compagnies de chasseurs à pied furent envoyées sur sa gauche en remontant le ravin d'El-Akhera, tandis que la cavalerie, prenant les rebelles par leur gauche, les chargeait dans une clairière où ils s'étaient imprudemment avancés, les enveloppait et les sabrait; vingt-cinq d'entre eux restèrent sur la place. Les insurgés à qui on avait eu affaire étaient des Harchaoua, des Beni-Djad, des Nezlioua, des Beni-Khalfoun et des Ammal.

La colonne continua sa marche en descendant la vallée,

---

(1) La carte porte Oued-Akra.

flanquée à gauche par les deux compagnies de chasseurs à pied et à droite par un peloton de chasseurs d'Afrique; les éclaireurs poussaient en avant livrant aux flammes tous les azibs qu'ils rencontraient à proximité de leur route.

Après avoir franchi l'oued Soufflat, les éclaireurs avaient pénétré sur le territoire des Oulad-Sidi-Salem et avaient incendié le village de Tarnast et divers azibs de la fraction des Aouaouda, de laquelle était originaire le caïd des Senhadja, Ahmed-ben-Ali-ben-el-Aoudi. Les gens des Aouaouda essayèrent de résister, mais sans succès, et perdirent quinze des leurs. Les éclaireurs mettaient à leur besogne de destruction et de razzia une ardeur qui menaçait de les entraîner trop loin; le lieutenant-colonel Trumelet, qui avait arrêté sa colonne au confluent de l'oued Soufflat et de l'oued Djemâa pour les attendre, dut leur envoyer de nombreux appels pour leur faire lâcher prise.

La colonne remonta alors l'oued Djemâa en suivant la grande route d'Alger à Constantine; la cavalerie fut lancée sur la tribu des Nezlioua qui a de nombreux villages, sur la rive droite de l'oued Djemâa.

Un incident vint douloureusement impressionner la colonne; les éclaireurs avaient trouvé dans un silo voisin du village d'El-Djelida des vêtements européens percés de balles et maculés de sang, qui devaient évidemment provenir des colons de Palestro. Cette vue excita l'ardeur de nos soldats qui brûlaient de venger nos malheureux compatriotes sauvagement assassinés.

Les chasseurs d'Afrique se jetèrent sur les villages des Nezlioua qui s'élèvent à mi-côte du plateau de Sidi-Rahmoun; les Zehennia, les Oulad-Kfif, les Djouahiria furent successivement saccagés et incendiés. Un fort parti de Kabyles qui, embusqué derrière ce dernier village, avait essayé de tenir, fut enveloppé et sabré, avant d'avoir eu le temps de faire usage de ses armes, par une division de chasseurs d'Afrique vigoureusement conduite par le capitaine de Groulard; trente-cinq cadavres restèrent sur la place. On s'avança ainsi jusqu'au village de Bou-Nab qui fut incendié et la cavalerie poussa jusqu'à la nouvelle route d'Alger à Dra-el-Mizan, qui était la limite d'action donnée au lieutenant-colonel Trumelet. Une soixantaine de villages ou hameaux avaient été détruits.

La colonne de droite, commandée par le colonel Goursaud, avait comme infanterie le 4ᵉ zouaves et les tirailleurs et comme cavalerie le 9ᵉ chasseurs de France et une partie des éclaireurs algériens; elle s'éleva dans les Nezlioua en suivant à peu près l'ancienne route d'Aumale à Dra-el-Mizan, l'infanterie à droite, la cavalerie à gauche, et portant partout la dévastation et l'incendie. La colonne arriva en face d'un contingent ennemi de 1.500 à 2.000 hommes qui occupait les crêtes de Dra-Sellama et qui faisait partie des bandes d'insurgés bloquant Dra-el-Mizan; le colonel Goursaud lança ses troupes à l'attaque et elles eurent bientôt fait de culbuter l'ennemi qui ne fit qu'une faible résistance. Pourtant, un peloton de zouaves qui s'était jeté trop sur la droite se trouva un instant entouré par les rebelles et fut obligé de se servir de la baïonnette; mais, aussitôt secourue par l'escadron d'éclaireurs du capitaine Rapp et par quelques cavaliers du goum conduits par le caïd Mohamed-ben-Brahim, cette fraction put rallier son bataillon. Le colonel Goursaud continua sa poursuite jusqu'au delà des crêtes et se rabattit sur Sidi-Rahmoun. Il avait eu devant lui les contingents des Harchaoua, des Nezlioua, des Beni-Khalfoun, des Guechtoula, des Oulad-el-Aziz, des Merkalla et des Beni-Meddour.

En résumé, l'ennemi, dans cette journée, a été chassé de partout sur une longueur de cinq lieues environ et, sur cette étendue, tout ce qu'il possédait et qu'il n'avait pas eu le temps d'emporter avait été pris, détruit ou brûlé; il a perdu plus de 100 tués et a eu de nombreux blessés. Nos pertes, en regard de ce résultat, étaient insignifiantes; elles consistaient en 3 zouaves blessés dont un grièvement, un officier contusionné aux éclaireurs et 3 chevaux blessés; le goum avait 1 homme tué, 2 hommes et 2 chevaux blessés.

La nuit arrivée, tout le pays parcouru par les colonnes flambait encore et donnait le spectacle d'une vaste illumination.

Le 2 mai, la colonne fit séjour à Ben-Haroun; des détachements d'infanterie et de cavalerie furent encore envoyés pour compléter la destruction des villages insurgés voisins du camp.

Les Senhadja avaient fait faire, par l'intermédiaire de l'agha Si-Bouzid, des propositions de soumission et on attendait le résultat de ces démarches; les Oulad-Sidi-Salem avaient envoyé de leur côté une députation pour demander l'aman.

Le général Cérez avait renoncé à aller immédiatement à Dra-el-Mizan, sachant maintenant que cette place pourrait facilement tenir encore quelques jours; il avait d'ailleurs réfléchi qu'arrivant au bout de ses réserves de vivres et de munitions il ne pourrait y passer qu'un jour tout au plus, ce qui ne pourrait procurer qu'un mince résultat; il jugea qu'il ferait meilleure besogne en allant pacifier les Beni-Djad, ce qui, comme je l'ai dit, assurerait la sécurité des communications entre Aumale et Alger et le rapprocherait de la route, par laquelle il devait recevoir ses ravitaillements.

D'un autre côté, il venait de recevoir de l'agha Si-Bouzid des nouvelles qui l'engageaient à ne pas trop s'éloigner des environs de Bouïra. Voici la lettre de l'agha :

> Je vous informe que, ce matin de bonne heure, nous avons été attaqués par le bach-agha et ses contingents; ceux-ci ont brûlé la cantine (1) et le village des Oulad-bou-Chia. Nous les avons combattus longtemps; il y a eu 12 hommes des Oulad-Bellil tués et 5 blessés.
> Les contingents du bach-agha étaient nombreux et les nôtres, comme vous le savez, étaient faibles.
> Écrit par Bouzid-ben-Ahmed le 13 safeur 1288 (2 mai 1871).

Le général Cérez avait été prévenu d'autre part du danger qui menaçait Bouïra et il avait envoyé dans la nuit, de son camp de Ben-Haroun, une portion du goum des Arib sous les ordres du caïd Mohamed-ben-Brahim des Oulad-Mahia. Ce goum avait débouché dans la plaine au moment où l'ennemi avait déjà dévasté quelques maisons situées hors de portée des

---

(1) L'établissement de l'entrepreneur, M. Beretta.

feux du fort et il s'était jeté résolument sur les gens de Mokrani, contre lesquels luttait le caïd des Oulad-Bellil, Mhamed-ben-Mançour, à la tête des cavaliers de sa tribu. Dès lors, le combat n'avait plus été de longue durée et l'ennemi avait été repoussé. Le bach-agha avait perdu 16 hommes et 3 chevaux tués.

Il convient de dire comment Mokrani était ainsi apparu à Bouïra.

Après la proclamation de la guerre sainte par Chikh-el-Haddad, le caïd d'Aïn-Tagrout, Mohamed-ben-Abd-es-Slam, chef du sof des Oulad-Abd-es-Slam, qui n'avait pas fait défection en même temps que Mokrani et qui nous avait même fourni des contingents, s'était tourné tout à coup contre nous; il était affilié aux khouan et il avait obéi à l'ordre de son chikh. Ce caïd avait attaqué par surprise, le 18 avril, à Aïn-Tagrout, un convoi de ravitaillement conduit par le capitaine Trinquant et destiné à Bordj-bou-Aréridj et s'en était emparé. A la suite de cette affaire, le général Saussier, qui se trouvait dans la Medjana, avait été rappelé du côté de Sétif pour protéger le territoire de colonisation.

Libre de ses mouvements, Mokrani s'était porté dans l'Ouennour'a.

Le 27 avril, le capitaine Cartairade, qui n'avait plus suivi la colonne du général Cérez et avait été laissé à Aumale pour surveiller les tribus du sud-est, ayant été informé que l'ennemi avait reparu à Teniet-Oulad-Daoud, avait envoyé ce qu'il avait de cavaliers du goum à sa disposition, soit une centaine de chevaux, pour faire une reconnaissance. Ce goum avait rencontré une soixantaine de cavaliers ennemis un peu en deçà du col et les avait poursuivis; mais, après avoir dépassé le col, il s'était trouvé en présence de nombreux contingents qui emmenaient les troupeaux des Oulad-Salem, récemment soumis. Se trouvant beaucoup trop faible pour attaquer, le goum s'était replié sur Aumale.

C'était le bach-agha lui-même qui était venu d'Aïn-et-Taga pour opérer ce coup de main; il avait trouvé les Oulad-Salem sur le versant nord du Djebel-Mogornin, et comme ceux-ci avaient été désarmés au moment de leur soumission (1) il en avait eu facilement raison. Les Oulad-Salem auraient dû se trouver dans le Dira, comme ils en avaient reçu l'ordre, mais, leurs mulets ayant été réquisitionnés pour les convois de la colonne, ils s'étaient trouvés dans l'impossibilité d'y transporter leurs campements. Surpris par le bach-agha, ils avaient abandonné leurs tentes dans l'oued Dehest-el-Morra et tous, hommes, femmes et enfants, avaient disparu dans la montagne.

Le soir, Mokrani avait couché à l'Oued-Chaïr, le 28 à Ben-Daoud (qu'il ne faut pas confondre avec Teniet-Oulad-Daoud), et, le lendemain, il était parti pour la Medjana, annonçant qu'il allait ramener des contingents pour combattre la colonne de l'oued Sahel; cette colonne n'ayant qu'un faible effectif, il espérait qu'il pourrait la vaincre.

C'est avec les contingents qu'il avait ramassés dans la Medjana, dans les Beni-Abbès, les Beni-Mellikeuch et les tribus de l'annexe des Beni-Mançour et s'élevant à environ 4.500 hommes, qu'il était arrivé dans les Ahl-el-Ksar, et c'est de là qu'il était parti, le 2 mai, pour faire une pointe sur Bouïra. Après l'affaire des Oulad-Bellil, il avait été camper à Tassala, dans les Beni-Meddour, près de la limite des Merkalla. Comme goum, il avait amené 90 chevaux de la Medjana et il y avait ajouté ce qu'il avait pu ramasser de cavaliers sur sa route.

Le 3 mai, la colonne du général Cérez quitta Ben-Haroun

---

(1) L'amiral de Gueydon avait exigé d'une manière impérative le désarmement de toutes les tribus qui se soumettaient; cette mesure était très bonne dans les cas ordinaires, mais elle présentait de graves inconvénients pour les tribus qui, une fois soumises, se trouvaient exposées aux incursions des dissidents; ne pouvant se défendre, elles étaient obligées de se laisser dépouiller ou de faire cause commune avec l'ennemi; c'est à ce dernier parti qu'elles se laissaient aller le plus souvent. C'est pour cette raison que les tribus du sud-est d'Aumale n'ont pu être définitivement soumises qu'après la disparition de tous les Oulad-Mokran.

Il eût été sage de n'exiger le désarmement que des tribus que nous étions en mesure de protéger efficacement; quant aux autres, ne pouvant les défendre, nous devions leur laisser les moyens de se défendre elles-mêmes.

Il ne suffit pas d'indiquer certains lieux de refuge aux tribus qui se soumettent et qui ont à craindre, il faut encore, particulièrement pour les tribus nomades, qu'elles puissent y trouver des pacages suffisants pour leurs troupeaux.

pour aller poser son camp dans la vallée de l'oued Soufflat, sur la rive gauche de cette rivière, au point appelé Reha-bel-Aouadi, en face d'un petit ravin appelé Chabet-Askar. Le chemin, qui suivait sur une partie du trajet le lit de l'oued Soufflat, était des plus accidentés et se trouvait parfois resserré entre des rochers à pic. L'emplacement du camp était une petite cuvette d'une vingtaine d'hectares, enchâssée au milieu de hautes montagnes. Les grand'gardes, dans un semblable terrain, étaient difficiles à placer; il fallait leur éviter d'être trop dominées par l'ennemi, et, pour cela, il était nécessaire d'élargir le cercle des avant-postes, ce qui forçait à y employer plus de monde.

Le général Cérez espérait recevoir, avant d'aller plus loin, la soumission des Oulad-Sidi-Salem et celle des Senhadja, tribus avec lesquelles, comme je l'ai dit plus haut, des pourparlers avaient été engagés.

Il commença par faire détruire le village et la maison d'Ali-ben-el-Aouadi et de son fils Ahmed-ben-el-Aouadi, caïd des Senhadja, qui se trouvaient à sa portée. Nous savons déjà que ces indigènes étaient originaires des Oulad-Sidi-Salem; leur famille avait donné son nom à la fraction des Aouaouda de cette tribu.

Les Oulad-Sidi-Salem, moins une fraction, firent leur soumission au général; mais les Senhadja, tout en témoignant de leur désir d'obtenir l'aman, cherchaient des faux-fuyants et ne venaient pas. Ils connaissaient la présence de Mokrani dans les environs et faisaient leurs efforts pour gagner du temps.

Le général se décida à attendre encore sur place pendant la journée du 4 mai; c'était une imprudence, car sa colonne se trouvait dans un véritable coupe-gorge d'où il aurait dû avoir le désir de la sortir au plus vite.

L'agha Si-Bouzid lui adressa encore les lettres ci-après :

J'ai eu l'honneur de vous dire, dans une de mes lettres, que le bach-agha de la Medjana avait passé la nuit dans les Beni-Meddour, et que les Oulad-el-Aziz lui avaient dit de venir sur leur territoire dans l'intention d'attaquer la colonne et de razzier les Oulad-Bellil.

Tout cela est bien vrai. Aujourd'hui même il a écrit aux Oulad-Bellil en les invitant à se joindre à lui et à adopter son projet, tout en leur adressant de nombreuses paroles.

Le jour du combat, il m'a pris sept hommes; dans sa lettre, il parle de me les rendre. Je vous envoie cette lettre.

[Cachet d'Ahmed-ben-Mohamed, 1204 (1791-92).]

A nos dignes et nobles amis Si-Mhamed-ben-el-Khodja, Si-el-Mobarek-ben-Abd-el-Aziz, Si-Mohamed-ben-Chennaf et Si-Mhamed-ben-el-Mançour, à vous tous.

Après les compliments d'usage : Ensuite, chers amis, nous n'avons, vous et nous, qu'une seule religion; il nous importe, ainsi qu'à vous, de la faire triompher. Aussi, dès que nous eûmes commencé à donner tous nos soins à la religion, nous vous avons dit, ainsi que notre frère Si-Ahmed-bou-Mezrag, ce qu'il convenait de faire pour elle. Nous pensions qu'il n'y aurait point de divergence d'opinions et que vous seriez nos aides valeureux; mais vous vous êtes mis à piller les gens et à brûler leurs maisons, quoiqu'ils fussent dans l'obéissance de Dieu et de son apôtre.

Nous sommes venus vers vous récemment pour incendier les maisons seulement; nous n'avions nullement dans notre cœur la pensée d'enlever la plus faible parcelle des biens de ce monde, car, si nous l'avions eue, nous l'aurions mise à exécution de nuit et nous n'aurions rien brûlé. C'était pour rendre la pareille aux musulmans qui avaient déjà agi de cette façon, et pour que les infidèles ne pensent pas que nous étions impuissants.

Nos éclaireurs ont entouré vos demeures et se sont rencontrés avec les vôtres pendant la nuit; ils ont échangé quelques coups de feu. Mais dès que les maisons des Français eurent été incendiées, nous sommes revenus sur nos pas; nous avions atteint notre but. Vous avez cependant suivi nos traces et nous avez pressés au point que ceux qui étaient avec nous ont cru que nous étions incapables de nous défendre nous-mêmes et se sont mis à nous dédaigner. Cependant vous continuiez la poursuite.

Alors nous nous sommes appuyés sur Dieu, car c'est en lui que nous mettons notre confiance et il a jugé entre nous. Dieu est le meilleur des juges, attendu que ses arrêts sont immuables.

Nous désirerions qu'ils soient pris ainsi par tous les musulmans et particulièrement par vous. Il a prononcé son jugement; celui qui a été tué est mort, il ne pouvait ni retarder ni avancer le terme de sa vie.

Ceux que nous avons pris et qui sont entre nos mains sont : Dahman-ben-el-Kafi, Aomar-ben-Ahmed, le chikh Saïd-ben-Taguibet, Guobich, Ahmed-ou-Amar..... (*ici un blanc*)

Si vous voyez, cela est évident, revenez à la religion musulmane. De Sétif à Bougie et aux rivages de la mer, de Batna dans votre pays, vous êtes les seuls, ô prodige, qui hésitiez !

Nous désirons de vous que vous veniez en aide aux musulmans. Dieu vous aidera tant que vos cœurs seront réellement tout à l'Islam. Nous espérons bientôt voir une de vos lettres.

Dieu substituera le bien au mal et alors nous mettrons vos gens en liberté. Salut !

Par ordre du prince des croyants El-Hadj-Mohamed-ben-el-Hadj-el-Mokrani. Dieu le protège. Amen !

P.-S. — A notre arrivée dans l'Ouennour'a nous avons envoyé Lakhedar-ben-Chennaf chez Si-Mohamed-ben-Abd-es-Slam campé dans la Medjana. C'est pour cela que nous désirons resserrer les liens de l'amitié entre nous et vous.

Lakhedar est sous la sauvegarde et la protection de Dieu.

La lettre ci-dessous de l'agha Si-Bouzid, qui arriva peu après, prête à Mokrani le dessein de se rendre dans la vallée du Sébaou.

Le bach-agha de la Medjana, dont nous avons suivi les traces aujourd'hui, a descendu l'Oued-el-Djemâa. Je ne sais s'il reviendra ici ou s'il ira dans les Ameraoua. Sa route serait le Djebel-ez-Zen (1).

Je pense qu'il passera la nuit dans la montagne des Nezlioua pour se rencontrer lui-même avec les gens qui suivent la colonne et qu'il se rendra dans les Ameraoua. Dieu seul sait mieux.

Les lettres de l'agha de Bouïra annonçaient bien la présence de Mokrani dans le voisinage de la colonne, mais on recevait constamment tant de nouvelles contradictoires ou exagérées qu'on ne crut pas trop au danger d'être attaqué par le bach-agha de la Medjana en personne. Comme il a été dit plus haut, la colonne était au bout de ses vivres et une journée de combat pouvait épuiser ses munitions de réserve d'artillerie ; il lui fallait absolument un ravitaillement ; aussi le général

---

(1) C'était probablement pour se faire emmener à Tizi-Ouzou que Mokrani avait convoqué Si-Ben-Ali-Cherif et le caïd Ali. Ces deux chefs ont quitté, comme nous le verrons plus tard, le siège de Tizi-Ouzou le 6 mai et sont partis par les Maatka à la tête de 5 à 600 hommes ; mais ils ont rebroussé chemin lorsqu'ils ont appris la mort du bach-agha.

Cérez prit-il le parti, sans s'occuper de Mokrani, de gagner, dans la journée du 5 mai, le bordj Bel-Kharroub pour se rapprocher de la route d'Aumale à Alger, par laquelle viendrait son convoi.

Une députation de Senhadja était encore venue dans l'après-midi du 4 et elle avait quitté le camp à 5 heures du soir, promettant la soumission de la tribu pour le lendemain matin ; mais ces promesses n'étaient qu'un leurre ayant pour but de retenir la colonne dans un défilé dangereux.

En effet, dès le coucher du soleil, toutes les crêtes, particulièrement celles qui barraient l'oued Soufflat en aval, étaient garnies d'hommes armés qui tiraient sur le camp. C'étaient les bandes de Mokrani qui avaient descendu l'oued Djemâa et s'étaient répandues dans les Oulad-Sidi-Salem ; le bach-agha, de sa personne, campait à l'oued Rekham, affluent de gauche de l'oued Djemâa, au confluent de l'oued-Galos. L'ensemble des contingents accourus de tous côtés pouvait monter à 10 ou 12.000 hommes ; il est vrai de dire que beaucoup des combattants n'avaient pas de fusils et n'étaient armés que de couteaux, de hachettes ou de massues.

Pour repousser l'attaque, il fallut renforcer les grand'gardes et on fit même prendre le service d'avant-postes par deux escadrons à pied de chasseurs d'Afrique et du 9ᵉ chasseurs. Ces cavaliers durent traverser la rivière, gravir une montagne assez élevée et ils reçurent la pluie une partie de la nuit ; leurs camarades d'infanterie n'étaient pas mieux lotis, mais ils en avaient davantage l'habitude.

Le combat fut assez vif, mais l'attaque fut arrêtée par le feu des grand'gardes et par quelques coups de l'artillerie ; vers 10 heures du soir, le feu des insurgés se ralentit, mais il ne cessa tout à fait que vers 1 heure du matin (1). Quelques balles seulement arrivèrent jusqu'au camp et elles ne firent aucun mal.

---

(1) Dans cette nuit agitée, le chef d'état-major fut atteint d'un dérangement d'esprit assez grave pour nécessiter sa rentrée à Alger ; il fut remplacé par le commandant Mourlan.

Le 5 mai, dès 3 heures du matin, la colonne fut sur pied pour se préparer au départ. Le convoi, massé le plus possible, fut mis en route le premier sous l'escorte d'un bataillon du 4ᵉ zouaves de marche, éclairé à gauche par le goum sous les ordres du caïd des Oulad-Ferah, le capitaine de spahis Abd-el-Kader-Ouled-ben-bel-Kacem (2). On s'engagea sur la route qui remonte l'oued Soufflat et qui suit, sur une bonne partie du trajet, le lit même de la rivière ; on cheminait parfois dans des couloirs rocheux où les mulets ne pouvaient passer qu'un par un.

La cavalerie régulière avait été laissée à l'arrière-garde, mais elle se trouva bientôt complètement paralysée par la configuration du terrain et elle ne put rendre aucun service. Une section d'artillerie marchait avec l'avant-garde et une avec l'arrière-garde.

A peine le dernier soldat eut-il quitté l'emplacement du camp que, de l'extrémité opposée, débouchaient des cavaliers galopant en tous sens ; quelques feux de salve en tuèrent quelques-uns et mirent les autres en fuite.

A une distance de 3 à 4 kilomètres on put apercevoir un instant, sur les hauteurs de la rive gauche, un goum d'environ 300 chevaux, au milieu duquel flottait un étendard que les indigènes assurèrent être celui de Mokrani. Le bach-agha avait sans doute cru que la colonne allait attaquer les Senhadja et c'est sur les crêtes qui séparent l'oued Soufflat de l'oued Isser qu'il se trouvait de sa personne avec le gros de ses forces ; beaucoup de rebelles se trouvaient aussi sur la rive droite de l'oued Soufflat, c'étaient sans doute les retardataires.

Le général Cérez fit déployer une partie de ses troupes pour offrir le combat à Mokrani ; mais celui-ci, un moment entrevu, avait disparu, et la colonne reprit sa marche. Cette marche ne pouvait s'opérer qu'avec une extrême lenteur, car l'infanterie, pour repousser l'ennemi qui surgissait de tous côtés,

---

(1) Il était parti pour France, comme lieutenant, avec son escadron, et il avait concouru à la défense de Paris. Après la conclusion de la paix, il avait repris le commandement de sa tribu.

était obligée d'envoyer des compagnies occuper les hauteurs d'où, par leurs feux, elles éloignaient les rebelles et les tenaient à distance. Il fallait passer de mamelon en mamelon, tantôt escaladant des pentes abruptes couvertes de rochers et de broussailles, tantôt dégringolant au fond des ravins pour recommencer plus loin de nouvelles ascensions. Ces mouvements exécutés le sac au dos, le fusil entre les mains, sous un chaud soleil de mai, étaient extrêmement pénibles et ils ont été répétés pendant des heures.

C'est, sans aucun doute, grâce à la supériorité de l'armement, que la colonne put se tirer de ce mauvais pas : « On ne peut pas, disaient les indigènes en parlant du chassepot, résister à votre feu ; vous semez les balles comme un semeur sème son grain et vous les envoyez à des distances d'où nos fusils ne peuvent vous atteindre ». Le tir précis de l'artillerie a aussi été d'un grand secours.

Mais ce n'est pas seulement au chassepot qu'il faut attribuer tout l'honneur de cette journée ; le succès fut dû aussi à la vigueur, à la solidité et au sang-froid des troupes et à la manière intelligente dont elles furent conduites. On battait en retraite par échelons ; des fractions de troupes garnissaient successivement les contreforts de la rive gauche et de la rive droite, et la retraite de l'échelon le plus en avant était protégée par les feux de salve de l'échelon plus en arrière. Ces mouvements successifs étaient parfaitement exécutés. Il n'y avait plus, à proprement parler, d'arrière-garde, chaque élément de la colonne remplissant, à son tour, ce rôle.

Il ne faut pas oublier qu'il n'y avait que 1.200 hommes d'infanterie pour résister, dans de pareilles conditions, à 10 ou 12.000 Arabes ou Kabyles fanatisés par la présence de Mokrani.

La tête du convoi était arrivée à Bordj-bél-Kherroub à midi, ayant mis environ huit heures pour parcourir 10 kilomètres ; les troupes d'escorte avaient formé les faisceaux et se préparaient à installer leur bivouac lorsque se produisit l'incident dans lequel le bach-agha Mokrani devait trouver la mort.

Voici, à ce sujet, un extrait du compte rendu officiel :

Vers 1 heure, au moment où j'arrivais au point où je voulais établir ma colonne, le feu avait cessé à peu près de toutes parts. Sur la droite, deux compagnies du 23ᵉ chasseurs étaient restées en arrière pour brûler un village. Sur leur gauche, dans un ravin profond, arrivaient de nombreux groupes pour les couper. J'ai fait tirer l'artillerie dans ce ravin ; en outre, j'ai fait porter en avant un bataillon du 4ᵉ zouaves de marche, commandé par le capitaine Odon, pour dominer cette position et protéger la retraite des chasseurs serrés de trop près. Parmi les Kabyles se trouvait Mokrani, à pied, ayant changé de vêtements pour ne pas être distingué par la blancheur de ses effets, et entraînant lui-même ses gens pour ce dernier effort.

Les zouaves, bien placés, ont ouvert des feux de peloton à commandement. C'est par l'un de ces feux qui a frappé une trentaine d'ennemis, que Mokrani a reçu une balle au front entre les yeux. Ses gens sont revenus et ont subi encore de fortes pertes pour l'enlever et l'entraîner par les pieds. Trois de ses mokhaznis ont été tués en même temps. Il n'y avait pas de drapeau, rien n'indiquait le personnage qui venait de tomber. Il a été tué raide et aussitôt emporté.

Bou-Mezrag a perdu la tête et s'est sauvé en disant seulement aux Arabes de tâcher d'enlever leurs morts. Alors le combat a cessé subitement ; il avait commencé vers 5 heures du matin.

On me dit que le corps d'El-Mokrani a été emporté à El-Kela des Beni-Abbès dans sa famille.

Voici, d'une manière détaillée, le récit de la dernière phase du combat de l'oued Soufflat.

Les deux compagnies du 23ᵉ bataillon de chasseurs à pied n'avaient pas seulement été retardées, comme l'a cru le général Cérez, par l'opération de brûler un village ; elles s'étaient aussi arrêtées dans le lit de la rivière pour se reposer quelques moments ; les hommes étaient harassés de fatigue après une nuit passée aux avant-postes et une journée de combat qui avait nécessité de pénibles efforts. Le 23ᵉ bataillon, qui avait été créé à Paris et qui était de formation récente, était composé de jeunes gens susceptibles d'enthousiasme et capables d'affronter héroïquement le danger, comme ils l'avaient déjà prouvé, mais ils n'étaient pas faits au climat de l'Algérie et ils n'avaient pas encore acquis l'endurance nécessaire pour supporter les fatigues de la guerre d'Afrique. Ils n'avaient pas pu résister au désir de se reposer un instant à l'ombre au fond de la rivière. Une compagnie du 4ᵉ zouaves, qui se trouvait à l'arrière-garde à la fin de la journée et qui avait dépassé les chasseurs, les avait prévenus que les Kabyles arrivaient, mais ils s'étaint bornés à répondre : « S'ils viennent, nous les recevrons », et ils étaient restés au repos. C'est alors que les chasseurs se virent assaillir par une nuée d'indigènes débouchant d'un ravin de la rive droite de l'oued Soufflat ; il y eut un combat corps à corps dans lequel deux chasseurs furent tués et neuf blessés ; presque tous avaient été frappés à coups de couteau.

Mokrani, qui suivait les péripéties du combat, avait vu l'occasion d'obtenir sur la colonne au moins un succès partiel dont ses partisans auraient fait, dans leurs récits, une grande victoire, et il ne voulait pas laisser échapper cette occasion. C'est alors qu'étant descendu de cheval, il s'était mis lui-même à la tête de ses gens pour les entraîner par son exemple.

Par bonheur, le général Cérez avait eu, trois quarts d'heure environ avant cet instant critique, l'heureuse inspiration d'envoyer, comme nous l'avons vu, un bataillon du 4ᵉ zouaves de marche, qui avait fait l'escorte du convoi et avait eu moins de fatigues à supporter, pour protéger la retraite des derniers éléments de la colonne qui n'avaient pas encore rejoint.

Le capitaine Odon, qui avait reçu pour la circonstance le commandement du bataillon, était un officier vigoureux et énergique, plein de calme et de sang-froid et qui avait le coup d'œil militaire, comme j'aurai encore l'occasion de le montrer plus tard. Il jugea qu'il n'y avait pas lieu de s'engager dans le lit de la rivière où il n'aurait pas pu déployer sa troupe et, pour arrêter les bandes de rebelles dans leur poursuite, il disposa de la manière suivante les six compagnies qu'il avait à sa disposition.

Il plaça en réserve deux compagnies en arrière d'un ravin encaissé par lequel les troupes qui arrivaient successivement par l'oued Soufflat montaient vers le Bordj-bel-Kherroub.

A 5 ou 600 mètres en avant, toujours sur la rive droite de l'oued Soufflat, sur une crête d'où on enfilait une boucle de la rivière, il posta deux autres compagnies, celles des capitaines Penot et Bœrner. Il faut noter qu'à environ 200 mètres en avant de ces compagnies, il y avait, sur la berge de la rive droite, un petit espace plan, plus bas que le reste de cette berge et dont le bord, coupé à pic par les érosions du cours d'eau, dominait encore de 3 à 4 mètres le lit de la rivière.

Le capitaine Odon plaça enfin les deux compagnies qui lui restaient, à peu près à la même hauteur, sur un contrefort de la rive gauche qui formait une berge élevée ; de là, ces compagnies, qui étaient commandées par les capitaines Pinhèdes et Bergouignon, pouvaient, à une distance assez rapprochée, croiser leurs feux au fond de la vallée avec ceux des compagnies Penot et Bœrner.

Des points où ils étaient placés, les zouaves entendaient les cris provenant de la lutte corps-à-corps que les chasseurs à pied avaient à soutenir, comme nous l'avons vu plus haut, contre des bandes de rebelles. Il était temps, un quart d'heure de plus et les chasseurs allaient peut-être succomber sous le nombre.

Les zouaves venaient à peine d'achever de prendre leurs dispositions lorsque tout à coup ils virent déboucher du tournant situé au delà de l'espace plan dont je viens de parler plus haut les deux compagnies de chasseurs à pied pelotonnées en une masse profonde et reculant devant une multitude d'indigènes qui étaient parvenus à les joindre. On ne pouvait pas tirer parce que l'ennemi était masqué par les chasseurs à pied ; mais lorsque ceux-ci furent arrivés au bord de la petite plaine basse, ils se laissèrent glisser du haut de l'escarpement dans le lit de la rivière, mettant leurs assaillants à découvert. Les compagnies de zouaves exécutèrent alors des feux de peloton qui balayèrent le terrain en moins d'une minute.

Les indigènes, comprenant qu'il leur serait impossible de déboucher, s'abritèrent derrière les contreforts à droite et à gauche de la rivière et continuèrent leur feu.

Cependant les chasseurs, après s'être dégagés, avaient, pour la plupart, gagné le camp, mais 60 à 80 d'entre eux étaient venus, sous le commandement d'un adjudant, se placer à côté des compagnies de zouaves de la rive gauche; le capitaine Odon profita de leur arrivée pour envoyer à une soixantaine de mètres plus haut la compagnie Bergouignon, pour protéger le flanc de ses troupes contre les contingents ennemis qui auraient pu arriver par le contrefort de Dra-el-Abiod (la carte porte Dra-Labiel), sur lequel est situé la zaouïa de Sidi-Salem. Cette compagnie eut l'occasion d'envoyer quelques feux de salve sur un groupe de burnous blancs qui s'était établi sur un mamelon se profilant dans le ciel à une distance d'environ 1.200 mètres; ce groupe disparut bientôt.

La fusillade durait depuis une demi-heure lorsque, au moment où les feux de peloton se succédaient avec le plus de rapidité, une clameur immense, grossie et répercutée par les échos de ces profonds ravins, s'éleva du fond de l'oued Soufflat; puis, soudainement, le silence se fit et toute cette multitude, qui avait poursuivi nos soldats avec acharnement, disparut comme par enchantement. Mokrani venait d'être frappé à mort.

Le général Cérez, qui se trouvait sur les hauteurs de la rive droite dominant l'oued Soufflat, fut profondément surpris de ce coup de théâtre, dont il ignorait la cause.

Après que le feu eut cessé, le capitaine Odon resta encore une demi-heure sur ses positions. C'est à ce moment que se produisit un incident qui n'a aucune importance, mais qui fut très remarqué : un cavalier dissident s'avança au galop dans le lit de la rivière, dépassa le ravin derrière lequel se tenaient les compagnies de réserve, puis repartit à la même allure en sens inverse et disparut; des centaines de coups de fusil lui furent tirés, mais on ne réussit pas à l'atteindre.

Le capitaine Odon, sa mission terminée, regagna le bivouac; il était près de 3 heures quand il y arriva; ses hommes, qui n'avaient pris ni repos ni nourriture depuis 3 heures du matin, étaient exténués.

Le lieutenant-colonel Trumelet, qui a fait des recherches en 1874 pour préciser l'endroit où est tombé Mokrani et les circonstances de sa mort, a donné de cet événement une autre version que celle ci-dessus.

« Le lieu où Mokrani reçut la mort, dit-il dans un article inséré dans la *Revue africaine* de 1874, p. 476, est situé à 3 kilomètres environ au-dessous du bordj d'El-Kherroub, sur la rive gauche de l'oued Soufflat ; c'est un mamelon de difficile accès et ne pouvant guère être abordé que par l'est ; il s'élève en surplomb à 100 mètres au moins au-dessus de ce cours d'eau : c'est la Koudiat-el-Mesdour. Le bach-agha l'avait gravie à cheval pour se rendre compte de son attaque de la colonne Cérez, qu'il suivait depuis le matin avec tous ses contingents. Il venait de mettre pied à terre pour être moins en cible, sans doute, aux coups de deux compagnies du 4ᵉ zouaves qui s'étaient établies sur le Dra-et-Taga, à 700 mètres environ de la Koudiat-el-Mesdour, et qui exécutaient des feux de peloton sur un fort parti de rebelles qui combattaient en tirailleurs avec assez de méthode. Il était 1 heure de l'après-midi, car il n'y avait que quelques instants que le bach-agha avait fait sa prière du dhor. Le Mokrani était à peine arrivé au sommet du mamelon qu'une balle l'atteignit à la gorge et le tua sur le coup. »

La version du rapport officiel qui a été recueillie le lendemain du combat inspire plus de confiance que la légende mystique que les Arabes, amis du merveilleux (1), ont imaginée depuis ; cette légende, d'ailleurs, prête au chef de l'insurrection, qui jouait son va-tout, une placidité qui paraît anormale.

Mokrani a reçu entre les yeux une balle qui est sortie par le bas du cervelet, ce qui indique que le coup de feu qui l'a atteint est parti d'une position dominante. Le capitaine Bergouignon a bien tiré des salves sur un groupe de burnous blancs, mais ce groupe était à une distance d'au moins 1.200 mètres, sur

---

(1) Il avait mis pied à terre pour faire ses dévotions, et, sa prière terminée, immobile à quelques pas des siens, il inspectait le terrain.
Soudain, une balle le frappe entre les deux yeux ; il murmure le début de la profession de foi du musulman : « La ila illa Allah..... — Il n'y a de divinité qu'Allah », et il tombe prosterné, le front touchant le sol.
Dans son entourage on croit d'abord qu'il fait une nouvelle prière ; mais en ne le voyant pas se relever, on finit par s'approcher et on le trouve mort. (*Histoire de l'insurrection*, par Louis Rinn, p. 349.)

une crête qui se profilait dans le ciel et qui était plus élevée que la position des zouaves ; ce ne peut être le mamelon indiqué par le lieutenant-colonel Trumelet. La pierre commémorative érigée par cet officier supérieur ne serait pas tout à fait à sa place (1).

Dans cette journée du 5 mai, la colonne avait brûlé plus de 50.000 cartouches.

Les pertes de l'ennemi étaient énormes ; le général Cérez les a estimées à 6 ou 700 morts (2), avec un nombre encore plus grand de blessés ; les indigènes, fanatisés par la présence de Mokrani, avaient voulu triompher à tout prix ; ils s'étaient portés au combat en groupes compacts et le feu des chassepots, bien dirigé, y avait fait de sanglantes trouées. « Nous ne comptons pas ceux qui sont tombés, ont dit des indigènes qui se sont trouvés dans cet ouragan de mort, nous ne comptons que ceux qui ont survécu. Toute balle portait la mort, tant nous étions pressés. »

De notre côté nous n'avions eu, en dehors des pertes signalées pour les chasseurs à pied, que 6 zouaves blessés ; il y avait donc eu en tout 2 tués et 15 blessés.

La colonne s'installa paisiblement dans son camp de Bordj-bel-Kherroub (3) et elle ne fut plus inquiétée par les indigènes qui avaient complètement disparu.

On peut se demander pourquoi la colonne, arrivée au confluent de l'oued Agli, n'a pas pris le chemin qui conduit au Bordj-bel-Kherroub par Dra-el-Kebch, en passant sur le territoire des Metennan restés soumis, plutôt que de continuer à suivre le défilé du lit de la rivière ; il semble qu'elle aurait

---

(1) Voir la *Revue africaine* de 1874, p. 477.
(2) Le caïd des Oulad-Sidi-Salem a encore trouvé, quelques jours après, 35 cadavres en putréfaction dans le ravin qui descend de la zaouïa de même nom, qui n'avaient pas été emportés. C'était le point extrême auquel étaient arrivés les rebelles.
(3) Le bordj de Bel-Kherroub avait appartenu à Ben-Salem, le khalifa de l'émir Abd-el-Kader, qui était originaire des Oulad-Sidi-Salem. Il l'avait fait fortifier en 1840 et il avait été détruit, en 1842, par le général Bugeaud, à la suite d'un combat, dans l'oued Soufflat, analogue à celui de 1871, et dans lequel le colonel Leblond avait été tué.
Le bordj avait été restauré après la soumission de Ben-Salem en 1847.

trouvé ainsi une route plus militaire. L'événement a donné raison au général Cérez, car la colonne, en suivant le couloir de l'oued Soufflat, s'est trouvée défilée comme dans un chemin couvert et, sans l'incident des chasseurs à pied, les pertes eussent été insignifiantes.

Ce ne fut que le lendemain du combat qu'on apprit, par une lettre de l'agha Si-Bouzid, l'importance du succès qui avait été remporté et la mort de Mokrani; Si-Bouzid en avait eu la nouvelle par trois des prisonniers que le bach-agha avait faits au combat de Bouïra, du 2 mai, et qui étaient parvenus à s'évader dans le désarroi qu'avait produit la mort du chef de l'insurrection; l'un de ces prisonniers était le chikh Saïd-ben-Taguebit des Beni-Meddour. Le corps de Mokrani avait été porté à son camp de l'Oued-Rekham et on l'avait transporté de suite à Kela, dans les Beni-Abbès.

Ainsi, ce combat de l'oued Soufflat, qu'on aurait pu craindre de voir se terminer par un désastre, se trouvait être un brillant succès, grâce à la supériorité de notre armement, grâce surtout à l'habileté des chefs qui avaient dirigé et coordonné tous les mouvements des troupes et à la solidité et à l'endurance de celles-ci.

On peut dire que la mort de Mokrani fut, pour nous, providentielle, car, sans cet événement, le général Cérez eût été obligé de reculer jusqu'à Aumale pour y prendre des vivres et des munitions. On n'aurait pas pu, en effet, réunir assez de troupes dans cette place pour former l'escorte d'un convoi, et, par suite de ce mouvement de retraite qui aurait eu l'apparence d'un échec, diverses tribus, qui étaient déjà bien ébranlées, auraient, sans aucun doute, sous la pression de Mokrani, passé à l'insurrection.

Il me paraît intéressant de reproduire ici la traduction de la poésie qu'un meddah arabe, Tahar-ben-Tria d'El-Kasba, cercle de Bou-Aréridj, a composée sur la mort du bach-agha :

Halte! passants qui êtes venus dès l'aube en quête de nouvelles; mon cœur est haletant, débordé par le chagrin qu'amène la séparation des amis..... Plus, pour moi, d'appui protecteur !

Il montait sa jument grise, l'homme au kachemyr, rappelant la colombe au sommet du Djebel-Messahdir, debout ou déployant ses ailes. Où sont les douars qu'il avait réunis et qu'il aimait tant à voir autour de lui? Les zmoul succédaient aux zmoul, les tambours battaient dès l'aube..... Qu'est devenu tout cela?

Il n'y a plus dans la Medjana, depuis sa mort, que récits de douleurs; sa sultanie est dispersée aux quatre vents et les vêtements de deuil couvrent les membres de sa famille.

C'est en vain que les femmes, dans leurs lamentations, l'appellent pour fendre les goums nombreux et passer outre.

Mais, hélas! le thor (1) de la tristesse résonne et fait entendre le son lugubre et strident de ses petites castagnettes et de ses grelots.

Dans la zmala pas de feu qui brille et pétille, partout le chagrin a étendu ses voiles. Les visages se rayent et se ravinent sous les ongles de ceux qui se lamentent; le sang coule sur les joues, teignant en rouge ce qui était blanc; la beauté en est zébrée. Les lamentations durent jusqu'au matin, à l'heure où disparaissent les étoiles et où la lune fait place aux rayons du jour.

Bent-el-Hadj a le visage tout déchiré et tout en sang, elle est couverte de vêtements de deuil. Ses yeux cherchent partout des survenants, ses regards se portent sans cesse sur le col (qui mène au campement de la zmala); mais c'est en vain, elle ne voit venir personne..... Où est Ahmed, mon fils Ahmed? O vous qui venez de loin, m'apportez-vous de ses nouvelles?

Pendant ce temps les tentes se dressent bariolées de diverses couleurs; les jeunes beautés y sont introduites en attendant l'arrivée de l'homme au sabre recourbé (Sid-Ahmed-ould-el-hadj-Mohamed-el-Mokrani), mais Lakhedar (Ould-el-hadj-Mohamed), impatient et conservant un reste d'espérance qui brille sur son visage, se lance sur la route au-devant de l'attendu..... Mais hélas! il revient bientôt en proie à la plus vive douleur..... Son père n'est plus!

Hélas! hélas! une des colonnes de la religion vient de s'écrouler!
O toi qui oublies, souviens-toi!

Les Oulad-Mokran venaient justement d'obtenir un petit succès contre Sokheri-ben-bou-Diaf, notre caïd des Souama dans le cercle de Bou-Saada, qui arrêtait de ce côté, par sa bonne attitude et son influence, les progrès de Saïd-ben-bou-Daoud, campé à Msila. Ce dernier ayant fait faucher les récoltes de Sokheri-ben-bou-Diaf qui se trouvaient dans son champ

---

(1) Thor, sorte de tambour de basque.

d'action, le caïd était tombé sur les pillards à la tête des Oulad-Madi, le 3 mai ; il y avait eu un combat violent, en grande partie à coups de sabre, et Sokheri-ben-bou-Diaf, qui était très inférieur en forces, avait eu 15 tués et 32 blessés ; il avait été forcé de reculer jusque contre les murs de Bou-Saada, abandonnant tentes et troupeaux. Le commandant supérieur avait dû lui faire prêter des tentes pour abriter provisoirement sa famille.

Dans la journée du 6 mai, le général Cérez donna à ses troupes un repos qu'elles avaient bien gagné ; on se borna à brûler les villages, dévaster les jardins, vider les silos de la fraction des Oulad-Sidi-Salem qui n'avait pas encore fait sa soumission ; ces opérations se firent sans résistance.

Le 7 mai, la colonne alla camper sur l'oued Magraoua, affluent de l'Isser qui rejoint cette rivière près du marché du Tnin ; le point où on installa le bivouac porte le nom de Oum-el-Kessiba. Dans cette marche, le général Cérez avait eu pour but d'aller au-devant d'un convoi de ravitaillement qui arrivait par la grande route et de visiter, pour les raffermir dans l'obéissance, différentes tribus des Beni-Djad qui ne s'étaient pas insurgées mais qui avaient donné de sérieuses inquiétudes.

La route d'Aumale à Alger fut placée dans de bonnes conditions de sécurité ; les caïds des tribus qu'elle traverse durent s'y installer de leurs personnes sur des points qui leur furent indiqués et rien ne gêna plus désormais les ravitaillements du commerce d'Aumale, où bien des choses commençaient à faire défaut.

Quelques femmes kabyles qui avaient été faites prisonnières avec leurs enfants furent envoyées à Aumale, pour servir, le cas échant, à des échanges de prisonniers.

CHAPITRE XII

Organisation de la colonne Lallemand. — Reconnaissance du 2 mai. — Le 3 mai, revue du général Lallemand; les insurgés attaquent le camp. — Nouvelle exécution d'indigènes arrêtés. — Le 5 mai, la colonne campe à Merkoud dans les Beni-Mestina. — Le 6 mai, la colonne se porte à Aïn-Soultane dans les Ammal. — Les Khachna de la montagne et les Zouatna se soumettent. — Le colon de Palestro Pourtauborde est remis au général par le caïd des Ammal. — Le colonel Fourchault brûle, le 7 mai, les villages des Ammal de la rive gauche de l'Isser. — Le 8 mai, la colonne va camper au col des Beni-Aïcha. — Les Kabyles attaquent le camp le 9 mai et sont repoussés. — Fuite des populations des tribus de l'Isser. — Effectifs de la colonne à la date du 9 mai. — La colonne se porte à Azib-Zamoum le 10 mai. — Remise des colons sauvés par Aomar-ben-Zamoum. — Nouvelles des colons de Palestro, prisonniers des Beni-Khalfoun. — Lettre du maire de Bordj-Menaïel, réfugié dans les Flissat-oum-el-Lil. — Déblocquement de Tizi-Ouzou et combat du 11 mai.

Comme il a été dit au chapitre X, le général Lallemand s'est rendu le 1ᵉʳ mai à l'Alma pour y prendre le commandement de la colonne (1) réunie sur ce point, colonne qui fut constituée de la manière suivante :

Commandant en chef : général Lallemand ;
Chef d'état-major : colonel de Tugny ;
Chef des affaires indigènes : Pan-Lacroix, chef de bataillon d'infanterie ;
Commandant de l'artillerie : Brugère, chef d'escadron au 3ᵉ d'artillerie ;
Commandant du génie : capitaine Levallois.
Intendance : Scherer, adjoint de 1ʳᵉ classe ;
Médecin en chef : Martial, médecin-major de 2ᵉ classe ;
Services administratifs : Fabiani, adjoint d'administration en 1ᵉʳ ;
Aumônier : l'abbé Astruc ;
Vaguemestre et prévôt : Gérard, lieutenant au 2ᵉ régiment du train.
1ʳᵉ brigade : Fourchault, colonel d'état-major.
 2ᵉ zouaves (5 compagnies).
 4ᵉ zouaves (4   —).

___
(1) L'effectif au 1ᵉʳ mai était de 130 officiers, 3.776 hommes de troupe, 540 chevaux et 652 mulets.

1er tirailleurs (3 compagnies).
2e tirailleurs (4   —   ).
2e brigade : colonel Faussemagne, du 80e de marche.
21e bataillon de chasseurs à pied.
1 bataillon du 80e de marche (3 compagnies).
Cavalerie : Rozier, chef d'escadrons au 9e chasseurs.
1 escadron du 1er chasseurs d'Afrique.
1 escadron de marche des 2e et 4e chasseurs d'Afrique.
1 escadron du 9e chasseurs.
1 escadron du 1er spahis.
Artillerie : commandant Brugère.
1 section de mitrailleuses (2 pièces).
3 sections de montagne du 6e d'artillerie (6 pièces).
1 section de montagne du 3e d'artillerie (2 pièces).
Génie.
Train.
Ambulance.

La colonne avait en outre un convoi de mulets arabes de réquisition et des voitures louées à des entrepreneurs civils destinées principalement à porter le ravitaillement des postes qu'on se proposait de débloquer.

Le service des affaires indigènes comprenait, en outre du commandant Pan-Lacroix (cet officier supérieur, au moment de la déclaration de guerre, était chef du bureau arabe d'Oran ; il avait été nommé chef de bataillon et rentrait de France où il avait pris part à la campagne contre l'Allemagne), le capitaine Robin, directeur des affaires arabes de la division d'Alger, ses adjoints, le capitaine Barnier et le lieutenant Coste, et l'interprète militaire Leguay.

Le commandant Pan-Lacroix représentait le bureau politique.

L'infanterie était campée sur les hauteurs en avant de l'Alma, sur la rive droite du Boudouaou ; l'artillerie, la cavalerie et le train étaient sur la rive gauche, entre le pont et le village ; le convoi arabe était derrière l'infanterie (1).

---

(1) Le garde champêtre de l'Alma voulait dresser procès-verbal aux convoyeurs qui coupaient du blé et de l'orge en herbe pour la nourriture de leurs animaux, mais on lui fit comprendre qu'en temps de guerre ces choses étaient licites et que des indemnités seraient réclamées par les propriétaires lésés.

Le principal objectif de la colonne était de débloquer et de ravitailler les différentes places de la Kabylie, en demandant, lorsqu'il serait nécessaire, le concours de la colonne du général Cérez, de délivrer les colons de Palestro prisonniers des Kabyles et de ramener toutes les tribus révoltées à l'obéissance.

Tizi-Ouzou donnait de vives inquiétudes, car on savait que la conduite d'eau avait été coupée par les Kabyles et qu'il n'y avait, pour la garnison, pour la population civile réfugiée dans le fort, pour les chevaux et pour le troupeau, que les réserves du château d'eau, lequel n'avait qu'une contenance de 110 mètres cubes. Mais, avant d'aller à Tizi-Ouzou, le général Lallemand voulait assurer ses derrières et mettre la Mitidja à l'abri de toute menace, en soumettant tout d'abord les tribus les plus voisines du territoire civil.

Le 2 mai, le général Lapasset remit le commandement de la colonne au général Lallemand.

Le même jour, à 3 heures de l'après-midi, une reconnaissance, sous les ordres du colonel Fourchault, fut envoyée dans la direction du col des Beni-Aïcha; elle ne rencontra pas de contingents kabyles. Quelques coups de canon envoyés pour attirer l'ennemi n'amenèrent pas ce résultat et la reconnaissance rentra au camp à 6 heures.

Le 3 mai, à midi, le général passa une revue des troupes de sa colonne. Pendant cette revue, les Kabyles, qui étaient revenus occuper leur camp d'Aïn-Tidjellabin (Belle-Fontaine), s'étaient glissés dans les ravins de manière à envelopper notre grand'garde de droite ; à 1 heure, ils l'attaquaient subitement. Il y eut un vif combat corps à corps et une fusillade s'engagea bientôt sur toute la ligne des avant-postes.

Le colonel Fourchault, chargé de repousser l'attaque, fait renforcer les grand'gardes, puis il part avec une compagnie du 1er tirailleurs, trois compagnies du 2e tirailleurs, quatre compagnies du 2e zouaves et deux sections de montagne. Le colonel s'avance par la traverse de la route du col des Beni-Aïcha, précédé de la compagnie du 1er tirailleurs déployée en tirailleurs, arrive sur la rive gauche de l'oued Corso, en face de la ferme, puis, laissant en soutien la compagnie qui l'avait d'abord précédé, il envoie une compagnie du 2ᵉ tirailleurs occuper la hauteur de la rive droite de l'oued Corso qui domine la ferme, et la fait marcher par le flanc droit pour l'amener en face du camp des insurgés d'Aïn-Tidjellabin. Une section de montagne va prendre position sur le mamelon le plus élevé de ce côté. La compagnie restante du 2ᵉ tirailleurs suit alors la route carrossable, tandis que les quatre compagnies du 2ᵉ zouaves la débordent vers la droite.

Le colonel Fourchault fait sonner la charge et se précipite au galop, suivi de son escorte, sur le camp des insurgés; les tirailleurs suivent au pas de course. Les rebelles, surpris par cette brusque attaque, ne font qu'une faible résistance et fuient abandonnant une de leurs tentes et des provisions de toute sorte. Les Kabyles, poursuivis à coups de fusils, disparaissent bientôt; quelques obus tirés à propos par le commandant Brugère achèvent de balayer le terrain; les rebelles, se croyant toujours poursuivis, ne s'arrêtent qu'en arrivant au marché de l'Isser.

Les tirailleurs se régalent du lait et des figues que les Kabyles avaient abandonnés en fuyant. La tente que le colonel Fourchault fit rapporter comme trophée était celle du caïd Saïd-ben-Mohamed-ou-el-Hadj des Khachna de la montagne.

Le retour au camp s'opéra sans qu'on fût inquiété par les indigènes. Les tirailleurs avaient jeté par terre une quinzaine de Kabyles et les zouaves une vingtaine qu'ils avaient traqués dans les ravins. Cet engagement nous avait coûté un sergent du 2ᵉ zouaves, Couve, tué, et 5 blessés.

Dans la journée étaient arrivées au camp trois compagnies du 2ᵉ zouaves de marche qui rentraient de France; les vieux zouaves fraternisèrent cordialement avec les jeunes zouaves qui étaient, en grande partie, des engagés volontaires alsaciens-lorrains, dont l'instruction militaire était à peine ébauchée.

Le 3 mai, le général Lallemand recevait du colonel Fourchault la lettre suivante :

J'ai l'honneur de vous rendre compte qu'à la suite d'arrestations opérées par les miliciens de Saint-Pierre, Saint-Paul, du Fondouk et principalement d'Aïn-Taya, j'ai fait réunir une cour martiale pour juger 49 inculpés.

Quinze ont été mis en liberté;

Seize conservés comme otages, parmi lesquels dix sont employés aux travaux de fortification du village de l'Alma;

Et enfin, dix-huit, reconnus coupables à l'unanimité, ont été passés par les armes.

Je vous envoie ci-joint une expédition de chacun des deux jugements; une autre expédition a été conservée dans les archives de la mairie de l'Alma.

Il est présumable que le colonel Fourchault n'avait pas consulté à l'avance le général Lallemand, car celui-ci n'aurait pas laissé faire cette sanglante exécution qui n'était pas justifiée par des nécessités de légitime défense.

Ce jour-là le général Lallemand reçut encore une lettre arabe dont voici la traduction :

Nous n'avons pas vu revenir un seul des individus qui sont allés à M. le maire de l'Alma pour lui demander la paix (1), tels que les nommés Si-Ahmed-ben-el-Kadi, son neveu Mohamed-ben-Yahia, Si-Ahmed-ben-Hallou, Si-el-Hadj-el-Arbi et S'rier-ben-Turkia, tous de la commune de Boudouaou (l'Alma); au contraire, ils ont été arrêtés chez vous et vous avez brûlé leurs maisons. Voilà ce qui fait que nous vous avons fui; mais parce que nous nous sommes sauvés, nous n'étions pas pour cela en insurrection, nous avons pris la fuite pour sauver nos enfants et nos bestiaux.

Aujourd'hui nous vous écrivons et nous vous envoyons notre lettre par l'intermédiaire de Rabah-ben-Chabab du village de Merkoud, Aïssa-ben-Mohamed du village de Ben-Rahmoun et Ali-ben-Tifout du village d'Anchit, tous du territoire civil de la commune de Boudouaou.

Salut de la part de vos serviteurs.....

Le 4 mai, la colonne fait séjour et se prépare pour le départ du lendemain. Une reconnaissance est faite par la 2ᵉ brigade sur la route qu'on doit suivre, et qui est celle des Ammal, par Merkoud et les Khachna.

---

(1) Ils avaient sans doute de bonnes raisons pour ne pas revenir.

Le 5 mai, le départ a lieu à 6 h. 1/2. Afin d'alléger la colonne, une partie des bagages et le convoi sont laissés à l'Alma sous la garde des troupes qui doivent rester chargées de l'occupation de ce point et sous la surveillance d'un officier du train. La colonne a pris avec elle six jours de vivres.

La marche vers Merkoud fut très pénible à cause de la difficulté du terrain; il ne fallut pas moins de cinq heures, repos compris, pour faire les 9 kilomètres qu'il y avait à parcourir.

La colonne arriva au bivouac à 11 h. 1/2; les troupes furent campées sur les crêtes, d'un accès très difficile, qui séparent la vallée du Boudouaou de celle de l'oued Corso. L'eau, fort peu abondante, était fournie par une source située à 300 mètres du camp et donnant 15 litres par minute. Un petit barrage fut établi dans le lit d'un ravin que la colonne avait traversé un kilomètre avant d'arriver au bivouac; la cavalerie y fit boire ses chevaux à la gamelle.

L'ennemi avait fait le vide devant nous. On reçut en route les ouvertures de soumission d'une partie des fractions du territoire civil et de tous les Khachna de la montagne.

Le 6 mai, le départ a lieu à 5 heures du matin, on fait une grand'halte à Aïn-Sidi-Medjeber et on arrive à Aïn-Soultane, dans les Ammal, à 2 h. 1/2. Le trajet s'est fait sur une partie du parcours, qui était de 20 kilomètres, en suivant l'ancienne route turque d'Alger à Constantine.

La fontaine d'Aïn-Soultane est abondante et fournit de l'eau de bonne qualité, mais l'abord en est difficile et il fallut encore faire boire les chevaux à la gamelle.

Les Khachna ont fourni les otages qu'ils avaient promis; les deux caïds des Zouatna apportèrent la soumission de leurs tribus et l'un d'eux fournit immédiatement ses otages, mais les Ammal ne parurent pas. Un colon de Palestro, le nommé Pourtauborde (Pierre), qui avait échappé au massacre et qui avait trouvé asile chez le caïd des Ammal, El-Hadj-Ahmed-ben-Dahman, apporta au général une lettre de ce chef indigène conçue en ces termes :

Ceci est mon écrit que je vous adresse.

J'étais allé à la rencontre de votre Seigneurie fortunée lorsque j'ai appris qu'un enfant de ma postérité était mort; puis on m'a dit qu'au moment de mourir, ce matin, il m'avait appelé pour me voir. Alors je suis retourné en courant pour le voir, mais je l'ai trouvé mort. Je vais le faire enterrer et je viendrai moi-même auprès de vous, s'il plaît à Dieu.

Je vous envoie mon fils porteur de la présente.

Que le salut le plus complet soit sur vous !

A la date du 7 mai 1871. De la part de votre serviteur El-Hadj-Ahmed, caïd des Ammal.

Le nommé Pourtauborde, surnommé Bou-Frid (l'homme au poignard) par les indigènes, raconta de quelle façon il avait pris la fuite de Palestro le jour du massacre (1), en même temps que le conducteur des ponts-et-chaussées Ricard et deux autres colons. C'était le 21 avril à la tombée de la nuit; poursuivi par une quinzaine de Kabyles, il s'était caché dans des broussailles jusqu'au milieu de la nuit, puis il avait pris le chemin de la maison du caïd des Ammal et y était arrivé à la pointe du jour. Celui-ci s'était levé pour le recevoir et il lui avait promis de le protéger, mais à la condition qu'il ne sortirait pas du village. Depuis lors il était resté chez ce chef indigène qui l'avait bien traité.

On apprit par Pourtauborde que les colons qui avaient eu la vie sauve étaient en sûreté chez l'amin-el-oumena des Beni-Khalfoun, Si-Saïd-ben-Mohamed-ben-Ali-ou-Aïssa. Le général Lallemand écrivit à ce chef indigène pour lui demander la remise des colons qu'il avait recueillis; mais trop pressé d'arriver à Tizi-Ouzou pour attendre sur place la réponse, il confia le soin de délivrer nos malheureux compatriotes au général Cérez qui se trouvait dans les environs (2).

Le 7 mai, le colonel Fourchault fut chargé d'aller brûler les villages des Ammal de la rive gauche de l'Isser, qui étaient abandonnés par leurs habitants; il devait opérer avec une colonne légère d'infanterie sans sacs et de cavalerie. Parti à

---

(1) Je ne donne pas ici le récit qu'il a fait du massacre pour éviter les redites.
(2) Le général Cérez se trouvait, ce jour-là, à Bordj-bel-Kherroub, après le combat de l'oued Soufflat.

11 heures du matin, il rentra au camp à 7 heures; il avait envoyé à 5 h. 1/2 le compte rendu ci-après :

Tout s'est passé pour le mieux. Les deux decheras auxquelles vous désiriez infliger un châtiment ont été rasées et brûlées.

Pas un seul coup de fusil, à l'exception de deux Arabes pris les armes à la main et qui ont été exécutés sur-le-champ.

Les Khachna arrivent en foule et, malgré toutes mes précautions, je n'ai encore pu empêcher les tirailleurs de brûler quelques gourbis auxquels vous aviez accordé l'aman.

Je ne crois pas qu'on puisse songer ici un instant à faire résistance; j'ai néanmoins employé toutes les dispositions nécessaires pour parer, au besoin, aux entreprises qui auraient pu avoir lieu.

Ci-joint deux photographies trouvées à Sohama. On a trouvé aussi et je rapporte les vases sacrés de Palestro.

Mes turcos et mes zouaves sont chargés de butin.

Le 8 mai, à 5 heures du matin, la colonne se mit en marche pour le col des Beni-Aïcha, en suivant les crêtes qui forment la ligne de partage des eaux entre la vallée de l'Isser et celle du Corso. Cette route avait l'avantage de faire arriver sur le défilé du col par la ligne des crêtes, en évitant les difficultés qu'il aurait fallu vaincre si on avait dû forcer directement le passage. On fit une grand'halte aux fontaines d'Azela et de Tilfaouïn.

Les Khachna du territoire civil avaient fait leur soumission et envoyé des otages; ils étaient rentrés dans leurs villages, où ils ne furent pas inquiétés.

Peu avant d'arriver au col, on eut des doutes sur le point de savoir si le village de Gueddara avait réellement fourni des otages. Le colonel Fourchault, qui marchait à l'avant-garde, demanda à l'officier des affaires indigènes qui l'accompagnait des renseignements à ce sujet; celui-ci répondit qu'il n'avait pas de certitude là-dessus, mais que le général Lallemand était à peu de distance en arrière et qu'il serait facile de le consulter. Les gens du village, lequel est à environ un kilomètre à gauche de la route suivie, sortaient sans armes de leurs maisons et venaient au-devant de la colonne pour faire acte de soumission. Le colonel Fourchault, s'adressant à l'adjoint de l'Alma, M. Trémol, qui marchait avec la tête de la colonne, lui dit :

— Quels sont ces gens-là?

— Ce sont des canailles, répondit celui-ci; ils ont pillé les maisons du col des Beni-Aïcha.

— Sabrez-les, cria alors le colonel à un peloton de chasseurs à cheval qui marchaient en éclaireurs sur le village, suivis d'un groupe d'infanterie.

Les chasseurs entourèrent les gens de Gueddara qui s'étaient avancés et se mirent à leur tirer des coups de fusil presque à bout portant. Ceux-ci furent si saisis de cette réception, à laquelle ils étaient loin de s'attendre, qu'ils ne songeaient même pas à fuir et tombaient les uns après les autres. Ils étaient une quinzaine. On marcha sur le village qui fut mis au pillage et on tira sur les femmes qui fuyaient dans les ravins avec les hommes qui n'avaient pas été atteints.

L'un de ceux qui étaient tombés n'était que blessé et il restait sans mouvement faisant le mort; quand on alla pour lui enlever son burnous, il prit sa course dans le ravin et réussit à s'échapper. C'était un nommé Ali-ben-Aïssa.

Si l'on avait continué la guerre en suivant ces procédés, les soumissions n'eussent sans doute pas été nombreuses.

Cinq hommes ont été tués de la façon que je viens de rapporter, une femme reçut également la mort en fuyant dans le ravin.

La colonne établit son bivouac au col des Beni-Aïcha, à 4 heures; elle avait parcouru 20 kilomètres. On trouva de l'eau à la fontaine du village et à une source assez abondante située au-dessus du camp. Des ordres furent donnés pour faire rallier le convoi et les bagages laissés à l'Alma.

Le 9 mai, la colonne fit séjour au col.

Après le combat du 3 mai, les contingents kabyles s'étaient dispersés et ce ne fut que plusieurs jours après, le 7 mai, que Mohamed-Amokran-ou-Kassi, cousin du caïd Ali, amena sur le marché de l'Isser des contingents des Beni-Aïssi, des Beni-Zmenzer et des Maatka; il fit immédiatement appel aux contingents des Flissat-oum-el-Lil et des Isser (1).

---

(1) Voici deux des lettres qu'il écrivit à cette occasion :

Les rebelles avaient bien appris que la colonne du général Lallemand était allée aux Ammal, mais ils avaient pensé qu'elle n'avait exécuté qu'une sortie et qu'elle rentrerait par le même chemin à l'Alma, où elle avait laissé son convoi.

Aussi, quand Mohamed-Amokran se mit en marche vers le col, le 9 mai au matin, ignorait-il qu'il allait y trouver la colonne. Ce ne fut qu'en arrivant à Hadjeur-Djouhala, un peu après le point de bifurcation des routes de Constantine et de Tizi-Ouzou, qu'il apprit que le col était occupé par nos troupes; il prit néanmoins sans hésiter ses dispositions d'attaque. Il partagea son monde en deux bandes qui se portèrent à droite et à gauche de la route, vers les hauteurs dominant le camp.

Il était 11 heures du matin, quand une grand'garde du 1er tirailleurs signala la présence de nombreux cavaliers et fantassins qui arrivaient par la grande route et se séparaient en deux colonnes d'attaque.

Des ordres avaient été donnés le matin pour envoyer, à l'heure où l'ennemi se présentait, la brigade Faussemagne à la zaouïa de Bou-Merdès (1) qui avait été signalée comme un foyer de fanatisme et de propagande insurrectionnelle, afin d'en opérer la destruction. Cette brigade se trouva prête pour

---

« A El-Hadj-Mohamed-bel-Abbès, caïd (des Isser-el-Ouidan), que le salut soit sur vous!

» Il faut que vous veniez cette nuit au marché de l'Isser, avec tous vos cavaliers et fantassins. Si vous y manquez, vous savez ce qui vous arrivera. Vous enverrez votre frère cette nuit chez le caïd Ali, sans aucun retard.

» De la part de Si-Mohamed-Amokran-ou-Kassi. Que Dieu lui accorde la victoire! Amen. »

« Au caïd El-Hadi (des Isser-Oulad-Smir), que le salut soit sur vous! Il faut que vous veniez cette nuit au marché de l'Isser avec tous vos cavaliers et tout votre monde. Si vous refusez, vous savez mieux que personne à quoi vous vous exposerez. Envoyez votre fils cette nuit chez le caïd Ali.

» Écrit par ordre de Si-Mohamed-Amokran-ou-Kassi. Que Dieu lui accorde la victoire! Amen. »

Le colonel Fourchault avait demandé instamment au général Lallemand, par lettre du 8 mai, l'autorisation d'emmener la cavalerie, selles nues, 400 fantassins sans sacs et une section d'artillerie pour tenter une razzia sur les tribus des Isser. Le général ne voulut pas y consentir. Le colonel Fourchault se serait heurté aux bandes de Mohamed-Amokran, dont la présence sur l'emplacement du marché n'était pas connue.

(1) A 6 kilomètres au nord-ouest du col des Beni-Aïcha, sur les pentes occidentales du Djebel-ben-Zaïer.

repousser l'attaque de Mohamed-Amokran et la zaouïa fut ainsi sauvée du sort qui la menaçait.

Le colonel Faussemagne opposa aux deux attaques le 21e bataillon de chasseurs et le 80e de marche et il envoya 3 compagnies du 1er tirailleurs de la 1re brigade pour s'opposer à un mouvement tournant que l'ennemi paraissait vouloir faire par notre droite. La section de mitrailleuses qui avait été laissée à l'Alma venait justement de rejoindre la colonne ; elle se mit en batterie sur un mamelon en avant du village, au centre de la position, ainsi qu'une section de canons.

L'ennemi fit preuve de beaucoup de courage et d'audace, mais nos chassepots et notre artillerie le tinrent à une distance telle que nous n'avons pas eu un seul homme blessé. Après un combat qui dura deux heures, les Kabyles furent mis en pleine déroute. La cavalerie fut envoyée à leur poursuite, mais elle se borna à suivre au trot la grande route et ne fit rien. Cependant l'occasion eût été bonne, car les Isser, qui se croyaient encore en sécurité, n'avaient pas abandonné leurs villages et ils s'y trouvaient avec leurs familles et leurs troupeaux.

Nous n'avons eu à regretter, dans cette journée, que la disparition d'un lieutenant du 80e, M. Stoffel, qui s'était avancé imprudemment dans un ravin du côté de Bou-Merdès.

Après sa défaite, Mohamed-Amokran se sauva par l'oued Merdja et gagna El-Richa.

Les Isser profitèrent du répit qu'on leur avait laissé pour gagner en toute hâte les montagnes des Flissa avec leurs femmes et leurs troupeaux ; une émigration considérable se fit également du côté du Sébaou. Saïd-ben-Ahmed-ben-Mohamed était parti avant la fin de l'action ; il se rendit à sa ferme des Oulad-Aïssa et emmena les colons de Bordj-Menaïel qui étaient prisonniers chez lui, en même temps que ses gens et ses troupeaux, vers le haut Sébaou.

Un convoi de vivres de 100.000 rations destiné, partie à la colonne, partie aux places à ravitailler était arrivé à midi avec les bagages qui avaient été laissés à l'Alma, sous l'escorte de 4 compagnies du 80e de ligne qui venaient renforcer la colonne.

Quelques heures plus tard arrivèrent encore le 27e bataillon de chasseurs à pied et un bataillon du 1er zouaves (bataillon Lucas).

Le tableau ci-dessous donne l'organisation définitive et les effectifs de la colonne.

CORPS ET SERVICES.	OFFICIERS.	TROUPE.	CHEVAUX.	MULETS.
États-majors	20	»	35	»
1re *Brigade d'infanterie.*				
27e bataillon de chasseurs	16	639	9	»
2e zouaves	21	564	9	16
2e tirailleurs	22	462	8	16
1er zouaves (zouaves Lucas)	15	364	8	»
2e *Brigade.*				
21e bataillon de chasseurs	14	636	3	»
4e zouaves	14	382	7	»
80e de marche	22	886	3	»
1er tirailleurs	15	347	2	»
Cavalerie.				
1er chasseurs d'Afrique	10	149	170	»
2e et 4e chasseurs d'Afrique (escadron de marche)	6	110	148	»
9e chasseurs	4	84	101	»
1er spahis	5	51	72	»
Artillerie	5	134	6	129
Génie	1	19	4	12
Train	7	209	36	298
Services administratifs	2	12	2	»
Ambulance	3	30	3	»
TOTAUX	202	5.078	626	471

Dans la soirée du 9, il se produisit un incident assez bizarre. Les Khachna de la montagne devaient fournir une diffa à la colonne comme marque de soumission et, à la tombée de la nuit, on vit descendre des crêtes une bande d'indigènes portant des plats de kouskous sur la tête, escortés d'autres portant les sauces et les accessoires du repas. Les grand'gardes, qu'on avait omis de prévenir, crurent à une attaque et donnèrent l'alarme ; on fit sonner la générale et, en quelques minutes, toutes les troupes furent sous les armes. On put heureusement prévenir les grand'gardes avant qu'elles eussent commencé à faire usage de leurs armes. Après cette alerte, nos troupiers firent joyeusement honneur au plat national des Arabes, auquel la plupart goûtaient pour la première fois, et à la viande qui l'accompagnait.

Le 10 mai, la colonne, qui avait à faire une étape de 35 kilomètres pour arriver à Azib-Zamoum, se mit en marche à 5 heures du matin. Lorsqu'on arriva à l'Isser, on trouva les caïds de toutes les tribus de la plaine (Isser-el-Ouidan, Isser-Oulad-Smir, Isser-Drœu, Isser-el-Djedian, Zmoul) qui attendaient le général Lallemand pour lui demander l'aman pour eux et leurs tribus.

M. Canal, adjoint de Bordj-Menaïel, se présenta aussi au général, et c'est par lui qu'on eut les premières nouvelles précises sur le sort des colons de Bordj-Menaïel.

Il raconta que les fils du caïd Ahmed-ben-Mohamed les avaient emmenés tous, le 18 avril, dans une de leurs fermes aux Oulad-Aïssa où ils étaient restés jusque-là ; que la veille au soir, les tribus des Isser émigrant vers le Sébaou, les colons avaient été obligés de partir avec eux et que lui, profitant de l'obscurité, s'était caché dans un ruisseau au milieu de touffes de ronces, d'où il était sorti quand tout le monde eut été parti, pour gagner pendant de nuit le caravansérail de l'Isser.

La colonne fit une grand'halte, à 11 heures, à Bordj-Menaïel, puis, en montant la côte d'Azib-Zamoum, on rencontra l'amin-el-oumena Aomar-ben-Zamoum, qui était venu au-devant de nos troupes avec quelques-uns des colons, au nombre de 30, qu'il avait sauvés ; les autres attendaient dans le caravansérail (1).

De grand matin, Mohamed-Amokran-ou-Kassi était arrivé à Azib-Zamoum, amenant 2 à 3.000 Beni-Djennad ; ces Kabyles voulaient à toute force entrer dans le caravansérail et emmener les colons qui y étaient enfermés. Aomar-ben-Zamoum

---

(1) En mettant pied à terre dans le caravansérail et en recevant les colons qu'il avait recueillis, le commandant Pan-Lacroix donna l'accolade à Aomar-ben-Zamoum comme marque de reconnaissance. Mme Bouchet, femme du gardien du caravansérail, dit alors d'un ton rogue : « Tout ça, c'est des spectacles. » C'est ainsi qu'elle témoignait sa gratitude à Aomar-ben-Zamoum.

dut recourir à l'intervention de marabouts de leur tribu pour décider les Beni-Djennad à renoncer à leur projet et leur dire que les colons étaient sous la garantie de son anaïa et qu'au besoin il la ferait respecter par la force. Mohamed-Amokran monta sur un mamelon pour s'assurer de l'arrivée de la colonne et, comme il n'avait pas assez de monde pour essayer de faire résistance, il reprit le chemin de Tizi-Ouzou avec ses contingents; il descendait la côte vers le Sébaou lorsque la colonne la montait du côté opposé.

Aomar-ben-Zamoum avait amené avec lui les délégués de la plus grande partie des fractions de sa tribu sollicitant l'aman. Le général Lallemand accueillit leur demande et il chargea l'amin-el-oumena d'assurer la sécurité des communications sur Alger, avec le concours des tribus des Isser, et il s'acquitta si bien de cette mission que la route put être aussitôt suivie par des Européens isolés.

Les Isser fournirent au général un petit goum d'une trentaine de cavaliers avec lequel le capitaine Robin, qui connaissait la Kabylie pour l'avoir parcourue dans tous les sens pendant douze ans, eut la mission d'éclairer la marche de la colonne.

En arrivant à Azib-Zamoum, les éclaireurs brûlèrent sur leur passage les villages des Oulad-Moussa des Zmoul; l'incendie fut aperçu de Tizi-Ouzou, de Fort-National et même des environs de Dellys; on y comprit que la délivrance était proche. Trois coups de canon espacés annoncèrent aussi l'arrivée de la colonne.

Le général Lallemand reçut à Azib-Zamoum la lettre ci-après, de M. Pillaud-Débit, maire de Bordj-Ménaïel :

Rouafa, le 10 mai 1871.

Mon Général,

Je suis depuis vingt-deux jours avec les Rouafa, enfants d'Adj-Ali, l'amin Moulhoude-ben-hadj-Amar-Kassi et autres.

J'ai avec moi ma femme et cinq enfants dont deux en bas âge et qui ne peuvent supporter une longue course.

Ce matin, nous avons essayé, protégés par les mêmes Rouafa, de vous rejoindre à Azib-Zamoum, mais nous avons été obligés de rebrousser chemin en apprenant que la colonne était partie.

Je me crois en sûreté pour le moment, et ceux qui me protégent me promettent de m'escorter dans deux ou trois jours aussitôt que les chemins seront libres sur Alger.

L'Adj-Amar, porteur du présent écrit, me rapportera une réponse de vous, car nous sommes dans un triste embarras et nous avons besoin de protection.

Agréez, mon Général, l'assurance de ma gratitude et de mon respect.

Signé : PILLAUT-DÉBIT.

Cette famille put partir pour Alger quelques jours après, avec un sauf-conduit.

Dans la journée, le général Lallemand reçut d'Alger des nouvelles des colons de Palestro prisonniers des Beni-Khalfoun ; elles avaient été rapportées par le nommé Mohamed-ou-Saïd, ancien chaouch du capitaine Jobst, dont j'ai parlé au chapitre III. Cet indigène, qui était détenu au pénitencier d'El-Harrach (Maison-Carrée), s'était offert pour aller dans les Beni-Khalfoun chercher des renseignements sur les colons échappés au massacre ; on l'avait mis en liberté et il avait heureusement rempli sa mission. Il avait rapporté, le 9 mai, deux lettres, l'une du capitaine du génie Auger, l'autre de Mme Valle, femme du commandant de place de Dra-el-Mizan, qui avaient rassuré sur le sort des prisonniers.

Le 11 mai, au moment de mettre la colonne en route, le général Lallemand reçut la réponse à la lettre qu'il avait écrite à l'amin-el-oumena des Beni-Kalfoun ; voici sa traduction :

Dieu seul est digne de louange et j'implore son appui.

A l'auguste seigneurie de l'éminente personne, au protecteur très secourable, M. le général Lallemand. La paix de Dieu soit avec vous, ainsi que sa miséricorde et ses bénédictions, grâces et faveurs !

J'ai reçu votre honorée m'invitant à diriger sur votre camp des Français domiciliés à Ben-Hini (Palestro) ou à les y conduire moi-même. Nous les soignons de notre mieux et voudrions mettre le comble aux bons offices que nous leur rendons dans la mesure de nos moyens.

Je ne puis vous les amener en ce moment de crainte de périr avec eux, sans compter le pillage de mes biens par les tribus. Au premier jour propice, je vous les enverrai ou conduirai moi-même sans retard.

Je viens solliciter l'aman pour moi-même, pour notre tribu, en même temps pour le caïd des Harchaoua, Ahmed-ben-Aïssa. Cet homme sage fût resté pur de toute compromission s'il n'avait été l'objet d'une pression écrasante.

Il y a chez nous quarante et un Français : quinze hommes dont un capitaine du génie, M. Auger, douze enfants et quatorze femmes, dont une est décédée (1).

Salut de la part de l'esclave de son seigneur Saïd-ben-Mohamed-ben-Ali-ou-Aïssa, que Dieu le protège! Amen.

Le capitaine Auger avait ajouté ces mots :

20 safar 1288 (11 mai 1871).

Le capitaine du génie soussigné confirme à M. le général commandant supérieur les dires de M. le caïd des Beni-Khalfoun, en ce qui concerne sa présence chez ce chef et les colons de Ben-Hini (40 personnes, compris 12 enfants).

M. le caïd est très bienveillant pour toutes les personnes qu'il a recueillies chez lui et ne désire que les moyens de les faire partir pour Alger.

Le capitaine du génie,
Signé : Auger.

Le 11 mai, à 5 heures du matin, la colonne partait pour Tizi-Ouzou, la 1re brigade en tête; la 2e brigade marchait avec le convoi. Dans la descente du col, l'ennemi fut signalé à Feraoun; aussitôt la tête de colonne se massa et on marcha, la cavalerie sur les crêtes et l'infanterie au bas des pentes. A peine eut-on pris des dispositions de combat que l'ennemi disparut.

On brûla en passant les villages de Bordj-Sébaou et de Draben-Khedda et la colonne alla faire sa grand'halte au Sebt-el-Kedim, sur l'oued Sebt. Le commandant Letellier, commandant supérieur de Tizi-Ouzou, vint se présenter au général Lallemand, suivi seulement de quelques cavaliers : le général l'embrassa en lui exprimant la joie qu'il éprouvait d'être arrivé à temps pour sauver Tizi-Ouzou et serra affectueusement la main à tous les officiers qui l'accompagnaient.

---

(1) C'était la femme Rimez qui avait reçu des blessures graves pendant les dernières luttes des colons de Palestro.

Le commandant Letellier rendit compte que les Kabyles qui investissaient Tizi-Ouzou s'étaient retirés en apprenant la marche de la colonne, que la garnison avait fait une sortie pour achever de les chasser et qu'elle s'était mise en devoir de détruire les travaux d'approche que les Kabyles avaient exécutés. Il était temps d'arriver car, tout en distribuant l'eau avec la plus grande parcimonie, il n'en restait plus que pour quelques jours.

La 1re brigade poussa d'abord seule jusqu'à Tizi-Ouzou; elle y arriva à 3 h. 1/2. La 2e brigade était retenue à Dra-ben-Khedda pour la garde du convoi qui était considérable. Un accident étant arrivé au pont en bois de l'Oued-Bougdoura, les voitures ne peuvent plus y passer et on est obligé de leur faire franchir à gué la rivière, ce qui amène des retards considérables.

L'ennemi n'avait pas fait obstacle à l'arrivée de la colonne, mais à peine était-elle au fort que les Kabyles, qui s'étaient glissés dans les ravins à l'est du village indigène de Tizi-Ouzou et dans les oliviers et figuiers qui couvrent les pentes du Belloua, commencent l'attaque. Il y avait aussi des rebelles, mais en moins grand nombre, dans les pentes des Hassenaoua et ils se tenaient à distance respectueuse, n'ayant rien pour abriter leur marche.

Malgré la fatigue d'une marche de 24 kilomètres, la 1re brigade court sur l'ennemi avec ardeur; le 27e bataillon de chasseurs et le bataillon de zouaves Lucas sont lancés sur le village indigène de Tizi-Ouzou, pendant que le 2e zouaves et le 2e tirailleurs le tournent par la droite. Chassé du village, l'ennemi se dissimule dans un ravin profond qui descend du Belloua, l'Irzar Tarkoubt, et engage avec les nôtres une vive fusillade.

Au bout d'une demi-heure, le pâté montagneux du Belloua est évacué par l'ennemi; le village d'Erdjaouna-el-Bour est occupé et incendié et les Kabyles, malgré l'énergie de leur défense, sont rejetés vers le Sébaou qu'ils traversent pour gagner le massif montagneux des Oulad-Aïssa-Mimoun.

Le 2e zouaves et l'artillerie, placés sur un mamelon qui

domine leur ligne de retraite, leur font éprouver des pertes sérieuses.

Le colonnel Fourchault se jette à la charge dans le lit du Sébaou, à la tête de la cavalerie, pour couper la retraite aux Kabyles qui franchissent à gué la rivière (1). Tout alla bien tant qu'on put suivre les sables du lit de la rivière; mais, quand on arriva aux gorges du Sébaou, où la rivière se resserre, la cavalerie se heurta à des escarpements infranchissables. Son cheval s'étant enlizé, le colonel Fourchault tombe à l'eau; pendant ce temps, nos cavaliers, au lieu de se retirer à distance pour se déployer en tirailleurs et se rendre moins vulnérables, restent entassés sur le bord de l'eau et font le coup de feu avec les Kabyles qui sont à moins de 100 mètres d'eux. Deux compagnies du 2ᵉ tirailleurs viennent heureusement les tirer d'affaire, mais les pertes étaient déjà sensibles.

Les tirailleurs, suivis des chasseurs à pied, franchissent la rivière et arrivent au village de Timizar-Lor'bar où s'étaient groupés les fuyards; ils se rendent maîtres du village qui avait déjà été canonné par l'artillerie et y mettent le feu. Sur notre droite, le village des Abid-Chemlal est aussi livré aux flammes.

Il était 7 heures du soir quand les troupes rentrèrent au camp, harassées de fatigue.

Nos pertes étaient les suivantes :

2 officiers blessés, M. Laporte, lieutenant au 2ᵉ zouaves, et M. Abd-el-Kader-ben-Amar (2), lieutenant au 1ᵉʳ spahis ;

4 hommes tués, 1 zouave du bataillon Lucas; 2 cavaliers du 1ᵉʳ chasseurs d'Afrique et 1 cavalier du 9ᵉ chasseurs ;

19 hommes blessés, 1 caporal et 6 zouaves du 2ᵉ zouaves, 5 zouaves Lucas, 3 cavaliers du 1ᵉʳ chasseurs d'Afrique, 2 du 9ᵉ chasseurs et 2 spahis.

Il y avait eu en outre 4 chevaux tués, 3 enlevés par l'ennemi et 4 blessés.

Le convoi, qui avait de lourdes charrettes civiles, n'avait

---

(1) La route de Bougie et le pont des gorges du Sébaou n'existaient pas encore au moment de l'insurrection.

(2) Il est devenu, quelques années plus tard, agha d'Ouargla.

pu que très péniblement franchir l'oued Bougdoura et ce ne fut que vers 10 heures du soir que les dernières voitures purent rejoindre le camp. Si, au lieu de nous faire tête à Tizi-Ouzou, le caïd Ali s'était attaqué au convoi, il eût pu nous causer de grands embarras.

Les colons de Tizi-Ouzou s'étaient répandus dans le village arabe et ils éprouvaient une joie véritable à se venger de leurs voisins en incendiant leurs maisons. On avait beau leur dire qu'ils feraient beaucoup mieux, au lieu de les brûler, de prendre les charpentes (1) pour refaire leurs propres maisons, l'instinct de la destruction était plus fort que l'intérêt.

Après le débloquement de Tizi-Ouzou, le caïd Ali et Si-ben-Ali-Chérif (2) établirent leur quartier général au Tleta des Beni-Raten. Le camp des insurgés était à Taksebt avec des postes à Timizar-Lor'bar et à Sikh-ou-Meddour.

---

(1) Les commandants supérieurs de Tizi-Ouzou, pour pousser les Kabyles de la zmala de Tizi-Ouzou à se bâtir des maisons confortables pour remplacer leurs gourbis avaient fait apporter par corvées, des forêts des Beni-R'obri, de très belles charpentes en chêne zeen qui auraient pu être utilisées par les colons.

(2) D'après des renseignements que le commandant Letellier reçut de diverses sources, Si-ben-Ali-Chérif était encore au Tleta des Beni-Raten à la date du 21 mai.

CHAPITRE XIII

Quelques mots sur la place de Tizi-Ouzou. — Rapport du commandant Letellier sur la défense de cette place et journal de siège du lieutenant Wolff. — Attaque des Kabyles le 18 avril. — Pillage et incendie du village français. — La conduite d'eau est coupée. — Le 19 avril, les Kabyles tentent de brûler la porte du bureau arabe. — Sortie du 20 avril. — Travaux d'approche des Kabyles. — Nos travaux de mine à la porte du bureau arabe. — On fabrique des grenades à pétrole et des boîtes de mitraille. — On approfondit le puisard de la poudrière et on creuse deux autres puits sans succès. — Essais de communications télégraphiques avec Fort-National. — Parlementaires envoyés par le caïd Ali. — Pertes de chevaux pendant le siège. — Le 6 mai, Si-ben-Ali-Chérif et le caïd Ali partent pour rejoindre Mokrani. — Orage du 6 mai. — Sortie du 11 mai. — Pertes éprouvées par la garnison.

Avant de poursuivre le récit des opérations de la colonne Lallemand, il convient de raconter les événements du siège de Tizi-Ouzou.

Cette place est située au fond d'une vallée assez mouvementée; le fort couronne un mamelon qui s'élève à une cinquantaine de mètres au-dessus des terrains environnants. On y trouve un vieux bordj turc qu'on a d'abord restauré, en 1851, pour y installer le bach-agha du Sébaou, Bel-Kassem-ou-Kassi, puis aménagé, en 1855, pour l'installation d'un officier français; plus tard, en 1856 et 1857, l'occupation ayant pris un plus grand développement et Tizi-Ouzou étant devenu un chef-lieu de cercle, on accola au bordj des casernes, des pavillons d'officiers, un hôpital, des locaux pour le génie, les services administratifs, et le bureau arabe. Des bastions battent le pourtour du fort et assurent le flanquement; le vieux bordj, qui était le logement du commandant supérieur et renfermait les réserves d'eau, servait de réduit.

Au nord du fort et à une faible distance, se dresse la montagne du Belloua, dont le sommet est occupé par la koubba de Sidi-Belloua et qui n'a pas moins de 500 mètres d'élévation au-dessus du col qui sépare cette montagne du mamelon de Tizi-Ouzou. Les pentes sont couvertes d'oliviers, de figuiers et aussi de hautes broussailles dans la partie orientale. Le Belloua a dû faire partie primitivement du massif des Oulad-Aïssa-Mimoun; le Sébaou l'en a séparé en creusant son lit à travers; cette traversée forme les gorges du Sébaou qui sont assez difficilement praticables.

Le village européen, qui comptait en 1871 environ 70 maisons, pour une population de 276 habitants, est situé dans le col qui sépare le Belloua du mamelon du fort et il est, en partie, adossé à la montagne. Le village indigène de Tizi-Ouzou, situé au-dessus du village européen, en était séparé par un assez large espace qui s'est rétréci aujourd'hui; il est bien bâti et hérissé de plantations de figuiers de Barbarie; les principales constructions qu'on y trouvait étaient la maison de commandement des anciens bach-aghas du Sébaou et l'école arabe française.

Vers le haut du Belloua sont les villages d'Erdjaouna-el-Bour et d'Erdjaouna-Tacht et sur le versant oriental on trouve le village des Oulad-bou-Khalfa. Ces différents villages indigènes avaient une population d'environ 3.200 habitants.

Au sud du fort se trouve le grand massif montagneux des Beni-Aïssi et des Maatka, entre l'oued Aïssi et l'oued Bougdoura. Les crêtes supérieures de ce massif ont une direction générale du sud au nord, et elles tombent brusquement sur la vallée inférieure par des pentes abruptes d'un difficile accès. Les sommets des grandes croupes terminales sont occupés par des villages kabyles.

A hauteur du fort, la dépression qui s'étend jusqu'au pied des montagnes dont je m'occupe a une largeur de 2 kilomètres et demi et on peut battre avec le canon le terrain intermédiaire; la position de Tizi-Ouzou a donc été bien choisie pour barrer la vallée.

Avec de la cavalerie on pourrait sans peine tenir à distance respectueuse tous les contingents kabyles, mais c'est à la condition que les villages du Belloua soient restés fidèles.

Les Turcs n'avaient qu'une citerne pour alimenter le bordj

en eau ; nous avons établi une conduite d'eau qui amène celle d'une source située près du village d'Erdjaouna-el-Bour ; un réservoir d'une capacité de 110 litres, établi dans le vieux bordj, permet de tenir quelque temps si la conduite d'eau vient à être coupée.

Les constructions du bureau arabe occupaient, dans la partie nord-ouest du fort, une cour séparée qu'on pouvait isoler. Le point faible de l'enceinte était justement de ce côté ; un ressaut du terrain permettait de s'approcher à 50 mètres de la muraille et de s'y tenir défilé.

Du côté de l'est, une crête formait une sorte d'avancée sur laquelle on avait construit, en 1856, un ouvrage de fortification passagère désigné sous le nom de redoute du 60e.

Je donne d'abord le rapport que le commandant Letellier a fourni au général Lallemand sur la défense de Tizi-Ouzou.

Tizi-Ouzou, le 12 mai 1871.

J'ai pris possession, le 15 avril au soir, du commandement de Tizi-Ouzou que vous m'avez fait l'honneur de me confier.

L'insurrection des tribus du cercle était déjà un fait assuré ; dans la nuit du 13 au 14, le caïd Ali, chef de la famille des Oulad-ou-Kassi, avait ouvertement fait défection ; le 14 au matin, il avait sous son drapeau toutes les tribus kabyles riveraines du haut Sébaou et les zmalas de Tamda et de Mekla. Dans la matinée du 15, un détachement de chasseurs d'Afrique, les khiala et les spahis du bureau arabe, envoyés pour occuper la position de Tamda, avaient été contraints de se retirer sur Sikh-ou-Meddour, malgré la tenue brillante des cavaliers au feu. Les contingents kabyles convoqués par mon prédécesseur n'étaient pas arrivés ou se tenaient à l'écart pour ne pas se compromettre avec l'ennemi, plus menaçant pour nous que pour ceux qu'ils étaient appelés à combattre.

Le 16 au matin, je profitai d'un détachement de 140 hommes d'infanterie, destiné à Fort-Napoléon, pour faire occuper les hauteurs des Abid-Chemlal et soutenir ainsi, en cas d'événement, la retraite de la cavalerie demeurée à Sikh-ou-Meddour ; la journée se passa sans aucun engagement ; l'armée du caïd Ali, qui se grossissait d'heure en heure, demeura en bataille en avant de Tazazereït, menaçant à la fois les routes de Tikobaïn et de Sikh-ou-Meddour.

L'attitude de plus en plus hostile de nos contingents rendant leur voisinage dangereux pour nos troupes, je donnai l'ordre aux Beni-Djennad et aux Beni-Ouaguennoun de se rendre à Tikobaïn et de défendre ce village contre les insurgés. Je chargeai les Beni-Aïssi, Ameraoua-Tahta et Maatka de courir à la zmala de Sikh-ou-Meddour et je fis rentrer à la nuit toutes les troupes françaises, en prenant mes dispositions pour défendre le col de Tizi-Ouzou depuis le bordj jusqu'à la fontaine (1).

Le mouvement était à peine terminé que tous les contingents passaient à l'ennemi ; Sikh-ou-Meddour et Timizar-Lor'bar étaient occupés par Mohamed-Amokran, cousin du caïd Ali ; tout le monde avait jeté le masque.

Le 17, à 7 heures du matin, l'ennemi formé entre Timizar-Lor'bar et Sikh-ou-Meddour, au nombre de 12.000 à 15.000 hommes, se mit en mouvement sur trois colonnes. Celle de droite s'engagea immédiatement dans les gorges du Sébaou ; celle de gauche prit le chemin qui longe le pied des Hassenaoua et de Bou-Hinoun et vint défiler à 1.300 mètres du fort, qui lui envoya quelques obus de 15 en arborant les couleurs françaises ; enfin, la colonne du centre, après avoir menacé quelques instants de forcer le passage du col, changea de direction à droite et disparut, comme la première, dans les gorges d'Erdjaouna. Peu de temps après, nous vîmes reparaître ces deux dernières dans les Ameraoua-Tahta et continuer leur marche vers Bordj-Sébaou et Rébeval. La colonne de gauche, après avoir stationné sous Bou-Hinoun, se remit en mouvement et alla camper près de Dra-ben-Khedda, au Sebt-el-Kedim. A midi, toutes nos relations étaient rompues avec l'extérieur et l'investissement de la place effectué à distance.

Le chiffre considérable des forces qui avaient défilé devant nous, la position défectueuse du village français, la certitude que me donnait l'attitude des habitants de la zmala de Tizi-Ouzou de les voir passer à l'ennemi aussitôt qu'ils pourraient le faire sans danger pour eux, et enfin la faiblesse numérique de ma garnison eu égard à l'étendue du terrain à protéger, m'engagèrent à modifier mon premier projet de défense. J'évacuai tous les postes extérieurs, ne laissant au dehors que la cavalerie qui surveillait toutes les issues aboutissant au fort et la milice chargée de garantir le village français contre les maraudeurs.

Dès le 15 avril, la population européenne avait été prévenue par mon prédécesseur d'envoyer dans le fort les femmes et les enfants ainsi que des vivres et leurs effets mobiliers. Malheureusement beaucoup n'avaient pas tenu grand compte de cet avis, qui avait à peine troublé leur sécurité.

Le 17, craignant une attaque immédiate, j'avais envoyé une

---

(1) Il s'agit d'une fontaine située sur la grande route de Fort-National, dans la descente, à un kilomètre du village de Tizi-Ouzou ; on l'appelle Aïn-Turk.

patrouille de cavaliers ramener tous les retardataires et, inquiet de la petite quantité des provisions apportées dans le bordj par les familles, je pris les dispositions pour munir le fort de comestibles du village, de fourrage et de bois de chauffage dont il était complètement dépourvu. La soirée du 17, la nuit suivante et la matinée du 18 furent occupées à ces transports.

Le 18, vers 11 heures du matin, la colonne d'insurgés campée au Sebt-el-Kedim se déploya, apparut sur les hauteurs de Dra-es-Sebt et des Oulad-bou-Khalfa et s'avança en bataille contre nous, menaçant à la fois le fort, le village et la zmala de Tizi-Ouzou; en même temps, des contingents des Beni-Aïssi descendaient de leurs montagnes et se portaient sur les hauteurs de Kaf-Nadja à 1.500 mètres du fort, à l'est. L'ensemble de ces forces pouvait s'élever à 8.000 hommes. Toutefois, l'attaque n'eut pas lieu immédiatement; ce ne fut que vers 4 heures du soir que les tirailleurs ennemis s'approchèrent du fort et du village, où ils pénétrèrent en s'abritant dans tous les ravins et en faisant reculer nos éclaireurs.

Il me paraissait dangereux de dégarnir le fort, menacé lui-même, pour tenter d'arrêter l'ennemi en avant du village, dont la défense n'aurait pu se prolonger la nuit suivante. Cependant, pour donner satisfaction à la milice, qui voyait avec désespoir le moment où allaient disparaître les fruits de quinze années de travaux pénibles, et, en même temps, pour m'assurer que personne n'avait été oublié, je fis exécuter par la milice et une section de chasseurs à pied, soutenus d'une réserve, un retour offensif. Le mouvement, dirigé avec adresse et rapidité par le lieutenant Vallée, qui le commandait, réussit pleinement; les Kabyles, surpris dans le village, furent rejetés à la baïonnette sur la route d'Alger, après avoir laissé bon nombre de morts sur le seuil des maisons qu'ils commençaient à piller; mais ils revinrent aussitôt en masse et, à la nuit tombante, je dus évacuer définitivement le village et me retirer dans le fort.

Les habitants de la zmala avaient passé à l'ennemi sans coup férir, et plusieurs miliciens indigènes ou naturalisés, profitant de l'obscurité naissante et du désordre du combat, avaient quitté nos rangs et étaient allés porter leurs armes au caïd Ali. A ce moment commença pour nous un véritable siège qui ne s'est terminé que le 11 mai à l'arrivée de la colonne que vous commandez.

Les Kabyles envoyèrent autour du fort une nuée de tirailleurs à l'abri desquels ils prirent, sur les hauteurs voisines, leurs premières positions pour un investissement étroit et s'y fortifièrent au moyen de tranchées. Pendant ce temps, d'autres bandes pillaient et incendiaient le village français; durant toute la nuit, nous assistâmes aux scènes les plus sauvages que puisse inspirer la rage de la destruction.

Cependant, bon nombre d'incendiaires ayant été tués par nos

chassepots à la lueur des flammes, un certain nombre de maisons échappèrent à l'incendie, mais elles furent saccagées méthodiquement les nuits suivantes.

La conduite d'eau qui alimente le fort fut coupée pendant la nuit en plusieurs endroits; le 19 au matin, toutes nos fontaines étaient à sec.

Je n'entrerai pas ici, mon Général, dans le détail des opérations et des travaux du siège; ils sont consignés dans le journal réglementaire que j'ai tenu et dont je vous adresse ci-joint une copie avec plan à l'appui. Je crois devoir me borner à exposer, aussi succinctement que possible, le caractère et les faits les plus saillants de l'attaque et de la défense.

Le plan général des Kabyles, dirigé avec beaucoup d'entente et exécuté avec l'opiniâtreté dont ils font preuve dans l'insurrection actuelle, consistait à envelopper la place d'un réseau de tranchées et d'embuscades, construites avec de la terre, des pierres et toutes sortes de matériaux enlevés pendant la nuit au village. Des gardes relevées journellement occupaient ces ouvrages et, chaque jour, en construisaient de nouveaux. Trois camps principaux fournissaient ces gardes; ils étaient établis au pied des Hassenaoua, à Sidi-Ayad et au marché du Sebt. Nos obus de 15 forcèrent le camp des Hassenaoua à se reporter plus haut dans la montagne. Ben-Ali-Chérif qui est venu, avec une nombreuse suite, prêter aux Oulad-ou-Kassi l'appui de son influence, campait seul, avec ses hommes, dans les jardins entre les Abid-Chemlal et Timizar-Lor'bar.

Les insurgés avaient, dans les premiers jours, l'intention de tenter une attaque de vive force pour enfoncer ou incendier la porte du bureau arabe, située entre les bastions 8 et 9 dont, grâce à la configuration du terrain, ils avaient pu s'approcher, dès le 18, à une distance de 50 mètres. Dans la nuit du 19 au 20, ils réussirent à approcher de la porte des combustibles préparés. Un fagot de roseaux fut apporté, malgré le feu des créneaux, à trois mètres de la porte. Je me résolus à tenter une sortie pour débusquer les Kabyles de la tranchée qu'ils avaient faite sur ce point, m'y loger moi-même et m'y maintenir, s'il était possible, pour dégager la porte du bureau arabe.

A midi et demi, les chasseurs à pied, vivement enlevés par le capitaine Truchy et ses officiers, s'élancent à la porte, tombent sur les Kabyles dans leurs retranchements et les repoussent à la baïonnette. Derrière les chasseurs, la milice munie de pioches et de faulx entreprend immédiatement le travail, mais l'ennemi, dont les cadavres jonchent le sol, se reforme et revient à la charge, renforcé par les recrues qui lui viennent du marché; bien que la fusillade soit devenue des plus vives, les chasseurs et les travailleurs, appuyés d'un obusier de montagne tirant à mitraille, de notre contingent et des mobilisés de la Côte-d'Or, tiennent la position. Malheureusement une panique s'empare des mobilisés qui battent en retraite en désordre, en arrêtant la sortie d'une deuxième réserve de chasseurs d'Afrique à pied. L'ennemi, qui a vu ce mouvement, redouble d'efforts et il nous faut céder la place laissant notre œuvre inachevée. Cette sortie, qui nous a coûté 4 hommes tués et 5 blessés, fit subir aux Kabyles une perte de plus de 150 hommes. Le reste de la journée fut employé par eux à enlever leurs morts et, par nous, à construire, en arrière de la porte, un retranchement en pierre et en terre.

La sortie du 20 avril parut démontrer aux Kabyles le danger que présentaient pour eux les attaques de vive force ; depuis lors, en effet, ils modifièrent leur plan et redoublèrent leurs travaux de terrassement dans le but d'arriver à couvert à nos portes et à nos remparts et de les brûler ou de les faire sauter. A l'est, ils ont cheminé dans le fossé de l'ancien front bastionné qui couvrait le village, mais le tir de quelques bombes de 15 centimètres et l'achèvement du redan extérieur qui borde la terrasse en avant de la porte de l'est arrêtèrent à 60 mètres leur ouvrage qu'ils se bornèrent à garnir de tirailleurs chargés de nous inquiéter. Ce fut à l'ouest, en avant de la porte du bureau arabe et aux bastions 8 et 9, qu'ils se montrèrent le plus obstinés ; malgré la précision de notre tir des créneaux, ils arrivèrent, en cheminant en sape double et en construisant deux nouvelles parallèles à fort relief, avec des abris souterrains, à 30 mètres des murailles. Différents indices m'ayant fait craindre que l'ennemi n'entreprît une mine le conduisant au bastion 9, je fis commencer, dès le 21 avril, une galerie souterraine qui, partant de 3 mètres en arrière de la porte du bureau arabe, arrivait le 10 mai, par trois rameaux présentant un développement de 83 mètres, sous leurs retranchements mêmes. Le 10 mai, deux fourneaux étaient chargés et devaient, le lendemain, bouleverser les travaux ennemis, quand votre arrivée rendit cette opération inutile.

Le tir des bombes de 15 devenait dangereux pour les défenseurs de la place à la distance où les assaillants étaient arrivés : je dus remplacer cet engin, dont nous commencions d'ailleurs à être dépourvus, par d'autres projectiles. Je chargeai mes mortiers de boîtes en tôle ou zinc construites avec les gouttières et les tuyaux de poêle du fort et remplies de morceaux de fonte ou de cailloux. Je fis confectionner des frondes, dont notre contingent se servit avec une grande adresse, et, enfin, désireux de prévenir toute tentative d'incendie contre les portes en mettant le feu moi-même aux combustibles que l'ennemi amassait, après avoir essayé inutilement de nous servir de la pompe refoulante chargée de pétrole et de lances à feu de l'artillerie, je fis confectionner, avec des boîtes de conserves alimentaires, une sorte de grenade à pétrole dont l'explosion était produite par une mèche aboutissant à un cylindre intérieur rempli de poudre. L'effet de ce projectile, dont j'ai eu l'honneur de vous soumettre un échantillon, a été excellent : les Kabyles, atteints jusque dans leurs abris, ne songeaient plus qu'à se couvrir davantage et la garde des tranchées était devenue pour eux un poste des plus redoutés.

Leur feu, d'abord très vif et à peine interrompu, dans le jour, de 11 à 2 heures et, la nuit, de minuit à 2 heures, se ralentit beaucoup. Ayant fait blinder les portes extérieures et couper par des panneaux les avenues qu'ils enfilaient, nous n'avions plus à craindre que le tir plongeant qui n'a occasionné qu'une blessure légère à une femme, dans la cour du pavillon des officiers.

Nous avons atteint ainsi le 11 mai. Dès la veille, des colonnes de fumée s'élevant des Isser et le passage de troupeaux considérables vers le haut de la vallée nous avaient signalé votre approche. La nuit, l'ennemi tira beaucoup; le matin du 11, les sentinelles placées sur le faîte du toit du génie me prévinrent que les tranchées en avant du bureau arabe paraissaient évacuées. Je fis aussitôt sortir quelques hommes du contingent par une échancrure du bastion 9, pendant qu'une réserve se tenait prête à les soutenir derrière la porte du bureau arabe, débarrassée de son blindage. Les Kabyles avaient en effet abandonné leurs travaux et se retiraient sur la route de Bou-Hinoun et vers la zmala de Tizi-Ouzou.

Je commandai alors une sortie générale à l'est et à l'ouest et, pendant que les tirailleurs, soutenus par l'artillerie, arrêtaient le retour offensif que dessinait l'ennemi, tous les travailleurs disponibles bouleversaient les travaux d'approche et ébauchaient, en avant des portes du bureau arabe et de la poudrière, des retranchements passagers destinés à empêcher l'ennemi de se rapprocher comme précédemment du fort, dans le cas où la colonne effectuerait un mouvement sur Dellys au lieu de venir à Tizi-Ouzou. C'est pendant ce travail, effectué sous le feu kabyle, que votre colonne a débouché à Feraoun et déterminé la retraite de l'ennemi qui n'a reparu que l'après-midi dans les positions d'où vos troupes l'ont délogé si brillamment le soir même.

Quelques heures après, j'avais l'honneur de vous recevoir au fort, dont tous les habitants vous ont accueilli avec la joie la plus vive.

Pendant la durée de l'investissement de la place, j'ai essayé de me mettre en communication, soit avec vous, soit avec Dellys; il a toujours été impossible à nos émissaires de franchir la ceinture kabyle. Très désireux de me relier au moins avec Fort-Napoléon, j'ai fait construire sur le vieux bordj un télégraphe aérien dont un des employés de Tizi-Ouzou et le chef de station de Fort-Napoléon connaissaient la manœuvre et l'alphabet. Nos signaux, répétés chaque jour, n'ont pas été répétés ni compris, à mon regret.

A deux fois différentes, le 20 et le 30 avril, j'ai reçu un parlementaire du caïd Ali-ou-Kassi. Le premier, me rappelant nos anciennes relations, m'offrait la vie sauve et s'engageait à nous conduire sains et saufs au point que nous lui indiquerions ; le deuxième renouvelait la demande de capitulation en nous accordant le droit de conserver nos armes.

En répondant à la première lettre, je l'ai engagé lui-même à se soumettre et à quitter la voie dans laquelle il était entraîné ; la deuxième fois, je lui ai fait connaître verbalement que de semblables relations étaient inconvenantes et que je l'invitais à les cesser complètement. Copie de ces lettres et de ma réponse sont jointes au journal du siège.

Je vous ai entretenu, mon Général, des privations que la population a eu à subir pendant le siège. Les vivres, ménagés avec une économie inflexible, étaient suffisants pour l'alimenter, ainsi que la garnison, pendant cinq semaines encore ; mais l'eau, que j'avais dû ménager pour le même laps de temps, commençait à s'épuiser dans les citernes et la ration modique (2 litres en moyenne par personne) était à peine suffisante pour cuire les aliments et étancher la soif.

La santé générale était une de mes principales préoccupations ; heureusement, elle s'est maintenue en parfait état, grâce à une propreté scrupuleuse et à diverses autres mesures hygiéniques.

La population du fort se composait de 18 officiers, 417 hommes de troupe, 37 hommes du contingent kabyle, 95 civils, 92 femmes, 67 enfants. Au milieu de tout ce monde, aggloméré dans un espace restreint et forcé de consacrer à peu près exclusivement son eau à l'alimentation, un seul cas de fièvre typhoïde suivi de mort s'est déclaré pendant le siège ; il a frappé un amin-el-oumena resté avec nous. Je joins, du reste, au présent rapport, une note spéciale de M. le médecin en chef à ce sujet.

Au 18 avril, il restait dans le fort de Tizi-Ouzou 101 chevaux d'armes appartenant au 1er chasseurs d'Afrique, au 1er spahis et aux khiala. A partir de cette époque, ils ont été réduits progressivement à 3 litres d'eau et 3 kilogrammes d'orge par jour. Les khiala et les spahis n'en ont perdu aucun ; les chasseurs d'Afrique en ont perdu 14 et, sur ceux qui leur restent, environ 7 paraissent condamnés. Mais il est remarquable que, parmi les chevaux morts ou trop débilités, ceux appartenant à la race barbe pure forment une infime minorité ; c'étaient d'ailleurs des sujets usés par le service des diligences, achetés pendant la guerre de France. La presque totalité des pertes a porté sur les chevaux de race croisée, espagnole ou française.

Dès le 11, malgré un jeûne de vingt-trois jours, il m'a été possible de faire exécuter une reconnaissance de plus de 18 kilomètres par 40 chevaux de troupe.

Les pertes de la garnison par le feu de l'ennemi, du 15 avril au 11 mai, ont été de 15 tués dont 1 milicien, 25 blessés dont 5 officiers.

MM. le capitaine Sage, le lieutenant Vallée, le garde du génie Cayatte, le sous-lieutenant Aressi, l'interprète Goujon, 4 miliciens, ont été blessés.

J'estimais les pertes de l'ennemi, le 12 mai, à 600 hommes hors de combat; les renseignements que j'ai recueillis depuis me font croire que je suis au-dessous de la vérité. Ce sont les Ameraoua, Beni-Djennad et Maatka qui ont subi les plus fortes pertes.

En terminant ce rapport, déjà trop étendu, qu'il me soit permis, mon Général, de vous exprimer combien j'ai été satisfait de mes collaborateurs; j'ai rarement vu dans un petit poste une réunion d'officiers plus énergiques et plus dévoués. Les magistrats et les employés civils m'ont prêté un concours des plus utiles. La milice s'est montrée, au feu, solide comme la troupe régulière; les mobilisés de la Côte-d'Or, émus, dans le principe, de la guerre sauvage qui se faisait devant eux, se sont bientôt aguerris et se sont bien conduits, le 11 mai, hors des murs.

La discipline a toujours été absolue chez ceux mêmes qui y étaient le moins habitués.

Enfin, pendant vingt-cinq nuits, aucun homme portant une arme n'a passé une seule nuit à couvert, et, pendant le même nombre de jours, il n'en est pas un qui, en déposant son fusil, n'ait pris aussitôt un outil pour travailler aux retranchements, aux forges, à la mine, à un atelier quelconque, sous la direction infatigable du garde chef du service du génie, Cayatte. Ainsi, les femmes elles-mêmes ont concouru à la défense en fabriquant les sacs à terre, les remplissant, en fabriquant les matelasseries nécessaires aux fenêtres, enfin en se chargeant de faire la cuisine à la troupe pour rendre les cuisiniers disponibles.

Je serais heureux, mon Général, qu'en me permettant de vous proposer pour des récompenses les plus méritants, vous donniez à tous un témoignage de satisfaction auquel ils attachent le plus haut prix.

Signé : Letellier.

Je crois intéressant de reproduire ici un récit du siège qui a été établi, au jour le jour, par le lieutenant Wolff, chef du bureau arabe, et que cet officier a bien voulu me communiquer; il renferme tous les faits consignés sur le journal du siège et l'auteur y a ajouté ses impressions personnelles.

Lundi 17 avril. — Ce matin, à 4 heures, sur l'ordre du commandant, j'ai fait une reconnaissance dans la vallée, à la tête des goums, pour démasquer les mouvements de l'ennemi. En arrivant vers l'oued Aïssi, je rencontre des masses ennemies. Échange de nombreux coups de feu. Après m'être assuré que les Kabyles étaient en forces nombreuses, et après avoir fait bonne contenance, je me replie sur Tizi-Ouzou. J'ai eu deux hommes tués dans le cimetière de Medoha. Quelques chefs indigènes sont venus se réfugier dans le bordj et ont demandé à combattre sous nos drapeaux. Pendant la reconnaissance, deux de ces derniers sont passés à l'ennemi.

Au bordj, continuation des travaux de défense. Installation de la population civile. Construction et achèvement des plates-formes dans le redan en avant de la porte de Bougie (porte de l'Est).

A 10 heures, marche en avant de l'ennemi en deux grandes colonnes. Nous arborons le drapeau tricolore sur le vieux bordj, en l'appuyant de deux coups de canon.

Les deux colonnes ennemies, pour se garantir des feux du fort, cherchent à se défiler; l'une, celle de droite, après avoir dépassé les Abid-Chemlal, se jette dans les bouquets d'oliviers au-dessous du Belloua; l'autre, celle de gauche, passe sous le village de Bou-Hinoun en se masquant dans les jardins de figuiers, puis gagne l'oued Defali. Les deux colonnes font leur jonction vers Dra-ben-Khedda en incendiant tous les établissements européens sur leur passage. Les Beni-Aïssi, aidés par les Beni-Douala, mettent le feu au moulin Saint-Pierre. Les maisons des cantonniers ainsi que la ferme Berthon sont en flammes.

La milice de Tizi-Ouzou demande au commandant l'honneur de défendre le village; on la fait appuyer par un détachement du train commandé par le lieutenant Vallée. A 10 heures du soir une panique s'empare des miliciens qui demandent à remonter au bordj; sur la demande de l'adjoint, M. David, et des femmes, le commandant consent à abandonner le village. On conserve simplement quelques postes de troupes régulières.

Le 2e khodja du bureau arabe passe à l'ennemi en emportant les pistolets de M. Goujon, interprète du bureau arabe.

Mardi 18 avril. — Toute la nuit nous avons été sur le qui-vive; nos grand'gardes ont échangé bon nombre de coups de fusil avec l'ennemi. Organisation de la défense par secteurs et par bastions. Ouverture d'embrasures dans les bastions pour le tir de l'artillerie.

Vers midi les Kabyles s'emparent du village de Tizi-Ouzou. Jusque-là l'amin du village indigène de Tizi-Ouzou, Aomar-el-Haffaf, avec quelques fidèles, avait tenu bon contre les rebelles; tous passent à l'ennemi et marchent avec lui à la prise du village français. A 1 heure, retour offensif de la garnison, l'ennemi est chassé et poursuivi jusqu'au marché du Sebt, perdant bon nombre des siens (27 cadavres dans le village). Pendant ce temps, le fort n'a cessé de tirer et a beaucoup contribué au succès. Vers 6 heures du soir, nous sommes forcés définitivement d'abandonner Tizi-Ouzou, l'ennemi s'en empare. Nous avons au moins 4.000 fusils autour de nous.

A 9 heures, incendie du village et du magasin à orge; les Kabyles poussent l'audace jusqu'à brûler la meule à fourrages située à 10 mètres du bastion du bureau arabe. Pillage du village français; nuit lugubre et épouvantable; toute la nuit la fusillade a éclaté sans discontinuer. Nous avons canonné alternativement le magasin à orge, la gendarmerie et l'église; pendant ce temps, l'infanterie aux créneaux, à la lueur de l'incendie, abattait les pillards au fur et à mesure qu'ils passaient emportant leur butin.

Installation des Kabyles au cimetière arabe, à la redoute du 60° de Kaf-en-Nadja et dans les fèves de la porte du bureau arabe en contre-bas de la route.

Mercredi 19 avril. — La nuit a été rude et la consommation des munitions énorme. La conduite d'eau a été coupée et nous sommes dans la nécessité de recourir aux citernes du vieux bordj. La première distribution est de 2.583 litres à raison de 3 litres par homme de troupe et travailleur, de 2 litres et demi par civil adulte, 1 litre par enfant et 4 litres par cheval. On approfondit le puisard de la poudrière pour trouver l'eau.

Les poternes du bastion 10 sont murées. Les Kabyles continuent à faire des retranchements en avant de la porte du bureau arabe. Dans la nuit, incendie de quelques maisons du village français restées debout. Le militaire Giraud, tué d'une balle à la tête; un blessé, le lieutenant Vallée, d'une balle à la tête (blessure légère).

Jeudi 20 avril. — La nuit dernière a été très sombre, vive fusillade vers minuit; en avant des bastions et le long des courtines, nous avons jeté des fusées pour éclairer le terrain. Cette nuit on a cherché à incendier la porte du bureau arabe avec des fagots de bois; les deux Kabyles chargés de cette mission ont été tués raides par M. l'interprète Goujon; les cadavres restent devant la porte.

Vers 1 heure, les mobilisés de la Côte-d'Or du poste du redan, perdant leur sang-froid, fusillent les hommes du goum qui montaient la garde en avant des tranchées; deux sont blessés.

A 11 heures du matin, arrivée d'un parlementaire envoyé par le caïd Ali; c'est le nommé Si-Saïd-ben-Mhamed des Oulad-Sidi-Aliou-Moussa, tribu des Maatka. Le caïd Ali nous propose de rendre le bordj; à cette condition seulement, dit-il, nous conserverons nos têtes. On lui répond par une sortie.

A midi, les colonnes sont massées en arrière de la porte du bureau arabe. En première ligne le capitaine Truchy avec 50 chasseurs à pied; puis le lieutenant Musso avec 30 soldats du train; puis le lieutenant Wolff avec les spahis et les hommes du contingent; puis la compagnie de mobilisés avec ses trois officiers; enfin 2 obusiers de montagne avec leurs servants.

Au signal donné, les petites colonnes sortent par la porte du bureau arabe et se jettent résolument sur les retranchements kabyles; les pièces sont mises en batterie et tirent à mitraille; l'ennemi est rejeté vers le marché du Sebt et les retranchements sont bousculés. La milice, armée de pioches, fait ce travail; quelques hommes munis de faulx coupent en même temps le blé qui servait aux Kabyles à dissimuler leur approche, au point d'arriver en rampant jusqu'au mur d'enceinte.

Le travail marchait très bien pendant que nous tenions l'ennemi en respect à coups de canon et à coups de fusil, lorsque les mobilisés, pris de panique, lâchent pied à notre droite et aussitôt commence une retraite tellement précipitée que nous abandonnons aux Kabyles deux de nos morts et un caisson vide.

Sans cette malheureuse circonstance, nous infligions à l'ennemi un rude échec. De son propre aveu, il a eu dans cette journée 150 hommes tués ou blessés. De notre côté nous avions, comme tués, 1 sous-officier, 1 brigadier d'artillerie tombé sur sa pièce et 2 hommes, et de plus 13 blessés.

Notre retraite désordonnée dans le bordj a anéanti les résultats de cette journée; l'ennemi nous a poursuivis jusqu'à 30 mètres de la porte du bureau arabe; notre canon seul a pu le faire rétrograder dans sa marche agressive.

On établit des postes en sacs à terre sur les toits du bureau arabe, de la manutention et à la porte de l'Est. Pendant ce temps l'ennemi a exécuté des travaux de terrassement à 65 mètres en avant de la porte du bureau arabe; il travaille également à se fortifier dans les fossés qui relient le redan construit en avant de la porte de l'Est au village français.

Forte fusillade vers minuit; on craint une attaque de vive force; tout le monde veille aux créneaux. Les Kabyles continuent le pillage du village français.

Eau distribuée : 2.468 litres.

Vendredi 21 avril. — La nuit a été calme; coups de feu vers 5 heures du matin. Continuation par les Kabyles de leurs travaux de retranchement; ils emportent du village tous les bois, portes, fenêtres, tonneaux vides pour faire des masques.

Ouverture d'un puits de mine de $2^m,20$ de profondeur, à l'intérieur de la porte du bureau arabe, pour entrer en galerie afin de détruire les tranchées des assiégeants. Prévoyant le cas d'une retraite, on met le vieux bordj en état de défense et on y fait une porte. On fait une réquisition de 30 bœufs qui sont mis en réserve (1).

---

(1) Outre le bétail des colons, il y avait 20 bœufs appartenant à un boucher

La destruction du village français continue. Coups de feu de 6 heures à minuit. Il est dangereux de traverser la cour du bureau arabe; un voiturier y est blessé. Les fenêtres du bureau et celles de l'appartement du chef sont matelassées et crénelées pour la défense.

Samedi 22 avril. — Samedi, de garde au secteur de l'hôpital.

L'ennemi a, pendant la nuit dernière, dirigé son travail sur sa droite comme pour tenter une attaque sur la poudrière. Il est parvenu à enlever les cadavres des deux hommes qui ont essayé d'incendier la porte du bureau arabe. Un autre cadavre laissé dans les fèves a été mangé par les chiens errants.

Construction d'un mur en terre et moellons contre la porte d'Alger. Les flancs du retranchement de la poudrière sont couverts au moyen de terrassements revêtus de pavés et couronnés de sacs à terre. Confection de sacs à terre par les femmes des colons. Ces dernières se proposent pour faire la popote des officiers.

Les colons sont d'une souplesse et d'une obéissance étonnantes vis-à-vis du commandant supérieur; il y a à peine un mois qu'ils voulaient tous nous faire fusiller en nous traitant de capitulards ! Aujourd'hui nous sommes tous des héros appelés à sauver l'Algérie. La peur fait faire bien des choses !

Vers 6 heures du soir, bombardement des retranchements kabyles. On envoie des bombes et des obus dans les jardins des Hassenaoua; un brigadier d'artillerie tué sur sa pièce (c'est le deuxième depuis le blocus). A 10 heures du soir, vive fusillade du côté du redan. Un sergent de mobilisés est tué, 1 soldat blessé.

La ration d'eau est réduite à 2 litres par civil ne travaillant pas et à 3 litres par cheval; les bœufs, moutons, chevaux et mulets des civils ne boivent que tous les deux jours. Eau distribuée : 2.443 litres.

On propose au commandant de faire abattre les chevaux; il rejette cette proposition.

Dimanche 23 avril. — De garde au secteur de l'hôpital. Ce matin les ouvrages de l'ennemi ont considérablement augmenté, à l'est surtout. Les Kabyles se sont rapprochés pendant la nuit du redan en avant de la porte de Bougie; leur feu gêne beaucoup les sentinelles. On augmente le redan de manière à couvrir tout le plateau devant la porte de l'Est. Ce travail est exécuté en sape simple.

Le caïd Ali passe au pied des hauteurs du Belloua, suivi de quelques cavaliers; on lui envoie des coups de fusil et des coups de canon.

Vers 6 heures du matin, vive fusillade partant des fossés en

---

de Fort-National qui n'avaient pas pu arriver dans cette place. On avait encore les bœufs de la razzia faite sur le caïd Ali.

avant du redan ; 6 bombes sont lancées, 4 d'entre elles ont un effet sérieux et éclatent dans les fossés.

Vers 2 heures, vent très violent. Le fumier situé au pied du bastion 9 prend feu; vive inquiétude, tout le monde est à son poste; nous craignons que le feu ne gagne les écuries du bureau arabe. On amène la pompe à incendie; le feu se concentre bientôt.

Au loin grand incendie du côté de Dra-el Mizan.

Nombreuse réunion vers 7 heures du soir dans les jardins des Hassenaoua, présidée par le caïd Ali; on envoie des obus de 16.

M. Goujon, interprète, et 1 homme, blessés.

Distribution d'eau : 2.453 litres.

Lundi 24 avril. — De garde au secteur de l'hôpital.

La nuit a été assez calme. A 6 heures du matin nous reprenons ordinairement les postes de jour, on peut dormir jusqu'à 9 heures, ce qui permet de réparer un peu les fatigues de la nuit.

Blindage des vasistas des chambres occupées par la troupe du côté de la porte de Bougie. Continuation du redan et du puits de mine.

Grand mouvement de Kabyles vers le marché; de nombreux troupeaux défilent vers le haut de la vallée. Construction par les Kabyles d'un retranchement en planches et tonneaux au coin de la gendarmerie et le long de la route de Fort-Napoléon. A 10 heures du matin, nous envoyons des obus sur le rassemblement du marché; malheureusement nos obus de 16 n'éclatent pas toujours. A 3 heures, un parlementaire se présente, suivant les murs extérieurs; le commandant supérieur envoie prévenir les hommes de garde de ne pas tirer sur lui, mais l'ordre arrive trop tard; l'homme a été frappé de deux coups de feu, partis d'un créneau du vieux bordj. Un officier et un spahis sortent pour le fouiller; c'était Saïd-bou-Houf des Oulad-bou-Khalfa; on trouve sur lui une lettre de l'ex-caïd Saïd-el-Haoussin de l'Oued-el-Kseub (Flissat-Oum-el-Lil), qui offre ses bons offices au commandant Letellier pour entrer en négociations avec les Oulad-ou-Kassi. Le parlementaire appartenait à une bonne famille, il avait un fils au lycée d'Alger.

Vers 4 heures, affluence de Kabyles dans les oliviers du côté de Tizi-Ouzou. A 7 heures, nous prenons nos postes de nuit. L'ordre est de veiller attentivement aux créneaux, car on s'attend à une attaque sérieuse. Nous avons au moins 6.000 fusils autour de nous. Violente fusillade vers 11 heures, principalement du côté du bastion 10. Un homme tué, un blessé.

Eau distribuée : 2.603 litres.

Mardi 25 avril. — De garde au secteur de l'hôpital. La nuit s'est assez bien passée. Nous étions prêts à repousser vigoureusement toute tentative d'assaut. Nos soldats sont animés d'un bon esprit et pleins de courage. Les petits moments de défaillance des premiers jours du siège ont disparu, chacun comprend qu'il faut résister à tout prix.

Les travaux des assiégeants ont considérablement augmenté du côté du bureau arabe; les Kabyles travaillent avec ardeur à terminer leurs retranchements du côté de la gendarmerie. Envoi de deux bombes dans ce retranchement; grand effet produit par l'une d'elles qui éclate dans le café maure.

Grand mouvement du caïd Ali qui visite les postes et harangue les Kabyles; pendant son inspection, nos soldats lui envoient bon nombre de coups de feu.

Les Kabyles qui montent la garde autour de nous ne paraissent pas animés d'un grand enthousiasme; un chaouch monté sur un mulet les conduit à coups de bâton vers les retranchements. Continuation des travaux de mine à la porte du bureau arabe. M. Cayatte, garde du génie, est blessé d'un coup de feu à la tête en dirigeant les travaux. A 6 heures, nombreux coups de feu tirés sur le poste du bureau arabe; beaucoup de pierres lancées avec des frondes arrivent dans les bastions 8 et 9. Un homme tué. A 7 heures nous gagnons nos postes de nuit.

Eau distribuée : 2.719 litres; nos réserves diminuent. Il est question de nouveau d'abattre les chevaux.

Mercredi 26 avril. — De garde au secteur de l'hôpital. La nuit est assez calme. Les nuits sont froides. Les hommes commencent à se fatiguer de veiller aux créneaux; cependant, chose étonnante, il n'y a pas de malades, le moral est solide. A la popote, malgré le plat de bœuf journalier, on est très gai. Parfois, nous mangeons des artichauts et des oignons, mais il est si dangereux de pénétrer dans le jardin, que le commandant défend ces sortes de razzias. Défense de boire de l'absinthe, à cause de l'eau. Défense de mettre de l'eau dans son vin!

Continuation, pendant la nuit, des travaux d'approche des Kabyles. Construction d'une porte blindée et crénelée pour barrer le passage du retranchement de la porte du bureau arabe. Confection, sous la direction du garde du génie et du sergent-major Grimaud, de la milice (ferblantier de son état), de grenades incendiaires composées d'un tube à double enveloppe, celle extérieure contenant du pétrole et l'enveloppe intérieure renfermant de la poudre. Ces grenades sont confectionnées avec le zinc des gouttières. En même temps, confection par le garde d'artillerie de boîtes de ferrailles à lancer par les mortiers de 15.

A 4 heures, nous envoyons des obus vers la prise d'eau, sur le mamelon en avant du bastion du génie et dans la traverse de la ferme Piccolo. Grand effet produit, les Kabyles enlèvent des morts et des blessés.

A 5 heures, le caïd Ali, avec six cavaliers, visite les postes d'investissement. Il harangue les Hassenaoua réunis au nombre de 500 à 600 dans les jardins du chikh de Bou-Hinoun (à Sidi-Ayad); l'obusier de 16 leur envoie le bonjour, ce qui a l'air de les déranger beaucoup.

A 8 heures du soir, vive fusillade; nous avons beaucoup de monde autour de nous.

Eau distribuée : 2.767 litres.

Jeudi 27 avril. — De garde au secteur de l'hôpital.

La nuit s'est passée très calme.

Établissement par les assiégeants d'un nouveau retranchement en avant de l'hôpital et près des jardins militaires; par ce fait, l'ennemi empêche le pacage de notre troupeau (1). On y envoie quelques bombes qui produisent peu d'effet.

Passage dans le village d'un cavalier en burnous noir : c'est le fils d'El-Hadj-Aomar-ben-Mahi-ed-Din de Taourga. Le soir, arrivée de Ben-Ali-Cherif du côté de Tamda (2) avec un goum de seize cavaliers; il s'arrête dans la Merdja, en avant de la ferme Berthon.

Les assiégeants sont très nombreux ce soir, les retranchements garnis de Kabyles; on remarque des allées et venues continuelles. Au marché et vers la ferme Berthon, on entend des chants religieux. La consigne est de veiller sérieusement; on donne l'ordre aux réserves de se tenir prêtes. A 7 heures je vais à mon poste, je passe l'inspection de mes trois bastions; en passant je dis quelques paroles bien senties à mes hommes et je constate avec plaisir qu'ils sont tous bien disposés à se défendre. Je recommande de ménager les cartouches et d'employer la baïonnette en cas d'escalade. Quant à moi je me place au bastion du milieu, mon revolver en main, bien décidé à tirer sur les fuyards qui abandonneraient leurs créneaux.

Nuit très agitée, fusillade très vive et continuelle; les Kabyles s'excitent à enlever le bordj d'assaut. Nos pièces sont chargées à mitraille, nous avons aussi des grenades à pétrole. Ronde du commandant Letellier; il constate que nous pouvons attendre l'assaut sans crainte.

Eau distribuée : 2.644 litres.

Vendredi 28 avril. — De garde au secteur de l'hôpital.

Il n'y a eu que des démonstrations, l'ennemi n'a pas osé tenter l'assaut. Nous sommes harassés de fatigue, c'est la quinzième

---

(1) Au sud du fort, les pentes du mamelon sont assez raides, bien dominées et battues par les feux des créneaux; aussi l'ennemi avait-il négligé de s'établir de ce côté. Pendant les accalmies qui se produisaient à certaines heures, on se hâtait de faire sortir le troupeau de ce côté et on l'abritait, ainsi que ses gardiens, au moyen d'un système de parc à balles adaptés à des brouettes qu'on établissait, le moment venu, sur le terrain.

(2) Il s'était joint au caïd Ali dès le 24 avril.

nuit que je passe hors de mon lit et je reste quelquefois trois ou quatre jours sans me débotter. Malgré cela, le moral de la garnison n'a pas faibli. Rien de nouveau dans les lignes de circonvallation des Kabyles.

Vers 3 heures, une nombreuse colonne apparaît sur la route de Dra-el-Mizan. Grand émoi de la population. Un de mes officiers vient dans mon bureau avec deux de mes cavaliers en criant : « La colonne, la colonne! » C'est impossible. Je sors et je constate l'arrivée des Maatka, conduits par le fameux Ali-ou-Amar-ou-Boudjema, ex-caïd, ex-spahis, ex-amin-el-oumena, excellent soldat, très fin, astucieux et ambitieux. Les Maatka sont au nombre de 2.000 environ; ils marchent comme une troupe régulière avec un goum à cheval pour avant-garde, des flanqueurs; les bagages, en arrière, sont escortés par des gens à pied. Leur arrivée prouve que leur tribu n'a rien à craindre du côté de Dra-el-Mizan. On les reçoit à coups d'obus; ils s'installent au camp du caïd Ali, sur le marché du Sebt. Peu de monde du côté des Hassenaoua dans les jardins.

Cet après-midi nous avons essayé de lancer nos grenades à pétrole avec une fronde. Un de nos cavaliers, le spahis Khelil est monté sur le café du bureau arabe et a lancé un de ces projectiles incendiaires; l'effet produit a été magique, les Kabyles ont abandonné le retranchement en avant de la porte du bureau, en poussant des cris. Cet engin ne peut être employé qu'à des distances rapprochées, car il glisse dans la fronde.

Organisation d'un télégraphe aérien sur la terrasse du vieux bordj, afin de correspondre avec Fort-Napoléon. Construction de deux portes crénelées doubles pour fermer complètement le redan en avant de la porte de Bougie, sur le chemin de ronde, ce qui fait que la courtine 1-2 est complètement couverte.

Fusillade très vive dans la journée; coups de canon du côté de Fort-Napoléon vers 7 heures du soir.

Les Maatka sont de rudes soldats; il faut s'attendre à une attaque sérieuse; on veille aux créneaux, les réserves sont debout. On tire beaucoup des embuscades. Nuit interrompue par des feux et des cris poussés par les Kabyles.

Eau distribuée : 2.811 litres.

Samedi 29 avril. — De garde au secteur de l'hôpital.

Nous avons été assez tranquilles la nuit dernière. Ce matin, nous apercevons de grands feux du côté des Cheurfa-Nbahloul, dans les Beni-R'obri; on se livre à mille conjectures.

Le retranchement kabyle du côté de l'hôpital a beaucoup augmenté dans la direction du jardin militaire. Construction d'une embuscade en planches doublées et à créneaux sur le bastion de l'hôpital, afin d'observer l'ennemi de ce côté.

Les Kabyles se réunissent au marché; grand mouvement de vaet-vient toute la journée. Une forte colonne kabyle descend vers 9 heures du matin, venant du haut de la vallée, et s'arrête à la ferme Berthon. On envoie des obus.

Le puisard de la poudrière donne 60 litres d'eau qui se sont ramassés pendant l'interruption du travail, dans la nuit.

On envoie des fusées vers 8 heures du soir pour communiquer avec Fort-Napoléon. Nos signaux ont été aperçus et on a répondu par des fusées bleues. Cette manière de correspondre intrigue beaucoup les Kabyles qui poussent des cris chaque fois qu'une fusée part en l'air. Les embuscades envoient force coups de feu sur le vieux bordj, pour tâcher d'atteindre les artificiers et les curieux. Vers 8 heures du soir, les cris et les hurlements augmentent et la fusillade devient très vive. La cour et le jardin sont sillonnés de balles, il est dangereux de s'y promener ; je fais néanmoins mes rondes habituelles, non sans saluer les projectiles kabyles. Un chasseur d'Afrique tué, un de mes spahis blessé, un mobilisé blessé mortellement.

Eau distribuée : 2.993 litres.

Dimanche 30 avril. — Quatorzième nuit de garde au secteur de l'hôpital. La fusillade a duré jusque vers 1 heure ; nous nous attendions à un assaut ; le reste de la nuit a cependant été assez calme.

Les affreux hurlements des Kabyles, jetés dans le silence de la nuit, produisent un effet moral sérieux sur nos jeunes soldats. Ils ont peur. Je leur fais remarquer que ces cris n'ont rien d'inquiétant et que ce n'est pas ainsi qu'ils procéderont le jour où ils essayeront d'enlever le bordj.

Messe à 8 heures, tout le monde y assiste ; je constate un profond recueillement parmi les assistants.

Sommes-nous oubliés ? Que fait-on en France ? Où en est la lutte contre la Commune ? Pense-t-on seulement à nous ? Se faire jour, il ne faut pas y penser ; nous ne pouvons abandonner la population civile, femmes et enfants ; cette question a été tranchée. Nous nous défendrons jusqu'à la dernière goutte d'eau, jusqu'à la dernière cartouche et nous nous ferons sauter dans le vieux bordj.

Un parlementaire s'est présenté vers midi, c'est Si Saïd-ben-Mhamed des Oulad-Sidi-Ali-ou-Moussa, qui est déjà venu une première fois ; on lui ouvre la porte et on lui sert le café et une grande jarre d'eau. Ce parlementaire nous offre une capitulation : nous sortirons avec armes et bagages (les honneurs de la guerre !) seulement nous évacuerons la place en laissant les canons. Dans une lettre qu'il nous fait remettre, le caïd Ali nous supplie d'accepter ces conditions qui seules peuvent nous sauver de la mort. Nous n'avons à espérer aucun secours, disait-il, les indigènes sont maîtres de tout le pays jusqu'à Alger ; Dellys va tomber sous leurs coups, ainsi que Dra-el-Mizan. Enfin, il nous propose une entrevue avec Si-ben-Ali Chérif qui, au besoin, donnera des preuves certaines que les Français sont vaincus.

Le parlementaire est renvoyé sans réponse écrite avec invitation de ne plus renouveler des propositions aussi impudentes. Au moment où il part, le commandant supérieur donne un coup de pied à la jarre d'eau dans laquelle il avait bu et la renverse. Le parlementaire est ébahi, on avait fait croire aux Kabyles que nous n'avions plus d'eau à boire.

Continuation des travaux des assiégeants. Coups de feu sur le télégraphe. On renouvelle les signaux avec fusées pour Fort-Napoléon, pas de réponse.

Fusillade très vive vers 9 heures du soir, on reconnaît que les gens des Oulad-bou-Khalfa et d'El-Itama sont de garde; les coups sont bien ajustés et dénotent une grande habitude des armes à feu (1). Il est bon d'ajouter que les Oulad-bou-Khalfa et El-Itama sont le pays des braconniers et des chasseurs.

Bruit de canon dans toutes les directions; cris et vociférations dans les embuscades. Des Kabyles poussent l'audace jusqu'à venir au pied des courtines en faisant tinter la sonnette de l'église de Tizi-Ouzou qu'ils ont volée.

Eau distribuée : 2.849 litres.

Lundi 1er mai. — De garde au bureau arabe.

La nuit a été assez calme quoique très fatigante, car il a fallu veiller. L'audace de l'ennemi, ses chants d'allégresse prouvent qu'il a confiance dans le succès.

Grande razzia de choux, d'oignons, d'artichauts, faite par un caporal de chasseurs qui est descendu dans les jardins pendant la nuit pour faire sa récolte. Fête à la popote, seulement on défend à ce hardi petit caporal de recommencer; il pourrait payer de sa vie le plaisir de faire manger des légumes frais aux officiers.

Les travaux des Kabyles avancent toujours du côté de la porte du

---

(1) Le plus adroit tireur était Mohamed-Amzian-Mançour, de la meilleure famille des Oulad-bou-Khalfa. Je lui ai vu exécuter, en 1869, une prouesse de tir qui m'a émerveillé. C'était dans une chasse au sanglier qui avait lieu dans les bois à la sortie des gorges du Sébaou; à un moment donné, j'étais dans le lit de la rivière avec cet indigène lorsqu'un sanglier dégringole droit sur nous de la hauteur; je le tire sans succès, Mohamed-Amzian-Mançour le roule d'un coup de fusil. Un instant après, un lièvre est levé et passe en travers, visible seulement lorsqu'il bondissait entre deux broussailles; notre chasseur le traverse d'une balle à la course et m'offre le lièvre abattu.

Après l'insurrection cet indigène se fit bandit et terrorisa pendant six ans tout le pays entre le Sébaou et la mer.

Il finit par succomber, le 15 mai 1877, près du village d'Azrou des Beni-Tour, traqué par toute une compagnie d'infanterie. Avant de tomber, il avait tué 2 hommes et en avait blessé 7. (Note de l'auteur.)

bureau arabe. Quelques coups de canon au loin. La galerie de mine destinée à faire sauter les embuscades situées en avant de la porte du bureau arabe avance et on est sur le point d'entrer en petite galerie. Nuit sombre, cris et vociférations.

La ration d'eau est encore réduite, aucun indice n'annonçant l'arrivée d'une colonne; les hommes de troupe ont 2 litres 1/2, les chevaux 3 litres tous les deux jours. Eau distribuée, 2.340 litres.

Mardi 2 mai. — De garde au bureau arabe.

Dans la nuit, les assiégeants ont poussé activement leurs travaux. A l'ouest, les tranchées se sont avancées du côté de la poudrière et dans les fèves en avant du bastion 9. A l'est, ils ont pris possession de l'avancée du redan, au-dessus de la carrière, et s'y fortifient.

Hier soir, vers 10 heures, une conversation a eu lieu entre deux de mes cavaliers, l'interprète M. Goujon, et les Kabyles des embuscades en avant du bureau arabe. A chaque coup de feu tiré par M. Goujon, il leur envoyait une plaisanterie; les Kabyles répondaient par des injures et des menaces. L'un d'eux nous a annoncé la prise de Dra-el-Mizan; j'avoue que cette nouvelle m'a donné froid dans le dos, je ne puis y croire.

Fusillade toute la journée. Vers 3 heures, grande réunion dans les figuiers des Hassenaoua; le caïd Ali et Mohamed-Amokran y assistent. On envoie des obus qui les dispersent. Les boîtes à mitraille lancées par les mortiers gênent considérablement les Kabyles et font beaucoup de mal.

Temps couvert, vent violent; on attend la pluie avec impatience. Les animaux souffrent beaucoup. Eau distribuée : 2.117 litres.

Nuit très sombre. Forte canonnade à Fort-Napoléon de minuit à 1 heure.

Mercredi 3 mai. — De garde à la porte de Bougie, au redan.

Ce matin nous avons un brouillard très épais. Pleuvra-t-il enfin? Protégés par le brouillard, les Kabyles remuent activement la terre et tirent de nombreux coups de fusil. Un tué, trois blessés. Une femme blessée, Mme Lefebvre, dans le fort. Le canon gronde très fort du côté de Fort-Napoléon. Transport considérable de paille et de fagots au marché du Sebt; les Kabyles veulent-ils tenter d'incendier le fort? Défaillance parmi les assiégés, surtout parmi les femmes et les enfants. L'eau diminue!

Les chevaux dépérissent et meurent, surtout ceux de race espagnole du peloton de chasseurs d'Afrique; ceux de nos cavaliers se maintiennent malgré les privations. Mon grand cheval alezan engraisse, le petit gris fait triste mine; cependant je leur donne ma ration d'eau. Les bœufs commencent aussi à périr malgré les soins qui leur sont donnés; on porte leur ration d'eau à 3 litres.

Les assaillants tirent beaucoup. Vers 11 heures, canonnade violente au Fort-Napoléon. La nuit, enlèvement de toutes les tuiles du village français au moyen de mulets kabyles. Cris de femmes au village indigène de Tizi-Ouzou ; nos boîtes à mitraille ont dû faire beaucoup de mal. Nous avons canonné aussi la gendarmerie et le magasin à orge. Quelques projectiles sont arrivés en plein dans les rangs kabyles ; ceux-ci ont enlevé des morts et des blessés.

Le puisard de la poudrière donne 148 litres d'eau par 48 heures, on continue à creuser. Eau distribuée : 2.300 litres.

Jeudi 4 mai. — De garde au bureau arabe.

La canonnade de Fort-Napoléon a duré jusqu'à 2 heures du matin. Ce matin le redan a essuyé une fusillade pendant deux heures ; qu'avaient-ils en vue d'entreprendre ? C'étaient des cris, des appels étourdissants ! Pas apparence de l'arrivée d'une colonne ! Les Kabyles nous crient que tout est brûlé jusqu'aux portes d'Alger. Nous n'avons plus que 8.000 cartouches ! On commence à s'occuper sérieusement de savoir ce que nous ferons lorsque nous n'aurons plus d'eau et plus de poudre. Les avis sont partagés : les uns veulent tenter une trouée par la route de Dellys par Taourga ; les autres sont d'avis de ne pas abandonner les femmes et les enfants et de se faire sauter plutôt que de se rendre.

Les travaux des assiégeants ont été vivement poussés cette nuit en avant du bastion de l'hôpital et du côté du jardin militaire. Pas d'apparence de pluie, toujours même chaleur.

Vive fusillade vers 10 heures du matin ; puis le feu s'arrête pour recommencer à 6 heures et il dure une grande partie de la nuit.

On a commencé à creuser un puits dans la cave de l'hôpital. Eau distribuée : 2.415 litres.

Vendredi 5 mai. — De garde au bureau arabe.

Ce sont les Beni-Mahmoud qui ont monté la garde cette nuit autour de nous. La fusillade a duré jusque vers minuit ainsi que les vociférations. Ce matin à 5 heures, la mousqueterie a recommencé. L'ennemi cherche décidément à nous entourer par une ligne continue de retranchements ; il s'avance surtout vers la porte du bureau arabe. Nombreux coups de fusil. Des projectiles de toute sorte sillonnent le bordj ; les barres de fer volées chez le forgeron de Tizi-Ouzou nous sont renvoyées sous forme de balles ; le sifflement est étrange, beaucoup de ces projectiles imitent le bourdonnement des taons.

On essaie de creuser un troisième puits dans la cour du bureau arabe.

Un artilleur est blessé mortellement. Les hommes tués ou morts à la suite de blessures sont enterrés sans bruit ; c'est à peine si la population et la garnison connaissent les pertes que nous faisons chaque jour. (Il y a eu dix-sept enterrements depuis le commencement du blocus.) C'est une excellente chose du reste ; dans la position critique où nous nous trouvons, il faut éviter de porter atteinte au moral de la garnison. A la popote, on est toujours très gai ; après le café, à 7 heures, on se quitte pour prendre ses postes de nuit.

Eau distribuée : 2.407 litres.

Samedi 6 mai. — De garde à la poudrière.

La nuit a été très sombre. On a beaucoup tiré contre le bastion de l'artillerie. Qu'y a-t-il donc ? J'entends des coups de pioche dans la direction de la capitale du bastion. Nous prêtons l'oreille ; ce sont des Kabyles qui veulent établir une embuscade en face de l'ouvrage. Je fais envoyer quelques coups de feu dans cette direction ; les coups de pioche s'arrêtent pour reprendre presque aussitôt. C'est le moment de se servir de nos grenades à pétrole. Un sergent de la milice, ancien soldat, qui est de garde avec moi, se propose pour en lancer une ; nous nous couchons à plat ventre pour l'allumer et, aussitôt que la mèche a pris feu, le sous-officier la lance par-dessus le mur en calculant à peu près la distance. Elle tombe à côté des travailleurs, elle éclate aussitôt et le pétrole retombe en pluie de feu sur les Kabyles qui poussent des cris et ripostent à coups de fusil. Bravo ! les coups sont bien ajustés, une balle traverse le créneau et vient couper, à deux millimètres de ma tête, une branche d'un eucalyptus planté au milieu du bastion. Elle était à mon adresse ; j'avoue que je l'ai saluée par un soubresaut resté inaperçu. Personne n'est blessé de notre côté. La grenade a produit son effet, les coups de pioche ont cessé et le silence de la nuit n'est plus troublé que par les roulements du tonnerre.

Ce matin, grand mouvement chez les Kabyles ; une colonne de plusieurs centaines d'hommes à pied et à cheval, avec un drapeau vert, se dirige, par la route de Dra-el-Mizan, vers les Betrouna ; selon toute apparence, c'est Si-ben-Ali-Chérif qui part (1). Des groupes nombreux quittent les environs du bordj.

Toute la journée les assiégeants remuent la terre en avant du bastion du génie.

A 10 heures du soir, violent orage qui dure une demi-heure. C'est la première nuit (2) depuis le siège que je passe dans mon lit ; il faut se lever, comme tout le monde, pour recueillir le plus d'eau possible. On remplit le château d'eau au moyen d'une pompe. C'est un bénéfice de 8 à 9.000 litres d'eau bourbeuse pouvant servir pour les animaux.

Vers 11 heures, fusillade fort vive du côté de la porte du bureau arabe ; les assaillants redescendent ensuite du côté du village, puis

---

(1) Si-ben-Ali-Chérif partait avec le caïd Ali pour rejoindre Mokrani à l'oued Soufflat.

(2) Il s'agit de la nuit du 6 au 7 mai.

remontent par les fossés vers le redan de la porte de l'Est. Vers 3 heures, on craint une attaque, mais les Kabyles se contentent de crier et de tirer des coups de fusil. On a entendu le canon du côté du col des Beni-Aïcha (1).

Eau distribuée : 2.221 litres.

Dimanche 7 mai. — L'espérance est rentrée dans tous les cœurs; cette pluie a été accueillie par nous comme un vrai débordement du Pactole; nous avons 10 à 12.000 litres d'eau en plus. Les chevaux et le bétail ont bu jusqu'à satiété; on voyait que ces malheureux animaux partageaient notre joie. On s'aborde le matin avec le visage souriant. Le bruit du canon entendu par mes cavaliers du côté du col des Beni-Aïcha est significatif.

Ce matin, les retranchements du côté de la porte d'Alger ont beaucoup augmenté; les Kabyles doivent organiser des casemates pour se mettre à l'abri de nos boîtes à mitraille qui les gênent beaucoup; ils cheminent en outre obliquement à droite. On place des meurtrières à coulisses dans les créneaux les plus exposés au feu de l'ennemi, dont les tranchées sont à 35 mètres des bastions 8 et 9.

La chaleur est revenue. Dans la journée, peu de coups de feu. A 4 heures, réunion des Kabyles dans les figuiers des Hassenaoua; quelques obus les délogent. A 10 heures du soir, grands cris dans les retranchements du village; les kabyles discutent s'ils vont oui ou non donner l'assaut; puis tout rentre dans le calme après qu'on les eut bombardés de mitraille. Vive canonnade à Fort-Napoléon.

L'attitude de mes cavaliers et des gens qui nous sont restés fidèles est généralement bonne. Quelques-uns cependant se préoccupent de l'avenir, n'ayant plus confiance dans l'arrivée d'une colonne française. On exerce sur eux une grande surveillance; généralement ils montent la garde au bureau arabe et à l'écurie. Il y a toujours trois officiers pour les surveiller; aucun poste sérieux ne leur est confié. Malgré cela, il faut le dire, ils se sont bien battus dans nos différentes sorties. Quelques colons, voire même quelques officiers, voudraient que tout ce qui est arabe fût emprisonné pour éviter toute trahison. Il n'y a qu'une chose à faire, c'est de les garder au milieu de nos rangs en leur inspirant confiance; les mettre en prison serait se priver de 60 fusils.

Eau distribuée : 1.901 litres.

Lundi 8 mai. — De garde au bureau arabe.

Pendant la nuit dernière, l'ennemi a travaillé à ses retranchements en avant du redan Est; il a amélioré ses créneaux et ses

---

(1) On a sans doute entendu les trois coups de canon que le général Lallemand a fait tirer aux Ammal, le 6 au soir, pour signaler sa présence au général Cérez.

meilleurs tireurs y sont postés. Les Ameraoua sont de garde, leur fusillade a duré toute la nuit. Vers minuit, violente dispute entre les gens d'El-Itama et ceux de Tizi-Ouzou à propos du travail. Personne ne veut rester dans la tranchée où on perd beaucoup de monde.

Eau distribuée : 1.999 litres.

Mardi 9 mai. — De garde à la poudrière.

Mon bastion a été criblé de balles la nuit dernière; plusieurs sont venues raser les oreilles de mes soldats. Nuit très sombre. Les Kabyles insultent mes cavaliers et interpellent mon caïd Ed-Diaf; on reconnaît la voix de l'ancien agent de police indigène de Tizi-Ouzou : « Ah! chiens, vous buvez du vin avec les chrétiens, vous mourrez quand même de soif et nous aurons vos têtes. »

Les assiégeants ont profité de la nuit pour creuser une autre parallèle à 3 mètres environ en avant de celle déjà établie devant la porte du bureau arabe; ils ont essayé également d'en établir une en avant du bastion de la poudrière. Ils veulent nous envelopper complètement d'un cercle de feu, mais ils échouent encore cette fois, la mitraille les a délogés. Ils poursuivent activement, même pendant le jour, leurs travaux dans le fossé conduisant au redan et en se défilant par des crochets.

On a définitivement abandonné les travaux du puits de l'hôpital; on continue ceux de la poudrière et du bureau arabe.

Mercredi 10 mai. — De garde au bureau arabe.

Nuit calme, signaux au Belloua, aux Betrouna et à Bou-Hinoun. Ce matin on aperçoit un violent incendie du côté des Isser. Le caïd Ali, suivi de quelques cavaliers, va en reconnaissance sur la route d'Alger; le bordj le salue par des coups de feu qui l'obligent à se défiler et à prendre le trot. Grand mouvement chez les Kabyles; vers 10 heures du matin, une forte colonne, drapeau en tête, venant du côté de l'oued Defali, remonte par les jardins des Hassenaoua et se dirige du côté de l'oued Aïssi. Vers 4 heures du soir, grande émigration de troupeaux vers le haut Sébaou par les gorges d'Erdjaouna.

Les Kabyles continuent leurs travaux. Notre galerie de mine est terminée; elle a 85 mètres de développement; deux rameaux de 8 mètres reçoivent des charges, de manière à faire sauter une partie des retranchements de l'ennemi en avant du bastion 9 et du bureau arabe. Nous avons 7 blessés.

Jeudi 11 mai. — Nuit calme. Les signaux du Belloua, des Betrouna et de Bou-Hinoun sont interprétés par mes cavaliers dans un sens favorable à notre délivrance. La colonne ne doit pas être loin. Tout le monde a été debout pendant la nuit. Le capitaine Sage est blessé.

Ce matin, calme plat. J'étais en train de prendre un peu de repos lorsque tout à coup on annonce que les Kabyles ont abandonné les retranchements en avant du bastion 9. Sortie générale de la garnison. On me met à la tête d'une partie de la milice avec les cavaliers du bureau arabe ; je pousse une pointe sur le marché du Sebt et je me rabats ensuite sur le village français. Lorsque nous arrivons vers la gendarmerie, la fusillade commence ; l'ennemi est embusqué vers le vieux cimetière. Après avoir balayé les environs du village, je reçois l'ordre de remonter au bordj.

Les tranchées établies en avant des bastions 8 et 9 sont détruites. On ouvre immédiatement un retranchement pour couvrir le petit plateau situé en avant de la porte d'Alger en profitant des fossés sur la route de manière que l'ennemi ne puisse s'y établir. Pendant les travaux, on trouve les cadavres des deux chasseurs à pied tués à la sortie du 20 avril ; ils sont sans tête ; l'un d'eux a conservé une bague en fer au doigt.

Je suis envoyé avec mes cavaliers et 20 chasseurs à pied sur la route des Maatka, à hauteur de Bou-Hinoun, pour tenir tête aux Hassenaoua qui reviennent en grand nombre faire un retour offensif. A leur tête est le vieux Mohamed-ou-Kassi (1), monté sur un mulet. Je promets 50 francs au cavalier qui lui enverra une balle. Forte fusillade ; les Kabyles nous chargent, mais ils sont arrêtés par notre feu.

Tout à coup on entend le canon du côté de Feraoun ; on compte trois coups, c'est la colonne ! Un hourra part de toutes les bouches. Mes cavaliers poussent une charge jusqu'au pied des embuscades de Bou-Hinoun ; je suis forcé de calmer leur ardeur.

D'un autre côté, le capitaine Truchy va jusqu'à la redoute du 60e ; le lieutenant Vallée balaie la route de Fort-Napoléon. Les Kabyles sont vigoureusement battus par nos feux à l'est et à l'ouest.

A 11 heures, nous montons à cheval avec le goum pour accompagner le commandant supérieur, qui va à la rencontre du général Lallemand. Après une heure de trot, nous arrivons à Dra-ben-Khedda, où nous trouvons la colonne arrêtée, en train de faire le café. Le général Lallemand s'avance vers le commandant Letellier et l'embrasse ; il nous serre la main à tous en disant : « Messieurs, j'ai bien pensé à vous, je vous croyais perdus, et mon unique souci était d'arriver au plus vite à Tizi-Ouzou. Mes pauvres gens de Tizi-Ouzou ! (2) »

---

(1) C'est encore un des anciens caïds à qui l'organisation kabyle a fait perdre leur emploi ; il commandait aux Beni-Khalifa. C'était un vieillard très actif, il remplissait les fonctions d'intendant des vivres au camp du Sebt.

(2) Comme je l'ai dit, le général Lallemand avait été commandant supérieur à Tizi-Ouzou.

Je m'informe du capitaine Robin : il est parti pour Tizi-Ouzou avec le goum par la traverse.

La colonne se met en marche pour Tizi-Ouzou ; nous escortons le général. En arrivant au bordj, la vaillante petite garnison lui rend les honneurs. Le général profite de l'occasion pour féliciter tout le monde en présence de sa colonne.

Le combat s'engage au pied du Belloua ; le feu ne cesse qu'à la nuit. Tout le monde a admiré la ténacité des Kabyles sous le feu des mitrailleuses et des canons ; ils battent en retraite par échelons et sont rejetés au delà du Sébaou.

Le soir, à 9 heures, nous offrons à dîner au général et à son état-major. Toast. Le général nous félicite chaudement de notre belle défense ; il la compare aux plus belles que l'armée d'Afrique ait eu à soutenir.

Je suis remplacé, comme chef du bureau arabe, par le capitaine Sage, ancien chef du bureau arabe de Fort National, mais je reste attaché à la colonne Lallemand.

CHAPITRE XIV

Un ordre général du 11 mai rétablit à Alger le siège de la division. — La place de Tizi-Ouzou est remise en état, approvisionnée, et sa garnison est renforcée. — Reconnaissances du 14 mai. — Programme du général Lallemand. — La colonne prend la route de Dellys le 15 et campe à Dar-Beïda. — Combat de Taourga le 16 mai; la colonne campe à Bab-Enzaouat. — Séjour le 17; destruction des maisons des Oulad-Mahi-ed-Din. — Combat des Beni-Ouaguennoun le 18 mai; arrivée de la colonne à Dellys.

Un ordre général du 11 mai rétablit à Alger le siège de la division, qui avait été transporté à Médéa par décision du 2 décembre 1870 du commissaire extraordinaire Du Bouzet, décision qui avait été exécutée le 16 mars 1871. Le général Savaresse rentre à Alger avec tout son état-major.

La colonne Lallemand séjourna à Tizi-Ouzou jusqu'au 15 mai. On s'occupa de rétablir la conduite d'eau, d'achever de détruire les retranchements des Kabyles et de refaire les approvisionnements du fort. La garnison de la place fut renforcée de 50 hommes du 21e bataillon de chasseurs à pied, et on lui donna une mitrailleuse et une section d'obusiers de montagne de 4.

Le 14 mai, une reconnaissance de cavalerie commandée par le commandant Rozier va explorer les deux rives du Sébaou, brûle l'azib Seklaoui, et achève de brûler Timizar-Lor'bar. En même temps, le capitaine Robin, avec le petit goum qu'il a sous ses ordres, va brûler les azibs des Betrouna, à l'oued Defali, et le village de Sidi-Namen. Quelques coups de fusil sont échangés des deux côtés avec les Kabyles.

Le principal objectif de la colonne était maintenant de débloquer Fort-National; mais avant d'entreprendre cette importante opération, il convenait de rétablir d'abord la sécurité des communications avec Dellys, en débloquant cette place et en soumettant les tribus la séparant de Tizi-Ouzou, afin de rendre facile le passage des convois de ravitaillement arrivant par le port de Dellys. Il fallait aussi faire tomber, d'une part, la résistance des Beni-Ouaguennoun et des Beni-Djennad; d'autre part, celle des tribus du massif montagneux compris entre l'oued Aïssi et l'oued Bougdoura, afin de déblayer le terrain, d'isoler autant que possible les Beni-Raten, et de bien assurer les derrières de la colonne pendant qu'elle ferait l'ascension de Fort-National à travers les montagnes des Beni-Raten.

Pour aller de Tizi-Ouzou à Dellys, deux routes peuvent être suivies : la route muletière des Beni-Attar, passant par la montagne près de Taourga, où habitait le chef de l'insurrection de cette région, El-Hadj-Aomar-ben-Mahi-ed-Din, et la route carrossable passant par Azib-Zamoum et Rébeval; cette dernière pouvait être abrégée en suivant la vallée par Bordj-Sébaou et Dar-Beïda. Qu'on choisît l'une ou l'autre de ces routes, il fallait, pour donner pleine sécurité aux communications, réduire d'abord à l'obéissance la fraction de Taourga; l'ennemi s'y était retranché dans ses villages situés sur des positions très fortes, et il avait mis en état de défense le défilé de Bab-Massel, qui traverse une crête rocheuse (1) très escarpée, et qu'il eût fallu d'abord emporter d'assaut si on avait marché directement sur Taourga par le chemin des Beni-Attar.

Mais le général Lallemand, au lieu d'aborder ces positions de front, opéra de la manière suivante :

Il se mit en route le 15 mai, emmenant les colons de Tizi-Ouzou et d'Azib-Zamoum qui voulaient gagner Dellys, fit sa grand'halte à Bordj-Sébaou, et alla établir son bivouac à Dar-Beïda, où il arriva à 3 heures de l'après-midi. Le lendemain, 16 mai, la colonne se divisa en deux portions, une commandée par le commandant Lucas avec son bataillon de zouaves, 1 bataillon du 80e, la majeure partie de la cavalerie, 1 mitrail-

---

(1) Cette crête, appelée Dra-el-Karouch, forme comme une muraille vers le sud.

leuse, 1 section de montagne et le convoi de voitures se mit en route à 5 heures pour Dellys par la route carrossable; l'autre, comprenant le reste de la colonne dégagée de ses impedimenta, partit à 6 heures. Alors que l'ennemi croyait que toute la colonne allait suivre la même route, le général Lallemand fit faire tête de colonne à droite et commencer l'ascension d'une crête qui se détache d'Aïn-el-Arba et prend successivement les noms de Zebabidj, Dra-el-Guendoul, Hadjar-Souala et Dra-el-Kharouba. Arrivée à 9 heures du matin sur cette dernière hauteur, la colonne se trouva en face d'un groupe de villages qui portent les noms de Bou-Habachou, Taourga-Afir, Taourga-el-Ouçata et Taourga-el-Guecea. Ces villages étaient en état de défense, mais ils étaient beaucoup plus abordables par le nord qu'ils ne l'auraient été par l'est, si on avait pris le chemin de Bab-Massel; les principales défenses se trouvaient tournées.

La cavalerie fut envoyée au village des Beni-Attar pour arrêter les contingents ennemis qui auraient pu arriver de ce côté et couper en même temps la retraite aux défenseurs des villages s'ils cherchaient à se retirer dans les Beni-Ouaguennoun par Aïn-el-Arba.

En même temps, le colonel Fourchault, qui commandait la brigade de tête, prenait ses dispositions pour attaquer d'abord Bou-Habachou. Quelques obus sont lancés sur ce village, mais il avait été évacué par ses habitants, sa situation à flanc de coteau ne leur ayant pas paru suffisamment forte; les défenseurs s'étaient retranchés sur la crête rocheuse qui domine le village.

Le bataillon du 2e tirailleurs, lancé sur Bou-Habachou, s'en empare sans coup férir, puis, déposant ses sacs à la garde d'une section, il se porte à l'attaque du mamelon supérieur, qui est promptement enlevé. C'est alors que commence l'attaque de Taourga-Afir, la clef de la position.

Le colonel Fourchault fait d'abord lancer des obus sur le village par l'artillerie, qui a pris une deuxième position à 800 mètres en avant de la première, et, en même temps, il envoie le bataillon du 1er tirailleurs, appartenant à la 2e brigade et que le général Lallemand a mis exceptionnellement à sa disposition, avec une compagnie du 27e bataillon de chasseurs à pied, parallèlement à la crête, en passant au-dessous de Bou-Habachou pour faire l'attaque de front, de concert avec le bataillon du 2e tirailleurs. Ce bataillon, après s'être emparé de la position supérieure de Bou-Habachou, doit, sans désemparer, marcher sur Afir et prendre la droite de l'attaque. Le bataillon du 2e zouaves, contournant la montagne par la droite, doit aller recevoir sur la pointe de ses baïonnettes les défenseurs d'Afir dès qu'ils seront culbutés dans l'oued Reha.

Le commandant du bataillon du 2e tirailleurs n'avait pas bien compris les ordres qu'il avait reçus; au lieu d'aller se joindre au 1er tirailleurs pour l'attaque d'Afir, il redescend pour reprendre ses sacs qu'il a laissés à Bou-Habachou, de sorte que, malgré les ordres qui lui sont envoyés à trois reprises différentes, il arrive trop tard pour prendre part à l'assaut, et c'est le 1er tirailleurs qui doit fournir tout l'effort avec la compagnie de chasseurs à pied. Mais ce bataillon, sous l'habile et intelligente direction du capitaine Cuvillier-Fleury qui le commande, n'est pas au-dessous de cette tâche; il enlève avec un entrain et une vigueur indicibles le village de Taourga-Afir, défendu par des contingents nombreux abrités derrière des retranchements réellement formidables, et s'en rend maître.

Voici comment le colonel Fourchault a fait le récit de l'assaut de Taourga dans une lettre qu'il a écrite le 17 mai, c'est-à-dire le lendemain du combat, au commandant des francs-tireurs d'Alger :

Une fois mes dispositions bien prises et voyant tout l'intérêt que le général attachait avec raison à la prise de cette position, je pars moi-même avec mon escorte et, montrant du doigt au général le point qui l'intéresse : « Je serai là dans une heure », lui dis-je bien résolument.

J'arrive bientôt au point où s'étaient réunis mes chasseurs à pied et mes tirailleurs; je les trouve occupés à tirailler en prononçant leur mouvement d'attaque. De ma plus grande voix je pousse le cri : « En avant! En avant! » Chasseurs et tirailleurs s'élancent, les tirailleurs jettent leurs cris de panthère, la fusillade retentit d'une façon formidable, les défenseurs de Taourga, placés derrière des retranchements inexpugnables, font des feux d'enragés ; mais rien n'arrête l'élan de nos soldats. Les pentes les plus rapides, les talus les plus escarpés sont franchis au travers des broussailles, des rochers, des fossés, des haies de cactus ; le village est enlevé, les Kabyles sont précipités dans les ravins, les morts sont semés dans les rues du village et je plante mon fanion sur le point le plus élevé. Il y avait à peine trois quarts d'heure que j'avais quitté le général.

Le village était rempli de butin et, dans le voisinage, d'autres villages encore étaient enlevés par nos soldats et on y trouvait des approvisionnements de toute sorte. Et toujours cette même réflexion : Quelle joie ce serait pour mes chers francs-tireurs et mobilisés de se trouver au milieu de nous !

Je restai environ trois heures au village pour bien fouiller et raser tout le voisinage. A chaque instant, c'étaient de nouveaux prisonniers ; je n'ai pas besoin de vous dire le sort qui leur était fait : pas de pitié pour les assassins ; arrière les philanthropes et les rêveurs qui font de l'humanité les pieds dans leurs pantoufles. Cette journée a coûté cher à l'ennemi.

Le bataillon du 2ᵉ zouaves avait été envoyé par le général Lallemand pour combler le vide laissé par l'absence du 2ᵉ tirailleurs ; il n'a donc pas achevé l'exécution de son mouvement tournant.

Taourga-el-Guecea a été, à son tour, emporté d'assaut et les Kabyles rejetés dans l'oued Reha où on en a tué un grand nombre. Les villages sont livrés aux flammes.

C'est à ce moment que se produisit un incident pénible, dont fut victime le fils du caïd Lounès-ben-Mahi-ed-Din. Comme je l'ai dit au chapitre VIII, le caïd Lounès était resté fidèle et il avait même prévenu le commissaire civil de Dellys de l'attaque projetée sur Rébeval et sur Ben-Nechoud ; il était resté dans la ville, protestant de son dévouement à notre cause. Mais les colons, ayant appris la part que ses parents avaient prise au massacre de Rébeval, ne voulaient pas admettre qu'il en fût innocent et ils lui auraient fait un mauvais parti si on ne l'avait pas éloigné de Dellys. On l'avait embarqué, le 23 avril, pour Alger, avec l'interprète M. Guérin, sur l'aviso *le Daim*. A Alger, on avait commencé par l'envoyer à la prison Bab-Azoun ; mais comme on n'avait rien à lui reprocher personnellement, au contraire, on s'était borné à le mettre en surveillance au bureau politique. Le général Lallemand avait été informé de cette situation.

Lorsque les gens de Taourga s'étaient vus menacés par la colonne du général Lallemand, ils s'étaient empressés de faire filer leurs familles et leurs troupeaux dans les Beni-Ouaguennoun ; mais le fils du caïd, nommé Amar, se croyant à l'abri de toute atteinte, n'avait pas imité cet exemple et il était resté dans sa maison, située au fond d'un ravin au delà des villages de Taourga, avec ses troupeaux. Le chef du goum ayant eu connaissance de cette situation et jugeant imprudent pour Amar-ben-Lounès de rester ainsi dans sa maison, car il courait grand risque d'être confondu avec les insurgés dans l'ardeur de la poursuite, il lui envoya un spahis pour lui dire de venir le trouver s'il voulait être en sûreté. Amar sortit de sa maison, mais, au lieu de faire ce qu'on lui avait dit, il préféra aller trouver le général Lallemand qu'il voyait sur la crête, à quelque distance, et il alla à lui le fusil sur l'épaule, faisant appel à son intervention. Le général Lallemand voulut le renvoyer à son chef des affaires indigènes, le commandant Pan-Lacroix, et il fit avec le bras un geste qui fut mal interprété par les spahis et les tirailleurs qui se trouvaient de ce côté, car ils firent feu sur lui et le tuèrent.

Amar était suivi par son chien de chasse qui se mit à pousser des cris lamentables en se jetant sur le corps de son maître ; par un sentiment de pitié on le tua également.

Cet incident montre combien il est difficile à un indigène bien intentionné de séparer sa cause de celle des gens de sa tribu (1).

Pendant que les opérations contre la fraction de Taourga se poursuivaient, les Kabyles des tribus des Beni-Slyim, Beni-Ouaguennoun, Beni-Djennad, Flissat-el-Behar, s'étaient rassemblés à Aïn-el-Arba et ils s'avançaient jusqu'au col de Bab-Enzaouat ; on voyait avec eux trois cavaliers qui devaient être

---

(1) Le caïd Lounès a été exonéré du séquestre dans l'arrêté du 11 septembre 1871.

des parents du caïd Ali qui s'étaient mis à la tête des contingents.

Le colonel Faussemagne fut chargé de déloger l'ennemi de cette importante position et il lança contre lui le 21e bataillon de chasseurs et le 4e zouaves. Malgré la raideur des pentes et les difficultés du terrain, ces troupes se portèrent à l'attaque avec une telle vigueur que les Kabyles, malgré leur résistance, furent bientôt culbutés ; on les poursuivit jusque dans les Beni-Slyim, à plusieurs kilomètres de distance.

Le combat terminé, la colonne établit son bivouac à Bab-Enzaouât (1). On y trouva peu de bois ; une source abondante, située au village des Beni-Attar, suffit aux besoins de la colonne.

Cette journée nous a coûté 5 tués et 8 blessés, savoir :

21e bataillon de chasseurs.......	1 tué	2 blessés.
2e zouaves...................	1 —	2 —
4e zouaves	» —	2 —
1er tirailleurs	3 —	2 —
Totaux..........	5 tués	8 blessés.

Dans l'après-midi, le capitaine Robin, avec le goum, alla brûler les villages des Oulad-Sabeur et de Cherraba.

Le 17 mai, la colonne fit séjour à Bab-Enzaouat. Le génie, protégé par des corvées armées d'infanterie, procéda à la destruction des maisons d'El-Hadj-Aomar-ben-Mahi-ed-Din, situées près de Bou-Habachou, et à celle du défunt agha El-Medani-ben-Mahi-ed-Din.

Le 18 mai, la colonne se mit en marche pour Dellys en passant par les Beni-Ouaguennoun et les Beni-Slyim.

Le caïd Ali avait convoqué ses contingents dans les Beni-Ouaguennoun (2) ; aussi en arrivant au-dessous du rocher d'Azrou Reddou, trouvâmes-nous la position occupée par de nombreux

---

(1) La carte porte « Bab-Ezagène ».
(2) Voici deux des lettres de convocation qu'il avait écrites :
« Le caïd Si-Ali-ou-Kassi et la totalité des combattants à l'amin des Aït-el-Adour (Bi Djennad) aux grands, aux sages et aux combattants de ce village.
» Après les salutations : Il faut absolument que vous alliez chez les Beni-Ouaguennoun où vous combattrez pour la cause de Dieu. Sachez que 100 de vous

rebelles. La route était barrée par un système de retranchements, construits avec des troncs d'arbres et des pierres, qui, partant de la crête supérieure, s'étendait jusqu'à Attouch, en passant par Adrar-Iguerfiouen (1) et en s'appuyant sur des lignes de rochers.

La brigade Faussemagne, qui marchait en tête de la colonne, fut chargée de l'attaque. Tandis que l'artillerie et une ligne de tirailleurs attaquaient la position de front, le colonel Faussemagne, à la tête du bataillon du 4e zouaves, la tournait par la gauche, en même temps que deux compagnies du 80e, une division de chasseurs d'Afrique et les spahis la tournaient par la droite, suivis bientôt par le bataillon du 1er tirailleurs. Les Kabyles, se voyant débordés, s'enfuirent à toutes jambes poursuivis par nos troupes qui leur firent éprouver de grandes pertes; ils se séparèrent en deux bandes à droite et à gauche de la ligne de faîte des Beni-Ouaguennoun.

Les troupes qui avaient tourné la position par la droite livrèrent successivement aux flammes les villages de Taceddart, d'Issiakhen, de Tir'ilt-Nellouh, d'Iashounen, de Machera, d'Agueni-bou-Aklan et de Tigoulmamin de la fraction d'Attouch. L'autre bande de rebelles, rejetée à gauche de la crête, fut poursuivie par une compagnie du 4e zouaves, deux compagnies du 21e bataillon de chasseurs et rejetée dans un grand

---

peuvent faire face à 200. Les Flissat-Oum-el-Lil et les Maatka sont déjà tous chez les Beni-Ouaguennoun.

» Le fils de Si-el-Hadj-Abd-el-Kader est en mouvement dans l'Est, vers Tebessa, Biskra et Souk-Harras. Le mouvement insurrectionnel est allé jusqu'à Oran, Cherchel et Mostaganem et toutes ces villes sont bloquées comme Fort-Napoléon.

» Et toi, Amin, souviens-toi que ton frère est mort dans le combat. Tu m'as déclaré avoir pris le sabre d'un chasseur, il faut que tu l'apportes, je te l'achèterai. »

« Ali-ou-Kassi à Ali-ou-Amar-ou-Boudjema.

» Il faut absolument que vous veniez avec vos gens, demain, de bonne heure, aux Beni-Ouaguennoun; le caïd Saïd-el-Haoussin devra venir avec vous. Vous vous placerez en face de la colonne qui s'y trouve. Pendant ce temps, nous irons aux Beni-Raten et nous n'en sortirons qu'après nous être emparés du bordj des Français. Peut-être Dieu nous donnera-t-il la victoire et que nous nous emparerons des Français, après quoi nous irons vous rejoindre avec les gens des Zouaoua et nous livrerons combat à la colonne. Salut !

» Écrit dans les derniers jours de safeur 1288 (le dernier jour de safeur correspondait au 20 mai 1871). »

(1) Rocher situé à 500 mètres au sud du mamelon coté 619.

ravin qui forme la tête de l'oued Brika. Il y eut un combat très vif sur le bord d'un ravin boisé où la compagnie de zouaves s'était un peu trop aventurée. Le village de Tibecharin, des Beni-Slyim, fut livré aux flammes.

La compagnie du 4ᵉ zouaves, qui avait été serrée de près, avait eu 2 tués et 5 blessés ; les autres troupes n'ont eu qu'un blessé, au 1ᵉʳ tirailleurs.

Nous avions eu devant nous, en outre des gens de la région, les contingents de plusieurs tribus de la rive gauche du Sébaou.

Après une grand'halte d'une heure, la colonne se dirigea sur Dellys en passant par Afir, Tadjenant, Aïn-Roubaï, villages des Beni-Slyim qui, abandonnés par leurs habitants, furent incendiés. La colonne arriva à Dellys à 6 heures du soir ; la queue ne rejoignit qu'à 8 h. 1/2.

La ville n'était déjà plus bloquée, le général Hanoteau avait réussi à élargir notablement le cercle d'investissement des Kabyles. La colonne y séjourna jusqu'au 20 mai pour compléter ses approvisionnements de vivres et de munitions.

CHAPITRE XV

Note sur la place de Dellys. — Difficultés de la défense. — Dispositions prises. — Dévastation de la banlieue de Dellys, le 18 avril. — Arrivée des premiers renforts, le 15, et du *Limier*, le 19 avril. — L'interprète Guérin est débarqué à l'embouchure de l'Isser et communique avec un caïd. — Reconnaissance du 20 avril. — Arrivée de mobiles de l'Hérault, le 22. — Les Kabyles attaquent la ville le 23, la marine concourt à la défense. — Conduites d'eau coupées. — Transport des meules de fourrage. — Mesures prises pour augmenter le nombre des cavaliers. — Arrivée de nouveaux renforts, le 24. — Main-d'œuvre employée. — Reconnaissances des 11, 12 et 13 mai. — Sorties des 15 et 17 mai. — Corps qui ont pris part à la défense.

La ville de Dellys est bâtie sur le flanc oriental d'un éperon rocheux qui se détache du massif de Sidi-Souzan, lequel a une altitude de 371 mètres, et qui, s'avançant dans la mer, forme la petite rade de Dellys.

Le quartier européen, qui est le plus au sud, est bien séparé du quartier indigène. La fortification se compose d'une muraille bastionnée et crénelée qui a un développement de 1.800 mètres et qui exigerait, pour l'occuper complètement, une garnison nombreuse. Un blockhaus en maçonnerie est construit, à 150 mètres de la muraille, sur une croupe d'où on domine la place, afin d'empêcher l'ennemi de s'y établir et de donner un flanquement aux fronts sud et ouest. Sur le bord de la mer, à l'est de la ville, on avait construit une batterie de côte qu'on n'avait jamais achevée, les maçonneries se disloquant au fur à mesure des travaux, par suite des glissements du sol.

La partie faible de la place était le côté sud où on était mal défilé et par où l'ennemi pouvait s'approcher à couvert jusqu'à une assez faible distance de l'enceinte.

Il y avait de l'eau en quantité suffisante pour l'alimentation, en dehors de celle amenée de l'extérieur par les conduites d'eau, et la situation de la ville comme port de mer permettait, bien qu'il ne fût pas toujours facile d'y aborder, d'y envoyer des approvisionnements et des renforts.

Pendant le cours du siège par les Kabyles, il n'y eut qu'un moment critique; ce fut au début, lorsqu'il n'y avait, pour ainsi dire, pas de garnison, à cause de la population indigène enfermée dans l'enceinte et qui ne comptait pas moins de 2.000 âmes, en regard des 5 à 600 âmes que comptait la population européenne, y compris les réfugiés de Rébeval et de Ben-Nechoud.

Le récit de la défense de Dellys est donné dans le rapport ci-après du général Hanoteau, commandant de la subdivision.

BLOCUS DE DELLYS DU 17 AVRIL AU 18 MAI 1871

....(1)

Le contre-coup de ces événements se fit sentir, pour ainsi dire, instantanément dans le commandement de Dellys; dès le 17 au matin, il était certain que les Beni-Ouaguennoun et les Flissat-el-Behar étaient insurgés. Je prévins aussitôt le commissaire civil de Dellys, qui était, d'autre part, informé lui-même, que les villages européens de Rébeval et de Ben-Nechoud devaient être attaqués, le lendemain matin au plus tard, par les Beni-Tour et les Taourga. Les malheureux habitants n'eurent que le temps de charger, à la hâte, sur des chariots ce qu'ils pouvaient porter et de se réfugier à Dellys où les derniers arrivaient vers 2 heures du matin, après avoir essuyé quelques coups de feu qui blessèrent l'un d'eux à la jambe. J'avais envoyé huit spahis, conduits par M. l'interprète Guérin, pour protéger leur retraite.

Le lendemain matin, Rébeval et Ben-Nechoud étaient la proie des flammes; 7 à 8 personnes qui s'étaient obstinées à y rester étaient massacrées.

Cependant, les portes de Dellys s'étaient refermées derrière les colons et je prenais mes dispositions pour empêcher une surprise à laquelle la ville était, dans le principe, fort exposée.

Le 15 avril, en effet, alors que l'insurrection était déjà à peu près générale dans les cercles de Fort-Napoléon et de Tizi-Ouzou, la garnison de Dellys se composait exclusivement d'une soixantaine de tirailleurs, presque tous nouvelles recrues, originaires des tribus voisines et dont dix-sept seulement étaient armés; deux de ces

---

(1) Je passe quelques considérations générales sur l'insurrection et sur sa marche dans les autres cercles de la subdivision.

tirailleurs ont déserté depuis, avec armes et bagages, et j'ai dû en faire embarquer un certain nombre sur lesquels on ne pouvait pas compter.

La population musulmane de Dellys, forte de 2.000 âmes, n'avait pas fait acte d'hostilité, mais on pouvait s'attendre à la voir se tourner contre nous si les Kabyles pénétraient dans les murs.

Dans ces conditions, on ne pouvait songer à défendre l'enceinte qui a près de 2.000 mètres de développement et est aussi défectueuse que possible sous le rapport du tracé, du défilement et du relief.

J'avais donc fait préparer, pour servir de refuge à la population, deux groupes de bâtiments composés, l'un de l'hôpital et de la mosquée, l'autre de la manutention et de ses accessoires. Des vivres et des munitions y avaient été transportés secrètement pour ne pas jeter l'alarme dans la population.

C'étaient, en effet, des asiles bien précaires et la nécessité d'y recourir aurait indiqué aux moins clairvoyants une position désespérée. Nous n'eûmes pas, heureusement, besoin de nous en servir : le soir de ce même jour (15 avril), en effet, je recevais par le bateau des Messageries 290 hommes, artilleurs et zouaves, parmi lesquels, il est vrai, se trouvaient 30 malades blessés ou amputés; c'était néanmoins un renfort précieux. Les miliciens de Dellys, de Rébeval et de Ben-Nechoud me fournissaient à peu près 200 fusils. J'avais donc, après la fermeture des portes, le 17 avril, environ 500 hommes armés; la défense de l'enceinte devenait possible.

Je fis répartir les hommes sur les remparts et camper à proximité des parties d'enceinte qu'ils devaient défendre. Cette disposition, maintenue jusqu'à la fin de l'investissement, a donné de très bons résultats.

Plus tard, l'installation des troupes fut complétée par la construction de vastes gourbis couverts en diss où les hommes trouvaient un abri contre la chaleur et la pluie.

Je fis placer dans les bastions les 7 pièces d'artillerie à ma disposition et j'attendis l'ennemi, ne pouvant songer à aller au-devant de lui.

Il ne vint pas cette nuit-là et, le lendemain matin 18 avril, je n'apercevais encore personne autour de nous. Les fermes en vue de la ville du côté de Bou-Medas avaient cependant été attaquées et un malheureux colon, surpris dans sa maison, avait été assassiné.

J'envoyai en reconnaissance sur la route des Jardins (1) 8 spahis dont l'un devait se détacher du groupe, passer le Sébaou et se diriger sur Alger pour y porter des dépêches; ce spahis trouva les Isser

---

(1) C'est la route d'Alger qui suit le bord de la mer.

révoltés et dut rentrer en ville. Les autres poussèrent jusqu'à Ben-Nechoud où ils virent, sur la route, 3 cadavres européens. Le village était mis au pillage par 150 individus environ, dont ils tuèrent 7 avant de rentrer à Dellys.

A 5 heures de l'après-midi, des masses nombreuses apparaissaient sur les crêtes qui dominent la ville ; le feu était immédiatement mis à toutes les fermes environnantes et j'avais la douleur de voir accomplir sous mes yeux ces actes de vandalisme qui devaient continuer jour et nuit jusqu'à ce qu'il ne restât plus rien du travail de tant d'années.

Je pensais être attaqué dans la nuit ou le lendemain, il n'en fut rien ; les Kabyles étaient occupés au pillage. J'eus au contraire la satisfaction de voir arriver dans notre port l'aviso de l'État, *le Limier*, qui, mettant à terre une section de débarquement, nous donna ainsi quelques défenseurs de plus, en même temps qu'il nous prêtait deux pièces d'artillerie pour augmenter l'armement de la place. Les canons du bord pouvaient, d'autre part, nous être d'un très utile secours (1) ; mais ce dont je me félicitai surtout, c'est de l'effet moral produit, par l'arrivée du *Limier* dans le port, sur la population civile, qui puisa dans sa présence un nouveau courage en pensant que, en cas de malheur, les femmes et les enfants y trouveraient un refuge.

Le 19, je profitai du départ pour Alger de l'aviso le *Daim*, pour faire débarquer à l'embouchure de l'Isser M. l'interprète Guérin (2) qui devait se mettre en relation avec le caïd des Isser-el-Ouïdan et tâcher d'avoir des renseignements sur l'état du pays. M. Guérin s'acquitta bravement de cette mission périlleuse, qu'il avait lui-même sollicitée, et acquit la certitude que toutes les tribus s'étaient révoltées jusqu'à la Mitidja.

Le 20, voulant me rendre compte des forces kabyles qui se trouvaient devant nous, je fis sortir 12 spahis qui, sous la conduite de leur maréchal des logis, Si-Ahmed-Taïeb-ben-Moula, montèrent

---

(1) La présence du *Limier* empêchait les Kabyles d'occuper la batterie de côte qui n'est qu'à 400 mètres du débarcadère du port.

(2) Ce fait s'est passé le 20 avril et non le 19. M. Guérin était accompagné de deux mokhaznis du bureau arabe. Une fois débarqué, il fit appeler le caïd qui vint le trouver et lui dit que les Isser s'étaient mis en insurrection sous la pression des autres tribus, mais que les caïds s'empresseraient de se soumettre dès qu'une colonne paraîtrait dans le pays. Il ajouta que l'insurrection était générale et que les colons de Bordj-Menaïel avaient été tués à coups de pioche pour épargner la poudre, ce qui était faux.

M. Guérin avait déjà eu la mission, le 17 avril, d'aller se poster avec quelques spahis sur la route de Rebeval pour protéger la retraite des colons; dans ces deux circonstances il n'avait pas couru de sérieux dangers, mais il sut si bien faire valoir ses services qu'il réussit à se faire décorer, quoiqu'il fût encore jeune de service.

bravement jusque sur les crêtes de Bou-Medas. Une section du 1ᵉʳ zouaves, déployée en tirailleurs à mi-côte, devait protéger la retraite. Cette petite reconnaissance, dans laquelle un spahis fut grièvement blessé, obligea l'ennemi à se découvrir et fit connaître quelques-uns de ses chefs. Son résultat, complété par des renseignements pris depuis, me permet de dire, dès maintenant, que les investisseurs de Dellys étaient au nombre de 3.000 environ, obéissant à El-Hadj-Aomar-ben-Mahi-ed-Din de Taourga. Ils étaient séparés en deux colonnes, l'une, campée près de Bou-Medas, était dirigée par le chikh Taïeb des Flissat-el-Behar, mokoddem des khouan, et comprenait les gens de cette tribu, les Beni-Ouaguennoun, les Beni-Slyim, les Beni-Tour et les Taourga; l'autre, campée au-dessus d'El-Assouaf, était composée des Isser sous la direction du marabout Si-Mohamed-Cherif-el-Gueribissi des Oulad-Aïssa (Isser-Drœu).

Le 22, le transport *le Jura* débarquait à Dellys 360 mobiles de l'Hérault. La garnison se trouva ainsi renforcée d'une manière notable et il fut possible d'accorder aux hommes, qui en avaient grand besoin, une nuit de repos sur deux.

Le lendemain 23, dès le matin, le *Limier*, envoyé pour canonner le village d'El-Assouaf, venait de disparaître derrière la pointe de Dellys; des travailleurs étaient sortis par la porte de Sidi-Souzan pour aller déblayer le pied de l'escarpe entre les bastions 9 et 10 ; tout à coup, on voit les Kabyles descendre en masses nombreuses des crêtes de Bou-Medas, se glissant dans les ravins, profitant pour se dissimuler des moindres accidents du terrain, des rochers, des haies, des arbres ; beaucoup s'approchent jusqu'à moins de 100 mètres de la ville; c'était une véritable attaque. Le feu de l'artillerie et de la mousqueterie est aussitôt dirigé sur l'ennemi dont la ligne s'étend, à l'est, depuis la mer jusqu'à hauteur du blockhaus. Le *Limier*, qui est rentré dans la baie, se dirige vers l'est et fouille, avec son canon, les ravins qui ne sont pas vus de la place et qui contenaient des groupes nombreux de rebelles.

Le *Daim*, arrivé d'Alger pour remplir une mission, prend part à l'action, s'approchant de la côte assez près pour que les balles de l'ennemi puissent l'atteindre. Fusillade et canonnade ne durèrent pas moins de trois heures. Vers 9 h. 1/2, l'ennemi se retira emportant une cinquantaine d'hommes tués ou blessés. De notre côté, grâce à la protection de nos murs, un seul homme, un mobile de l'Hérault, avait été atteint légèrement à la tête par une balle. Un marin du *Daim* avait aussi été blessé.

Cette affaire semble avoir démontré aux Kabyles l'impossibilité de prendre la place, car ils ne renouvelèrent pas leur tentative, et j'ai su depuis qu'ils attendaient que Tizi-Ouzou fût tombé pour nous attaquer avec des canons et des forces considérables. En attendant, ils s'occupaient à faire, tout autour de la ville, sur les crêtes et à mi-côte, des retranchements en pierres sèches et en terre, derrière lesquels ils s'abritaient pour inquiéter toute sortie de la place.

Ces sorties étaient forcément presque journalières, par suite de la nécessité de faire paître les troupeaux nombreux amenés par les colons réfugiés dans la ville. Il fallait aussi aller couper du bois pour la cuisson des aliments et j'en profitais pour faire débroussailler les abords de la place, dont l'ennemi pouvait s'approcher de très près sans être vu.

C'était chaque fois des échanges de coups de feu qui, trois fois, le 28 avril, le 29 avril et surtout le 5 mai, faillirent devenir des affaires sérieuses, en amenant les Kabyles sous les murs. Il fallait garnir tous les créneaux du rempart et se servir de l'artillerie pour obliger l'ennemi à se retirer.

J'utilisais l'espèce de répit que nous laissaient les assiégeants en faisant exécuter les travaux de défense nécessaires pour atténuer les inconvénients de la fortification, exhausser à l'aide de sacs à terre quelques parties des murs, déblayer le pied de l'escarpe là où l'enceinte ne présentait pas une hauteur suffisante, relever les banquettes trop basses, relier par des rampes intérieures les différents fronts de la fortification, de façon à permettre de porter rapidement sur un point plus menacé des hommes et même des canons empruntés d'un autre côté.

Les trois conduites qui amenaient l'eau de l'extérieur dans la ville avaient été successivement coupées; je fis plusieurs tentatives pour les rétablir, soit la nuit, soit le jour, mais je ne pus obtenir que des résultats tout à fait momentanés; le travail fait était presque immédiatement détruit. Je dus y renoncer.

L'eau ne manquait d'ailleurs pas pour les besoins personnels des habitants dans la ville, où il existe plusieurs sources et de nombreux puits. Je fis construire, au pont de l'oued Tiza, près de la manutention, un barrage qui permit de recueillir, pour abreuver les bestiaux, les eaux de ce petit ruisseau.

Dès le commencement de l'investissement, la présence des meules à fourrage dans l'intérieur du bastion 12 avait été pour moi un sujet continuel de préoccupation. Il était en effet très facile aux Kabyles d'y lancer pendant la nuit des matières incendiaires, soit avec des frondes, soit avec la main. Je m'entendis avec M. le maire pour faire transporter ces meules près du cimetière européen, à l'abri de toute tentative de l'ennemi extérieur.

La garnison de la place s'était augmentée, le 24 avril, de 80 tirailleurs et de 36 mobiles apportés par la corvette cuirassée *l'Armide*. Celle-ci, arrivée avec l'ordre de rester en station dans notre rade concurremment avec le *Limier*, dut partir pour une autre destination.

Il n'y avait dans la place, pour toute cavalerie, que 15 spahis détachés au bureau arabe; d'anciens spahis et mokhaznis s'offrirent pour en augmenter le nombre. Je fis alors venir de Médéa dix harnachements complets de spahis; des colons et l'administration des messageries prêtèrent les chevaux, et je pus ainsi porter à 25 le nombre de nos cavaliers, qui nous rendirent de grands services dans toutes les sorties exécutées hors de la place.

Pour tous les travaux, dans le but de ne pas fatiguer les troupes, j'employai presque exclusivement les indigènes de la ville, dont les plus nécessiteux recevaient une petite rétribution. Quelques Européens sans ressources travaillèrent également à raison de 2 francs par jour.

Nous atteignîmes ainsi la nuit du 10 mai, pendant laquelle un grand feu fut aperçu dans la direction de l'azib Zamoum. D'autres feux brillèrent aussitôt après sur toutes les crêtes des montagnes voisines. Le 11 au matin, ces crêtes parurent complètement dégarnies d'ennemis.

Je pensai que la lueur que nous avions aperçue la veille avait été produite par l'incendie du village des Oulad-Moussa, allumé sans doute par la colonne du général Lallemand, qui, d'après nos calculs, devait être arrivée à hauteur de l'azib Zamoum. Il est probable que la nouvelle en était parvenue à nos investisseurs : ils s'étaient portés en arrière dans la crainte d'être tournés.

Pour vérifier le fait, j'envoyai dans la journée en reconnaissance le chef du bureau arabe avec les spahis et les cavaliers auxiliaires. La reconnaissance sortit par la porte d'Isly, fit le tour des crêtes, traversa les villages, complètement évacués par leurs habitants, et rentra en ville par la porte des Jardins sans avoir vu aucun ennemi dans un rayon de plusieurs kilomètres.

Le lendemain, un détachement de 200 hommes de la garnison put, sans être inquiété, aller par mes ordres brûler les villages d'El-Assouaf, Beni-Azeroual, Takdemt et Touabet, tous des Beni-Tour, et dont les habitants avaient été les auteurs principaux des incendies et des massacres dont les Européens de Rébeval et de Dellys ont été les victimes. Les grains qu'on trouva furent enlevés pour être distribués aux indigènes malheureux de la ville, mais on respecta partout les arbres et les moissons.

Ayant appris que la colonne ennemie qui se trouvait à Bou-Medas, c'est-à-dire celle composée des Flissat-el-Behar, Beni-Ouaguennoun, Beni-Slyim, Beni-Tour et Taourga, n'ayant pas dépassé dans sa retraite le village des Oulad-Sabeur, situé à 8 kilomètres au sud-est de Dellys, s'y trouvait encore concentrée, j'envoyai encore le chef du bureau arabe avec les spahis pour faire une reconnaissance de ce côté sans s'engager et brûler, en revenant, les Oulad-Madjoub, Oulad-ben-Amara, Bou-Karach et Berarat.

La reconnaissance, tenant toujours les crêtes, tourna les villages dont il s'agit; lorsqu'elle arriva en vue des Oulad-Sabeur, encore à 4 kilomètres de là, elle vit les Kabyles au nombre de 4 ou 500 accourus au-devant d'elle. Elle se mit immédiatement en retraite, ce qu'elle fit lentement, brûlant sur son passage les Oulad-Madjoub et Oulad-ben-Amara, sous le feu de l'ennemi, qu'elle sut toujours tenir à distance respectueuse. Elle rentra en ville au pas, comme elle était partie, sans avoir éprouvé aucune perte. Les Kabyles, qui avaient suivi jusqu'à Bou-Medas, essuyèrent quelques coups de canon de la place et de l'*Armide* et retournèrent dans les campements qu'ils occupaient le matin.

Le surlendemain, 15 mai, la même reconnaissance fut faite par une petite colonne de 300 hommes pris dans tous les corps de la garnison, y compris les marins de l'*Armide* et aussi les francs-tireurs de Dellys, qui avaient sollicité l'honneur de sortir.

J'avais confié au commandant du génie Heydt le commandement de cette colonne, éclairée par les spahis et cavaliers auxiliaires sous les ordres du chef du bureau arabe.

Les Kabyles vinrent attaquer comme ils avaient fait l'avant-veille, mais, cette fois, au nombre de plus d'un millier. Ils furent repoussés, mis en déroute et poursuivis jusque dans les rochers abruptes du village d'Azrou (Oulad-Sabeur) qui fut brûlé de vive force.

Cette affaire, des plus honorables pour ceux qui y ont pris part, a coûté à l'ennemi soixante-deux hommes tués ou blessés. De notre côté, nous avons perdu un marin et nous avons eu sept blessés dont deux seulement grièvement. Un rapport particulier a d'ailleurs été produit. Au retour, les villages de Bou-Kmach et de Berarat furent incendiés.

Le 17, 400 hommes retournèrent dans ces villages, suivis par la population indigène nécessiteuse de Dellys, autorisée par moi à aller prendre les grains restés dans les silos. Cette opération ne fut nullement inquiétée.

La colonne insurgée que nos soldats avaient battue le 15 aux Oulad-Sabeur avait été se faire battre de nouveau à Taourga le 16, par le général Lallemand.

Le 18, M. le commandant supérieur des forces campait à Dellys à la tête de la colonne qu'il commande, mettant, par son arrivée, complètement fin à l'investissement de la ville qui durait depuis trente jours.

Les troupes qui ont pris part à la défense de Dellys sont : les compagnies de débarquement et les canonniers débarqués de la corvette l'*Armide*, commandés par M. Noël, lieutenant de vaisseau de l'*Armide*, et Malet, enseigne du *Limier*;

Une compagnie du 4e zouaves, capitaine Darrénougué;

Une compagnie du 1er zouaves, capitaine Parent;

Les 6ᵉ compagnie du 1ᵉʳ bataillon et 2ᵉ compagnie du 1ᵉʳ régiment de tirailleurs, lieutenants Hennequin et Lobrani;

Un détachement du 3ᵉ d'artillerie commandé par M. Lacroix, sous-lieutenant;

Un détachement de la 10ᵉ compagnie d'ouvriers d'artillerie commandé par le maréchal des logis Poirier;

Les 1ʳᵉ, 2ᵉ et 3ᵉ compagnies du 4ᵉ bataillon de mobiles de l'Hérault, commandées par le capitaine Mas;

Les miliciens de Dellys, Rébeval et Ben-Nechoud, les francs-tireurs et les sapeurs-pompiers de Dellys.

Le service du génie était dirigé par le commandant Heydt; celui de la place et de l'intendance, par le capitaine Ramakers; celui des affaires arabes par le capitaine Huber et le service médical par les docteurs Couderc et Beauregard.

Pendant le siège, officiers et soldats ont fait leur devoir. La corvette cuirassée *l'Armide*, capitaine de vaisseau Freycinet; l'aviso *le Limier*, commandant Roy, capitaine de frégate; l'aviso *le Daim*, commandant Étienne, ont prêté un concours précieux et efficace.

M. Dupoter, conducteur des ponts et chaussées, faisant fonctions d'ingénieur, a fait exécuter avec zèle les travaux de défense.

M. Franceschi, maire de Dellys, a mis les ressources de la municipalité à la disposition de la défense et a montré une activité, un zèle et un dévouement dont les habitants de Dellys doivent lui être reconnaissants.

Signé : HANOTEAU.

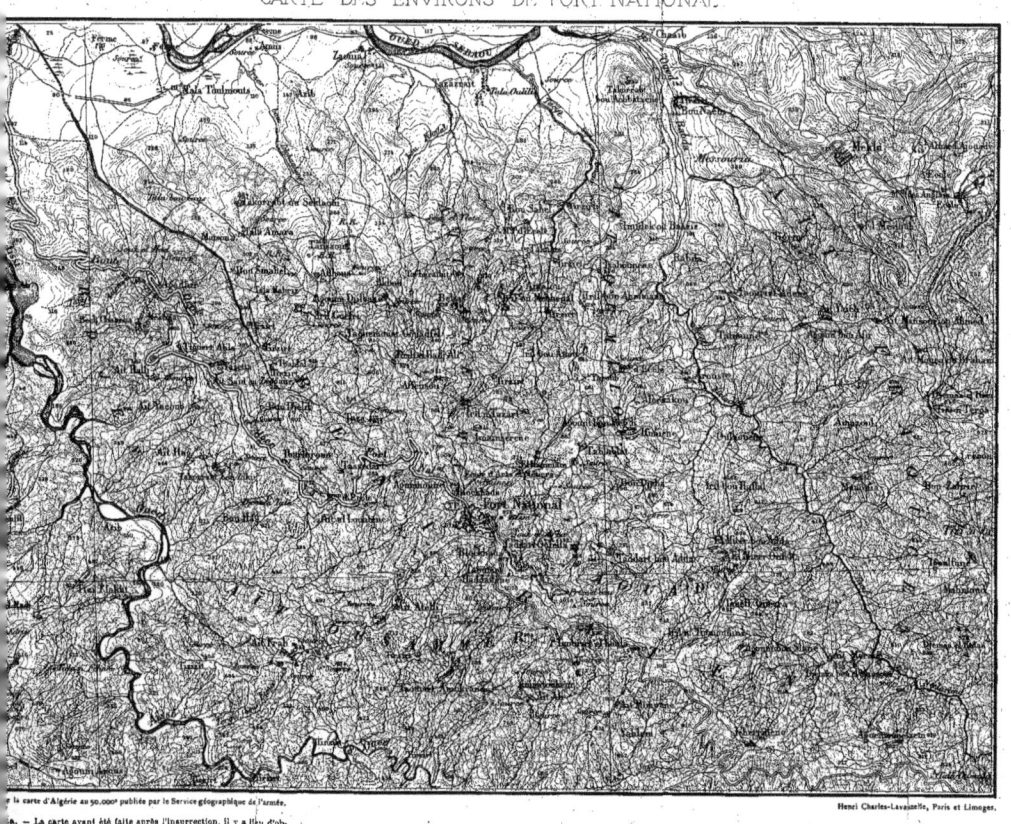

CARTE DES ENVIRONS DE FORT NATIONAL

CHAPITRE XVI

Proclamation du général Lallemand aux Kabyles. — Instructions de l'amiral de Gueydon, du 20 mai, au sujet de la répression de l'insurrection. — Difficultés dans les Flissat-oum-el-Lil. — La colonne Lallemand campe, le 20 mai, à l'oued-ou-Bey et, le 21, à Aïn-el-Arba. — Incendie de villages des Beni-Ouaguennoun et razzia du 22 mai; bivouac à Tifilkout. — Combat du Tleta des Flissat-el-Behar, le 23 mai; la colonne y séjourne. — Soumission des Beni-Ouaguennoun, des Flissat-el-Behar et des Beni-Djennad. — Démonstration des Kabyles contre Tizi-Ouzou, le 22 mai. — Attaque d'un bateau dans le port d'Azeffoun, le 23 mai. — Le 25 mai, la colonne campe à Tamda. — Destruction des maisons des Oulad-ou-Kassi à Tamda et à Mekla, le 26 mai, et bivouac à Freha. — Démonstration contre Djemaa-Sahridj, le 27 mai. — La colonne campe à Tazazereit, le 28 mai, et arrive à Tizi-Ouzou, le 29 mai. — Combat de Taksebt contre les Beni-Raten, le 31 mai. — Le colonel Barrachin remplace le colonel Fourchault dans le commandement de la 1re brigade. — Convois entre Tizi-Ouzou et Dellys.

Pendant son séjour à Dellys, le général Lallemand prépara la proclamation suivante adressée aux tribus kabyles :

De la part de M. le général Lallemand commandant des armées de l'Algérie à tous les Kabyles de la subdivision de Dellys.

Des gens dans lesquels vous avez eu une trop grande confiance vous ont trompés; ils vous ont dit que la nation française avait perdu tous ses soldats et que, par suite, vous pourriez vous emparer de tous nos villages et chasser le reste des habitants. Vous avez entendu parler la poudre dans plusieurs endroits et vous avez pu vous convaincre du contraire.

Vous avez compris aussi que vous vous êtes révoltés injustement contre la nation française qui vous a comblés de bienfaits.

Les armes dont vous disposez n'ont pas assez de force pour lutter contre les nôtres. Voyez et réfléchissez : la guerre que vous voulez soutenir vous sera incontestablement fatale, tandis que la paix serait pour vous un grand bien.

Étiez-vous donc aveuglés au point de ne pas voir que la France pourrait réunir, dans un court délai, un nombre de soldats suffisant pour s'assurer la victoire sur vous et que l'armement dont elle dispose rendrait vos armes complètement inefficaces?

Pour ces motifs, redevenez les amis de la France et vous jouirez du bien-être et de la tranquillité. Celui qui vous donne ce conseil a été votre chef autrefois, il s'entretenait avec vous ; vous le connaissez certainement, car il était l'ami de la plupart d'entre vous. Aujourd'hui il est dans votre pays disposant de la poudre qui tue et de la paix qui est bienfaisante.

Salut de la part de M. le Général susnommé, qui a apposé son cachet ci-dessus. Puissent sa puissance et son rang durer éternellement ! Le 20 mai 1871.

Dans une circulaire ci-après, datée du 20 mai, l'amiral de Gueydon, gouverneur général civil, a donné ses instructions sur la conduite à tenir vis-à-vis des tribus révoltées et sur les conditions à imposer à celles qui voudraient se soumettre.

Les succès partiels obtenus par nos colonnes, la réduction à l'obéissance certaine, dans un temps rapproché, des tribus encore en rébellion, m'imposent le devoir de vous faire connaître les conditions auxquelles vous pouvez, dès à présent, admettre à la soumission les tribus révoltées.

Avant tout, il faut réserver mon approbation et la ratification du Gouvernement de la République.

Cela fait, vous pourrez accepter les soumissions aux conditions suivantes :

1° Désarmement total ou partiel, quand les circonstances l'exigeront ;

2° Remise entre nos mains des principaux instigateurs de la révolte et, à défaut, remise d'otages choisis parmi les notabilités politiques ou religieuses, en nombre suffisant pour procurer des garanties sérieuses ;

3° Versement immédiat, sinon en totalité, au moins en partie, entre les mains des agents du Trésor, d'une provision suffisante pour :

§ 1er. Payer les indemnités allouées dans une large mesure, par une commission spéciale, aux familles des victimes atteintes sur le territoire de la tribu ou sur le territoire civil enclavé ou contigu ;

§ 2. Réparer équitablement les dommages matériels occasionnés par la tribu, non pas seulement dans les conditions limitatives ci-dessus, mais encore sur tous les points où elle s'est portée, y compris, bien entendu, les pertes éprouvées par les étrangers et les indigènes restés fidèles ;

4° Participation plus ou moins large, suivant le degré de culpabilité, à l'acquittement d'une contribution de guerre dont la quotité sera déterminée ultérieurement ;

5° Pour le paiement des indemnités, réparations et contributions énoncées ci-dessus, le territoire de la tribu de la fraction ou du village sera affecté à la garantie des droits de l'État, et, à défaut de libération dans le délai fixé, réuni au domaine en partie ou en totalité, suivant les circonstances.

Je profite de cette occasion pour vous renouveler la recommandation de veiller à ce que les forces sous vos ordres s'abstiennent d'imiter les actes de vandalisme des révoltés ; il ne faut pas, en un mot, perdre de vue que nous n'opérons pas en pays ennemi, mais seulement en pays révolté.

Il ne faut donc pas enlever à ceux qui sont déjà nos débiteurs les moyens de vivre et de se libérer.

Signé : Comte de Gueydon.

Ces instructions étaient plus théoriques que pratiques ; on ne s'est pas livré à des calculs aussi compliqués pour fixer les contributions de guerre et, lorsque des tribus se sont montrées trop obstinées dans la révolte, on n'a pas hésité, pour les amener à composition, à porter la dévastation dans leurs villages, en respectant toutefois les arbres fruitiers, oliviers, figuiers, etc.

En partant de Dellys, le général Lallemand poursuivit l'exécution du programme qu'il s'était tracé, en se portant sur les tribus des Beni-Ouaguennoun, des Flissat-el-Behar et des Beni-Djennad. La colonne s'étant mise en mouvement le 20 mai à midi, alla camper à l'Oued-ou-Bey, auprès des salines de Dellys, dont les bâtiments avaient été détruits par les Kabyles. On trouva l'eau dans des trous de la rivière.

Le 21 mai, la colonne se mit en marche, à 5 heures du matin, et alla établir son bivouac, sans éprouver de résistance, à Aïn-el-Arba, où elle avait déjà passé le 18. L'eau fut fournie par la source de l'Arba, qui débite 20 litres par minute, et par une autre source moins abondante située à quelque distance.

Pendant un arrêt de la marche, un zouave du 2ᵉ régiment qui, malgré les défenses faites, avait été chercher de l'eau au village d'Afir, des Beni-Slyim, au delà de la ligne de protection des sentinelles, fut surpris par un Kabyle qui le tua à bout portant. D'autres zouaves, attirés par le bruit du coup de feu, accoururent, s'emparèrent du Kabyle et en firent justice en le passant par les armes ; puis ils mirent le feu au village, qui avait d'ailleurs été déjà incendié.

Le 22 mai, la colonne se mit en route à 4 h. 1/2 du matin, en suivant l'arête supérieure des Beni-Ouaguennoun. L'intention du général Lallemand avait d'abord été d'aller à Souk-el-Tnin; mais, en arrivant à Tifilkout, où il faisait la grand'halte, il apprit que des fractions insurgées avaient caché leurs femmes et leurs troupeaux dans la forêt de la Mezranna et il résolut d'aller les y chercher. Il donna l'ordre d'établir le bivouac à Tifilkout où on s'était arrêté.

La brigade Fourchault fut désignée pour l'opération à effectuer; le général Lallemand marcha avec cette brigade.

Le colonel Fourchault incendia d'abord les villages d'Azrou-Bar, Aït-Iftan, Tizi-Nbou-Ali et Tikioucht des Beni-Ouaguennoun qui n'étaient pas défendus. Pendant ce temps, le capitaine Robin s'était porté, avec le goum, vers Tala-Mimoun; la forêt voisine fut explorée et les cavaliers en ramenèrent 100 bœufs, 60 chèvres, 50 moutons et 2 ânes.

Le 2ᵉ tirailleurs et le 2ᵉ zouaves qui opéraient à la droite de la brigade Fourchault éprouvèrent une énergique résistance au groupe de villages des Aït-Saïd (1) et lorsqu'on rentra au camp, ils furent vivement suivis par les contingents de cette fraction. Il n'y eut néanmoins pas de pertes. Les troupes de la brigade Fourchault avaient ramené des femmes et des enfants et aussi 45 bœufs et 437 moutons et chèvres.

Le produit de la razzia fut vendu 13.000 francs par l'agent du Trésor qui remplissait les fonctions de payeur à la colonne et qui représentait, dans cette opération, le service des domaines (2).

Au bivouac, on trouvait beaucoup de bois, mais la source, qui ne donnait que dix litres par minute, était insuffisante; en descendant jusqu'à une distance de 800 mètres dans le lit d'un ravin appelé Irzer-Hagga, on trouva assez d'eau pour y faire un abreuvoir qui servit à la cavalerie et aux animaux du convoi.

---

(1) Tala-Azrou, Tarsift, Akhendouk, Maïach, font partie de ce groupe.
(2) Aux termes d'un arrêté du ministre de la guerre, du 26 avril 1841, cette somme de 13.000 francs devait être partagée de la manière suivante : 1/3 pour les troupes, 2/3 pour le Trésor.

Le 23 mai, on partit à 5 heures du matin et on continua à suivre les crêtes dans la direction du Tléta des Flissat-el-Behar, qui est une des positions les plus fortes du pays et où les colonnes opérant dans la région ont toujours eu à livrer combat.

Arrivée au Tnin des Beni-Ouaguennoun à 8 heures, la colonne y fit sa grand'halte. On se trouvait sur un vaste plateau découvert et on apercevait des contingents ennemis sur les différents sommets et particulièrement au Tléta où les Kabyles avaient fait de grands préparatifs de défense. Mais déjà un parti de la soumission s'était formé dans les Beni-Djennad et les Flissat-el-Behar, et la résistance, énervée par ces tendances pacifiques, devait être assez peu énergique.

La 2ᵉ brigade, qui marchait en tête de la colonne, et qui était chargée de l'attaque, laissa ses sacs au Tnin sous la garde du bataillon Lucas, qui avait la protection du convoi, et elle marcha à l'ennemi, soutenue en arrière par la majeure partie de la brigade Fourchault ; l'ennemi disparaissait au fur et à mesure que l'on s'avançait, et il ne manifesta l'intention de faire tête que lorsqu'il arriva au Tléta du Flissat-el-Behar.

Arrivé à un kilomètre de cette position, le colonel Faussemagne massa ses troupes et prit ses dispositions d'attaque. Il avait devant lui une crête rocheuse qui barrait la route et dont les solutions de continuité étaient remplies par des retranchements en pierres sèches ; c'était là que les Kabyles avaient voulu nous attirer.

Deux compagnies du 21ᵉ bataillon de chasseurs et 2 compagnies du 80ᵉ furent chargées d'aborder la position par la gauche, tandis que le bataillon du 4ᵉ zouaves et 3 compagnies du 1ᵉʳ tirailleurs la tourneraient par la droite ; le colonel Faussemagne, avec le reste de sa brigade, devait attaquer la position de front.

L'attaque fut préparée par les feux de l'artillerie et, lorsque les colonnes latérales furent sur le point d'arriver, le colonel Faussemagne lança toutes ses troupes à l'assaut. Les Kabyles ne firent qu'une courte résistance et ils prirent la fuite dans la direction de la mer, poursuivis d'abord par les compagnies du 21ᵉ chasseurs à pied et du 80ᵉ, puis par tout le reste de la brigade; le 2ᵉ zouaves, de la brigade Fourchault, prit même part à la poursuite.

Pendant que cet engagement avait lieu, le commandant Lucas, laissé au marché du Tnin, était attaqué par 200 Kabyles qui s'étaient embusqués derrière une ligne de rochers situés à 400 mètres de ses grand'gardes; cette attaque avait commencé au moment où le convoi, qui s'était mis en marche, arrivait près du Tléta. Malgré l'attaque vigoureuse des Kabyles, le commandant Lucas parvint à les déloger de leur position au moyen de deux compagnies, l'une de son bataillon, l'autre du 27ᵉ chasseurs à pied.

L'évacuation des sacs se fit ensuite au moyen des mulets du convoi, lorsqu'ils eurent déchargé leurs bagages à l'emplacement du nouveau bivouac, qui était le Tléta, sous la protection de deux compagnies de zouaves et de quatre compagnies de chasseurs à pied. Grâce aux bonnes dispositions prises, pas un homme ne fut atteint dans cette dernière rencontre, tandis que l'ennemi eut 22 tués ou blessés grièvement. Le contingent qui était intervenu aussi inopinément était composé de Maatka.

Les pertes de la journée se bornèrent à 6 hommes légèrement blessés, savoir: au 2ᵉ zouaves, 2 sergents et un zouave; au 21ᵉ chasseurs à pied, un sergent et un chasseurs; au 1ᵉʳ tirailleurs, un homme.

Les pertes de l'ennemi, dans le combat du Tléta, ont été évaluées à une cinquantaine d'hommes.

Au camp du Tléta, le bois était peu abondant; l'eau était fournie par une source située au nord de son emplacement et par une autre trouvée dans le ravin sud.

Les Beni-Ouaguennoun, les Flissat-el-Behar et les Beni-Djennad ne tardèrent pas à faire des démarches de soumission et ils livrèrent leurs otages qui furent désignés parmi les plus riches et les plus influents du pays.

Les Beni-Djennad avaient une grande réputation comme guerriers, mais leur territoire ne présente pas de positions fort avantageuses pour la défense; d'ailleurs, ils avaient une propension particulière pour le rôle de tribu makhezen qu'ils avaient joué à diverses époques, notamment en 1856, et ils n'avaient aucune répugnance à se soumettre comptant reprendre, pour quelque temps au moins, le rôle d'auxiliaires, qui n'était pas sans profits.

Les Beni-Djennad ont toujours largement fourni au recrutement des tirailleurs et ce ne sont pas seulement les fellahs sans ressources qui s'engagent; les meilleures familles tiennent à nous donner leurs fils pour acquérir des titres à la bienveillance de l'autorité.

Aomar-ben-Zamoum avait rétabli, autant qu'il l'avait pu, l'ordre dans les tribus des Flissat-oum-el-Lil et assuré dans de bonnes conditions la sécurité de nos communications avec Alger; mais il n'était pas venu à bout de réduire complètement le sof de l'insurrection à la tête duquel se trouvaient, dans l'Oued-el-Kseub, l'ancien caïd Saïd-el-Haoussin; sur le versant occidental, Si-Ahmed-ou-bel-Kassem, amin-el-oumena des Mkira et Mzala, et Ben-Zoubir, ancien amin des Beni-Mekla. Ces derniers, dans la nuit du 19 au 20 mai, avec la complicité du vieux Ben-Bouzid, ex-cadi des Khachna et Si-el-Madani-el-R'anemi des Isser, avaient fait une razzia sur les Isser-el-Ouidan à l'Azib-ben-Amran et ils menaçaient la sécurité de la route. Des ordres furent donnés aux Isser et aux Flissat-oum-el-Lil pour les contenir. Quant à Saïd-el-Haoussin, il avait fait appel aux dissidents dans les Beni-Arif, qui s'étaient d'abord soumis et qui étaient retournés, par suite de ses intrigues, à l'insurrection. Le 22 mai, vers 4 heures de l'après-midi, il avait entraîné un parti de 500 rebelles jusque sur les hauteurs qui dominent le marché du Sebt de Tizi-Ouzou, soit pour couper nos communications, soit pour enlever les postes que les Flissa soumis fournissaient pour garder la route d'Alger.

Le commandant Letellier fit prendre les armes à la garnison et se porta à la rencontre de l'ennemi, la cavalerie par la crête, l'infanterie par le cimetière européen, de manière à couper aux rebelles la retraite sur l'Oued-Defali. Ceux-ci prirent la fuite avant que ce dernier mouvement fut achevé et ils coururent se réfugier, poursuivis par la cavalerie, dans les roseaux de l'oued Defali, où nos cavaliers ne pouvaient les suivre.

Pendant ces mouvements, les Kabyles des Beni-Zmenzer et des Beni-Aïssi s'étaient réunis en grand nombre à Sidi-Ayad, au-dessous de Bou-Hinoun, près des jardins du Chikh-Mohamed-ou-Ali ; le commandant Letellier fit avancer de ce côté son infanterie et deux pièces rayées, et quelques obus suffirent pour disperser le rassemblement.

Le 23 mai, le fait suivant s'est produit à Azeffoun : un bateau était arrivé dans le port voisin de ce village et plusieurs marins avaient gagné la côte au moyen d'un canot. Onze hommes d'Azeffoun, dont les noms ont été connus, attaquèrent les marins, en tuèrent deux et firent trois prisonniers, dont un enfant; deux des marins se jetèrent à la mer et ils se sont probablement noyés, car les Kabyles s'étant emparés du canot, ils avaient une trop grande distance à parcourir à la nage pour rejoindre leur bateau. Les gens d'Azeffoun, entendant les coups de fusil, coururent au rivage, ils reprirent les prisonniers qui furent recueillis par Amar-ou-Boudjema, mais les agresseurs gardèrent pour eux le produit du pillage.

La colonne Lallemand séjourna au Tléta, le 24 mai, pour achever le règlement des questions de soumission et, le 25 mai, à 5 heures du matin, elle se mit en route et se dirigea sur Tamda, en passant entre Abizar et Afir, et en suivant la crête qui longe, dans sa partie inférieure, la rive gauche de l'oued Tamda. Cette route est très mauvaise dans sa première partie, mais elle devient bonne lorsqu'on arrive en plaine et la colonne put alors marcher massée. Une grand'halte fut faite à 10 h. 1/2 sur les bords de l'oued Khakha. A 5 heures, la colonne avait établi son bivouac sur les pentes du Koudiat-Tiricht, au-dessous de Tamda (vieux Tamda de la carte) qui était évacué.

Le bois fut fourni par les charpentes des maisons, l'eau par le Sébaou.

Aucun ennemi ne parut, mais les feux qui s'allumèrent le soir sur tous les pitons des montagnes des Beni-Raten firent voir que l'ennemi veillait et se préparait à nous combattre.

Dans la matinée du 26, le génie exécuta des travaux pour faire sauter et démolir la maison du caïd Ali; puis, à 11 heures, la colonne se mit en route, remontant le Sébaou après avoir incendié le village de Tamda. La 1re brigade, qui emmenait le convoi, suivit la rive droite de la rivière; la 2e brigade, après avoir traversé le Sébaou, suivit sa rive gauche en passant par Mekla (ancien Mekla de la carte); ce village fut incendié et la maison qu'y possédaient les Oulad-ou-Kassi fut détruite.

Les deux colonnes firent leur jonction à Fréha où fut établi le bivouac; on y trouva des eaux abondantes et d'excellente qualité, les azibs du voisinage fournirent des bois de démolition comme combustible.

Le but du général Lallemand, en se portant à Fréha, avait été de compléter la soumission des Beni-Djennad de l'Est et de peser sur les Beni-R'obri.

Les Beni-Flik, les Zerkhfaoua et plusieurs tribus du bassin de l'oued El-Hammam, envoyèrent des délégués pour demander l'aman.

Des démarches furent faites auprès des marabouts des Cheurfa-Nbahloul, tribu des Beni-R'obri, pour les décider à livrer les colons de Bordj-Menaïel, prisonniers du caïd Ali, que celui-ci avait conduits chez eux; ces démarches n'eurent aucun succès.

On se préparait à marcher le lendemain, 27 mai, contre les Azazga, grande fraction des Beni-R'obri, qui avait été la première à suivre le caïd Ali dans sa rébellion, le 14 avril; mais, au moment où on allait partir, ils vinrent faire leur soumission. Le général Lallemand ayant appris que le caïd Ali avait réuni des forces considérables à Djemaa-Sahridj, dans les Beni-Fraoucen, résolut alors d'aller donner une leçon aux rebelles.

A 11 heures, la 2e brigade, renforcée du bataillon Lucas, quitte le camp dont la garde est confiée à la 1re brigade; les hommes sont sans sacs.

Djemaa-Sahridj, la Bida-Colonia des Romains, est une

grosse bourgade de 2.250 habitants, d'un charmant aspect, située au pied de montagnes abruptes qui se relient au massif des Beni-Raten. Des sources abondantes y coulent de toutes parts et arrosent de nombreux jardins d'une végétation luxuriante ; c'est un fouillis d'oliviers, de figuiers, de frênes, d'arbres fruitiers de toute sorte, coupé par des haies de cactus ou d'autres clôtures. On y trouve de nombreux restes de constructions romaines, mais aucun monument n'a été conservé jusqu'à nous.

Le gros village de Mr'ira, des Beni-Khelili, est situé à 1 kilomètre et demi à l'Est de Djemaa-Sahridj et en semble la continuation.

Du côté du Sébaou, Djemaa-Sahridj se trouve masqué par plusieurs mamelons sur lesquels les Kabyles avaient établi des retranchements habilement disposés. De nombreux contingents occupaient non seulement le village et les retranchements dont je viens de parler, mais encore toutes les pentes qui conduisent aux villages supérieurs des Beni-Fraoucen ; il y en avait des groupes dissimulés dans tous les ravins.

La brigade Faussemagne arriva jusqu'en face des premières défenses de Djemaa-Sahridj sans avoir été inquiétée, et elle en commença l'attaque en les balayant par les feux de l'artillerie ; les troupes furent ensuite lancées à l'assaut et elles s'emparèrent des avancées de l'ennemi malgré une résistance énergique.

L'artillerie put alors prendre position sur le mamelon de droite d'où les rebelles avaient été refoulés ; elle canonna la bourgade et fouilla les ravins de ses feux plongeants. Nos soldats pénétrèrent à travers tous les obstacles jusqu'aux premières maisons de Djemaa-Sahridj et y mirent le feu ; mais alors, la fumée épaisse qui s'éleva masqua la vue et l'ennemi en profita pour s'avancer et nous envoyer une vive fusillade.

Le but qu'on s'était proposé en faisant une démonstration sur Djemaa-Sahridj étant à peu près atteint, on donna le signal de la retraite et alors on vit descendre de la montagne des masses de Kabyles qui, croyant que nous étions repoussés, tandis que nous nous retirions volontairement, arrivaient à la rescousse.

La retraite ne pouvait pas être bien dangereuse pour nous, car, en nous dégageant du village, nous nous trouvions de suite en plaine, mais nous aurions pu néanmoins éprouver des pertes sensibles si une pluie diluvienne n'était survenue fort à propos; les Kabyles n'avaient que des fusils à pierre et l'eau qui ruisselait, pénétrant dans le bassinet de leurs armes, les mettait hors d'état de servir.

Voici le tableau des pertes que nous avons éprouvées dans cette affaire :

21e bataillon de chasseurs, tués 0, blessés 5.
4e zouaves............. — 1 (1) — 1.
80e de marche.......... — 2 — 13 dont un officier (2).
1er tirailleurs.......... — 0 — 1.
1er spahis............. — 0 — 1 (3).
  Totaux....... 3 tués, 21 blessés.

Le général Lallemand avait été mal inspiré en allant faire une simple démonstration sur Djemâa-Sahridj ; une opération semblable ne pouvait amener à rien d'utile, car, pour avoir un succès réel il aurait fallu se rendre maître des hauteurs

---

(1) Le sergent Cheminot, tué.
(2) L'officier blessé était le lieutenant Duclaux qui avait reçu une balle à la ceinture; il fut rapporté en arrière, jusqu'au mamelon occupé par l'artillerie, par un spahi qui avait été mis à la disposition du commandant du génie Levallois et qui avait marché avec l'attaque.
Cet incident donna lieu à une singulière méprise. Il y avait à la colonne un spahis de Dra-el-Mizan, Mohamed-ben-Ali-Bouricha, qui avait une certaine ressemblance avec celui du commandant Levallois; tous deux étaient grands, avaient la même coupe de barbe et étaient déplorablement grêlés.
Après l'insurrection, la compagnie du lieutenant Duclaux fut envoyée en garnison à Dra-el-Mizan et les officiers crurent reconnaître en Mohamed-ben-Ali-Bouricha, le sauveur de leur camarade, et lui en firent leurs compliments. Notre spahis ne sut pas d'abord ce qu'on voulait lui dire, car il n'était même pas à la colonne le 27 mai (je l'avais envoyé porter une dépêche au commandant supérieur de Dra-el-Mizan ce jour-là); mais, comprenant bientôt le parti qu'il pourrait tirer de cette singulière méprise, il se fit donner par les officiers un certificat constatant sa belle action. Il se servit de cette pièce pour se faire proposer pour la médaille militaire; tant que Dra-el-Mizan resta en territoire militaire, cette proposition fut écartée, mais lorsque le territoire eut été remis à l'autorité préfectorale, il n'y eut plus personne pour remettre les choses au point et le pseudo-sauveur finit par être médaillé.
(3) Le brigadier Mazouz.

qui dominent le village, ce qui était une grosse entreprise. Ne voulant pas pousser l'attaque à fond, on se mettait dans la nécessité de se retirer à un moment donné en laissant croire aux Kabyles qu'ils nous avaient obligés à la retraite; or, un semblant de succès suffisait pour grossir le parti de l'insurrection et pour retenir dans la rébellion les tribus qui voulaient se soumettre et étaient encore hésitantes.

Le 28 mai, la colonne se met en marche à 11 heures vers Tizi-Ouzou, la 1re brigade par la rive gauche du Sébaou et la 2e, qui avait le convoi, par la rive droite. Les deux brigades se réunirent pour camper sur un plateau en avant de Tazazereit (1) et dominant la plaine. Aucun ennemi ne s'est montré.

On a trouvé près de l'emplacement du camp la tête d'un des chasseurs d'Afrique tués le 15 avril,

Le 29 mai, la colonne partit à 4 heures du matin : la 1re brigade, avec le convoi, par la rive droite; la 2e brigade, renforcée du bataillon du 2e tirailleurs, par la rive gauche; les deux brigades se réunirent à Sikh-ou-Meddour et la colonne arriva à Tizi-Ouzou à 8 heures du matin, la queue de la colonne ne rejoignit qu'à 10 heures. L'ennemi avait continué à rester invisible.

Le 30 mai, la colonne fit séjour à Tizi-Ouzou; les troupes en profitèrent pour remettre en état leurs effets et leurs équipements et pour mettre au complet leurs vivres de sac et leurs munitions. Des ordres furent donnés pour la journée du lendemain; on devait aller à Dra-ben-Khedda et de là dans les Flissa où, comme nous le savons, plusieurs fractions avaient encore commis des actes d'hostilité. Mais, la nuit, on aperçut à Sikh-ou-Meddour des feux que les Kabyles, enhardis par le succès qu'ils croyaient avoir remporté à Djemaa-Sahridj, étaient venus allumer comme pour braver la colonne.

Le général Lallemand résolut de châtier leur audace et, le lendemain matin, 31 mai, avant de mettre la colonne en route

---

(1) Tatazereit était, au moment de l'insurrection, sur la rive droite du Sébaou, sur le versant sud-ouest du mamelon de Tiricht, là où a été bâti le Tamda actuel.

pour Dra-ben-Khedda, il envoya sur Sikh-ou-Meddour une reconnaissance offensive. Il eut suffi de faire marcher la cavalerie, appuyée au besoin par un bataillon d'infanterie; mais il eut l'imprudence de faire opérer la reconnaissance par le colonel Fourchault, avec trois bataillons sans sacs (2e zouaves, bataillon Lucas, 2e tirailleurs), deux escadrons de cavalerie et deux sections d'artillerie. Il lui prescrivit expressément de ne pas s'engager dans la montagne et de se borner à chasser les Kabyles qu'il pourrait trouver en plaine. La reconnaissance partit à 4 heures du matin.

Lorsqu'on arriva à Sikh-ou-Meddour, les Kabyles avaient complètement disparu, mais il y avait des rassemblements considérables au pied de la montagne des Beni-Raten, et, sur la droite, on voyait de nombreux contingents descendant des montagnes des Beni-Aïssi et traversant la rivière pour gagner les Beni-Raten.

Le colonel Fourchault, qui ne voulait pas rentrer au camp sans avoir rien fait, prit les dispositions suivantes : Il fit arrêter sa colonne un peu au delà de Sikh-ou-Meddour, au point où un chemin qui conduit à Tala-Amara, s'embranche sur la route carrossable; puis il envoya un escadron de cavalerie avec le commandant Rozier pour prendre position entre le mamelon de Takorrabt-Seklaoui et le mamelon qui porte la cote 255, en le faisant soutenir par la compagnie de tirailleurs du capitaine Henri. Ces troupes étaient à une distance du piton de Seklaoui, dépassant la portée des armes kabyles. Le commandant Canale, du 2e tirailleurs, avec les deux compagnies qui lui restaient (outre celle qui avait marché avec la cavalerie il y en avait une en soutien d'artillerie), prit position sur le mamelon de Taksebt (cote 193). Le 2e escadron de cavalerie, sous les ordres du capitaine Crouzière, avait ordre de rester en plaine à hauteur de notre droite. Enfin, une section d'artillerie fut placée au mamelon 255 avec sa compagnie de soutien et elle ouvrit son feu sur les villages des Beni-Raten et sur les points où apparaissaient de gros rassemblements kabyles.

Le commandant Lucas, du 1er zouaves, et le commandant

Cadet, du 2ᵉ, restèrent en position au point où les troupes s'étaient d'abord massées.

L'intention du colonel Fourchault était, comme il l'a dit dans son compte rendu « de faire exécuter par la cavalerie Rozier un mouvement tournant ayant pour but de rabattre sur la colonne Crouzière de la plaine tout ce qui pouvait se trouver devant elle. »

Ce mouvement, qui eût été d'une exécution difficile puisqu'il faisait passer la cavalerie entre les deux lignes aux prises, ne fut pas réalisé.

Le feu engagé fit apparaître des masses considérables de rebelles qui étaient cachés dans tous les plis du terrain. Les Kabyles saluaient de leurs clameurs les obus qui leur arrivaient et on entendait les « you you » des femmes qui excitaient les hommes au combat.

La lutte devint très violente du côté du mamelon de Taksebt ; les Kabyles cherchèrent à plusieurs reprises à enlever la position de vive force, une lutte corps-à-corps s'engagea dans les bois d'oliviers qui bordent à droite la route carrossable, avec nos soldats qui s'avancèrent jusqu'à la boucle de la route à l'est de la côte 258. Tous les efforts des Kabyles restèrent impuissants devant la vaillance de nos troupes entraînées par l'exemple de leurs officiers.

Le colonel Fourchault, qui avait l'intention de se dégager du combat, appela sur le Taksebt la 2ᵉ section d'artillerie qui était restée sur la route et canonnait les Kabyles qui arrivaient en traversant l'oued Aïssi ; il appela en outre le bataillon Lucas pour soutenir le 2ᵉ tirailleurs et une compagnie du 2ᵉ zouaves. Le colonel Fourchault ordonna alors un feu général bien nourri, l'artillerie tirant à mitraille ; puis, immédiatement après, sans aucune sonnerie, il fit battre en retraite toutes les troupes qui occupaient le Taksebt, n'y laissant que la compagnie du 2ᵉ zouaves, commandée par le capitaine Rousseau, qui venait d'arriver et qui fut chargée de faire face aux Kabyles pendant le mouvement rétrograde.

La gauche de la ligne se mit également en retraite.

Le colonel Fourchault fit disposer des échelons successifs

pour protéger la retraite qui s'opéra avec ordre et méthode.

Les Kabyles essayèrent un instant de nous poursuivre, mais quelques obus et les feux bien réglés qui partaient des positions successives occupées par nos troupes, leur firent bientôt renoncer à ce dessein; on les vit se grouper en masses compactes sur certains mamelons, mais ils n'osèrent pas descendre en plaine.

La rentrée au camp eut lieu à 11 heures du matin. On vit refluer vers les Beni-Zmenzer les contingents kabyles qui étaient allés au secours des Beni-Raten et on les salua de décharges des mitrailleuses, mais sans grand effet (1).

On peut évaluer à 5 à 6.000 le nombre des Kabyles qui se sont rués avec rage sur notre petite colonne sans pouvoir l'entamer.

Voici les pertes que nous avons éprouvées dans cet engagement :

Zouaves Lucas, 3 blessés ;

2ᵉ zouaves, 3 tués, dont le sergent fourrier Barrier et 8 blessés ;

2ᵉ tirailleurs, 5 tués dont le sergent indigène El-Habib-ben-Atia et 10 blessés. Soit un total de 8 tués et 21 blessés.

Du côté de l'ennemi, les pertes ont dû être considérables, mais il a été impossible de les évaluer, même approximativement.

A la colonne on crut que le colonel Fourchault, qui trouvait que l'on hésitait beaucoup pour attaquer les Beni-Raten et arriver à Fort-National, avait voulu tâter le terrain et voir si on ne pourrait pas brusquer les choses et faire l'opération, le succès devant faire pardonner une infraction aux ordres reçus, et qu'il avait reculé devant les difficultés qui avaient surgi.

---

(1) On a quelquefois attribué beaucoup d'effet au feu des mitrailleuses en Kabylie; pour mon compte, je n'ai rien observé de pareil. Une mitrailleuse ne peut produire un grand effet que si son tir est parfaitement réglé et s'il est dirigé sur des masses un peu compactes; or il est très difficile d'apprécier la distance et, sur un terrain de broussailles ou de cultures, on ne voit pas où portent les coups. D'un autre côté, les Kabyles savent très bien se défiler et ce n'est que quand on les déloge d'une position qu'on les aperçoit en nombre; mais alors les mitrailleuses ne sont pas là pour les poursuivre de leurs feux.

Cela n'est pas à croire car le colonel Fourchault savait fort bien que ce qu'on désirait à Fort-National, ce n'était pas un renfort d'hommes sans vivres, mais bien un convoi d'approvisionnements; or, le ravitaillement destiné au fort n'était même pas encore arrivé de Dellys. D'ailleurs, dans son compte rendu, il convenait qu'il avait dépassé les prévisions du général et qu'il avait été un peu au delà de ses intentions personnelles.

Quoi qu'il en soit, l'effet moral de cette affaire fut déplorable; les Kabyles s'imaginèrent que nous avions voulu monter à Fort-National et qu'ils nous avaient repoussés. L'imprudence commise faillit compromettre les résultats déjà obtenus par nos premiers succès; on peut même croire que si les Beni-Djennad ne nous avaient pas donné comme otages les hommes les plus influents du pays (1), ils se seraient retournés immédiatement contre nous; mais ils tinrent bon et ils remplirent la promesse qu'ils avaient faite au général, d'empêcher les dissidents du haut Sébaou de descendre la vallée. Les ouvertures de soumission qui avaient été faites déjà du côté des Maatka et des Beni-Khalifa s'arrêtèrent après le combat de Taksebt; les Kabyles avaient réfléchi et voulaient attendre les événements.

Si, après cela, la colonne s'était mise en marche sur la route d'Alger, comme on en avait le dessein, ils auraient cru que nous renoncions à l'entreprise et Tizi-Ouzou se serait trouvé de nouveau assiégé derrière nous. Le général Lallemand résolut donc de renoncer à sa marche sur les Flissat-oum-el-Lil et d'attendre encore quelques jours à Tizi-Ouzou pour atténuer le mauvais effet produit par le combat du 31 mai.

A 3 heures de l'après-midi, un fort escadron fut envoyé à

---

(1) Une nouvelle profession, celle d'otage, était créée en Kabylie; moyennant un certain salaire, les tribus trouvaient des hommes qui acceptaient le rôle d'otage avec ses misères et, quelquefois, ses périls. De pareils hommes n'avaient pas de grandes racines dans les tribus et celles-ci les auraient, au besoin, sacrifiés. On ne doit donc pas accepter les otages que les tribus désignent elles-mêmes, mais en choisir, sinon parmi les chefs de sof, dont on peut avoir besoin dans les tribus, mais parmi leurs plus proches parents et, alors les tribus y regardent à deux fois avant de se porter à de nouvelles hostilités.

Dellys pour escorter un convoi de caisses vides d'artillerie allant chercher des munitions dans cette dernière place. Deux bataillons eurent mission de protéger, jusqu'à Dra-ben-Khedda, le convoi, lequel devait revenir le lendemain. Les deux bataillons rentrèrent à 8 heures du soir sans avoir été inquiétés.

Le général Lallemand était essentiellement bon, trop bon même pour un commandant militaire devant l'ennemi; il avait toujours montré beaucoup de tolérance pour le colonel Fourchault, avec lequel il avait, depuis plus de trente ans, des liens d'amitié; mais, cette fois, il ne put lui pardonner d'avoir enfreint ses ordres exprès. Malgré ses instances, il le releva de son commandement et lui fit donner celui de la subdivision de Dellys. Le commandement de la 1re brigade fut remis, le 5 juin, au colonel Barrachin; du 1er zouaves.

Le séjour de la colonne à Tizi-Ouzou se prolongea jusqu'au 6 juin; voici les mouvements qui ont eu lieu dans l'intervalle.

Le 1er juin, un convoi de malades et de blessés est évacué sur Dellys, sous la protection de 2 bataillons et de 2 escadrons, aux ordres du commandant Lombard, du 80e de marche. Ce convoi comprend en outre tous les mulets disponibles, qui doivent ramener à Tizi-Ouzou des approvisionnements réunis à Dellys. Le 27e bataillon part du camp le même jour à 1 heure pour aller au-devant du convoi de munitions attendu de Dellys et le ramène à 6 heures du soir.

Le 2 juin, la cavalerie fait un fourrage au vert, à l'Est du camp.

Le 3 juin, 1 bataillon 1/2 du 1er zouaves, la moitié du 2e zouaves, 1 escadron de 100 chevaux, 1 section d'artillerie et 1 mitrailleuse partent à 2 heures, sous les ordres du commandant Lucas, pour aller au-devant du gros convoi attendu de Dellys. Ce convoi arrive à Tizi-Ouzou, à 6 heures du soir.

A la date à laquelle nous sommes arrivés, les Khachna de la montagne persistaient dans leurs bonnes dispositions, les douars du Corso, du Foës, de Ben-Rahmoun et de Bouisseri avaient remis leurs armes et rentraient avec leurs troupeaux sur leur territoire. Les Ammal avaient fait des offres de soumission; les Bou-Merdès, seuls, étaient restés à l'écart.

Dans le cercle et le territoire civil de Dellys, les Beni-Tour, les Beni-Slyim et les Beni-Ouaguennoun avaient fait leur soumission, mais les Taourga persistaient dans leur rébellion.

Dans les Isser, tout était rentré dans le devoir, sauf les douars des Oulad-Medjkan et d'El-R'icha, qui subissaient l'influence des Oulad-Ahmed-ben-Mohamed, encore au camp du caïd Ali; mais ces douars ne faisaient aucun acte d'hostilité.

J'ai dit que, dans son programme, le général Lallemand avait résolu d'opérer la soumission des tribus comprises entre l'Oued-Aïssi et l'Oued-Bougdoura, avant que d'entreprendre le débloquement de Fort-National; pour ces différentes opérations, il crut utile de faire appel au concours de la colonne du général Cérez, qui reçut l'ordre de venir le rejoindre dans les Maatka, où il lui donnerait la main.

CHAPITRE XVII

Conséquences de la mort de Mokrani. — Les rebelles cherchent d'abord à cacher cet événement. — Bou-Mezrag prend la direction du mouvement insurrectionnel. — Nouvelles reçues le 7 mai des Beni-Mançour. — Le 8 mai, la colonne se transporte à Hanif, sur l'Isser, et, le 9 mai, à Mogta-Aïacha, sur la même rivière. — Soumission d'une partie des Senhadja. — Les 9, 10 et 11 mai, on sévit sur les fractions récalcitrantes. — Le 12 mai, la colonne campe au coude de l'Isser. — Les colons de Palestro, prisonniers des Beni-Khalfoun, sont amenés à la colonne le 13 mai. — La colonne campe, le 14, aux Cheurfa du Sud, le 15, aux Frênes et, le 16, elle rentre à Aumale. — Les prisonniers des Beni-Khalfoun sont dirigés sur Alger.

La mort de Mokrani avait porté un coup irréparable à l'insurrection ; l'armée des rebelles était décapitée. Chikh-el-Djadi chercha d'abord à faire croire aux Kabyles que le bach-agha était seulement absent pour un certain temps et qu'il allait ramener de nouveaux contingents. Dans une lettre adressée aux rebelles du Djurdjura occidental, Si-Ali-ben-el-Aouadi, père du caïd des Senhadja, disait même que la colonne française avait subi de fortes pertes et que les survivants se retiraient sur Alger.

Dans une lettre dont la traduction est ci-après, l'agha Si-Bouzid indique les moyens qui étaient employés pour tromper les indigènes.

A Monsieur le général Cérez, etc.

De ce que je vais porter à votre connaissance, il ne résultera que du bien. L'oukil de l'oratoire du Chikh-ben-Abd-er-Rahman est détenteur de feuilles portant le sceau d'El-hadj-Mohamed, ainsi que Ben-Ammar-el-Ksaroui.

Tout le monde, c'est-à-dire toutes les tribus, ont reçu des lettres dans lesquelles on leur dit : « Nous nous trouverons tous réunis ; nous reviendrons de l'endroit où nous sommes quel qu'il puisse être. Dans le cas où cela nous serait impossible, notre frère Bou-Mezrag se présenterait à vous ; maintenez votre pacte.... »

Ils s'imaginent que l'on ignore la mort du bach-agha! El-hadj-Mohamed, oukil de l'oratoire du Chikh, est en ce moment dans les Nezlioua, au village d'El-Ansor, avec très peu de monde. Ils veulent surveiller.

Aujourd'hui, El-hadj-Mohamed a écrit de sa main une lettre portant le cachet du bach-agha au chikh Saïd-ben-Bellil; il lui demande la difa au nom du bach-agha.

Les Beni-Yala et les Ksar veulent que Bou-Mezrag remplace son frère.

En outre, j'ai le plaisir de vous informer que le jour où nous avons combattu le bach-agha (le 2 mai), il a perdu 16 hommes et 3 chevaux qui ont été tués. Il en a laissé une partie à Bouïra. Avant ce jour, j'ignorais ces détails, mais maintenant j'en suis sûr, attendu que les oiseaux et les chacals se disputent les cadavres.

Salut de la part de votre humble serviteur Bouzid-ben-Ahmed. 18 safer de l'an 1288 (8 mai 1871).

Ces manœuvres ne trompèrent personne et Bou-Mezrag ne tarda pas, d'ailleurs, à annoncer lui-même la mort de son frère, en faisant connaître qu'il allait prendre sa succession.

Voici une circulaire adressée à tous les Cheurfa :

A tous les Cheurfa. Que le salut soit sur vous!

Mon frère Si-el-Hadj-Mohamed est mort. Je fais appel à votre dévouement envers la religion de Dieu et à votre affection pour moi.

Que rien ne vous trouble; les Oulad-Mokran sont tous unis, aucun d'eux ne se rendra coupable de négligence. Parmi eux, il y a toujours des hommes et il y en aura jusqu'à la fin du monde. On connaît les hommes et les amis dans les circonstances difficiles.

Nous protègerons la religion de Dieu et de son envoyé dans la limite de nos forces; Dieu nous en est témoin!

Nous avons pu apprécier les qualités du défunt; nous marcherons sur ses traces et nous les suivrons jusqu'à la mort. Il n'y a de force qu'en Dieu!

Écrit de la part de Sid-Ahmed-bou-Mezrag-ben-el-Hadj-Ahmed-el-Mokrani.

Les tribus du cercle d'Aumale, qui avaient été les plus hésitantes, s'empressaient maintenant de montrer leur zèle pour la bonne cause et le pays avait retrouvé un peu de sécurité.

Nous avons laissé, le 7 mai, la colonne du général Cérez campée sur l'oued Magraoua, où elle avait reçu les ravitaillements dont elle avait un urgent besoin. Ce jour là, le général reçut un rapport du capitaine Mas, chef de l'annexe des Beni-Mançour, qui lui fut apporté par un jeune Italien qui s'était réfugié dans le bordj. Ce jeune homme, qui connaissait le kabyle, avait revêtu un costume indigène et s'était fait descendre de nuit, des murailles du bordj, au moyen d'une corde; il avait réussi à déjouer la surveillance des postes des rebelles puis, tantôt marchant dans le lit de la rivière, tantôt se cachant dans des touffes de lentisque, il avait réussi à gagner Aumale le lendemain. Le maire de cette ville, M. Germain, le conduisit lui-même au général Cérez. C'était la première fois depuis le 7 avril, jour du blocus, que le capitaine Mas réussissait à donner de ses nouvelles.

Cet officier faisait connaître que la place était encore pourvue d'une certaine quantité de vivres, mais que l'eau manquait et que l'on allait être obligé d'en aller prendre de vive force dans la rivière.

Le général promit au maire, dont le beau-frère, M. Lapoque, fournisseur des vivres, était bloqué dans le fort, d'aller au secours de la garnison dans une dizaine de jours.

Le jeune Italien qui avait apporté la lettre fut gardé à la colonne dans l'espoir qu'il pourrait porter aux Beni-Mançour la réponse du général (1).

Le 8 mai, la colonne se transporta à Hanif, sur l'oued Isser, à 1 kilomètre 1/2 du bordj du caïd des Cheurfa du sud, Si-Hammoud-ben-Arbia. Ce chef indigène, très influent et très dévoué, avait, par sa ferme attitude, empêché l'insurrection de gagner tous les Beni-Djad et de se propager dans les Beni-Sliman. Le 9 mai, la colonne continua sa route jusqu'à Mogta-Aïach, sur la rive gauche de l'Isser, à 1 kilomètre en amont du marché du dimanche des Senhadja.

Les quatre fractions des Cheurfa, des Bericha, des Oulad-ben-Salem et des Beni-Molla, appartenant aux Senhadja et représentant à peu près, comme population, la moitié de la

---

(1) Il n'y est pas retourné.

tribu, firent leur soumission et livrèrent des otages et leurs armes; le général leur avait accordé l'aman sous la réserve des conditions que leur imposerait le gouverneur général.

Toutes les fractions de la rive droite de l'Isser, qui avaient pris une part active au massacre de Palestro et redoutaient le châtiment qu'elles avaient mérité, avaient abandonné leurs villages et s'étaient réfugiées dans les Beni-Khalfoun. Elles avaient demandé le concours de ceux-ci pour défendre leur territoire contre la colonne; mais les Beni-Khalfoun, menacés par la colonne du général Lallemand, qui avait campé, le 6 et le 7, dans les Ammal et se trouvait à ce moment au col des Beni-Aïcha, avaient préféré rester chez eux.

Les journées du 9, du 10 et du 11 mai furent employées à vider les silos des rebelles, à brûler leurs villages et à ravager leurs jardins, qui étaient fort beaux et plantés de nombreux arbres fruitiers. Le jardin d'Ali-ben-Amran, un des chefs de l'insurrection, qui se trouvait à peu de distance du bivouac, fut compris dans cette exécution. Les troupes n'ont rencontré aucune résistance; quelques isolés seulement ont tiré sur elles, et quatre d'entre eux, ayant été pris les armes à la main, furent fusillés séance tenante. On a trouvé dans les villages incendiés des effets et des papiers provenant des colons de Palestro.

Le 12 mai, la colonne se transporta dans le pays des Beni-Maned, au point appelé Tadikht, un peu en aval du confluent de l'oued Djemaa et de l'oued Isser, sur la rive gauche de cette dernière rivière (ce lieu de campement est souvent indiqué sous le nom de coude de l'Isser). Les villages des Beni-Maned furent livrés aux flammes comme l'avaient été ceux des Senhadja récalcitrants.

A la date du 3 mai, pendant qu'il était campé à Ben-Haroun, le général Cérez s'était mis en relations avec l'amin-el-oumena des Beni-Khalfoun, Si-Saïd-ben-Ali-ou-Aïssa, dans le but de lui demander la remise des colons de Palestro, échappés au massacre, qu'il avait recueillis chez lui; ce chef indigène lui avait répondu qu'il les lui remettrait dès que sa colonne serait à Dra-el-Mizan ou à proximité de sa tribu. Le moment était donc venu d'exécuter cette promesse, et, en effet, le bivouac était à peine établi depuis quelques heures à la limite des Beni-Khalfoun que Si-Saïd écrivit au général qu'il était prêt à lui envoyer les prisonniers de Palestro.

Le 13 mai, vers midi, l'amin-el-oumena amenait au camp le capitaine du génie Auger et demandait une escorte pour aller prendre les autres prisonniers à l'arba des Beni-Khalfoun. L'escadron du 9e chasseurs fut chargé de cette mission, et à 7 heures du soir nos malheureux compatriotes arrivaient au camp, où ils produisirent une vive impression.

Ils sont l'objet, disait le général dans son rapport, des soins de tous, et leur émotion, en se trouvant au milieu de nous, répondait à la joie qui agitait mes troupes depuis ce matin à l'espoir de les revoir, avec la pensée que leurs efforts jusqu'à ce jour avaient pu contribuer à leur délivrance.

Ils étaient au nombre de quarante (hommes, femmes et enfants), et ils avaient vécu pendant vingt-deux jours au milieu des insurgés, dans des transes continuelles, malgré les soins dont ils avaient été l'objet. Voici leurs noms :

M. Auger, capitaine du génie ;

Mme Valle, femme du commandant de place de Dra-el-Mizan, son enfant et la nourrice ;

Mme Sorel, femme du gérant de l'usine de Bor'ni, et sa bonne ;

Bassetti (Joachim), fils du maire de Palestro ;

Omer (Georges), brigadier forestier, sa femme et un enfant ;

Lautrès (Pierre), garde champêtre ;

Reynoldi (Louis), sa femme et son fils ;

Trentini (Jacob), sa femme, sa fille et son fils ;

Mme Majoral et quatre enfants ;

Mottiati, sa femme et un enfant ;

Volski, sa femme et son fils ;

Mme Zepfel et sa fille ;

Mme Roda ;

Chayrousse, soldat du train ;

Et les colons Marinelli, Cavozza, Poleda, Olivas, Bianchi, Spazzi, Trentini (Antoine).

Tous ont fait l'éloge de l'amin-el-oumena et des divers membres de sa famille, du courage avec lequel Si-Saïd les avait soustraits, à Palestro, à la fureur des indigènes des tribus voisines et même des Beni-Khalfoun, qui voulaient achever leur extermination sans faire grâce à personne. Comme nourriture et comme installation, ils avaient dû naturellement se contenter du régime des gens aisés du pays.

L'amin-el-oumena remit au général Cérez la lettre que lui avait écrite, des Ammal, le général Lallemand, et dans laquelle cet officier général promettait l'aman aux Beni-Khalfoun s'ils rendaient à la liberté les Européens qui se trouvaient chez eux. Le général Cérez convertit ce titre d'aman conditionnel en titre définitif, s'engageant à respecter les personnes et les propriétés au cas où des opérations ultérieures l'appelleraient dans les Beni-Khalfoun.

En rendant compte de ces faits, le général ajoutait :

Je sais, par les déclarations des prisonniers, que, pendant tout le temps de leur séjour chez l'amin-el-oumena, leur présence a été pour les partisans de Si-Saïd un sujet de menaces perpétuelles de la part des tribus voisines. Les contingents des Beni-Khalfoun fidèles à ce chef ont veillé nuit et jour à la sécurité des Européens. Je crois utile de leur tenir grand compte du service rendu par Si-Saïd et ses gens au milieu de circonstances aussi difficiles.

Sans chercher le mobile de leur conduite, je n'y vois que le résultat obtenu et un pas de fait dans la voie de l'humanité. Pour ces considérations, j'ai l'honneur de vous demander pour les Beni-Khalfoun, l'aman pur et simple sans autre condition que le retour effectif à notre autorité et la restitution des troupeaux, effets, etc..., que les gens de cette tribu qui ont participé à l'insurrection ont pu enlever aux Européens, les crimes ou délits individuels demeurant l'objet de poursuites légales.

J'ajoute que je ne me suis en rien lié vis-à-vis d'eux à ce sujet ; la liberté de M. le gouverneur général à leur égard demeure pleine et entière.....

L'amin-el-oumena avait garanti au général Cérez la tranquillité future de sa tribu, s'engageant à repousser les insurgés qui viendraient chez lui ; il avait aussi promis de ramener les Beni-Maned.

Le caïd des Harchaoua, Ahmed-ben-Aïssa, avait été amené

par Si-Saïd pour faire sa soumission ; il s'est engagé à réinstaller toute sa tribu sur son territoire et à fournir des otages.

Il ne restait donc plus désormais à soumettre qu'une partie des Senhadja qui avaient quitté leur pays à la suite de Si-Ali-ben-el-Aouadi et qui se trouvaient au milieu des tribus insurgées du cercle de Dra-el-Mizan.

Le général Cérez se décida alors à reprendre la route d'Aumale en passant par Les Frênes, d'où il comptait diriger sur Alger les colons de Palestro.

La colonne se mit en route le 14 mai à 5 heures pour aller camper aux Cheurfa du sud, près de la maison du caïd, sur la rive droite de l'Isser. Cette étape fut très pénible pour l'infanterie, car la route, qui est très mauvaise, ne traversait pas moins de trente fois la rivière.

Le lendemain 15, on arrivait aux Frênes à 10 h. 1/2. Beaucoup de colons d'Aumale s'y étaient rendus pour saluer les malheureux colons échappés au massacre de Palestro. Une souscription faite à la colonne et une loterie avaient produit une somme de 2.000 francs ; à Aumale, une souscription avait produit 550 francs ; cet argent fut remis aux colons pour leur permettre de pourvoir à leurs premiers besoins. Ceux-ci, mis en route pour L'Arba avec une escorte de 15 chasseurs d'Afrique, y sont arrivés le 17 à midi.

La colonne était rentrée à Aumale le 16 mai.

Par les récits des colons sauvés du massacre, on connut enfin, dans tous ses détails, l'horrible drame qui a soulevé l'indignation universelle. Le récit en sera fait dans le chapitre suivant.

CHAPITRE XVIII

Situation de Palestro. — Confiance des habitants. — Conciliabule du 19 avril où est résolue l'attaque du village. — Des rassemblements armés entourent le village, le 20 au matin, et commencent les hostilités. — Préparatifs de défense. — Les Kabyles font le pillage du village. — Attaque du 21 avril. — Les défenseurs du presbytère l'abandonnent et gagnent la gendarmerie. — Quatre colons prennent la fuite le vendredi soir. — Des propositions de capitulation sont faites, le 22, aux défenseurs de la gendarmerie qui sortent à l'extérieur. — Un incident amène le massacre des colons. — Le capitaine Auger et le fils Bassetti sont sauvés par l'amin-el-oumena des Beni-Khalfoun. — Attaque de la maison cantonnière. — Les colons, obligés de se rendre, sont emmenés par l'amin-el-oumena des Beni-Khalfoun. — Les principaux coupables sont envoyés devant la Cour d'assises d'Alger.

Comme il a été dit au chapitre premier, le village de Palestro (anciennement Ben-Hini) a été créé par arrêté du 18 novembre 1869 et il formait, au moment de l'insurrection, une section de la commune mixte de Dra-el-Mizan. Les terres qui composaient son territoire provenaient de l'ancien beylik turc et étaient situées dans la tribu des Ammal, qui faisait partie de l'annexe d'Alger, à la limite des Beni-Khalfoun qui appartenaient au cercle de Dra-el-Mizan.

Le village, placé sur la route de Constantine, sur la rive droite de l'oued Isser, était complètement isolé et entouré d'une ceinture de montagnes. Le village européen le plus rapproché était celui du col des Beni-Aïcha, distant de 25 kilomètres, mais il en était séparé par le défilé des gorges de l'Isser; ensuite venait le village du Fondouk, qui en était à une distance de 31 kilomètres. Palestro était d'un aspect assez riant; les plantations qu'on y avait faites avaient réussi et commençaient à en faire un îlot de verdure dans la plaine grise. Il comptait, au moment de l'insurrection, 112 habitants.

Comme je l'ai dit plus haut, les terres qui avaient servi à

former sa dotation territoriale provenaient du beylik turc ; cette circonstance aurait dû rendre moins vif le regret qu'avaient éprouvé les indigènes en les voyant donner à des colons ; mais si la dépossession était ancienne et avait été le fait du gouvernement qui nous avait précédés, ils ne la regardaient pas pour cela comme légitime ; pour les Ammal, c'étaient toujours les terres de leur tribu et ils n'admettaient pas de prescription.

Il y avait bien aussi, chez les Ammal, une certaine irritation contre les colons de Palestro à cause de la suppression, au profit de ce village, de leur marché du vendredi. Mais tous ces motifs étaient secondaires et on ne doit pas y voir le mobile qui a poussé les indigènes à se ruer contre le nouveau village, car sa destruction n'a pas été seulement l'œuvre des Ammal ; toutes les tribus environnantes ont trempé dans le complot où a été résolue cette œuvre de vandalisme. Il n'y avait comme mobile que la haine des chrétiens et le désir de les expulser du pays musulman.

C'est le 19 avril, après des pourparlers préalables entre les meneurs des diverses tribus voisines, que fut décidée l'attaque du village, dans une grande assemblée qui eut lieu au marché de l'arba des Beni-Khalfoun, le jour même où s'était tenu ce marché ; les tribus des Beni-Khalfoun, des Ammal, des Senhadja, des Beni-Maned, des Zouatna-Mosbaha et Bou-Derbala y avaient envoyé leurs délégués. Cette attaque y fut résolue pour le lendemain matin.

Les colons de Palestro, confiants dans les assurances et les promesses de leurs voisins indigènes, vivaient dans une sécurité complète ; pourtant l'adjoint de la section, M. Bassetti (on lui donnait le titre de maire bien qu'il ne fût qu'adjoint de la commune mixte de Dra-el-Mizan), avait demandé à Alger des armes et des cartouches pour armer sa milice et les habitants faisaient l'exercice plusieurs fois par semaine ; le curé Monginot lui-même assistait aux prises d'armes et manœuvrait avec les miliciens.

J'ai dit, au chapitre X, qu'une jeune fille du village, Mlle Seguy, effrayée d'un propos du fils du caïd des Ammal qu'elle avait surpris et qui indiquait que cet indigène avait jeté son dévolu sur elle, si les colons tombaient aux mains des Kabyles, avait voulu partir immédiatement pour Alger; mais cette impression n'avait pas laissé de traces.

J'ai dit aussi au même chapitre X que le sous-lieutenant Desnoyers, chef de l'annexe d'Alger, amené par son service à Palestro le 15 avril, avait conçu de vives appréhensions pour la sécurité du village, mais que, n'ayant pas qualité pour en faire part au maire, qui ne dépendait pas de son administration, le danger ne paraissant d'ailleurs pas immédiat, il s'était borné à rendre compte de son impression à l'autorité militaire supérieure en demandant instamment l'envoi de troupes. Il n'avait vu ni le maire ni aucun notable et il s'était exclusivement occupé de l'affaire qui l'avait amené dans les Ammal.

Le 19 avril, un indigène ayant apporté à Palestro la nouvelle du pillage et de l'incendie du village de Bordj-Menaïel et du hameau de l'Isser, le maire l'avait fait emprisonner comme propagateur de fausses nouvelles. Néanmoins, ce jour-là, avec le concours du capitaine du génie Auger, qui était à Palestro depuis quelques jours pour l'exécution de travaux, on convint du système de défense qu'il y aurait lieu d'employer en cas d'attaque.

Le 20, à 2 heures du matin, un nommé Salem, ancien domestique de M. Bassetti, vint l'avertir que 300 Arabes environ étaient cachés dans un ravin voisin du village. Celui-ci envoya pour vérifier le fait un nommé Boudjema-ben-Ahmed et cet indigène, en rentrant, rendit compte qu'il n'avait rien vu. Comme nous le verrons bientôt, ce Boudjema était complice des insurgés.

Mme Valle, femme du commandant de place de Dra-el-Mizan, qui se rendait à Alger avec son enfant et une nourrice et qui était partie de grand matin, dut rebrousser chemin, la route étant interceptée par des bandes armées. Il y avait encore, de passage à Palestro, Mme Sorrel, femme du gérant de l'usine de Bor'ni, qui avait dû quitter cet établissement à cause de l'insurrection et qui voulait aussi gagner Alger; elle était accompagnée de sa bonne.

Vers 6 heures du matin, des enfants du village, qui étaient sortis avec des troupeaux du côté de l'Isser, reviennent effrayés, apportant la nouvelle que des Arabes armés avaient traversé la rivière, mis le feu à des meules de foin appartenant à M. Féraud et leur avaient tiré des coups de fusil.

Immédiatement le maire fait battre la générale et sonner le tocsin; les habitants accourent frappés d'épouvante et on les répartit dans les trois maisons qui avaient été choisies dans la reconnaissance de la veille comme les plus propres à la résistance, ce sont : le presbytère, la caserne de gendarmerie et la maison cantonnière. Ces maisons étaient isolées et formaient entre elles un triangle qui permettait de faire converger des feux vers l'intérieur du village et de se protéger l'une l'autre dans une certaine mesure. On y porte précipitamment des provisions de toute sorte, avec ce que les habitants avaient de plus précieux ; on y pratique des créneaux et on place des matelas devant les fenêtres ; puis, une fois les défenseurs installés, on barricade les portes.

Le capitaine Auger et le curé Monginot eurent la direction de la défense au presbytère; le maire Bassetti et le brigadier de gendarmerie à la caserne, qui était occupée par les gendarmes et quelques colons; à la maison cantonnière le commandement avait été donné à M. Picard, conducteur des ponts et chaussées. Ce dernier immeuble, qui était pourvu d'un étage avec terrasse sur voûte, dont les charpentes étaient en fer et qui avait une cour enceinte d'une solide muraille, présentait les meilleures conditions pour la défense; aussi, y avait-on fait entrer les femmes, au nombre de 14, et les enfants, au nombre de 12 ; 14 miliciens, sous les ordres de M. Picard, étaient chargés de la défense. Dans la cour on avait réuni une grande quantité de provisions de bouche de toute nature.

Le premier soin des bandes d'insurgés les premières arrivées avait été, heureusement, de mettre au pillage des maisons abandonnées et cela avait donné un peu de répit aux colons pour achever leurs préparatifs; mais à peine les dernières dispositions avaient-elles été prises, que le village était envahi par les rebelles. Quelques Européens qui n'étaient pas arrivés à temps pour s'enfermer dans les refuges choisis furent assaillis et dépouillés par les gens des Ammal près du pont de Ben-Hini; on les laissa s'échapper, sauf un briquetier qui fut massacré en vue du village.

Dans cette journée du 20 avril, quelques coups de fusil furent échangés entre les colons et les assaillants, mais avec peu de résultats; les indigènes étaient avides de pillage, et, comme ils savaient que leurs victimes ne pourraient pas leur échapper, ils s'étaient occupés tout d'abord de faire main-basse sur tout ce qui était à leur convenance, en s'exposant le moins possible aux feux des colons. Ils se mirent à créneler certaines maisons abandonnées pour pouvoir répondre, à l'abri, au feu des miliciens et ils pratiquèrent des ouvertures pour pouvoir circuler d'une maison à l'autre sans se démasquer.

Le vendredi, 21 avril, eut lieu l'attaque sérieuse du village; une vive fusillade s'engagea dès le matin; les Beni-Khalfoun, les Senhadja, les Beni-Maned étaient accourus en grand nombre se joindre aux Ammal, ainsi que tous les pillards de la région.

L'amin-el-oumena des Beni-Khalfoun, Si-Saïd-ben-Mohamed-ben-Ali-ou-Aïssa, était là sur un mamelon distant du village de 900 mètres; il était au milieu des contingents de sa tribu, monté sur un cheval noir. C'était un marabout vénéré, ayant une grande influence religieuse; sa famille, celle des Oulad-Ali-ou-Aïssa, avait presque toujours donné des chefs à la tribu au temps des Turcs comme depuis la conquête française; lui-même devait à l'élection des amins son titre d'amin-el-oumena. C'était un homme d'un caractère doux et conciliant qui ne paraissait pas fait pour l'œuvre de sang à laquelle il se trouvait mêlé. Avait-il poussé sa tribu à l'insurrection ou avait-il été entraîné par elle? La deuxième hypothèse est la plus probable. Quoi qu'il en soit, il est heureux qu'il ait été présent au sac du village, car il est à présumer que, sans lui, aucun de nos colons n'aurait pu raconter l'horrible drame qui allait s'accomplir.

Le caïd des Ammal, El-hadj-Amed-ben-Dahman, que nous

avons déjà vu aidant le sous-lieutenant Desnoyers à arrêter trois voleurs de la fraction de Guergour, était un homme rude et énergique, qui passait pour un bon serviteur; il était depuis dix ans à la tête de sa tribu.

J'ai déjà signalé les hommes qui ont soulevé l'insurrection dans les Senhadja, Ali-ben-el-Aouadi et son fils Ahmed-ben-Ali, caïd de la tribu, le marabout El-Hadj-Mohamed des Cheurfa-el-Hammam, Ali-ben-Amran, le chef militaire des contingents de la tribu.

Le caïd des Beni-Maned, Ahmed-ben-Amar, qui avait aussi amené les contingents de sa tribu, était un homme d'un caractère faible qui avait subi l'ascendant de ses voisins des Senhadja.

Le mokoddem des khouan des Beni-Khalfoun, Mohamed-ben-Lounès, monté sur une mule noire et portant le drapeau de la koubba de Baba-Ali, parcourait les groupes en excitant les Kabyles au combat.

Les assaillants avaient compris que le presbytère était la moins forte des maisons défendues; ce fut là que portèrent d'abord tous leurs efforts. La défense fut énergique. A ce moment, le maire Bassetti, qui était à la caserne de gendarmerie, se faisait encore des illusions ; il défendait à ses hommes de tirer sur les chefs, comptant qu'ils interviendraient en faveur des colons.

Le combat dura dans ces conditions jusqu'à la nuit. L'audace des Kabyles grandit alors avec l'obscurité; trois assauts successifs furent donnés au presbytère, dont la porte finit par être enfoncée. Une lutte acharnée s'engagea alors; de nombreux indigènes furent tués. Du côté des défenseurs, le capitaine Auger avait été légèrement blessé. Voyant que la position n'était plus tenable, les colons sortirent par une porte de derrière et se frayèrent un passage à la baïonnette au milieu des insurgés pour gagner la caserne de gendarmerie, où ils réussirent à se réfugier.

Le presbytère fut alors envahi et livré au pillage puis à l'incendie. La femme Levet, qui s'y trouvait avec son enfant, terrifiée par les scènes dont elle avait été témoin, avait refusé de partir avec les autres colons; elle fut emmenée par un nommé Mohamed-bou-Guedra des Oulad-Lalam, tribu des Senhadja qui la tua quelques jours après; l'enfant fut étranglé par le nègre Bel-Kher.

Au moment où les défenseurs du presbytère en étaient sortis en criant : « A la baïonnette », quatre hommes de la maison cantonnière en étaient également sortis sous prétexte d'aller à leur secours; c'étaient le conducteur des ponts et chaussées Ricard, Pourtauborde, Roda et un Espagnol. Tentèrent-ils de secourir leurs camarades? On ne saurait le dire; toujours est-il qu'ils ne revinrent plus. Profitant de l'obscurité, ils cherchèrent à s'échapper de Palestro; trois y réussirent, le quatrième, Roda, fut tué dans sa fuite. Nous avons vu le conducteur Ricard porter à Alger la nouvelle du massacre et Pourtauborde se présenter au général Lallemand, le 6 mai, au moment de son arrivée dans les Ammal.

Un profond découragement avait suivi, à la maison cantonnière, l'abandon de quatre de ses défenseurs parmi lesquels se trouvait celui qui avait la direction de la défense.

A l'aurore du samedi 22 avril, les assaillants firent des propositions de reddition; Saïd-bel-Kassem-el-Ouchefoun, homme de confiance du caïd des Ammal, entra en pourparlers avec la femme du brigadier de gendarmerie. Il promettait, au nom du caïd, qu'on laisserait aux colons leurs armes et qu'on les escorterait jusqu'au Fondouk.

Ces propositions furent transmises aux défenseurs de la gendarmerie par le même Saïd-bel-Kassem qui, cette fois, demandait l'abandon des armes et de l'argent des Européens. Le maire et le capitaine Auger demandèrent à traiter avec les chefs. Saïd-ben-Ahmed-ou-Ramdan, amin de la fraction des Hazama, des Beni-Khalfoun, s'avança alors et garantit, au nom de son amin-el-oumena, l'exécution de la convention. Le capitaine Auger demanda à voir l'amin-el-oumena en personne; celui-ci s'avança à cheval. Il lui donna comme condition expresse que les colons garderaient leurs armes et, sur son insistance, le chef indigène finit par garantir aux Européens la vie sauve et la conservation de leurs armes.

Il y eut alors une sorte de trêve dont quelques colons profitèrent pour aller de la gendarmerie à la maison cantonnière voir leurs femmes et leurs enfants. Ainsi firent le brigadier forestier Omer, Trentini, Spazzi et Cavazza ; ils durent la vie à cette inspiration.

Bientôt après, au mépris de la convention, les indigènes exigent la remise des armes ; les colons résistent. L'un d'eux, l'entrepreneur Dieuloir, est devant la gendarmerie, on l'entoure pour le désarmer de force ; il croise la baïonnette et, en se débattant, il blesse un indigène ; une décharge générale à bout portant l'étend mort. C'est le signal du massacre ; des scènes indescriptibles de carnage se passent alors.

Le capitaine Auger parlait à ce moment à l'amin-el-oumena Si-Saïd-ben-Ali ; celui-ci le prend sous sa protection pour l'arracher à la fureur des Kabyles.

Le curé Monginot tombe des premiers, frappé à coups de matraque et de couteau.

Parmi les Européens qui étaient sortis de la gendarmerie se trouvait le fils du maire, Bassetti (Joachim), âgé de 14 ans ; ce courageux enfant n'avait pas voulu se séparer de son père pour aller à la maison cantonnière avec les autres enfants. Un grand nombre d'indigènes s'acharnaient après lui, il se réfugie sous un haquet ; là il cherche à racheter sa vie en distribuant à ses agresseurs des morceaux de sa chaîne de montre qui était en or. Mais Boudjema-ben-Ahmed, le domestique de son père, l'arrache de sa retraite, le fouille et le fait asseoir sur le cadavre du curé pour lui faire enlever ses chaussures où il pense qu'il pourrait y avoir de l'argent caché. Éperdu, l'enfant se sauve vers l'amin-el-oumena Si-Saïd-ben-Ali qui, à cheval, assistait au carnage ; les Kabyles le poursuivent et vont l'atteindre lorsque l'amin-el-oumena les arrête d'un geste, prend l'enfant et le met devant lui sur sa selle. Celui-ci le supplie de sauver son père qu'il voit menacé ; mais Si-Saïd-ben-Ali, jugeant l'entreprise au-dessus de ses forces et voulant mettre en sûreté les deux personnes qu'il vient de sauver, les conduit immédiatement chez lui.

Lui parti, le massacre continue ; Platré, soldat ordonnance

du capitaine Auger, qui veut suivre son officier, tombe frappé d'une balle. Le lieutenant de la milice Rimez, receveur des postes, blessé la veille, succombe sous les coups des assaillants ; on le décapite et on lui ouvre le ventre.

La caserne de gendarmerie avait été envahie par les rebelles ; trois hommes de la fraction de Guergour qui s'y trouvaient détenus avaient été délivrés et ils se signalèrent parmi les plus féroces ennemis des colons. L'un d'eux tue d'un coup de hache le brigadier de gendarmerie, puis le colon Balzarini.

Le maire Bassetti offre de l'argent pour avoir la vie sauve, on lui répond par un coup de fusil qui l'abat ; un des détenus de Guergour se précipite sur le blessé encore palpitant et lui ouvre le ventre. Le boucher Barbetta est tué d'un coup de feu par un indigène qui lui devait de l'argent ; l'assassin lui ouvre également la poitrine et le ventre de haut en bas avec un couteau.

Tous les colons qui s'étaient réfugiés à la gendarmerie tombent ainsi les uns après les autres. Deux jours après, le colonel Fourchault, qui arrivait au secours de Palestro, trouva, comme nous l'avons vu, 46 cadavres dépouillés de leurs vêtements, plus ou moins mutilés et plusieurs carbonisés.

Quand tout fut terminé à la gendarmerie, les indigènes se ruèrent sur la maison cantonnière. Par une inexplicable négligence, dans les allées et venues qui avaient eu lieu, la porte de la cour avait été mal refermée et les Kabyles purent y pénétrer ; il commencèrent par piller toutes les provisions qu'on y avait rassemblées, puis ils enfoncèrent les deux portes de la maison donnant dans la cour. Les assiégés, qui s'étaient retirés au 1er étage, résistent héroïquement ; les assaillants songent alors à incendier la maison, ils mettent le feu au mobilier et jettent dans le brasier des broussailles et des herbes sèches ; le feu gagne le 1er étage.

Les défenseurs sont alors obligés de se réfugier sur la terrasse ; ils coupent l'escalier derrière eux ; ils avaient porté avec eux leurs objets précieux.

Il était alors midi ; sur un espace de 12 mètres carrés, 43 personnes étaient entassées ; le parapet de la terrasse n'ayant que 40 centimètres de hauteur, il fallait se tenir couché pour éviter les balles. La situation des assiégés était horrible; pendant qu'un siroco brûlant les suffoquait, l'incendie formait sous leurs pieds un véritable brasier et ils n'avaient pas une goutte d'eau pour étancher leur soif. La charpente en fer de la terrasse empêchait celle-ci de s'écrouler; mais, sous l'action du feu, des fissures se produisaient qui donnaient issue aux flammes et à la fumée; les vêtements prenaient feu et il fallait prendre des précautions pour empêcher les munitions qu'on avait transportées sur la terrasse de faire explosion.

L'un des réfugiés, frappé de folie, se tua, ne pouvant plus supporter cette longue agonie. Les femmes poussaient des cris de terreur et suppliaient leurs compagnons de mettre fin à leurs souffrances, en leur donnant la mort. Trois hommes qui s'étaient levés pour faire feu sur les assaillants furent tués; la femme Rimez reçut également une blessure dont elle est morte quelques jours plus tard. Les assiégeants ne pouvant atteindre les colons de leurs balles font pleuvoir sur la terrasse une grêle de pierres et de briques qui blessent grièvement plusieurs d'entre eux.

Il était 6 heures du soir; il n'était plus possible de prolonger cette défense héroïque, les assiégés se décidèrent à accepter les propositions de reddition que leur adressaient leurs ennemis. On leur promettait de les conduire à Alger, d'où on les embarquerait pour France.

Les assiégés voulurent, comme garantie, la parole de l'amin-el-oumena des Beni-Khalfoun, qui était de retour; il s'avança et promit aux colons que tous auraient la vie sauve s'ils se rendaient prisonniers. Quelques indigènes montèrent sur la terrasse au moyen d'échelles et dépouillèrent les assiégés de tout ce qu'ils avaient, même de leurs vêtements; on leur enleva leur argent et leurs bijoux. Le caïd des Ammal se faisait rendre compte de ce qui était remis par chacun et en faisait prendre note par son khodja.

On fit descendre les prisonniers par les échelles; les indigènes poussaient des cris de mort et voulaient les écharper, mais leurs chefs réussirent à protéger les Européens. Le caïd des Ammal se retira aussitôt après, emmenant quelques femmes, mais l'amin-el-oumena Si-Saïd-ben-Ali se les fit remettre sur-le-champ.

Les prisonniers furent emmenés d'abord chez l'amin des Hazama, et, le lendemain à la maison de l'amin-el-oumena, aux Aït-ou-Salah, fraction d'Amara, où ils séjournèrent jusqu'au 13 mai. Ils furent nourris à la façon kabyle, on leur donnait des galettes, des figues, des oranges et un peu de viande, une fois par semaine, le jour du marché de l'Arba. Comme boisson, ils n'avaient que de l'eau et des laitages. Ils couchaient par terre sur des nattes; les femmes avaient de mauvais tapis.

La femme du préposé des postes, Mme Rimez, mourut pendant sa captivité, des suites des blessures qu'elle avait reçues.

On a reproché à l'amin-el-oumena Si-Saïd-ben-Ali, de n'avoir pas sauvé tous les colons de Palestro, sous prétexte que, du moment où il avait eu assez d'autorité et d'influence sur les indigènes pour en sauver un certain nombre, il aurait pu, s'il l'avait voulu, les sauver tous. Il faut ne pas connaître les Kabyles pour croire qu'il est aussi facile que cela de s'en faire obéir lorsqu'ils sont dominés par leurs passions, dans l'ardeur de la lutte. Il est assez probable que si les colons s'étaient laissé désarmer après la première capitulation et que s'il n'y avait pas eu l'incident Dieuloir, le nombre des victimes de Palestro eût été beaucoup moindre. L'amin-el-oumena avait, il est vrai, promis que les assiégés garderaient leurs armes, mais il lui avait été plus facile de promettre que de faire respecter sa promesse par des bandes de pillards accourus de toutes les tribus des environs pour se ruer sur Palestro et qui regardaient les armes comme une partie essentielle du butin.

Le nombre des victimes du massacre a été de 54 (1). Une quinzaine d'habitants de Palestro avaient pu se sauver isolé-

---

(1) Savoir : les 46 inhumés par la colonne Fourchault, le 24 avril; 4 restés sur la terrasse de la maison cantonnière et inhumés le 3 juin par la colonne Desandré; la femme Levet et son enfant, tués aux Senhadja; le colon Roda, tué dans sa fuite, et la femme Rimez, morte chez l'amin-el-oumena des Beni-Khalfoun.

ment; la plupart avaient été recueillis par des indigènes, entre autres les deux cantonniers d'Aïn-Zeberboura, qui avaient trouvé asile chez un simple fellah, El-hadj-Ameur des Oulad-Aïssa (Beni-Maned), lequel a toujours refusé de les remettre aux insurgés, malgré leurs menaces. Les Européens employés à l'exploitation de la forêt des Beni-Khalfoun ont été sauvés de la même manière.

Malgré l'aman qu'il avait reçu du général Lallemand et du général Cérez, l'amin-el-oumena Si-Saïd-ben-Ali fut arrêté plus tard et traduit devant la cour d'assises d'Alger, ainsi que plusieurs chefs indigènes qui avaient également obtenu l'aman (1).

Le brigadier Omer a été nommé chevalier de la Légion d'honneur par décret du 17 juin, le capitaine Auger a été également décoré.

---

(1) La cour d'assises d'Alger prononça, le 21 janvier 1873, 44 condamnations contre les auteurs des massacres des Isser et de Palestro; 8 indigènes, parmi lesquels l'amin-el-oumena des Beni-Khalfoun, Si-Saïd-ben-Ali, le caïd des Ammal, El-hadj-Ahmeh-ben-Dahman, et l'amin des Hazama, Saïd-ben-Ahmed-ou-Ramdan, furent condamnés à mort; Aomar-ben-Zamoun fut acquitté.

Parmi les condamnés à mort, El-hadj-Ahmed-ben-Dahman, Boudjama-ben-Ahmed et Sliman-ben-Ahmed furent seuls exécutés, le 2 mai 1873. Le caïd des Ammal, vieillard de 68 ans, en marchant au supplice, criait aux Arabes : « Je meurs innocent et ainsi mourront ceux qui accorderont leur confiance aux roumis et verseront leur sang pour les Français. » (Akhbar, du 3 mai.)

Longtemps après ces événements, j'ai demandé à des indigènes du pays si le caïd El-hadj-Ahmed-ben-Dahman était réellement coupable des faits qu'on lui reprochait; tous ont répondu qu'il n'avait pas poussé sa tribu à l'insurrection, qu'il avait été présent au massacre, mais que s'il était intervenu pour quelque chose, ce n'avait été que pour essayer de retenir ses gens et de sauver les colons.

CHAPITRE XIX

Les Oulad-Mokran recommencent leurs agissements dans la subdivision d'Aumale. — Réunion chez les Chikh-el-Haddad où les insurgés arrêtent le plan des opérations à exécuter. — Nouvelles du bordj des Beni-Mançour. — Situation de la subdivision. — La colonne d'Aïn-Boussif arrive, le 19 mai, à Sidi-Aïssa. — Le général Cérez se remet en route le 20 mai et arrive le lendemain à Bordj-Bouïra. — Reconnaissance de cavalerie dans les Merkalla et Beni-Meddour, le 23. — La colonne se porte à Adjiba, le 25 mai. — Combat d'El-Mergueb, le 26, déblocquement du bordj des Beni-Mançour. — Attaque du village des Cheurfa, combat aux Beni-Abbès. — Exposé des faits survenus pendant le blocus. — Description du fort, garnison, population civile recueillie. — Ravitaillement en eau, le 6 mai. — Suicide de l'entrepreneur des vivres. — Les Kabyles font usage d'une voiture blindée pour approcher des murailles, et d'un canon. — Bou-Mezrag propose une capitulation, le 11 mai. — Le chef d'annexe se débarrasse, le 20 mai, des chevaux qu'il ne pouvait plus nourrir. — Le général Cérez fait remplir la citerne, remettre le bordj en état et raser le village des Aït-bou-Ali, dominant le bordj. — Il relève de ses fonctions le capitaine Mas et le remplace provisoirement par le capitaine Odon. — On apprend un succès du goum d'Aumale sur les insurgés de l'Ouennour'a. — La colonne reprend le chemin de Bouïra, le 29 mai.

Le bach-agha Mokrani était à peine inhumé à la kela des Beni-Abbès que son frère, Bou-Mezrag et Saïd-ben-bou-Daoud recommençaient déjà leurs agissements dans la subdivision d'Aumale. Tous deux se rencontrèrent aux Beni-Abbès et ils allèrent près des Beni-Mançour ; mais appelés par Chikh-el-Haddad pour se concerter avec lui, ils se rendirent à Seddouk, laissant devant le bordj assiégé 800 hommes sous les ordres de Mohamed-ould-Kouider, fils naturel de Mokrani et ancien khalifa du défunt bach-agha. Mohamed-ould-Kouider installa son quartier général au village des Cheurfa.

Dans la conférence qui eut lieu chez Chikh-el-Haddad et à laquelle assistait Mohamed-ben-Abd-es-Slam, un accord définitif est intervenu entre les deux branches rivales de la famille des Oulad-Mokran et le plan ci-après fut adopté pour les opérations ultérieures : Bou-Mezrag et Mohamed-ben-Abd-es-

Slam, le premier à la tête de l'infanterie, le second à la tête de la cavalerie s'avanceraient par la vallée de l'oued Sahel en appelant à eux les contingents du pays ; pendant ce temps, Saïd-ben-bou-Daoud, qu'un succès contre le caïd Sakheri-ben-bou-Diaf de Bou-Saada venait de mettre en relief, marcherait par l'Ouennour'a sur Boghar et Médéa, à la tête des forces de l'Ouennour'a et de la Medjana.

Bou-Mezrag était de retour aux Beni-Mançour le 11 mai et il proposait au chef d'annexe une capitulation qui fut repoussée. De là, son goum, qui comptait 150 chevaux, s'avança vers les Beni-Yala, où il était signalé le 13 mai, et vers les Beni-Meddour où les contingents des Oulad-el-Aziz le rejoignirent.

Bou-Mezrag, appelé par les fils de Chikh-el-Haddad pour tenter un suprême effort contre Bougie, quitta la subdivision d'Aumale, le 13 mai, et il arriva, le 16, au camp de ces derniers. Une attaque générale contre Bougie eut lieu le 17 mai et elle fut encore repoussée.

En arrivant à Aumale, le 16 mai, le général Cérez avait trouvé une lettre du chef d'annexe des Beni-Mançour, datée du 14, qui annonçait une situation meilleure qu'on ne l'eût supposée ; la garnison avait fait une sortie et elle avait réussi à remplir la citerne du bordj au moyen d'eau puisée à la rivière ; sa provision d'eau pouvait durer un mois et la garnison avait encore des vivres pour un mois et demi.

Au sud-est d'Aumale, une nouvelle agitation s'était manifestée, les Oulad-Sidi-Hadjerès étaient considérés comme acquis à l'insurrection ; les insurgés de l'Ouennour'a-Cheraga avaient vidé, le 18 mai, les silos des Oulad-Salem. Il était nécessaire de prendre des mesures pour raffermir la situation de ce côté.

Le général Cérez avait demandé à plusieurs reprises à l'autorité supérieure de faire avancer vers les tribus du sud du cercle d'Aumale la colonne d'observation d'Aïn-Boucif, mais diverses raisons avaient empêché jusque-là de donner satisfaction à cette demande ; cette fois, le général commandant supérieur des forces de l'Algérie prit le parti de mettre cette colonne, commandée par le lieutenant-colonel Muel, à la disposition du général Cérez, qui pourrait la faire mouvoir à son gré. Suivant les ordres de ce dernier, la colonne d'Aïn-Boucif se mit en marche le 18 mai et elle s'installa le lendemain auprès du caravansérail de Sidi-Aïssa, couvrant ainsi le cercle d'Aumale et donnant aussi une certaine protection aux tribus du cercle de Bou-Saada.

Garanti du côté du sud et rassuré sur la situation des Beni-Mançour par la lettre qu'il avait reçue du capitaine Mas, le général Cérez se mit en route le 20 mai avec l'intention de dégager l'aghalik de Bouïra des étrangers qui l'avaient envahi avant d'aller débloquer le bordj des Beni-Mançour. La colonne bivouaqua à Aïn-Tiziret et, le 21 mai, à 10 heures du matin, elle arrivait à Bordj-Bouïra. Les cavaliers de Bou-Mezrag n'étant pas en force pour se mesurer avec nous refluèrent immédiatement du côté des Beni-Mançour.

Le 23 mai, la cavalerie alla faire une reconnaissance dans les Beni-Meddour et les Merkalla, brûlant quelques villages sur sa route; on profita de cette occasion pour rechercher le corps de M. Montmarquet, vétérinaire, qui avait disparu le 28 avril; les recherches restèrent infructueuses. Quelques coups de fusil furent échangés avec les Beni-Yala.

Le 24, un renfort d'une compagnie de zouaves et d'une section d'artillerie rejoignit la colonne.

Le même jour, les Oulad-el-Acem, fraction des Senhadja, firent leur soumission, livrant des armes et des otages; les autres fractions étaient encore hésitantes. Si-Ali-ben-el-Aouadi s'était mis à la tête des insurgés de la région, il avait vidé les silos du caïd des Oulad-Sidi-Salem.

Le général Cérez avait reçu à Bouïra une nouvelle lettre du capitaine Mas; ce dernier avait pris le parti de renvoyer ses cavaliers, n'ayant plus rien pour nourrir leurs chevaux. Le bordj était toujours surveillé par l'ennemi, mais pas bien étroitement, puisque les cavaliers renvoyés avaient pu sortir sans être inquiétés.

Le général laissa une partie de son convoi à Bordj-Bouïra et se dirigea, le 25 mai, sur Adjiba des Beni-Yala, avec douze jours de vivres et un ravitaillement pour le bordj des Beni-Mançour. On brûla en chemin quelques villages et azibs des Beni-Yala et on releva, en passant, la petite garnison du caravansérail d'El-Esnam. Adjiba fut aussi livré aux flammes. La moisson était commencée dans le pays; les récoltes sur pied furent respectées et on ne prit que ce qui était nécessaire pour la nourriture des chevaux et mulets.

La colonne quitta Adjiba le 26, à 5 heures du matin; elle avait à peine fait 3 kilomètres, quelle trouva l'ennemi en position à El-Mergueb sur une crête bien prononcée, s'appuyant à l'oued Sahel et barrant la route (ce point est marqué sur la carte Ir-Arem); c'étaient Bou-R'enan et Mohamed-Ould-Kouider qui avaient amené là tous les contingents de l'Oued-Sahel. Le général fit masser sa colonne et continua sa marche; en même temps la cavalerie et le goum engageaient l'action et, avant même que l'infanterie eût le temps d'entrer en ligne, les contingent kabyles étaient chassés de leur position.

Sur la gauche, on aperçut un parti de cavaliers qui semblait vouloir tourner la colonne; quelques obus bien dirigés arrêtèrent leur marche. Les rebelles se partagèrent alors en deux groupes de chaque côté de la rivière : celui de droite fut vigoureusement poursuivi par les éclaireurs algériens, sous les ordres du commandant de la Roque, et par le goum commandé par le capitaine Abd-el-Kader; celui de gauche fut hardiment poussé par le 1er chasseurs d'Afrique et par le 9e chasseurs, envoyés par le colonel Goursaud, sous les ordres du commandant Delorme. Nos cavaliers eurent un peu plus loin, à hauteur du village des Aït-Ikhelef des Mecheddala, à vaincre une vive résistance que leur opposèrent les Kabyles de cette tribu, des Beni-Aïssi et des Beni-Yala qui s'étaient embusqués dans les bois d'oliviers qui bordent la rive droite de l'oued Sahel. Une partie de la cavalerie dut mettre pied à terre et elle exécuta, sur l'ennemi, des feux de peloton et d'escadron. Le général avait fait appuyer l'attaque par des feux d'artillerie, qui furent bien dirigés, et par l'entrée en ligne de quatre compagnies de zouaves sous les ordres du commandant Vitalis, lesquelles ont été fortement engagées.

Un peu en avant, le capitaine Guillemin, des éclaireurs, prenait aussi une vigoureuse offensive sur un autre groupe.

Peu après, l'ennemi, qui avait éprouvé de grosses pertes, se décida à fuir de toutes parts, laissant une partie de ses morts sur le terrain. De notre côté, les pertes étaient insignifiantes.

La route des Beni-Mançour se trouvant, dès lors, ouverte, la colonne reprit sa marche et, à midi 1/2, elle établissait son bivouac en avant du borj, délivrant enfin la garnison et les malheureux colons qui étaient restés étroitement bloqués depuis cinquante-deux jours. Les colons s'étaient portés au-devant de la colonne, les uns joyeux, les autres pleurant d'émotion.

Tout le monde, militaires et civils, était bien portant; un seul soldat de la garnison était malade de fièvres dont il avait été atteint plusieurs mois auparavant.

Le général put constater par lui-même que le bordj ne manquait ni de vivres, ni de munitions, ni d'eau et qu'il aurait pu facilement tenir encore douze à quinze jours sans se rationner autrement qu'on ne l'avait fait ; le lard seul faisait défaut.

Le général Cérez résolut de châtier sans retard le village des Cheurfa, situé à 3 kilomètres au nord du bordj, sur la rive gauche de l'oued Sahel, à l'extrémité des dernières pentes du Djurdjura. Les marabouts de ce village, dont la conduite pendant l'insurrection de 1856-1857 avait déjà été telle que tout leur territoire avait été mis sous le séquestre (1), s'étaient encore fait remarquer, en 1871, parmi nos adversaires les plus acharnés et c'était encore chez eux que se tenait Mohamed-ould-Kouider que Bou-Mezrag avait chargé de maintenir le blocus du bordj. Des rassemblements nombreux s'y étaient formés; c'était là que s'étaient ralliés les insurgés qui avaient été battus le matin à El-Margueb.

Vers 3 heures, le général envoya contre les Cheurfa une colonne légère sous les ordres du lieutenant-colonel Noellat, du 4ᵉ zouaves, et composée de 500 hommes d'infanterie, de 200 chevaux, d'une section d'artillerie et du goum. L'infan-

---

(1) La mesure du séquestre avait été levée par arrêté du 15 décembre 1858.

terie aborda le village de front, pendant que l'escadron de chasseurs d'Afrique du capitaine Ulrich l'attaquait par la droite; les éclaireurs algériens opéraient en même temps un mouvement tournant encore plus à droite de manière à venir couronner les crêtes qui dominent le village au nord. Ces derniers effectuèrent leur mouvement avec une audacieuse rapidité, mais les insurgés qui occupaient le village ne leur laissèrent pas le temps d'arriver, ils se sauvèrent en toute hâte dans les ravins ou remontèrent les crêtes du côté de Selloum. L'artillerie qui avait lancé des obus dans le village avait contribué à la déroute des défenseurs. L'infanterie put y entrer sans coup férir et elle se mit à la poursuite des fuyards, qui furent aussi serrés de près par les spahis et les chasseurs.

Les Kabyles éprouvèrent des pertes sérieuses; de notre côté, nous avions deux spahis tués et quelques hommes et chevaux blessés. Le village fut détruit avec tout ce qu'il contenait.

Pendant que cette opération se poursuivait, un mamelon de la rive droite de l'oued Marir', en face du camp, sur le territoire des Bou-Djelil (Beni-Abbès), s'était garni d'hommes en armes qui paraissaient vouloir attaquer le camp pendant l'absence de la partie de la colonne envoyée aux Cheurfa.

Après avoir fait envoyer quelques obus aux nouveaux agresseurs, le général lança contre eux l'escadron d'éclaireurs du capitaine Rapp en le faisant soutenir par 400 hommes d'infanterie du 4ᵉ zouaves de marche et du 23ᵉ bataillon de chasseurs à pied, sous les ordres du commandant Barberet.

Les éclaireurs partirent avec entrain, mais en arrivant sur le mamelon occupé par l'ennemi, ils se trouvèrent tout à coup en face de forces nombreuses, environ 1.500 fantassins et 150 cavaliers, et ils durent s'arrêter pour engager une fusillade qui devint bientôt très nourrie. L'entrée en ligne du commandant Barberet et du goum permit au capitaine Rapp de reprendre l'offensive; les contingents ennemis furent alors culbutés et refoulés vers la montagne. Ces contingents étaient commandés par Bou-R'enan, qui avait avec lui des tirailleurs et des spahis déserteurs de Bordj-bou-Aréridj, armés de chassepots.

Dans les différents engagements de la journée, la colonne avait eu affaire à des contingents fournis par toutes les tribus de l'annexe des Beni-Mançour, par les Beni-Mellikeuch, les Beni-Abbès, les Illoula-Açameur et même par les Beni-Raten ; leur chiffre total dépassait 3.000 hommes,

Après ces coups frappés, la nuit fut parfaitement tranquille et les reconnaissances envoyées le lendemain matin ne rencontrèrent plus personne.

Jusqu'à présent, je n'ai encore parlé qu'incidemment du blocus du bordj des Beni-Mançour ; je vais maintenant entreprendre le récit des principaux faits qui l'ont signalé.

Le fort des Beni-Mançour, qui a été attaqué par les Kabyles le 7 avril, comme je l'ai dit au chapitre V, a été édifié en 1852, sur un petit plateau près de l'oued Sahel, sous la protection d'une colonne commandée par le lieutenant-colonel Bourbaki. C'est une construction rectangulaire flanquée par des bastions et renfermant le casernement d'une compagnie, le logement du chef d'annexe et ses bureaux, des chambres pour les officiers, des magasins et des écuries. Une citerne d'une contenance de 46 mètres cubes a été bâtie dans la partie du bordj réservée au chef d'annexe, mais il pleut si rarement dans le pays que les pluies sont insuffisantes pour l'alimenter et que, dans les circonstances où on pouvait avoir à craindre une attaque, on était obligé de la faire remplir avec l'eau de la rivière qui coule à 250 mètres du fort ; cette opération avait été faite récemment par les soins du prédécesseur du capitaine Mas, le commandant actuel de l'annexe. En temps ordinaire, la garnison s'approvisionnait d'eau à la rivière.

Dans la vallée de l'Oued-Sahel, le vent se lève assez régulièrement au milieu de la journée, remontant le cours de la rivière et soulevant en poussière le sable qui garnit son lit, lequel a souvent de 4 à 500 mètres de largeur. Une partie de cette poussière se noie dans la rivière, retombe au fond de l'eau et s'y accumule de telle sorte que, quand un orage survient, l'oued Sahel roule une bouillie épaisse d'un jaune noirâtre et d'une odeur infecte. On comprend qu'une eau en contact avec un dépôt vaseux de cette nature se corrompe facilement et cesse assez vite d'être potable.

La chaîne du Djurdjura ferme au nord l'accès de tous les vents frais et le vent d'est qui règne journellement, s'échauffant sur les sables du lit de la rivière, devient un véritable siroco; le climat des Beni-Mançour est très chaud et les fièvres y sont fréquentes; aussi avait-on pris le parti d'envoyer, pendant l'été, la garnison du poste à Tala-Rana, dans les pentes de Lalla-Khedidja, à 2.800 mètres d'altitude.

Le fort était dominé par le village des Aït-bou-Ali, à une distance de 300 mètres, de sorte que les Kabyles pouvaient envoyer des balles dans la cour et on avait dû garnir avec des matelas les portes et fenêtres des logements des officiers qui recevaient ces feux.

D'un autre côté, on avait laissé édifier à une trentaine de mètres de la porte du fort diverses constructions en pierre, la maison des hôtes, un café maure; les Kabyles n'ont pas manqué de profiter de cette défectuosité pour s'embusquer dans ces maisons d'où ils tiraient, à courte distance et à l'abri, dans les créneaux du bordj. Un peu plus bas vers l'est, était la maison du fournisseur des vivres, M. Lapoque; puis, plus loin, un moulin à huile appartenant à M. Emery; la maison d'école était sur le bord de la rivière.

La petite garnison des Beni-Mançour avait été renforcée après l'attaque du caravansérail d'El-Esnam qui a eu lieu le 28 février; à la date du 7 avril, elle comprenait : le chef d'annexe, un médecin militaire, un interprète militaire, 7 tirailleurs et 9 spahis attachés au bureau arabe, 2 soldats ordonnances de la remonte et 61 disciplinaires de la 2ᵉ compagnie, commandés par un sergent. L'effectif des chevaux était de 12.

Les disciplinaires étaient armés de l'ancien fusil à baguette; le capitaine Mas fit donner aux meilleurs tireurs les chassepots des spahis et des tirailleurs, en échange de leurs armes

Le chef d'annexe avait dû recueillir dans le bordj les habitants civils du poste et y donner asile à des ouvriers européens venant des chantiers des Portes-de-Fer, ce qui faisait un total de 20 Européens; mais il avait eu le tort d'y accueillir également 40 indigènes qui auraient pu, à un moment donné, constituer un danger et qui, dans tous les cas, prélevaient leur part sur l'approvisionnement de vivres et sur l'eau de la citerne. Dès le début du blocus, la ration d'eau dût être réduite à un litre par tête. L'encombrement dans le bordj, de dimensions exiguës, était énorme.

Les événements du blocus sont relatés dans les trois rapports ci-après du chef d'annexe.

Beni-Mançour, 5 mai 1871.

Mon Colonel,

J'ai l'honneur de vous rendre compte que j'ai été attaqué le 7 avril par les gens de Tigrine (Aït-Abbès). Le lendemain, 8 avril, les Aït-Mançour et les Cheurfa tirèrent sur le bordj et, depuis ce jour, je suis complètement bloqué. Je suis pourvu de bois; demain, je vais remplir ma citerne; je serai sans doute obligé de me battre toute la journée; enfin, j'espère réussir, sans perte de monde, à avoir de l'eau pour un mois et demi. J'emploie peu de cartouches, je suis en mesure, sous ce rapport, de résister pendant longtemps. Mais, mon Colonel, les vivres ont été calculés pour une garnison de 40 hommes, nous sommes ici 81 hommes de garnison, il y a en outre 20 européens et j'ai dû faire entrer dans le bordj les familles des spahis et du Khodja; j'ai donc 145 hommes, femmes et enfants à nourrir et les vivres sont bien diminués.

Je puis résister encore quarante-cinq jours sans être secouru, car je suis décidé à envoyer à Bou-Djelil les familles arabes et, si une occasion se présentait, je serais heureux d'envoyer à Aumale les familles européennes qui ont beaucoup d'enfants.

Maintenant, mon Colonel, si je n'ai pas de secours quand j'aurai mangé mon dernier grain d'orge, je me dirigerai sur Bougie (1) pour avoir toujours de l'eau. J'espère ne pas arriver à cette extrémité.

Le blocus est très strict, rien ne passe, et l'homme qui part pour vous porter cette lettre est prévenu qu'il y va de sa vie.

Je suis très content de la garnison, les disciplinaires sont prêts à tous les dévouements et je serai heureux de demander pour eux une récompense qu'ils désirent tous, rentrer dans leurs régiments.

---

(1) Il y avait 90 kilomètres à parcourir en pays ennemi pour arriver à Bougie, tandis qu'il n'y en avait que 70 pour arriver à Aumale.

J'ai très peu de malades, la moyenne est de 4 ou 5 fiévreux sur 145 personnes.

Je serais heureux d'avoir des nouvelles. Le Fort-Napoléon est bloqué, Tizi-Ouzou est attaqué, la colonne de Bougie a dû y rentrer à cause de la révolte de toutes les tribus du cours inférieur de l'oued Sahel, Bordj-bou-Aréridj est de nouveau attaqué. Je n'ai pas pu vérifier l'exactitude de ces nouvelles.

Les vivres seuls m'inquiètent, M. Lapoque n'avait pu, depuis longtemps, se ravitailler. J'ai confiance dans le bon esprit de la garnison et j'espère conserver intact le poste qui m'a été confié.

P.-S. — Mon Colonel, je vous prie d'envoyer ici la colonne de cavalerie que vous avez sous vos ordres pour emmener à Aumale les Européens qui sont ici ; il y a beaucoup de femmes et d'enfants et ce serait nous rendre à tous le plus grand des services que de les mettre en lieu de sûreté. J'insiste au nom de toutes ces familles pour qu'elles puissent partir.

Signé : MAS.

Beni-Mançour, le 14 mai 1871.

MON COLONEL,

J'ai l'honneur de vous rendre compte de tous les événements qui se sont passés depuis le 5 mai, date de la dernière lettre que je vous ai envoyée par un Européen.

Le 6 mai, j'ai surpris les gens des Aït-Mançour et des Cheurfa qui se trouvaient dans les embuscades au bord de l'oued Sahel et 9 cadavres Kabyles sont restés sur le terrain. De 3 h. 1/2 du matin jusqu'à 1 heure de l'après-midi, nous avons pu prendre de l'eau sans que l'ennemi nous fit du mal. Deux soldats ont été blessés, le disciplinaire Raclet, dans les reins, blessure peu grave (il se promène aujourd'hui) et le disciplinaire Legrès, blessure plus grave, car la balle est entrée derrière l'oreille et est sortie près de la bouche.

Les soldats de la 2ᵉ compagnie de discipline ont enlevé les barricades au pas de course et les Kabyles ont été tués au moment où ils s'apprêtaient à manger ; ils ont laissé toutes leurs provisions dans la maison d'école et la maison Emery, où il y avait même des femmes. Leurs pertes sont de 11 tués et d'environ 20 blessés, dont plusieurs sont déjà morts.

Les nôtres sont de 2 soldats blessés, un contusionné ; enfin, le cavalier Ali-ben-Amran, qui s'est particulièrement distingué, a reçu une balle dans la jambe gauche, blessure assez légère en voie de guérison.

Les hommes qui se sont distingués par leur belle conduite au feu sont : le caporal Loysel qui, avec dix hommes, a enlevé brillamment la maison d'école où il y avait environ trente Kabyles, le disciplinaire Meunier qui a tué deux Kabyles de sa main, le disciplinaire Chouarat qui, après avoir tué un Kabyle, s'est avancé à plat ventre jusqu'au milieu de la rivière d'où il a dirigé quelques balles bien visées sur un groupe qui a dû s'enfuir sous les oliviers, les disciplinaires Surgnier, Gagnot, Metremieux, Hardy, Gardien, qui se sont fait remarquer entre tous.

Aussitôt que la citerne eut reçu l'eau qui avait été apportée dans des tonneaux par des tirailleurs et des cavaliers, j'ai fait combler la tranchée et maintenant la porte est barricadée (1). J'ai de l'eau pour un mois (2).

Le 8 mai, M. Lapoque, entrepreneur des vivres à la ration, s'est suicidé. Bien avant mon arrivée au bordj, M. Lapoque faisait avec les Arabes le commerce du pain, qui lui rapportait un beau bénéfice, mais qui le mettait en déficit vis-à-vis de l'administration. Je constatai ce déficit en arrivant ici et je le pressai de faire des achats de farine qui le fissent disparaître. M. l'Intendant aussi le pressa, pendant le mois de février; comme j'arrivais seulement et que je fus assez mal reçu en voulant mettre ordre à cet état de choses, je ne pus rien faire.

Pendant le mois de mars, l'insurrection éclata autour du bordj, les convois furent pillés, M. Lapoque ne put se couvrir. Enfin, le 7 avril, nous fûmes entièrement bloqués et il ne put, malgré sa bonne volonté et toute l'aide que je lui donnai faire venir des farines. Je constatais toujours le même déficit, 12 quintaux de farine. Quand M. Lapoque vit que ce déficit allait être connu des soldats, bien que son suicide ne remédiât à rien, il s'est suicidé en se tirant un coup de revolver dans la tête.

Je vous envoie, mon Colonel, le dernier état des vivres existant dans le fort; en diminuant les rations comme je l'ai fait depuis le 8, je pense vivre encore au moins un mois et demi. Les soldats ne mangent la soupe au lard qu'une seule fois par jour et, quelquefois, cette soupe a été remplacée par de la morue ou des petits pois qui sont finis aujourd'hui. J'ai la ressource du kouskous en dernier lieu.

Le 9 mai, j'ai fait partir les familles arabes au moyen d'une anaïa qui m'a permis d'avoir des nouvelles. J'ai su que le bach-agha avait été tué au delà de Bouïra, à l'Oued-Zitoun et que le lendemain je verrais Bou-Mezrag. Ce caïd, accompagné de Mohamed-ben-Abd-

---

(1) Il s'agit d'une petite porte sur la face ouest du bordj, correspondant au logement du chef d'annexe, qui s'ouvrait auprès de la citerne.

(2) Pour empêcher la garnison de se ravitailler de nouveau en eau, les Kabyles commencèrent immédiatement des travaux pour détourner le bras de la rivière coulant près de l'école et ils rejetèrent toute l'eau dans le bras le plus éloigné, qui coulait à 600 mètres du bordj.

es-Slam, d'Ahmed-ben-Abd-Allah, caïds de sa famille, est venu, en effet, le 11 mai, avec quantité de gens à cheval et à pied, loger à l'azib d'Amar-ou-Messaoud, l'homme des Aït-Mançour qui est préposé à ma garde.

Nous avons eu ensemble des relations, car je désirais obtenir que les familles européennes qui sont ici soient envoyées à Aumale ; nous n'avons pu nous entendre (1). Il est reparti hier pour la Medjâna, laissant ici pour me surveiller Messaoud-bel-Hadj, fils du caïd Ahmed-ben-Abd-Allah.

Les Aït-Abbès ont fabriqué une espèce de canon (2) qui m'a envoyé déjà une quinzaine de projectiles en fer dont un m'a effondré l'infirmerie et, aussi, une voiture roulante en forts madriers (3), destinée à permettre aux Kabyles de saper le mur.

En résumé, mon Colonel, je suis ici depuis quarante jours comme dans une prison ; rien ne sort et rien n'entre sans que mes gardiens le voient. J'ai déjà eu l'envie de corriger les gens qui me surveillent d'Aït-bou-Ali, mais, comme je suis ici seul officier, je suis obligé à beaucoup de prudence.

Il faudrait ici 150 hommes de garnison, reconstruire le bordj qui pèche beaucoup pour la défense, enfin n'avoir pas de familles européennes à défendre.

---

(1) Bou-Mezrag a répondu à la demande du capitaine Mas : « Si ces femmes appartiennent à des civils, je ne les laisserai point sortir plus que les hommes ; si elles appartiennent à des militaires, elles auront l'aman le plus complet, elles pourront sortir comme elles voudront. » Les femmes ne se souciaient d'ailleurs pas du tout de la faveur demandée pour elles et elles se mirent à pousser les hauts cris lorsqu'elles surent qu'il était question de les livrer à la générosité des Kabyles.

Bou-Mezrag avait proposé une capitulation pour la garnison qui aurait abandonné ses vivres et ses munitions ; il s'engageait à la conduire jusqu'à un poste français. Cette capitulation avait été repoussée.

(2) Le canon employé par les Kabyles n'avait pas été fabriqué par les Beni-Abbès qui lui avaient seulement fabriqué un affût ; il a été ramené au bordj, du village de Tirilt, le 13 juillet. C'était un canon en bronze d'une longueur de $1^m,30$ portant l'inscription suivante : *Anno Dei 1635 — Deus me juvet*. Les Kabyles employaient comme projectiles des fragments d'essieu provenant de l'usine Emery.

Ce canon a été déposé au musée d'artillerie d'Alger en 1881.

(3) Les Kabyles, n'ayant pas osé donner l'assaut, avaient construit cette voiture blindée pour s'approcher à couvert des murailles. Un matin, on vit cette machine de guerre s'avancer sous l'effort de 5 à 6 hommes qui se tenaient dans l'intérieur ; on laissa ceux-ci s'approcher jusqu'à une quarantaine de mètres et on leur envoya un feu de salve qui leur fit voir qu'ils n'étaient pas du tout à l'abri des balles du chassepot, et ils se sauvèrent à toutes jambes, abandonnant leur voiture.

Cette voiture fut trouvée, après le débloquement, dans le village des Aït-bou-Ali ; l'affût du canon y était également ; il était taché de sang, ce qui donne à penser que les canonniers avaient eu plus de mal qu'ils n'en avaient fait eux-mêmes.

Je serais heureux d'avoir des nouvelles de France et de savoir ce qui se passe autour de nous.

Signé : Mas.

Beni-Mançour, le 20 mai 1871.

Mon Colonel,

J'ai l'honneur de vous rendre compte que je suis toujours gardé à vue et que j'envoie à Aumale les cavaliers et les spahis qui sont restés au bordj. Les trois cavaliers Hammou-Zerdan, Ahmed-ben-Seba et Si-Aïssa partent les premiers ce soir, je les charge du courrier. Seuls, ils sont restés toujours à leur poste et ne me quittent que parce que le service l'exige. Je crois, mon Colonel, qu'ils méritent des éloges et qu'ils persévéreront alors dans leur fidélité.

Je désire aussi, mon Colonel, que les chevaux des cavaliers et des spahis restent à Aumale; ces chevaux dépérissent ici et ne font aucun service; je crois qu'ils seront mieux à Aumale.

Depuis le dernier courrier, je n'ai pas pu correspondre avec le dehors; une consigne sévère éloigne ceux qui voudraient me donner des nouvelles; aussi les journées sont très longues, car les nouvelles manquent complètement.

L'ancien khalifa du bach-agha de la Medjana, Mohamed-ben-Kouider, est campé avec quelques cavaliers aux Cheurfa; c'est lui qui est sans doute chargé spécialement de me surveiller. En tous cas, la leçon que je leur ai infligée le 6 mai a été si dure pour mes voisins que les embuscades du bord de la rivière ne sont plus gardées. J'ai pris toutes mes précautions en cas de départ, mais j'espère ne pas être réduit à cette extrémité et voir arriver une colonne française me débloquer.....

Les deux soldats blessés sont en voie de guérison; avant quinze jours ils reprendront leurs postes.

A la dernière heure, je fais partir le spahis Ben-Dehlis avec le cheval du brigadier de spahis. Le spahis Ben-Dehlis est renommé ici pour sa bravoure; il a eu son cheval tué le 6 mai en faisant le coup de feu avec les gens des Cheurfa au milieu même de la rivière. C'est un ancien serviteur que je recommande à votre bienveillance.....

Signé : Mas.

Le général Cérez releva de son commandement le capitaine Mas, qui rejoignit son régiment en France; il le remplaça provisoirement par le capitaine Odon (1), du 4ᵉ zouaves de

---

(1) La nomination a été confirmée le 4 juin suivant.

marche, dont j'ai déjà parlé à propos du combat de l'oued Soufflat. Il ne pouvait faire un meilleur choix ; M. Odon n'était pas seulement un bon officier de troupe, il était au courant du service des affaires indigènes ; il était adjoint au bureau arabe de Cherchel au moment de la guerre contre l'Allemagne et il avait pu rejoindre son corps pour faire la campagne.

Le général fit remettre le bordj en état, fit remplir la citerne et reconstitua les approvisionnements pour quarante-cinq jours.

Le village des Aït-bou-Ali, qui dominait la cour du bordj, fut rasé complètement, ainsi que les maisons trop voisines du fort, qui servaient d'embuscades aux Kabyles.

Le 28 mai, tous les villages des Beni-Mançour : Oulad-Zian, Tir'ilt, Taourirt, furent incendiés par les éclaireurs commandés par le commandant de La Roque.

Le général Cérez renforça de 25 zouaves la garnison du bordj, et il reprit avec sa colonne, le 29 mai, le chemin de Bouïra, emmenant tous les Européens, hommes, femmes et enfants, qui étaient restés bloqués, afin de les rapatrier à Aumale.

Avant son départ, il avait reçu la nouvelle d'un succès remporté, le 27 mai, par le goum d'Aumale contre les insurgés de l'Ouennour'a. Comme ceux-ci, depuis quelques jours, venaient piller les silos des Oulad-Salem, le capitaine Cartairade avait envoyé le goum, comptant 120 chevaux, qu'il avait à sa disposition, commandé par le caïd Sliman-ben-Makhelouf, pour tendre une embuscade à ces pillards. Le goum, parti dans la nuit du 26 au 27, alla s'embusquer auprès du caravansérail de l'oued Okheris. Après être resté en observation jusqu'à midi sans avoir rien découvert, Sliman-ben-Makhelouf revenait sur la route lorsqu'il rencontra tout à coup une caravane ennemie composée d'un grand nombre de mulets et escortée par 30 cavaliers et 50 piétons en armes.

L'ennemi, chargé aussitôt, se dispersa dans les bois, poursuivi par nos cavaliers, qui lui tuèrent 35 hommes, lui enlevèrent 40 mulets, 2 juments, des ânes, des fusils, des tellis, et firent 3 prisonniers.

De notre côté, nous avions eu 3 hommes blessés assez grièvement et 3 chevaux tués. Le caïd des Oulad-Selama, Mhamed-ben-Yahia, entouré par six cavaliers ennemis, a dû son salut au cavalier du bureau arabe Seba-ben-Seba, qui a couru à son secours et a tué de sa main deux des cavaliers ennemis.

CHAPITRE XX

La colonne Cérez quitte les Beni-Mançour le 29 mai. — Attaque de Bou-Mezrag à Hanif. — Le général Lallemand appelle à lui la colonne Cérez; une colonne sera constituée pour contenir les tribus de l'oued Sahel. — Séjour de la colonne à Bouïra; les Beni-Maned et le reste des Senhadja font leur soumission. — Le 2 juin, la colonne campe au coude de l'Isser et, le 3 juin, elle est rejointe à l'oued Zeberboura par le convoi de ravitaillement destiné à Dra-el-Mizan. — Le 5 juin, marche sur Dra-el-Mizan, combat de Sidi-Rahmoun, débloquement de la place. — Journal du blocus de Dra-el-Mizan. — Travaux de défense. — Arrivée d'un parlementaire le 22 avril. — Attaque du 27, nouveau parlementaire, les Kabyles font usage d'un canon. — Une lettre du général Cérez est apportée le 30 avril. — Le blocus devient moins rigoureux et la garnison en profite pour faire des sorties. — Le commandant supérieur reçoit plusieurs communications du général Cérez. — Canonnades des Kabyles, les 28 et 29 avril. — Le 30, deux colons sont tués. — Le 5 juin, arrivée de la colonne Cérez. — Le 7 juin, organisation de la colonne Goursaud. — Le 8, départ de la colonne Cérez pour Azib-Chikh et de la colonne Goursaud pour Ben-Haroun.

Bou-Mezrag n'avait pas assisté au combat d'El-Mergueb du 26 mai; il avait été, comme je l'ai dit plus haut, se joindre aux fils de Chikh-el-Haddad pour une attaque générale de Bougie, qui a eu lieu le 17 mai; puis il avait pris part, avec eux, aux combats livrés au général Saussier les 20, 22 et 25 mai, où les rebelles s'étaient encore fait battre complètement. Après la dernière affaire, qui eut lieu au Djebel-Mentanon, il retourna aux Beni-Abbès où il arriva le 27 mai. Il avait avec lui 200 cavaliers, parmi lesquels se trouvaient plusieurs de ses parents et il s'était mis en devoir de rassembler toutes les forces qu'il pourrait réunir. Dès le 28 au soir, il avait autour de lui environ 3.000 fantassins, auxquels devaient se joindre, le lendemain matin, tous les contingents de l'annexe des Beni-Mançour et ceux des Zouaoua, du versant nord du Djurdjura.

Le 28, Bou-Mezrag avait reçu à son camp la visite du marabout de Chellata, Si-ben-Ali-Cherif, accompagné de son fils; les visiteurs étaient restés quelques instants dans la tente de

Bou-Mezrag, puis ils étaient remontés à cheval et étaient repartis pour le bordj d'Akbou.

Le 29 mai était le jour fixé par Bou-Mezrag pour l'attaque de la colonne, mais c'était aussi le jour où celle-ci se mettait en route pour aller opérer enfin le débloquement de Dra-el-Mizan, déjà plusieurs fois remis ; aussi, lorsque les rebelles se présentèrent devant les Beni-Mançour, ils n'y trouvèrent plus la colonne qui s'était mise en route dès 5 heures du matin.

Le général Cérez s'attendait à une attaque, et il avait pris ses dispositions en conséquence ; il avait mis toute sa cavalerie, moins un escadron d'éclaireurs, du côté de la plaine, sous les ordres du colonel Goursaud et, pour couvrir la marche du côté des terrains boisés de Hanif, il avait employé ledit escadron d'éclaireurs, commandé par le capitaine Rapp, et le goum sous les ordres du capitaine Abd-el-Kader-ould-bel-Kassem ; un bataillon de zouaves formait l'arrière-garde.

Quelques cavaliers ennemis se montrent d'abord sur la ligne de crête parallèle à la rivière sur laquelle sont bâtis les villages des Beni-Mançour ; puis, vers 7 heures, une attaque sérieuse se prononce de ce côté.

Le général fait filer son convoi sous l'escorte de deux bataillons, puis il fait face à l'ennemi avec le reste de ses troupes. La cavalerie restant aux ailes, il masse l'infanterie au centre, sous les ordres du colonel Méric, en deux colonnes chacune de deux bataillons ; une section d'artillerie marche avec chaque colonne. L'action devient bientôt générale, les assaillants, repoussés au centre par l'infanterie devant laquelle ils ne peuvent tenir, sont rejetés, partie dans la vallée, partie dans les bois de Hanif. Ces derniers sont poussés vigoureusement par le goum et les éclaireurs qui ont pu les tourner, soutenus par les zouaves du commandant Barberet, et ils sont poursuivis jusqu'à 3 kilomètres de distance ; les nôtres les chargent le sabre à la main et leur font subir d'énormes pertes. Les éclaireurs et le goum ont rapporté 44 fusils pris à autant d'ennemis qu'ils ont tués ; le khodja de Mokrani a été tué par le caïd Mohamed-ben-Brahim qui s'est emparé de son fusil et du cachet du bach-agha, cachet qu'on avait fait servir même après la mort de ce dernier.

Sur notre gauche, les chasseurs d'Afrique, l'escadron du 9º chasseurs et les éclaireurs, soutenus par les zouaves, abordent vigoureusement l'ennemi; le feu des zouaves a arrêté brusquement le goum ennemi qui osait tenter de charger l'escadron du capitaine Ulrich. Les contingents à pied, qui se sont embusqués dans les bois d'oliviers qui bordent l'oued Sahel, tiennent bon; les zouaves et tirailleurs du capitaine Sonnois, les chasseurs du 23º bataillon, sous les ordres du commandant Bayard, les attaquent vivement. Les chasseurs à pied arrivent les premiers, mais ils ont épuisé leurs cartouches; alors, par un vigoureux effort, les zouaves enlèvent la position. Le capitaine Sonnois a eu son cheval tué sous lui et a roulé dans un ravin.

Le combat continue encore d'assez près avec acharnement l'ennemi ne lâchant pied sur un point que pour se reformer un peu plus loin; enfin, les rebelles se débandent et s'enfuient poursuivis par nos balles, qui fouillent les buissons et les ravins, jusqu'au delà des premières crêtes qui dominent la vallée sur la rive gauche de l'oued Sahel.

L'artillerie a protégé les divers mouvements par des feux bien dirigés.

Des azibs appartenant aux Mecheddala et aux Beni-Aïssi sont livrés aux flammes.

Le combat avait commencé à 7 heures du matin et ce n'est qu'à 11 h. 1/2 que les contingents ennemis disparurent complètement.

Les pertes des insurgés ont été d'au moins 250 tués ou blessés grièvement; parmi ceux qui sont tombés étaient des personnages importants, à en juger par la beauté de certaines armes qui ont été recueillies. Un ancien amin-el-oumena des Beni-Yala, Sliman-ou-Saïd, qui a été un des principaux instigateurs de la révolte, a été tué à coups de baïonnette par les chasseurs à pied.

De notre côté il y a eu 1 mort et 15 blessés, dont 3 grièvement.

Les contingents des tribus se dispersèrent en emportant leurs morts ; Bou-Mezrag voulut en vain les retenir aux Mecheddala, on ne l'écouta pas. Ce chef d'insurrection qui, selon son habitude, n'avait pas eu une attitude brillante dans le combat, fut obligé de repartir pour les Beni-Abbès, poursuivi par les quolibets des Kabyles. Un témoin oculaire a affirmé au général qu'au fur et à mesure que nos balles portaient plus loin par suite des mouvements en avant de nos soldats, il prenait prudemment ses distances, ayant soin de se tenir toujours hors de leur portée. Il a passé dans une djamâ d'un village éloigné de l'action les derniers moments de la lutte. Il a eu son cheval tué dans le combat, mais non pas sous lui ; il venait de le quitter pour en monter un autre plus sûr et plus propre à le maintenir à bonne distance.

Après le combat, la colonne alla camper auprès du village des Oulad-Adjiba.

Le 30 mai, la colonne se dirigea sur Bouïra ; elle fit sa grand'-halte au caravansérail d'El-Esnam dont la garnison, qui était de 16 hommes, fut de nouveau relevée.

Aucun ennemi ne s'était plus montré.

Le général Cérez avait déjà été informé qu'il aurait à prêter le concours de sa colonne au général Lallemand pour achever la soumission de la Grande Kabylie. D'après les ordres qu'il reçut à Bouïra, il devait se trouver, le 3 juin, à Palestro pour y prendre le convoi de ravitaillement destiné à Dra-el-Mizan ; puis, après avoir débloqué ce poste, il devait aller rejoindre le général Lallemand dans le cercle de Tizi-Ouzou.

Si le général Cérez s'était éloigné pour un certain temps de la vallée de l'oued Sahel sans laisser aucune force derrière lui pour contenir les tribus, les menées de Bou-Mezrag n'auraient pas tardé à nous faire perdre tout le bénéfice de l'œuvre de pacification accomplie jusque là. Les tribus adossées au versant sud du Djurdjura ne s'étaient pas encore soumises et elles ne pouvaient pas le faire d'une manière complète tant que les tribus du versant nord resteraient insurgées. Dès l'apparition de nos colonnes dans l'Oued-Sahel, les tribus de cette vallée adossées au Djurdjura et dont l'accès ne présente pas de difficultés bien considérables, avaient jugé prudent de faire passer leurs familles et leurs troupeaux chez leurs voisins du versant nord et elles s'étaient mises, par ce fait, à la discrétion de ces dernières. Aussi, bien que les tribus de l'annexe des Beni-Mançour fussent désireuses de se soumettre, elles n'avaient pas osé le faire et elles se trouvaient prêtes à une reprise d'hostilités si elles y étaient poussées par les chefs de l'insurrection.

Il y avait bien la colonne du colonel Muel au caravansérail de Sidi-Aïssa, mais elle ne pouvait suffire à elle seule à protéger le sud du cercle d'Aumale et à maintenir les tribus de l'oued Sahel. Il avait donc été décidé qu'une petite colonne, dont le commandement serait donné au colonel Goursaud, serait constituée dans l'Oued-Sahel dès que le général Cérez se mettrait en mesure de répondre à l'appel du général Lallemand. Cette colonne aurait pour mission de maintenir tout au moins les tribus dans leur attitude d'insoumission et non d'hostilité, si elle n'arrivait pas à les soumettre effectivement, et de leur donner les moyens d'échapper aux agissements de Bou-Mezrag.

Le 31 mai, les Beni-Maned et les dernières fractions rebelles des Senhadja vinrent faire leur soumission au général Cérez.

Le 1er juin, un convoi fut formé pour conduire à Aumale les civils amenés des Beni-Mançour.

Le 2 juin, la colonne se met en marche à 5 heures du matin, fait sa grand'halte à Ben-Haroun et va camper à 11 h. 1/2 au coude de l'Isser, sur l'emplacement de l'ancien marché de l'arba des Oulad-Sidi-Salem, entre les confluents de l'Isser avec l'oued Djemaa et avec l'oued Soufflat. Une pluie abondante ne cesse de tomber.

Le 3 juin, la colonne s'avance jusqu'à la maison cantonnière de l'Oued-Zeberboura, sur la rive droite de l'Isser, à 6 kilomètres de Palestro; elle y arrive à 9 heures du matin. Un escadron de cavalerie part à midi pour aller jusqu'à Palestro au-devant du convoi de ravitaillement destiné à Dra-el-Mizan, convoi qui est escorté par une petite colonne comprenant 1.500 hommes d'infanterie et une section d'artillerie et qui est aux ordres du lieutenant-colonel Désandré. Ces troupes doivent servir à renforcer la colonne du général Cérez et lui permettre de constituer la colonne aux ordres du colonel Goursaud qui doit être laissé dans l'Oued-Sahel. Le lieutenant-colonel Désandré arrive à 3 heures au camp d'Aïn-Zeberboura.

Les Senhadja ont fait définitivement leur soumission ; le caïd et son père sont en fuite et se sont réfugiés au village d'Ir'il-Imoula, dans le cercle de Dra-el-Mizan.

Le 4 juin, la colonne va camper au confluent de l'oued Isser et de l'oued Djemaa et, le 5 juin, le temps, qui était toujours resté pluvieux, s'étant remis, la colonne se met en route à 9 heures pour aller débloquer Dra-el-Mizan investi par les Kabyles depuis quarante-sept jours.

Le général avait reçu avis que les hauteurs qu'il fallait franchir pour arriver à Dra-el-Mizan étaient fortement occupées par des contingents kabyles et que les crêtes et le col de Sidi-Rahmoun avaient été garnis de retranchements en pierres sèches ; aussi avait-il pris, dès le départ, ses dispositions pour l'attaque. Il avait laissé une garde très forte avec une section d'artillerie, sous les ordres du commandant Bayard, pour protéger l'énorme convoi qui suivait la colonne.

Arrivé à une centaine de mètres des crêtes de Sidi-Rahmoun, il fait former l'infanterie de chaque côté de la route en deux colonnes d'attaque, celle de droite dirigée par le lieutenant-colonel Noëllat, celle de gauche par le lieutenant-colonel Désandré, le tout sous les ordres du colonel Méric ; l'artillerie étant placée de manière à soutenir l'attaque.

En même temps, le goum, un escadron d'éclaireurs, un escadron de chasseurs d'Afrique, un escadron du 9e chasseurs de France sont envoyés à l'extrême droite, sous le commandement du commandant de La Roque ; à l'extrême gauche se trouve le reste de la cavalerie, sous les ordres du colonel Goursaud.

Le déploiement effectué, le mouvement en avant est commencé en même temps sur toute la ligne.

Les Kabyles, se voyant menacés d'être tournés par la cavalerie, abandonnent leur centre où ils avaient préparé leurs principaux moyens de résistance et le combat n'est soutenu avec vigueur que sur les deux ailes.

A droite étaient les Guechtoula, et les Zouaoua, conduits par Si-el-Hadj-Mhamed-el-Djadi, oukil de la zaouïa de Si-Abder-Rahman-bou-Goberin, étaient postés à Dra-Sellama vers la route de Dra-el-Mizan à Bouïra, où ils avaient préparé quelques barricades, entre autres celle d'un ponceau barré avec ses débris. De ce côté la résistance est très vive, les Kabyles font même des retours offensifs. Un caporal de zouaves est enveloppé, tué et dépouillé complètement et ses hommes arrivent à son secours juste à temps pour empêcher que son corps ne soit mutilé ; trois hommes y sont blessés.

En face de notre gauche, sont établis les Nezlioua, les Flissat-oum-el-Lil, les Maatka, commandés par Ali-ben-Tallach, l'ancien caïd des Nezlioua ; de ce côté, la résistance est assez molle et elle ne devient un instant sérieuse qu'à un col qui était fortement retranché. Les rebelles sont bientôt délogés de toutes leurs positions et sont poursuivis vigoureusement par les éclaireurs, les chasseurs d'Afrique et par les zouaves du 4ᵉ de marche qui, ayant pu les atteindre, en tuent plusieurs à la baïonnette. Les zouaves, le goum et la cavalerie ont rapporté bon nombre d'armes.

On peut évaluer à plus de 4.000 hommes les forces de l'ennemi ; ses pertes ont dû dépasser 200 hommes. De notre côté nous avons eu 3 tués et 6 blessés et quelques chevaux blessés.

Pendant le combat, le convoi avait pu s'avancer en toute sécurité.

L'affaire terminée, la colonne continue sa route vers Dra-el-Mizan, où elle arrive à 3 heures. La population civile s'était portée au-devant de la colonne qu'elle a saluée de ses vivats tant était grande la joie de se voir libres et d'être débarrassés du cauchemar d'un ennemi toujours aux aguets dont on pouvait à tout instant redouter les attaques.

L'état sanitaire du poste était bon, les vivres n'avaient pas fait défaut, mais le service de garde avait énormément fatigué la garnison, trop faible pour surveiller une enceinte aussi étendue. Les Kabyles avaient apporté dans leurs attaques un acharnement bien moindre qu'à Tizi-Ouzou ; il n'y avait eu dans tout le blocus que 4 tués et 4 blessés. L'énergie et la fermeté du commandant Moutz, la vigueur de la garnison, bien secondée par les colons, sont restées au-dessus des difficultés.

Je vais maintenant faire connaître les principaux incidents du blocus de Dra-el-Mizan ; pour cela, il me suffira de donner un extrait du journal qui a été tenu par le service du génie.

Au chapitre IX, j'ai donné le récit de la première attaque et de l'investissement de la place, je n'y reviendrai pas. Je rappellerai seulement que les assiégeants étaient commandés par l'amin-el-oumena des Flissa, Si-Ahmed-ou-bel-Kassem, vieillard octogénaire.

Vendredi 21 avril. — L'artillerie de la place est disposée de la manière suivante : un obusier de 15 au bastion 5 et au bastion 9 ; un obusier de 12 aux bastions 6, 7 et 9 ; un mortier aux bastions 5 et 7.

Des tirailleurs s'établissent dans le cimetière et dans la redoute. Les Arabes emportent le butin. Feux très gênants par les gourbis du Chaouch (1) contre les tirailleurs du cimetière. On lance quelques obus de la gorge du bastion 9 contre les gourbis et des bombes par le bastion 6. A la tombée de la nuit, incendie de la meule à fourrages. Nuit agitée, pas d'attaque.

Samedi 22 avril. — Le feu continue du côté du cimetière, on ne circule plus en sûreté. Établissement de parados en planches et meubles dans le bastion 11, contre la redoute ; devant la buanderie de l'hôpital contre Tachentirt. Quelques feux d'artillerie contre le village. A la tombée de la nuit on commence une tranchée pour établir la communication entre l'hôpital et le magasin à poudre. On établit des abris pour les créneaux de la courtine 12-1 contre les feux du cimetière.

Vers 6 heures, un porteur de billet s'est présenté de la part de l'oukil de la zaouïa des Beni-Smaïl (2) proposant l'évacuation du bordj et promettant la sécurité des personnes. Le conseil, réuni à 10 heures, a rejeté toutes propositions.

---

(1) La maison du Chaouch était au-dessus du bureau arabe.
(2) Le parlementaire était Arab-ou-Kouider, des Beni-Smaïl.

Dimanche 23 avril. — Très peu d'Arabes, ils paraissent travailler dans le village, on entend des coups de marteau, des bruits de planches. Établissement d'un parados dans le bastion 9. Continuation de la tranchée devant l'hôpital. Un parados dans les arbres du bastion 10 contre les feux de la redoute.

Lundi 24 avril. — Les Arabes coupent les arbres du cimetière et s'y établissent complètement; ils font des créneaux dans la redoute. Pas de feux du village. On établit une traverse dans le bastion 8, à l'extrémité de la cantine des sous-officiers, pour couvrir des crêtes en avant du Tachentirt. Dans la nuit, on achève la tranchée de l'hôpital allant au magasin à poudre. Le soir, nous incendions les gourbis Bouillaud, la maison reste debout. Derrière la maison du commandant supérieur, on trouve une infiltration qui pourra fournir de l'eau pour les moutons; environ 150 litres dans la nuit.

Mardi 25 avril. — Les Arabes incendient l'église dans la matinée. Dans la journée, ils continuent à déménager le village.

Mercredi 26 avril. — Dès le matin, les Arabes creusent une tranchée en capitale du bastion 11, en arrière de la guérite du parc à fourrages; ils paraissent aussi en établir une sous la crête du Tachentirt, à l'intersection de la route d'Aumale.

Dans la nuit, on élève un second parados dans le bastion 10, contre la redoute. Au sud de la porte d'Alger, on construit une batterie contre le cimetière, sur le plateau à l'angle sud-ouest de la maison du commandant supérieur.

Jeudi 27 avril. — Les Arabes continuent leur établissement. Ils engagent un colloque avec les tirailleurs du bastion 7. Un parlementaire nous est envoyé pour proposer l'aman; il dit que Tizi-Ouzou et Fort-Napoléon sont pris, que tout est assiégé, sauf Alger. Les Kabyles se démasquent de tous côtés, ils paraissent être de 1.000 à 1.500, tous ne sont pas armés. A midi, reprise des hostilités, feu très vif des deux côtés (1).

---

(1) Le caporal du 1er zouaves François Brohan a été atteint mortellement d'une balle qu'il a reçue dans le dos, au moment où il remontait du pavillon des officiers.

A 7 heures du soir, ils font une grande démonstration de mousqueterie et lancent, du haut des crêtes en avant du Tachentirt, des boulets provenant probablement de Bor'ni; ils se servent sans doute de vieilles pièces du bordj (1). Quelques obus dans le cimetière et quelques bombes dans la redoute les réduisent au silence.

Vendredi 28 avril. — On fait un parados dans le bastion 12 protégeant contre les feux de la redoute et ceux du contrefort du Tachentirt; on établit des masques sur la courtine 4-5. On remarque dans la matinée un grand mouvement parmi les Kabyles qui paraissent vouloir se masser derrière le Tachentirt (2).

Samedi 29 avril. — Absence complète d'Arabes, on les suppose à la rencontre des colonnes.

Dimanche 30 avril. — Dans la journée, point d'Arabes, à peine quelques coups de feu. Comme travail de sûreté, on prépare quatre fourneaux sous les murs des ateliers du génie devant le réduit; ils sont placés à l'angle N.-O., sous les lucarnes et devant le mur de refend. En même temps on bouche les lucarnes de la salle des malades, en y ménageant des créneaux. On continue les recherches d'eau dans le jardin du commandant supérieur.

---

(1) Si-Ahmed-ou-bel-Kassem, amin-el-oumena des Flissa, avait fait transporter, au moyen d'une voiture de colon, deux canons en fonte provenant de l'ancien armement du fort turc de Bor'ni, ainsi que des boulets. C'est un indigène d'Alger, un boiteux nommé Chérif, qui remplit l'office de canonnier. Cet homme avait tenu longtemps un café maure à Dra-el-Mizan et, comme il parlait bien le français, il avait été souvent employé comme interprète par le commandant de place, dans ses fonctions de juge de paix. Si-Ahmed-ou-bel-Kassem l'avait, en dernier lieu, pris chez lui comme cuisinier.
Voici comment Chérif procédait pour mettre un canon en batterie : il faisait ouvrir une tranchée dans le sens de la longueur du canon; deux forts madriers étaient ensuite mis en travers, bien assujettis, soit dans le terrain même, soit dans une maçonnerie. Le canon était ensuite installé et solidement attaché sur les madriers, la bouche reposant sur le bord antérieur de la tranchée; derrière, on avait ménagé dans la tranchée un espace suffisant pour permettre au canonnier de viser. L'emplacement était choisi sur un terrain dominant, de façon que le canon pût être pointé sur le but à atteindre. Comme bien on pense, le tir était peu précis et le recul démolissait souvent tout l'appareil, mais on recommençait. La canonnade des Kabyles était inoffensive et leur faisait consommer une grande quantité de poudre.

(2) C'était le jour du combat de la colonne Cérez, dans les Oulad-el-Aziz.

Le soir, deux Arabes (1) se présentent à la porte d'Aumale ; ils apportent un billet du général Cérez demandant des renseignements sur notre position ; il est à Ben-Haroun. On lui envoie la situation exacte en lui donnant à entendre que cette situation, assez belle, ne saurait pourtant se prolonger. Les émissaires repartent vers minuit.

Lundi 1er *mai*. — On ne voit aucun Arabe auprès du bordj. L'après-midi, on remarque un mouvement venant du col de Tizi-el-Arba et se dirigeant vers le lac (2) suivant les crêtes de Dra-el-Mizan. Dans la nuit, deux émissaires apportent une nouvelle lettre du général Cérez ; il est dans les environs prêt à venir et attend des instructions d'Alger pour le rôle qu'il doit jouer dans le cercle.

Mardi 2 mai. — Point d'Arabes. A midi, on fait une sortie dans le jardin militaire ; on en rapporte tous les légumes et du vert pour les bêtes.

Mercredi 3 mai. — A midi, sortie par la porte du quartier de cavalerie ; on ramasse deux meules et du vert. On pousse jusqu'au cimetière où on ne rencontre aucun Arabe et on remblaie la tranchée en capitale du bastion 11. Cette tranchée affectait la forme d'un boyau avec petite tranchée et trous pour

---

(1) Ces Arabes étaient Mohamed-ben-Zouggar', chikh des Oulad-el-Aziz de Dra-el-Mizan et l'un de ses hommes Mohamed-ben-Khadem ; ils apportaient les premières nouvelles du dehors. Quelques jours auparavant, le commandant supérieur avait fait sortir de nuit, par une embrasure, deux indigènes, El-hadj-bel-Kassem des Beni-Mendès, établi comme commerçant à Dra-el-Mizan et son domestique Kassi-Achebli, des Beni-Chebla ; le premier devait aller aux nouvelles dans les tribus, le deuxième devait aller porter une lettre soit à un commandant de colonne, soit à Alger ; on avait cousu cette lettre dans la semelle d'une de ses chaussures. On n'avait plus entendu parler de ces deux hommes ; on en eut des nouvelles par Mohamed-ben-Zouggar'. Kassi-Achebli était parti par la forêt de Mouley-Yahia ; dénoncé sans doute par quelqu'un, il avait été poursuivi, on l'avait arrêté et ramené au camp des rebelles, où on l'avait livré à l'amin-el-oumena de sa tribu, Si-el-Mahfoud-ben-Amar ; on avait fait découdre sa semelle et on avait trouvé la lettre. Kassi fut condamné à la lapidation et Si-el-Mahfoud lui jeta la première pierre.

On a soupçonné fortement El-Hadj-bel-Kassem d'avoir dénoncé son compagnon pour s'en faire un titre auprès des rebelles, auxquels il avait fait croire qu'il s'était échappé des mains des Français. Emprisonné pour ce motif après la soumission de la Kabylie, il fut relâché faute de preuves.

(2) Tizi-el-Arba est sur la nouvelle route de Dra-el-Mizan à Alger par Palestro, à hauteur du Tachentirt ; le lac est à trois kilomètres au delà de Tizi-R'enif, sur la route de Dra-el-Mizan à Isserville.

embuscades de tirailleurs. L'autre sortie par la porte d'Alger est arrêtée par des balles venant de la redoute.

Jeudi 4 mai. — Au matin, les Arabes lancent un de leurs boulets. Un émissaire arrive vers 8 heures, se disant envoyé par le général Cérez; il dit qu'on a envoyé des spahis à Fort-Napoléon porter une lettre, que Bou-Mezrag est signalé, que la colonne a dû se rendre vers Bouïra et Ben-Hini et qu'on nous donnera quelques cavaliers, s'il est besoin, pour assurer l'eau et les fourrages. Comme il n'a aucun papier, on le met en prison.

Le matin, on continue à voir des Arabes monter, comme les jours précédents, des Flissa vers la crête et, de temps en temps, ils apparaissent au sommet. Après le déjeuner, sortie au jardin militaire pour le vert, des hommes occupent ensuite la redoute et, par la porte d'Alger, on rentre le bois de chez Bouillaud. On essaie de rétablir la conduite d'eau; les Arabes ont brisé les portes de tous les regards, jeté du bois dans les puits et brisé les tuyaux des deux conduites au passage du ravin. On dispose provisoirement un auget pour ramener l'eau sur le bordj. Des hommes vont enclouer la pièce de Bor'ni; ils la trouvent solidement amarrée à l'aide de chaînes et de madriers.

Vendredi 5 mai. — Sortie à 1 heure du côté du cimetière. Quelques coups de feu venant de la redoute. On coupe du vert devant le bastion 11. Dans le cimetière, on recouvre les fosses abîmées; on écrête le mur et on fait des brèches. On reconnaît le campement arabe derrière le cimetière et on brûle quelques gourbis. A 2 heures on rentre, les Arabes paraissent descendre.

Samedi 6 mai. — On croit voir déménager le caïd et toutes les tribus de ce côté. A 2 heures, quinze zouaves occupent la redoute. On rétablit la conduite d'eau avec des tuyaux de poêle pour tâcher de remplir le lavoir. On ramasse dans le village du vin, du charbon, des légumes et du bois. Le troupeau sort paître en avant du front 10-11. On démolit la maison du Chaouch. A 5 heures, on rentre. Rien dans la nuit, l'eau n'est pas coupée.

Dimanche 7 mai. — La redoute est occupée dès le point du jour. Dans l'après-midi les colons descendent au village et on démolit une partie des barricades existantes. Toutes les maisons sont plus ou moins démolies ; dans le haut seulement elles sont brûlées, tous les bois et les fers sont emportés : la maison d'école, la gendarmerie et la mairie sont les seuls bâtiments communaux debout, le lavoir est éventré et on a enlevé tous les tuyaux de plomb qui y amenaient l'eau de la fontaine. On n'a pas touché à la fontaine du bas, la conduite seule est coupée.

L'eau coule toujours au bordj ; on peut laver du linge toute la journée et on remplit le réservoir du corps de garde, la buanderie de l'hôpital et celle des lits militaires ; on se contente de consolider les tuyaux avec de la terre glaise.

On trouve dans la redoute, dans la cour du presbytère, au bureau arabe, des masses de sang qui indiquent que l'ennemi a dû faire des pertes nombreuses.

Lundi 8 *mai.* — On voit sur la traverse des Beni-Smaïl une longue colonne qui se dirige vers le bordj, on croit à l'arrivée de la colonne française, mais il n'en est rien ; ce sont des Arabes qui disparaissent en remontant vers le Tachentirt.

La redoute est occupée le matin ; le troupeau sort à 1 heure ; on essaie une sortie par la porte du quartier de cavalerie, mais l'approche des Arabes l'interrompt ; on se retire de la redoute.

Le soir l'eau est coupée, les réservoirs sont pleins.

Mardi 9 *mai.* — On demeure dans le bordj ; rien à signaler.

Mercredi 10 *mai.* — Le passage des Arabes continue sur le chemin des Beni-Smaïl. A midi, sortie du troupeau, occupation de la redoute. La conduite d'eau ne peut être rétablie, les Arabes ayant introduit des pierres dans les tuyaux. Ils viennent tirer quelques coups de feu de la carrière. On rentre dans le bordj en ramenant des fourrages.

Jeudi 11 *mai.* — Sortie du troupeau à 5 heures. Pas d'Arabes dans la plaine. On voit monter par la traverse du Tachentirt des masses énormes avec des mulets et chevaux, d'autres viennent du Lac sur Dra-el-Mizan ; le point de concentration paraît être la traverse de l'abattoir. De 4 à 5 heures du soir, sortie du troupeau, gênée par quelques coups de feu de la redoute. A 7 heures, les Arabes incendient une meule de vieux fourrage près du cimetière.

Vendredi 12 mai. — Sortie du troupeau à 4 heures du matin. On rentre du fourrage (paille et vert). Rentrée à 6 heures à la suite de coups de feu du cimetière. A 4 heures du soir, sortie du troupeau sans accident. Un spahis (1) sorti la veille rentre à 5 heures ; il prétend avoir été arrêté par les Flissa, le caïd des Nezlioua l'aurait fait sauver. Une colonne française viendrait entre Aomar et Aïn-Riba, sur la rive droite de l'oued Djemaa ; une autre serait près de Tizi-Ouzou. Il y aurait quarante prisonniers aux Beni-Khalfoun. La colonne kabyle attendrait près de Tizi-el-Arba. Les Arabes prétendent avoir pris Tizi-Ouzou, village et bordj. Tout serait brûlé jusqu'au Boudouaou.

Samedi 14 mai. — A 4 heures, sortie du troupeau par la porte du quartier de cavalerie, des fourrageurs par la porte d'Aumale. On ramasse le reste des légumes au jardin militaire. Quelques Arabes se dirigent vers le lac. Le soir, à 5 heures, nouvelle sortie du troupeau.

Dimanche 14 mai. — Sortie à 4 heures du matin. Beaucoup d'Arabes sur la crête des figuiers de la porte d'Aumale. Vers 4 heures, on remarque de nombreux groupes retournant au Djurdjura par la route au sud du bordj ; coups de feu de la carrière et de la redoute. Quatre émissaires arrivent portant un billet du chef d'état-major de la colonne ; il annonce que les prisonniers sont rendus et que les harchaoua et les Beni-Khalfoun ont fait leur soumission. La colonne se dirige vers Aumale. Tizi-Ouzou est débloqué.

Lundi 15 mai. — Sorties habituelles du troupeau.

Mardi 16 mai. — Sorties habituelles du troupeau matin et soir. Les Arabes reprennent leurs postes accoutumés à 5 h. 1/2. Dans la nuit, arrivée de trois émissaires avec une lettre. La colonne Cérez s'est éloignée et retourne aux Frênes. On craint une insurrection des Oulad-Nayl et il ne sait s'il viendra ou ira aux Beni-Mançour. Le général Lallemand, avec 8.000 hommes, est à Tizi-Ouzou. Mokrani a été tué à l'oued Soufflat.

---

(1) C'était le nommé Aïssa-ou-Kassi.

Mercredi 17 *mai*. — Sortie du troupeau à 4 heures du matin, rentrée de vert et de bois provenant des gourbis de derrière le cimetière. Feux assez nombreux à la redoute, à 5 h. 1/2. Les Arabes mettent le feu à la maison Henri et aux maisons environnantes.

Jeudi 18 *mai*. — Sorties habituelles du troupeau. Les Arabes mettent le feu du côté de la maison Courtois. De la redoute, ils tirent et poussent de grands cris ; à 10 heures, tout est calme.

Vendredi 19 *mai*. — A 3 h. 1/2 du matin, occupation de la redoute par les zouaves qui surprennent les Arabes endormis à la prise d'eau. Sortie habituelle et rentrée après deux heures de fusillade assez vive. Sortie le soir.

Samedi 20 *mai*. — Sortie le matin. Les Arabes tiraillent toute la journée de la redoute et des écuries du bureau arabe. Sortie le soir, on rentre par la porte d'Aumale. A ce moment un nouveau boulet est lancé par les Arabes. Dans la nuit ils crient et tirent quelques coups de feu.

Dimanche 21 *mai*. — Les Arabes ont disparu. Sorties habituelles. On démolit l'ancienne buanderie de l'hôpital devant le bordj.

Lundi 22 *mai*. — Sorties habituelles.

Mardi 23 *mai*. — Sorties habituelles. Dans la nuit, arrivée de trois émissaires ; la colonne Cérez est à Bouïra, se préparant à aller opérer dans l'oued Sahel. D'Alger on nous conseille de nous rationner et l'on nous assure qu'on pense à nous. Le général Lallemand est à Dellys. Des journaux de fin d'avril envoyés par la colonne nous rapportent l'attaque de Dellys et les opérations du général Cérez.

Mercredi 24 *mai*. — Sorties habituelles.

Jeudi 25 *mai*. — Sorties habituelles. On visite la conduite d'eau qui est bouchée de toutes parts ; l'eau reflue dans les puits et coule devant le premier regard. Les autres sont également bouchés et comblés. On descend le canon turc.

Vendredi 26 *mai*. — Sortie le matin. Beaucoup d'Arabes dans la journée aux abords des fermes Bérard et Rouch. Nombreux troupeaux auprès du cimetière. Le soir, la sortie ne peut avoir lieu par le quartier de cavalerie et ne réussit qu'en partie par la porte d'Aumale. A 10 heures, un tir violent de la redoute est arrêté par deux bombes ; le reste de la nuit est calme.

Samedi 27 mai. — Sorties habituelles.

Dimanche 28 mai. — Sortie le matin par la porte d'Aumale. Tir de la carrière. Toujours nombreux troupeaux et rassemblement à la ferme Bérard. Tir de la redoute et du cimetière. Des Arabes s'établissent dans la vigne Henri et viennent s'embusquer dans la carrière au pied de la traverse du premier ravin de la route de Bor'ni. A 5 heures, ils exécutent un tir sur toute la ligne et tirent le canon de la vigne Henri. Après sept ou huit coups d'essai, la tranquillité s'établit pour la nuit. Leur tir est très peu juste.

Lundi 29 mai. — Vers 5 heures du matin, le tir de la pièce turque recommence contre la courtine 11-12, un créneau est atteint. Les troupeaux sont toujours nombreux aux environs. Un second boulet atteint la maison du commandant supérieur dans une chambre du 1er étage.

On établit des parados sur la courtine 11-12 contre les feux de la redoute. Le feu des Arabes est arrêté par deux obus dans le cimetière et la nuit se passe sans accident.

Mardi 30 mai. — Continuation du tir de la redoute et du cimetière (1). Établissement d'un parados pour le flanc gauche du bastion 5 contre les feux de la redoute, de traverses sur la courtine 7-8 contre la hauteur en contrebas du Tachentirt. Dans la nuit, arrivée de deux émissaires ; ils annoncent que le général Cérez est près de Bouïra et qu'il combine ses mouvements avec la colonne de ravitaillement qui est en route ; il doit arriver ici le 2 ou le 3. Fort-Napoléon est assiégé par les Kabyles qui ont tenté l'escalade.

---

(1) Un braconnier, réputé pour son adresse, Amar-ben-Tallach, frère du caïd des Nezlioua, qui était armé d'un chassepot provenant d'un spahis, tue, à vingt minutes d'intervalle, deux colons, le boucher Oustry et l'Espagnol Blasco en les tirant à une distance de plus de 700 mètres. Le premier se promenait à côté de la maison du commandant supérieur se croyant hors de portée du feu des Kabyles, lorsqu'une balle, après avoir ricoché devant lui, l'atteint au bas ventre et le blesse mortellement. Blasco était à un créneau entre la poudrière et l'hôpital ; une balle arrive d'écharpe, l'atteint au côté gauche et sort du côté droit, après l'avoir traversé de part en part.

Mercredi 31 mai. — Les troupeaux sont toujours dans la plaine, le canon turc envoie trois boulets dont un dans les baraques du quartier d'infanterie. Dans l'après-midi, on lance quelques obus sur une colonne d'Arabes se dirigeant vers le lac.

Jeudi 1er juin. — Dans la nuit, arrivée de deux émissaires. La colonne va à Ben-Hini chercher le ravitaillement, elle sera ici le 5 juin.

Vendredi 2 juin. — Rien à signaler.

Samedi 3 juin. — Le soir, deux hommes des Nezlioua apportent la nouvelle que la colonne est près du marché des Beni-Khalfoun.

Dimanche 4 juin. — Dans l'après-midi, occupation de la redoute et du cimetière, on rentre du bois. Démolition du mur du cimetière.

Lundi 5 juin. — Le matin, sortie habituelle. Vers midi, on voit apparaître les goums sur Dra-el-Mizan; bientôt les crêtes et le Tachentirt sont couronnés. La colonne apparaît en partie par la route des Isser, le général et le convoi par la route n° 11. Sur le passage on brûle tous les gourbis en face de Dra-el-Mizan. La colonne campe autour du bordj et du cimetière.

En outre des tués et des blessés dont les noms ont été donnés, il y a encore eu, dans le cours du blocus, trois blessés dont un seul sérieusement; c'est un homme du train qui a reçu une balle dans la cuisse étant à un créneau. (Il a pu être atteint à la cuisse parce que la banquette en arrière de la muraille était trop élevée.) Le siège a donc coûté 4 tués, dont 3 colons et 4 blessés dont un colon.

Une modeste pyramide, dans l'entourage de laquelle on a fait entrer les canons dont se sont servi les Kabyles, a été élevée à la mémoire des personnes tuées pendant le siège, par les soins de l'autorité militaire, aux frais de la famille Oustry; elle a été placée dans l'intérieur du fort, au bas de l'hôpital. On y a inscrit seulement le nom des victimes avec la date de leur naissance et celle de leur mort.

Le 7 juin, le général Cérez procéda à l'organisation de la colonne qui devait aller opérer dans la vallée de l'oued Sahel pendant tout le temps qu'il serait retenu par le général Lallemand ; elle était ainsi composée :

M. Goursaud, colonel des éclaireurs algériens, commandant de la colonne ;

M. de La Roque, chef d'escadrons, chef d'état-major ;

M. de Saint-Germain, capitaine, employé à l'état-major ;

M. Monthaulon, capitaine, employé à l'état-major ;

M. Didier, capitaine, faisant fonctions de sous-intendant.

L'infanterie formait trois bataillons de marche :

1er bataillon de zouaves, commandant de Montlevant ;

2e bataillon de la légion étrangère, commandant Gache ;

3e bataillon de tirailleurs algériens, capitaine commandant Thomas.

La cavalerie était composée de trois escadrons, sous les ordres du commandant de La Roque :

1er escadron du 9e chasseurs, capitaine Lambert ;

2e et 3e escadrons d'éclaireurs algériens, MM. Guillemin et Reynaud, capitaines.

L'artillerie était composée d'une section, commandée par le lieutenant Écosse.

Services administratifs :

M. Lefort, médecin-major, chargé de l'ambulance ;

M. Sarda, comptable de l'ambulance ;

M. Riss, comptable des subsistances ;

M. Lemoussu, capitaine du train, chef du convoi ;

M. Baudry, sous-lieutenant, adjoint au chef de convoi.

M. Courège, sous-lieutenant du train, vaguemestre général et grand prévôt.

Le général Cérez avait gardé une partie de l'escorte du convoi pour porter son infanterie à 2.500 hommes.

Le 8 juin, le général Cérez alla camper à Azib-Chikh, sur la route de Dra-el-Mizan à Tizi-Ouzou, et le colonel Goursaud alla camper à Ben-Haroun.

CHAPITRE XXI

Plan des opérations pour la soumission du pâté montagneux situé entre l'oued Aïssi et l'oued Bougdoura. — Attaque des Beni-Khalifa et des Betrouna, le 6 juin, la colonne campe à Imezdaten. — Soumission des Beni-Khalifa, des Betrouna et d'une partie des Maatka, le 7 juin. — Le 8 juin, la colonne campe au Khemis des Maatka, après un petit combat. — Fusillade nocturne. — Les colonnes Lallemand et Cérez font leur jonction, le 9 juin; attaque et enlèvement de Tir'ilt-Mahmoud. — Le 10 juin, les colonnes vont camper à Tir'ilt-ou-Guemoun, combat d'Akala-Aberkan. — Ce point est occupé par deux bataillons. — Attaque de nuit des Kabyles. — Le 11 juin, des colonnes légères vont détruire les villages des environs; les Beni-Mahmoud, les Beni-Aïssi, les Beni-Douala, les Beni-Zmenzer et le reste des Maatka font leur soumission. — Le 12 juin, les colonnes campent à Ir'il-Aguelagal et, le 13, elles descendent à Tizi-Ouzou où elles établissent leur bivouac. — Soumission des Ameraoua-Tahta et des Abib-Chemlal. — Démonstration de la cavalerie vers Djemaa-Sahridj.

Pour poursuivre l'exécution de son programme, que j'ai indiqué au chapitre XIV, le général Lallemand devait encore, avant d'entreprendre le débloquement de Fort-National, opérer la soumission des tribus du massif montagneux compris entre l'oued Aïssi et l'oued Bougdoura. La marche des opérations était tout indiquée par la topographie du pays; il fallait gagner les hauteurs des Betrouna, suivre la crête des Maatka par le marché du Khemis, pour aller donner la main à la colonne du général Cérez arrivant de Dra-el-Mizan, puis contourner le bassin de l'oued Defali et de l'oued Medoha (1) qui ont leur origine, non pas dans le Djurdjura comme l'oued Bougdoura et l'oued Aïssi, mais bien dans le massif même à conquérir, aux points culminants de Tir'ilt-Mahmoud et de Tir'ilt-ou-Guemoun. De cette manière on pouvait accéder dans toutes les tribus à soumettre en suivant toujours des lignes de crête présentant des routes assez faciles. La difficulté prin-

---

(1) La carte porte Acif-el-Meleah.

cipale était de s'élever sur les hautes crêtes du massif montagneux.

Les grandes croupes de ce massif qui regardent Tizi-Ouzou sont couronnées par les grands villages d'Ir'il-Bouzerou dans les Beni-Aïssi, des Hassenaoua (1) et de Bou-Hinoun dans les Beni-Zmenzer, de Taddert-ou-Fella et d'Imezdaten dans les Betrouna, qui dominent la vallée de plus de 500 mètres. Les routes qui conduisent à ces villages suivent des pentes rocheuses et abruptes, elles sont par elles-mêmes d'un accès difficile et elles avaient encore été hérissées de retranchements et de barricades par les Kabyles, qui avaient accumulé sur ces croupes tous leurs moyens de défense habituels et qui y faisaient bonne garde. On n'aurait pu, sans s'exposer à des pertes considérables, faire directement l'assaut de ces montagnes.

Pour opérer son ascension, le général Lallemand adopta le plan suivant : partir du camp dans la nuit, suivre la route d'Alger jusqu'au marché du Sebt, prendre un petit ravin qui descend à l'oued Defali, traverser cette rivière, puis suivre la ligne de crêtes qui sépare l'oued Defali de l'oued Bougdoura et gagner Taddert-Tamokrant (2) des Beni-Khalifa, enfin s'élever, toujours par la crête, jusqu'à Imezdaten. De cette façon les Kabyles ne pourraient s'apercevoir de la marche de la colonne que lorsqu'elle serait déjà devant Taddert-Tamokrant; d'ailleurs, une fausse attaque exécutée vers Bou-Hinoun par la garnison de Tizi-Ouzou devait encore leur donner le change.

Ce projet fut tenu dans le plus grand secret et, dans les demandes de renseignements faites aux indigènes, on eut soin de leur faire croire qu'on avait dessein d'aborder soit la route de Bou-Hinoun, soit la route muletière de Kammouda. La veille de l'exécution, c'est-à-dire le 5 juin au soir, le général Lallemand réunit dans sa tente les commandants des brigades et

---

(1) Je veux parler du groupe des villages de Taddert-Tamokrant et d'Aït-Mançour.
(2) Une route suit aujourd'hui cet itinéraire, elle n'existait pas au moment de l'insurrection.

tous les chefs de corps et il leur expliqua ce qu'il comptait faire (1).

Le 6 juin, à 2 heures du matin, la colonne leva le camp sans bruit, laissant à Tizi-Ouzou l'escadron du 1ᵉʳ chasseurs d'Afrique du capitaine Crouzière et l'escadron du 9ᵉ chasseurs (soit 9 officiers, 181 hommes et 205 chevaux) et elle s'engagea, la 1ʳᵉ brigade en tête, sur le chemin indiqué plus haut. Les ravins que l'on devait suivre en quittant la grande route, bien que d'un parcours facile, sont assez profonds pour dérober complètement la colonne à la vue de l'ennemi. On fit une halte près de l'azib de Mohamed-el-Haoussin pour masser le convoi, puis la marche fut reprise à 5 heures du matin et on s'éleva sur la crête qui porte à son extrémité nord la Koubba de Tadjouïmat (2). C'est à ce moment seulement que les Kabyles s'aperçurent de la marche de la colonne. A 6 heures, la 1ʳᵉ brigade arrivait au pied des pentes qui conduisent à Taddert-Tamokrant et prenait ses dispositions de combat.

Aussitôt que les Kabyles virent la colonne s'avancer vers les Beni-Khalifa, tous les contingents qui étaient rassemblés dans les Betrouna, les Beni-Zmenzer, les Beni-Aïssi et les Beni-Raten, coururent précipitamment pour gagner la tribu menacée, mais la route était longue car, n'osant déboucher en plaine, ils étaient obligés de franchir successivement une série de profonds ravins. La garnison de Tizi-Ouzou était sortie avec les mitrailleuses et des canons de 4 de campagne, que l'on avait ramenés de Dellys, et elle fit une fausse attaque vers Bou-Hinoun pour faire croire aux Kabyles, qui arrivaient en bandes nombreuses, que l'attaque avait lieu de ce côté. Les pièces à longue portée interdisaient à l'ennemi l'accès de la plaine et le refoulaient, comme je l'ai dit, vers les ravins.

Pendant ce temps, le général Lallemand prononçait son attaque.

Les Beni-Khalifa, ne se croyant pas menacés, étaient restés

---

(1) Le général Lallemand était très sourd, comme nous le savons, et on dut mettre un cordon de sentinelles à une assez grande distance autour de sa tente pour écarter les oreilles indiscrètes.

(2) La carte porte : « Taouï-Djemaa ».

paisiblement dans leurs villages et, lorsque nos soldats apparurent subitement sur la crête de Tadjouïmat, ils s'empressèrent de faire filer rapidement femmes, enfants et troupeaux et d'emporter ce qu'ils avaient de plus précieux, pendant que les hommes armés prenaient position dans les plantations d'oliviers et de figuiers qui forment un épais rideau au-dessous de Taddert-Tamokrant. On pouvait voir un vieillard octogénaire, Mohamed-ou-Kassi, ancien caïd de la tribu, courir de côté et d'autre sur son mulet pour organiser la résistance. Les défenseurs étaient encore peu nombreux.

Le 2ᵉ zouaves, le 27ᵉ bataillon de chasseurs à pied et le bataillon de zouaves Lucas sont chargés de l'attaque; ils prennent leur formation de combat, pendant qu'un mouvement tournant s'effectue sur la droite et que la 2ᵉ brigade, appuyée par une section d'artillerie, prend position sur notre gauche pour observer vers l'est les pentes des montagnes par lesquelles arrivent en courant de nombreux contingents.

Après que l'artillerie eût nettoyé par ses obus le terrain à parcourir par l'attaque, le mouvement en avant commence. L'ennemi résiste énergiquement, car il s'agit pour lui de protéger l'évacuation des villages; il est pourtant obligé de céder.

Les zouaves Lucas et le 2ᵉ zouaves réunis marchent alors droit sur le village par une crête rocheuse et dénudée, à pente très rapide, sur laquelle se dessine le chemin qui y conduit; pendant que ce mouvement combiné s'exécute, l'artillerie couvre le village d'obus. Le colonel Barachin, voyant qu'il n'y a plus dans Taddert-Tamokrant qu'un petit nombre de défenseurs et que les Kabyles arrivent en grand nombre par les crêtes supérieures en arrière du village, fait sonner la charge et nous entrons dans le village sans éprouver de résistance bien sérieuse. Si on eût tardé quelques instants de plus, il eût fallu, sans doute, de grands efforts pour l'occuper, car les Kabyles commençaient à arriver d'un côté pendant que nous entrions de l'autre.

Nos troupes occupèrent Taddert-Tamokrant, Tir'ilt-Ntrahi (1)

---

(1) A 300 mètres au sud-est de Taddert-Tamokrant. Le village figure sur la carte, mais le nom n'est pas indiqué.

et elles s'avancèrent sur une crête qui domine le village des Beni-Amran, de la tribu des Betrouna. Un feu très vif s'ouvrit contre l'ennemi qui occupait une crête parallèle et qui tirait même d'Imezdaten au moyen de chassepots qui étaient tombés entre ses mains; c'étaient les contingents amenés par les Oulad-ou-Kassi au secours des Beni-Khalifa, avec lesquels nous étions aux prises. Le principal groupe d'insurgés était à 250 mètres des nôtres sur un contrefort garni d'embuscades.

Pendant une heure et demie les zouaves et le 27ᵉ bataillon de chasseurs contrebattent le feu des Kabyles en s'établissant un peu à gauche, pour empêcher un mouvement tournant de ce côté. Une vigoureuse charge du 2ᵉ zouaves, préparée par l'artillerie, parvient enfin à déloger l'ennemi et à le culbuter dans le ravin des Beni-Amran.

Il ne restait plus à faire que peu d'efforts pour arriver au village d'Imezdaten (1), le point le plus élevé des Betrouna (cote 735), où se tenait un groupe de cavaliers formé par les Oulad-ou-Kassi, les Oulad-Mahi-ed-Din de Taourga, les Oulad-Ahmed-ben-Mohamed des Isser-Drœu; on n'avait plus qu'à suivre une crête d'un accès assez facile. Les Kabyles cessèrent leur résistance, les cavaliers disparurent et nos soldats purent bientôt couronner les hauteurs, fusillant les rebelles qui se sauvaient dans les ravins. Mais alors l'ennemi qui avait renoncé à nous disputer la possession des crêtes, se jeta sur notre convoi qui défilait péniblement par l'affreux chemin escarpé, étroit, où le rocher se montre souvent à nu, qui conduit à Taddert-Tamokrant. Ces attaques ne pouvaient pas être bien difficiles à repousser, puisque nous occupions toutes les positions dominantes, mais les Kabyles n'en ont pas moins réussi à nous enlever dix-huit bœufs du troupeau de la colonne et à piller le chargement de plusieurs mulets qui portaient des bagages et des provisions d'officiers et des vivres d'administration (tonneaux de lard, tonneaux de vin, etc.).

Le camp fut établi à 3 heures de l'après-midi entre le village

---

(1) La carte porte : « Omjoti-Mzdeta ».

d'Imezdaten et celui de Taddert-ou-Fella; on trouva de l'eau dans les ravins qui se détachent au nord et au sud de la ligne de faîte et particulièrement dans celui du versant est, au-dessous de Taddert-ou-Fella, et du versant nord, au-dessous d'Imezdaten.

Les soldats furent enthousiasmés de se voir arrivés au sommet de ces montagnes qui, vues de Tizi-Ouzou, avaient un aspect si menaçant et de voir que le chemin par lequel on les avait conduits avait rendu inutiles les travaux de défense que les Kabyles avaient préparés de longue main.

Ce combat, dont les résultats furent très importants, nous avait coûté 3 tués et 24 blessés, ainsi répartis :

27ᵉ bataillon de chasseurs. 2 tués et 10 blessés, dont 5 légèrement.
2ᵉ zouaves.............. 1 (1) — 10 4 —
1ᵉʳ zouaves Lucas........ » — 2 contusionnés.
2ᵉ tirailleurs............ » — 2 blessés, dont le sous-lieutenant Ahmed-ben-Ahmed.

Totaux....... 3 tués et 24 blessés.

La garnison de Tizi-Ouzou, dans la diversion qu'elle avait faite vers Bou-Hinoun, avait eu deux cavaliers tués et un blessé.

Le lendemain les Betrouna, les Beni-Khalifa, les Maatka vinrent faire leur soumission. Une des conditions qu'on leur imposa fut, comme on l'avait déjà exigé des tribus qui s'étaient soumises, de fournir gratuitement les mulets pour le convoi; par ce moyen, on arriva peu à peu à n'avoir plus de mulets payés et les dépenses de la colonne furent considérablement diminuées.

La journée du 7 juin se passa en pourparlers relatifs aux soumissions, particulièrement pour la désignation des otages.

Le 8 juin, à 10 h. 1/2 du matin, la colonne se mit en route par le chemin muletier de Tizi-Ouzou à Dra-el-Mizan pour le khemis des Maatka, point central de la crête suivie. On brûla en passant les trois villages d'Iadjaben (2), d'Issoubaken et d'Igueriden qui n'avaient pas fait leur soumission.

---

(1) Le sergent Pitou.
(2) La carte porte : « Had-Djebena ».

Au khemis des Maatka, où on arriva à 3 heures, on reçut quelques coups de feu partis du village de Bou-Hamdoun ; les crêtes, de Koudiat-Fekran à Tir'ilt-Mahmoud, étaient occupées par des contingents ennemis.

Le 21ᵉ chasseurs et le 80ᵉ de ligne sont lancés en avant pour débusquer les rebelles qui reculent en continuant à tirailler ; une compagnie de zouaves et une de tirailleurs sont envoyées en renfort, l'ennemi est complètement refoulé, mais il se reforme à quelque distance, prêt à recommencer ses attaques. Comme il est trop tard pour engager un combat décisif, on se contente de faire retrancher les grand'gardes établies au delà des villages de Bou-Hamdoun et vers les Cheurfa-el-Bachir, grand'gardes auxquelles on emploie un bataillon et demi.

Malgré ces précautions, on a toute la nuit à supporter une fusillade continuelle venant principalement du ravin des Cheurfa-el-Bachir ; les grand'gardes restent sur pied et on se fusille presque à bout portant. Les balles arrivent jusque dans le camp ; 2 hommes du 1ᵉʳ zouaves provisoire (bataillon Lucas) y sont blessés, dont un dans sa tente ; un des otages gardés à la colonne est également blessé.

Dans le combat de l'après-midi et dans la fusillade nocturne, il y avait eu en outre 9 blessés dans le 21ᵉ bataillon de chasseurs, dont le capitaine Chultz.

Le camp avait été installé sur l'emplacement du marché ; on trouve l'eau à l'abreuvoir du marché et à des sources près des Cheurfa-el-Bachir.

Le 9 juin était le jour fixé pour la jonction de la colonne Cérez avec la colonne Lallemand. La colonne Cérez, qui était campée, comme nous le savons, près d'Azib-Chikh, monta par Adrar'-Amellal et suivit la ligne télégraphique, dont les poteaux avaient disparu, pour venir prendre la route muletière de Tizi-Ouzou près du confluent de l'oued Mechtras avec l'oued Bor'ni ; elle évitait ainsi de s'engager dans le défilé de l'oued Bor'ni en aval de l'usine. Elle fit l'ascension des montagnes des Maatka par une route qui avait été ouverte en 1868 et 1869, au moyen des prestations en nature dues par les indigènes et qui formait un tronçon du chemin de Tizi-Ouzou à Dra-el-Mizan.

Le général Lallemand, qui se proposait d'attaquer les Kabyles, voulut attendre, pour commencer, l'arrivée de la colonne Cérez, et il avait disposé sa 1re brigade sur la ligne de crêtes qui s'étend au nord de Bou-Hamdoun et sa 2e brigade sur celle qui se dirige vers Koudiat-Fekran ; le convoi et les impedimenta s'étaient massés sur le revers ouest des mêmes crêtes. Les troupes attendirent dans cette situation jusqu'à 10 h. 1/2, heure à laquelle on vit arriver la tête de colonne du général Cérez.

La jonction des colonnes une fois opérée, les généraux arrêtèrent leurs dispositions d'attaque.

La position principale de l'ennemi était en avant de Tir'ilt-Mahmoud, à Tir'ilt-el-bour-Yakoub ; il y avait là de vastes tranchées étagées, d'une centaine de mètres de longueur ; il y avait aussi des retranchements sur la crête dominant le marché du Tnin des Béni-Zmenzer ; enfin, les contingents amenés par le caïd Ali s'étaient groupés auprès d'Agueni-bou-Fal, portant les drapeaux de leurs zaouïas. L'ensemble des positions occupées par les rebelles constituait une ligne de défense de plus de 4 kilomètres qu'ils garnissaient complètement.

Il fut décidé que la brigade Barrachin (1re brigade) attaquerait Agueni-bou-Fal, puis se rabattrait vers le marché du Tnin, pendant que les deux autres brigades attaqueraient directement Tir'ilt-el-bour-Yakoub.

L'artillerie, qui était avec la 1re brigade, commença par canonner Agueni-bou-Fal, puis le 1er zouaves provisoire fut lancé à l'assaut du village, soutenu par le reste de la brigade. Le village fut enlevé facilement car l'ennemi, pensant n'avoir d'attaque à redouter que du côté de Tir'ilt-Mahmoud, avait préparé tous ses moyens de défense vers la lisière sud, tandis que, du côté ouest, par où abordaient les zouaves, il n'y avait à vaincre que les obstacles naturels du terrain. L'ennemi, chassé de la position, se reforma au village d'Iril-el-Mal, des Beni-Zmenzer, situé sur une crête parallèle à celle qui porte Agueni-bou-Fal ; ce village fut enlevé à son tour et livré aux flammes.

Pendant ce temps, l'artillerie avait couvert d'obus la position principale qui fut alors abordée : au centre par le 80e de ligne, le 1ᵉʳ tirailleurs et le 21ᵉ bataillon de chasseurs de la brigade Faussemagne et à droite par 3 bataillons de la colonne Cérez, conduits par le colonel Meric. Les Kabyles accueillirent nos troupes par un feu très vif et quand ils virent que ce feu n'arrêtait pas leur élan, ils n'attendirent pas l'assaut et ils se dispersèrent soit dans les ravins à l'est de Tir'ilt-Mahmoud, soit vers les villages des Abd-el-Moumen des Beni-Aïssi, dont le principal est Taddert-ou-Fella (1). Bon nombre de fuyards avaient occupé le village de Tir'ilt-Mahmoud et, la première ligne de défense enlevée, il fallut encore les en déloger. L'artillerie prit position pour canonner le village, qui fut ensuite emporté d'assaut par le 4ᵉ zouaves, pendant que la cavalerie de la colonne Cérez et le goum poursuivaient l'ennemi jusqu'aux villages des Abd-el-Moumen. Il était alors 2 heures de l'après-midi.

Le camp de la colonne Lallemand fut installé à El-bour-Messaoud et celui de la colonne Cérez près du marché du Tnin des Beni-Zmenzer.

Le convoi très considérable de cette dernière colonne (il n'avait pas moins de 1.400 mulets) avait eu beaucoup de peine à gravir la montée des Maatka; il avait été attaqué dans son ascension, au delà des oliviers des Oulad-Sidi-Ali-ou-Moussa, par une cinquantaine d'obstinés qu'on eut quelque peine à refouler; il y eut là un officier tué et quelques hommes blessés.

La colonne Lallemand n'avait eu que 5 blessés : 3 au 21ᵉ bataillon de chasseurs, 2 au 1ᵉʳ tirailleurs et 1 au 1ᵉʳ zouaves.

Les colonnes avaient du bois en abondance près de leurs bivouacs, mais l'eau était rare; on n'avait trouvé que quelques sources peu abondantes dans les ravins au nord et au sud.

Le 10 juin, les troupes se mirent en marche à 5 heures du matin, la colonne Lallemand en tête. On suivit la crête qui conduit aux villages des Abd-el-Moumen, en passant à Taddert-ou-Fella et à Tir'ilt-ou-Mezzir, pour gagner ensuite Tir'ilt-

---

(1) Les autres villages de cette fraction sont : Tassoukit, Ir'il-nait-Chila, Tir'ilt-Nlazouk, Tir'ilt-ou-Mezzir.

ou-Guemoun, sommet qui domine les grands villages de Tagmount-ou-Kerrouch et des Aït-Mesbah, de la tribu des Beni-Aïssi. La colonne était protégée sur ses flancs par un bataillon qui envoyait sur les points dangereux des flancs-gardes, lesquelles restaient en position jusqu'à ce que l'extrême arrière-garde fût arrivée à leur hauteur. Le chemin était étroit et difficile et, sur certains points, on eut besoin de recourir au génie pour le rendre praticable.

Les villages de la fraction des Aït-Abd-el-Moumen étaient abandonnés; quelques Kabyles tirèrent seulement quelques coups de fusil en manière de protestation, puis ils s'enfuirent. Les villages furent brûlés par la colonne Cérez après le passage des troupes.

Les villages de Tagmount-ou-Kerrouch et des Aït-Mesbah avaient fait acte de soumission, et les colonnes, arrivées sur le plateau de Tir'ilt-ou-Guemoun à 10 heures, purent y installer leur bivouac sans obstacle. On y trouva des broussailles en abondance et on découvrit de l'eau en quantité suffisante à des sources situées au-dessous d'Icherdiouen-ou-Fella (1).

Du point élevé où le camp était établi (cote 892) on découvrait tout le pays environnant et on pouvait suivre les mouvements des contingents kabyles qui circulaient sur le territoire des Beni-Mahmoud et des Beni-Douala et qui se rassemblaient à environ un kilomètre du camp, sur la hauteur d'Akala-Aberkan (cote 882), point de séparation des crêtes qui conduisent, l'une au grand village de Tagmount-Azzouz, des Beni-Mahmoud, l'autre au marché de l'arba des Beni-Douala. Les rebelles prenaient position dans de vastes tranchées qu'ils y avaient construites.

On ne pouvait pas laisser l'ennemi s'établir à si courte distance, menaçant pour la nuit la sécurité de la colonne; comme on était arrivé de bonne heure, le général Lallemand résolut d'attaquer les rebelles le jour même.

---

(1) C'est le village à la cote 853, désigné à tort, sur la carte, sous le nom d'Icherdiouen-bou-Adda. En kabyle, *ou fella* veut dire « du haut » et *bou adda* « du bas ».

A 2 h. 1/2, le colonel Faussemagne partit avec les quatre bataillons de sa brigade et le bataillon du 2e zouaves de la brigade Barrachin; les hommes étaient sans sacs. La mission donnée au colonel Faussemagne était d'enlever la position des Kabyles au mamelon 882, puis de chasser les rassemblements qui occupaient les villages de Tagmount-Azzouz, de Taourirt-Moussa-ou-Amar et de Tizi-Hibel, et de détruire ces villages, où s'étaient concentrés les Beni-Mahmoud, les Beni-Aïssi, les Beni-Yenni et les Beni-Raten.

Après une canonnade bien dirigée, mais contre laquelle les Kabyles tiennent bon, on lance une colonne d'assaut à l'attaque de la position des rebelles; le bataillon du 4e zouaves gravit un escarpement qui le défile en partie aux coups de l'ennemi et arrive lestement jusqu'au sommet; en tête, à plus de 100 mètres de leurs camarades, s'avancent les zouaves Delmas, Doublier et Gac (1); ils franchissent intrépidement le retranchement; Delmas y tue un chef kabyle; les rebelles prennent la fuite vers l'arba des Beni-Douala, poursuivis par les troupes du colonel Faussemagne, qui se laissent entraîner, de position en position, jusqu'à Tir'zert, des Beni-Aïssi, à 6 kilomètres du camp. Tout en se retirant, l'ennemi entretenait un feu nourri, et lorsque nos troupes reprirent le chemin du camp, les Kabyles les suivirent, les harcelant sans cesse et les obligeant à faire plusieurs retours offensifs. Quand elles revinrent, il était 4 heures du soir, c'est-à-dire trop tard, malheureusement, pour qu'on eût le temps d'enlever avant la nuit les trois villages indiqués ci-dessus, qui restèrent occupés par de nombreux contingents.

Pour assurer la sécurité du camp, le général Lallemand se décida à faire occuper le sommet 882 par deux bataillons et demi de la 1re brigade (zouaves Lucas, 2e tirailleurs et moitié du 27e bataillon de chasseurs à pied), qui eurent l'ordre de se retrancher.

On resta jusqu'à la nuit à travailler aux retranchements, et,

---

(1) Doublier fut tué vers la fin de la journée, et Gac fut blessé à l'attaque d'une seconde position.

pendant ce temps, les troupes qui protégeaient les travailleurs du côté des Beni-Douala, et surtout du côté de Tagmount-Azzouz, eurent à soutenir un combat acharné dans des plantations de figuiers où on était à une faible distance de l'ennemi, ce qui faisait perdre en partie, à nos soldats, la supériorité de l'armement.

Nous avons eu dans cette journée, et surtout dans le combat nocturne, 6 tués dont 1 officier, et 49 blessés dont 4 officiers. Voici le détail des pertes par corps :

21ᵉ bataillon de chasseurs.	» tués,	6 blessés, dont 2 contusionnés.
80ᵉ de marche............	4 —	31 — (1).
4ᵉ zouaves...............	1 —	7 — (2).
1ᵉʳ tirailleurs............	1 —	5 —
TOTAUX..........	6 tués,	49 blessés.

Le cheval du commandant Mercier, du 4ᵉ zouaves, avait été tué.

On aurait sans doute perdu moins de monde pour reprendre, le lendemain, la position qu'on avait occupée; mais on aurait probablement eu, quand même, à soutenir un combat de nuit.

De son côté, l'ennemi avait éprouvé de grandes pertes et les Kabyles, voyant que la lutte était impossible, furent pris de découragement et se dispersèrent. Le caïd Ali, qui cherchait à les retenir, se vit lui-même menacé et il fut obligé de fuir pour ne pas être trahi par ses propres contingents; il dut franchir le Djurdjura pour revenir dans les Beni-Idjeur par l'oued Sahel. Le lendemain, 11 juin, lorsque nos troupes allèrent procéder à la destruction des villages insoumis, elles les trouvèrent abandonnés et n'eurent à essuyer que quelques coups de fusil isolés.

Ces destructions de villages ont été opérées, dans les Beni-Douala-Açameur par la brigade du colonel Barrachin et dans les Beni-Mahmoud par celle du général Cérez.

---

(1) Dont le capitaine Champion, mort le lendemain, le lieutenant Mézard et le sous-lieutenant Fourrier.
(2) Dont M. Hébert, capitaine adjudant-major, et le capitaine Lauze de Perret.

Le colonel Barrachin est allé dans la matinée incendier Taddert-ou-Fella, Ir'il-Mimoun, les Aït-bou-Yahia, Ihamziouen et les Aït-Khalfoun qui étaient vides d'habitants. Les Oulad-Sidi-Mhamed-ou-el-Hadj, des Beni-Mahmoud, avaient fait des ouvertures de soumission qui avaient été accueillies et le général Lallemand avait promis à ces marabouts qu'ils ne seraient pas inquiétés; aussi n'avaient-ils pas évacué leur village. Mais les tirailleurs, à la poursuite de gens qui s'étaient enfuis du village des Aït-Khalfoun et qui ignoraient la promesse du général, voulurent y entrer; ils furent accueillis à coups de fusil et deux tirailleurs furent blessés; les Oulad-Sidi-Mhamed-ou-el-Hadj furent alors envahis et livrés au pillage. Les tirailleurs enlevèrent des bœufs et ramenèrent au camp une troupe de femmes et quelques hommes; les femmes furent rendues à la liberté, mais leurs bijoux ne purent être retrouvés. Ce sont là des accidents inévitables à la guerre; il est impossible de garantir qu'un village sera respecté si on n'y envoie pas une sauvegarde.

Le colonel Barrachin fit détruire aussi la djama d'Akala-Aberkan, près du marché de l'arba des Beni-Douala; c'était un lieu de pèlerinage où se tenaient périodiquement de grandes assemblées de khouan.

Le village de Tagmount-Azzouz avait demandé l'aman et on le lui avait promis à la condition qu'à midi les otages qu'on avait désignés seraient livrés; parmi ceux-ci se trouvait le mokoddem des khouan, Si-Mohamed-Amzian. Les gens de Tagmount-Azzouz ne s'étant pas décidés à livrer ce marabout, le général Cérez fut chargé, dans l'après-midi, de faire incendier le village ainsi que celui de Tizi-Hibel qui en est proche. Cette mission fut donnée au colonel Meric, qui la remplit avec trois bataillons; il fit aussi sauter la mosquée de Tagmount-Azzouz.

Dans la journée, les Beni-Mahmoud, Beni-Aïssi, Beni-Douala et Beni-Zmeuzer vinrent faire leur soumission; les Maatka étaient aussi venus compléter la leur. Le but du général Lallemand était donc atteint; toutes les tribus du pâté montagneux entre l'oued Aïssi et l'oued Bougdoura étaient rentrées dans le devoir et le général n'avait plus qu'à retourner à Tizi-Ouzou.

Le général Cérez avait, de son côté, reçu la soumission des Ouadia. Les Mechtras et les gens d'Ir'il-Imoula étaient venus aussi engager des pourparlers; le général Lallemand les avait renvoyés au commandant supérieur de Dra-el-Mizan pour les conditions à imposer et la désignation des otages.

Le général Lallemand avait reçu un courrier du commandant supérieur de Fort-National, qui lui avait été apporté par les nommés Saïd-ou-Ali, d'Azzouza, et Salem-Naït-Abd-el-Kader, de Tamazirt, qui se chargeaient de porter la réponse. Ces deux hommes ne purent remplir leur mission; étant tombés à leur retour dans un parti d'insurgés des Beni-Sedka, Saïd-ou-Ali fut tué d'un coup de fusil et les dépêches lui furent enlevées; quant à Salem-Naït-Abd-el-Kader il réussit à se sauver. Les dépêches furent lues par le secrétaire du caïd Ali, ancien élève d'une école arabe française, mais il est probable qu'il n'y comprit rien car on avait eu la précaution de les écrire en latin.

Le 12 juin, les troupes allèrent camper à Ir'il-Aguelagal, près de l'ancien marché du djemaa des Aït-Anan. Une fontaine construite sur l'emplacement du marché et plusieurs sources aux environs ont fourni de l'eau en quantité suffisante.

Le 13 juin, les deux colonnes se séparent; la colonne Lallemand se rend à Tizi-Ouzou par Oumaden, les Aït-Hassen et les Hassenaoua et la colonne Cérez par les Aït-Ouanech et Bou-Hinoun. On put alors voir, dans la descente sur Tizi-Ouzou, toutes les défenses que les Kabyles avaient accumulées sur ces routes.

La colonne Lallemand campa à l'est du fort et la colonne Cérez à l'ouest.

Pendant l'absence de la colonne Lallemand, le commandant supérieur de Tizi-Ouzou avait reçu la soumission des Ameraoua-Tahta et de la zmala des Abid-Chemlal.

Les deux colonnes firent séjour à Tizi-Ouzou, le 14 et le 15 juin, et on s'occupa activement de réunir le convoi de vivres et de munitions qui leur était nécessaire pour les opérations futures, ainsi que le ravitaillement destiné à Fort-National.

Le 15 juin, la cavalerie des deux colonnes, sous le commandement du commandant Delorme, partit pour le haut Sébaou pour servir d'appui aux contingents des Beni-Djennad et des Beni-Ouaguennoun, qui étaient convoqués, et faire une démonstration du côté de Djemaa-Sahridj.

CHAPITRE XXII

Plan adopté pour les opérations du débloquement de Fort-National; rôle de l'artillerie. — Attaque des Beni-Raten le 16 juin. — Enlèvement de la position de Souk-el-Had et des villages de la fraction d'Adeni par la colonne Lallemand. — Engagement de la colonne Cérez à Tala-Amara et assaut du village d'Ir'il-Guefri. — Concours donné par les contingents kabyles. — Sortie de la garnison de Fort-National. — Les colonnes se rejoignent au fort. — Pertes de la journée. — Les Kabyles qui s'étaient retranchés à Aboudid abandonnent cette position qui est occupée, le 18, par nos colonnes. — Ordres généraux du 18 juin. — Soumission des Beni-Yenni et d'une grande partie des Beni-Raten. — Apparition de Chikh-Aziz dans les Beni-R'obri. — Le 19 juin, destruction des villages des Aït-Atelli et de Tablabalt.

Le général Lallemand ayant déblayé le terrain autour du massif montagneux des Beni-Raten, allait maintenant aborder l'entreprise la plus difficile de la campagne, le débloquement de Fort-National; il allait recommencer, avec environ 6.000 hommes, l'attaque pour laquelle, en 1857, le maréchal Randon avait cru nécessaire d'employer trois divisions comptant 25.000 hommes. Il est vrai que, cette fois, nos soldats étaient armés de chassepots et de canons rayés et que l'ancien objectif du maréchal, le plateau de Souk-el-Arba, était déjà entre nos mains, puisqu'il avait servi d'emplacement à la forteresse qu'on allait débloquer.

Comme je l'ai dit au précédent chapitre, la cavalerie s'était mise en route le 15 pour le haut de la vallée du Sébaou. Le commandant Letellier était parti avec elle et il avait convoqué les contingents des Beni-Djennad et des Beni-Ouaguennoun qui devaient concourir à l'action en divisant l'attention de l'ennemi et en l'empêchant d'accumuler toutes ses forces sur les points où devaient se porter nos colonnes.

L'attaque des Beni-Raten avait été arrêtée pour le 16 juin; voici le plan qui avait été adopté pour les opérations.

En jetant les yeux sur la carte, on voit que quatre chemins montent vers Fort-National en suivant à peu près des lignes de crêtes; ce sont, en allant de l'ouest à l'est : 1° le chemin par

Adeni et Azouza, qui suit la route carrossable; 2° celui par Takorrabt-Seklaoui, Ir'il-Guefri, Tagmount-Gouadfel, Tir'ilt-el-Hadj-Ali; 3° le chemin par Tacherhait, Belias, Afensou; 4° enfin, celui par Takorrabt-bou-Chebaten, Ir'il-bou-Hamama, Tablabalt. De tous ces chemins, le plus facile, au point de vue militaire, était celui de Tablabalt, qui aboutit à Aboudid à 2 kilomètres au sud-est de Fort-National; mais on avait un convoi de voitures de ravitaillement à conduire et il ne fallait pas trop s'éloigner de la route carrossable.

Dans les chemins de crêtes, souvent difficiles, sur lesquels on ne peut pas se déployer, il n'y a que les têtes de colonne qui combattent; on a donc avantage à augmenter le nombre des colonnes d'attaque, de manière à diviser l'attention de l'ennemi; on fait en sorte que les colonnes se flanquent réciproquement. Il faut, en outre, que chacune d'elles ait assez de monde pour que la tête de colonne puisse être relevée lorsqu'elle est fatiguée ou qu'elle a épuisé ses munitions et pour qu'elle puisse employer des éléments à la protection des flancs.

Le programme adopté fut de faire monter la colonne Lallemand et le convoi par Adeni, la colonne Cérez par Ir'il-Guefri, enfin de faire gravir par le chemin de Tablablat les contingents des Beni-Djennad et, par celui de Tacherhait, ceux des Beni-Ouaguennon.

De plus, le commandant supérieur de Fort-National avait reçu l'ordre de faire une sortie avec la garnison du côté d'Imanseren pour donner la main à la colonne Cérez.

Les chemins qui devaient être suivis par nos troupes n'étaient distants l'un de l'autre que d'environ 1.500 mètres; les deux têtes de colonne pouvaient donc se donner un mutuel appui au moyen de leur artillerie qui se composait, à la colonne Lallemand, de 2 canons rayés de campagne, de 2 mitrailleuses et de 8 canons de montagne, et, à la colonne Cérez, de 8 canons de montagne. L'artillerie d'une colonne devait aider à balayer, par des feux d'écharpe, les positions occupées par l'ennemi en avant de la colonne voisine, les deux colonnes gagnant ainsi à tour de rôle du terrain en avant.

Ce programme fut exécuté ponctuellement dans tous ses détails avec beaucoup de précision.

La colonne Cérez, qui avait le plus de chemin à faire pour prendre position, se mit en marche le 16 juin à minuit 1/2 ; la colonne Lallemand partit à 1 h. 1/2. Les hommes avaient été allégés de leur sacs, cette précaution était d'autant plus utile que la chaleur était accablante. Les sacs furent chargés sur des mulets qui marchèrent avec le convoi, lequel se mit à son tour en mouvement à 4 heures du matin. Ce convoi, très considérable, était escorté par trois bataillons (1.200 hommes), commandés par le chef de bataillon Lombard, du 80ᵉ de marche ; il alla se masser au bas de la montée des Beni-Raten.

Des troupes d'avant-garde, désignées à l'avance, devaient flanquer la colonne dans son ascension en occupant diverses positions permettant d'arrêter l'ennemi qui surviendrait sur notre droite.

A 4 heures du matin, les dispositions d'attaque étaient prises, la colonne Lallemand était en face du mamelon de Taksebt et du marché du Had, et la colonne Cérez en face du mamelon de Takorrabt-Seklaoui.

L'artillerie fouille d'abord de ses obus la position de Taksebt ; quelques rares défenseurs postés sur ce point l'abandonnent aussitôt et la tête de colonne de la brigade Barrachin s'y établit. L'artillerie de campagne s'y met en batterie et ouvre le feu sur la position de Souk-el-Had ; le reste de l'artillerie, y compris celle de la colonne Cérez, y concentre tout son feu. Peu après, les quatre bataillons de la brigade Barrachin (27ᵉ bataillon de chasseurs, 1ᵉʳ et 2ᵉ zouaves et 2ᵉ tirailleurs) sont lancés à l'attaque et ont bientôt fait d'enlever la position.

Pendant ce temps la brigade Cérez s'emparait sans difficulté du mamelon de Takorrabt-Seklaoui, y installait son artillerie dans une position avantageuse et ouvrait aussitôt son feu sur les villages de la fraction d'Adeni pour contribuer à préparer l'attaque de la colonne Lallemand. La résistance commence à devenir sérieuse lorsque nos tirailleurs s'engagent dans les massifs d'oliviers et de figuiers qui bordent la route carrossable et où la brigade Fourchault avait dû s'arrêter le 31 mai.

Le nombre des rebelles était bien moins considérable qu'à ce dernier combat; les Kabyles avaient perdu confiance dans le succès depuis les dernières défaites que nous leur avions infligées; les contingents étrangers s'étaient d'ailleurs fatigués d'une longue attente sur le territoire des Beni-Raten, de sorte que nous n'avions guère devant nous que les guerriers de cette tribu. Les villages avaient été évacués et on ne voyait plus, comme le 31 mai, des groupes de femmes kabyles excitant les hommes au combat par leurs cris aigus.

Les Kabyles, abrités derrière les retranchements en terre et en pierre qui protégeaient leurs villages, ouvrent un feu très vif sur nos troupes, mais l'élan de nos hommes finit par avoir raison de cette résistance qui ne tarde pas à mollir; les premiers retranchements enlevés, la colonne, suivie de son convoi, s'engage sur la route.

Un temps d'arrêt se produit devant le village d'El-Djema (1), dont les défenseurs, renforcés par ceux des positions déjà conquises et abrités derrière des retranchements, entretiennent un feu violent sur nos zouaves, nos chasseurs et nos tirailleurs. Une section de campagne et une mitrailleuse viennent se mettre en batterie devant cet obstacle, tirant sur le village, de concert avec l'artillerie de la colonne Cérez, afin de préparer la tâche confiée au bataillon Lucas. Ce bataillon, vigoureusement entraîné par ses officiers, se rend maître du village.

Ce passage difficile une fois franchi, la 1re brigade est chargée d'occuper les positions latérales pour protéger les flancs de la colonne, tandis que la 2e brigade, commandée par le colonel Faussemagne, vient prendre la tête de la colonne.

Arrivée près de Tiguert-Hala, la colonne Lallemand s'arrête pour protéger par son artillerie le mouvement en avant de la colonne Cérez qui a un combat très vif à soutenir dans les plantations de figuiers de Tala-Amara, où l'ennemi a concentré, de ce côté, sa résistance la plus sérieuse. Cette résis-

---

(1) La carte porte Agadhir.

tance une fois vaincue, la colonne Cérez se porte à l'escalade d'Ir'il-Guefri, contrefort rocheux qui s'élève à pente presque verticale à 350 mètres au-dessus de Tala-Amara; il y a un sérieux coup de jarret à donner, car non seulement la pente est extrêmement rapide, mais encore elle est formée de rochers à ressauts abrupts où il n'existe aucun sentier; avec cela, la chaleur est intense.

La position d'Ir'il-Guefri avait été efficacement battue par l'artillerie de la colonne Lallemand et les rebelles n'y firent qu'une faible résistance. Une fois le général Cérez maître du village d'Ir'il-Guefri, il n'y avait plus, pour sa colonne, de sérieuses difficultés à vaincre pour arriver à Fort-National; d'ailleurs, les contingents kabyles auxiliaires étaient arrivés en même temps que lui à Afensou.

Pendant que notre cavalerie menaçait Djemaa-Sahridj, les contingents amis s'étaient portés en avant; ils s'étaient d'abord montrés un peu hésitants, puis, en voyant les progrès de nos colonnes, leur ardeur s'était réveillée et ils avaient marché bravement.

Le lieutenant-colonel Maréchal, commandant supérieur de Fort-National, conformément aux ordres qu'il avait reçus, avait fait une sortie pour donner la main à nos colonnes d'attaque; à la tête de 110 hommes, il s'était avancé jusqu'à Imanseren, pendant que le capitaine Ravez, avec 30 hommes de troupes régulières et une soixantaine d'hommes du makhezen et des contingents d'Azouza, s'était emparé d'Aguemoun; une section d'artillerie, soutenue par 40 hommes, qui s'était portée près de ce dernier village, avait employé un canon à la protection du flanc droit du lieutenant-colonel Maréchal et un autre à empêcher les Aït-Atelli de prendre la sortie à dos. Le combat fut rude des deux côtés, car l'ennemi était très supérieur en nombre; les pertes de la garnison s'étaient élevées à 5 tués, dont un officier, et 12 blessés. Le but qu'on s'était proposé avait été atteint, les routes avaient été rendues libres, d'un côté jusqu'à Afensou et de l'autre jusqu'à Azouza; les colonnes purent achever leur ascension sans nouvel engagement.

La colonne du général Cérez arriva à Fort-National à 2 heures et celle du général Lallemand à 4 heures. Le convoi, qui était considérable et qui défilait lentement, fut attaqué sur notre droite par les Kabyles qui se glissaient derrière les arbres et les accidents du sol; nous y éprouvâmes quelques pertes en hommes, mais rien ne fut pillé; le convoi n'acheva de rejoindre qu'à 8 heures du soir.

Les troupes campèrent près de Fort-National, du côté nord; l'eau fut trouvée à deux réservoirs sur la route d'Alger, à deux puits abondants de l'ancienne école des arts et métiers et à des sources que l'on trouva dans des jardins particuliers.

Grâce à la puissance de notre artillerie et à la vigueur extrême déployée par nos troupes, nos pertes ont été minimes eu égard à l'importance de l'opération qui avait été effectuée; en voici le résumé :

Colonne Lallemand.......	7 tués,	45 blessés.
Colonne Cérez..........	2 —	34 —
Garnison du fort........	5(1) —	12 —
Contingents kabyles.....	1 —	5 —
Totaux.......	15 tués,	96 blessés.

Je n'ai le détail des pertes par corps que pour la colonne Lallemand :

Etat-major...........	0 tués,	1 blessé	(2).
27ᵉ chasseurs à pied...	0 —	8 —	(3).
1ᵉʳ zouaves provisoire.	0 —	7 —	(4).
2ᵉ zouaves..........	2 —	7 —	
2ᵉ tirailleurs.........	3 —	15 —	(5).
21ᵉ chasseurs à pied...	1 —	0 —	
80ᵉ de marche........	0 —	4 —	(6).
4ᵉ zouaves..........	0 —	1 —	
1ᵉʳ tirailleurs.........	1(7) —	1 —	
9ᵉ section d'infirmiers.	0 —	1 —	
Totaux......	7 tués,	45 blessés.	

(1) Dont un officier.
(2) Le capitaine Lamy.
(3) Dont le capitaine de Reviers.
(4) Dont le capitaine Cotton.
(5) Dont le sous-lieutenant Mohamed-ben-Mohamed.
(6) Dont M. Pérard, chef de bataillon (2 blessures).
(7) Le sergent Lavergne.

Les colonnes firent séjour sur place le 17 juin ; ce jour-là, un service funèbre fut célébré en plein air sur un autel improvisé, pour les officiers et soldats tombés soit pendant le siège de Fort-National, soit dans la journée du 16 juin.

Au moment où les colonnes arrivèrent à Fort-National, le 16 juin, on apercevait sur les hauteurs d'Aboudid de nombreux contingents qui nous attendaient sur une position dont ils avaient organisé depuis longtemps la défense ; leurs retranchements s'étendaient jusqu'au village de Taddert-ou-Fella, qui formait leur point d'appui de droite. Le général Lallemand, vu l'heure avancée et la fatigue des troupes, ne voulut pas attaquer ces contingents le jour-même et il se borna à faire tirer sur eux quelques coups de ses mitrailleuses.

Le 18 juin, à 4 heures du matin, les troupes levèrent leur camp et marchèrent sur Aboudid où le général voulait installer son bivouac ; les Kabyles n'avaient pas attendu notre attaque et ils avaient abandonné la position. Le général Lallemand fit camper sa colonne sur une croupe allongée traversée par le prolongement, vers le col de Tirourda, de la route carrossable, tandis que la colonne Cérez installa la sienne sur une croupe perpendiculaire, à 500 mètres de Taddert-ou-Fella, et comprenant dans l'intérieur du camp le signal géodésique d'Aboudid, à la cote 1.058.

L'eau était fournie par une source avec bassin sur la route du fort, à 400 mètres des camps ; on trouva, en outre, des sources nombreuses dans les ravins.

Un tirailleur fut tué ce jour-là en allant piller isolément à Taourirt-Mokran.

Le général en chef fit paraître le 18 juin les deux ordres généraux ci-après adressés : l'un aux colonnes, l'autre à la garnison de Fort-National.

ORDRE N° 28.

OFFICIERS, SOUS-OFFICIERS ET SOLDATS,

Le Fort-Napoléon, cerné depuis plus de deux mois, est débloqué ; les contingents venus de toute la Kabylie pour le presser étroitement sont dispersés ; rien n'a pu arrêter votre courageux élan et c'est presque sans pertes que vous avez emporté d'assaut ces montagnes redoutables des Beni-Raten.

L'ennemi, démoralisé par les défaites que vous n'avez cessé de lui infliger et surpris par votre marche rapide, a vu tomber en un instant les positions qu'il s'efforçait de vous disputer. Il a été vaincu, mis en fuite, sur le terrain même dont il voulait vous interdire l'accès.

Officiers, sous-officiers et soldats,

En remportant un si brillant succès, vous avez porté un coup décisif à l'insurrection kabyle ; désormais, vous briserez plus facilement encore les résistances qu'elle tentera de vous opposer.

Au camp devant Fort-Napoléon, le 18 juin 1871.

Le Général commandant supérieur des forces de terre et de mer,

Signé : LALLEMAND.

OFFICIERS, SOUS-OFFICIERS ET SOLDATS,

Quoique bloqués et entourés par des bandes sans nombre de Kabyles, calmes, résolus, pleins de confiance, vous avez courageusement supporté les privations, les fatigues et les dangers d'un siège de soixante-trois jours.

En se révoltant, les insurgés se flattaient d'avoir facilement raison de votre petit nombre ; mais, grâce à vous, grâce à votre vaillant chef, déjà connu par sa belle défense d'Ammi-Moussa, tous les efforts des Kabyles se sont brisés contre votre résistance énergique ; la France n'a pas cessé d'affirmer sa puissance au centre même du pays insurgé ; de tous les points de la Kabylie, on aperçoit toujours cette place désormais glorieuse, que quelques gens de cœur ont conservée à leur patrie et à la civilisation.

Officiers, sous-officiers et soldats,

Je serai heureux de faire connaître au Gouvernement une défense qui vous honore grandement devant le pays, et de mettre en relief la belle part qu'y ont prise les mobilisés de la Côte-d'Or et la milice locale.

Au camp devant Fort-Napoléon, le 18 juin 1871.

Le Général, etc.

Signé : LALLEMAND.

L'occupation de Fort-National amena la soumission des Beni-Raten, moins les villages d'Icheriden et d'Aguemoun-Izem et la soumission des Beni-Yenni.

Les Beni-Fraoucen traitèrent également de leur soumission, mais ils ne rentrèrent pas encore franchement dans le devoir, car leurs principaux villages étaient toujours sous la menace des Oulad-ou-Kassi qui se trouvaient dans le haut Sébaou.

Une nuit, on aperçut dans les Beni-R'obri les feux d'un campement qui n'était autre que celui de Chikh-Aziz, fils de Chikh-el-Haddad, qui s'était arrêté à Tizi-Gaouaouen. Notre cavalerie, avec laquelle se trouvait le commandant Letellier, gardait toujours la vallée; cet officier supérieur, dans la crainte d'une incursion de Chikh-Aziz avait convoqué les contingents des Beni-Djennad, des Beni-Flik, des Zerkhfaoua et des Flissat-el-Behar. Les seules tribus importantes que Chikh-Aziz et les Oulad-ou-Kassi auraient pu soulever dans le haut Sébaou étaient les Beni-R'obri et les Beni-Idjeur; les Beni-R'obri n'avaient pas une grande valeur guerrière puisque, en 1856, le commandant Beauprêtre, commandant supérieur de Tizi-Ouzou avait pu les soumettre en employant seulement les contingents des Beni-Djennad et le goum des Ameraoua; quant aux Beni-Idjeur, c'étaient de fiers et farouches montagnards, capables de se battre avec vigueur; mais, s'ils voulaient défendre énergiquement leur sol, ils n'étaient pas disposés à aller combattre au loin sous les ordres de gens étrangers à leur tribu.

Ainsi donc, les contingents convoqués par le commandant Letellier devaient suffire, avec l'appui de la cavalerie, pour prévenir toute menace d'incursion vers Tizi-Ouzou.

Dans la journée du 19 juin, le colonel Faussemagne, avec deux bataillons et une section de montagne, alla brûler le village des Aït-Atelli, pendant qu'un fort détachement de la colonne Cérez allait brûler Tablabalt. Ces opérations se firent sans coup férir.

Les colonnes séjournèrent encore à Aboudid jusqu'au 23 juin, s'employant à ravitailler le fort, à réunir les convois nécessaires pour les opérations futures, pendant qu'on s'occupait de régler la soumission des tribus et de les désarmer.

CHAPITRE XXIII

Arrivée à Fort-National du lieutenant-colonel Maréchal. — Agissements des khouan et soulèvement des tribus. — Le capitaine Ravez cherche à arrêter le mouvement au moyen de contingents kabyles, il échoue et rentre au fort, qui est investi. — Mise en état de défense de l'école des arts et métiers. — Conditions présentées par Fort-National au point de vue de la défense, dispositions prises. — Attaque de l'école, le 17 avril. — Elle est abandonnée, le 18, et elle est pillée et incendiée. — Le 26, les rebelles proposent une capitulation. — Les Kabyles font usage d'un canon et exécutent des travaux de mine. — Le 1er mai, deux Kabyles qui apportaient des nouvelles du dehors sont arrêtés par les rebelles et mis à mort. — Le 8 mai, un nouvel essai pour communiquer avec le dehors échoue encore. — Sortie de la garnison, le 12 mai, avec le concours d'un contingent d'Azouza amené par Si-Lounis-Naït-ou-Amar. — Le 13, les biens de cet indigène sont pillés et dévastés. — Le 20 mai, entrée dans la place de Bou-Saad-Naït-Kassi, annonçant une attaque prochaine. — Attaque générale des Kabyles dans la nuit du 21 au 22 mai. — Les Imessebelen. — Sortie dans la nuit du 22 au 23. — Mauvais effet de la démonstration du 31 mai, contre les Beni-Raten, du colonel Fourchault. — Établissement d'un télégraphe aérien. — Sortie de la garnison, du 16 juin, pendant l'attaque des Beni-Raten par le général Lallemand.

Dans ce chapitre, je vais rapporter les divers événements du siège de Fort-National à partir du jour de son investissement; il me suffira, pour cela, de reproduire le rapport que le lieutenant-colonel Maréchal en a adressé au général commandant supérieur des forces de terre et de mer.

Mon Général,

Nommé par vous au commandement du cercle de Fort-National en remplacement de M. Hersant qui devait rejoindre son régiment en France, j'étais, le 14 avril, à Tizi-Ouzou où j'apprenais la défection du caïd Ali; le 16 au matin, je montai au fort, traversant les villages des Beni-Raten, dont les habitants, fort préoccupés des événements, étaient groupés sur les hauteurs pour voir ce qui se passait dans la plaine, où les révoltés étaient aux prises avec les troupes du commandant de Tizi-Ouzou.

L'attitude des populations de ce pays, que je traversais accompagné seulement d'un spahis, n'avait alors rien d'hostile.

A 10 heures, M. Hersant me remettait le commandement du cercle. Le chef du bureau arabe, le capitaine Ravez, était en tournée pour juger de l'état du pays et faciliter par sa présence le rétablissement de la ligne télégraphique ; parti le 12 avril, il avait appris en s'avançant vers les Beni-bou-Youcef les agissements du Chikh El-Haddad, lequel appelait les Kabyles à l'insurrection ; la proclamation du marabout de Seddouk avait été lue au marché des Beni-Itourar' et elle avait provoqué une vive émotion dont les khouan avaient profité pour entraîner les gens des Illilten, des Beni-Itourar' et des Beni-bou-Youcef au sac de la maison de cantonnier située à Tizi-Djemaa, qui fut incendiée et pillée et d'où les rebelles enlevèrent une grande réserve d'outils appartenant au génie.

Tiferdoud devenait un foyer d'insurrection et le fils du Chikh El-Haddad soulevait les Beni-Idjeur. Le chef du bureau arabe alla camper à Taourirt chez les Beni-Menguellat ; les amins-el-oumena des tribus voisines furent convoqués ; tous ne répondirent pas à l'appel, mais ceux qui se présentèrent protestèrent de leur dévouement.

Sur l'ordre de M. le général commandant la subdivision de former les sofs armés, l'adjoint du bureau arabe et Si-Moula-Naït-ou-Amar se rendirent avec cent hommes des Beni-Raten auprès du chef du bureau arabe qui était venu camper à El-Korn, où devaient se réunir les contingents convoqués. Si-Mohamed-Saïd-ben-Ali-Chérif, bach-agha de Chellata, avait dénoncé les intentions du Chikh-El-Haddad, et avait écrit au capitaine Ravez pour lui faire connaître l'attitude hostile des Illoula ; les Beni-Menguellat subissaient l'influence du Chikh El-Haddad. Le capitaine Ravez se replia sur Aguemoun-Izem, à la limite des Beni-Raten, jusque-là tranquilles.

Le 16, il attendit vainement les contingents convoqués. Dès le 15, il avait reçu avis qu'il devait être attaqué et avait pris une position défensive au dessous d'Aguemoun-Izem, qu'il occupait avec 6 spahis, 8 mokhaznis et 60 Kabyles qui lui restaient des Beni-Raten et des Benni-Yenni.

Les Beni-Menguellat étaient en pleine insurrection ; notre petite troupe fut vigoureusement attaquée vers 10 heures ; elle se replia en bon ordre et aussi lentement que possible, laissant ses bagages et retardant la marche de l'ennemi en occupant de bonnes positions, traversa Icheriden, dont les habitants, bien qu'animés d'intentions hostiles, ne s'opposèrent point à sa retraite, et rentra au fort, à 3 heures du soir.

Les pertes de part et d'autre ne purent être évaluées ; deux mokhaznis manquaient à l'appel.

Ce fut le prélude de l'attaque du fort et du long investissement qui font l'objet de ce rapport.

Par son télégramme du 14, M. le général commandant la subdivision prescrivait de mettre l'école des arts et métiers en état de défense. Ce bâtiment, situé à 800 mètres de la place, nullement protégé par les feux du fort, n'avait point été construit en vue d'une défense ; on fit néanmoins tous les efforts possibles pour le mettre promptement à l'abri d'un coup de main. Cet établissement, précieux à conserver, était dirigé par le capitaine du génie Damarey ; cet officier prit ses dispositions pour se retrancher dans sa maison, dont il reçut le commandement, avec un renfort de 20 hommes du train pris dans la garnison, ce qui, avec le personnel de l'école, portait à 31 le nombre des défenseurs. Le rapport spécial du capitaine directeur vous fait connaître les travaux exécutés pour conserver l'école des arts-et-métiers. Le 16, ces travaux étaient terminés. Le télégramme me faisait connaître que les 131 hommes de renfort qui m'arrivaient d'Alger étaient, par ordre, retenus à Tizi-Ouzou. A 8 heures du soir, le télégraphe était rompu sur toutes les lignes. Le 17, j'achevais toutes les dispositions pour assurer la défense de Fort-National.

Ce fort est construit sur un terrain fortement incliné vers le nord-est, de telle façon que le point le plus élevé, le terre-plein du réduit, domine de 76 mètres le point le plus inférieur. La ville, bâtie en amphithéâtre, est donc exposée à tous les coups du dehors, car le mamelon situé en face de la porte d'Alger, à une distance de 350 mètres, commande de 28 mètres toute la partie nord et nord-est, et le plateau du village de Taguemount-Ihaddaden (1), à la distance moyenne de 370 mètres, commande de 48 mètres le terrain compris entre les bastions 12 et 17.

Le développement du mur d'enceinte est de 2.261 mètres, et j'avais 472 combattants pour garder un front aussi étendu. Ces combattants, jeunes troupes et gardes nationaux mobilisés, étaient armés de fusils de divers modèles, parmi lesquels le chassepot était représenté par le chiffre fort limité de 150 environ.

La place fut divisée en cinq secteurs, dont le commandement fut réparti entre les officiers, en petit nombre, dont je disposais ; chacun d'eux reçut un nombre d'hommes proportionné à l'importance de la défense. 374 hommes furent employés à la garde des créneaux ; 98 restant en réserve furent divisés en deux sections : la réserve du haut pour venir en aide à la partie sud du fort, la réserve du bas chargée de renforcer au besoin la partie nord. La

---

(1) L'ancien village de Taguemount-Ihaddaden a été rasé après l'insurrection ; son emplacement est occupé par le blockhaus du sud-est.

milice citoyenne, qui a pris une part active à la défense, formait cette dernière réserve.

L'artillerie disposait de 4 obusiers de campagne, vieilles pièces d'un tir peu précis, de 2 canons rayés de 4 de montagne et de 5 mortiers de 15 centimètres.

Avant de fermer les portes, j'étais allé donner mes dernières instructions à l'école des arts-et-métiers ; j'avais trouvé la petite troupe et son commandant pleins de résolution.

A la retraite, tout le monde était à son poste de combat. Les Kabyles avaient couronné les crêtes qui avoisinent le fort et, à la nuit tombante, ils s'étaient glissés dans les ravins et étaient venus incendier les maisons de la banlieue abandonnées dans la journée.

Les cris et les coups de fusil retentirent ; l'école fut enveloppée d'un cercle de feu. La lueur de l'incendie permettant de voir une partie du terrain en avant de l'école, le canon du bastion de l'hôpital put venir en aide à la vaillante petite troupe qui se défendait avec vigueur.

Les efforts des assaillants se portèrent également sur divers points du fort et particulièrement sur les portes qui furent criblées de balles ; mais toutes ces tentatives furent repoussées et, au jour, l'ennemi s'était mis hors de la portée de nos fusils, après avoir perdu beaucoup de monde.

Nous n'avons eu qu'un officier grièvement blessé ; le capitaine Rasigade, du train des équipages, qui avait dirigé avec un admirable sang-froid la défense du 1er secteur, reçut un coup de feu à la cuisse ; il a succombé à sa blessure le 27 avril. Un milicien avait aussi reçu une blessure sans gravité.

La journée du 18 fut employée par les révoltés à préparer des embuscades pour s'approcher de la place et à faire des travaux d'approche pour enlever l'école des arts-et-métiers en faisant sauter les murs.

On ne cessa d'échanger des coups de fusil avec l'ennemi. Le capitaine Damarey, sur un signal convenu, me demandait des munitions et du renfort ; je ne pouvais le satisfaire, n'ayant moi-même qu'un faible contingent. L'ennemi se massait à 50 mètres de l'école, sous la protection d'un pli de terrain ; on voyait, de la place, cette foule armée grossir considérablement, et notre canon était impuissant à arrêter ses progrès. Je ne crus pas qu'une seconde attaque pût être repoussée avec autant de succès que la première et j'accueillis la demande de retraite faite par le capitaine Damarey qui, sous la protection du feu du fort qui maintint l'ennemi, put rentrer parmi nous n'ayant eu que 3 hommes blessés (1).

---

(1) C'était Chikh-Mohamed-naït-Braham, des Beni-Itourar', portant le drapeau

Aussitôt l'école abandonnée, elle fut pillée et incendiée par ceux-là mêmes qui y avaient reçu tant de bienfaits.

L'ennemi s'établit dans tous les plis du terrain et commença l'investissement qui a duré soixante jours, faisant le coup de feu sur tout ce qu'il découvrait dans la place, venant jusqu'au pied du mur, tirant dans les créneaux et faisant beaucoup de mal, malgré tous les travaux du génie, qui usait de tous les matériaux dont on pouvait disposer dans la ville pour couvrir les points dangereux.

Malgré tous ces efforts, chaque jour on enregistrait des pertes sensibles. L'ennemi allant plus vite dans ses travaux d'attaque que la place dans ceux de la défense, le 21, la ville n'était plus tenable ; il fallut tracer un chemin couvert en perçant les maisons. Jour et nuit on échangeait des coups de feu avec l'ennemi, que le tir seul de l'artillerie intimidait.

Le 26, un parlementaire s'approcha et remit plusieurs lettres ; deux adressées aux Musulmans de la localité, et l'autre à mon adresse, par laquelle les rebelles nous offraient une capitulation. L'émissaire fut renvoyé sans réponse.

L'envoyé alla retrouver au marché de l'arba, qui se tenait à Aboudid, les chioukh chefs de l'insurrection ; ceux-ci annoncèrent une attaque générale à laquelle furent convoqués tous les croyants ; dans ce but, ils prescrivirent des quêtes pour l'achat de poudre (1) et la fabrication de cinq échelles par village.

Le 2 mai, il ne restait plus de viande fraîche dans le fort, la troupe reçut du lard et du cheval ou du mulet; les légumes firent absolument défaut, et les troupes indigènes ne mangèrent plus que du riz à l'eau et du pain (2).

Le 10 mai, l'ennemi, qu'aucune perte ne rebutait, se rapprochait toujours davantage ; il préparait des travaux de mine. Profitant de l'un des égouts du front nord, il arrivait sous le mur d'enceinte et

---

de sa zaouïa, qui avait dirigé l'attaque. Les Kabyles y perdirent beaucoup de monde ; il y eut 64 tués dans les deux seules tribus des Beni-Itourar' et des Beni-bou-Youcef, et les blessés furent en proportion.

Si-Lounis-naït-ou-Amar était arrivé avec les gens d'Azzouza pour empêcher la destruction de l'école; voyant les défenseurs se retirer, il engagea néanmoins une fusillade contre les rebelles, mais se trouvant, aussi bien que ceux ci, exposé au feu de la place, il fut forcé de se retirer.

(1) La poudre anglaise, qui arrivait de Tunis apportée par des caravanes, se vendait 15 francs la livre. Un chassepot se vendait 75 francs, tandis que les fusils à percussion arrivaient au chiffre de 200 francs. Un paquet de cartouches pour chassepot valait 3 francs.

Les chefs insurgés avaient recommandé d'exciter les assiégés par des chants ou des injures pour les amener à tirer, espérant leur faire épuiser leurs munitions.

(2) Dans l'intérieur de l'enceinte, il y avait des sources et des puits suffisants pour qu'on n'eût pas à redouter une disette d'eau.

attaquait à la pioche le bloc de maçonnerie que l'on avait fait au moment de l'investissement, dans cet égout, pour y rendre la circulation impossible. Le bruit fait par nos sapeurs pour découvrir la voûte et pour la percer ne fit que suspendre son travail, il le reprit bientôt et le continua quand même, tout en sachant qu'il était surveillé et qu'aucune surprise n'était plus possible. A notre tour, nous attaquions ce même massif de maçonnerie et, aussitôt qu'une ouverture y fut pratiquée, un sapeur y engagea un canon de chassepot et, par un tir précipité, chassa les Kabyles. A plusieurs reprises et à des intervalles assez éloignés, des gens revinrent dans cet égout, mais le tir et les pots à suffoquer les en chassèrent toujours.

L'ennemi se fit aussi entendre sous le saillant du bastion 8. On allait à sa rencontre au moyen d'un puits et d'un rameau lorsque, pendant la sortie du 12 mai, il fut possible de détruire ses travaux souterrains par l'extérieur. Ces travaux ne furent pas rétablis.

Les relations avec le dehors étaient bien difficiles; un émissaire était pourtant parti porteur de lettres pour le commandement, il n'avait pas reparu. Le 1er mai, deux de nos fidèles serviteurs avaient tenté de venir nous donner des nouvelles du dehors; ils avaient été arrêtés, liés sur le marché de Tala-Isallaben et le Chikh Mohamed-ou-Ali les avait fait fusiller (1).

Le 8 mai, un indigène (2) consentit à porter une lettre à Alger; il fut arrêté, et aurait eu le même sort que les précédents, s'il ne fût parvenu à s'enfuir et à rentrer au fort.

Le 12, Si-Lounis-naït-ou-Amar, avec 50 hommes d'Azzouza, les

---

(1) Dans la soirée du 1er mai, Si-El-Hassen-ben-Ali, ancien amin-el-oumena des Beni-bou-Drar, et Ali-ou-Meddour, neveu de l'amin-el-oumena des Beni-Menguellat, dénoncés dit-on par un homme de Taguemount-Ihaddaden, furent pris par des gens des Aït-Atelli au moment où ils cherchaient à pénétrer dans le fort pour y porter des nouvelles; ils furent garrottés et conduits à Aguemoun devant Chikh-Arezkei-naït-Hamadouch et son frère. Le lendemain, Si-Mohamed-naït-Braham, mokoddem des Beni-Itourar, et Chikh-Mohamed-ou-Ali-d'Isahnounen arrivèrent dans le village et firent conduire les prisonniers à la fontaine d'Imanseren, appelée Tala-Issallaben, où se tenait depuis l'insurrection le marché de l'Arba. Là, une sorte de conseil de guerre fut assemblé et Chikh-Mohamed-ou-Ali prononça un arrêt de mort. Les deux patients offrirent leur fortune pour racheter leur vie, mais les juges furent inexorables et ils furent fusillés chacun par sept hommes de sa tribu. Les sept Beni-bou-Drar qui se chargèrent de l'exécution de Si-El-Hassen n'ont pas été connus; parmi les exécuteurs d'Ali-ou-Meddour il y avait Arezkei-naït-Matouk, ancien amin-el-oumena, et Amar-naït-Abd-el-Kader, mokhazni déserteur.

Les Beni-Raten se sont généralement tenus à l'écart; ils voulaient s'opposer à l'exécution. Les cadavres restèrent plusieurs jours sans sépulture sur le lieu de l'exécution.

Les chefs insurgés avaient promis 250 francs à tout homme qui dénoncerait un espion des Français.

(2) C'était un nommé Si-el-Mazari, d'El-Kantara, qui est sorti plusieurs fois

seuls qui nous fussent resté fidèles, parvint jusqu'au pied du mur et me remit votre lettre datée d'Alger, 30 avril. Profitant du petit renfort qui m'arrivait, je tentai une sortie. Le capitaine Ravez, avec le makhezen et 80 hommes de la garnison, ayant avec lui M. Fiack, adjoint du bureau arabe, M. Villard, officier des mobilisés de la Côte-d'Or, s'élança par la porte d'Alger, gravit les hauteurs qui commandent cette porte, s'empara des positions de l'ennemi et incendia les villages d'Imanseren, Afensou et Ourféa.

Pendant que la petite troupe occupait vigoureusement les positions, je faisais sortir les habitants, armés de pioches et de pelles, sous la conduite du capitaine Damarey ; ces travailleurs bouleversèrent les travaux d'approche et les embuscades de l'ennemi.

Les rebelles furent un instant frappés de terreur et, si l'on en croit la rumeur publique, le Chikh Mohamed-ou-Ali s'enfuit jusqu'aux Beni-Yenni. Mais les gens de Tablabalt, Taddert-ou-Fella arrêtèrent les fuyards et descendirent avec eux dans les ravins, inquiétant la troupe dans sa retraite. Quelques tirailleurs et des gens du makhezen qui n'avaient pas répondu au signal répété de la retraite restèrent au pouvoir de l'ennemi. Le capitaine Ravez rentra dans le fort avec sa troupe et les gens de Si-Lounis. Cette opération, menée avec vigueur, nous avait coûté 2 hommes tués et 7 blessés, dont un officier du bureau arabe.

La fidélité de Si-Lounis lui coûta cher. Le 13, les Chioukh conduisirent les révoltés à Tamazirt et détruisirent et pillèrent tout ce qui appartenait aux Aït-ou-Amar (1).

Le 15, un émissaire m'apporta votre lettre datée de Tizi-Ouzou ; il ne put sortir avec la réponse.

Le 17, l'ennemi, ayant placé une grosse pièce d'artillerie au-dessus d'Imanseren, lança des boulets pleins de 10 centimètres environ et du poids de 2 kilos à 2 kil. 500 ; l'un de ces projectiles atteignit l'angle de la maison du commandant de place, un autre la toiture du poste de la porte d'Alger et un troisième traversa cette porte.

Le 17 et le 19, des gens venant du dehors nous apprirent que la colonne avait quitté Tizi-Ouzou pour se porter vers Dellys et que

---

pendant le siège et a rapporté des nouvelles du dehors. Sorti le 8 mai, à 7 h. 3/4 du soir, porteur de dépêches pour le général commandant supérieur des forces de terre et de mer, il tomba dans une embuscade de gens des Aït-Atelli qui le conduisirent à leur village, à la maison de l'amin. Ce dernier était absent et, en attendant son retour, on enferma Si-el-Mazari dans un local de la maison. Le prisonnier parvint à démolir la porte et il s'enfuit dans la rivière du côté des Beni-Yenni. Il put remonter par le ravin de Taourirt-Mokran qui aboutit à la poudrière et rentrer au fort à 4 heures du matin.

(1) Une usine à huile à l'européenne que possédaient Si-Lounis et ses frères fut pillée et livrée à l'incendie.

les rebelles espéraient profiter de son absence pour tenter un vigoureux effort sur la place.

Le 20, l'amin-el-oumena des Beni-Attaf, Bou-Saad-naït-Kassi, parvint à pénétrer dans la place et annonça l'attaque pour la nuit du dimanche au lundi; les chioukh, à force d'instances, après un mois de prédications fanatiques, avaient enfin obtenu 20 hommes par village, dévoués jusqu'à la mort, pour apporter les échelles et tenter les premiers l'escalade.

La nuit du 21 au 22 fut très calme, contrairement à ce qui se passait les jours précédents; aucun cri ne vint du dehors, aucun coup de fusil ne fut tiré. Quand on alluma les réchauds de rempart, dont on faisait usage dans les nuits obscures, un profond silence régnait au dehors et dans l'intérieur de la ville.

Vers 2 heures du matin, un chant religieux retentit sur les hauteurs de Tablabalt; un quart d'heure après, le même chant fut répété à Ourféa, suivi d'un morne silence qui dura quelques minutes.

Tout à coup, mille cris sauvages s'élèvent des ravins, la fusillade éclate, une grêle de balles passe sur le fort, l'ennemi est au pied du mur, disposant les échelles pour l'escalade (1). A ce moment, le fort s'enveloppe d'un ruban de feu; ce sont les défenseurs qui, avec un rare sang-froid, fusillent à bout portant tout ce qui se présente, pendant que l'artillerie, croisant ses feux dans toutes les directions, poursuit jusqu'au fond des ravins ceux qui reculent.

Pendant une heure le feu continue et, au jour, l'ennemi avait disparu laissant une vingtaine d'échelles au pied du mur; d'autres

---

(1) L'escalade était faite par des Imessebelen, au sujet desquels je vais dire quelques mots.

Il était d'usage chez les Kabyles, dans les circonstances graves, lorsque l'indépendance du pays était menacée, d'enrôler des hommes, ordinairement des jeunes gens non mariés, qui faisaient d'avance le sacrifice de leur vie, en vue soit de défendre une position importante, soit d'enlever de vive force un retranchement ennemi; on les appelait des Imessebelen (dévoués). (Voir la *Revue Africaine* de 1874, p. 401.) Chikh Mohamed-ou-Ali-ou-Sahnoun, qui dirigeait le siège de Fort-National, voulant tenter un suprême effort pour s'emparer de la place dans un assaut nocturne et qui avait besoin, pour cela, d'hommes d'une résolution à toute épreuve, avait pris le parti, avec l'assentiment des notables Kabyles, de faire appel à des Imessebelen. Il en enrôla 1.600 qui furent, pour l'assaut, partagés en deux groupes attaquant : l'un la portion de l'enceinte correspondant à l'hôpital militaire où la muraille n'était défendue que par des miliciens, l'autre la porte du Djurdjura.

A l'heure dite, le premier de ces groupes s'avança muni d'échelles et les assaillants étaient montés en poussant ce cri : « Je suis un tel et je suis Messebel. » Mais ils étaient tombés les uns après les autres sous une grêle de balles. Le groupe qui devait attaquer la porte du Djurdjura commença plus tard et perdit moins de monde.

Environ 300 Imessebelen tombèrent ainsi au pied des murailles qu'ils n'avaient pu franchir.

furent abandonnées dans le voisinage et les gens du makhezen allèrent les chercher et les rapportèrent au bureau arabe.

De longues files suivant la route d'Alger emportaient des morts et des blessés. L'ennemi avait fait des pertes énormes; nous comptions 1 spahis tué et 9 hommes blessés, dont 1 officier.

Nos troupes avaient été admirables de sang-froid et de présence d'esprit; je fus heureux de le leur témoigner dans mon ordre du jour.

Le 22 et le 23 mai, l'ennemi ne parut que dans la nuit pour enlever les morts; les gens des villages voisins revinrent dans les embuscades et recommencèrent leur feu de tirailleurs, si dangereux pour les défenseurs.

Pour les déloger, le capitaine Ravez sortit avec les contingents kabyles, quelques tirailleurs commandés par M. Debay, sous-lieutenant, et une réserve d'hommes du train commandés par M. le sous-lieutenant Farenc.

Pendant cette opération, les sapeurs du génie détruisirent les ouvrages de l'ennemi; au retour, M. Debay, sous-lieutenant de tirailleurs, fut blessé mortellement.

A partir du 25 mai, l'ennemi ne s'approcha plus que timidement; quelques hommes isolés, profitant des avantages du terrain, s'avancèrent encore à portée de fusil, mais la vue de la colonne qui opérait dans le Sébaou préoccupait trop les rebelles pour qu'ils songeassent à renouveler leur attaque.

Le 24 et le 25 se passèrent sans événements saillants et, malgré le mauvais temps, le brouillard le jour et la pluie la nuit, malgré une mauvaise alimentation, l'esprit de la troupe et celui de la milice étaient excellents. C'est dans ces dispositions que je reçus votre lettre de Tamda du 26 mai, par laquelle j'apprenais que la colonne ne pouvait encore nous venir en aide; huit coups de canon, signal convenu, firent connaître que nous saurions attendre huit jours encore, malgré les fatigues de quarante nuits passées sans sommeil, par le mauvais temps et avec une nourriture peu substantielle. Par un ordre du jour, je fis connaître à la troupe la demande de notre général en chef et ma réponse; chacun fit provision de patience et de courage pour attendre l'heure de la délivrance.

La présence de la colonne dans le cercle de Tizi-Ouzou éloignant un grand nombre de rebelles, je pus réduire le service de jour à 42 sentinelles pour la garde du rempart. La nuit, on campait aux bastions pour éviter toute surprise.

Jusqu'au 1er juin, une certaine hésitation semblait régner chez les rebelles; mais après une démonstration des troupes sur les Beni-Raten, suivie de la rentrée à Tizi-Ouzou, les bonnes dispositions cessèrent et les demandes de soumission ne furent pas renouvelées; au contraire, la place fut enveloppée d'une forte ligne de contrevallation appuyée sur Tablabalt, Taddert-ou-Fella, Aboudid, Taguemount, les Aït-Atelli, pour finir à Aguemoun et à Imanseren. Malgré les précautions prises par le service du génie, nous comptions chaque jour quelques accidents.

Le mauvais temps vint ajouter à nos misères ; je dus distribuer du bois aux troupes campées pour faire des feux de bivouac.

Le 6 juin, un télégraphe aérien était établi et, à partir du 9, le service se trouvait assuré ; le 15, je recevais l'avis que la colonne monterait le lendemain et qu'il fallait occuper la position d'Imanseren ; je répondis que j'étais prêt, mais l'état de l'atmosphère empêcha la transmission de ma dépêche.

Le 16, à 4 heures du matin, les troupes destinées à la sortie étaient disposées.

Le makhezen, le contingent de Si-Lounès, 20 tirailleurs et 10 hommes du train prirent position à la poterne du bureau arabe. Cette troupe devait former ma gauche et enlever Aguemoun. Elle était commandée par le capitaine Ravez, chef du bureau arabe, qui avait sous ses ordres M. Fiack, 2ᵉ adjoint, Mʳ El-Haoussin-ben-Ferhat, du 1ᵉʳ tirailleurs, et le maréchal des logis Bessède, du 2ᵉ régiment du train.

80 hommes du train, 20 tirailleurs et 50 hommes des mobilisés de la Côte-d'Or formèrent le corps principal d'attaque ; j'en pris le commandement. J'avais avec moi le capitaine Veneye, du 1ᵉʳ tirailleurs, le lieutenant Villard, des mobilisés, M. Ismaël, interprète, les maréchaux des logis Faurie, Cadet et Atger, du 2ᵉ régiment du train.

Deux canons rayés de 4 de montagne, approvisionnés de boîtes à mitraille fabriquées dans la place, devaient, sous les ordres de M. Brandt, garde d'artillerie, appuyer la sortie.

Le canon de la place fit feu toute la matinée sans parvenir à déloger les Kabyles réunis en très grand nombre dans les tranchées et dans les embuscades. Enfin, à 10 h. 1/2, quand le canon de la colonne se fit entendre distinctement, je jugeai le moment venu et donnai le signal de l'attaque. La troupe de M. le capitaine Ravez suivit la route d'Alger ; je marchai droit sur Imanseren avec 40 hommes du train, 20 tirailleurs et les 50 mobilisés, laissant 40 hommes avec l'artillerie, qui prit position sur la route, une pièce couvrant ma droite et menaçant le chemin d'Afensou, l'autre se portant sur la route d'Alger pour empêcher les Aït-Atelli de nous prendre à dos.

L'assaut fut rude, les Kabyles étaient plus nombreux que nous et tenaient bon ; il fallut trois quarts-d'heure pour achever le mouvement ; à 11 heures, Aguemoun et Imanseren étaient en feu.

Une heure après, le général Cérez arrivait de sa personne au dessous de la position que nous occupions. Je ralliai ma troupe et nous rentrâmes au fort pour vous recevoir.

J'avais eu dans cette affaire, qui avait duré moins d'une heure, 5 tués dont 1 officier et 12 blessés.

Le nombre total des pertes, pendant ce long investissement, a été de 25 tués, dont 3 officiers et 45 blessés, dont 5 officiers.

Tous les détachements formant ma petite garnison ont été magnifiques de courage et d'énergie ; les officiers ont fait preuve de zèle et de dévouement ; la milice citoyenne a vaillamment fait son devoir. Je suis fier de vous montrer ma vaillante petite troupe, qui est heureuse de votre arrivée parmi nous.

Fort-National, le 16 juin 1871.

*Le lieutenant-colonel
commandant supérieur du cercle.*

Signé : Maréchal.

CHAPITRE XXIV

Les Kabyles veulent tenter un dernier effort à Icheriden avant que de s'avouer vaincus. — Préparation de la défense de cette position. — Combat d'Icheriden du 24 juin. — Pertes de la journée. — Soumission des Beni-Yahia, et des Beni-Menguellat. — Le 26 juin, le caïd Ali fait offrir la remise des Européens qu'il a emmenés aux Beni-Idjeur. — Le 27, les troupes vont camper aux Aït-Hichem. — Le 28, le caïd Ali remet, à Bou-Behir, 44 Européens au commandant Letellier. — Le 30, reddition des Oulad-ou-Kassi, des Oulad-Ahmed-ben-Mohamed et des Oulad-Mahi-ed-Din; reddition de Chikh-Aziz-ou-Haddad; tous sont traités comme prisonniers de guerre. — Soumission des Beni-R'obri, Beni-Khelili, Beni-bou-Chaïb, Beni-Fraoucen, Akbils, Beni-Attaf, Beni-bou-Drar et Beni-Ouassif. — Le 1er juillet les colonnes se portent à Tizi-bou-Iran, les contingents kabyles se retirent. — Le 1er juillet, reddition de Si-Mohamed-Saïd-ben-Ali-Cherif; il est traité en ami. — Soumission des Beni-Amar, des tribus de l'oued El-Hammam, des Beni-Our'lis, des Illoula-Açameur, des Beni-Mellikeuch, et des Beni-Kani. — La colonne Cérez se sépare le 6 juillet et reprend le chemin de Dra-el-Mizan. — Le 12 juillet, reconnaissance du chemin du col de Tirourda. — Le 14 juillet, la colonne d'observation du général Deplanque est organisée. — Combat de Tirourda, le 15 juillet, contre les contingents de Bou-Mezrag conduits par un fils d'Ali-bou-R'enan, on campe sans bagages au col de Tirourda. — Le reste de la colonne rejoint le 16 juillet.

Les Kabyles avaient bien compris que la partie était perdue pour eux, mais avant de se soumettre franchement et complètement, ils voulurent encore essayer la puissance d'une de leurs positions que nous n'avions pu enlever, en 1857, qu'au prix de pertes considérables; il s'agit de la position d'Icheriden, sur le territoire des Beni-Raten.

Beaucoup de tribus qui avaient l'intention de se soumettre attendaient l'issu de cette lutte suprême pour se décider. On ne sait jamais ce qui peut arriver.

Toutes les tribus des Zouaoua s'étaient promis d'amener là l'élite de leurs guerriers, de leur donner de bonnes armes et des munitions en abondance, résolus, si le sort des armes leur était encore défavorable, à se soumettre sans réserve. Ils pensaient avec raison que s'ils ne pouvaient pas nous résister dans une position comme celle-là, il serait inutile de chercher à nous arrêter ailleurs, en s'exposant, sans espoir de succès, à de nouvelles pertes.

D'ailleurs les Kabyles n'avaient pas, à ce moment, de haines irréductibles à notre égard; lorsqu'ils s'étaient soumis, nous les avions traités avec bonté, nous avions favorisé leur commerce, respecté leur religion, leurs propriétés, leurs coutumes; la soumission n'était donc pour eux qu'un pis aller très acceptable.

Les insurgés avaient mis à profit le temps que les colonnes avaient séjourné à Aboudid, en travaillant activement à creuser des retranchements, à élever des murailles en pierres sèches, à construire des barricades. Ils avaient mis en état de défense, non pas le village même d'Icheriden, mais une position à 500 mètres en deçà et qui était formée par des contreforts rocheux détachés du même point de l'arête principale et descendant, de chaque côté, sur des cours d'eau profonds et encaissés qui sont : à l'ouest, l'oued Djema qui sépare les Beni-Raten des Beni-Yenni; à l'est, la rivière des Beni-Fraoucen (acif Ntalourlout) séparant les Beni-Raten de la tribu de ce nom. La ligne des retranchements, d'une longueur de plus de 2 kilomètres, formait une immense tenaille largement ouverte devant l'assaillant venant d'Aboudid.

Cette position, à première vue, ne paraissait pas bien formidable; elle ne présentait pas d'escarpements bien élevés, mais elle tirait sa force de ce qu'on ne pouvait l'aborder que de front, en suivant un glacis assez étendu balayé par les feux des défenseurs. Pour la tourner il aurait fallu faire des mouvements à grande envergure et descendre dans de profonds ravins, ce qui aurait trop isolé l'une de l'autre l'attaque de front et l'attaque de flanc.

Ce fut le 24 juin, jour anniversaire du premier combat d'Icheriden, que le général Lallemand résolut d'en finir avec les dernières résistances des Kabyles.

Le départ avait été fixé pour 5 heures du matin, mais des brouillards intenses le retardèrent jusqu'à 8 heures.

D'Aboudid même, on commença par canonner le village d'Ir'il-Tiguemounin, ainsi que le contrefort qui porte le village des Aït-Mimoun et sur lequel on apercevait des retranchements; après un tir peu prolongé on constata que le village était abandonné et que les retranchements n'étaient pas occupés. Pendant ce temps, l'infanterie s'était mise en mouvement.

La brigade Cérez, en quittant son bivouac, s'engagea sur le chemin kabyle qui conduit à Icheriden en suivant les crêtes; la 1re brigade de la colonne Lallemand marcha derrière elle; la 2e brigade de cette colonne et la plus grande partie de l'artillerie passèrent par la route carrossable.

Le général en chef avait été se poster sur un mamelon à la cote 1011, auprès de l'arbre du Maréchal, ainsi nommé parce que le maréchal Randon s'y était placé, en 1857, pour suivre le combat. La brigade Cérez vint se masser à la gauche du général en chef et les deux autres brigades à sa droite. On était encore hors de portée de la mousqueterie kabyle.

Du point appelé Tir'ilt-Tikorrabin, où se trouvait le général Lallemand, on découvrait parfaitement le village d'Icheriden (côte 1065), qui domine d'une cinquantaine de mètres, et toute la ligne des retranchements ennemis. Le chemin kabyle qui suit toujours l'arête principale et qui monte droit à Icheriden par une pente assez raide, séparait en deux parties à peu près égales le front des positions ennemies.

L'artillerie, qui comprenait 14 canons de montagne, 4 pièces de 4 de campagne et 2 mitrailleuses, ouvrit son feu à 10 heures du matin sur les retranchements, pour en déloger l'ennemi; bien que le tir fût parfaitement dirigé, rien ne bougea, aucun cri ne se fît entendre, aucun mouvement ne s'y produisit et on aurait pu croire la position inoccupée si à deux ou trois reprises, on n'avait vu des Kabyles isolés se déplacer pour changer de position.

Bientôt le général Lallemand, ayant arrêté ses dispositions d'attaque, fit descendre l'infanterie dans une dépression où elle se trouvait défilée contre les feux de l'ennemi, pour lui faire prendre sa formation de combat. Les troupes furent disposées dans l'ordre suivant : à droite, contre la route carrossable, la brigade Faussemagne, ayant en tête le 80e de marche;

au centre, sur le chemin kabyle d'Icheriden, la brigade Barrachin ayant en tête le 27ᵉ bataillon de chasseurs à pied ; puis à gauche, la brigade Cérez. Le 27ᵉ chasseurs s'était placé un peu trop en évidence sur une petite éminence où il était exposé au feu de l'ennemi.

Le général fit immédiatement préparer deux bataillons du 4ᵉ zouaves, sous les ordres du lieutenant-colonel Noëllat, pour recommencer la manœuvre qui avait si bien réussi au régiment étranger en 1857.

A un signal donné, nos troupes sortent du terrain où elles étaient défilées et se portent à l'assaut ; un feu terrible et continu part des retranchements ennemis qui étaient occupés, comme nous le savons, par une élite de guerriers, largement pourvus de munitions. On pouvait croire qu'après un pareil feu roulant nos pertes seraient considérables ; il n'en était rien heureusement, le feu des Kabyles était mal ajusté. Placés derrière des retranchements mal profilés, ils auraient été obligés, pour pouvoir bien ajuster dans la pente, au-dessous d'eux, de se découvrir fortement, par suite surtout de leur habitude de placer la crosse de leur fusil, non à l'épaule, mais sur la poitrine ; ne voulant pas trop se montrer ils tiraient au jugé et généralement trop haut.

Les deux bataillons du lieutenant-colonel Noëllat s'ébranlent à leur tour et attaquent résolument l'extrémité de droite des retranchements ennemis. Les Kabyles s'étaient souvenus aussi du mouvement débordant que le régiment étranger avait exécuté de ce côté en 1857 et ils avaient accumulé toutes sortes de défenses sur la pente par laquelle il avait eu lieu. Aussi fallut-il les plus énergiques efforts pour culbuter l'ennemi et franchir la ligne de ses ouvrages. Les zouaves se rabattent alors à droite, débordant et enveloppant l'ennemi ; ils sont suivis de près par les éclaireurs algériens, commandés par le capitaine Rapp, qui se portent audacieusement sur ses derrières.

En même temps, le 80ᵉ accentuait son mouvement sur la route carrossable et une compagnie enlevait brillamment, au pas gymnastique, la barricade élevée sur cette route ; le

27ᵉ bataillon de chasseurs s'emparait de son côté du retranchement placé au coude du chemin Kabyle d'où on arrive en droite ligne au village.

Il était alors 11 heures.

Voyant leur ligne percée ainsi sur trois points et leurs retranchements pris à revers, les Kabyles renoncent à une résistance plus prolongée et ils se hâtent de chercher leur salut dans la fuite, particulièrement par le fond des ravins. Les éclaireurs algériens les chargent avec vigueur vers Aguemoun-Izem, tandis que, à notre droite, le 1ᵉʳ tirailleurs les traque jusqu'au fond de l'oued Djemaa.

Nous n'avions pas encore trouvé un aussi grand nombre de rebelles réunis sur un même point; ils étaient bien 7.000, à Icheriden seulement, et ils ont montré un acharnement extrême dans le peu de temps qu'a duré le combat. Suivant une ancienne coutume, les tribus avaient décidé qu'il y aurait entre elles *timekecherit*, c'est-à-dire un défi de vaillance; chacune d'elles avait son emplacement dans le retranchement et la première qui lâcherait pied était déshonorée. Les Kabyles mettent un extrême amour propre dans ces sortes de défis qui intéressent la réputation de bravoure de leur tribu.

La ténacité des Kabyles leur causa des pertes considérables; à en juger par le nombre de cadavres trouvés aux abords et dans l'intérieur de la position conquise, elles peuvent être évaluées à 400 tués.

Chikh-Mohamed-ou-Ali-ou-Sahnoun qui, bien qu'il n'eût jamais manié un fusil, était avec ses contingents pour les exciter par sa présence, prit la fuite du côté des Beni-Yenni; dans sa précipitation, il tomba du haut d'un escarpement. Blessé dans sa chute, il fut relevé et emmené par ses khouan (1).

Nos pertes se bornaient, dans les deux colonnes, à 2 tués et

---

(1) Il quitta le pays lorsqu'il vit la lutte impossible et il fut arrêté au Souf, au mois de décembre 1871, par le général de Lacroix. Il a été condamné par le conseil de guerre à la déportation dans une enceinte fortifiée et a été transporté à la Nouvelle-Calédonie.

61 blessés, alors qu'en 1857 le combat d'Icheriden nous avait coûté 44 tués dont 2 officiers et 327 blessés dont 22 officiers.

Voici le détail des pertes par corps pour la colonne Lallemand :

27ᵉ bataillon de chasseurs	1 tué (1)	24 blessés.
80ᵉ de marche............	1 —	11 —
1ᵉʳ tirailleurs............	» —	2 —
Totaux.........	2 tués	37 blessés.

Parmi les blessés du 80ᵉ, il y avait le sous-lieutenant Batbois, gravement atteint, et le sous-lieutenant Vinciguerra, contusionné.

La colonne Cérez avait 24 blessés à l'ambulance.

Vers 1 heure, l'action étant terminée, les deux colonnes campèrent à Icheriden ; la colonne Lallemand autour du village, la colonne Cérez tout auprès, à cheval sur le chemin d'Aguemoun-Izem. Le bivouac était établi dans d'excellentes conditions, l'eau seule était un peu rare ; on en a trouvé au fond des ravins qui se détachent au nord et au sud de la ligne de crête où il y a quelques fontaines d'un débit médiocre.

Les blessés ont été évacués le soir le même, à 5 heures, sur Fort-National.

On s'occupa d'enterrer les morts que l'ennemi n'avait pas eu le loisir d'emporter dans sa fuite précipitée, on en compta 124.

Pour les opérations ultérieures, le plan à adopter était tout indiqué : il n'y avait qu'à suivre la grande arête sur laquelle on se trouvait, jusqu'au Djurdjura et, au besoin, les rameaux qui s'en détachent ; on avait ainsi sous la main les principales tribus du cercle de Fort-National les plus belliqueuses, celles dont la soumission devait entraîner la soumission de toutes les autres.

L'emplacement de Fort-National avait été admirablement choisi au point de vue de l'occupation du pays et de son maintien dans l'obéissance ; seulement il y faudrait, dans les temps

---

(1) Le sergent-major Marchiset.

difficiles, une garnison suffisante pour permettre des sorties un peu lointaines.

On séjourna à Icheriden le 25 et le 26 juin pour recevoir les nouvelles soumissions parmi lesquelles on comptait celles des Beni-Yahia et des Beni-Menguellat qui arrivèrent le 26 juin. On exigea, comme toujours, la livraison d'otages désignés par nous, celle des armes et on fit verser immédiatement une partie de la contribution de guerre. Cette contribution avait été fixée à 70 francs par fusil pour les tribus qui ne s'étaient pas fait remarquer d'une manière particulière; à 140 francs par fusil pour celle qui avaient pris une part prépondérante à l'insurrection; et à 210 francs pour les tribus qui s'étaient montrées les plus hostiles, les plus récalcitrantes et qui avaient saccagé des centres européens.

Le 26 juin arrivait au camp l'ancien *factotum* du caïd Ali, Pascal Adamini, dit Commis, qui était d'origine suisse; il était accompagné d'El-Hadj-Ahmed-ben-Mohamed, ancien oukil de Tamda. Ils venaient offrir, de la part du caïd Ali, de faire la remise des colons qu'il avait emmenés, de Bordj-Menaïel ou des Isser, jusque dans les Beni-Idjeur.

Le général Lallemand écrivit à ce chef des rebelles pour l'inviter à remettre ses prisonniers européens au commandant Letellier, qui se trouvait alors à Djemaa-Sahridj avec quatre escadrons, et pour l'engager à venir à son camp, lui promettant seulement la vie sauve.

Le 27 juin, le camp fut transporté dans les Beni-Yahia, au village des Aït-Hichem; le départ eut lieu à 5 heures du matin, la colonne Cérez en tête. On suivit l'ancienne route kabyle qui se maintient sur les crêtes et qui est plus militaire que la route carrossable, laquelle passe à flanc de coteau. On rencontra souvent des passages difficiles, en particulier à la descente d'Aguemoun-Izem; la largeur du chemin était parfois inférieure à un mètre, ce qui était une grande difficulté pour le passage des bagages. A Tala-ou-Malou, on prit la nouvelle route à tracé carrossable ouverte par le génie; elle n'avait que 2 mètres de largeur et, bien que meilleure que la précédente, elle présentait encore des passages difficiles, la voie ayant été entraînée par les eaux, à la rencontre des ravins. A partir d'Aïn-el-Hammam, les troupes n'eurent plus qu'un chemin kabyle passant au Sebt des Beni-Yahia, où le général Randon était venu s'établir par surprise en 1854.

Ce qui montre bien que le chemin suivi n'était pas des meilleurs, c'est que sept mulets du convoi ont roulé dans les ravins.

Aux Aït-Hichem, le bois était abondant et l'eau, fournie par la fontaine du marché et par de nombreuses sources existant dans les ravins, principalement sur le côté sud, était suffisante.

Pendant cette marche, aucun ennemi ne s'était montré, les Beni-Menguellat et les Beni-Yahia, dont on avait traversé le territoire, ayant fait leur soumission.

Le général Lallemand reçut la lettre ci-après de M. Poncet, adjoint au maire de Bordj-Menaïel :

Denijja (Beni-Idjeur), le 27 juin 1871.

A Monsieur le Général,

Au nombre de 44, tant colons qu'ouvriers, cultivateurs,... réunis chez le caïd Ali par de fatales circonstances, du 28 avril jusqu'à ce jour, nous venons vous prier et supplier très humblement de bien vouloir nous indiquer les moyens pour nous faire arriver en sûreté dans nos endroits, vu que le caïd Ali, qui nous a bien traités pendant tout le temps, du moins il a fait son possible, et nous a sauvés de grands dangers, attend de jour en jour une occasion favorable pour nous rendre sains et saufs et voudrait pouvoir s'entendre avec vous, afin de suivre vos ordres pour nous envoyer en toute sûreté et nous remettre en personne aux autorités et endroits convenus. Sous l'auspice de si bonnes intentions et voyant qu'il n'a pas encore reçu de réponse, nous tous rassemblés, nous vous prions au nom de la *patrie*, de tout ce que vous avez de plus cher, de vouloir bien venir à notre aide et secours et ferez la plus grande justice qui ne s'éteindra jamais dans nos mémoires. Vous bénissant et félicitant autant que nous aurons de vie, voilà, mon Général, ce que nous osons attendre de votre bonté, ce que vous ferez en nous rendant réponse, l'adressant au caïd Ali, pour plus de sûreté de recevoir votre réponse qui nous sera toujours agréable, vous priant d'agréer les humbles salutations de vos pays qui ne vous oublieront jamais.

Signé : Poncet.

P.-S. — En résumé, tous, nous attestons hautement que partout dans la Kabylie, sous la direction du caïd Ali, où nous avons passé, nous n'avons qu'à nous féliciter du bon accueil et de la bienveillance que nous avons continuellement reçus et que nous avons été traités en un mot comme des membres de sa famille. Aussi, nous lui en promettons reconnaissance.

Le 28, le caïd Ali remit les 44 Européens qu'il avait avec lui au commandant Letellier qui avait, à cet effet, remonté la vallée du Sébaou jusqu'à Bou-Behir; voici d'où provenaient ces Européens :

Colons de Bordj-Menaïel	14
Maçons de Lemdani	4
Maçons des Isser-el-Ouïdan	2
Maçons qui étaient chez Sidi-Moussa	5
Espagnols fermiers du défunt caïd des Isser-Drœu	19
TOTAL	44

Il y avait parmi eux 20 Français, 5 Suisses et Italiens et 19 Espagnols.

Le commandant Letellier confia les colons à son escorte et monta, le jour même, aux Aït-Hichem, emmenant avec lui M. Poncet, Mohamed-Saïd-ou-Kassi, Moussa-ben-Ahmed-ben-Mohamed et Ahmed-ben-el-Hadj-Aomar-ou-Mahi-ed-Din, envoyés par les chefs de l'insurrection.

Le 29, les trois envoyés indigènes retournèrent au camp du caïd Ali, aux Beni-Idjeur, et le commandant Letellier reprit le chemin de Tizi-Ouzou, en passant par Fort-National et en emmenant M. Poncet.

Le même jour on aperçut des rassemblements kabyles qui se formaient dans les Beni-Itourar', près de Timesguida et d'Ourdja. Les Beni-Itourar', qui s'étaient déjà en partie soumis, vinrent au camp demander l'aman.

Le 30 juin on vit arriver les chefs de l'insurrection kabyle, qui venaient se mettre à la discrétion du général Lallemand ; c'étaient : le caïd Ali-ou-Kassi, Mohamed-Amokran-ou-Kassi, Mohamed-ou-Lounès-ou-Kassi, Moussa-ben-Ahmed-ben-Mohamed, Saïd-ben-Ahmed-ben-Mohamed, Ahmed-ben-el-Hadj-Aomar-ou-Mahi-ed-Din.

Il arriva encore un personnage qui n'était pas attendu,

c'était Chikh-Aziz, fils de Chikh-el-Haddad, le grand maître des khouan de Si-Abd-er-Rahman-bou-Goberin. Les Oulad-ou-Kassi voulurent d'abord faire croire qu'ils l'avaient amené prisonnier, mais on vit bientôt que Chikh-Aziz était venu volontairement.

Pourquoi avait-il voulu se rendre au général Lallemand plutôt qu'aux généraux qui l'avaient combáttu dans la province de Constantine ? Il avait sans doute espéré obtenir des conditions plus douces de la part du général Lallemand, dont il connaissait la bienveillance et la bonté.

Le caïd Ali et aussi Chikh-Aziz avaient bien espéré être traités autrement que comme des prisonniers de guerre ; ils avaient écrit à plusieurs reprises pour offrir leurs services, se faisant forts de ramener dans le devoir les tribus encore insoumises ; mais cette manière de faire, qui aurait pu être acceptée aux débuts de la conquête, ne pouvait plus être admise.

Le général Lallemand n'aurait pas demandé mieux que de les recevoir en grâce, mais il n'était pas libre d'agir selon ses inspirations et il avait répondu qu'il en référerait au Gouverneur général civil. Ce haut fonctionnaire répondit que, pour faciliter la conduite des opérations de guerre, on pourrait surseoir à l'exécution des mandats d'amener qui avaient été lancés contre eux par les magistrats civils, mais qu'ils devraient être plus tard livrés à la justice.

Dans cette circonstance, je crois que c'était l'amiral de Gueydon qui avait raison. Si on avait employé les anciens chefs de la révolte à combattre les tribus encore insoumises, pour achever la pacification, on n'aurait pas pu se dispenser ensuite, à moins de commettre un acte déloyal, non seulement de leur pardonner leur révolte, mais encore de leur donner des commandements, ce qui nous aurait mis dans une position très fausse et aurait été d'un effet déplorable. Ces procédés, qui étaient excellents autrefois, avaient fait leur temps.

Les rebelles qui se livraient à nous avaient sûrement compté sur la clémence du vainqueur, mais la clémence n'était plus à l'ordre du jour. Il faut dire aussi que ces rebelles n'étaient plus très à leur aise dans les tribus kabyles, qui en avaient assez de l'insurrection ; les gens qui leur avaient obéi aveuglément ne se gênaient plus pour les dépouiller et ils avaient à craindre d'être livrés un jour aux Français.

Le vieil El-Hadj-Aomar-ben-Mahi-ed-Din, de Taourga, qui était aussi aux Beni-Idjeur, ne vint pas faire sa soumission avec les autres chefs de l'insurrection ; il se réfugia plus tard à Taourirt-Aden dans les Beni-Fraoucen, en disant aux gens du pays qu'il avait été autorisé, par le général Lallemand, à y résider ; mais il fut arrêté, le 13 août, par le commandant supérieur de Tizi-Ouzou, qui le livra à la justice.

Les Beni-R'obri, Beni-bou-Chaïb, Beni-Khelili, Beni-Fraoucen avaient déjà fait leur soumission au commandant Letellier ; les Akbils, Beni-Attaf, Beni-bou-Drar et Beni-Ouassif vinrent faire la leur, le 30 juin, au général Lallemand.

Le 1er juillet, les deux colonnes quittaient les Aït-Hichem pour se porter vers les Beni-Itourar', où on avait vu des groupes hostiles, composés de gens des Beni-Mellikeuch et d'Illilten, se former dans la partie sud de la tribu. On partit à 5 heures du matin, la colonne Lallemand en tête, et on se dirigea vers Tizi-bou-Iran.

Au col de Tizi-el-Djema, point où se trouvait la maison cantonnière détruite par les khouan le 13 avril, les colonnes se massent pour se préparer à l'attaque, mais les contingents kabyles qui nous barraient le chemin se retirent vers le col de Tirourda. Leur intention était sans doute de nous attirer dans un défilé extrêmement dangereux où ils avaient accumulé des défenses et qu'il eût été bien difficile d'enlever de vive force ; mais le général Lallemand se borna à leur faire envoyer quelques coups de fusil par l'avant-garde ; il fit continuer le mouvement vers Tizi-bou-Iran qui était le but de la marche, et y fit établir le bivouac. La colonne Lallemand s'établit sur le revers de gauche du col et la colonne Cérez sur le revers de droite ; à 2 heures de l'après midi, les troupes étaient installées. Le terrain broussailleux fournit du bois en quantité et on trouva de l'eau en abondance dans les ravins à l'est et à l'ouest du col.

Le 2 juillet, à 2 h. 1/2 du matin, un convoi de mulets partit sous l'escorte de deux pelotons de cavalerie pour aller prendre un ravitaillement à Fort-National et y conduire des malades.

Dans la journée, Si-Mohamed-Saïd-ben-Ali-Chérif, l'ancien bach-agha de Chellata, arriva au camp; il fut reçu en ami par le général Lallemand qui en fit souvent son conseiller pour les opérations militaires. Cette différence de traitement étonna beaucoup le caïd Ali et Chikh-Aziz, qui ne voyaient dans Si-ben-Ali-Chérif qu'un insurgé comme eux. Seulement, c'était un insurgé qui avait eu le talent de faire croire que c'était forcé par les circonstances et par dévouement à notre cause qu'il avait agi.

Il aurait pu depuis longtemps, s'il l'avait voulu, rejoindre le général Lallemand, mais il craignait pour ses biens et il n'avait pas voulu rompre avec le parti des insurgés avant d'avoir vu Chikh-Aziz, dont il craignait la vengeance, se livrer à nous.

L'arrivée à la colonne de tous les chefs de l'insurrection avait fait tomber toutes les résistances dans la subdivision de Dellys et même dans une partie de l'Oued-Sahel; ainsi, le général Lallemand avait reçu la soumission des Beni-Amar, des tribus de l'Oued-el-Hammam, des Beni-Our'lis, des Illoula-Açameur, des Beni-Mellikeuch et des Beni-Kani.

Tout le cercle de Fort-National était complètement soumis, trois villages seulement des Beni-Idjeur, après avoir fait les premières démarches de soumission, montraient peu d'empressement à livrer les otages qu'on leur avait demandés; Chikh-Aziz avait écrit aux mokoddems de la tribu pour les exhorter à la soumission aux Français et on attendait l'effet de cette démarche.

Le général Lallemand avait accompli sa tâche dans la Grande Kabylie, mais il ne pouvait pas quitter le pays sans y laisser une colonne d'observation ayant pour mission de maintenir les résultats acquis, d'étouffer toute nouvelle velléité de résistance, de compléter le désarmement et d'achever de faire rentrer les contributions de guerre; il voulait aussi, avant d'aller plus loin, qu'une grosse partie de ces contributions fût déjà versée, pensant avec raison que les Kabyles, après avoir donné leur argent, y regarderaient à deux fois pour rendre ce sacrifice inutile en se révoltant de nouveau. Ces raisons l'engagèrent à prolonger son séjour à Tizi-bou-Iran.

La présence de la colonne du général Cérez n'étant plus utile et la soumission des tribus du cercle de Dra-el-Mizan n'étant encore qu'ébauchée, le général Lallemand envoya dans ce cercle cette colonne dont le premier soin devait être de soumettre les tribus des Beni-Sedka et des Guechtoula. Le départ eut lieu le 6 juillet.

Jusqu'au 12 juillet, on ne s'occupa plus à la colonne Lallemand que de la rentrée des contributions de guerre et du désarmement; on fit plusieurs évacuations de malades sur Fort-National et on en reçut des convois d'approvisionnements de toute nature; on reçut aussi des hommes qui rentraient des hôpitaux.

Le convoi d'évacuation du 7 juillet emmena les nombreux otages fournis par les tribus soumises; on ne garda à la colonne que les prisonniers de marque.

L'intention du général Lallemand était de compléter sa campagne en allant frapper un grand coup au foyer même de l'insurrection, dans les Beni-Abbès et la Medjana, où nos colonnes n'avaient encore fait que de courtes apparitions, afin d'en finir une bonne fois avec les Oulad-Mokran : il aurait voulu, si les circonstances l'avaient permis, y appeler la colonne du général Saussier pour la faire concourir à ses opérations.

Pour franchir le Djurdjura et gagner les Beni-Abbès, trois routes pouvaient être prises : 1° celle du col d'Akfadou, qui aurait eu l'avantage de faire passer la colonne par les Beni-Idjeur restés en partie insoumis, mais qui l'aurait emmené un peu trop loin de son objectif; 2° celle du col de Chellata, très fréquentée par les colporteurs kabyles; 3° celle du col de

Tirourda, par le chemin muletier ouvert par le génie. Cette dernière route était la plus courte et la plus facile, mais à la condition que le chemin muletier ouvert dans le flanc d'une montagne rocheuse presque verticale et où on avait dû pratiquer deux tunnels, n'eût pas été rendue impraticable par les Kabyles. Le général fit donc exécuter préalablement une reconnaissance de cette route le 12 juillet.

Les troupes chargées de l'effectuer, lesquelles se composaient du 27e bataillon de chasseurs, du 2e zouaves, du 2e tirailleurs, d'une section du génie, d'une section d'artillerie, d'un peloton de chasseurs d'Afrique et de vingt mulets de cacolet, se mit en marche à 5 heures du matin.

A la jonction du chemin ancien et du nouveau (cote 1119), on trouva des ouvrages de défense abandonnés le 1er juillet par les Kabyles. La route nouvelle était carrossable pendant 300 mètres, puis il a fallu la tailler dans le roc et elle n'était qu'à l'état d'ébauche, les travaux étant restés suspendus depuis quatre ans; la largeur moyenne y était à peine de deux mètres. A gauche du chemin est un abîme de plusieurs centaines de mètres de profondeur qu'on ne peut regarder sans avoir le vertige. Ce chemin avait été coupé par les Kabyles au moyen de murs en pierre et par des blocs de rocher. On vit alors combien on avait agi sagement le 1er juillet en ne poursuivant pas l'ennemi qui cherchait à nous attirer vers ce défilé.

Après bien des difficultés surmontées, on sortit du défilé, qui a environ deux kilomètres, et on trouva deux tunnels successifs, encore inachevés, mais praticables par le convoi. Au delà, le chemin était encore souvent étroit, mais facile à mettre en bon état; enfin, avant d'arriver au col, une section de 900 à 1.000 mètres avait 8 mètres de largeur et aurait été presque carrossable. On y reconnut une tranchée à ciel ouvert, d'une quinzaine de mètres, faite par les rebelles pour barrer la route.

Il n'y avait pas de travaux de mise en état de défense sur les hauteurs dominant la route, mais, sur celle-ci, trois barricades faites avec des quartiers de rocher.

Sur la crête rocheuse de Tizi-Tamellalt, des groupes de Kabyles envoyèrent quelques coups de fusil, sans doute pour couvrir la fuite de leurs troupeaux pacageant dans la montagne.

Au sommet du col se trouve un très beau plateau couvert d'une herbe fine et serrée; trois sources abondantes fournissent une eau excellente, et il existe encore de l'eau en beaucoup de points sur les versants de la montagne. Le bois est assez éloigné, il faudra une heure pour l'aller chercher.

Sur le plateau, la température était fraîche et agréable et on y respirait à pleins poumons après les journées de chaleur accablante qu'on avait eu à supporter. Toutes les conditions s'y trouvent bien remplies pour en faire un excellent campement d'été.

A 2 h. 1/2, on reprit le chemin de Tizi-bou-Iran; il avait fallu cinq heures et demie pour faire l'ascension du col, parce qu'on avait, en marchant, déblayé et réparé la route. On ne mit que deux heures et demie pour effectuer la descente. Les troupes étaient rentrées au camp à 5 heures.

Après cette reconnaissance, la route de Tirourda ayant été trouvée praticable pour la colonne, on s'occupa de la faire réparer en y envoyant, les jours suivants, un détachement du génie avec deux compagnies de travailleurs.

Le 14 juillet, la colonne d'observation, dont le commandement était donné au général Deplanque, se trouva constituée; elle se composait du 12e provisoire, arrivé de France, de deux sections d'artillerie et d'un peloton de chasseurs d'Afrique. Elle fut installée auprès d'Icheriden et elle y séjourna quelque temps.

Au moment de quitter Tizi-bou-Iran, le payeur de la colonne avait reçu exactement, sur les contributions de guerre, la somme de 506.828 fr. 55.

Le 14 juillet, on fit encore venir un convoi de ravitaillement de Fort-National; les mulets, partis à 2 heures du matin sous l'escorte d'un bataillon d'infanterie et d'un peloton de cavalerie, emportèrent 70 malades évacués. Le convoi ne rentra que le 15 à 11 heures, ramenant 10 officiers arrivés de France pour le 80ᵉ de marche et le 21ᵉ bataillon de chasseurs, ainsi que 69 isolés.

Ce même jour, vers 1 heure de l'après-midi, les gens du village de Tirourda vinrent annoncer au général Lallemand que l'ennemi arrivait au col de Tirourda et qu'ils avaient été obligés de ramener précipitamment leurs troupeaux.

On aperçut, en effet, sur le plateau du col, un campement composé de tentes blanches alignées assez régulièrement, et on se demanda tout d'abord si ce n'était pas la colonne du colonel Goursaud, dont on connaissait la présence dans l'Oued-Sahel, qui était venue s'établir là ; plus la longue-vue dont on se servait pour l'observation était puissante, plus l'illusion était complète.

Comme il importait avant tout de prendre possession du défilé, où l'ennemi aurait pu facilement arrêter la colonne, on envoya aussitôt la division d'escorte de chasseurs d'Afrique du capitaine Laffont, au trot, par la route du génie, pour prendre possession du débouché du deuxième tunnel, pendant que le goum, conduit par le capitaine Robin, et les spahis du capitaine de Balincourt suivaient, dans le même but, l'ancien chemin kabyle qui descend dans l'oued Zoubga. Ce dernier chemin, déjà très difficile par lui-même, avait été rendu plus affreux encore par les quartiers de rocher qu'on y avait fait rouler en ouvrant à la mine la route de Tirourda ; mais il avait l'avantage de conduire, en passant par le village de Tirourda, en avant du deuxième tunnel (1).

Ce double mouvement s'effectua rapidement et on put occuper à temps le débouché du deuxième tunnel; l'ennemi, qui commençait à y descendre, s'était retiré et avait pris position sur les rochers de Tizi-Tamellalt; on échangea avec lui quelques coups de fusil en attendant l'arrivée de l'infanterie.

Le 80ᵉ de marche, le 21ᵉ bataillon de chasseurs, le bataillon

---

(1) Les tunnels ne sont pas marqués sur la carte; ils commencent à l'endroit où cesse la route marquée par un double trait rouge; le sentier qui part du village de Tirourda vers l'ouest aboutit un peu delà du débouché du deuxième tunnel.

du 1ᵉʳ tirailleurs, les zouaves Lucas, ainsi que quatre sections d'artillerie, s'étaient mis en marche, sans sacs, derrière les chasseurs d'Afrique, sous les ordres du colonel Faussemagne; le camp était resté sous la garde du reste de l'infanterie.

Aussitôt que l'infanterie eut commencé à arriver, on la lança sur la hauteur de droite pour s'emparer de la crête qui domine la route à l'ouest; elle y réussit assez facilement. L'artillerie eut quelque peine à se hisser sur cette crête; un mulet roula même dans le ravin avec le canon dont il était porteur, en faisant plusieurs tours sur lui-même; quand on put aller le relever, on constata avec stupéfaction qu'il n'avait aucun mal. Un affût dut être hissé à bras par une section du 80ᵉ servant de soutien.

Quelques coups de canon à grande distance arrivèrent jusqu'au camp des insurgés (1), qui s'étaient d'ailleurs empressés d'abattre leurs tentes dès qu'ils avaient vu que la colonne marchait sur eux.

Les ennemis que nous avions devant nous se composaient en grande partie de gens des Beni-Abbès; ils étaient commandés par un jeune homme, fils d'Ali-bou-R'enan, qui avait avec lui 1.500 piétons et 25 chevaux. Les tentes qu'on avait remarquées de Tizi-bou-Iran étaient celles de trafiquants des Beni-Abbès qui leur servaient à installer leurs marchandises sur les marchés.

Bou-Mezrag, qui avait amené ces contingents, était resté campé, comme on l'a su plus tard, à Aïn-Timetedit sur l'oued Sahel, avec 15 chevaux et une centaine de fantassins. Ce chef d'insurrection s'était encore fait battre, le 12 juillet, par le général Saussier à Dra-el-Arba et c'est de là qu'il était parti pour essayer d'empêcher le général Lallemand de franchir le Djurdjura. Il faut convenir que si Bou-Mezrag n'a montré ni une grande bravoure ni de grands talents militaires, il s'est distingué par une activité extraordinaire, passant con-

---

(1) On constata qu'à la grande altitude où on se trouvait, la portée de l'artillerie était sensiblement augmentée.

stamment d'un terrain à l'autre sans se laisser décourager par les revers.

L'ennemi, tout en levant son camp, avait occupé la ligne de rochers qui, du pic de Tirourda (cote 1.962) traverse la route à la cote 1.623. Le 1er tirailleurs, le 21e bataillon de chasseurs et le 80e de marche furent lancés en avant pour les déloger et les rejeter sur le plateau de Tirourda, où on avait envoyé pour les recevoir le bataillon Lucas.

L'escalade du contrefort rocheux (1), qui présentait des pentes d'au moins 60 degrés, fut très pénible ; les insurgés se défendaient vigoureusement à coups de fusil et même à coups de pierre. On a vu 6 insurgés, dont 2 seulement étaient armés de fusils, tenir pied pendant un certain temps contre 2 compagnies de chasseurs et 1 section de tirailleurs.

L'ennemi fut délogé et mis en fuite sur les pentes sud du Djurdjura ; il avait eu une trentaine de morts dont 20 sont restés sur le terrain, et on lui avait fait 3 prisonniers, 1 des Beni-Mellikeuch et 2 des Beni-Abbès.

Parmi les insurgés, on a remarqué quelques réguliers revêtus d'un uniforme sombre, analogue à celui de nos tirailleurs.

Nos pertes se sont élevées à 12 blessés dont un atteint mortellement. Le 21e bataillon de chasseurs avait 7 blessés dont un mortellement, 6 avaient des blessures faites par des pierres ; le 1er tirailleurs avait 4 blessés, et les zouaves Lucas 1, M. Barbier, lieutenant adjudant-major.

Il était trop tard pour retourner au camp le soir même ; les troupes campèrent sans bagages sur le plateau de Tirourda. Le lendemain matin, la 1re brigade rejoignit avec le convoi.

Voici quels étaient, à ce moment, les effectifs de la colonne :

---

(1) Le point de ce contrefort rocheux où passe la route s'appelle Tizi-Tamellalt.

État-major	25 officiers	» hommes
Infanterie	163 —	3.709 —
Cavalerie	14 —	231 —
Artillerie	7 —	158 —
Génie	2 —	33 —
Train	7 —	337 —
Services administratifs	1 —	15 —
Ambulance	3 —	33 —
TOTAUX	222 officiers	4.518 hommes

Le matériel d'artillerie comprenait 5 sections de 4 rayé de montagne ; les pièces de campagne et les mitrailleuses avaient dû être renvoyées après le combat d'Icheriden, faute de route pour les faire passer.

Le nombre des chevaux était de 421 et celui des mulets de 551.

CHAPITRE XXV

Soumission des Beni-Ouakour opérée par les Zouaoua. — La colonne va camper, le 18 juillet, à Aïn-Timetedit. — Soumission des Bou-Djelil et de presque tous les Beni-Abbès. — Le capitaine Odon se présente au général Lallemand, le 19. — La colonne se transporte, le 20, près d'Ir'il-Ali. — Elle campe, le 21, à Boni. — Les gens d'El-Kela font leur soumission. — Le 23, une colonne légère pénètre sans résistance dans El-Kela. — Description topographique de cette ville. — Razzia des maisons des Oulad-Mokran; vente aux enchères du produit de cette razzia. — La colonne se met en marche pour Bougie; l'arrière-garde est attaquée par les gens de Bou-Mezrag, elle campe à Tala-Mzita. — La colonne campe, le 25, à l'oued Bou-Selam, le 26, à Akbou, le 27, à Takeriet; elle a rencontré à Azib-Chikh la colonne Thibaudin. — Elle s'arrête, le 28, à Taourirt-naït-ou-Gana et, le 29, à l'oued R'ir. — Le général Lallemand passe en revue la colonne et lui adresse un ordre du jour. — Le 30, la colonne commandée par le colonel Barrachin campe à Tizi et, le lendemain, près de Bougie. — La colonne est dissoute le 1er août, la plus grande partie des troupes est embarquée pour Alger, la cavalerie et le train rentrent par terre dans leurs garnisons. — Résultats de la campagne.

Toutes les tribus du versant sud du Djurdjura avaient fait leur soumission, sauf les Beni-Yala et les Beni-Ouakour. Dans cette dernière tribu s'étaient réfugiés les derniers groupes dissidents des Cheurfa, des Mecheddala et des Beni-Kani. Laissant à la colonne du colonel Goursaud le soin de soumettre les Beni-Yala, le général Lallemand chargea les tribus des Zouaoua du versant nord du Djurdjura (Akbils, Beni-bou-Drar, Beni-Ouassif) d'opérer la soumission de la petite tribu des Beni-Ouakour. L'opération fut effectuée et, le 17 juillet, nos auxiliaires indigènes amenèrent au camp les otages de la tribu.

Le 18 juillet, la colonne se transporta à Aïn-Timetedit, où s'était arrêté le 15 Bou-Mezrag; ce point est situé sur la rive gauche, à environ 1 kilomètre de l'oued Sahel, en face de l'ancien bordj de Tazmalt, qui est sur la rive droite. Bou-Mezrag avait disparu dès le 15 et rien ne vint troubler la marche de la colonne.

Le départ eut lieu à 4 h. 1/2 ; on suivit un sentier tracé à mi-côte de la berge gauche d'un profond ravin ; quelques passages trop étroits ou obstrués par des quartiers de roche nécessitèrent la main-d'œuvre du génie, aidé par des travailleurs d'infanterie. La marche ainsi retardée, on n'arriva à Bahlil (1) qu'à 8 heures du matin, après un parcours de 6 kilomètres. Le village était abandonné ; afin de le préserver de l'incendie, ce qui eût rendu le passage impossible pour le reste de la colonne et surtout pour le convoi, on le fit occuper par une compagnie du bataillon de tête, qui était le 27e bataillon de chasseurs.

On arriva ensuite aux Beni-Hamdoun, qui sont à 5 kilomètres plus loin, à 10 heures. Le pays est assez couvert, on y trouve des plantations de figuiers et d'oliviers et des bouquets de hautes broussailles. Des barricades avaient été préparées sur le chemin et sur le côté, mais les habitants vinrent au-devant de la colonne pour témoigner de leur soumission et pour demander une sauvegarde pour leur village, ce qui leur fut accordé.

A partir des Beni-Hamdoun, on descend par des pentes assez douces les contreforts du Djurdjura et on arrive au fond d'un petit torrent dont le lit étroit est rempli de gros cailloux roulés. Le génie dut y déblayer un passage pour la colonne. A partir de ce ravin, une bonne route conduisait au gîte d'étape.

Aïn-Timetedit (2), est une source admirable, très abondante avec réservoirs naturels ; on traça le camp en carré, de manière à mettre la source au centre. La 1re brigade fut installée à 1 heure ; le convoi n'arriva complet qu'à 4 heures ; un mulet avait roulé dans un ravin et s'était brisé les reins dans sa chute ; la 2e brigade ne put prendre son bivouac qu'à 5 heures. La chaleur était extrême.

Les spahis et le goum, dans une reconnaissance qu'ils firent aux environs du campement, ramenèrent une centaine de chèvres et de moutons, ainsi que trois femmes et un homme qu'ils avaient faits prisonniers.

---

(1) Bahlil comprend les trois petits villages de Melal, Cheria et d'Ir'il-Lazem.
(2) La carte porte Aïne-Timatlit.

Le bordj de Tazmalt avait été entièrement détruit par les Kabyles.

Les notables de la fraction des Bou-Djelil, des Beni-Abbès, étaient venus au-devant de la colonne pour offrir leur soumission; les autres fractions de cette grande tribu arrivèrent successivement pour suivre cet exemple, et il ne resta plus dans la rébellion qu'une faible partie de la tribu.

Le capitaine Odon, chef de l'annexe des Beni-Mançour, se présenta au général Lallemand, le 19, et lui rendit compte de sa situation qui était devenue meilleure; il pouvait maintenant sortir du bordj et rayonner à une certaine distance. Il avait reçu la soumission de plusieurs tribus de son commandement (Beni-Mançour, Cheurfa, Mecheddala).

Le général Lallemand lui confia, à titre provisoire, la réorganisation et l'administration des Beni-Abbès, qui venaient de se soumettre et qu'on ne pouvait encore remettre au commandant supérieur de Bordj-bou-Aréridj.

La colonne du général Saussier se trouvant retenue dans la Kabylie orientale, le général Lallemand dut entreprendre seul les opérations qu'il voulait poursuivre dans les Beni-Abbès et pour lesquelles il eût désiré son concours. Les Beni-Abbès avaient déjà fourni un nombre suffisant d'otages et il était fort probable que la colonne n'éprouverait sur leur territoire aucune résistance.

La colonne quitta son campement le 20 juillet, à 4 h. 1/2 du matin, précédée du génie avec trois compagnies de soutien pour aplanir les obstacles, elle passa près des ruines du bordj de Tazmalt et, 3 kilomètres plus loin, elle descendit au fond d'un large ravin dominé par le village des Aït-Labrour. Elle reprit ensuite sa direction primitive sur le flanc des hauteurs qui bordent la rive gauche de l'oued-bou-Halouan, puis elle s'éleva vers les deux gros villages de Tazaïrt et d'Ir'il-Ali. On dépassa ces villages et on alla camper sur une crête étroite, très accidentée et incommode pour l'installation des troupes.

La tête de colonne arriva au bivouac à 10 h. 1/2, mais le convoi ne commença à arriver qu'à midi 1/2 et il n'acheva de rallier qu'à 2 h. 1/2, non à cause de la difficulté du chemin qui était très bon, mais à cause de la chaleur accablante qui régnait et qui rendait la marche très pénible.

L'eau était rare et il fallut aller la chercher au fond de profonds ravins sur la face nord du camp; on ne put y faire arriver les animaux qu'avec de grandes difficultés, mais on parvint néanmoins à les abreuver. Le bois était rare. Il y eut 27 malades, par suite d'accidents causés par la chaleur.

Le 21 juillet, la colonne, partant à 3 h. 1/2, se mit en marche sur Boni, par un chemin ouvert au moyen des prestations en nature et qui était assez bon, quoique parfois fort étroit. Comme le chemin passe dans un pays boisé et se trouve souvent dominé, puisqu'il est à flanc de coteau, un bataillon désigné à l'avance dans l'avant-garde fournit des flanc-gardes qui occupent des points dominants, jusqu'à ce que toute la colonne ait défilé et qui rejoignent ensuite l'arrière-garde.

En contournant la montagne de laquelle se détache le contrefort sur lequel est bâtie la grande bourgade d'El-Kela, l'avant-garde remarque qu'elle est occupée par des rassemblements d'indigènes; on voit aussi de ces rassemblements près de Boni, point où il existait une maison servant d'installation d'été à l'officier du poste de Tazmalt. Ces rassemblements se dispersent d'eux-mêmes, sans nous attendre.

La colonne va prendre son bivouac autour du bordj de Boni, qui a été incendié récemment, car les ruines sont encore fumantes. L'eau est fournie par une source placée au milieu du camp, mais le débit de cette source étant insuffisant, on est obligé d'en aller chercher d'autres dans le ravin de Djelida.

Pendant que la colonne s'installe à Boni, des troupes qui étaient chargées du flanquement montent sur le piton où se sont avancés les gens d'El-Kela; elles y trouvent des retranchements, mais seulement sur le chemin allant de Boni à El-Kela; les troupes de flanquement arrivant par l'ouest, les défenses s'étaient trouvées tournées et l'ennemi les avait abandonnées sans combat. Une grand'garde d'un bataillon est établie un peu plus tard sur ce piton, afin de conserver le résultat acquis.

Dans la journée, une députation de gens d'El-Kela vient

offrir la soumission de cette grande et riche bourgade qui compte 2.880 âmes de population. Cette soumission étant acceptée, on désigne les otages à livrer et on convient que, le lendemain, des députations de chaque corps iront visiter cette cité fameuse qui a joué un grand rôle dans l'histoire du pays, comme ayant été pendant plus de trois siècles le siège de la puissance de la famille féodale des Oulad-Mokran et son refuge inviolable dans les moments difficiles. Les gens de la contrée allaient aussi, en temps de guerre, y chercher un asile sûr pour eux et leurs familles ou pour leurs trésors. Ils confiaient leurs biens aux habitants d'El-Kela, moyennant une certaine redevance, et ces biens leur étaient rendus lorsque le péril avait passé; la probité des gens d'El-Kela était proverbiale et on ne cite pas l'exemple d'un dépôt nié.

La ville d'El-Kela n'avait jamais été occupée par nos troupes. En 1851, le général Camou ayant été châtier les Beni-Abbès et ayant fait tomber leur dernière résistance dans le village d'Ayal qu'ils croyaient inexpugnable, la tribu s'était soumise et un détachement d'officiers de toutes armes de la colonne avait été admis, le 8 juillet, à visiter El-Kela, qui était à peu de distance du camp. C'était la seule circonstance où on y eût pénétré.

Les gens d'El-Kela s'adonnent au commerce et aussi à l'industrie, principalement au tissage des étoffes et à la confection des burnous et ils ont la réputation d'être riches. Une telle population, malgré la situation exceptionnellement forte de sa ville, ne devait pas s'exposer bénévolement à une attaque de vive force; le général Lallemand lui avait fait écrire, en son nom, par Si-ben-Ali-Chérif (1), qui n'avait pas eu de peine à la décider à demander l'aman.

Le 22 juillet, les otages qui avaient été désignés n'arrivèrent pas à l'heure dite et la grande fraction des Oulad-Haroun n'en voulut même pas livrer; le général Lallemand décida alors

---

(1) Si-ben-Ali-Chérif a prétendu, au procès de Constantine, qu'il avait fait entrer le général Lallemand dans El-Kela par sa seule influence; il y avait là de l'outrecuidance; s'il n'y avait pas eu sur les lieux une colonne capable d'y entrer sans permission, il est bien probable que son intervention n'eût pas été suffisante.

qu'au lieu d'une simple députation, ce serait la colonne elle-même qui irait visiter El-Kela le lendemain.

Dans la nuit, l'ennemi vint tirailler autour du camp du côté du sud; nos grand'gardes qui avaient appris à ne plus se troubler pour quelques coups de feu, y répondirent à peine.

Le 23 juillet, à 6 heures du matin, une colonne légère sans sacs se mit en marche pour El-Kela, sous le commandement du colonel Faussemagne; elle comprenait un bataillon du 80e de marche, le bataillon du 1er tirailleurs, celui du 4e zouaves, le 21e bataillon de chasseurs à pied, le bataillon du 2e tirailleurs et 4 sections d'artillerie. Le général Lallemand était présent avec son état-major.

La colonne gravit le dra Taguemount, occupé depuis deux jours par le bataillon du 1er tirailleurs et qui n'avait pas été défendu le 21, malgré les retranchements considérables dont il était couvert. Le génie, marchant en tête, ouvre la route, presque impraticable, tracée sur une série de crêtes rocheuses dont les flancs sont inaccessibles. Le 21e bataillon de chasseurs occupe les positions qui dominent la route à droite et à gauche.

A mi-chemin, une députation de gens d'El-Kela vient annoncer l'arrivée des otages en retard; le général Lallemand persiste à continuer sa marche. L'arête rocheuse que l'on suit est devenue encore plus étroite; elle est bordée des deux côtés de précipices à pic et on ne peut se défendre du vertige car, en certains endroits, le chemin n'a guère plus d'un mètre de largeur.

On voit enfin se dresser devant soi un pic abrupt, c'est le Takerboust; à droite et à gauche de son sommet se détachent des contreforts très étroits, de véritables murailles qui descendent en pente très rapide jusqu'au fond des ravins. Sur ces crêtes qui barrent complètement la route on voit encore les restes d'une muraille que les Oulad-Mokran avaient fait élever au temps des Turcs pour augmenter encore les difficultés que présentent ces fortifications naturelles. Cette muraille n'avait pas été relevée, ce qui semble démontrer que les gens d'El-Kela n'avaient pas songé sérieusement à se défendre.

Une compagnie de chasseurs escalade les rochers et va occuper les retranchements. La colonne franchit ce passage que le génie a rendu à peu près praticable et elle découvre enfin la ville d'El-Kela qu'elle n'avait pas encore aperçue dans sa marche. Sur un vaste plateau rocheux s'étalent trois grands villages dont l'aspect ne diffère pas de celui des autres villages de la tribu.

L'immense rocher sur lequel est bâti El-Kela présente, dans son aspect général, la forme d'une pyramide pentagonale tronquée qui se dresse entre l'Oued-Aïssa et l'Oued-Kela. Les faces de cette pyramide sont presque verticales et ont de 4 à 500 mètres d'élévation. Les stratifications du sol sont horizontales et dessinent sur les faces des lignes parallèles de couleurs variées qui forment des anneaux superposés autour du massif. Dans les anfractuosités des rochers croissent quelques maigres genévriers.

La section supérieure de cette pyramide forme un plateau légèrement incliné vers le nord-est, qui porte les villages. Chaque côté du pentagone a environ un kilomètre.

Les maisons bâties sur le plateau forment trois groupes. Celui de gauche est le village des Oulad-Aïssa, où sont les maisons des Oulad-Mokran; il renferme la mosquée près de laquelle a été enterré Mokrani; à droite, sont les villages des Oulad-Haroun et des Oulad-Hamadouch.

L'aspect des villages est pauvre, on n'y trouve aucune construction de quelque élégance; les maisons des Oulad-Mokran ne diffèrent des autres que par un mode de fermeture plus sérieux.

Entre les Oulad-Aïssa et les deux autres villages il existe une dépression un peu ravinée dans laquelle on trouve, à fleur de sol, cinq petites sources d'eau très bonne, mais très peu abondante. Les femmes vont chaque jour, par des sentiers de chèvres, chercher l'eau dans des peaux de bouc au fond de l'oued Aïssa à 400 mètres plus bas que les villages.

Dans les fissures que présente la masse rocheuse sur son pourtour, on trouve du côté nord de petits sentiers qui peuvent être suivis par les mulets du pays, mais ce sont plutôt des escaliers que des chemins et on pourrait en défendre l'accès en y faisant rouler des quartiers de rocher.

D'après la description que je viens d'en faire, on n'aura pas de peine à comprendre que la position d'El-Kela reliée seulement aux autres montagnes par l'arête rocheuse sur laquelle a passé la colonne, fût regardée comme absolument inexpugnable, si les défenseurs n'avaient affaire qu'à des contingents indigènes ; mais elle ne résisterait pas, je crois, à une attaque de nos colonnes ; on trouverait, en effet, sur la crête qui va à Bel-Ayal, des positions d'où on pourrait canonner la ville à une distance de 2,000 mètres, alors que nos canons de montagne portent à 4.000 mètres, et prendre à revers le Takerboust en le rendant intenable pour l'ennemi. Une fois qu'on serait maître de ce point, la position serait prise.

Les Oulad-Hamadouch, qui formaient l'élément le plus récalcitrant d'El-Kela, ne nous avaient pas attendus ; ils avaient pu faire échapper leurs familles et emmener leurs effets les plus précieux par les sentiers que nous connaissons et c'était pour avoir le temps de faire ce déménagement qu'ils avaient ouvert des négociations et les avaient fait traîner en longueur.

La colonne, arrivée à El-Kela à 9 h. 1/2, fut massée sur un terre-plein en avant du village des Oulad-Aïssa ; une petite source suffit aux premiers besoins et les indigènes apportèrent du bois et des outres pleines d'eau pour permettre à la troupe de faire le café.

Des factionnaires furent placés de manière à faire respecter les propriétés ; défense fut faite aux soldats de pénétrer dans les villages, les officiers seuls furent autorisés à les visiter.

Les maisons des Oulad-Mokran, au nombre de trois, furent razziées (1), ainsi que la maison d'un chikh qui était en fuite. Cette opération ne s'est pas faite méthodiquement et elle a plutôt ressemblé à un pillage ; mais le général Lallemand fit placer un poste au débouché du chemin à Dra-Taguemount et on y fit déposer tout ce qui avait été indûment enlevé. Les vingt mulets de cacolet furent chargés de ramener le butin au camp.

---

(1) Une fille et une des veuves du bach-agha Zohra-Bent-Keloudji, originaire d'Alger, et une fille de Bou-Mezrag s'y trouvaient ; elles ne furent pas inquiétées.

Le départ d'El-Kela avait eu lieu à 1 h. 1/2; la rentrée au camp se fit à 4 heures.

Pendant l'absence d'une partie des troupes, une attaque assez molle avait eu lieu du côté de la Medjana; elle n'avait eu d'autre but que de couvrir la fuite d'El-Kela des Oulad-Hamadouch.

La cavalerie avait fait une reconnaissance du côté du village des Oulad-Rached, à 4 kilomètres au sud-ouest du camp.

Dès le soir même de la rentrée au camp, on commença la vente aux enchères, par l'office du payeur de la colonne, des produits de la razzia : tapis, objets d'habillement, armes, bijoux, etc.; cette vente fut continuée les jours suivants et elle a produit plus de 20.000 francs.

Les Beni-Abbès s'étaient soumis en entier; ils avaient livré leurs otages et payé une partie de la contribution de guerre qui leur avait été imposée.

N'ayant pu avoir le concours de la colonne Saussier, le général Lallemand avait donné, le 19 juillet, l'ordre au général Cérez de se rendre dans la Medjana; il comptait, par des opérations combinées, en finir une bonne fois avec les Oulad-Mokran. Mais le général Cérez avait reçu du gouverneur général civil l'ordre de marcher sur Bou-Saada pour opérer le ravitaillement de cette place de concert avec le lieutenant-colonel Trumelet.

Une nouvelle insurrection avait éclaté dans le cercle de Cherchel; Zurich, Novi, des fermes isolées avaient été attaquées le 14 juillet et Cherchel était bloqué par les Kabyles des Beni-Menasser. Une partie de la colonne Ponsard, de Bougie, y avait été envoyée et le général Lallemand avait été invité à conduire, à jour donné, à Bougie la colonne de Kabylie. Le général Lallemand dut donc partir laissant aux colonnes Saussier, Thibaudin, Cérez, Goursaud et Trumelet le soin d'aplanir les dernières difficultés. D'ailleurs, les vivres commençaient à diminuer et on n'aurait pas pu aller plus loin sans un nouveau ravitaillement.

La colonne quitta son campement de Bordj-Boni le 24 juillet à 4 heures du matin; elle suivit d'abord la route muletière de

Boni à Tazmalt pendant 10 kilomètres; puis, en face de Tala-Mzita, on descendit au fond de l'oued Djemaa au moyen d'une rampe de 2 kilomètres tracée entièrement par le génie. La colonne arriva à 10 heures du matin sur l'emplacement du camp, espèce de plateau bordé à l'est et à l'ouest par de profonds ravins; un grand nombre d'arbres : oliviers, figuiers, frênes, mûriers couvrent le sol et les soldats jouissent, sous leur ombrage, d'une fraîcheur bienfaisante par la chaleur intense qui règne encore. Plusieurs sources donnent une eau très bonne, en quantité suffisante; le bois est assez abondant.

Pendant la marche, les cavaliers de Bou-Mezrag au nombre d'environ 200 et une soixantaine de fantassins abrités derrière les accidents du terrain ont tiraillé sur l'arrière-garde. Le commandant Lucas qui commandait celle-ci les avait tenus facilement en respect en leur tuant et blessant quelques hommes et ils avaient bientôt disparu. Nous n'avions eu, de notre côté, qu'un sous-officier blessé. Ce furent les derniers coups de fusil essuyés par la colonne Lallemand; elle n'eut plus ensuite qu'à marcher paisiblement jusqu'à Bougie.

Le 25 juillet, la colonne quitte son bivouac de Tala-Mzita à 4 heures du matin, elle traverse le ravin de l'oued Djemaa, qui a une profondeur de 25 mètres, au moyen de rampes pratiquées par le génie, passe au village de Tiniri, puis suit le sentier des crêtes, dont le point culminant est occupé par le village d'Agueni-bel-Ayel. Pendant cette partie du parcours, le chemin est passable. A un kilomètre au nord d'Agueni-bel-Ayel, on prend à gauche, on contourne un petit ravin dont les berges minées par les eaux nécessitent la main-d'œuvre du génie. Un arrêt d'une heure est nécessaire pour permettre l'exécution de ce travail, puis la marche est reprise vers l'oued Ouizeran, dans le lit duquel on descend au moyen d'une rampe à lacets construite presque entièrement par le génie. Ce passage est dangereux et réclame de grandes précautions de la part des conducteurs de mulets.

La colonne une fois engagée dans le lit de la rivière, trouve une route parfaitement praticable; l'oued Ouizeran se réunit à l'oued Kela, dont la colonne suit également le lit. Le campement est établi au lieu dit Sidi-Bouzid, à 200 mètres de l'oued Bou-Selam, sur un monticule qui permet d'échapper aux émanations de la vallée.

La chaleur a été accablante, aussi la queue de la colonne n'arrive-t-elle au camp que vers 4 heures.

L'eau de la rivière est saumâtre ; l'eau de source est très rare, on n'en trouve qu'à 2 kilomètres et demi du côté de Taourirt-ou-Abla. Le bois est abondant.

Le 26 juillet, le départ a lieu à 4 heures ; on traverse l'oued Bou-Selam puis l'oued Sahel, qui ont peu d'eau, et on va camper à Akbou sur un vaste terrain ombragé d'oliviers et suffisamment élevé au-dessus de la vallée. L'eau potable est fournie par une fontaine à côté du camp, qui débite une quarantaine de litres par minute ; les animaux vont s'abreuver à la rivière.

Le 27 juillet, la colonne suit la route de Bougie qui longe la rive gauche de l'oued Sahel (cette rivière prend maintenant le nom de Summam) ; à environ 6 kilomètres d'Akbou, au point appelé Azib-Chikh, on trouve la colonne du colonel Thibaudin parfaitement installée sous des oliviers. Le général Lallemand la passe en revue.

Les troupes de cette colonne, qui arrivaient de France et qui étaient parfaitement habillées et équipées, forment un contraste frappant avec celles de la colonne Lallemand qui, assez misérablement habillées au moment de leur départ pour l'expédition, laissent beaucoup à désirer, sous le rapport de la tenue, après trois mois de marches et de combats dans les montagnes de la Kabylie. Il convient de dire quelques mots de cette colonne Thibaudin.

Le 29 juin, avait été constituée à Bougie, au moyen des 9e et 10e régiments provisoires, comptant plus de 4.600 baïonnettes, une colonne dont le commandement avait été donné au colonel Ponsard, du 9e provisoire. Cette colonne avait dégagé les environs de Bougie, sévi contre les Mezzaïa ; puis elle s'était avancée en remontant la vallée, avait reçu la soumission des Fenaïa et des tribus voisines et elle avait occupé, le 15 juillet, sans coup férir, le poste de Taourirt sur la crête qui continue le Djurdjura vers Bougie, le jour même où la colonne Lallemand arrivait au col de Tirourda. La colonne Ponsard devait gagner l'Akfadou lorsque le général commandant supérieur des forces de terre et de mer lui avait donné l'ordre de faire rentrer un régiment à Bougie pour aller combattre l'insurrection des Beni-Menasser. La colonne, diminuée d'un régiment, était passée sous les ordres du colonel Thibaudin, du 10e provisoire.

Peu de jours après, la colonne Thibaudin avait repris les opérations commencées et elle avait obtenu la soumission des Beni-Our'lis, achevant ainsi la pacification de toutes les tribus de la rive gauche de l'oued Sahel. Cette colonne avait maintenant pour mission, en établissant sa base d'opérations à Akbou, de rayonner jusqu'à Tazmalt, puis d'aller opérer dans la Medjana, de concert avec le général Saussier.

La colonne Lallemand arriva à Takeriet, son bivouac, à 10 heures du matin, et elle campa sur un mamelon où se trouvaient réunies toutes les conditions de commodité et d'hygiène désirables. Une fois qu'ils eurent achevé leur installation, les hommes éprouvèrent le besoin de se délasser et de se rafraîchir en allant prendre un bain dans l'oued Sahel. Un homme du train se noya et, chose étonnante vu le peu de profondeur de la rivière, son corps ne put être retrouvé.

Maintenant que tout danger était passé, l'excitation nerveuse qui avait soutenu les hommes pendant cette pénible campagne, faite par des chaleurs torrides et où le biscuit avait presque toujours remplacé le pain dans l'alimentation, une sorte d'affaissement se produisait et le nombre des malades devenait considérable. Dans la soirée du 27 juillet, un homme mourut du typhus et deux cas graves se déclarèrent encore à l'ambulance.

Le 28 juillet, la colonne reprend sa marche ; la route qu'elle suit est en très bon état. Elle franchit le défilé d'El-Khorza, qui ne présente aucune difficulté, et elle va asseoir son camp au dessous de Taourirt-naït-Gana, sur un terrain en pente douce complanté d'oliviers et de frênes. Dans un ravin au-dessous du village existent deux sources, l'une qui a un réservoir en maçonnerie tandis que l'autre n'a qu'un réservoir naturel; cette dernière est un peu ferrugineuse. Le bois est assez abondant.

Le 29, à 2 heures du matin, on met en route sur Bougie un convoi de tous les malades de la colonne; les grandes chaleurs éprouvées ont développé des principes de typhus ou d'accidents typhiques qui ont rendu cette évacuation nécessaire.

A 4 heures, la colonne part à son tour. A 5 kilomètres et demi du camp on trouve à Tiklat des ruines romaines qui sont celles de *Tubusuptus*. Sur un petit mamelon dominant en ce t endroit la route est installé un camp, composé d'un bataillon du 10e provisoire et d'un escadron de cavalerie, chargé de la garde des approvisionnements réunis sur ce point pour les besoins de la colonne Thibaudin. Le général Lallemand passe cette petite troupe en revue.

On arrive à l'oued R'ir à 9 h. 1/2 ; le camp est installé sur un vaste terrain découvert où a déjà bivouaqué, au mois d'avril, la colonne du général Lapasset. L'eau de la rivière est potable, le bois se trouve facilement.

A 5 h. 1/2, le général en chef passe la revue des troupes et leur adresse l'ordre du jour suivant :

Du quartier général au camp de l'Oued-R'ir, le 29 juillet 1871.

OFFICIERS, SOUS-OFFICIERS ET SOLDATS,

Il y a trois mois, l'insurrection étendait ses ravages jusqu'aux portes d'Alger et vos combats avaient pour théâtre des lieux pacifiés depuis 30 ans. Confiant dans la résolution et le dévouement dont vous aviez déjà fait preuve, j'oubliai votre petit nombre et vous portai au-devant de l'ennemi.

Vous avez dépassé mon attente.

Au prix de fatigues et de dangers sans nombre, vous avez accompli une œuvre qui fut jadis celle de plusieurs campagnes laborieuses.

Après avoir soumis les tribus du Boudouaou, du Corso et de l'Isser, vous avez débloqué trois places importantes étroitement serrées, battu en plus de vingt rencontres un ennemi acharné, reconquis et pacifié pas à pas tout le pays kabyle.

Les efforts désespérés des révoltés joints aux difficultés de la nature ne peuvent arrêter votre élan ; c'est de vive force que vous avez franchi les cimes presque inaccessibles du Djurdjura ; les rochers de Tirourda furent les témoins de votre dernier combat.

La grande vallée de l'oued Sahel se déroulait alors à vos pieds ; au delà, vous aperceviez les montagnes des Beni-Abbès et Kela, véritable nid d'aigle, foyer de résistance des Mokrani. Mais le bruit de votre valeur était tel que, huit jours après, la confédération des Beni-Abbès était entièrement soumise, que, les premiers, vous entriez dans El-Kela, et que des tribus de la Medjana même venaient au camp implorer l'aman.

Officiers, sous-officiers et soldats,

C'est à votre constante bravoure, à votre incomparable énergie que l'on doit attribuer de pareils résultats ; ils vous assurent la reconnaissance de la colonie dont vous serez les vrais sauveurs et vous honorent grandement devant la France.

Quels que fussent les dangers à affronter, les fatigues et les privations à supporter, vous n'avez jamais hésité à accomplir glorieusement votre devoir ; jamais vous n'avez proféré une plainte.

Dans vos rangs, les plus jeunes rivalisaient avec les anciens.

Votre campagne formera un beau chapitre de notre histoire militaire. Vous avez appris à vous connaître et à vous estimer. Vous y avez retrouvé et développé les mâles vertus qui firent l'honneur de vos devanciers et la gloire de notre pays. C'est grâce à elles que vous avez pu ramener dans le devoir plus de cent mille insurgés que votre petit nombre avait aveuglés ; c'est grâce à elles que vous êtes déjà la consolation et l'espoir de la patrie.

Le général de division,
commandant supérieur des forces de terre,

Signé : LALLEMAND.

La distance qui sépare l'oued R'ir de Bougie n'est que de 12 kilomètres, mais on ne crut pas devoir conduire la colonne jusqu'à la ville et on l'arrêta à 5 kilomètres, au col de Tizi, où elle arriva le 30 juillet, à 7 heures du matin ; le campement indiqué par le commandant supérieur de Bougie est un vaste plateau situé au-dessous même du col.

La colonne est dissoute ; le 21ᵉ bataillon de chasseurs doit rester à Bougie dont il renforcera la garnison ; le 27ᵉ bataillon de chasseurs et le bataillon Lucas s'embarquent le jour même à 2 heures, à bord de la *Dryade*, pour Stora.

Les troupes qui s'installent au camp de Tizi sont : le 2ᵉ tirailleurs, le 2ᵉ zouaves, les deux bataillons du 80ᵉ, le 1ᵉʳ tirailleurs et une partie de la cavalerie et du train. Ces troupes sont placées sous le commandement du colonel Barrachin. Le reste de la cavalerie et une partie du train vont camper sous les murs de la ville près du parc à fourrages. L'ambulance est dissoute, les malades ayant été évacués sur l'hôpital de Bougie. Le général en chef, son état-major et le colonel Faussemagne s'installent à Bougie.

Le 31 juillet, les troupes de Tizi se rapprochent de la ville et s'installent à 1 kilomètre de la porte dans une vaste prairie bordée d'arbres; cela facilite les ravitaillements et permet aux hommes de prendre des bains de mer qui leur font le plus grand bien.

Le 1er août, le général Lallemand envoie aux colonnes Deplanque et Thibaudin tous les mulets arabes de son convoi.

Le soir même, il s'embarque pour Alger avec les états-majors, le 2e zouaves, les deux bataillons du 80e de marche, le 2e tirailleurs, le 4e zouaves et une section d'artillerie.

La cavalerie et le train devaient rejoindre leurs garnisons par la voie de terre, et le 1er tirailleurs devait attendre à Bougie le premier transport qui arriverait pour être rapatrié à Alger.

L'embarquement des chevaux et des bagages commença à 1 heure, mais l'insuffisance du matériel le rendit lent et pénible; la direction du port ne disposait, en effet que d'un gros chaland et d'une chaloupe à vapeur. Les troupes ne purent commencer leur embarquement qu'à 4 heures et il ne se termina qu'à minuit 1/2. Grâce au clair de lune, cette opération put se faire sans accident. La *Dryade* se mit en marche à 1 heure du matin et elle arriva à Alger le 2 août, à 4 heures de l'après-midi; ayant à bord 115 officiers, 2.183 hommes de troupe et 50 chevaux. Les troupes allèrent camper à Mustapha pour attendre leur destination ultérieure.

Dans cette campagne de trois mois, la colonne Lallemand avait parcouru près de 600 kilomètres et avait livré 18 combats; elle avait consommé 358.287 cartouches, 2.801 obus, 58 boîtes à mitraille, 330 boîtes de mitrailleuse. Elle a eu 58 tués, 312 blessés, et le total des évacuations s'est élevé à environ 1.500 hommes.

Le payeur de la colonne avait rapporté à Alger, dans sa caisse, un million de contribution de guerre.

Cette campagne, qui a été coordonnée d'une manière remarquable, a amené du premier coup des résultats complets et définitifs ; elle a déterminé la soumission de toutes les tribus de la subdivision de Dellys et de l'annexe d'Alger, ainsi que celle de plusieurs tribus des plus importantes de la province de Constantine. Elle fait le plus grand honneur au général Lallemand qui l'a conduite avec une sagacité rare, sans destructions ni exécutions inutiles et en gardant les lois de l'humanité ; les résultats ont été cherchés plutôt dans la confiance que dans la terreur.

Son séjour à Alger ne fut pas de longue durée; appelé le 5 août à Paris par le ministre de la guerre, il ne revint plus et on lui donna le commandement du 1er corps d'armée à Lille.

L'amiral de Gueydon n'avait pas voulu conserver à côté de lui un chef militaire réunissant des pouvoirs qui lui faisaient ombrage et il avait obtenu la suppression du commandement des forces de terre et mer ; les trois divisions relevèrent directement du ministre de la guerre.

Le général Lallemand a emporté l'estime et les regrets affectueux de tous les partis, même des plus exaltés, tant il avait su imposer de respect à tous par sa droiture, son honnêteté et sa simplicité.

Le commandement de la division d'Alger avait été donné, par décision ministérielle du 30 juin, au général Wolff, qui était débarqué à Alger le 24 juillet et avait pris ses fonctions le 25.

CHAPITRE XXVI

La colonne du colonel Goursaud campe, le 8 juin, à Ben-Haroun. — Elle arrive, le 10, à Aumale, où elle se remet en état. — Elle repart, le 12, pour les Beni-Yala. — Attaque du bordj des Beni-Mançour par les Beni-Abbès, le 13 juin. — Razzia de Bou-Mezrag sur les Beni-Amar, le 15 juin. — Le colonel Goursaud arrive, le 18, à l'oued Berdi; il prépare l'attaque des Ahl-el-Ksar, de concert avec la colonne de Sidi-Aïssa du lieutenant-colonel Trumelet. — Situation de cette dernière colonne. — Combat des goums à l'oued Bou-Assakar et enlèvement des Ahl-el-Ksar, le 19 juin, par la colonne Goursaud. — La colonne Goursaud va prendre à Aumale, le 22, un ravitaillement pour les Beni-Mançour et elle arrive à ce poste le 27 juin. — Reconnaissance dans les Beni-Abbès. — La colonne Trumelet va se ravitailler à Aumale le 30 juin. — Le caïd des Oulad-Bellil, Mhamed-ben-Mançour, tombe sous les coups des Oulad-el-Aziz le 28 juin. — Le colonel Goursaud bat les Oulad-el-Aziz le 4 juillet. — La colonne s'établit en observation au Mehallet-Ramdan et y séjourne jusqu'au 18 juillet.

Le 8 juin, la colonne du colonel Goursaud, constituée à Dra-el-Mizan comme il a été dit au chapitre XX, établissait son bivouac à Ben-Haroun; elle avait emmené avec elle la plupart des colons de Dra-el-Mizan pour les conduire à Aumale.

Le caïd des Harchaoua, Ahmed-ben-Aïssa, avait amené au gué de l'oued Djemaa les otages que la tribu devait fournir et les armes qu'elle devait livrer.

Quelques coups de fusil furent tirés pendant la nuit sur une grand' garde par les Oulad-el-Aziz qui, le lendemain, lorsque la colonne se mit en marche pour Bouïra, vinrent encore échanger des coups de feu avec nos flanqueurs.

Le 10 juin, la colonne était à Aumale où elle était allée se remettre en état, compléter son matériel et ses munitions, et prendre un ravitaillement. Le 12 juin, elle était à Aïn-Tiziret et, le 13, elle arrivait au caravansérail d'El-Esnam, où elle apportait un ravitaillement. La cavalerie avait poussé sa marche, le même jour, jusqu'à Bouïra où on avait craint une attaque des Oulad-el-Aziz et, n'y ayant trouvé aucun ennemi, elle avait rejoint le soir même au gîte d'étape.

Ce jour-là, une nouvelle attaque des Beni-Abbès et des tribus de l'annexe des Beni-Mançour avait eu lieu contre le bordj. Le capitaine Odon a rendu compte de cette affaire dans le rapport ci-après qui rappelle en même temps les événements accomplis depuis le départ de la colonne Cérez.

Beni-Mançour, le 14 juin 1871.

Le 29 mai, dès que la colonne Cérez eût été partie, nous nous sommes occupés de l'aménagement intérieur du bordj, ce qui nous a demandé quatre jours de travail. Entre autres améliorations, nous avons remplacé la barricade qui était derrière la grande porte par une traverse assurant la sécurité du poste, tout en permettant la libre communication avec l'extérieur.

Dès lors, nous avons toujours tenu la campagne et, tout en nous occupant de divers travaux ayant pour but d'améliorer nos moyens de défense, nous n'avons jamais permis à un ennemi de se montrer dans la plaine des Beni-Mançour sans l'attaquer ou du moins l'inquiéter. Ainsi, le 2 juin, par une simple démonstration, nous avons forcé une colonne de 1.000 à 1.200 Beni-Abbès qui se rendait aux Ksar, à se détourner de son chemin.

Le 3, quelques coups de feu ayant été tirés sur nos sentinelles postées au village des Aït-bou-Ali, nous avons fait une reconnaissance tout le long de la crête occupée par les villages des Beni-Mançour et nous avons fait prisonnier un rôdeur sans armes.

Le 4, les Cheurfa, en petit nombre, moissonnant dans la plaine, nous les poursuivons jusque dans les oliviers qui sont au pied de leur village.

Le 6, nous allons brûler, sur la rive droite de l'oued Marir', la récolte de l'ex-mokhazni Dao-ben-Aoun qui avait osé tirer quelques coups de feu sur nos avant-postes.

Enfin, le 12 juin, nous avons achevé de brûler les villages des Beni-Mançour.

Le lendemain, à 8 h. 1/2, les tribus des Beni-Mançour et des Cheurfa, aidées par les Beni-Kani et les Beni-Abbès, réunissaient environ 600 hommes et venaient attaquer le bordj, espérant bien nous forcer d'y rentrer et de nous y bloquer.

Aux premiers coups de feu, nous occupâmes par des tirailleurs le village des Aït-bou-Ali ainsi que la crête qui, de ce point, se dirige à l'est parallèlement à l'oued Sahel et va mourir dans la plaine, à hauteur de l'ancien moulin ; nous couvrions ainsi toute la face sud du bordj.

Une deuxième ligne de tirailleurs, établie en avant de la face est, où se trouve la grande porte d'entrée, avait son centre en avant de l'ancien moulin, sa droite appuyée à la 1re ligne et sa gauche dans le jardin militaire. 30 hommes étaient déployés sur les deux lignes, 40 environ restant au bordj en réserve, soit dans la cour, soit dans les bastions.

L'ennemi avait formé deux rassemblements considérables ; le premier, composé d'au moins 200 Cheurfa, Beni-Mançour et Beni-Kani, était dans les oliviers qui se trouvent sur la rive gauche de l'oued Marir' et en avant du mamelon qui domine à la fois ces oliviers et la rivière ; le deuxième, composé de 300 Beni-Abbès, se trouvait à 500 mètres au delà du village des Aït-bou-Ali, sur une éminence couronnée par 6 ou 8 maisons kabyles, appartenant à Si-Mohamed-ben-Taïeb ; de ce point partait un feu très vif. Les deux groupes, distants de 1.200 mètres, étaient mal liés par une centaine de tirailleurs.

Le combat s'engagea dans cet ordre et dura trois quarts d'heure, sans résultat de part et d'autre. Puis un mouvement de retraite se prononça parmi les indigènes qui se trouvaient dans les oliviers ; nos hommes gagnaient rapidement du terrain de ce côté. Il y avait également dans notre première ligne de tirailleurs un mouvement en avant assez sensible, quoique l'ennemi tint bon de ce côté.

Voyant les bonnes dispositions de la troupe, je fis sortir du bordj quelques hommes de plus que je plaçai en réserve derrière la deuxième ligne de tirailleurs ; j'ordonnai à M. le lieutenant Louvel d'en prendre le commandement et de repousser l'ennemi sur la rive droite de l'oued Marir'. Ce fut fait dans l'espace d'une demi-heure ; l'ennemi se débanda complètement de l'autre côté de la rivière et entraîna dans sa fuite les tirailleurs qui les liaient aux Beni-Abbès.

Ordre fut alors donné au détachement de M. Louvel de faire à droite et de se diriger contre le contingent des Beni-Abbès en suivant une ligne de petits mamelons qu'occupaient un instant auparavant les tirailleurs ennemis. Par ce mouvement, il s'avançait sur le flanc droit du groupe ennemi qui faisait encore bonne contenance, et menaçait de l'acculer à un escarpement rocheux assez difficile. Dès que ce détachement fut arrivé à 200 mètres des maisons de Si-Mohamed-Taïeb, une bande considérable de Beni-Abbès prit la fuite ; puis, à mesure que nous avançâmes en tiraillant, toute la masse s'enfuit et fut obligée, par l'escarpement dont j'ai parlé ci-dessus, à défiler devant nous à bonne portée Nous l'accompagnâmes d'une fusillade très vive et très efficace.

Un groupe de 5 ou 6 disciplinaires emportés par leur ardeur et trouvant qu'il était trop long de recharger leurs fusils mod. 1857, coururent à la baïonnette sur les fuyards et coupèrent la retraite à une vingtaine d'entre eux qui rejoignirent, dans les maisons, ceux des leurs qui les défendaient encore.

Pendant que la 2e ligne de tirailleurs attaquait l'ennemi par sa droite, la 1re ligne, dirigée par M. le sous-lieutenant Lévêque et le sergent Lainé, du 4e de zouaves de marche, descendait du village des Aït-bou-Ali, attaquait de front et atteignait la position en même temps que l'autre ligne.

Jusque-là, nous n'avions eu qu'un seul homme blessé ; mais nous fîmes des pertes bien plus sérieuses en enlevant les maisons qui étaient crénelées et occupées par les indigènes les plus déterminés.

Il était 10 h. 1/2 quand nous arrivâmes aux maisons de Si-Mohamed-ben-Taïeb ; nous ne pûmes nous en emparer que 4 heures après, à 2 h. 1/2, lorsque le feu, mis à la porte de la dernière maison dans laquelle l'ennemi était acculé, eut gagné le toit et que les dissidents entendirent saper le seul mur sur lequel ils n'avaient pas de créneaux. Enfin, forcés de fuir, 30 d'entre eux défilèrent devant nous à la distance de 4 à 6 mètres et nous en tuâmes et blessâmes un bon nombre tant par le feu qu'à la baïonnette.

Nous eûmes dans cette deuxième partie du combat 2 hommes tués à bout portant, 3 blessés assez grièvement et 4 légèrement. Ces 7 derniers reçurent leurs blessures presque à bout portant ; il y eut en outre un cheval tué.

Lorsqu'on pénétra dans la dernière maison occupée par l'ennemi, on y trouva 11 cadavres ; on en avait déjà vu 13 tant autour des maisons que dans les jardins du bordj et auprès de l'Oued-Marir'. Le nombre des morts de l'ennemi, constaté par nous, est de 24, mais ce chiffre est évidemment inférieur au nombre réel, car plusieurs morts ont été enlevés avant que nous ayons pu constater leur état. D'après les renseignements recueillis auprès des indigènes, l'ennemi aurait perdu dans le combat du 13 juin de 30 à 35 tués et de 60 à 80 blessés.

En rentrant au fort nous avions comme trophées, 17 fusils, des cartouchières et des burnous.

J'ai dû adresser des félicitations à tout le monde car tous, officiers, assimilés, zouaves, disciplinaires, spahis, mokhaznis, ont fait preuve d'autant de courage que d'énergie.

Depuis le 13 juin, nous sommes maîtres incontestés de la plaine qui entoure le bordj des Beni-Mançour ; aucun dissident n'ose s'y hasarder.

Les morts qui se trouvaient dans la maison de Si-Mohamed-Taïeb ou autour d'elle ont été enlevés de nuit ; le 14 au soir il en restait encore 3 abandonnés.

Le 15 juin, malgré la proximité de la colonne Goursaud, Bou-Mezrag, suivi d'une centaine de cavaliers et des contingents des Ahl-el-Ksar, fondit tout-à-coup avec une audace incroyable sur les Beni-Amar qui se trouvaient entre El-

Esnam et Aïn-Hazem et leur enleva 300 moutons, 15 bœufs et 8 chevaux. Quand le colonel Goursaud apprit cette razzia, les rebelles étaient déjà loin et hors de portée. La colonne était arrivée, ce jour-là, à Kaf-el-Ahmar. Le colonel se porta, le 16, à Aïn-el-Kharouba, le 17, à Bordj-Bouïra et, le 18, il alla s'établir à l'Oued-Berdi (1) où il prépara une attaque contre la petite tribu des Ahl-el-Ksar, toujours insoumise. Cette tribu se trouvait sous la pression des contingents de l'Ouennour'a qui étaient rassemblés au Khemis des Ouled-Msellem.

Pour diviser l'attention de l'ennemi dans l'opération qu'il voulait effectuer, le colonel Goursaud demanda le concours de la colonne de Sidi-Aïssa, dont je vais dire quelques mots.

Cette colonne, primitivement commandée par le lieutenant colonel Muel du 1er spahis, était arrivée à Sidi-Aïssa le 19 mai, comme nous l'avons vu au chapitre XIX; elle y était restée immobile jusqu'au 29 mai, date à laquelle elle avait été se porter à l'Oued-Roumeïla pour couvrir l'est de la subdivision d'Aumale laissé découvert par la défection des Oulad-Sidi-Hadjerès. Elle était revenue à Sidi-Aïssa le 9 juin. Le commandement en avait été alors donné au lieutenant-colonel Trumelet, rentré à Aumale le 10 juin avec la colonne Goursaud.

Le lieutenant-colonel Trumelet avait emmené avec lui d'Aumale un renfort composé d'une compagnie de zouaves et d'une section de tirailleurs et il avait rejoint sa colonne à Sidi-Aïssa le 15 juin. Celle-ci avait alors un effectif de 67 officiers, 1.800 hommes, 467 chevaux et 125 mulets et comptait :

300 mobiles du Puy-de-Dôme ;
180 tirailleurs du 1er régiment ;
480 hommes du 2e bataillon d'Afrique ;
140 chasseurs d'Afrique du 1er régiment ;
100 cavaliers du 9e régiment de chasseurs ;
150 spahis du 1er régiment ;
1 section d'artillerie.

---

(1) La carte porte Aïn-el-Maïla.

Le commandant de la colonne disposait en outre des goums des cercles d'Aumale, de Médéa et de Boghar.

Le lieutenant-colonel Trumelet déplaça son camp de 4 kilomètres, le 18 juin, à cause de la mauvaise qualité des eaux, pour le porter à Aïn-et-Tolba.

La lettre que le colonel Goursaud avait écrite au lieutenant-colonel Trumelet pour lui demander le concours de sa colonne dans la matinée du 19, ne parvint à cet officier supérieur que le 18 juin, à 8 heures du soir. Le théâtre de l'action était trop éloigné pour qu'on eût le temps d'y arriver avec l'infanterie ; d'ailleurs, la colonne n'avait comme moyens de transport que des chameaux qui ne pouvaient être utilisés dans les terrains rocheux et difficiles qu'il y aurait eu à traverser ; aussi, le lieutenant-colonel Trumelet dut-il se borner à envoyer, la nuit même, tous les goums qu'il avait à sa disposition et qui comprenaient : 300 chevaux du cercle de Médéa commandés par le capitaine Coÿne, 150 chevaux du cercle de Boghar sous les ordres du capitaine Labayle et 150 du cercle d'Aumale conduits par le capitaine Cartairade. Les commandants des goums étaient trois officiers vigoureux, énergiques et hardis cavaliers ; c'était au capitaine Cartairade, le plus ancien de grade, que revenait le commandement dans l'opération à exécuter.

Le lieutenant-colonel Trumelet avait aussi expédié à Aumale l'ordre d'envoyer à Teniet-Oulad-Daoud le goum du lieutenant de spahis, El-Isseri, composé de 150 chevaux et qui était chargé de la protection d'Aumale vers l'est.

Bien que les goums fussent partis de nuit et à l'improviste, des feux, qui s'allumèrent simultanément sur le Djebel-Taguedit, le Djebel-Attach et le Djebel-Affroun, montrèrent que leur marche était déjà signalée.

La route suivie fut celle d'Ang-el-Djemel qui arrive sur la crête séparant le bassin de l'oued Sahel de celui du Hodna, un peu à l'ouest de Bab-bou-Besla du Djebel-Attach. Quand on déboucha par cette porte naturelle, on aperçut, à 8 kilomètres, un goum de 150 à 160 cavaliers posté auprès du caravansérail de l'oued Okheris ; ce pouvait être celui du lieutenant El-Isseri, mais comme il était peu probable qu'il fût déjà là, le capitaine Cartairade plaça en observation, à Bab-bou-Besla, 150 cavaliers du cercle de Médéa sous les ordres d'un caïd pour garder ses derrières.

Il était 8 heures du matin, des éclaireurs ennemis à pied et à cheval se montraient du côté du marché du Khemis des Oulad-Msellem, point que le capitaine Cartairade avait reçu l'ordre d'occuper ; ces éclaireurs furent facilement refoulés et ils se perdirent dans la montagne et dans les ravins. On se contenta de leur donner la chasse avec quelques coups de chassepot à longue portée.

Les goums, en arrivant sur l'emplacement du marché, mirent pied à terre et firent manger leurs chevaux dans les récoltes encore sur pied.

Le capitaine Cartairade se rendait à la fontaine du marché pour y rejoindre les capitaines Coÿne et Labayle et y déjeuner avec eux en attendant les événements, lorsque ces derniers vinrent à lui pour le prévenir que des goums nombreux et entreprenants venaient d'apparaître et que les cavaliers sous leurs ordres refusaient de combattre sous prétexte qu'ils n'avaient plus de cartouches. Cette assertion était absolument fausse, car les officiers leur avaient fait distribuer, pendant le trajet, quatre cartouches à chacun et ces munitions n'avaient pas pu être employées, puisque les éclaireurs ennemis, qui s'étaient tenus toujours à grande distance, avaient été poursuivis presque uniquement par les spahis armés de chassepots.

La vérité était que nos goums, tout en n'ayant pas l'intention de faire ouvertement défection, ne voulaient pas se battre contre les Oulad-Mokran. Les ennemis qui comptaient peut-être 150 cavaliers étaient très inférieurs en nombre et il n'y aurait eu qu'à se montrer pour les mettre en fuite, mais nos gens ne voulaient pas marcher et, si on les avait fait porter quand même en avant, il y aurait sûrement eu une débandade générale aux premiers coups de fusil.

Le goum qu'on avait vu près du caravansérail de l'oued Okheris n'était pas celui du lieutenant El-Isseri, qui n'avait pas reçu l'ordre envoyé par le lieutenant-colonel Trumelet et les cavaliers que le capitaine Cartairade avait laissés à Bab-bou-

Besla pour garder ses derrières avaient disparu sans rien dire.

La situation était délicate ; si on devait renoncer à un succès, il fallait à tout prix éviter une déroute, une fuite éperdue qui aurait eu un effet moral déplorable et aurait entraîné des défections. Voici à quoi se résolut le capitaine Cartairade : il donna l'ordre aux goums de Médéa et de Boghar de se mettre en retraite, non par la route qu'on avait suivie et sur laquelle on aurait pu se trouver coupé par le goum ennemi qu'on avait vu à l'oued Okheris, mais par le chemin de l'oued Bou-Assakar, plus à l'est, où la rencontre de ces ennemis n'était pas à craindre car ils n'auraient pas eu le temps de s'y porter. Les officiers, le revolver au poing, devaient marcher en tête et empêcher les cavaliers sous leurs ordres de prendre une autre allure que le pas; la route sur laquelle on s'engageait facilitait l'exécution de cet ordre, car elle était très mauvaise et on ne pouvait y passer le plus souvent qu'un par un. Le capitaine Cartairade, avec le goum du caïd Zouaoui, des Adaoura, qui était resté solide et les cavaliers du bureau arabe d'Aumale, devait faire tête aux rebelles pour protéger la retraite.

Il y eut alors un combat très vif; l'ennemi était peu nombreux, mais c'était l'élite des Oulad-Mokran et un certain nombre de cavaliers étaient armés de chassepots et de spencers. Le goum d'Aumale se conduisit vigoureusement et la retraite put se faire méthodiquement mais nos pertes étaient sérieuses. Il n'y eut de combat qu'en tête du ravin de Bou-Assakar, l'ennemi ne fit aucune poursuite. Nos goums rentrèrent au camp d'Aïn-et-Tolba à 8 heures du soir ; le détachement de Bab-bou-Besla y était rentré depuis longtemps.

Nos pertes s'élevaient à 9 tués, 9 blessés, et 19 chevaux hors de service; elles se répartissaient ainsi :

```
Goum d'Aumale, 7 tués, 8 blessés, 12 chevaux hors de service;
  —   de Médéa,  1  —   1   —    4          —
  —   de Boghar, 1  —   »   —    3          —
```

La quasi-trahison des goums avait été préméditée (1), et le

---

(1) Lorsque Bou-Mezrag, dans sa fuite à travers le Sahara, fut fait prisonnier

bach-agha du Titery, Ben-Yahia-ben-Aïssa, si brave, si dévoué et jusque-là si fidèle, a dû être au courant de ce qui allait se passer, car il s'était arrangé de façon à ne pas marcher; il n'avait pas voulu être obligé de mentir à son passé et s'était abstenu.

Voyons maintenant ce qu'avait fait la colonne du colonel Goursaud.

Les troupes s'étaient mises en marche le 19, à 4 h. 1/2 du matin, et, au lieu d'arriver par la route directe, elles avaient pris à travers bois en suivant la ligne des crêtes et étaient arrivées sur les trois villages des Ahl-el-Ksar, d'un côté où la résistance n'avait pas été préparée. La diversion faite par les goums de la colonne du lieutenant-colonel Trumelet avait produit son effet : les Ahl-el-Ksar n'avaient à opposer à la colonne Goursaud que leurs propres forces. Les éclaireurs purent s'emparer, après une courte résistance, des positions dominantes, et les gens de la tribu prirent la fuite en faisant filer leurs troupeaux; quand le gros de la colonne arriva, les villages étaient déserts. Ces villages : Oulad-Rached, Oulad-abd-Allah et Zeriba, furent incendiés, et la maison de l'amin de la tribu, El-Hadj-Mohamed-ben-Ammar, fut démolie.

Le colonel Goursaud ne passa qu'une seule nuit dans les Ahl-el-Ksar; le lendemain, il retourna à l'oued Berdi. Au

---

près du ksar de Rouissat, on lui fit subir de nombreux interrogatoires; dans celui du 3 février 1872, qui eut lieu au camp de Negoussa, il fit la déclaration suivante : « Quand la colonne était campée à Sidi-Aïssa-el-R'erbi, le bach-agha Ben-Yahia-el-Aïb, le caïd Zouaoui, des Adaoura, et Mohamed-ben-Mbarek, caïd des Oulad-Sidi-Aïssa, nous envoyèrent dire ceci : « Prenez garde à vous; six
» cents cavaliers des goums, commandés par le chef du bureau arabe, qui a avec
» lui cinq spahis, vont marcher contre vous vers Aïn-Taga, afin de vous livrer
» combat; pendant ce temps, la colonne campée à Bouira doit se porter sur les
» Ksar et les brûler. »

» Ils ajoutaient : « Lorsque nous nous rencontrerons et que la poudre parlera
» entre vous et nous, nous prendrons la fuite afin de faire éclater la déroute
» dans le goum. »

» Et, en effet, quand nous nous sommes trouvés en présence, ils avaient leurs six cents cavaliers, et nous n'en avions qu'une quarantaine à leur opposer; ils ont commencé à fuir, ainsi qu'ils l'avaient fait dire, et leurs goums se sont retirés en débandade..... Comment expliquer que six cents cavaliers lâchent pied devant quarante? »

On ne peut s'empêcher de penser qu'il y avait quelque chose de vrai dans cette déclaration.

moment du départ, une dizaine de cavaliers et une cinquantaine de piétons apparurent dans un des villages et tirèrent sans résultat quelques coups de fusil sur l'arrière-garde; on riposta par un feu de peloton qui abattit trois ou quatre hommes et mit les autres en fuite.

Après avoir sévi sur les Ahl-el-Ksar, le colonel Goursaud se dirigea sur Aumale pour y prendre un ravitaillement destiné à la garnison des Beni-Mançour. Arrivé à Aumale le 22, il en repartit le 24 juin pour aller camper à Aïn-Hazem. La cavalerie avait été envoyée seule, le 23, chez les Beni-Amar, qui s'étaient crus menacés par les dissidents; elle rejoignit la colonne à son bivouac le lendemain.

La colonne, prenant la route des Beni-Mançour, campa, le 25, à l'oued Berdi; le 26 à Adjiba, et elle arriva à destination le 27 juin.

Le lendemain, des contingents ennemis ayant été signalés dans les Beni-Abbès, la cavalerie reçut l'ordre de monter à cheval et d'aller faire une reconnaissance, soutenue par trois compagnies d'infanterie. L'ennemi fut rencontré à 3 kilomètres, chez les Beni-Houïdan; on tirailla quelque temps, puis les rebelles lâchèrent pied et disparurent, leur chef, Bel-Kassem-ou-Bettach, ayant été tué.

Pendant son séjour à Adjiba, le colonel Goursaud avait reçu la nouvelle que Saïd-ben-bou-Daoud s'était porté, à la tête de ses contingents, dans les environs de l'oued Okheris, d'où il menaçait d'un coup de main les Beni-Amar et les Beni-Iddou, et même les environs d'Aumale, et il avait demandé au lieutenant-colonel Trumelet de faire faire un mouvement à sa colonne pour couvrir les tribus d'Aumale du côté de l'est, pendant qu'il opèrerait aux Beni-Mançour. Le lieutenant-colonel Trumelet se porta, le 28 août, à El-Khalkha, dans les Oulad-Msellem, entre le djebel Abd-Allah et le djebel Taguedit. Il envoya une reconnaissance, le lendemain, au Teniet-Oulad-Daoud, qui ne rencontra aucun ennemi. Comme il avait besoin de prendre un ravitaillement et qu'il devait conduire à Aumale le bataillon de mobiles du Puy-de-Dôme, qui devait être libéré, et y prendre un bataillon du 50ᵉ de ligne et d'autres troupes, il se rendit dans cette ville avec sa colonne, le 30 juin, en passant par le djebel Serdoun et Aïn-Sadda.

Le colonel Goursaud avait encore fait séjour aux Beni-Mançour les 29 et 30 juin, pour recevoir des ouvertures de soumission qui lui étaient faites par les Ahl-el-Ksar, les Sebkha, les Mecheddala, les Beni-Mellikeuch et les Beni-Abbès. Les négociations avaient été laborieuses et elles n'avaient pas abouti complètement, car il n'y avait encore que des sofs isolés qui se présentaient, et on ne pouvait rien arrêter définitivement.

Pendant le séjour de la colonne Goursaud aux Beni-Mançour, un de nos meilleurs chefs indigènes, qui nous avait montré, dans ces circonstances difficiles, une fidélité inébranlable, était tombé victime du devoir : c'était le caïd des Oulad-Bellil, Mahmed-ben-Mançour, dont j'ai eu plus d'une fois l'occasion de parler.

Le 28 juin, un fort parti de gens des Oulad-el-Aziz, tribu qui était restée obstinément hostile, était tombé, à la pointe du jour, sur les Oulad-Bellil et leur avait enlevé un troupeau de 180 bœufs. Aussitôt informé de ce fait, le caïd Mhamed-ben-Mançour monte à cheval avec les quelques cavaliers, au nombre d'une vingtaine, qu'il peut réunir, et se met à la poursuite des ravisseurs, qui gagnaient la montagne; il les rejoignit à l'entrée de la forêt de R'abat-er-Rih, après une heure de course. Malgré son embonpoint, il avait devancé ses cavaliers et il se trouvait presque seul. Mhamed-ben-Mançour n'hésita pas à attaquer les rebelles et il les poussa vivement jusqu'au centre de la forêt; il avait déchargé son fusil à plusieurs reprises lorsqu'il reçut une balle en pleine poitrine et tomba de cheval; le cadi de Bouïra, qui seul l'avait suivi, l'aida à se relever. Mhamed-ben-Mançour eut encore la force de décharger son revolver sur les rebelles, qui n'étaient plus qu'à 20 mètres de lui. Le cadi, jugeant la lutte impossible et ne pouvant entraîner le caïd avec lui, dut l'abandonner. Le bruit du combat avait attiré sur les lieux 2 à 300 Oulad-el-Aziz, et les cavaliers des Oulad-Bellil qui arrivaient furent obligés de reculer sans pouvoir dégager leur chef. Les rebelles se précipitèrent sur le caïd, lui cassèrent la tête d'un coup de pistolet, le dépouillèrent de ses vêtements et le décapitèrent; ils lui coupèrent un doigt pour lui enlever une bague en or qu'ils n'avaient pu arracher autrement. Ils se retirèrent, emportant comme trophées la tête sanglante du caïd, ses vêtements, ses armes et son cheval.

Mhamed-ben-Mançour était le fils du chikh Mançour-el-Belili, qui avait une grande notoriété au temps des Turcs, qui lui ont confié des missions importantes (1). Il avait été nommé caïd des Oulad-Bellil, le 15 août 1848, en remplacement du caïd Ben-Yahia, qui avait été assassiné traîtreusement avec son fils, par les Beni-Yala (2); on avait agrandi son commandement en lui donnant, en outre de sa tribu d'origine, les Beni-Meddour et les Merkalla.

Pendant l'insurrection, il avait su maintenir les Oulad-Bellil dans le devoir, bien que cette tribu fût englobée au milieu du territoire insurgé, et il avait rendu constamment des services dévoués. Dans les moments les plus difficiles, il s'était réfugié avec sa famille dans le fort de Bouïra où se trouvaient les quelques Européens qui n'avaient pas abandonné le pays; sa maison avait été brûlée par le bach-agha Mokrani, dans son agression du 2 mai.

Il était chevalier de la Légion d'honneur.

La mort tragique de Mhamed-ben-Mançour excita d'unanimes regrets, aussi bien dans la population européenne, que dans la population indigène. C'était un homme aussi généreux que brave et sa générosité ne s'étendait pas seulement à ses coreligionnaires; tous les Européens, riches ou pauvres qui passaient chez lui, chose qui arrivait journellement, étaient accueillis d'une façon cordiale. Il avait ébréché sa fortune dans la famine de 1867, en secourant les malheureux.

Le colonel Goursaud avait à cœur de venger la mort de notre fidèle serviteur; il quitta les Beni-Mançour le 1er juillet et arriva à Bouïra le 3, avec sa colonne.

---

(1) Voir la *Revue africaine* de 1874, page 92.
(2) Voir la *Revue africaine* de 1898, page 29.

Les contingents des Oulad-el-Aziz, auxquels s'étaient joints ceux des Guechtoula, du cercle de Dra-el-Mizan, s'étaient réunis au col de Djaboub, point du Djudjura à partir duquel commencent les crêtes rocheuses et inaccessibles de cette chaîne de montagnes; le colonel Goursaud résolut de les y aller chercher et il partit, à cet effet, de Bouïra, le 4 juillet, à 4 heures du matin. La route à suivre a des pentes très rapides, mais elle ne présente pas, par elle-même, de difficultés bien considérables dans la plus grande partie de son parcours.

La position de l'ennemi, déjà très forte naturellement, avait encore été admirablement retranchée par les Kabyles; il n'y avait pas moins de quatorze barricades sur le chemin étroit et escarpé qui conduit au col, et la crête était défendue par un système de trois retranchements superposés, vraiment considérables.

La cavalerie ne pouvait rendre que peu de services dans un pareil terrain, et le colonel Goursaud dut en faire mettre une partie à pied pour concourir, avec l'infanterie, à l'attaque de la position. Il était 7 heures du matin quand on commença à prendre les dernières dispositions pour l'assaut.

Pendant que la cavalerie à pied, une compagnie de zouaves et deux de tirailleurs abordaient de front la position, sous la protection des feux de l'artillerie, trois autres compagnies, une de zouaves, une de la légion étrangère et une de tirailleurs gravissaient hardiment une crête très abrupte, d'où l'on pouvait prendre à revers les retranchements de l'ennemi. Ce dernier mouvement détermina la fuite des Kabyles qui, jusque-là, s'étaient défendus avec un acharnement qu'ils n'avaient pas montré dans les rencontres précédentes; ils lançaient des pierres et faisaient rouler des blocs de rocher, dont l'un a écrasé un tirailleur.

Deux positions dans lesquelles ils ont encore essayé de se maintenir, à une certaine distance du col, ont été enlevées quelques instants après par la légion étrangère et les zouaves. Les Kabyles ont été vigoureusement poursuivis dans toutes les directions.

Les troupes de cette petite colonne, énergiquement enlevées

par leurs officiers, ont été admirables d'entrain et de bravoure.

On eut à regretter la mort d'un jeune officier de tirailleurs, le sous-lieutenant Crouzet, qui a été tué à bout portant, en enlevant une barricade à la tête de sa section. Le capitaine Thomas, des tirailleurs, a reçu trois blessures, dont une a entraîné l'amputation d'un bras. En outre, nous avons eu 2 hommes tués et 19 blessés; 3 chevaux ont été tués et 2 mulets ayant roulé dans un ravin se sont tués.

L'ennemi a éprouvé des pertes importantes, à en juger par les traces de sang qu'on trouvait dans toutes les directions; sur un seul point étaient entassés une centaine de cadavres qui n'avaient pu être emportés.

Dès 10 h. 1/2, la colonne avait conquis son terrain de campement qui était un petit plateau appelé Mehallet-Ramdan, traversé par la route de Teniet-Djaboub, mais la poursuite des fuyards fut encore longue; le canon se faisait encore entendre à 3 heures, et les derniers coups de fusil furent tirés à 5 heures.

Le bois pour la cuisson des aliments, le diss pour les animaux étaient en abondance, mais l'eau se trouvait à 2 kilotres, dans le lac minuscule des Oulad-el-Aziz. En aménageant des sources situées à côté du camp, on put, plus tard, construire un abreuvoir plus commode.

C'est sur le même emplacement, que la colonne du général Yusuf a bivouaqué pendant cinq jours, en septembre 1856.

De ce point élevé (cote 1308), on apercevait tout le cercle de Dra-el-Mizan, une partie de celui de Tizi-Ouzou et toute la portion supérieure de la vallée de l'oued Sahel.

La colonne du colonel Goursaud resta pendant un certain temps en observation à ce campement, en se ravitaillant à Bouïra.

CHAPITRE XXVII

Le général Cérez arrive, le 7 juillet, au Had des Ouadia et le 8 à Aïn-Soultane des Mechtras. — Soumission de Chikh-el-Djadi, oukil de Si-Abd-er-Rahman. — Soumission de la presque totalité des Beni-Sedka et des Guechtoula. — Les fractions des Aït-Ali et d'Irzer-Nchebel, des Beni-Koufi, refusent les conditions imposées et il est nécessaire de marcher contre elles. — La colonne se transporte, le 10 juillet, dans les Beni-Smaïl, près de la zaouïa de Si-Abd-er-Rahman. — Attaque des Aït-Ali le 11 juillet, avec le concours de la colonne Goursaud. — Soumission des Beni-Koufi et des Beni-bou-R'erdane. — Soumission des Beni-Chebla et des Beni-Irguen, le 15 juillet. — La colonne Cérez se rend à Dra-el-Mizan le 16 juillet. — Soumission des Flissa. — La colonne Cérez quitte Dra-el-Mizan le 19, elle arrive le 20 à Bouïra. — Soumission complète des Beni-bou-Addou. — La colonne Goursaud fait une razzia le 15 juillet sur les Merkalla. — Le départ de certains éléments de la colonne Goursaud la désorganise. — Elle est renforcée d'un bataillon du 81ᵉ par la colonne Cérez. — La colonne Cérez rentre à Aumale le 20 juillet.

Comme nous l'avons vu au chapitre XXIV, la colonne du général Cérez s'était séparée, le 6 juillet, à Tizi-bou-Iran, de celle du général Lallemand; elle arriva le 7 au marché du dimanche des Ouadia pour reprendre, dans le cercle de Dra-el-Mizan, qu'elle n'avait encore fait que traverser, les opérations qui devaient amener sa pacification.

Les tribus des Beni-Sedka et des Guechtoula, impressionnées par les succès obtenus par le général Lallemand et par l'apparition, après un brillant combat, de la colonne Goursaud au Mehallet-Ramdan, témoignèrent immédiatement du désir de faire leur soumission et les négociations furent entamées.

Le 8 juillet, le général Cérez s'avança jusqu'à Aïn-Soultane, dans la tribu des Mechtras. Chikh-el-Djadi, oukil de la zaouïa de Si-Abd-er-Rahman-bou-Goberin, dès l'arrivée de la colonne, écrivit au général pour lui demander l'aman, mais en y mettant certaines conditions; le général lui répondit qu'il devait se rendre à discrétion, lui garantissant seulement la vie sauve. Le marabout ne tarda pas à arriver et à se constituer prisonnier, amenant avec lui l'amin-el-oumena des Beni-Smaïl, Mohamed-ou-el-Hadj-bel-Kassem, Amar-ou-Ahmed, des Beni-Mendès, qui jouissait dans le pays d'une certaine influence religieuse, et des députations des tribus des Beni-Koufi et des Beni-Mendès qui demandaient à se soumettre. Les fractions des Aït-Ali et d'Irzer-Nchebel, des Beni-Koufi, montrèrent des prétentions inadmissibles; elles voulaient bien faire leur soumission, seulement elles refusaient de donner des otages, de livrer leurs fusils et elles prétendaient ne payer qu'une infime contribution de guerre ; le général comprit qu'il serait obligé de les réduire par la force.

D'autres tribus des Guechtoula, les Mechtras, les Beni-Mendès, les Cheurfa-Ir'il-Guiken, les Beni-Smaïl, les Ir'il-Imoula firent leur soumission et il ne restait plus à soumettre dans cette confédération, que les Beni-bou-Addou, les Beni-bou-R'erdane, une partie des Beni-Koufi et les Frikat.

Les Beni-bou-Addou avaient déjà refusé de se soumettre en 1856, malgré l'enlèvement et la destruction de tous leurs villages et en particulier de celui des Aït-Djima et, en 1857, ils avaient été les derniers de toute la Kabylie à demander l'aman; le général pensa qu'il pourrait les amener à composition, comme on l'avait déjà fait dans la dernière expédition, en les faisant attaquer par les contingents des tribus soumises et il laissa au commandant supérieur de Dra-el-Mizan le soin d'arriver, par ce moyen, au résultat cherché. Quant aux Frikat, il apprit dans la soirée qu'ils avaient fait leur soumission à Dra-el-Mizan, avec les Nezlioua et les Abid. Restaient les Beni-Koufi et les Beni-bou-R'erdane.

La confédération des Beni-Sedka avait déjà fait des démarches auprès du général, à son passage aux Ouadia; les tribus apportèrent aussi leur soumission définitive, à l'exception de deux petites tribus perchées sur les sommets du Djurdjura, les Beni-Chebla et les Beni-Irguen ; les Ouadia, les Ogdal, les Oulad-Ali-ou-Iloul, les Beni-bou-Chenacha livrèrent leurs otages et leurs armes.

Pour les Beni-Chebla et les Beni-Irguen, qui ne comptaient en tout que quatre petits villages situés, comme je l'ai dit, sur les plus hauts sommets du Djurdjura, le général Cérez ne jugea pas utile de faire supporter à sa colonne des fatigues considérables pour aller les chercher chez eux ; il fit comme pour les Beni-bou-Addou, il se contenta de faire rassembler les contingents des autres tribus des Beni-Sedka en leur donnant la mission de soumettre les tribus récalcitrantes à un blocus étroit et rigoureux qu'elles ne pourraient pas longtemps supporter.

Tout cela réglé, le général Cérez porta son camp, le 10 juillet, dans les Beni-Smaïl, à côté de la zaouia de Si-Abd-er-Rahman-bou-Goberin ; l'apparition des nos troupes au tombeau vénéré de leur marabout impressionna vivement les Kabyles.

Le but du général, en se transportant sur ce point, était de préparer son attaque contre les Aït-Ali. Quant au village d'Irzer-Nchebel, qui est situé au fond d'un ravin, il n'y avait pas à s'en occuper, car il ne pouvait pas être défendu. Les villages des Aït-Ali sont situés sur un contrefort qui se détache des sommets rocheux du Djurdjura et qui est placé entre deux profonds ravins, acif Tala-ou-Lili (1) et acif Iberkoken, qui en font comme une citadelle au milieu des montagnes. Dans cette position que la nature avait rendue très forte et à laquelle ils avaient encore ajouté des retranchements, les Kabyles se croyaient inexpugnables ; ils se rappelaient bien que leurs villages avaient déjà été emportés d'assaut en 1856 (le 24 septembre), mais ils avaient été attaqués par les deux divisions Renault et Yusuf qui comptaient 9.000 hommes, tandis qu'ils n'avaient affaire aujourd'hui qu'à une petite brigade. D'ailleurs, tous les fanatiques du pays et les insurgés des Beni-Yala, Oulad-el-Aziz, etc., s'y étaient donné rendez-vous et pesaient sur les décisions des gens de la tribu.

Sans hésiter un instant, le général résolut d'aller les attaquer dans leur repaire. Le 11 juillet au matin, il quitta son camp avec 1.500 hommes d'infanterie, 6 pièces d'artillerie, un peu de cavalerie et une partie du goum, le reste des troupes

---

(1) La carte porte acif Echamlili.

étant chargé de la garde du camp. Arrivé en face des Aït-Ali il fit ouvrir des feux d'artillerie dont le tir précis, dirigé par le capitaine Bury, balaya le terrain ; il fit ensuite commencer l'attaque par le 4ᵉ zouaves de marche (bataillons Huas et Barberet), le 4ᵉ zouaves (lieutenant-colonel Noëllat et commandant Vitalis) et le 23ᵉ bataillon de chasseurs à pied du commandant Bayard. A gauche, le goum et un peloton d'éclaireurs empêchaient l'ennemi de tourner notre attaque; à droite, le colonel Goursaud, sur l'ordre du général Cérez, avait pu, du Mehallet-Ramdan s'avancer, par des chemins affreux pour occuper les hauteurs qui dominent les Aït-Ali, et leur couper la retraite par les pentes sud du Djurdjura.

Pour arriver aux Aït-Ali, les troupes d'assaut devaient descendre au fond d'un ravin d'une profondeur de 200 à 300 mètres, puis remonter de l'autre côté par des pentes abruptes, rocheuses, couvertes de broussailles. Ces difficultés ne purent arrêter l'élan des troupes, qui avaient encore à endurer une chaleur excessive.

Malgré une résistance vive et tenace, les villages furent enlevés et livrés aux flammes avec tout ce qu'ils contenaient. Cette exécution faite, les troupes se retirèrent sous la protection de l'artillerie. En outre de ses pertes matérielles, l'ennemi a eu bon nombre de tués et de blessés dont il est impossible d'évaluer le chiffre. Nos pertes ont été de 2 zouaves tués et 9 blessés dont 2 grièvement; 2 officiers étaient contusionnés.

Le lendemain, 12 juillet, les Beni-Koufi en entier faisaient leur soumission et les Beni-bou-R'erdane suivaient leur exemple ; les Beni-Smaïl, qui avaient obtenu l'aman avant l'arrivée de la colonne, avaient livré leurs otages.

Sous la pression des Beni-Sedka, les Beni-Chebla et les Beni-Irguen firent leur soumission et livrèrent leurs otages dans les journées des 14 et 15 juillet.

Pendant ce temps, les dernières fractions des F'lissa étaient aussi rentrées dans le devoir et la tribu avait livré ses otages et ses armes; les Beni-Khalfoun et les Harchaoua ayant fait leur soumission depuis un mois, la pacification du cercle de Dra-el-Mizan était complète et il ne restait plus à réduire que deux villages des Beni-bou-Addou, les Aït-Djima et les Aït-Mallem, qui étaient devenus le refuge de tous les mécontents du pays et de ceux qui avaient un compte à régler avec nous. Comme je l'ai dit, le général avait fait appliquer à ces deux petits centres de résistance un système de surveillance qui empêchait leurs communications avec les tribus voisines. A cet effet, ces dernières fournissaient, à tour de rôle, des contingents qui formaient autour des insoumis une ligne de blocus qu'ils ne pouvaient franchir.

Tout étant réglé, le général Cérez conduisit sa colonne, le 16 juillet, à Dra-el-Mizan, où il avait encore à rester quelques jours pour bien affermir la situation et activer le désarmement et la rentrée des contributions de guerre, soit en argent, soit en orge et en bœufs pour les besoins de la colonne. Les tribus soumises durent aussi fournir des mulets pour le convoi.

A Dra-el-Mizan, le général s'occupa de la réorganisation du commandement et il fit procéder à l'arrestation de divers personnages importants ayant joué un rôle prépondérant dans l'insurrection : Ali-ben-Tallach, caïd des Nezlioua; son frère Ahmed-ben-Tallach; Ali-ben-Gahlouz, des F'lissa; Ali-ou-Saïd, des F'rikat; Ahmed-ben-Yala, d'Iril-Imoula; El-Hadj-Ali-ben-Dahman, autrefois caïd des Beni-bou-R'erdane; Ali-ben-Amran, des Senhadja. Il les emmena avec lui, ainsi que Chikh-el-Djadi, Amar-ou-Ahmed et Mohamed-ou-el-Hadj-bel-Kassem, dont j'ai déjà parlé.

Le général Cérez quitta Dra-el-Mizan le 19 juillet, y laissant, pour garnison, une compagnie de zouaves à l'effectif de 70 hommes, plus un certain nombre d'hommes à l'hôpital, malades ou fatigués. Il eût été désirable de pouvoir donner au commandant supérieur de Dra-el-Mizan un peu de cavalerie pour lui permettre de se transporter vivement sur les points où sa présence serait nécessaire, mais il y en avait à peine assez pour les colonnes expéditionnaires.

A son campement de Ben-Haroun, le général apprit que les Aït-Djima et les Aït-Mallem, des Beni-bou-Addou, avaient enfin fait leur soumission à Dra-el-Mizan; tout le territoire de ce cercle était donc rentré dans l'ordre.

Après l'affaire des Aït-ou-Ali, du 11 juillet, la colonne du colonel Goursaud était encore restée au Mehallet-Ramdan, où elle continuait à sévir contre les tribus insoumises à sa portée, incendiant leurs villages et détruisant leurs récoltes. Le 15 juillet, l'escadron du 9ᵉ chasseurs et un escadron d'éclaireurs étaient allés ravager les récoltes des Merkalla et y opérer une razzia.

Le 17 juillet, la colonne Goursaud se trouva en partie désorganisée par suite du départ de l'escadron du 9ᵉ chasseurs, rappelé à Miliana à cause de l'insurrection des Beni-Menasser, du bataillon du 2ᵉ zouaves et de celui de la légion étrangère rappelés à Oran. Ces troupes devaient être remplacées à la colonne par 800 hommes du 11ᵉ de marche.

Le 18 juillet, la colonne Goursaud quitte son camp de Mehallet-Ramdan et va s'établir à l'oued Tassala, dans les Merkalla. Le 20 au matin, 500 hommes de la colonne brûlent les villages des Merkalla et des Beni-Meddour, pendant que la cavalerie et les mulets du convoi de la colonne Cérez, qui est arrivée le jour même à Bouïra, enlèvent leurs orges sur pied. Les insurgés, après un engagement dans lequel ils ont été très éprouvés et où nous avons eu seulement 2 blessés, se sont enfuis en masse vers les crêtes du Djurdjura. Les Oulad-el-Aziz ont fait leur soumission et se sont réinstallés, mais les Merkella et Beni-Meddour ne sont encore venus à nous qu'en partie. Un sof des Beni-Yala a demandé l'aman et a livré des otages, mais le reste de la tribu est toujours en état de rébellion.

Le 23 juillet, le général Cérez quitta Bouïra laissant un bataillon du 81ᵉ pour renforcer la colonne Goursaud, et, le 24 juillet, il faisait son entrée à Aumale.

CHAPITRE XXVIII

Le gouverneur général charge le général Cérez de faire le ravitaillement de Bou-Saada en mettant sous ses ordres la colonne du lieutenant-colonel Trumelet. — Composition de cette dernière colonne; elle se transporte à Grimidi le 8 juillet. — Razzias opérées sur les tribus d'Aumale par les goums de Saïd-ben-bou-Daoud. — Ce dernier attaque Bou-Saada le 23 juillet. — Organisation du convoi de ravitaillement. — Plan adopté par le général Cérez. — La colonne Cérez part d'Aumale le 1ᵉʳ août. — Le 5 août, avec une colonne légère, le général met en déroute les contingents de Saïd-ben-bou-Daoud à Kaf-el-Ogab. — Soumission des Beni-Ilman et des Oulad-Msellem le 6 août. — Soumission, le 8 août, de toutes les tribus de l'ancien commandement de Bou-Mezrag. — Le général Cérez arrive à Msila le 10 août. — Départ de la colonne Trumelet de Grimidi le 5 août. — Dispositions pour la marche et le bivouac. — Arrivée à Aïn-Khermam le 8 août; une colonne légère marche sur le Ksar de Ben-Nezouh. — Le 9 août, attaque du Ksar d'Ed-Dis. — La colonne arrive à Bou-Saada le 10 août. — Occasion manquée d'en finir avec les Oulad-Mokran. — Le général Cérez part de Msila le 14, achève la pacification de l'Ouennour'a et rentre à Aumale le 20 août, en même temps que le lieutenant-colonel Trumelet qui arrivait de Bou-Saada. — Ordre de la brigade du 22 août. — Le 7 septembre, attaque à Daïat-el-Atrous d'une caravane de colons se rendant à Bou-Saada; trois colons sont tués. — Les coupables sont condamnés par le conseil de guerre de Blida. — Agression des goums de Saïd-ben-bou-Daoud le 15 septembre.

Le cercle de Bou-Saada, qui faisait partie de la subdivision de Sétif (1), avait été privé de toute communication avec le chef-lieu de la subdivision depuis la révolte du bach-agha Mokrani; il n'avait plus que des communications postales et télégraphiques par Djelfa; la place n'avait plus reçu aucun ravitaillement depuis le mois de mars. Saïd-ben-bou-Daoud exerçait un blocus à grande distance, mais seulement du côté de la province de Constantine. Nous avons vu que ce chef de révoltés avait fait une razzia, le 4 mai, sur notre caïd des Souama Sakheri-ben-bou-Diaf; depuis lors, il avait

---

(1) Le 19 février 1874, Bou-Saada a été rattaché, avec la partie occidentale du cercle, par arrêté du gouverneur général, au cercle d'Aumale, qui a pris la dénomination de circonscription militaire d'Aumale.

menacé plusieurs fois l'oasis de Bou-Saada, mais il ne l'avait pas encore attaquée.

Les approvisionnements de ce poste militaire commençaient à s'épuiser et il fallait, sans plus tarder, en faire le ravitaillement; le gouverneur général civil confia cette mission au général Cérez, en mettant sous ses ordres, pour cette opéraration, la colonne de Sidi-Aïssa qui était, comme nous l'avons vu au chapitre XXVI, rentrée à Aumale le 30 juin.

Saïd-ben-bou-Daoud avait profité de l'éloignement de la colonne d'observation pour venir faire des razzias sur nos tribus soumises et, le 7 juillet, il s'était même établi à Sidi-Aïssa. Le lieutenant-colonel Trumelet dut se remettre en route, le 8 juillet, pour protéger le territoire de la subdivision d'Aumale, et il alla établir son camp le jour même à El-Grimidi, à 5 kilomètres à l'ouest du caravansérail; il avait fait ce trajet de 36 kilomètres en une seule marche par une chaleur torride. Saïd-ben-bou-Daoud avait disparu dès qu'il avait eu connaissance de la marche de la colonne.

L'emplacement de Grimidi, où il existe des vestiges de l'occupation romaine, offrait l'avantage fort apprécié d'être largement pourvu de bonne eau; ce fut là qu'on organisa le convoi destiné à Bou-Saada et qui devait consister en argent, en vivres et en munitions.

Le composition de la colonne avait notablement changé; elle comprenait maintenant : 2 compagnies du 1er zouaves, 2 du 1er tirailleurs, 10 du 50e d'infanterie, 4 du 2e bataillon d'Afrique. Cette infanterie fut organisée en 4 bataillons de marche.

La cavalerie se composait d'un escadron du 1er chasseurs d'Afrique et un du 1er spahis; l'artillerie comptait 2 sections de 4 rayé de montagne.

L'effectif s'élevait à 71 officiers, 1.700 hommes, 300 chevaux et 180 mulets; le goum comptait 300 chevaux.

La colonne avait emmené en outre 2 compagnies du 7e provisoire, à l'effectif de 6 officiers et 242 hommes, destinées à relever la garnison de Bou-Saada, laquelle était formée par 2 compagnies du 43e mobiles des Bouches-du-Rhône. Ces compagnies de mobiles devaient être rapatriées en France et la colonne devait les ramener à son retour de Bou-Saada.

La présence de la colonne du lieutenant-colonel Trumelet ne fut pas suffisante pour empêcher l'ennemi de venir faire de rapides razzias sur nos tribus ; ainsi, le 13 juillet, 100 chevaux tombèrent sur les Beni-Iddou et y firent une razzia de troupeaux. Le caïd de cette tribu rassembla à la hâte ses cavaliers, se mit à la poursuite des ravisseurs, leur reprit les troupeaux et leur mit 11 hommes hors de combat ; de notre côté, nous avions 3 tués et 2 blessés, dont le caïd lui-même.

Les Oulad-Salem avaient été victimes de trois razzias dans l'espace d'un mois et ils s'étaient vu enlever leurs troupeaux, leurs récoltes et tout ce qu'ils possédaient ; le 14 juillet, se trouvant dans le plus extrême dénuement, ils allèrent se réfugier à Aumale, hommes, femmes et enfants au nombre d'un millier. On dut les grouper en zmala et leur donner du pain pour les empêcher de mourir de faim.

Cet exemple fait voir que les tribus indigènes sont quelquefois excusables lorsque, privées de toute protection, elles passent à l'ennemi pour éviter de se voir enlever tout ce qu'elles possèdent.

Saïd-ben-bou-Daoud après avoir fait plusieurs démonstrations contre l'oasis de Bou-Saada, l'attaqua le 23 juillet avec 3.000 hommes qu'il avait rassemblés au Ksar d'Ed-Dis ; les habitants se défendirent vigoureusement et le capitaine de Beaumont, commandant supérieur du cercle, ayant pris les dissidents en flanc par une charge des spahis et des goums, les mit en complète déroute.

Cette attaque fit encore ressortir l'urgence de ravitailler Bou-Saada, mais l'organisation du convoi était une opération des plus laborieuses ; il fallait qu'il fut composé, autant que possible, de chameaux qui trouvent leur nourriture en cheminant et qui peuvent se passer de boire pendant plusieurs jours ; or, dans tout le cercle d'Aumale, on ne put en réunir que 450. L'équipage de chameaux de la commune indigène de Laghouat avait fourni 300 porteurs parfaitement outillés, mais le général Cérez les avait gardés pour les besoins de sa colonne; on dut compléter les moyens de transport en empruntant 900 chameaux de réquisition au cercle de Médéa et en réquisitionnant dans le cercle d'Aumale 500 mulets arabes; 110 mulets du train disponibles à la colonne furent aussi employés au convoi.

Il fallut aussi se créer un équipage d'eau car à deux des gîtes d'étape il n'existait pas d'eau; on dut rechercher dans les tribus des outres ou peaux de bouc en quantité suffisante pour porter l'approvisionnement nécessaire.

Voyons le moyen adopté par le général Cérez pour mener à bien l'opération dont il était chargé. Il savait que les Oulad-Mokran, qui avaient vu leurs principaux établissements et leurs refuges les plus sûrs tomber au pouvoir de nos colonnes, avaient fait transporter à Msila leurs familles et leurs richesses de toute nature. Là, ils avaient un bon point d'eau d'où, munis de moyens de transport et ayant plusieurs routes libres, ils comptaient pouvoir s'échapper facilement si le danger devenait pressant. Le général Cérez résolut de marcher avec sa colonne droit sur Msila par le chemin qui longe les pentes sud des montagnes de l'Ouennour'a, certain que les insurgés, menacés dans leurs intérêts les plus précieux, se porteraient tous à sa rencontre sans s'occuper du lieutenant-colonel Trumelet. Sa colonne était d'ailleurs suffisamment forte pour lutter, à elle seule, contre toutes les forces que pourraient amener les rebelles, occupés déjà sur d'autres points par la colonne du général Saussier qui opérait dans la Medjana. La colonne du lieutenant-colonel Trumelet devait trouver libre la route de Bou-Saada et elle pourrait y arriver sans encombre avec son convoi.

D'ailleurs, en marchant sur Msila, le général Cérez trouverait l'occasion d'achever la soumission des tribus de l'Ouennour'a qu'il avait commencée antérieurement.

Ce plan fut suivi et les prévisions du général se réalisèrent de point en point.

Le général Cérez partit d'Aumale le 1ᵉʳ août; il avait donné l'ordre au lieutenant-colonel Trumelet de ne pas se mettre en route avant le 4 août, pour donner le temps à l'effet d'attraction qu'il avait prévu de se produire. Le 2 août, le général Cérez arrivait au Khemis des Oulad-Msellem et, le 3, il continua sa route vers la Koubba de Sidi-Aïssa des Oulad-Djellal. Il fit sa grand'halte à Touta sur l'oued Beni-Ilman, au pied des montagnes qui couvrent Kasba à l'ouest; il n'avait encore rencontré jusque-là aucun ennemi; mais, pour gagner l'emplacement de son bivouac, il dut disperser des groupes de rebelles qui ne firent d'ailleurs qu'une faible résistance.

Le 4 août, le général donna une journée de repos à sa colonne. Les renseignements qu'il fit prendre lui apprirent que Saïd-ben-bou-Daoud occupait les villages des Oulad-Djellal à 5 ou 6 kilomètres au nord de son campement et qu'il y avait réuni de nombreux contingents. Le lendemain, avec une colonne légère de 2.000 fantassins et 300 cavaliers, il marcha sur l'ennemi qui s'était retranché dans les mamelons rocheux qui couvrent le village de Kaf-el-Ogab et, en une heure de combat, il le mit en complète déroute. Les villages de Kaf-el-Ogab, Zedjende et Oum-el-Louza furent livrés aux flammes; on fit une razzia de 2.500 bœufs et moutons et de 50 chevaux et mulets et on recueillit un immense butin.

Saïd-ben-bou-Daoud s'enfuit vers Msila, où il se hâta de faire déménager les femmes, les enfants et toutes les richesses qui y avaient été accumulées; il les fit conduire dans le Djebel-Madid entre Msila et Bordj-bou-Aréridj, où Bou-Mezrag, obligé de fuir devant la colonne du général Saussier, s'était déjà réfugié.

Le 6 août, le général Cérez reçut la soumission des Beni-Ilman et des Oulad-Msellem; le 7, il reprit sa marche vers Msila et campa, le 8, à Dahla, sur l'oued Legouman; il reçut sur ce point la soumission de toutes les tribus de l'ancien commandement de Bou-Mezrag. Il leur fit livrer leurs armes et des otages, et pour les autres conditions, il les renvoya aux autorités de la province de Constantine.

Le général Cérez arriva le 10 devant Msila. Saïd-ben-bou-Daoud, qui avait rassemblé des contingents et des goums devant cette oasis qu'il faisait mine de vouloir défendre, avait jugé prudent de décamper dans la nuit. Les gens de Msila, qui craignaient les conséquences d'un enlèvement d'assaut de leur ville, avaient refusé de se joindre à lui et il avait eu à craindre de les avoir plutôt comme adversaires que comme alliés.

La population se porta au devant de la colonne en témoignant de ses sentiments de soumission. Une seule fraction avait été franchement hostile, c'était elle qui avait saccagé les établissements français tous construits à proximité de ses habitations; tout le quartier que cette fraction habitait fut rasé.

Le général s'occupa de la réorganisation du commandement bien que la délégation donnée primitivement par le gouverneur général pour la nomination des chefs indigènes, sauf approbation, eût été retirée par lettre du 22 juillet, n° 10.

Le lieutenant-colonel Trumelet mit sa colonne en route de Grimidi le 5 août, date à laquelle le général Cérez se trouvait à Sidi-Aïssa des Oulad-Djellal; la route était vide d'insurgés et les troupes n'eurent à combattre tout d'abord d'autres ennemis que le soleil et le siroco qui faisaient rage. Plus de la moitié des hommes, pour des raisons différentes, avaient besoin d'être menés avec beaucoup de ménagement : le 50°, arrivé de France à la fin de mai, n'était pas acclimaté et souffrait beaucoup de la chaleur; le bataillon d'Afrique, qui était en colonne depuis le mois d'avril, était débilité par cinq mois du régime du biscuit et de l'eau saumâtre. Il fallut donc diminuer la longueur des étapes, en ne leur donnant qu'une moyenne de 18 kilomètres.

Il est intéressant de noter la formation adoptée par le lieutenant-colonel Trumelet pour mettre son convoi à l'abri des entreprises de l'ennemi; cette formation était celle sur trois colonnes ou en carré.

La colonne du centre était formée de la manière suivante : deux compagnies de zouaves à la même hauteur, marchant en colonnes par sections et espacées de façon à occuper un front de 450 mètres, formaient la première face; derrière ces compagnies, vis-à-vis l'intervalle les séparant, une section d'artillerie précédée du détachement du génie avec les mulets d'outils; puis, derrière, la réserve de munitions de la colonne, l'ambulance, le train, les bagages des corps, le convoi de Bou-Saada, l'équipage d'eau, le convoi d'orge et de vivres; enfin, pour fermer la marche de la colonne centrale, les deux compagnies du 7ᵉ provisoire, disposées comme celles de tête et formant la 4ᵉ face.

Les colonnes latérales étaient formées, à gauche, des 10 compagnies du 50ᵉ, marchant l'une derrière l'autre en colonnes par demi-section, à des distances calculées de manière à leur faire couvrir tout le flanc de la colonne du centre; dans les premiers jours, cette colonne occupa une profondeur de 850 mètres, mais, lorsqu'on eut acquis l'habitude de marcher dans cette formation, la profondeur fut réduite à 500 mètres. La colonne latérale de droite était formée dans les mêmes conditions par les 2 compagnies de tirailleurs et le bataillon d'Afrique.

La cavalerie couvrait les flancs de la formation à 1.000 ou 1.500 mètres de chaque côté et elle fournissait une division d'avant-garde; le goum éclairait la marche à une distance de 5 à 6 kilomètres.

Ce dispositif, qui n'est praticable que dans les vastes plaines du sud avait l'avantage d'encadrer tout le convoi, de l'empêcher de s'allonger, de mettre toute la colonne dans la main de son chef et de permettre de faire face à une attaque dans toutes les directions. Il était à la fois un ordre de marche, de combat et de campement. Au bivouac, la cavalerie se plaçait à la 1ʳᵉ et à la 4ᵉ face.

La première mise en mouvement a été très laborieuse pour placer chaque élément de la colonne; les jours suivants la difficulté n'exista plus, puisqu'on se trouvait tout formé pour la marche en levant le bivouac.

Les premières étapes, à El-Ansor-Ferhat, Oudaï-el-Hadjel, Oued-el-Garsa et Aïn-Khermam, où la colonne arriva le 8, se firent sans incident, sauf la fatigue causée par l'extrême chaleur et la privation d'eau potable; à El-Ansor-Ferhat et à l'oued el-Garsa, où il n'y avait pas d'eau, les hommes ne reçurent de l'équipage d'eau que 2 litres chacun par jour.

A Aïn-Khermam, on se trouvait dans la tribu maraboutique des Oulad-Sidi-Brahim dont une des fractions est nomade tandis que les deux autres sont sédentaires et habitent les ksour de Ben-Nezouh et d'Ed-Dis; toutes les trois avaient fait cause commune avec l'insurrection. Le lieutenant-colonel Trumelet résolut de visiter, le jour même, le ksar de Ben-Nezouh, situé à 15 kilomètres du camp et il organisa une colonne légère de 300 hommes d'infanterie montés sur des mulets du train, de 2 escadrons de cavalerie et de 100 cavaliers du goum. Cette colonne partit à 2 heures.

Le chikh de Ben-Nezouh alla au-devant de la colonne et fit des protestations de fidélité, mais le colonel n'en persista pas moins dans son dessein et, arrivé au ksar, où l'effarement de la population fit voir qu'elle ne s'attendait pas à cette visite, il fit réunir la djemaa, exigea la livraison immédiate des armes et de quelques otages, et il reprit le chemin du camp où il arriva à 9 heures du soir.

Le lendemain, 9 août, la colonne marcha sur le ksar d'Ed-Dis où, le mois précédent, Saïd-ben-bou-Daoud avait rassemblé ses contingents pour l'attaque de Bou-Saada. La population avait abandonné le ksar pour se porter, partie dans la direction de Msila, partie dans le Djebel-el-Birech où elle avait un lieu de refuge d'un accès des plus difficiles.

Les Oulad-Madi soumis, prévenus de l'état d'abandon du ksar, s'y étaient introduits pour piller tout ce que les habitants n'avaient pu emporter.

Le colonel fit livrer aux flammes toutes les maisons, sauf trois appartenant à des hommes que le capitaine de Beaumont, commandant supérieur de Bou-Saada, lui avait signalés comme étant restés fidèles, et il fit sauter à la mine celles sur lesquelles le feu était resté sans effet.

En même temps qu'on procédait à cette exécution, un détachement de 100 zouaves et 50 tirailleurs, sous les ordres du capitaine Servière, du 1er zouaves, était mis en route pour aller fouiller le Djebel-El-Birech. Ces troupes, guidées par des gens des Oulad-Madi, escaladèrent les pentes rocheuses et abruptes de la montagne, débusquèrent les insurgés de leurs positions et les poursuivirent de rocher en rocher jusqu'à 6 heures du soir. Les rebelles avaient laissé 12 cadavres et du butin.

Le soir même, les gens d'Ed-Dis venaient faire leur soumission.

Le lendemain, 10 août, à 6 heures 1/2 du matin, la colonne arrivait à Bou-Saada, le jour même où le général Cérez entrait à Msila. La population indigène, qui s'élève à 4.000 âmes, attendait en dehors des murs pour fêter l'arrivée de ses libérateurs et faire ses souhaits de bienvenue.

Pendant son séjour à Bou-Saada, le lieutenant-colonel Trumelet fit mettre en état d'arrestation les fauteurs de désordre que lui signala le capitaine de Beaumont; fit procéder au désarmement de la ville haute dont la conduite avait été équivoque et exigea la remise d'otages. Il se prépara ensuite à reprendre le chemin d'Aumale, emmenant les deux compagnies de mobiles des Bouches-du-Rhône qui venaient d'être relevées, une dizaine de familles de colons qui avaient témoigné le désir de rentrer dans le Tell et dix des personnages indigènes les plus influents et les plus dangereux de Bou-Saada, d'Ed-Dis et de Ben-Nezouh.

Nous avons vu que Bou-Mezrag et Saïd-ben-bou-Daoud s'étaient retirés dans le Djebel-Madid avec leurs richesses et leurs familles; l'occasion était on ne peut plus favorable pour les traquer dans leur dernier refuge, puisque la brigade Saussier était dans la Medjana et la brigade Cérez à Msila ; mais la haute direction des troupes n'existait plus, en fait, depuis le rappel du général Lallemand. Il y avait bien un intérimaire, mais il se trouvait un peu effacé par la personnalité du gouverneur général civil, lequel s'occupait peut-être un peu plus qu'il n'eût convenu de la direction des opérations militaires.

Par une dépêche du 6 août adressée au général commandant supérieur des forces et au gouverneur général, le général Cérez avait fait ressortir la nécessité, pour en finir une bonne fois avec les Oulad-Mokran, d'entreprendre avec les deux colonnes une opération combinée dans le Djebel-Madid; il demandait d'être, tout au moins, bien tenu au courant des mouvements de la colonne Saussier; il n'avait reçu aucune réponse. Le 7 août, il avait écrit au général Saussier pour l'informer du combat du 5 et de sa marche sur Msila; ce ne fut que le 13 août qu'il reçut une réponse dans laquelle cet officier général lui disait que sa colonne était désignée pour retourner dans le nord et qu'elle serait probablement dissoute; il ajoutait seulement qu'il serait, le 13, à Si-Ali-ben-Kher, sans indiquer ses intentions ultérieures.

Les approvisionnements de la colonne commençaient à s'épuiser, aussi, le général Cérez, voyant qu'il n'y avait rien à faire, prit-il le parti de retourner à Aumale, la mission qu'il avait reçue étant d'ailleurs terminée. Il quitta donc Msila le 14 août; il était, le 15, dans le Djebel-Dréat pour forcer les tribus de l'Ouennour'a à remettre leurs armes et leurs otages; le 16, il était à Oum-el-Louza des Oulad-Djellal. Il avait reçu la soumission des Oulad-Msellem et Oulad-Si-Ameur d'Aumale; les Beni-Intacen amenaient leurs otages, le 19, à son camp de Teniet-Oulad-Daoud et, tout étant pacifié, la colonne rentra à Aumale le 20 août, en même temps que la colonne du lieutenant colonel Trumelet qui était également partie de Bou-Saada le 14 août, date à laquelle le général Cérez avait quitté Msila.

Le général était arrivé à Aumale, de sa personne, le 19 août.

La colonne Trumelet fut fondue, le 23 août, dans la colonne du général Cérez; quelques-uns de ses éléments regagnèrent leurs garnisons respectives.

Le 22 août, le général Cérez avait fait paraître l'ordre de la brigade ci-après :

OFFICIERS, SOUS-OFFICIERS ET SOLDATS,

Au moment où certains détachements faisant partie de la colonne vont la quitter pour rejoindre leurs régiments respectifs et prendre un repos bien nécessaire et bien mérité, je tiens à vous rappeler à tous ce que vous avez fait.

Beaucoup parmi vous arriviez en Algérie après avoir subi physiquement et moralement les rudes et pénibles épreuves de la campagne contre la Prusse. Il n'a pas dépendu de vous, de votre valeur que le résultat de cette guerre fût différent, mais la Providence a voulu éprouver la France pour lui permettre de se relever plus fièrement dans un avenir qui n'est pas éloigné.

A ce moment, éclatait l'insurrection en Algérie. La barbarie, le fanatisme croyaient le moment venu de triompher de la civilisation, de détruire et d'écraser la colonisation algérienne. Les premiers, vous avez été appelés à marcher et, sans songer à vos fatigues passées, vous êtes partis animés du désir ardent de protéger notre belle colonie, venger les atrocités commises et châtier nos agresseurs.

Dès les premiers pas, au Teniet-Oulad-Daoud, vous vous trouviez en face de l'ennemi et lui infligiez une défaite si complète que l'insurrection reculait et que la ville d'Aumale, centre d'intérêts si importants, était désormais à l'abri des dangers qui l'avaient menacée. Ramenés par les événements vers Dra-el-Mizan, vous livriez sur les bords de l'oued Soufflat, aux masses nombreuses amassées par le chef de l'insurrection, le bach-agha El-Mokrani, un combat victorieux où il trouvait la mort. Ce combat, dans lequel il espérait vous écraser par le nombre, car il ignorait votre valeur, avait pour résultat de rejeter l'insurrection au loin dans l'Oued-Sahel, d'empêcher l'envahissement de la Mitidja, d'assurer la route d'Alger et de maintenir dans le devoir les tribus hésitantes. Alors aussi, votre présence suffisait seule pour vous faire livrer les malheureux colons faits prisonniers à Palestro.

De là, traversant hardiment un pays ennemi, vous alliez aux Beni-Mançour débloquer ce poste et sauver la population civile et la garnison qui, au milieu de privations nombreuses, répondaient énergiquement aux attaques incessantes dont elles étaient l'objet depuis cinquante-deux jours.

C'était ensuite Dra-el-Mizan vers lequel vous vous dirigiez pour délivrer encore la population et la garnison que quarante-six jours de siège n'avaient pu ébranler.

Pendant ces marches, vous avez bien souvent rencontré l'ennemi et toujours vous lui avez prouvé que le nombre et le fanatisme ne pouvaient rien contre votre audace et votre vigueur. Vos succès effrayaient les insurgés et leur infligeaient des pertes sensibles. Ils déconsidéraient leurs chefs et préparaient les soumissions qui devaient suivre bientôt.

Appelés à concourir aux opérations de la colonne de M. le général Lallemand en Kabylie, vous avez contribué à la soumission des Maatka et des Beni-Aïssi. Vous avez, avec elle, débloqué Fort-National et pris une part bien importante au brillant combat d'Icheriden, où vous entriez les premiers, combat qui a mis la Kabylie à nos pieds.

Rendus alors à votre mission première, vous avez poursuivi les

Kabyles des Beni-Koufi jusqu'aux sommets de leurs abruptes montagnes. Le châtiment que vous leur avez infligé a assuré la soumission de toutes les tribus du cercle de Dra-el-Mizan.

Puis, dans le but de débloquer Bou-Saada et d'en assurer le ravitaillement, vous vous êtes enfoncés dans le sud jusqu'à Msila, en chassant les insurgés qui fuyaient devant vous après le rigoureux châtiment que vous leur avez fait subir dans la journée du 5 août. Pendant ce temps, la colonne Trumelet, opérant de concert, marchait directement sur Bou-Saada et le ravitaillait. Aussi, à notre retour, les tribus s'empressaient-elles de venir implorer leur pardon.

Tel est le résumé rapide de vos travaux qui, avec la coopération des colonnes Goursaud et Trumelet, ont assuré la pacification complète de la subdivision d'Aumale, du cercle de Dra-el-Mizan, des tribus de l'Ouennour'a de Sétif et aidé à celle de la Kabylie. Vous avez couvert la colonie et lui avez assuré la sécurité, première condition de son développement.

Ces résultats sont dus exclusivement à votre bravoure, à votre dévouement, à votre discipline, à votre excellent esprit qui vous a fait supporter sans hésitation, sans défaillance, les fatigues d'une rude campagne d'été et surmonter tous les obstacles pendant près de cinq mois. Pour moi qui ai eu l'honneur de diriger vos travaux, vous m'avez appris ce qu'on était en droit d'attendre de vous et confirmé dans cette consolante pensée que l'armée française sera bien vite en mesure de reprendre le rang qu'elle occupait dans le monde.

Je suis fier de vous avoir commandés et je ne souhaite rien tant qu'une chose, c'est que tous, officiers, sous-officiers et soldats, vous emportiez de votre général un aussi bon souvenir que celui qu'il garde de vous.

Au quartier général, à Aumale, le 22 août 1871.

Le général commandant la colonne,
Signé : CÉREZ.

Le général Cérez continua à résider à Aumale ; sa situation vis-à-vis du lieutenant-colonel Trumelet, commandant la subdivision, fut réglée de la manière suivante par lettre du général commandant la division du 22 août, n° 281 : le général Cérez eut le commandement des troupes actives momentanément réunies autour d'Aumale et le lieutenant-colonel Trumelet celui des garnisons d'Aumale et des Beni-Mançour.

Nous avons vu que la colonne Trumelet avait ramené un

certain nombre de colons de Bou-Saada. Quelques-uns de ces colons voulurent retourner dans cette localité en emportant un convoi de provisions de toute nature qu'ils pensaient trouver à placer avantageusement et ils se présentèrent au chef du bureau arabe d'Aumale pour lui demander de les aider à louer des bêtes de somme dans les tribus. Le capitaine Cartairade leur répondit qu'ils ne pouvaient pas entreprendre isolément ce voyage, les routes n'étant pas sûres et que d'ailleurs aucun Arabe ne voudrait s'exposer à les suivre comme convoyeurs; il leur conseilla d'attendre le premier convoi militaire envoyé à Bou-Saada pour se joindre à lui. Les colons répondirent qu'ils attendraient, mais ils ne s'en mirent pas moins à la recherche de mulets de louage et ils finirent par en trouver.

Le 6 septembre, à 5 heures du matin, la petite caravane, composée de 5 Européens et 10 indigènes avec 7 mulets et 2 ânes, partit d'Aumale pour Bou-Saada. Les Européens étaient : Richard (Aimé), dit Saint-Pierre; Cognet (Louis-Désiré), négociant; Doucet, instituteur à Bou-Saada; Cuvelier (Paul), ancien soldat du train; Coums, de nationalité inconnue, garçon brasseur. Les indigènes appartenaient : 5 à la tribu des Oulad-Dris, 2 à celle des Oulad-Abd-Allah; un était d'Aumale, un autre de Bou-Saada, le 10e était inconnu.

Les voyageurs arrivèrent au caravansérail de Sidi-Aïssa vers 4 heures de l'après-midi et ils se remirent en route le soir même, vers 8 heures, jugeant qu'ils risqueraient moins de faire de mauvaises rencontres en voyageant de nuit. Avant l'aurore, ils avaient dépassé l'Oued-el-Ham; ils firent une halte d'une heure à Sbahia, puis se remirent en route et, vers 10 heures du matin, ils étaient à Daïat-el-Atrous, à 90 kilomètres d'Aumale et à 70 de Bou-Saada.

Ils aperçurent à ce moment une troupe d'une cinquantaine d'Arabes conduisant un troupeau de moutons; comme on le sut plus tard, cette bande venait d'enlever le troupeau aux Sahary-Oulad-Brahim de Médéa.

Cognet, Cuvelier et deux indigènes partirent en avant, en se dissimulant de leur mieux, pour reconnaître à qui on avait affaire; arrivés à 2 ou 300 mètres, ils furent accueillis à coups de fusil et ils se replièrent sur leurs compagnons, suivis par les rebelles qui ne tardèrent pas à envelopper la caravane, laquelle s'était masquée dans une dépression de terrain.

Les assaillants fondirent à coups de matraque sur les voyageurs qui n'essayèrent même pas de se défendre, croyant que les Arabes se contenteraient de les dépouiller. Cognet et trois des convoyeurs réussirent à prendre la fuite. Richard, jeune homme de 18 ans, originaire de Tizi-Ouzou, qui parlait très bien l'arabe, eut la vie sauve en prononçant la profession de foi musulmane : « Il n'y a de Dieu que Dieu et Mohamed est le prophète de Dieu », et en promettant de se faire musulman ; les autres Européens furent tués, les convoyeurs indigènes furent plus ou moins grièvement blessés et laissés sur la place ; trois d'entre eux furent emmenés prisonniers avec le jeune Richard. Les agresseurs s'étaient, bien entendu, partagé les dépouilles des colons.

Richard et les autres prisonniers furent conduits vers Msila; à Sed-el-Djir, les Arabes furent laissés libres, mais Richard fut mené au camp de Saïd-ben-bou-Daoud où il fut traité en musulman; on lui avait donné le nom de Mohamed-ben-Amri. Saïd-ben-bou-Daoud voulait l'employer comme interprète, mais, au bout de huit jours, il l'échangea contre un rebelle prisonnier à Bou-Saada nommé Chaha-ben-Redjem (1).

Quant à Cognet, il réussit avec ses compagnons de fuite à gagner le ksar de Den-Nezouh récemment soumis; ils y reçurent l'hospitalité et furent conduits le lendemain à Bou-Saada.

Les marabouts des Oulad-sidi-Brahim envoyèrent relever à Daïat-el-Atrous les cadavres des trois européens tués et les firent transporter à Bou-Saada (2).

Le 15 septembre, les contingents de Saïd-ben-bou-Daoud

---

(1) Il n'y a pas eu de négociations préalables avec Saïd-ben-bou-Daoud; le commandant supérieur de Bou-Saada avait promis au frère de Chaha de mettre ce dernier en liberté s'il obtenait la remise du jeune Richard.

(2) Quand l'ordre fut rétabli dans le pays, l'affaire fut instruite au bureau arabe de Bou-Saada; un certain nombre de coupables furent arrêtés et traduits devant le conseil de guerre de Blida, qui prononça 23 condamnations à mort,

firent encore sur les Oulad-sidi-Aïssa et les Oulad-Abd-Allah une razzia de 300 chameaux. Les Oulad-Mokhtar et Mouïadat, du cercle de Boghar, alors campés au sud du Guetfa sur la limite du cercle d'Aumale, prévenus de la marche des insurgés, se mirent immédiatement à leur poursuite, conduits par leur caïd, et ils parvinrent à leur reprendre une partie du butin. Bientôt les cavaliers des Oulad-Sidi-Aïssa et des Oulad-Si-Amar accoururent à leur tour et se jetèrent sur les traces des ravisseurs qu'ils atteignirent à Oum-el-Louza et qu'ils chargèrent avec impétuosité.

Dans ce combat les rebelles eurent 2 hommes et 3 chevaux tués et plusieurs blessés ; les nôtres perdirent aussi 2 hommes et eurent 2 blessés. Les dissidents furent repoussés et on leur reprit la plus grande partie des animaux enlevés.

---

4 aux travaux forcés à perpétuité, 1 à 10 ans de travaux forcés. Dix seulement des condamnés à mort étaient sous les verrous; 5 d'entre eux eurent leur peine commuée, les 5 autres furent exécutés.

CHAPITRE XXIX

Dernières luttes contre l'insurrection dans la subdivision d'Aumale. — Situation des Beni-Yala. — Engagements du 31 juillet à Tir'eremt, du 2 août au col de Tamziant, du 4 août à Sameur. — La colonne campe sur ce point le 6 août. — Poursuite des rebelles à Taouialt le 10 août et soumission complète de la tribu. — Nomination du caïd Mohamed-ben-Dagma. — Mohamed-Bouzid-ben-Yahia, caïd des Oulad-Bellil. — La colonne Goursaud passe dans la vallée de l'Isser. — Ordre de licenciement des éclaireurs algériens du 9 septembre. — La colonne, réduite à un bataillon, est supprimée en novembre. — Levée de l'état de siège le 7 septembre. — Tentative faite par Bou-Mezrag pour enlever un convoi d'argent le 9 septembre. — Le capitaine Odon enlève le village des Oulad-Sidi-Brahim-bou-Bekeur le 25 septembre 1871. — Dernières tentatives de Bou-Mezrag dans les Beni-Abbès le 30 septembre et les 1 et 2 octobre ; il est repoussé. — Prise de la zmala des Oulad-Mokran à Gueber-Slougui le 8 octobre; fuite de la famille vers le Sahara. — Soumission des derniers dissidents des Ahl-el-Ksar, des Sebkha et des Oulad-sidi-Hadjerès, au milieu d'octobre. — Suppression de la subdivision d'Aumale le 24 octobre 1871. — Capture de Bou-Mezrag près du Ksar de Rouissat, le 20 janvier 1872. — Les Beni-Abbès et les Beni-Mellikeuch sont rattachés à la circonscription cantonale d'Akbou, le 12 avril 1872.

Comme nous l'avons vu au chapitre XXVII, un sof des Beni-Yala avait fait sa soumission au colonel Goursaud, mais le reste de la tribu avait gagné la montagne et persistait dans la rébellion. Cette tribu turbulente avait pour chef, au moment de l'insurrection, comme amin-el-oumena élu, le vieil Hammouch-ben-bou-Dehen, qui, de sa personne, était resté fidèle et s'était réfugié à Bordj-Bouïra auprès de l'agha Si-Bouzid et qui, plus tard, avait suivi comme goumier la colonne Cérez.

Les principaux chefs de l'insurrection avaient été, en dehors de Si-Hammouch-bou-Tamrir, marabout d'Agueni, mokoddem de Chikh-el-Haddad, Sliman-ou-Saïd, des Oulad-Mammar, qui avait été amin-el-oumena en 1870, Bou-Tamzoukht-ben-ba-Ahmed des Oulad-Tchatcha, Ahmed-ou-el-Hadj-Merri des Oulad-Amboub, Saïd-ou-Abd-Allah des Oulad-Mendil, Mhamed-ou-Merdoud des Oulad-Yahia.

Sliman-ou-Saïd, qui avait pris le commandement de la

tribu au moment de l'insurrection, avait été tué, comme nous l'avons vu, au combat de Hanif du 29 mai, livré par le général Cérez à Bou-Mezrag, et ce dernier l'avait remplacé, dans son commandement des Beni-Yala, par Ahmed-ou-Amar, ancien amin des Oulad-Tchatcha.

Ahmed-ou-Amar avait été l'un des premiers à faire sa soumission au colonel Goursaud, entraînant avec lui les gens de son sof, et le colonel, tenant compte de cette circonstance, l'avait employé comme chikh, bien qu'il eût été un des hommes de Bou-Mezrag.

Les derniers rebelles du versant sud du Djurdjura étaient confinés dans la montagne et la tranquillité était si bien revenue dans la région que le colonel Goursaud put décider, à la date du 26 juillet, la réouverture du marché des Arib et du marché de Bouïra, qui étaient fermés depuis le mois de mars.

Comme il importait d'en finir le plus tôt possible avec les Beni-Yala, le 31 juillet, le colonel Goursaud se transporta avec sa colonne à Tir'eremt (1) sur l'acif-el-Gentour (la carte porte Tiharamt), où on commence à entrer dans la partie fortement escarpée des Beni-Yala. L'avant-garde fut accueillie par les rebelles à coups de fusil, mais quelques feux de peloton suffirent pour les disperser.

Le 2 août, le commandant de La Roque dirigea une reconnaissance dans la montagne et trouva les révoltés au col de Tamziant, où ils avaient élevé des retranchements en pierres sèches. L'artillerie bouleversa ces ouvrages qui furent ensuite abordés de front par les éclaireurs, pendant que les tirailleurs, gagnant la crête, se portaient sur le flanc de la ligne de défense, forçant les Kabyles qui l'occupaient à l'abandonner. L'ennemi eut une vingtaine d'hommes hors de combat; de notre côté, il y avait eu un tirailleur tué et quatre blessés. Au

---

(1) On trouve près de là les ruines d'un ancien bordj bâti sur un mamelon très escarpé du côté du nord. On distingue les traces d'un mur d'enceinte assez large qui était construit, comme tout le reste, en pierre, avec un mortier de terre. Les ruines d'un assez grand nombre de maisons indiquent qu'il a dû exister sur ce point un centre assez important. D'après la tradition, pendant la période berbère, le sultan du pays aurait habité le bordj de Tir'eremt.

retour, les Kabyles s'attachèrent à la poursuite de la colonne et il fallut leur envoyer quelques obus pour les tenir à distance.

Le 4 août, une nouvelle reconnaissance fut conduite par le commandant Moulin jusqu'aux crêtes boisées de Sameur, où les rebelles s'étaient réfugiés et retranchés. Ceux-ci furent délogés après un engagement assez sérieux, où ils eurent vingt tués, tandis que, de notre côté, il n'y avait eu qu'un seul blessé.

Cette leçon ne fut pas encore suffisante pour vaincre l'obstination des Beni-Yala et le colonel Goursaud dut aller les combattre sur le terrain même où avait été les relancer le colonel Canrobert en juillet 1849. Le 6 août, la colonne porta son camp à Sameur près de la source d'Aïn-Isly, dont les Beni-Yala avaient besoin pour abreuver, dans cette saison, leurs nombreux troupeaux. Les dissidents, démoralisés et se voyant près d'être forcés dans leurs derniers repaires, commencèrent des démarches de soumission et ils avaient déjà livré des otages et une partie de leurs armes, lorsque, poussés par quelques fanatiques irréconciliables et par les contingents des Beni-Irguen et d'autres tribus du versant nord du Djurdjura, ils refusèrent d'exécuter les conditions qui leur avaient été imposées.

Les rebelles occupaient les rochers escarpés et boisés de Taouïalt, contrefort du Djurdjura qui s'élève à une altitude de 1753 mètres; c'est là qu'il fallut aller les chercher. Cette opération eut lieu le 10 août; nos troupes n'eurent pas à vaincre d'autres difficultés que celles du terrain. Les Beni-Yala se décidèrent alors à faire leur soumission complète, et, du même coup, la pacification de toutes les tribus du versant sud de Djurdjura se trouva achevée. Ces tribus remirent au colonel Goursaud 840 fusils et livrèrent 164 otages pour garantir la rentrée de la contribution de guerre.

Le colonel Goursaud crut nécessaire de donner aux Beni-Yala un chef énergique, pris en dehors de la tribu, et dégagé, par conséquent, de toutes les considérations de sof et il fit choix d'un officier des éclaireurs algériens nommé Mohamed-ben-

Dagma, qui lui parut réunir les conditions nécessaires pour ce difficile commandement; le nouveau chef, qui eut le titre de caïd, s'installa au caravansérail d'El-Esnam. Quant au vieux Bou-Dehen qui n'avait plus l'influence et l'énergie nécessaires pour se faire obéir par les Beni-Yala, on lui donna comme compensation le commandement du douar d'El-Berdi, dans les Beni-Amar, en remplacement de Sliman-ben-Chennaf.

Les Oulad-el-Aziz (1) étaient tous rentrés dans le devoir ainsi que les Merkalla et les Beni-Meddour et ils avaient réoccupé leur territoire. Par décision du 12 juillet, le général Cérez avait remplacé le regretté caïd des Oulad-Bellil, Mhamed-ben-Mançour, par Mohamed-Bouzid-ben-Yahia, ancien chaouch médaillé du bureau arabe d'Aumale, un des fils du caïd Ben-Yahia qui avait été traîtreusement assassiné par les Beni-Yala au mois d'août 1848 et dont le frère avait été tué à l'ennemi dans la dernière insurrection.

La mission du colonel Goursaud dans l'Oued-Sahel étant terminée, il se porta dans la vallée de l'Isser pour activer la rentrée des contributions de guerre et il occupa quelque temps le camp d'Aïn-Zeberboura. Les éclaireurs algériens ayant été licenciés, le colonel Goursaud rentra à Alger et sa colonne fut réduite à un bataillon de 700 hommes du 11e provisoire, sous les ordres du commandant Moulin. Cette petite colonne, après avoir séjourné près de Palestro, fut envoyée, pour des raisons de salubrité, à Ben-Haroun et elle fut définitivement licenciée dans le courant de novembre.

Voici l'ordre général dans lequel le général Wolff a rappelé les brillants services rendus par les éclaireurs algériens pendant la guerre contre l'Allemagne et dans la répression de l'insurrection algérienne.

Au quartier général, à Alger, le 9 septembre 1871.

Le régiment d'éclaireurs algériens est licencié, conformément aux ordres du Ministre de la guerre.

---

(1) Le mokoddem des Khouan, El-Hadj-Mohammed-ben-et-Taieb, des Oulad-el-Aziz, avait été arrêté dans les Beni-Koufi et il avait été remis au colonel Goursaud par le commandant supérieur de Dra-el-Mizan.

Le général chargé de l'expédition des affaires militaires de la colonie ne veut pas prononcer sa dissolution sans rappeler les services qu'il a rendus.

Créé par décret du 19 octobre 1870, ce corps, recruté dans les trois provinces de l'Algérie, entrait en ligne à l'armée de la Loire à la fin de novembre, grâce à l'impulsion donnée à son organisation par le colonel Goursaud. Il assistait aux combats de Saint-Peravy, Patay, Les Ormes, Josnes, Vendôme.

Le 31 décembre, le Ministre signalait sa belle conduite au combat de Varennes. Ce corps a lutté ensuite à Savigny, à Vencé, au Mans, à Conlies, à Sillé-le-Guillaume.

La guerre terminée en France, le régiment rentrait en Algérie où il a été de suite employé contre l'insurrection et, dans les combats de Teniet-Oulad-Daoud, Oued-Bezzit, Sidi-Rahmoun, Teniet-Djaboub, Beni-Mançour, Dra-el-Mizan, Icheriden, il a montré ce qu'on pouvait attendre de sa vigueur et de sa bonne discipline.

Aussi je vois avec regret licencier ce corps et je suis heureux d'adresser mes félicitations aux officiers, sous-officiers et éclaireurs algériens sur l'énergie qu'ils ont montrée dans les dangers et les fatigues de cette campagne.

Le général de division
chargé de l'expédition des affaires militaires de la colonie,
Signé : WOLFF.

Nous avons vu que Bou-Mezrag, pourchassé par le général Lallemand et par le général Saussier, avait fait transporter ses richesses dans le Djebel-Madid, où il avait été lui-même chercher un refuge. Le général Saussier était allé l'y chercher et lui avait livré les combats du 16, du 18, du 19 et du 23 août; mais, ayant reçu l'ordre d'aller opérer du côté de Batna, il avait dû abandonner sa poursuite et il avait quitté son camp de Bel-Imour le 25 août. Il ne restait plus dans la Medjana que la colonne Thibaudin, et Bou-Mezrag profita du moment de répit qui lui était laissé pour aller chercher de nouveaux adhérents auxquels il offrait l'appât du butin à faire sur les tribus qui étaient rentrées dans le devoir.

Le capitaine Odon, chef de l'annexe des Beni-Mançour, rend compte, dans son rapport ci-après, du 9 septembre, des entreprises des dissidents sur le territoire soumis à son autorité.

J'ai l'honneur de vous rendre compte que les dissidents de l'Ouennour'a deviennent de plus en plus entreprenants. Ils ont un goum de 60 chevaux avec lequel ils font des coups de main très hardis. Le 25 ou 26 du mois dernier, il se sont emparés de 128 mulets de la colonne Thibaudin ; 30 de ces mulets appartiennent au train, 5 hommes du train ont été tués. Les 10 conducteurs restants auraient été faits prisonniers suivant les uns ; d'après une autre version, ils auraient pu rejoindre le camp. L'affaire s'est passée au village des Oulad-Sidi-Ali où la colonne s'approvisionnait de paille. Comme il y a une montagne entre ce village et le camp, les dissidents ont pu s'embusquer et tomber à l'improviste sur la corvée. La cavalerie de la colonne s'est mise à la poursuite du goum ennemi, mais n'a pu le rejoindre.

J'ai ces renseignements par des gens des Beni-Abbès qui assistaient à l'affaire comme sokhars et qui ont pu s'enfuir ; ils m'ont dit aussi que deux sokhars avaient été tués et une vingtaine emmenés prisonniers. Hier 8, ils sont venus couper la route des Beni-Mançour à Aumale en plusieurs endroits, près d'Adjiba et à Kabouch, sur la limite des Mecheddala et des Beni-Mançour. Ils espéraient enlever les gens qui portent la contribution de guerre à Aumale ; mais comme je fais passer tout le monde, jusqu'à Kaf-el-Ahmar, par les collines où se trouvent les villages des Mecheddala, ils n'ont trouvé personne soit sur la grande route, soit sur l'ancien chemin turc. Après avoir dispersé la garde placée près de la route à Kabouch, ils ont enlevé 2 ou 3 mulets et 100 chèvres ou moutons, 6 hommes et 3 femmes. Dès que j'ai été prévenu, j'ai fait monter à cheval 6 cavaliers que j'avais sous la main, j'ai fait également partir à la poursuite tous les hommes des Beni-Mançour et des Cheurfa ayant des fusils. Mon petit goum a joint l'ennemi et lui a pris un mulet et 5 chèvres ; il n'a pu reprendre le reste parce qu'il n'était pas en force et que les piétons étaient trop loin derrière eux pour les soutenir. Le nommé Miloud-ben-el-Hadj, mokhazni, a eu son cheval tué sous lui. Ces quelques dissidents répandent la terreur dans toutes les tribus placées sous mon commandement. Depuis Kela des Beni-Abbès jusqu'aux Beni-Yala, tout le monde tremble. De tous côtés on parle du retour de Bou-Mezrag. Il ne manque pas de gens qui le désirent et ne se font pas faute de colporter les bruits les plus fâcheux et même qui servent de guides à l'ennemi.

Il est absolument nécessaire de faire cesser cet état de choses. Comme nous avons affaire à des cavaliers et que les piétons indigènes les redoutent beaucoup, non seulement je ne pourrai rien tenter contre le goum ennemi, mais je ne puis même répondre que les gardes restent à leurs postes, surtout la nuit, si elles n'ont pas la certitude d'être secourues rapidement par les cavaliers. Par conséquent il me faut des cavaliers. Avec 50 spahis que je pourrai diriger moi-même j'espère pouvoir rendre la sécurité au pays. S'il n'est pas possible d'en avoir 50, envoyez-m'en 25, je ferai ce que je pourrai ; mais je ne me résignerais pas du tout à rester paisiblement dans mon bordj pendant que les populations placées sous mon commandement seraient journellement pillées. Il me serait trop pénible d'avoir à endurer chaque jour leurs plaintes, il faut que je puisse protéger sérieusement les indigènes soumis, sans cela je demande à quitter le poste qui m'a été confié et que je n'ai accepté que dans l'espoir de pouvoir y être utile.

J'ai besoin de recevoir très rapidement la cavalerie que j'ai l'honneur de vous demander. Ce qui est également urgent, c'est qu'on ne laisse pas indéfiniment insoumis le pâté de l'Ouennour'a, dont les habitants font une propagande active et qui, à la longue, pourrait avoir du succès. J'espère qu'une colonne ne tardera à mettre ces gens-là à la raison.

Signé : ODON.

Au lieu des spahis qu'il avait demandés, le commandant de la subdivision d'Aumale envoya au capitaine Odon un goum de 100 chevaux commandé par le capitaine Abd-el-Kader. Avec ce renfort, le chef d'annexe alla attaquer le village des Oulad-Sidi-Brahim-bou-Bekeur (1) des Beni-Abbès, sur la rive gauche de l'oued Marir' et dont la position commande un débouché des Biban par où arrivaient fréquemment les razzous. Voici le rapport du 25 septembre sur cette petite expédition.

Pensant que le meilleur moyen de protéger les tribus soumises contre les incursions des dissidents consistait à éloigner ceux-ci le plus possible, je résolus, dès que le goum du capitaine Abd-el-Kader fut arrivé aux Beni-Mançour, de soumettre les Oulad-Sidi-Brahim-bou-Bekeur ou de détruire leur village. Pour obtenir ce résultat, je joignis au goum et à mon makhezen 120 hommes environ des Cheurfa et des Beni-Mançour et 300 des Beni-Abbès.

Nous partîmes du bordj à 1 heure du matin, Au point du jour, nous étions à proximité du village à attaquer. Avant d'arriver aux Oulad-Sidi-Brahim-bou-Bekeur, le chemin venant des Beni-Mançour traverse un ravin assez profond (Tacift-Ouarek-ou-Mançour) qui se dirige de l'ouest à l'est.

La pente sud de ce ravin se termine par une crête longue et étroite derrière laquelle se trouve le village, dans un bas fond. La possession de cette crête entraîne forcément celle du village, dominé par elle de très près. La pente nord de Tacift-Ouarek-ou-Mançour est terminée par une crête à peu près semblable.

---

(1) La carte porte seulement Ouled-Si-Brahim.

Derrière celle-ci, que l'on rencontre la première en venant des Beni-Mançour, je formai ma petite colonne sur deux lignes ; la première comprenant les Cheurfa et les Beni-Mançour au centre, les Beni-Abbès à gauche, 60 hommes du goum à droite ; la deuxième, servant de réserve, était composée de mon makhezen, de 20 hommes armés de chassepots et de 40 hommes du goum.

Je lançai la première ligne, espérant qu'elle surprendrait les dissidents et occuperait la crête opposée sans résistance. Il n'en fut pas ainsi, les Oulad-Sidi-Brahim-bou-Bekeur étaient sur leurs gardes. Ils accueillirent les assaillants par un feu très vif, blessèrent à mort un homme des Cheurfa et tuèrent la jument du caïd des Beni-Mançour.

Devant cette résistance, les Beni-Abbès lâchèrent pied et leur mouvement fut suivi, de la gauche à la droite, par tout le monde ; mais ce mouvement, qui était précipité à gauche, s'opéra assez lentement au centre et à droite. La réserve protégea la retraite de la première ligne et tirailla ensuite pendant une heure environ, en attendant que celle-ci fut réorganisée. Alors les Cheurfa et les Beni-Mançour furent placés à la droite du makhezen, derrière la crête nord de Tacift-ouarek-ou-Mançour et durent faire un feu très nourri sur la crête sud occupée par l'ennemi, pendant que le goum tournait celui-ci par sa droite. Le goum, très bien dirigé par le caïd El-Hadi-ben-Kharouba, força par son mouvement l'ennemi à se retirer. Le caïd, avec une partie de son monde, occupa la crête que venaient d'abandonner les dissidents et, avec l'autre, il les poursuivit à travers le village. Les Oulad-Sidi-Brahim, voyant leur village envahi et étant déjà désarmés en grande partie, déclarèrent qu'ils se soumettaient ; cette soumission tardive n'arrêta pas le pillage.

Ce combat fait le plus grand honneur au goum, auquel est dû le succès obtenu. Le capitaine Abd-el-Kader étant malade avait, à son grand regret, dû rester aux Beni-Mançour et avait laissé le commandement au caïd El-Hadi-ben-Kharouba.

Nos pertes ont été de 2 hommes des Cheurfa, l'un blessé mortellement, l'autre très légèrement, une jument tuée et une autre blessée de trois balles (blessures sans gravité). L'ennemi a eu 3 morts et 8 ou 10 blessés. J'ai amené sept otages aux Beni-Mançour ; comme ils sont très influents, ils suffisent pour répondre de la soumission de la tribu.

Nous avons enlevé à l'ennemi une trentaine de fusils et des effets de toute nature, parmi lesquels se trouvaient trois burnous d'investiture appartenant probablement à des chikhs de l'Ouennour'a. J'ai donné ces burnous à des indigènes de l'annexe qui vous sont proposés pour caïds.

Signé : ODON.

Le rapport ci-après du capitaine Odon rend compte des derniers efforts faits par Bou-Mezrag, pour entraîner de nouveau avec lui les Beni-Abbès.

Le plan de la razzia conçu par Bou-Mezrag et que je vous ai communiqué par dépêche en date du 30 septembre, a été changé à la suite du combat des Oulad-Sidi-Brahim.
J'ai de bonnes raisons de croire que les dissidents ont cherché à éviter le goum des Beni-Mançour et que c'est pour cela qu'ils se sont jetés avec toutes leurs forces dans la montagne. Ces forces se composaient des Oulad-Khalouf, Madid, Dréat, Oulad-Sidi-Ali-Tiar, Mzita, Medjana, moitié des Oulad-Ali et Ksar.
Dans la nuit du 29 au 30, Bou-Mezrag fit un long détour pour entrer dans El-Kela, par la porte occupée par les Oulad-Hamadouch, ses partisans. Il entra sans coup férir et traversa le quartier occupé par eux, mais il fut arrêté lorsqu'il voulut en déboucher pour pénétrer chez les Oulad-Aïssa; ceux-ci, joints aux Oulad-Haroun et à des gens de Bel-Ayal, le forcèrent à se retirer laissant 3 morts et 1 blessé sur le terrain.
Bou-Mezrag opéra sa retraite dans la direction du nord-ouest par la route de Boni; lorsqu'il arriva au point où cette route rencontre celle de Boni à Tazmalt, il prit cette dernière et la suivit jusque près d'Ir'il-Ali; il eut le soir même une escarmouche avec les gens du village.
Prévenu rapidement, j'ordonnai aux Oulad-Rezine et aux Oulad-Mohamed-ou-Moussa, de se porter immédiatement au secours d'Ir'il-Ali.
Pendant toute la nuit, les émissaires de Bou-Mezrag coururent les villages des environs, tâchant de réchauffer l'ardeur de ses partisans; il en entra même, dit-on, à Ir'il-Ali; malgré cela, le combat commença le 1er octobre, au point du jour. Nos partisans tinrent bon pendant longtemps, mais les cavaliers ennemis ayant tourné le village par la gauche, en passant dans des ravins profonds que les Oulad-Rezine auraient pu défendre très facilement, les gens qui tenaient franchement pour nous durent abandonner Ir'il-Ali et les positions qu'ils occupaient en avant. Ils s'établirent à droite et à gauche d'un autre village dit Tazaïrt, qui n'est séparé du premier que par la place du marché de l'arba, longue de 3 à 400 mètres.
Les partisans de Bou-Mezrag, dès qu'ils furent entrés à Ir'il-Ali, s'occupèrent beaucoup plus de piller que de poursuivre les nôtres; un petit nombre seulement dépassèrent le village et tiraillèrent contre Tazaïrt, qui est dans une très forte position. Les nôtres reprirent courage puis, un homme de Tazaïrt, nommé Mohamed-Amzian-ben-Bali, ayant eu la bonne idée de s'écrier : « Voilà le

goum des Beni-Mançour qui arrive! », l'ennemi fut pris de panique et s'enfuit dans un désordre incroyable, jetant armes et butin.

Nos partisans qui s'étaient retirés vers Tazaïrt poursuivirent l'ennemi, ceux qui étaient restés cachés dans leurs maisons sortirent en armes et tuèrent ou prirent, presque sans danger, tous les dissidents qu'ils rencontrèrent. Ils tuèrent à l'ennemi ce jour-là 47 hommes et lui firent 10 prisonniers qui étaient plus ou moins blessés. Ils prirent aussi 16 fusils, 3 chassepots et 8 mulets. Nous n'eûmes à regretter, de notre côté, qu'un seul blessé.

Pendant que ceci se passait, j'avais réuni les Cheurfa, les Beni-Mançour et les Beni-Kani au bordj, les gens du douar de Tigrin, au Bir, et envoyé, vers les Portes-de-Fer, une forte reconnaissance, afin d'être prévenu à temps et de pouvoir barrer la route au goum ennemi s'il paraissait. J'avais envoyé également l'ordre aux Beni-Mellikeuch d'aller au secours des Beni-Abbès.

Lorsque je connus le résultat du combat d'Ir'il-Ali, j'allai constater l'état des choses dans ce village. Je trouvai la population très excitée, mais encore craintive ; je la rassurai de mon mieux et retournai coucher au bordj. Je laissai aux Beni-Abbès 4 spahis sous les ordres de Hamimi-ben-Ali, ancien chaouch de Tazmalt, très influent dans le pays, et je lui donnai le commandement de la défense. Il avait avec lui les hommes de trois douars des Beni-Abbès : Oulad-abd-Allah, Oulad-Rezine et Oulad-Mohamed-ou-Moussa, les Beni-Mellikeuch et quelques hommes des Cheurfa.

Le 2, Bou-Mezrag, après avoir réorganisé ses contingents, revint de nouveau vers midi. Nos partisans, bien dirigés par Hamimi, firent très bonne contenance. Cependant le mouvement tournant exécuté la veille par la cavalerie ennemie se renouvela encore et réussit de la même manière. Le village fut encore pris, pillé, et quelques maisons furent incendiées. Les dissidents ne purent pas s'y maintenir ; ils furent chassés à la nuit, laissant encore entre nos mains 3 fusils dont 1 chassepot, 4 chevaux et 3 ânes, et abandonnant sur le terrain 14 cadavres. Nos pertes furent ce jour-là de 3 hommes tués, 1 des Beni-Mellikeuch et 2 des Beni-Abbès (Ir'il-Ali).

Ayant appris dans la nuit du 2 au 3 que la route de Bab-el-Kebir, dans le défilé des Portes-de-Fer, avait été coupée par les dissidents, et que, par conséquent, il y avait à craindre de ce côté, j'envoyai à Ir'il-Ali les Beni-Kani, les Cheurfa et les Beni-Mançour, craignant que l'attaque ne recommençât de ce côté le 3.

Il n'en fut rien, Bou-Mezrag était bien parti. Des reconnaissances furent envoyées dans la direction de Boni et ne rencontrèrent personne. Dans la soirée, je retournai à Ir'il-Ali, j'y laissai les contingents qui s'y trouvaient et je donnai l'ordre aux caïds et à Hamimi-ben-Ali de pousser le lendemain jusqu'à Chouarekh en razziant tous les villages qui ne se soumettraient pas. Le village de

Zina s'est soumis et a envoyé des otages ; dans les autres, qui avaient accueilli Bou-Mezrag, on n'a plus trouvé d'habitants, tous avaient été abandonnés.

Je crois que nous avons peu à craindre de ce côté, cependant les populations sont toujours inquiètes. Je vous prie de m'envoyer, si vous ne pouvez pas autre chose, au moins 50 spahis.

Les tribus des Sebkha et des Beni-Aogag n'ont pas pris part à l'expédition de Bou-Mezrag ; elles sont restées sur la défensive dans leur pays. Cependant les Oulad Sidi-Brahim ont été attaqués, le 3 au soir, par un parti de Sebkha qui leur a tué un homme, mais n'a pas pu pénétrer dans le village. La moitié des Oulad-Ali étaient chargés de garder Bab-el-Kebir.

Signé : Odon.

Ce fut la dernière apparition des Oulad-Mokran dans la vallée de l'oued Sahel.

Le général Poitevin de Lacroix, commandant la division de Constantine, avait fait cerner par cinq colonnes les montagnes du Bou-Taleb où se trouvaient les contingents d'Ahmed-Bey, et le général Saussier, qui concourait à ces opérations, se trouvait à Barika lorsqu'il apprit de bonne source que les zmalas de Bou-Mezrag et de Saïd-ben-bou-Daoud se trouvaient dans les montagnes de Madid et se préparaient à fuir vers le Sahara. Il demanda l'autorisation de marcher vers Msila pour leur couper la route. Cette autorisation obtenue après d'assez longues hésitations, le général Saussier se mit en route et arriva le 7 octobre à Bou-Hamadou. Le 8, la cavalerie de la colonne culbutait les goums ennemis qui couvraient les défilés d'El-Djeffan et les refoulait dans la montagne. Pendant ce temps, l'infanterie gravissait le Djebel-Djeffan, arrivait sur l'emplacement de l'ancienne kela des Beni-Hammad (1) et elle apercevait, entassés au pied de la montagne, des milliers de chameaux et de bêtes de somme, des tentes, des bagages, des palanquins à demi chargés et d'immenses troupeaux ; c'était toute la zmala des Oulad-Mokran, ce qui restait de leur fortune.

---

(1) La kela des Beni-Hammad était la capitale de la dynastie des Hammadites pendant la période arabe ; cette capitale fut transférée à Bougie en 1090.

Les rebelles qui protégeaient la fuite de leurs anciens seigneurs sont bientôt culbutés et nos goums, lancés sur la zmala, se ruent avec une ardeur indicible sur cet immense butin et ramènent au camp de Gueber-Slougui une razzia fantastique.

Dans la nuit, les Oulad-Mokran réussirent à trouver un chemin dans le versant nord du Djebel-Madid qu'on croyait infranchissable et, le 9 octobre au matin, ils étaient à Sed-el-Djir, à l'ouest de Msila.

Ce fut alors une course effrénée, les fugitifs emmenant avec eux des femmes et des enfants, pour échapper à la poursuite des goums d'Aumale, de Bou-Saada, de Djelfa, lancés sur leurs traces. Ils couraient ainsi vers Tougourt qu'ils croyaient encore au pouvoir de l'agitateur Bou-Choucha ; mais en arrivant à Dzioua, le 17 octobre, après avoir livré un combat aux goums de Tougourt, ils apprirent que ce faux chérif avait dû fuir vers Ouargla. Ils continuèrent leur course de ce côté et ils réussirent à y arriver ; ils furent bien accueillis par Bou-Choucha, le chef de l'insurrection dans l'extrême-sud.

Après l'exode des Oulad-Mokran, les derniers dissidents de la subdivision d'Aumale ne tardèrent pas à demander l'aman ; ce n'étaient plus des tribus, mais des fractions ou des tentes isolées.

Les derniers rebelles des Ahl-el-Ksar, des Sebkha et des Oulad-Sidi-Hadjerès sont rentrés sur leurs territoires respectifs du 13 au 20 octobre en livrant des otages et leurs armes. La pacification de la subdivision d'Aumale était dès lors complète.

L'amiral de Gueydon avait déjà, par un arrêté du 7 septembre, prononcé la levée de l'état de siège dans toute l'étendue de la division d'Alger.

Par décision ministérielle du 24 octobre 1871, le territoire composant la subdivision d'Aumale ne forma plus qu'un cercle continuant à relever directement du commandant de la division d'Alger ; la subdivision d'Aumale était supprimée (1). Le lieu-

---

(1) Le 19 février 1874, la partie occidentale du cercle de Bou-Saada fut rattachée

tenant-colonel Trumelet fut maintenu comme commandant supérieur par décision du 15 novembre.

Les Oulad-Mokran réfugiés à Ouargla n'y jouirent pas d'un long repos, car le général de Lacroix, qui avait entrepris la pacification du sud, arrivait à Tougourt le 27 décembre 1871, et, le 5 janvier 1872, il était à Ouargla. Ils durent reprendre leur fuite vers le sud pour gagner ensuite la Tunisie; presque tous y réussirent. Bou-Mezrag fut moins heureux; tombé de fatigue et d'inanition, le 20 janvier, près du ksar de Rouissat, il fut relevé inanimé par une patrouille de chasseurs de France et transporté au camp à l'ambulance (1).

Par arrêté du 12 avril 1872, les tribus des Beni-Abbès et des Beni-Mellikeuch, qui avaient été temporairement rattachées à l'annexe des Beni-Mançour, furent placées dans la circonscription cantonale d'Akbou.

---

par arrêté du gouverneur général, au cercle d'Aumale, lequel prit la dénomination de circonscription militaire d'Aumale.

Par décret du 13 mars 1875, la circonscription militaire d'Aumale fut érigée en subdivision.

(1) Bou-Mezrag fut condamné à la peine de mort, le 26 mars 1873, par la cour d'assises de Constantine, mais sa peine fut commuée et il fut déporté dans la Nouvelle-Calédonie.

CHAPITRE XXX

La colonne Deplanque se transporte à Icheriden le 14 juillet et de là au Sebt des Beni-Yahia, où elle arrive le 1ᵉʳ août. — Le 11 août, elle se rend au khemis des Illoula-ou-Malou. — Combat du 16 août contre les Beni-Idjeur, soumission de cette tribu. — La colonne retourne au khemis des Illoula le 27 août, puis elle se rend à Djemaa-Sahridj, où elle séjourne jusqu'au 12 septembre. — Elle se rend alors chez les Beni-R'obri, les Beni-Flik puis aux Ir'il-Nzekri et elle arrive le 27 septembre à Azeffoun. — Le 30, elle se met en marche pour Dellys où elle arrive le 4 octobre. — La colonne retourne à Fort-National où elle arrive le 10 octobre. — Elle descend ensuite à Tizi-Ouzou où elle est licenciée au milieu de l'hiver. — Paiement des contributions de guerre dans le cercle de Fort-National et désarmement. — Ordre du jour de l'amiral de Gueydon, publié le 14 décembre 1871.

Nous avons laissé la colonne d'observation du général Deplanque, au chapitre XXIV, à Fort-National où elle venait d'être organisée; le 14 juillet, elle était installée auprès d'Icheriden. Elle séjourna sur ce point jusqu'au 1ᵉʳ août, pressant la rentrée de la contribution de guerre et le versement des armes; à cette date elle se transporta au Sebt des Beni-Yahia pour agir de même sur les tribus environnantes. C'est là qu'elle reçut, de Bougie, les moyens de transport qui lui avaient été envoyés par le général Lallemand après le licenciement de sa colonne et qui lui étaient nécessaires pour être toujours en mesure de se déplacer lorsque la situation l'exigerait.

Le 11 août, le général Deplanque se dirigea vers le marché du khemis des Illoula-ou-Malou où bientôt les démonstrations hostiles des Beni-Idjeur lui firent voir la nécessité de frapper un coup vigoureux sur cette tribu. Trois villages seulement des Beni-Idjeur, Taourirt-Naït-Idjeur, Takoucht avec Idelsen, et Yatoucen avec les Aït-Ikhelef, étaient franchement insoumis; tout ce qu'il y avait encore d'insurgés dans la Kabylie s'y était donné rendez-vous. Le reste de la tribu passait pour soumis, mais rien n'avait encore été payé sur la contribution de guerre.

Les rebelles avaient mis en état de défense Taourirt-Naït-Idjeur et Iferach, qui leur servaient de points d'appui, et ils avaient garni de retranchements en pierres sèches toute la crête séparant ces villages et qui forme un angle rentrant dont le sommet est au village d'Yatoucen; un millier de Kabyles occupaient ces positions.

Toutes les montagnes des environs, aussi loin que la vue pouvait porter, étaient garnies d'indigènes qui étaient venus là pour jouir du spectacle du combat, mais qui se seraient facilement transformés en agresseurs si l'attaque ne réussissait pas; leurs armes ne devaient pas être loin.

Le village de Taourirt-Naït-Idjeur était la position principale de l'ennemi, ce fut par là que commença l'attaque. Le 12e provisoire lancé à l'assaut aborda les retranchements Kabyles avec la plus grande vigueur et leurs défenseurs ne tardèrent pas à être culbutés et à être mis en déroute. Ils furent poursuivis dans la direction d'Yatoucen et furent délogés successivement des retranchements occupés le long de la crête. L'enlèvement d'Yatoucen et du village des Aït-Ikhelef nous rendit maîtres de toutes les positions; l'ennemi se débanda et prit la fuite dans la direction du col d'Akfadou; les villages enlevés de vive force ainsi que Takoucht et Idelsen furent livrés aux flammes. Commencé à 7 h. 1/2 du matin, le combat était terminé à 11 heures et la colonne s'installait auprès de Taourirt; il nous a coûté quatre tués et vingt-trois blessés dont deux officiers.

Les pertes de l'ennemi ont dû être considérables, mais elles n'ont pas pu être bien appréciées à cause du grand nombre des étrangers qui étaient venus brûler là leurs dernières cartouches; les Beni-Idjeur ont eu, pour leur compte, 18 tués et 9 blessés.

La tribu ne tarda pas à faire sa soumission; la colonne séjourna à Taourirt jusqu'au 26 août recevant les otages, des armes, et faisant rentrer les contributions de guerre payées en argent ou en troupeaux. Les Beni-Idjeur ne purent pas payer immédiatement la totalité de leurs contributions de guerre;

ils n'achevèrent le paiement, à Fort-National, que le 28 septembre.

Le 27 août, le général Deplanque retourna au khemis des Illoula pour y hâter l'exécution des conditions de l'aman, et le 6 septembre, en exécution des ordres qu'il avait reçus du général commandant la division, il se rendit à Djemaa-Sahridj, afin de peser sur plusieurs tribus du cercle de Tizi-Ouzou qui montraient le plus mauvais vouloir dans l'exécution des conditions qui leur avaient été imposées au moment de leur soumission.

La colonne séjourna à Djemaa-Sahridj jusqu'au 12 septembre; elle se rendit alors aux Aït-bou-Hini, dans les Beni-R'obri, et elle alla châtier les villages de Tirilt-bou-Ksas et de Bou-Mançour, de la tribu des Beni-Flik. De là elle se transporta au bad des Ir'il-Nzekri, puis elle se dirigea vers Azeffoun, dans la tribu des Zerkhfaoua, et y arriva le 27 septembre.

De ce point la colonne Deplanque se mit en route, le 30 septembre, pour Dellys, en suivant un chemin difficile qui longe le bord de la mer et qui avait été préalablement réparé par les tribus; elle campa, le 30, près du village des Aït-Erhouna, des Flissat-el-Behar (1), le 1er octobre à Issenhadjen, et elle arriva à Dellys le 4 octobre, en voyageant à petites journées.

De Dellys, après avoir congédié les hommes libérables, le général Deplanque se mit en route pour retourner à Fort-National, où il arriva le 10 octobre. Nommé au commandement de la subdivision de Sétif par décision ministérielle du 24 octobre, il remit le commandement de la colonne au colonel Hochstetter, du 12° provisoire.

Les tribus du cercle de Fort-National s'étaient libérées entièrement, dès le 3 novembre, de leurs contributions de guerre, s'élevant à 2.674.220 francs, et elles avaient versé

---

(1) Le colonel Fourchault, commandant la subdivision de Dellys, qui avait entrepris une tournée dans les tribus, vers l'est, trouva la colonne Deplanque, le 30, près des Aït-Erhouna.

6.365 fusils, 1.339 pistolets, 1.836 sabres et 3 canons turcs provenant de Bordj-Bor'ni. Les Kabyles avaient transporté ces canons à Fort-National, leur avaient fabriqué des affûts plus ou moins primitifs et s'en étaient servis, comme nous l'avons vu au chapitre XXIII, pour envoyer sur le fort de nombreux projectiles de gros calibre.

Les deux villages de Tagmount-Ibaddaden et d'Imanseren, qui dominaient le fort à trop courte distance et dont la démolition avait été prescrite, ont été rasés, sous la surveillance de l'autorité, par les habitants eux-mêmes, qui furent installés sur de nouveaux emplacements.

A la fin de novembre, la colonne d'observation fut envoyée à Tizi-Ouzou, où elle devait moins souffrir des rigueurs de l'hiver, et, quelque temps après, elle fut définitivement licenciée.

La division d'Alger était donc complètement pacifiée. L'amiral de Gueydon, gouverneur général civil, fit insérer dans les journaux officiels, le 14 décembre 1871, l'ordre du jour ci-après, adressé à MM. les commandants supérieurs et officiers détachés aux affaires indigènes de la colonie :

> Au moment où je transmets au Ministre de la guerre mes appréciations sur votre manière de servir, je tiens à vous témoigner publiquement toute ma satisfaction.
>
> Malgré les attaques iniques et diffamatoires dont vous êtes incessamment l'objet, vous me prêtez le plus loyal concours pour réaliser les aspirations légitimes de l'Algérie : la substitution graduelle du droit commun colonial au régime transitoire du commandement militaire.
>
> Je vous en remercie; persévérez, et continuons à travailler ensemble à la pacification de ce pays, en procurant à ses habitants, sans acception d'origine, de légitimes satisfactions.
>
> Je saisis cette occasion pour porter à votre connaissance ces paroles si rassurantes que j'extrais des instructions adressées par le Ministre de la guerre aux généraux commandant les divisions territoriales :
>
> « Versailles, le 15 octobre 1871.
>
> »..... MM. les officiers mis à la disposition du gouverneur général civil ne doivent pas s'inquiéter de leur avenir; il leur sera tenu grand compte de leurs services. Ils seront inspectés tous les ans

par MM. les généraux commandant les divisions, qui, après les avoir notés au point de vue militaire, adresseront leur travail au gouverneur général civil, et ce dernier me les transmettra en y joignant ses appréciations personnelles sur chacun de ces officiers.

» Le gouvernement compte sur votre loyal concours et sur celui de vos subordonnés pour la mise en pratique des réformes sur lesquelles va reposer la nouvelle organisation de l'Algérie. Toutes ont été discutées et arrêtées au conseil des ministres, après avoir entendu S. Exc. le maréchal Mac-Mahon, ainsi que les officiers généraux, les fonctionnaires et les membres de l'Assemblée nationale les plus aptes à éclairer le gouvernement. Elles s'imposent donc avec la plus haute autorité dont elles puissent être revêtues, et j'ai la certitude que le vice-amiral gouverneur général civil trouvera en vous l'aide la plus intelligente et la plus énergique pour l'accomplissement de la difficile et si patriotique mission dont il est chargé.

» *Le Ministre de la guerre,*
» Signé : G^{al} DE CISSEY. »

Le Gouverneur général civil de l'Algérie,
    Signé : Vice-amiral comte DE GUEYDON.

CHAPITRE XXXI

Répression de l'insurrection algérienne de 1871. — Contributions de guerre. — Note sur la question du séquestre. — Séquestre individuel, séquestre collectif. — Institution des commissions de liquidation du séquestre. — Rachat de séquestre collectif. — Banditisme. — Poursuite devant les tribunaux des faits insurrectionnels et des crimes de droit commun qu'ils ont amenés. — Cours d'assises, conseils de guerre. — Indemnités allouées aux victimes de l'insurrection. — Développement de la colonisation.

La répression de l'insurrection algérienne de 1871 a été sans mesure ; elle a plutôt ressemblé à un acte de vengeance implacable qu'à l'application d'un châtiment proportionné aux méfaits commis. Les indigènes révoltés les avaient pourtant déjà durement expiés, ces méfaits, par les hécatombes d'hommes que nos armes perfectionnées avaient produites, par les ruines matérielles qui avaient jalonné le passage de nos colonnes.

Sans doute, certaines tribus qui avaient massacré nos colons et ravagé leurs propriétés méritaient un châtiment exemplaire, mais la plupart des autres n'avaient fait qu'envoyer des contingents pour nous combattre ; les unes et les autres ont été traitées à peu près de la même manière et les plus sévèrement atteintes n'ont pas toujours été celles qui avaient commis les plus grands crimes, mais bien celles qui avaient les meilleures terres à prendre dans une situation convenable pour la colonisation.

Anciennement, quand des tribus se révoltaient, on leur tuait le plus de monde que l'on pouvait dans les combats qu'on leur livrait pour les soumettre, on leur enlevait les troupeaux qui nous tombaient sous la main, on incendiait leurs villages, on coupait leurs figuiers, leurs oliviers, leurs palmiers, selon la région, pour les amener à composition, on leur infligeait des amendes pour payer les frais de la guerre et réparer les dommages causés, on exilait les principaux instigateurs de la révolte et c'était tout ; la propriété privée était respectée.

En 1871, la propriété privée n'a plus été respectée ; on a pris aux tribus toutes les terres à notre convenance et on s'est emparé de la totalité des biens meubles et immeubles des individus qui passaient pour avoir pris une part prépondérante à l'insurrection ; en outre on a envoyé devant nos tribunaux tous ceux accusés d'avoir « participé à des attentats ayant pour but d'exciter à la guerre civile en armant ou portant les citoyens ou habitants à s'armer les uns contre les autres, soit de porter la dévastation, le massacre et le pillage dans une ou plusieurs communes », ou accusés d'avoir commis des crimes de droit commun.

On pourrait croire que lorsqu'un individu condamné par les tribunaux de droit commun avait porté sa tête sur l'échafaud il avait suffisamment payé sa dette à la société ; il n'en était rien, tous les biens meubles et immeubles de sa famille étaient saisis et on vouait à la plus noire misère des femmes et des enfants qui ne nous avaient rien fait.

Mais, dira-t-on, la confiscation des biens, qui a pu se pratiquer dans les temps reculés où nos mœurs étaient encore quelque peu imprégnées de barbarie, a été rayée depuis longtemps de nos codes ? — C'est juste, on n'aurait pas voulu oublier à ce point les immortels principes de la Révolution ; aussi, en 1871, on n'a pas confisqué, on a séquestré. Comme résultat c'était exactement la même chose, mais le mot est moins choquant (1).

Si on agissait, dans les guerres entre nations européennes,

---

(1) Ayant fait partie, en 1871, d'une sous-commission présidée par M. Fau, substitut du procureur général, chargée d'étudier les mesures d'application du séquestre, j'ai fait remarquer que le séquestre tel qu'on le pratiquait en Algérie n'était qu'une confiscation déguisée et, qu'il serait plus digne d'appeler les choses par leurs noms ; j'ai ajouté que je n'étais pas opposé à la confiscation employée comme mesure de répression, mais à la condition qu'elle serait prononcée par les tribunaux après débat contradictoire, au lieu d'être prononcée administrativement après une enquête sommaire. M. l'avocat général voulut bien partager cette manière de voir et il dut faire des propositions dans ce sens, mais la sous-commission ne fut plus jamais réunie.

comme nous l'avons fait en Algérie à l'égard des indigènes, on trouverait cela monstrueux ; mais quand on n'a affaire qu'à des populations qui ne passent pas pour civilisées, on n'a pas à se gêner. D'ailleurs, une nouvelle catégorie de droits qu'on n'avait pas prévus lors de la proclamation des droits de l'homme a été découverte : ce sont les droits supérieurs de la civilisation.

Autrefois la conscience publique se révoltait en voyant les conquérants du Nouveau-Monde exterminer, refouler les peuplades indiennes et achever leur anéantissement en les condamnant à des travaux de mines ; on croyait alors que les lois de l'humanité étaient les mêmes pour tous et que, lorsqu'on avait affaire à un peuple barbare, on n'était pas pour cela autorisé à se montrer plus barbare que lui. Aujourd'hui, on ne pense plus de même ; il est reconnu qu'un peuple civilisé peut légitimement écraser, fouler les peuplades sauvages ou simplement barbares qui se trouvent sur le passage du progrès. C'est même un devoir d'humanité que de leur porter les bienfaits de la civilisation ; la fin justifie les moyens et si les balles ordinaires ne tuent pas assez vite et assez complètement dans l'exécution de cette œuvre, il est permis d'employer les balles dum-dum.

Et même, dans certaines circonstances, on peut assimiler aux barbares des peuples d'origine européenne si, par exemple, leur sol recèle des richesses qu'on ne peut raisonnablement laisser à des gens qui ne doivent en avoir que faire.

En Algérie, ce qu'on voulait prendre, c'était d'abord la terre, puis, par surcroit, les économies amassées par les Kabyles.

Dans un rapport du 30 octobre 1872 sur la situation de l'Algérie qu'il a présenté au Président de la République, l'amiral de Gueydon disait ceci :

C'est sur les tribus de la subdivision de Dellys qu'ont été frappées les premières contributions de guerre.
Après avoir réuni sous ma présidence une commission chargée d'établir les ressources de cette subdivision et de supputer, d'après les épargnes probables des populations, l'imposition qu'elles pourraient supporter, j'en ai fixé le chiffre à dix millions.

J'ai ensuite laissé aux généraux le soin de régler la répartition de cette somme, comme de déterminer, d'après les mêmes règles, la quotité des amendes à imposer aux tribus des autres régions, en tenant compte du degré de gravité des faits insurrectionnels.

J'estime que le produit total de l'impôt de guerre s'élèvera à 30 millions au moins. Les versements dès à présent effectués sont de 25.335.173 francs.

Comme je l'ai dit au chapitre XXIV, pour la fixation des contributions de guerre, les tribus avaient été divisées en trois catégories; on avait frappé de 70 francs par fusil celles qui ne s'étaient pas fait remarquer d'une manière particulière, de 140 francs par fusil celles qui avaient pris une part prépondérante à l'insurrection, et de 210 francs celles qui s'étaient montrées les plus hostiles, les plus récalcitrantes et qui avaient saccagé des centres européens.

Voici quel en en a été le produit dans les différents cercles dont je me suis occupé :

Cercle de Dellys	1.444.100 fr.
Territoire civil	254.450 —
Cercle de Tizi-Ouzou	3.070.630 —
— de Fort-National	2.674.220 —
— de Dra-el-Mizan	1.325.100 —
Annexe d'Alger	1.260.000 —
Territoire civil	210.000 —
TOTAL	10.238.500 fr.

La subdivision d'Aumale a donné :

Cercle d'Aumale	667.292 fr.
Annexe des Beni-Mançour	561.330 —
TOTAL	1.228.622 fr.

Les djemaas ont été laissées libres de répartir entre les familles, comme elles le jugeaient à propos, les sommes imposées aux tribus; elles ont appliqué le même tarif à tout le monde, jusqu'à épuisement des ressources; les biens des débiteurs qui ne s'acquittaient pas assez vite ont été vendus, de sorte que la petite propriété a disparu complètement.

Heureusement que cette petite propriété se reconstitue au moyen des associations usitées pour les plantations (1).

Au moment où les tribus ont fait leur soumission, on leur a fixé la contribution de guerre qu'elles auraient à payer en spécifiant que cette fixation n'était que provisoire et que le gouverneur général se réservait de statuer définitivement sur les mesures de répression. Les indigènes ne se sont pas bien rendu compte de ce que dissimulait cette réserve; ils croyaient bien être quittes envers nous en payant la contribution de guerre et ils se sont mis avec une ardeur remarquable en mesure de se libérer. C'est après leur complet désarmement que sont apparues les mesures de séquestre dont il n'avait encore été question que vaguement.

Il est assez probable que si les tribus avaient su à l'avance tout ce qu'on finirait par exiger d'elles, elles n'auraient pas renoncé à la lutte aussi facilement et aussi complètement qu'elles l'ont fait et qu'elles auraient préféré combattre à outrance en désespérées.

Il me paraît opportun de dire quelques mots sur la question du séquestre en général et d'indiquer de quelle façon on est arrivé à faire d'une mesure conservatoire une mesure de confiscation.

Dans les premiers temps de la conquête, il est arrivé que des populations ont quitté en masse leur territoire pour passer à l'ennemi, laissant leurs biens à la merci de qui voudrait s'en emparer; l'arrêté du gouverneur général du 1er décembre 1840 a placé sous le séquestre et remis à l'administration des domaines les biens délaissés de cette façon; mais ce séquestre de guerre n'était pas la confiscation, il n'enlevait que la possession et la jouissance et ne dépouillait pas du droit de propriété. Les intéressés pouvaient obtenir, dans un délai déterminé, la mainlevée du séquestre en prouvant qu'ils

---

(1) Dans ces associations, l'un donne le terrain, l'autre la main-d'œuvre : ce dernier défriche, cultive, plante et lorsque la plantation est en rapport on partage le sol vivifié suivant une proportion variable. Ordinairement, celui qui a fourni le travail a le quart du terrain.

n'étaient plus dans le cas de rébellion et que leur soumission avait été faite et acceptée.

L'ordonnance royale du 31 octobre 1845, qui régissait encore le séquestre au moment de l'insurrection, frappe de cette mesure tous les biens, meubles et immeubles, des indigènes qui commettent des actes d'hostilité et de ceux qui abandonnent leurs propriétés pour passer à l'ennemi. En vertu de l'article 12 de cette ordonnance, les listes nominatives des individus atteints par le séquestre et les états des immeubles séquestrés doivent être publiés au *Journal officiel* de l'Algérie en arabe et en français. Les intéressés ont alors un délai de deux ans, à partir de cette publication, pour demander, par mesure gracieuse, la mainlevée du séquestre, non plus en établissant seulement que leur soumission a été acceptée, mais en prouvant qu'ils n'ont pas commis les actes qui ont motivé le séquestre.

L'article 32 contient cette disposition :

Nonobstant toutes déchéances et tout rejet de réclamations, les biens séquestrés pourront, tant qu'ils seront dans les mains du domaine, être remis par nous, par grâce spéciale et en vertu de notre pleine autorité, aux anciens propriétaires ou à leurs héritiers, qui les reprendront dans l'état où ils se trouveront et sans aucune restitution de fruits perçus.

Cette disposition, dont il a été fait largement usage, permettait de mitiger ce que la mesure du séquestre avait d'excessif et même de barbare. C'est ainsi que, pour ce qui concerne en particulier la Kabylie, tous les arrêtés de séquestre frappant les tribus et les particuliers pris contre les Nezlioua à la suite de l'insurrection de 1851, contre le bach-agha Si-el-Djoudi, contre les Mechtras et contre des indigènes de six tribus de l'Oued-Sahel à la suite de l'insurrection de 1856-57, ont été successivement levés.

Le séquestre n'était qu'une mesure comminatoire destinée à faire rentrer les rebelles dans le devoir et qui était levée lorsque l'effet qu'on en attendait s'était produit.

Dans sa circulaire du 20 mai 1871 que j'ai reproduite *in-extenso* au chapitre XVI, l'amiral de Gueydon disait au paragraphe 5° : « Pour le paiement des indemnités, réparations et contributions énoncées ci-dessus, le territoire de la tribu, de la fraction ou du village sera affecté à la garantie des droits de l'État, et, *à défaut de libération* dans le délai fixé, réuni au domaine en partie ou en totalité suivant les circonstances. »

Le gouverneur général ne voyait en ce moment, dans la mesure du séquestre, qu'une garantie pour le paiement des contributions de guerre, mais on ne tarda pas à y chercher le moyen de se procurer des terres pour la colonisation.

L'article 12 de l'ordonnance de 1845 était fort gênant ; on avait placé sous le séquestre d'immenses territoires, il aurait fallu de longues années pour faire le relevé des individus et des immeubles qui se trouvaient atteints et, de plus, on aurait dû attendre encore deux ans après les publications pour pouvoir disposer des immeubles réunis au domaine de l'État.

L'arrêté présidentiel du 15 juillet 1871 écarta une partie de ces difficultés en dispensant de procéder à la publication des états qui auraient dû accompagner ou suivre les arrêtés de séquestre. Restait la question du délai de deux ans.

Les mesures de séquestre ont été de deux sortes : il y eut le séquestre collectif frappant tout le territoire des tribus et le séquestre individuel frappant les biens des particuliers quelle que fût leur situation.

L'arrêté du gouverneur général du 3 avril 1872 a institué dans chacune des provinces d'Alger et de Constantine une commission présidée par un conseiller de la Cour d'appel d'Alger pour procéder à la liquidation du séquestre et dont la mission était des plus complexes. Ces commissions devaient :

1° Formuler des propositions de mainlevée du séquestre en faveur des individus indûment atteints par cette mesure ;

2° Proposer l'application du séquestre individuel à l'égard de ceux qu'on aurait omis dans les arrêtés publiés ;

3° Rechercher les terres séquestrées pouvant être utilement affectées au peuplement français ;

4° Désigner celles des terres séquestrées qu'il conviendrait d'employer à des compensations ;

5° Désigner celles qui pourraient être remises à leurs propriétaires moyennant le paiement de soultes de rachat.

On admit en principe que les tribus, pour se racheter du séquestre collectif, devraient donner le cinquième de leur territoire en terres ou payer la valeur de ce cinquième en argent.

Les commissions de séquestre, après avoir recherché les territoires convenant à l'installation des colons, les rendaient entièrement disponibles en donnant des compensations, sur les terrains réservés pour cet usage, aux indigènes exonérés du séquestre qui se trouvaient sur le territoire de colonisation ou qui perdaient plus du cinquième de leurs biens. Les indemnités pouvaient, au besoin, être données en argent. En cas de non-acceptation on avait recours à l'expropriation pour cause d'utilité publique et à la prise de possession d'urgence.

Les commissions de liquidation du séquestre établirent avec les djemaas des conventions pour le rachat du séquestre collectif en terre ou en argent, dans lesquelles les djemaas renonçaient au bénéfice du délai accordé aux séquestrés par l'ordonnance du 31 octobre 1845 et se rendaient responsable, vis-à-vis de l'État, de toutes les revendications qui viendraient à se produire de la part des particuliers qu'elles désintéresseraient au besoin, s'engageant à supporter les frais de l'expropriation, s'il était nécessaire de recourir à cette mesure.

Les soultes en argent payées par les tribus devaient servir, comme je l'ai dit, au paiement d'indemnités à des indigènes dépossédés, ou à l'achat de terres pour la colonisation.

La composition des commissions de liquidation du séquestre présentait des garanties d'impartialité et ces commissions ont fait une œuvre utile; néanmoins elles ont frappé souvent d'une manière arbitraire, sans se laisser guider par les règles d'une stricte justice. Ainsi les femmes et les enfants mineurs ou même en bas âge, appartenant à certaines familles, ont été atteints par le séquestre individuel bien qu'ils n'eussent pas pu prendre une part effective à l'insurrection et ils ont été dépouillés de leurs biens; des individus notoirement absents au moment de l'insurrection ont été traités de même (1).

Les terrains provenant du séquestre individuel qui n'ont pas été affectés à la colonisation ou employés à des échanges ont été vendus au profit de l'État, de préférence à leurs anciens propriétaires,

Comme il n'y avait pas eu de prise de possession effective par le domaine et qu'on ne pouvait pas laisser incultes les terrains séquestrés, le gouverneur général décida, par circulaire du 11 septembre 1871, qu'ils seraient laissés entre les mains de leurs anciens propriétaires, qui pourraient les mettre en valeur, comme locataires de l'État, moyennant une redevance qui a été fixée à 1 franc par hectare.

Les tribus des provinces d'Alger et de Constantine ont payé, au titre de rachat du séquestre collectif 7.933.860 francs en argent et elles ont fait abandon de 446.406 hectares (2) estimés 18.696.093 francs, soit à peu près à raison de 42 francs l'hectare. Il est à remarquer que les commissions ont choisi pour la colonisation les meilleures terres, souvent complantées de figuiers et d'oliviers, ayant une valeur bien plus grande que celle de l'estimation. On serait certainement encore au-

---

(1) Voici une réponse du gouverneur sur une réclamation de cette nature :
« N° 520.
« Alger, le 10 avril 1874.
» Mon cher Général,

» En réponse à votre lettre en date du 1ᵉʳ avril, n° 232, relative à une réclamation du nommé Brahim-ben-Abd-Allah-ben-bou-Aziz, j'ai l'honneur de vous informer que j'ai décidé, à la date du 28 février dernier, que cet indigène serait maintenu sous le séquestre individuel. Le rôle particulièrement actif joué par cette famille durant la dernière insurrection nécessite une mesure répressive rigoureuse de laquelle on ne saurait garantir le père parce qu'il était interné en ce moment en France comme coupable de faits insurrectionnels en 1864.

» Si toutefois sa conduite et ses sentiments sont changés à l'égard de la France on pourrait consentir à lui louer, à prix réduit, une concession régie par des dispositions spéciales et dont plus tard, s'il y avait lieu, l'autorité lui accorderait la propriété définitive.
» Pour le gouverneur général,
» Signé : de Toustaint. »

Cet individu était interné en France au moment de l'insurrection et n'y avait, par conséquent, pas pris part ; mais ses parents y avaient joué un rôle et on l'a séquestré.

(2) Cela représente la superficie d'un département de la France.

dessous de la vérité en donnant aux terres cédées par les tribus une valeur de 45 millions, de sorte que le rachat du séquestre a coûté aux tribus environ 53 millions.

J'ignore quelle somme a été payée à ce titre par la Kabylie, elle ne doit pas être inférieure à une vingtaine de millions.

Cette répression impitoyable de l'insurrection a réduit à une extrême misère une grande partie de la population; il en est résulté que le banditisme a pris de grandes proportions. On a vu surgir de divers côtés des bandes de brigands qui ont exploité le pays pendant plusieurs années et contre lesquelles il a fallu faire marcher à plusieurs reprises des troupes pour les réduire (1).

Comme je l'ai dit plus haut, en outre de la répression politique par des amendes de guerre et les mesures de séquestre, on exerça des poursuites judiciaires contre les individualités qui avaient provoqué l'insurrection et contre les indigènes accusés d'y avoir commis des crimes de droit commun. Dans la plupart des cas, les conseils de guerre eussent seuls été compétents puisque l'insurrection avait eu lieu principalement en territoire militaire; mais, en introduisant des complices du territoire civil, on arriva facilement à remettre toute l'information aux mains des magistrats civils.

On disait depuis si longtemps que toutes les insurrections étaient suscitées par les bureaux arabes et l'autorité militaire qu'on voulut cette fois en avoir le cœur net et arriver à la preuve de cette étrange assertion; l'autorité militaire, de son côté, ne demandait pas mieux que de faire la lumière et de mettre tous ses actes au grand jour, afin de faire tomber ces calomnies niaises toujours répétées, et elle ne fit aucune objection. Elle livra elle-même tous les éléments d'information à la justice civile, qui engloba dans son instruction tout ce qu'elle voulut,

---

(1) J'ai cité au chapitre XIII le cas de Mohamed-Amzian-Mançour qui a terrorisé le pays pendant six ans; les brigands Arezkei-el-Bachir, des Beni-R'obri, et Ahmed-ou-Saïd-ou-Abdoun, des Beni-Djennad, se sont fait aussi une certaine célébrité.

les conseils de guerre ne restant saisis que des affaires qu'elle leur avait laissées.

L'information fut extrêmement laborieuse, elle dura deux ans. Sur les 200.000 indigènes qui avaient pris les armes contre la France, on en tria quelques centaines qui furent renvoyés les uns devant la cour d'assises d'Alger, les autres devant la cour d'assises de Constantine; quelques affaires furent laissées à la juridiction des conseils de guerre.

Sous prétexte de connexité, on avait remis toutes les poursuites aux magistrats civils; puis, quand on en vint à la mise en jugement, on recula devant l'obligation d'envoyer devant un même jury des centaines d'accusés ayant participé aux actes les plus divers sur les théâtres les plus variés; il eût fallu, en effet, des têtes exceptionnellement organisées pour ne pas confondre au bout de peu de temps les faits et les gens. On recourut alors à des ordonnances de disjonction, on sépara ce qu'on avait réuni et on forma des séries ou groupes en prenant des notabilités de l'insurrection et en mettant avec eux un certain nombre de comparses; on aboutit ainsi à des combinaisons qui déroutaient toutes les prévisions. Ainsi, les Oulad-ou-Kassi avaient toujours agi de concert avec les Oulad-Mahi-ed-Din de Taourga et les Oulad-Ahmed-ben-Mohamed des Isser-Drœu; plusieurs membres de la famille furent poursuivis avec tous ceux-ci devant la cour d'assises d'Alger, tandis que les autres, avec le caïd Ali, étaient traduits devant la cour d'assises de Constantine, bien qu'aucun de leurs co-accusés ne fût de cette province.

Si-Mohamed-Saïd-ben-Ali-Chérif, accusé d'avoir été le complice du caïd Ali-ou-Kassi, lors de l'attaque de Tizi-Ouzou, fut impliqué dans une affaire où celui-ci ne figurait nullement.

Mhamed, fils de Chikh-ou-Haddad, qui a proclamé la guerre sainte au Tleta des Beni-Idjeur avec Ali-Amzian-ou-Kezzouz, des Illoula-ou-Malou, fut jugé par la cour d'assises de Constantine, tandis que son complice fut traduit devant le conseil de guerre de Blida.

Dans le cercle de Fort-National, deux mokoddens des khouan font ensemble le siège du fort; l'un, Si-Mohamed-ou-Ali-ou-

Sahnoun, est envoyé à Constantine, alors que l'autre, Si-Mohamed-ou-Braham, est jugé par le conseil de guerre de Blida.

Tous les accusés renvoyés devant la cour d'assises de Constantine réclamèrent leur renvoi devant une cour d'assises de France pour cause de suspicion légitime, les colons qui devaient composer les jurys pouvant, jusqu'à un certain point, être regardés comme des ennemis plutôt que comme des juges impartiaux ; la cour de cassation rejeta ce pourvoi.

Au fond, les indigènes poursuivis n'eurent qu'à gagner à être jugés en Algérie, car il y avait eu un revirement complet dans l'opinion ; au début de l'insurrection, les colons réclamaient le refoulement et l'extermination des indigènes ; au moment du jugement il y eut une tendance à innocenter les révoltés en mettant en cause les chefs militaires. Le procès devant la cour d'assises de Constantine devint, comme on l'a dit, le *procès des témoins*; aussi, les indigènes trouvèrent-ils souvent dans leurs juges une indulgence exagérée.

Le coup qu'on voulait porter à l'autorité militaire frappa à faux, car on ne trouva pas contre elle le moindre élément d'accusation et on dut se borner à dépenser des flots d'éloquence sur la question de la réconciliation de Mokrani avec les Oulad-Abd-es-Slam, dont j'ai parlé au chapitre IV et où les avocats affectaient de voir une des causes déterminantes du mouvement insurrectionnel.

Les divers jurys appelés à juger n'avaient pas la même manière de voir, aussi la balance ne fut-elle pas égale pour tous. Alors que Bou-Mezrag était condamné à mort (1), Chikh-Aziz-ou-Haddad, qui était autrement coupable que lui, ne fut condamné qu'à la déportation simple. Le caïd Ali-ou-Kassi et Mohamed-Amokran, qui avaient aussi beaucoup moins fait que Chikh-Aziz, furent frappés plus sévèrement que lui et furent condamnés à la déportation dans une enceinte fortifiée (2).

---

(1) Sa peine a été, comme je l'ai dit, commuée, et il a été déporté à la Nouvelle-Calédonie.
(2) Le caïd Ali et Mohamed-Amokran ont été condamnés à la déportation dans

Nous avons vu, au cours du récit de l'insurrection, que des indigènes avaient sauvé des colons et les avaient remis aux commandants des colonnes; ils avaient évidemment espéré qu'on leur tiendrait grand compte de cet acte d'humanité, mais ils se sont trompés dans leur calcul; les jurys les ont traités absolument de la même façon que les autres accusés (1). Si les mêmes circonstances se présentaient encore, les colons feraient bien de ne pas se fier à la générosité des indigènes, car ceux-ci ne voudraient sans doute plus garder en eux des témoins pour les accuser plus tard, comme cela s'est produit dans l'affaire de Palestro.

Dans son allocution d'installation de la commission des indemnités à allouer aux victimes de l'insurrection, le 13 mai 1871, l'amiral de Gueydon disait très sagement :

Quant à la fixation des indemnités dues pour dégradation, incendie et pillage, je pense qu'il conviendrait de procéder comme en matière d'assurance, c'est-à-dire de ne pas payer une somme équivalente à la totalité de la perte. Il ne faudrait pas qu'à l'avenir le colon, désintéressé de la conservation de sa propriété par la certitude d'obtenir une indemnité au moins égale à la perte subie, ne fît pas peut-être tous les efforts possibles pour sa défense et n'abandonnât pas sa demeure à la première alerte....

Les indemnités pour meurtre ne devront être accordées qu'aux ascendants et descendants à l'exclusion des collatéraux....

Ce programme ne fut pas suivi.

La loi du 21 décembre 1872 avait alloué, sur le produit des contributions de guerre, une somme de 19 millions pour le paiement des indemnités ; les colons victimes de l'insurrection se montrèrent insatiables et les commissions créées pour l'examen des demandes, n'ayant personne dans leur sein pour

---

une enceinte fortifiée et ont été envoyés à la Nouvelle-Calédonie; ils ont été graciés à cause de leur belle conduite dans l'insurrection canaque. Mohamed-Amokran est mort à Alger, le caïd Ali a obtenu de rentrer dans les Ameraoua; il est maintenant le seul survivant de tous les membres de la famille des Oulad-ou-Kassi qui se trouvaient en âge de prendre part à l'insurrection. La veuve de Bel-Kassem-ou-Kassi, Khadoudja-bent-Ahmed-ben-Kanoun, est toujours en vie.

(1) Si-Saïd-ben-Ali-ou-Aïssa a été gracié, mais tous ses biens ont été séquestrés. Ces biens ont été rachetés par divers membres de sa famille.

représenter les intérêts du Trésor, se montrèrent d'une facilité exagérée. Il est si agréable de faire des heureux, surtout lorsque ce sont des électeurs, lorsqu'on n'a, pour les satisfaire, qu'à puiser à pleines mains dans les caisses de l'État. Ces commissions ont été plutôt des commissions de partage des sommes mises à leur disposition entre les ayants-droit, que des assemblées de contrôle prenant à cœur d'estimer sérieusement les pertes réelles. Les victimes de l'insurrection ont reçu notoirement beaucoup plus qu'elles n'avaient perdu, à tel point que les villages qui avaient pu être préservés de la dévastation ont regretté de n'avoir pas eu l'occasion de prendre leur part de la manne des indemnités.

L'attribution des indemnités pour meurtre a prêté aussi à la critique; on avait fini par fixer un tarif, un prix du sang, qu'on appliquait à peu près indistinctement à tous les cas.

Qu'une veuve qui a perdu son mari, que des orphelins dont on a tué le père reçoivent des indemnités pour les dédommager de la perte du chef de la famille et leur permettre de vivre, rien de plus juste; mais qu'on donne aux parents une dizaine de mille francs pour la perte d'un enfant en bas-âge, cela ne se comprend plus. On aurait dû songer qu'à côté des colons victimes de l'insurrection, il y avait des soldats, tombés dans les combats, qui avaient aussi leurs parents en France et qu'il y avait quelque chose d'injuste à tout donner aux uns, alors qu'on ne pouvait rien faire pour les autres.

L'application de la mesure du séquestre a permis de donner à la colonisation, en Kabylie, un immense essor; les anciens villages ont été considérablement agrandis et il a été créé un grand nombre de nouveaux centres de population européenne pour jalonner les routes principales et les vallées. Dans les centres les plus importants, comme Palestro, Bordj-Menaïel, les bâtiments communaux ont été groupés de façon à former un réduit où la population pourrait trouver, en cas de besoin, un refuge pourvu d'eau et facile à défendre.

La pays a été doté de voies ferrées, la ligne d'Alger à Constantine passe à l'Alma, Ménerville, Palestro, Bouira, Beni-

Mançour; un tronçon de cette ligne réunit les Beni-Mançour à Bougie par Akbou et El-Kseur; un autre embranchement part de Ménerville pour aller à Tizi-Ouzou en passant à Haussonvillers et à Mirabeau et il pourra être prolongé en remontant la vallée du Sébaou. On s'occupe en ce moment d'ouvrir une nouvelle ligne de Dellys à Dra-el-Mizan par la vallée du Sébaou, Mirabeau, la vallée de l'oued Bougdoura et celle de l'oued Ksari.

L'émigration des Alsaciens-Lorrains au moment de l'annexion de leur pays à l'Allemagne a fourni de bons éléments de colonisation. Plusieurs nouveaux villages : Zaatra, Haussonvillers, le Camp-du-Maréchal, Bou-Khalfa, ont été peuplés au moyen de cette émigration par les soins de la société des Alsaciens-Lorrains; d'autres villages comme Belle-Fontaine, Blad-Guitoun, Dra-el-Mizan, Rébeval ont reçu aussi quelques groupes de familles émigrées.

Comme on avait remarqué que beaucoup de colons des premiers villages installés en Kabylie avaient vendu leurs terres aux indigènes dès qu'ils avaient reçu leurs titres de propriété, après l'accomplissement des conditions qu'on leur avait imposées, on a eu soin d'introduire dans les nouveaux titres de concession une clause qui interdit la vente des lots aux indigènes pendant une période de dix ans ; de cette manière on empêchait, autant qu'il était raisonnablement possible de le faire, le retour aux tribus des terres de colonisation.

Les nouveaux villages créés se sont trouvés dans les meilleures conditions de réussite : terres excellentes desservies par des voies ferrées; proximité d'une nombreuse population kabyle où le placement des céréales récoltées est assuré, dont les productions propres font l'objet d'un commerce considérable et qui fournit à bon marché une main-d'œuvre très estimée pour tous les travaux agricoles.

L'école des arts-et-métiers de Fort-National a été supprimée et il en a été créé une nouvelle à l'Oued-ou-Bey, à 4 kilomètres à l'est de Dellys, qui aidera au développement industriel du pays.

Le tableau ci-après donne le nom des nouveaux villages et

de ceux qui ont été agrandis; ils ont été placés dans l'ordre suivant lequel ils jalonnent les routes. Les chiffres donnés pour la population sont ceux du dénombrement quinquenal de 1896.

NOMS DES CENTRES.	FRAN-ÇAIS.	ÉTRANGERS EUROPÉENS.	COMMUNES dont LES CENTRES FONT PARTIE.
Saint-Pierre et Saint-Paul	103	34	C^{ne} Saint-Pierre et St-Paul.
Alma	439	282	C^{ne} Alma.
Corso-Tahtani	111	19	C^{ne} Alma.
Sainte-Marie-du-Corso			
Belle-Fontaine	155	51	C^{ne} Ménerville.
Ménerville	770	224	C^{ne} Ménerville.
Souk-el-Had	217	38	C^{ne} Ménerville.
Beni-Amran	137	184	C^{ne} M^{te}-Palestro.
Aïn-Nsara (hameau)			
Palestro	302	62	C^{ne} Palestro.
Bou-Hamoud (hameau)	17	14	C^{ne} Palestro.
Senhadja (fermes)	56	6	C^{ne} Palestro.
Thiers (Oum-el-Aleg)	134	17	C^{ne} M^{te} Palestro.
Ben-Haroun	93	»	C^{ne} M^{te} Palestro.
Bouïra	892	243	C^{ne} Bouïra.
El-Adjiba (hameau)			
Col-des-Pins (hameau)	270	22	C^{ne} M^{te} Beni-Mançour.
Maillot (centre)			
Blad-Guitoun	224	83	C^{ne} Blad-Guitoun.
Isserbourg. Aïn-Refaïa	78	74	C^{ne} Blad-Guitoun.
Aïn-Legata			
Bordj-Menaïel	491	209	C^{ne} Bordj-Menaïel.
Cap-Djinet (hameau)	22	60	C^{ne} Bordj-Menaïel.
Haussonvillers	243	21	C^{ne} Haussonvillers.
Camp-du-Maréchal	226	38	C^{ne} Camp-du-Maréchal.
Mirabeau	166	9	C^{ne} Mirabeau.
Bou-Khalfa	160	74	C^{ne} Tizi-Ouzou.
Tizi-Ouzou	1.036	205	C^{ne} Tizi-Ouzou.
Tamda	79	»	C^{ne} M^{te} Haut-Sébaou.
Mékla	128	6	C^{ne} Mékla.
Fréha	81	22	C^{ne} M^{te} Haut-Sébaou.
Azazga	362	35	C^{ne} M^{te} Haut-Sébaou.
Yakouren	64	1	C^{ne} M^{te} Haut-Sébaou.
Sikh-ou-Meddour (fermes)	1	»	C^{ne} Tizi-Ouzou.
Fort-National	329	37	C^{ne} Fort-National.
Michelet	172	19	C^{ne} M^{te} Djurdjura.
Kouanin (hameau)	39	1	C^{ne} Rébeval.
Dar-Beïda (fermes)	35	1	C^{ne} Rébeval.
Rébeval	170	2	C^{ne} Rébeval.
El-Tnin (hameau)	26	»	C^{ne} Rébeval.
A REPORTER	7.828	2.093	

NOMS DES CENTRES.	FRAN-ÇAIS.	ÉTRANGERS EUROPÉENS.	COMMUNES DONT LES CENTRES FONT PARTIE.
Report............	7.828	2.093	
Oulad-Kheddach.............	84	»	Cne Dellys.
Ben-N'choud (fermes).........			
Bois-Sacré................	231	10	Cne Bois-Sacré.
Takdemt-Touabet............	41	»	Cne Dellys.
Dellys..................	872	147	Cne Dellys.
Zaouïa (centre)............	12	»	Cne Dellys.
Oulad Mahdjoub (fermes)......			
Tigzirt.................	47	»	Cne Mte Dellys.
Port-Gueydon.............	279	88	Cne Mte Azeffoun.
Courbet................	168	72	Cne Courbet.
Zaatra.................	104	6	Cne Courbet.
Isserville...............	270	99	Cne Isserville.
Chabet-el-Ahmeur..........	127	14	Cne Isserville.
Tizi-Renif...............	151	4	Cne Tizi-Renif.
Beauprêtre (Bou-Faïma)......	90	13	Cne Dra-el-Mizan.
Dra-el-Mizan.............	429	43	Cne Dra-el-Mizan.
Aomar.................	105	7	Cne Mte Dra-el-Mizan.
Pirette (Aïn-Zaouïa)........	65	»	Cne Mte Dra-el-Mizan.
Bor'ni.................	157	31	Cne Mte Dra-el-Mizan.
Hoche (Khabouzia).........	126	1	Cne Mte Aïn-Bessem.
Aboutville (Aïn-Hadjar)......	67	5	Cne Mte Aïn-Bessem.
Bertville (Aïn-bou-Dib)......	83	12	Cne Mte Aïn-Bessem.
Aïn-Bessem..............	447	46	Cne Mte Aïn-Bessem.
Totaux..........	11.783	2.691	

La population européenne dans la même région ne comprenait, en 1871, que 1.608 Français et 740 étrangers européens; l'augmentation a donc été de 10.175 Français et 1,951 étrangers européens.

Pour la création de nouveaux villages, à défaut de terres domaniales provenant du séquestre ou autres, on a recours à l'expropriation pour cause d'utilité publique, mais dans des conditions beaucoup plus rapides et surtout beaucoup moins onéreuses qu'en France.

En Algérie, la création de nouveaux villages européens est considérée comme étant d'utilité publique et il n'y a pas besoin de loi pour la prononcer, il suffit d'un arrêté du gouverneur général; l'arrêté peut prononcer la prise de possession d'urgence.

La reconnaissance du terrain à exproprier est faite par des

commissions; des géomètres-experts font l'estimation des terres enlevées aux indigènes en restant dans les prix les plus modestes, ordinairement de 30 à 50 francs l'hectare. Les détenteurs doivent justifier de leurs droits de propriété, ce qui n'est pas facile dans un pays où les habitants n'ont, le plus souvent, pas d'autres titres que la notoriété publique et où les familles restent dans l'indivision. Il n'y a pas de jurys d'expropriation; ceux qui n'acceptent pas les prix d'estimation peuvent porter leurs réclamations devant les tribunaux ordinaires.

Le prix d'estimation des terres expropriées est versé à la Caisse des dépôts et consignations où les ayants-droit peuvent le réclamer en justifiant de leurs droits; or, on sait combien il est difficile de faire lâcher prise à cette administration lorsque de l'argent est entré dans sa caisse.

CHAPITRE XXXII

Mesures prises pour remplacer, dans la région tellienne, les bureaux arabes par l'administration civile. — Création de districts civils, de circonscriptions cantonales, d'arrondissements-cercles. — Création des recenseurs et du service des contributions directes et du recensement. — Suppressions successives des bureaux arabes et organisation définitive du territoire en communes de plein exercice et en communes mixtes. — Pouvoirs disciplinaires des administrateurs des communes mixtes. — Impôts de la Kabylie. — Organisation judiciaire de la Kabylie. — Institution des djemaas de justice. — Leur suppression. — Les juges de paix et les tribunaux français restent seuls compétents pour tous les litiges, mais les anciennes coutumes doivent être appliquées. — Cadis-notaires.

Dès que nos colonnes eurent achevé leur œuvre de pacification, l'amiral de Gueydon se préoccupa de remplacer dans le Tell, par l'administration civile, les bureaux arabes qui n'étaient qu'un rouage transitoire destiné à façonner les indigènes à l'obéissance et à les préparer aux formes de notre administration. Après le châtiment terrible qu'elles venaient de recevoir, les populations indigènes ne pouvaient que se montrer dociles à tout ce qu'on voudrait leur imposer.

L'œuvre de transformation ne s'opéra pas sans de nombreux tâtonnements; je vais indiquer succinctement ses étapes successives, en m'occupant seulement des subdivisions de Dellys, d'Aumale et d'Alger.

Le gouverneur général s'appliqua à arriver au changement de régime désiré en employant d'abord, dans sa nouvelle organisation, des officiers dont quelques-uns faisaient partie du service des affaires indigènes, afin de ménager une transition et de parer à la pénurie d'administrateurs civils. Les officiers dont il s'agit devaient accepter la subordination au préfet, mais cette subordination ne se produisit pas immédiatement, le gouverneur ayant d'abord gardé sous son autorité directe les territoires où les essais avaient lieu.

Le général Cérez n'avait pas encore achevé la soumission des tribus du cercle de Dra-el-Mizan que, par arrêté du 6 juillet 1871, l'amiral de Gueydon créait, à Palestro, un district comprenant les Beni-Khalfoun de ce cercle et les douars-communes des Ammal, des Oulad-Medjkan, des Beni-Mekla et des Rouafa détachés de l'annexe d'Alger et du cercle de Dellys. Il en donna l'administration au capitaine du génie Auger, que nous avons vu prisonnier des Kabyles dans les Beni-Khalfoun et qui venait d'être envoyé à Palestro avec deux compagnies d'infanterie, un détachement du génie et soixante pénitenciers militaires pour reconstruire les maisons des colons et, en même temps, pour protéger les travaux de la moisson. Le capitaine Auger devait correspondre directement avec le gouverneur général.

Le 17 juillet, un nouvel arrêté créait le district de Bordj-Menaïel, composé des douars d'El-Guious, Teurfa, El-Ouidan et Khachna de la montagne, détachés du cercle de Dellys et de l'annexe d'Alger. L'administration en fut donnée au capitaine Corréard, du 4ᵉ zouaves.

A la même date, l'amiral créait le cercle des Isser, comprenant les districts de Palestro et de Bordj-Menaïel, avec Palestro pour chef-lieu, et il mettait à sa tête le commandant de Saint-Martin, du 13ᵉ bataillon de chasseurs à pied.

Le 24 juillet, l'amiral de Gueydon introduisait un nouveau rouage administratif, celui des recenseurs; ces agents, nommés dans chaque district, étaient placés sous les ordres directs de l'administrateur de l'arrondissement. Ils étaient chargés d'établir les relevés les plus circonstanciés sur l'état civil des familles indigènes en y faisant mention de leurs immeubles, de leurs troupeaux et en y portant tous les renseignements pouvant servir à l'assiette de l'impôt. Il suffit de jeter un coup d'œil sur le modèle du registre qu'ils avaient à tenir pour comprendre que la tâche qui leur était donnée était impossible à remplir.

Un arrêté du 24 décembre 1871 plaça les recenseurs, qui furent pendant un certain temps des géomètres du service topographique, sous les ordres du chef du service du cadastre;

mais leur fonctionnement ne fut organisé d'une manière complète et définitive que par le décret du 8 mai 1872, qui créait en Algérie un nouveau service ; celui des contributions directes et du recensement. Dès lors, les recenseurs ne relevèrent plus que du service des contributions directes et ils n'eurent plus à s'occuper que de l'assiette des impôts.

Un arrêté du 11 septembre 1871 changea le nom de district, qui avait été donné aux nouvelles unités administratives, en celui de circonscription cantonale, et il créa de nouveaux agents qui étaient des maires provisoires. Pris dans le service topographique, ces maires provisoires, en outre de leurs fonctions municipales, devaient procéder au lotissement des terrains affectés à la colonisation et à l'installation des colons.

A la même date du 11 septembre, une circonscription cantonale fut créée à Dra-el-Mizan ; elle comprenait deux communes : celle de Dra-el-Mizan, formée de la commune mixte de même nom, des Abid, Harchaoua, Oulad-el-Aziz, Nezlioua, Mzala et Mkira et celle d'Iril-Imoula, composée de toutes les tribus des Guechtoula.

Le cercle de Dra-el-Mizan fut supprimé par arrêté du 14 septembre et les tribus des Beni-Sedka de ce cercle, qui n'étaient pas englobées dans la circonscription cantonale, furent annexées au cercle de Fort-National. Le commandant Moutz, commandant supérieur de l'ancien cercle, fut nommé administrateur de la circonscription cantonale.

C'est dans son arrêté du 24 novembre 1871 que le gouverneur général fixa ses idées sur le type d'organisation communale qu'il voulait établir dans tout le Tell ; il ne s'y trouve qu'une chose non contenue dans les anciens arrêtés, c'est la création d'une nouvelle unité administrative, l'arrondissement-cercle.

Cette nouvelle unité, qui comprenait plusieurs circonscriptions cantonales, était placée sous l'administration d'un officier supérieur qui, cette fois, recevait les ordres du préfet.

Le 30 décembre fut créée la circonscription cantonale du col des Beni-Aïcha, et le 6 janvier 1872 l'annexe d'Alger dont tout le territoire était pris par la nouvelle circonscription cantonale et par celles d'El-Arba et de Tablat fut supprimée.

L'arrêté du 9 février 1872 supprima encore les bureaux arabes de Dellys, de Tizi-Ouzou et de Fort-National qui furent remplacés par la circonscription cantonale de Dellys administrée par le commissaire civil de cette localité, par les circonscriptions cantonales de Tizi-Ouzou et de Mekla formées de l'ancien cercle de Tizi-Ouzou, et par la circonscription cantonale de Fort-National, qui avait le même territoire que l'ancien cercle.

L'arrêté du 6 février avait constitué en arrondissement-cercle les circonscriptions cantonales de Dellys, des Isser, de Dra-el-Mizan, de Tizi-Ouzou, de Mekla et de Fort-National, dont plusieurs n'existaient pas encore au moment où il a été rendu. Tout cet ensemble prit le nom d'arrondissement-cercle de Tizi-Ouzou, et le lieutenant-colonel Maréchal, ancien commandant supérieur de Fort-National, en fut nommé administrateur avec Dellys comme résidence.

Pour la correspondance avec le préfet, on lui donna, le 10 février, un chef administratif civil qui pouvait signer par ordre avec l'autorisation de l'administrateur de l'arrondissement-cercle.

Par décret du 11 septembre 1873, l'arrondissement-cercle disparut à son tour et fut remplacé par un arrondissement ordinaire administré par un sous-préfet en résidence à Tizi-Ouzou. Son territoire ne comprenait plus que les circonscriptions cantonales des Isser, de Dra-el-Mizan, de Dellys et de Tizi-Ouzou, dont les deux dernières étaient diminuées comme territoire.

La circonscription cantonale de Fort-National devint un cercle spécial constitué par arrêté du gouverneur général du 25 décembre 1873 et qui comprenait toute cette circonscription avec les Beni-Sedka de Dra-el-Mizan, la circonscription cantonale de Mekla et toute la partie des circonscriptions de Tizi-Ouzou et de Dellys à l'est de l'oued Aïssi et de la limite des Oulad-Aïssa-Mimoun et des Beni-Ouaguennoun.

L'administration en fut donnée au général commandant la

subdivision, qui était alors le général Bressolles, et dont la résidence avait été transférée à Fort-National par décision du Président de la République du 23 janvier 1872 (1). On mit sous ses ordres un adjoint civil pour le travail administratif.

Le cercle spécial était divisé en 14 sections comprenant chacune un groupe de tribus (2).

Le 22 septembre 1874, une commune mixte militaire fut créée à Bouïra et, le 13 novembre de la même année, une commune indigène fut constituée aux Beni-Mançour.

L'arrêté du 24 décembre 1875 substitua la dénomination de commune mixte à celle de circonscription cantonale et donna le titre d'administrateur au fonctionnaire placé à la tête d'une commune mixte; dès lors, il n'y eut plus dans tout le territoire civil que des communes de plein exercice et des communes mixtes.

Un arrêté du 17 février 1879 créa la commune mixte d'Aïn-Bessem en supprimant celle de Bouïra; ce dernier centre fut érigé en commune de plein exercice par décret du 9 avril 1879. Une justice de paix y fut créée le 25 mars 1879.

Par arrêté du 25 août 1880, le cercle spécial de Fort-National est divisé en quatre communes mixtes : 1° Celle de Fort-National, 2° celle du Djurdjura dont le siège est à Aïn-el-Hammam (devenu Michelet le 8 novembre 1887), 3° celle du Haut-Sébaou dont le siège est à Ilmaten dans les Azazga, 4° celle d'Azeffoun. Puis, par un autre arrêté du 27 septembre 1880, le cercle spécial de Fort-National est supprimé et son territoire remis à l'administration civile.

Par arrêté du 1er décembre 1880, l'annexe des Beni-Mançour est distraite du territoire de commandement pour former une commune mixte dite des Beni-Mançour; à la même date, les Oulad-Bellil et Oulad-el-Aziz sont rattachés à la commune mixte d'Aïn-Bessem et 14 tribus du cercle d'Aumale sont remises à l'autorité préfectorale pour former la commune

---

(1) Le siège de la subdivision a été replacé à Dellys par décision présidentielle du 15 avril 1876.
(2) Le nombre des sections fut porté à 18 par l'arrêté du 7 septembre 1876.

mixte d'Aumale. Le 28 décembre 1885, les Oulad-Msellem et les Oulad-si-Amar y sont encore ajoutés et il ne restait plus au cercle d'Aumale que sept tribus.

Enfin, par décret du 3 juillet 1887, la subdivision d'Aumale ayant encore une fois été supprimée, ces sept tribus passèrent au cercle de Bou-Saada qui, lui-même, fut rattaché à la subdivision de Médéa ; elles y formèrent une annexe dont le chef-lieu fut placé au caravansérail de Sidi-Aïssa.

L'œuvre de transformation était dès lors achevée.

Je n'ai pas noté divers petits changements et remaniements qui ont été apportés dans la constitution des communes mixtes ; on trouvera au tableau d'organisation placé aux annexes la situation actuelle des anciennes tribus dans la nouvelle organisation administrative.

Le droit commun tel qu'il existe en France n'a pas été appliqué dans son intégrité au passage des tribus sous l'autorité préfectorale ; on a reconnu la nécessité d'armer les administrateurs des communes mixtes de pouvoirs disciplinaires ; des lois spéciales, renouvelées périodiquement pour un temps déterminé, leur permettent de prononcer les peines de police pour réprimer les infractions spéciales à l'indigénat dont la nomenclature est donnée dans une sorte de code.

L'impôt de capitation a été maintenu en Kabylie ; seulement, au lieu de quatre classes dont une d'indigents dégrevés de tout impôt, l'arrêté du 9 septembre 1886 a divisé les contribuables en six classes : la 1re ne payant rien, la 2e donnant 5 francs par tête, la 3e 10 francs, la 4e 15 francs, la 5e 50 francs et la 6e 100 francs.

C'est un très mauvais impôt, donnant accès à l'arbitraire, qui pèse trop lourdement dans certains cas et qui est trop léger dans d'autres. Il eût été bien préférable, en attendant l'application de l'impôt foncier, de créer des taxes sur les oliviers, les figuiers, les vignes en plein rapport, qui forment la principale richesse agricole de la Kabylie et dont le recensement n'eût pas présenté de trop grandes difficultés ; l'achour y eût été ajouté pour les étendues labourées.

Il me reste à parler de l'organisation de la justice en Kabylie.

Dans le cercle spécial de Fort-National, il avait été institué dans chaque section, par décret du 29 août 1874, une djemaa de justice composée de douze membres pris parmi les notables pour connaître des instances entre les particuliers, avec appel devant le tribunal de première instance de Tizi-Ouzou, qui avait été créé par décret du 20 mars 1873.

Ces djemaas agissaient aussi comme tribunaux de répression et elles pouvaient infliger des amendes jusqu'à 100 francs. Au-dessus de 50 francs, les intéressés pouvaient interjeter appel devant le tribunal civil.

Par décret du 21 septembre 1880, le cercle spécial de Fort-National fut divisé en quatre cantons judiciaires correspondant aux nouvelles communes mixtes, les djemaas de justice furent supprimées et les juges de paix furent appelés à connaître exclusivement de tous les litiges.

Les mêmes attributions furent données aux autres juges de paix du pays kabyle.

L'organisation judiciaire fut fixée définitivement par décret du 8 avril 1882.

Dans chaque circonscription de justice de paix, un cadi-notaire est chargé de recevoir les actes des conventions entre particuliers et d'assurer l'exécution des jugements des juges de paix.

Les anciennes coutumes sont restées en vigueur et elles sont appliquées par les juges français.

La réforme a été radicale, mais il n'y avait réellement aucun moyen d'organiser d'une façon satisfaisante la juridiction des djemaas et on a bien fait de la supprimer.

Les Kabyles ont pleine confiance dans l'intégrité de nos magistrats, mais ils ont une grande défiance à l'égard des interprètes qu'ils soupçonnent toujours, sans raison, de ne pas traduire fidèlement et de favoriser l'une des parties. Le seul moyen de faire disparaître cette méfiance instinctive, c'est d'avoir des juges parlant la langue du pays.

Désormais, le niveau de la civilisation a passé sur le peuple kabyle, il a perdu cette existence à part, avec ses vertus et ses excès, qui le rendait si curieux à étudier. J'emprunte ces lignes éloquentes, que je ne transcris pas sans émotion, à l'avant-propos de *La Kabylie et les coutumes kabyles,* ouvrage que j'ai plus d'une fois cité :

Ainsi s'est effondré en quelques années l'édifice séculaire des libertés traditionnelles qui avaient résisté pendant des milliers d'années aux armées des conquérants. Leur ruine est aujourd'hui complète et ce n'est pas sans regret pour un passé qui n'a manqué ni de grandeur ni de gloire, que j'inscris à la fin de ce court résumé ces paroles empruntées à l'histoire d'une grande nationalité disparue : *finis Kabyliæ!*

ANNEXE N° 1

Note sur Si-Mohamed-Saïd-ben-Ali-Chérif et sur les services qu'il a rendus à la cause française.

Dans toutes les publications où il est question de Si-Mohamed-Saïd-ben-Ali-Chérif, le marabout de Chellata est toujours représenté comme un personnage religieux ayant une influence considérable sur les tribus de l'oued Sahel et comme ayant rendu à notre cause d'éminents services; mais ils ne sont jamais indiqués que d'une manière très vague. Je vais examiner dans cette note, en m'appuyant sur des documents officiels, quels ont été réellement ces services et quelle opinion avaient de lui nos chefs militaires à diverses époques.

La première fois que le nom de Si-ben-Ali-Chérif apparaît dans l'histoire de la conquête, c'est au mois de mai 1847, lors de l'expédition du maréchal Bugeaud dans la vallée de l'oued Sahel. La colonne avait campé, le 15 mai, à Akbou et, le 16 mai, le maréchal s'était porté à l'attaque des Beni-Abbès, avait enlevé d'assaut le village d'Azrou où s'était concentrée la résistance et avait obtenu la soumission de cette importante tribu.

Le marabout Si-Mohamed-Saïd-ben-Ali-Chérif, chef de la zaouïa renommée de Chellata, se présenta alors au maréchal.

C'était un jeune homme âgé de 25 ans, qui séduisit tout le monde par la distinction de sa personne, sa facilité de parole et la noblesse de son langage. Il servit d'intermédiaire pour la soumission des tribus entourant la zaouïa. Le maréchal Bugeaud voulut lui confier un grand commandement dans la vallée de l'oued Sahel, mais le jeune marabout refusa en disant que sa domination religieuse lui interdisait l'exercice actif du pouvoir et qu'il pourrait nous rendre de meilleurs services en qualité d'ami qu'en qualité d'agent.

N'acceptant pas pour lui de commandement, il se chargea de nous choisir lui-même des chefs dans les tribus de son voisinage qui reconnaissaient plus particulièrement son influence.

Bien qu'il n'ait pas accepté, à cette époque, de commandement, Si-ben-Ali-Chérif figure néanmoins comme caïd d'un groupe de tribus formé des Illoula, des Beni-Aïdel et des Ouzellaguen, dans le tableau d'organisation donné dans son ouvrage *La Grande Kabylie,* par le général Daumas, qui était alors lieutenant-colonel au 1ᵉʳ spahis, directeur central des affaires arabes.

La situation mal définie de Si-ben-Ali-Chérif, qui voulait bien des avantages de l'autorité, mais sans en accepter les charges et les responsabilités, n'avait pas manqué de susciter des difficultés dont il se plaignit au colonel Canrobert, commandant la subdivision d'Aumale.

Sur les rapports qui lui furent adressés, le gouverneur général, qui était alors le général Charon, décida, au commencement de 1849, qu'une conférence à laquelle prendraient part le commandant Dargent, commandant supérieur du cercle de Bordj-bou-Réridj et le capitaine Petit, chef du bureau arabe d'Aumale, aurait lieu dans l'Oued-Sahel, avec Si-ben-Ali-Chérif, pour examiner la question et proposer, en faveur du marabout, la création d'un grand commandement comprenant les tribus laissées à sa main par le maréchal Bugeaud, auquel on adjoindrait, par exemple, les Beni-Mellikeuch, une portion des Beni-Abbès, les Beni-Our'lis Meisna et Mellaha.

Les officiers désignés arrivèrent le 7 février à Akbou, et ils furent accueillis avec fort peu d'empressement par Si-ben-Ali-Chérif, qui parut jouer une petite comédie destinée à montrer aux siens sa supériorité sur les officiers français et combien il avait peu à se gêner avec eux.

Voici des extraits des rapports des deux officiers délégués (1).

... Après les Beni-Mellikeuch, nous arrivâmes à Akbou, chez les Illoulen, sous la zaouïa même de Si-ben-Ali-Chérif et nous fûmes assez étonnés de ne trouver aucun envoyé de sa part. Nous crûmes ne point devoir aller plus loin et nous envoyâmes les Cheurfa qui étaient avec nous pour avoir des nouvelles. Un des courriers que j'avais envoyés dans la nuit vint alors me dire que Si-ben-Ali-Chérif était excessivement malade et qu'il me priait de l'excuser; que son frère Si-el-Arbi-ben-Smati nous recevrait à sa place; qu'il y avait deux jours qu'il m'avait écrit pour m'avertir de différer mon voyage. (Il paraît que ces lettres ont été interceptées.)

Nous attendîmes pendant quelque temps et voyant la nuit approcher, nous résolûmes, le commandant et moi, d'aller coucher dans un village des Beni-Abbès. Mais à peine étions-nous en route, qu'on nous avertit qu'un cavalier arrivait enfin de la zaouïa, et nous ne tardâmes pas à être rejoints par Si-el-Arbi-ben-Smati. Après quelques paroles échangées de part et d'autre, je crus devoir lui déclarer que nous étions venus pour voir Si-ben-Ali-Chérif, parce qu'il nous l'avait demandé et parce que nous tenions à faire ce qui lui était agréable, que je tenais personnellement à le voir, parce que c'était dans ce but que vous m'aviez envoyé... (*Extrait du rapport du capitaine Petit, du 14 février* 1849.)

---

(1) Ces rapports ont été publiés *in extenso* dans la *Revue africaine* de 1898, page 155.

Le marabout s'était décidé à venir le lendemain à midi à un rendez-vous dont il avait désigné lui-même l'emplacement.

... Il paraissait, en effet, dès le principe, dans un état d'affaiblissement qui aurait pu nous faire regretter de l'avoir obligé de venir ; mais il eut bientôt retrouvé une énergie et une disposition d'esprit qui s'accordaient peu avec l'attitude épuisée qu'il avait prise d'abord.

Dès les premiers mots, après l'offre des présents que nous étions chargés de lui remettre, nous dûmes renoncer à insister pour l'acceptation des mesures qui faisaient l'objet de notre mission.

Parlant avec affectation, assez haut pour être entendu des groupes qui se tenaient à distance, il déclara, tout en témoignant de la gratitude pour l'attention dont il était l'objet, que son caractère ne lui permettait pas d'accepter un commandement, qu'il craignait que l'influence dont il use sur les tribus qui l'entourent et dont il se sert pour l'affermissement de notre autorité et la conservation de la paix, ne fût plus admise aussi favorablement quand il serait obligé d'en venir à l'emploi de mesures administratives et coercitives, qu'il tenait avant tout à rester dans le rôle de ses pères, à être marabout comme ils l'avaient été et qu'il avait la conviction qu'il pouvait mieux nous servir ainsi qu'autrement ; que, du reste, sa conduite passée, la manière ouverte dont il s'était compromis avec nous, répondait de sa fidélité à l'avenir, qu'il emploierait tous ses moyens à conseiller à tous ceux qui l'approcheraient de se soumettre à notre autorité, mais qu'il ne pouvait pas accepter d'être obligé d'amener par la force ceux qui ne l'écouteraient pas...... (*Extrait du rapport du commandant Dargent.*)

Il demanda à ne dépendre que d'Aumale et que les Iloulen, ses serviteurs, fussent exempts d'impôts en raison des corvées qu'ils lui fournissaient, disant que le maréchal Bugeaud le lui avait promis et il proposa d'imposer une lezma de cent réaux aux autres tribus. Il témoigna la crainte de se voir englobé dans un grand commandement arabe.

Au temps des Turcs, les marabouts en renom de la Kabylie jouissaient d'une grande indépendance et étaient traités avec beaucoup d'égards et de ménagements. Le pacha, l'agha des spahis, les beys, s'adressaient à eux pour leur demander leurs bons offices pour les affaires de leur administration ou lorsqu'ils avaient à faire passer des troupes dans le pays ; en revanche, ils leur accordaient l'exemption d'impôts et divers privilèges, et leurs serviteurs religieux s'adressaient à eux lorsqu'ils avaient une demande ou une réclamation à faire aux autorités turques.

C'est cet ancien état de choses que Si-ben-Ali-Chérif aurait voulu voir rétabli. Accepter un commandement, c'était accepter de se faire l'exécuteur des ordres de l'autorité française, accepter une subordination et la responsabilité de l'ordre et de la police des tribus, s'exposer à des observations, des remontrances. Son ambition était de se créer une situation en vue, quasi indépendante, sans autre obligation que de prêter ses bons offices aux commandants territoriaux lorsqu'ils auraient besoin de recourir à son influence religieuse. On aurait, pour ainsi dire, traité avec lui d'égal à égal.

Nous ne pouvions pas nous contenter de services bénévoles, il nous fallait des agents faisant exécuter nos ordres et veillant à la sécurité du pays.

Mais s'il ne voulait pas des devoirs de l'autorité pour lui, il voulait encore moins voir donner le commandement à d'autres que lui et il ne craignait rien tant que de se voir placer sous l'autorité d'un grand chef indigène quelconque. Il s'est toujours étudié à éviter ces deux alternatives. Pendant longtemps il réussit à tourner la difficulté en nous désignant lui-même les gens de sa clientèle qu'il désirait voir nommer à des commandements de tribus; ceux-ci prenaient les devoirs et les responsabilités dont il ne voulait pas pour lui-même, mais ils ne devaient agir que suivant ses inspirations.

Ce système ne pouvait produire que l'énervement du commandement; aussi a-t-il toujours été impossible d'obtenir une bonne police dans les tribus dont il était le chef honoraire.

Dans l'organisation adoptée le 16 avril 1849 par le gouverneur général, ces tribus furent rattachées au cercle d'Aumale comme l'avait demandé le marabout de Chellata.

Au mois de juillet 1849, le colonel Canrobert, commandant la subdivision d'Aumale, profita du passage dans cette ville de troupes rentrant de Sétif à Alger pour former une colonne de 4 bataillons avec laquelle il infligea à la tribu des Beni-Yala un châtiment qu'elle avait depuis longtemps mérité.

Si-ben-Ali-Chérif insista auprès du colonel pour l'amener à faire subir le même traitement aux Beni-Mellikeuch dont il avait à se plaindre. Voici des extraits des comptes rendus du colonel Canrobert :

> Les Beni-Yala m'ayant demandé trois jours pour acquitter la nouvelle amende, j'ai dû leur accorder ce délai; mais pour ne pas perdre mon temps en face de leur pays, tirer profit du retentissement porté dans la vallée de l'oued Sahel par la prise de Sameur et accéder aux désirs de Si-ben-Ali-Chérif, qui me priait avec instance de venir ici m'aboucher avec lui et régler les affaires des Beni-Mellikeuch, j'ai descendu la vallée de l'oued Sahel et suis arrivé hier soir entre les Beni-Abbès et les Beni-Mellikeuch, à une lieue et demie environ en avant d'Akbou.
>
> Toutes les tribus, sans distinction, des deux rives de la vallée de l'oued Sahel, m'ont parfaitement accueilli; Si-ben-Ali-Chérif lui-même est dans mon camp et y a dressé sa tente et est en pourparlers avec les Beni-Mellikeuch qui, seuls, se tiennent encore sur la réserve. Le grand marabout de l'Oued-Sahel (qui est un jeune homme remarquable d'intelligence et de bonnes dispositions pour nous) croit fermement que les Beni-Mellikeuch descendront dans la journée à mon camp pour y faire leur complète

soumission. Si, contre mon attente et celle du chérif, les Beni-Mellikeuch persistent à se tenir éloignés de nous, il me serait d'autant plus facile de les contraindre à rentrer dans le devoir que je suis campé au-dessous de leurs nombreux villages dont les abords ne présentent presque aucune difficulté.....

Les Beni-Mellikeuch ne se soumirent pas et le colonel Canrobert leur livra, le 12 juillet, un assaut qui fut très rude et qui, tout en étant un brillant succès, ne produisit aucun résultat.

..... A 10 h. 1/4, dit le colonel Canrobert, nous rentrions au camp où j'avais laissé Si-ben-Ali-Chérif et 700 hommes; le grand marabout de l'Oued-Sahel vint au-devant de nous pour nous féliciter sur le succès du combat que nous venions de livrer et dont il avait pu voir de sa tente les diverses phases.....

Une partie des Beni-Mellikeuch est venue trouver Si-ben-Ali-Chérif pour le prier de me parler en sa faveur et l'autre fraction dissidente va être harcelée par un parti de cavaliers pris dans les Cheurfa et les Beni-Mançour, aux ordres de Si-Mohamed-ben-Taïeb que je vous ai proposé pour caïd (sous l'influence de Si-ben-Ali-Chérif) des Beni-Mellikeuch, des Beni-Aïdel et des Beni-Hamdoun.

En prenant congé de moi, le 12 au soir, pour rentrer à sa zaouïa d'Akbou, Si-ben-Ali-Chérif m'a de nouveau exprimé tous ses sentiments de dévouement aux Français dont il venait du reste de donner la plus incontestable preuve en venant dresser sa tente dans notre camp; mais ce grand chef, pour ne pas voir atténuer l'immense influence que lui donne son caractère religieux, persiste toujours à ne pas vouloir exercer lui-même, directement, le commandement. J'ai dû entrer dans ses vues en ne traitant officiellement les affaires qu'avec Si-Mohamed-ben-Taïeb qui, ainsi que j'ai eu l'honneur de vous le dire, n'est que l'instrument du chérif.....

Ce Si-Mohamed-ben-Taïeb, qui était le gendre de Si-ben-Ali-Chérif, n'exerça jamais aucune autorité chez les Beni-Mellikeuch, qui restèrent insoumis.

Dans une lettre du 13 septembre 1849, le colonel commandant la subdivision d'Aumale annonçait que Si-ben-Ali-Chérif tenait à faire lui-même la soumission des Beni-Mellikeuch et qu'El-Hadj-Betka, caïd de l'Ouennour'a-Cheraga, se trouvait au confluent de l'oued Biban et de l'oued Sahel avec 250 des siens afin d'aider le marabout.

Ces tentatives n'aboutirent pas et ce fut le lieutenant Beauprêtre, du bureau arabe d'Aumale, qui était dans l'Oued-Sahel avec 300 chevaux du goum, qui obtint partiellement la soumission des Beni-Mellikeuch; cet officier rendait compte, en effet, le 30 septembre, qu'il avait soumis une grande partie de la tribu et qu'il avait à son camp 6 djemaas des Beni-Mellikeuch sur 10. Cette soumission ne devait être d'ailleurs que bien précaire.

A la date du 8 octobre 1850, le général Charon, gouverneur général, écrivait la lettre suivante au général commandant la division d'Alger :

En réponse à votre dépêche du 2 octobre, n° 933 (affaires arabes traitées à l'état-major de la division), je vous informe que, d'après la correspondance de M. le général commandant la province de Constantine, je remarque que Si-ben-Ali-Chérif marche à tâtons dans ses rapports avec nous. Il frappe à toutes les portes, il s'est mis en relations à la fois avec Sétif, Bougie et Aumale et semble demander à chacun de ces postes, au même degré, sa protection. Il ne peut résulter de cette manière de faire que des embarras et des conflits.

Il est donc essentiel de faire comprendre à Si-ben-Ali-Chérif, avec les ménagements que réclament les services que nous pouvons en attendre que, dépendant de la subdivision d'Aumale, c'est avec son chef qu'il doit s'entretenir spécialement des affaires concernant son commandement.

Je n'interdis cependant pas toute communication de sa part avec les points de Sétif et de Bougie, elles peuvent avoir leur utilité par circonstance, mais conserver un caractère tout à fait d'éventualité. C'est avec Aumale seulement qu'il doit s'entretenir de ce qui est relatif à l'organisation ou à l'agrandissement de son commandement ou aux négociations entreprises par lui avec les tribus kabyles qui l'environnent.

Si-ben-Ali-Chérif est, sans contredit, le point le plus solide sur lequel Aumale puisse s'appuyer pour étendre son influence dans le bas de l'oued Sahel et vers le Djurdjura, dans les limites, bien entendu, indiquées à cette subdivision. Je vous recommande donc toujours, pour ce jeune marabout, de grands égards et l'apparence d'une confiance complète. Aidez-le dans ses négociations pour ramener les Beni-Mellikeuch et faire entrer les Tolba-ben-Dris, les Beni-Illilten en arrangement avec lui, de manière à les détacher du groupe des Zouaoua. De ce côté, toute arrivée de nouvelles tribus sera un résultat intéressant dont on pourra lui abandonner les bénéfices.....

Si-ben-Ali-Chérif répondit à la notification des observations du gouverneur général en donnant sa démission. Comme il n'avait pas accepté de commandement, il voulait sans doute dire qu'il renonçait à s'occuper des affaires politiques du pays. Les bonnes dispositions du marabout nous semblaient trop précieuses pour qu'on pût passer outre sans plus ample informé ; aussi, le gouverneur général prescrivit-il, le 23 novembre, au commandant de la subdivision d'Aumale de faire tous ses efforts pour faire revenir Si-ben-Ali-Chérif sur sa résolution.

Le lieutenant Beauprêtre lui fut envoyé avec un goum de 300 chevaux pour recevoir ses griefs et examiner les moyens de lui donner satisfaction. L'entrevue eut lieu le 19 décembre. Si-ben-Ali-Chérif se plaignit de l'abandon dans lequel il était laissé ; il ajouta que les Illoula-Açameur, qui avaient été victimes de nombreuses razzias en le soutenant, menaçaient de le délaisser, et il demanda pour eux une indemnité de 10.000 francs.

Le 23 décembre 1850, le gouverneur général décida que le lieutenant Beauprêtre resterait en permanence dans la vallée de l'oued Sahel avec un goum, qu'on construirait des abris pour 450 chevaux

aux Beni-Mançour, en les protégeant par des retranchements, et qu'il serait donné 10.000 francs à Si-ben-Ali-Chérif « pour rembourser les pertes que le goum d'Aumale a fait éprouver aux Illoula pendant qu'ils sont restés insoumis ».

Après cette satisfaction si complète, Si-ben-Ali-Chérif ne pouvait pas faire moins que de nous continuer ses services.

Dans la nuit du 23 au 24 février 1851, un aventurier qui se donnait le nom de Si-Mohamed-ben-Abd-Allah-ben-Abd-el-Malek et qui, depuis un mois, fomentait des désordres au village d'El-Kela des Beni-Abbès, passa dans les Beni-Mellikeuch où il se fit reconnaître comme le *moul saa*. C'était un nouveau chérif qui, sous le surnom de Bou-Bar'la (l'homme à la mule), devait, pendant quatre ans, mettre en insurrection une grande partie du pays kabyle et nécessiter la mise en mouvement de plusieurs colonnes.

Le chérif, qui avait eu, le 1er mars, un engagement avec le goum du sous-lieutenant Beauprêtre, dans lequel il avait été mis en fuite, voulut frapper un coup retentissant en s'attaquant à Si-ben-Ali-Chérif, notre seul allié dans l'oued Sahel. Cet épisode étant le plus marquant de la carrière du marabout jusqu'à l'insurrection de 1871, je vais donner à ce sujet quelques extraits de la correspondance du sous-lieutenant Beauprêtre. Les lettres de cet officier sont écrites au crayon, à la hâte, entre deux chevauchées.

Beni-Mançour, mercredi, 4 heures du matin.

J'ai l'honneur de vous rendre compte qu'hier, 2 mars, vers 9 heures du matin, j'ai aperçu de mon camp une forte fumée un peu au-dessous d'Akbou ; c'était l'azib de Si-ben-Ali-Chérif qui était razzié et brûlé par les Derouiches et les Zouaoua. Je l'apprends à l'instant par une lettre que Si-ben-Ali-Chérif vous adressait, croyant qu'elle vous trouverait encore aux Beni-Mançour.

Je vous envoie cette lettre ci-joint.

En voici la traduction :

Au précieux Monsieur le colonel d'Aurelle, commandant supérieur d'Aumale.

Après m'être informé de vous et des vôtres, je vous rends compte que le derouich qui est aux Beni-Mellikeuch vient de razzier le lieu où étaient nos troupeaux. Il a tout enlevé et incendié ensuite.

Les troupeaux qu'il nous a enlevés consistent en 300 têtes de bœufs et 3.000 moutons, sans compter les mulets et les effets.

Ensuite les Zouaoua sont venus jusque dans notre dechera et il y a eu entre nous un grand combat qui aurait fait blanchir les cheveux d'un jeune homme. Il y a eu 2 morts chez les Zouaoua et 4 de mes serviteurs ont été blessés, 1 cheval a été tué.

Les Illoula étaient tous présents à ma trahison ; je suis donc resté seul et n'ai plus que Dieu et vous !

Aussi, si vous tenez à moi, vu que tout ceci m'arrive à cause de votre service, vous viendrez demain au-dessous du petit village de Sidi-Abd-er-Rahman. Moi je suis à Tebaïrit, endroit qui se trouve près de la rivière où je vous attends. Si vous m'abandonnez, Dieu me suffira!

Les Beni-Aïdel étaient présents à la trahison car j'avais placé 800 hommes armés de chez eux aux troupeaux et, quand ils ont vu le derouich, ils se sont enfuis sans tirer un coup de fusil.

Si vous ne venez pas vous verrez ce qui m'arrivera!

En date de Djoumad-el-Ouel 1267. De la part de Si-Mohamed-Saïd-ben-Ali-Chérif.

Voici d'autres rapports du sous-lieutenant Beauprêtre.

Mercredi, à 5 heures du matin.

Je joins cette lettre à la première pour vous donner quelques détails et dire comment Ben-Ali-Chérif a été trahi par les Illoula et les Beni-Aïdel.

Si-ben-Ali-Chérif avait, il y a environ quinze jours, enlevé de son azib tous ses troupeaux et n'y avait laissé qu'une garde pour les maisons; mais, il y a quelques jours, les Mezeldja, Illoula et Beni-Aïdel sont venus lui faire de belles protestations de dévouement et l'engager à replacer tous ces troupeaux dans son azib, disant qu'ils répondaient de ce qui pourrait arriver.....

J'écris à Si-ben-Ali-Chérif, qui s'est retiré dans un village près d'Akbou, pour lui dire que s'il veut venir j'irai le chercher.

P.-S. — En fermant cette lettre j'apprends que Si-ben-Ali-Chérif a *traversé la rivière* et s'est retiré chez les Beni-Abbès. Il se dirige sur mon camp, je fais monter le goum à cheval.

Aux Beni-Mançour, le 19 mars 1851.

J'ai eu l'honneur de vous écrire ce matin deux lettres auxquelles j'ai joint deux autres lettres de Ben-Ali-Chérif nous parlant de la malheureuse affaire qui lui est survenue, mais je ne vous ai point donné de détails sur la razzia faite sur son azib ainsi que sur sa fuite chez les Beni-Abbès. Ces deux événements sont les résultats du plan de campagne mis à exécution par le derouich et les Zouaoua, ainsi que de la trahison des serviteurs du marabout.

D'après leurs projets, le derouich devait réunir le plus de contingents possible dans le but de faire une razzia ou une attaque sur quelque village soumis de la vallée. Ils avaient encore avec eux quelques fidèles associés Zouaoua qui, pour mieux tromper ses gens et ne pas laisser divulguer son secret, devaient opérer de la même manière chez les Zouaoua.

Une fois tous ces contingents réunis, le derouich se dirigea mardi, jour convenu, sur l'azib de Si-ben-Ali-Chérif, qui se trouve à deux lieues au-dessous d'Akbou, et les contingents Zouaoua du versant nord marchèrent sur la zaouïa et le village (Chellata) afin d'attirer tous les partisans du marabout dans le haut et faciliter l'attaque de l'azib par le chérif et ses bandes.

L'exécution de ce projet a été d'autant plus facile que les gens que Ben-Ali-Chérif croyait dévoués et fidèles ne lui ont rendu compte de la venue des révoltés que lorsqu'ils ont été à une portée de fusil du village.

Un de ses conseillers l'a engagé à se sauver seul, en lui assurant que ce n'était qu'à sa tête que les insurgés en voulaient. Si-ben-Ali-Chérif a suivi ce conseil et s'est retiré pendant quelques heures chez les Ahl-Tifrit, village situé près d'Akbou, dont les habitants ont seuls défendu avec quelque vigueur son azib.

Lorsque les Zouaoua et Beni-Mellikeuch ont su que le marabout s'était enfui, ils ont poursuivi jusque chez les Ahl-Tifrit et ont sommé le village de le leur livrer. Si-ben-Ali-Chérif, traqué et ne sachant où donner de la tête, a demandé deux hommes de bonne volonté qui voulussent bien le guider et l'aider à traverser la rivière. Aussitôt que ces deux hommes se furent présentés, Si-ben-Ali-Chérif a fui de nouveau et s'est retiré chez un de ses parents, Oulid-Sidi-Laïdi, aux Beni-Abbès, où il est arrivé ce matin à la pointe du jour. C'est de cet endroit qu'il m'a fait dire où il était.

Je lui ai immédiatement envoyé un petit détachement du goum commandé par le caïd Ben-Ali, pour le voir et savoir quelles étaient ses intentions. Je ne pouvais y aller moi-même sans craindre de faire des mécontents parmi les Beni-Abbès.

Ben-Ali-Chérif a demandé à se rencontrer avec moi près de Bou-Djelil. Je m'y rendrai, attendu que le rendez-vous qu'il me donne est à ma portée et sans aucun danger.

Je n'ai pas besoin d'ajouter, mon Colonel, combien la position du marabout est devenue embarrassante pour moi et avec quelle force aussi il réclame votre appui. D'après les renseignements que j'ai recueillis, Ben-Ali-Chérif paraîtrait disposé à faire sortir toute sa famille de la zaouïa et à la faire venir près de lui.

Veuillez je vous prie, mon Colonel, me dire dans le plus bref délai quelle conduite je dois tenir vis-à-vis de lui. C'est un personnage dévoué qui a tout sacrifié pour nous et qui vient de violer la prédiction de ses ancêtres (1) en se sacrifiant complètement pour nous.

Aujourd'hui, le marabout est pauvre, sans asile, poursuivi, il demandera qu'on lui donne un refuge. Peut-être insistera-t-il pour qu'on le laisse aux Beni-Abbès ou aux Beni-Mançour ou bien à Aumale. Dans les circonstances actuelles, je doute qu'il soit en sûreté chez les Beni-Mançour ou Beni-Abbès près desquels fermentent les Chérifs, dont l'influence et les partisans grossissent et grossiront encore si on n'y porte pas un prompt remède.

Je vous écrirai demain, mon Colonel, pour vous rendre compte de mon entrevue avec Si-ben-Ali-Chérif.

Le marabout arriva au camp du sous-lieutenant Beauprêtre le 20 mars à 6 heures du matin. Celui-ci écrivit, à la date du 22 mars, la lettre confidentielle ci-après:

---

(1) D'après cette prédiction, les descendants d'Ali-Chérif ne peuvent traverser la rivière de l'oued Sahel sans s'exposer aux châtiments les plus terribles, dont le moindre serait la ruine de la zaouïa. Il est inutile d'ajouter que cette prédiction ne s'est pas réalisée, bien que le marabout ait traversé nombre de fois la rivière.

Beni-Mançour, samedi 22 mars, 5 h. 1/2 du soir.

Il est de mon devoir de vous faire part de ce que j'ai remarqué à la suite des événements qui viennent de se passer chez Si-ben-Ali-Chérif.

Si-ben-Ali-Chérif a été lui-même trahi et trompé par des gens qui se disaient ses serviteurs et peut-être même de sa zaouïa. Mais cependant je crois que, malgré le coup de main tenté sur Chelatta et la razzia faite sur son azib, Si-ben-Ali-Chérif aurait pu rester dans sa zaouïa, qu'il n'y serait, je crois, rien arrivé à lui personnellement. Mais Si-ben-Ali-Chérif a étudié, a vu beaucoup de monde chez lui (monde qui a voyagé), a eu des relations très bonnes et très suivies avec les Français ; il a toujours été flatté dans les correspondances qu'il a de tous les côtés et enfin beaucoup de choses de ce genre réunies lui ont donné le désir bien prononcé de voir le monde qu'il n'a jamais vu, et je crois que Si-ben-Ali-Chérif se réservait de saisir la première occasion pour sortir de son enceinte en laissant la cause aux Kabyles et se donner à nous comme un homme qui a tout sacrifié pour notre cause parce qu'il sait parfaitement qu'avec nous il y a de la ressource et qu'avec les Kabyles il n'y en a pas.

Comme il est impossible de lire dans les cœurs, mon Colonel, je ne vous donne ces renseignements que sous les plus grandes réserves et j'espère que vous serez vous-même et avant peu à même de juger.....

Bou-Bar'la, non content de la razzia qu'il avait faite sur l'azib de Si-ben-Ali Chérif, voulut s'emparer de la zaouïa de Chelleta elle-même et il emmena, le 24 mars, à l'attaque du village les contingents des Beni-Idjeur, des Illoula-ou-Malou et des Tolba-ben-Dris. Ce fut à l'âme virile d'une femme, Lalla-Aïcha, mère de Si-ben-Ali-Chérif, que la zaouïa dut son salut.

Elle rassembla les notables des Illoula-ou-Sameur et leur demanda s'ils étaient d'avis de se déshonorer aux yeux des Kabyles en laissant détruire la zaouïa et en livrant la famille de leur marabout au faux Chérif. Ceux-ci, pris d'un bel enthousiasme décidèrent qu'on attaquerait sur-le-champ le camp des rebelles. Ils marchèrent en effet contre le campement des Zouaoua, mirent ceux-ci en déroute en leur tuant 10 hommes et ils firent beaucoup de butin. Il est probable que les Kabyles, déjà effrayés de l'audace qu'ils avaient montrée en s'attaquant à la zaouïa vénérée de Si-ben-Ali-Chérif, n'avaient pas demandé mieux que de se soustraire par la fuite à l'obligation de continuer une lutte qu'ils regardaient comme sacrilège.

Le colonel d'Aurelle de Paladines arriva aux Beni-Mançour le 28 mars avec une petite colonne composée de 2 bataillons d'infanterie et de 2 escadrons de cavalerie et il livra à Bou-Bar'la le combat du 10 avril, dans lequel il emporta d'assaut le village de Selloum et mit l'agitateur en fuite.

Si-ben-Ali-Chérif continua à rester soit dans les Beni-Abbès, soit auprès de la colonne des Beni-Mançour. Il avait fait le projet d'appeler à lui sa famille pour la soustraire aux entreprises de Bou-Bar'la, mais il ne le mit jamais à exécution.

Dans le courant du mois de mai, il demanda l'autorisation de se rendre en pèlerinage à La Mecque avec son beau-père Bou-Akkaz des Ferdjioua, et le colonel d'Aurelle écrivit à ce sujet, au général commandant la division, une lettre, datée du 26 mai 1851, dont voici un extrait :

..... Si-ben-Ali-Chérif est un homme efféminé, sans énergie ni caractère. Il est prompt à s'exalter et, dans ses moments d'exaltation, il entreprendra tout sans réflexion ; mais il est aussi prompt à se laisser abattre et à s'abandonner au découragement, et alors il ne sait plus que gémir et se plaindre. Il n'a aucune fixité dans les idées, change d'avis et de résolution dix fois par jour et, au moment où j'écris, je ne serais pas étonné qu'il ait déjà renoncé à son projet.

Je crains, quand il aura le commandement qu'il désire, qu'il ne compromette à chaque instant nos affaires. Trop faible pour maintenir son autorité, il nous appellera à chaque instant à son secours et criera à l'abandon si on tente de lui faire comprendre l'impossibilité de satisfaire à sa demande.

Enfant gâté par ses Tolba et tout son entourage, il ne peut supporter la plus petite contrariété et ne sait jamais attendre au lendemain, quand il s'agit pour lui de satisfaire un caprice ou une fantaisie puérile et surtout son excessive vanité.....

Si-ben-Ali-Chérif est cependant doué d'une grande intelligence, mais c'est une intelligence propre à l'étude seulement et ce jeune marabout, en tournant ses idées vers l'ambition, prouve qu'il n'a pas celle de bien se connaître lui-même.....

A propos de la vanité dont parle le colonel d'Aurelle je donnerai ce détail qui n'a pas grande importance mais qui montre assez bien le caractère du marabout. Dans la correspondance arabe, il est d'usage que le supérieur qui écrit à son inférieur mette son cachet au haut de la lettre, tandis que l'inférieur qui écrit à son supérieur met le cachet au bas de sa lettre ; or, Si-ben-Ali-Chérif écrivant au commandant de la subdivision d'Aumale mettait son cachet au haut de ses lettres. Il est surprenant que le colonel d'Aurelle, qui avait la réputation d'être très raide dans le service, ait toléré cette manière de faire.

Le général Blangini, commandant la division d'Alger répondit immédiatement par la lettre suivante datée de Blida le 28 mai, n° 11 (cabinet).

Je vous accuse réception de votre lettre du 26 mai n° 70, 3ᵉ section.

Les renseignements que vous me transmettez sur Ben-Ali-Chérif sont de la plus grande exactitude possible, vous l'avez bien étudié et le peu de temps que je l'ai vu moi-même me fait connaître que vous l'avez parfaitement jugé.

Aussi, voici la décision prise par le gouverneur général :

D'après le désir que Si-Ben-Ali-Chérif a manifesté après de longs pourparlers, il a été décidé qu'il partirait pour La Mecque avec son beau-père

Bou-Akkaz, qui a obtenu l'autorisation de faire ce pèlerinage lors du passage du gouverneur à Djidjelli.

Conformément à l'ordre du gouverneur — ainsi conçu : « Si-ben-Ali-Chérif partirait demain de Blida pour Aumale, d'où il écrirait à Bou-Akkaz pour lui avoir des bêtes de somme nécessaires à son voyage et à ses transports ; il se rendrait ensuite aux Beni-Mançour pour épier le moment favorable qui nous permettrait de le faire arriver sûrement à Chellata ; nous devrons également protéger par des moyens arabes son retour de Chellata avec une partie de sa famille et la faire arriver ensuite à Tageonna chez son beau-père, par les routes que nous tenons entre les mains. Si-ben-Ali-Chérif attendrait chez son beau-père le moment opportun de quitter avec lui le pays. » — Je remettrai à Si-ben-Ali-Chérif une lettre qui l'autorise à faire le voyage de La Mecque et enfin, au moment où il devra partir, je demanderai pour lui au gouverneur une somme d'argent convenable pour l'aider à faire son voyage.

Prenez donc, mon cher Colonel, toutes les dispositions conformes au désir du gouverneur et propres à faire réussir le voyage de Chellata.

Si-Ben-Ali-Chérif renonça au pèlerinage ; le 25 juin, il alla rejoindre la colonne du général Camou qui opérait dans la vallée de l'oued Sahel pour réprimer l'insurrection soulevée par Bou-Bar'la.

Cette colonne, remontant la vallée, séjourna les 1er et 2 juillet à Akbou. Le général Camou fit jurer aux Illoula, Ouzellaguen, Beni-Ourtis, Beni-Aïdel et Beni-Abbès, entre les mains de Si-ben-Ali-Chérif, une alliance pour le maintien de la paix, contre les tentatives de Bou-Bar'la. Il fit indemniser par les tribus le marabout de Chellata des pertes qu'il avait éprouvées, et celui-ci osa alors retourner à sa zaouïa.

Si-Ben-Ali-Chérif fut désigné pour assister à la distribution des aigles qui se fit à Paris le 10 mai 1852 ; à son retour, qui eut lieu le 15 juin, les Kabyles se portèrent à sa rencontre et le fêtèrent d'une manière extraordinaire.

Le général d'Aurelle (1), commandant la subdivision d'Aumale, n'avait pas, comme nous l'avons vu, pour le marabout de Chellata, une admiration aussi grande que son prédécesseur ; aussi Si-ben-Ali-Chérif demanda-t-il à passer dans le cercle de Sétif. Le passage de son caïdat dans ce cercle fut prononcé par le gouverneur général le 4 septembre 1852. Il n'aurait pas voulu être placé dans le cercle de Bordj-Bou-Areridj, son commandant supérieur le lieutenant-colonel Dargent ne l'ayant pas non plus en très haute estime, comme nous le verrons plus loin.

En septembre 1854 on entreprit la construction à Akbou d'une maison de commandement destinée à Si-ben-Ali-Chérif ; les frais étaient supportés par le budget des centimes additionnels.

---

(1) Il avait été nommé général le 22 décembre 1851.

A cette époque, on cherchait à réduire les tribus rebelles par la famine, en faisant le blocus de leur territoire pour empêcher d'y porter des grains; cette mesure n'a jamais produit un effet complet parce que les grains passaient par le commandement de Si-ben-Ali-Chérif, comme on s'en est plaint maintes fois à Bordj-bou-Aréridj et aux Beni-Mançour.

Le 31 mars 1855, le lieutenant-colonel Dargent, promu colonel, avait été nommé au commandement de la subdivision d'Aumale, et, le 25 juillet, le gouverneur général avait mis temporairement sous ses ordres les Beni-Abbès, en lui donnant la direction de tous les mouvements à opérer dans l'Oued-Sahel. A cette occasion, le colonel Dargent donna au chef de l'annexe des Beni-Mançour des instructions dont voici un extrait :

...... Il me reste à parler de Ben-Ali-Chérif, je le connais depuis longtemps et mon opinion est que, quelques dehors d'entrain et d'activité qu'il ait, il faut qu'on le pousse. Depuis 1847 que je le connais, il a toujours fallu l'aider et il n'a pas rendu de service effectif. Il ne manque pas d'intelligence et de bonne volonté, mais je le soupçonne de se complaire dans la position qui lui est faite.

Sans la construction de son bordj à Akbou qui, je le conçois, doit retenir dans ce qu'il y a à faire par là, les affaires seraient plus avancées. On devrait brusquer l'achèvement de cette construction et le mettre à même d'agir de façon à coopérer à la pacification que nous cherchons tous. Car c'est un fait trop malheureusement acquis, que toutes les tribus insurgées trouvent à s'approvisionner sur son marché et s'appuient beaucoup sur les Illoula au milieu desquels il demeure.

Je le connais depuis longtemps ; je crois qu'on peut en tirer un bon parti, mais qu'il faut le mettre en mesure le plus tôt possible de nous aider à réduire les Zouaoua, sinon par nos soldats, au moins par la gêne et ses fusils. La rive gauche de l'oued Sahel est assez forte, si elle était dans une même action, pour contenir les Zouaoua.

Pendant l'expédition de Kabylie de 1857, le maréchal Randon a écrit la lettre ci-après, datée du 11 juillet, au général Maissiat qui commandait une division opérant dans les environs du col de Chellata.

Depuis le commencement de mes opérations et des vôtres, les Illoula-Açameur se sont gravement compromis et je ne crois pas devoir laisser sans punition une telle conduite.

Nous les avons eus devant nous à l'attaque du 24 mai ; je les retrouve à Icheriden, à Aguemoun-Izem ; ils ont eu des tués et des blessés dans votre ascension du col de Chellata, ils prennent part aux affaires des Mazegguen et d'Aït-Aziz; partout enfin les Illoula-Açameur, s'abritant derrière l'espérance d'une haute intercession, prennent une part active à la révolte.

Je vous prie de vous renseigner sur la culpabilité de cette tribu dont le mauvais esprit me semble manifeste, et je vous autorise à exiger d'elle un otage par Kharouba et le paiement d'une amende de guerre calculée en bloc pour chaque village et sur la base de 50 francs par fusil.

Les otages devront être livrés sans délai et l'amende s'augmenterait de tous les frais qu'aurait entraînés leur détention. C'est un moyen de les obliger à se libérer promptement.

Cette lettre montre bien que Si-ben-Ali-Chérif n'avait pas eu assez d'action et d'influence sur sa tribu même pour la maintenir dans le devoir.

L'amende collective imposée en exécution de ces ordres s'est élevée à 38.000 francs « pour hostilité manifeste et pour avoir tiré sur des convois de ravitaillement ».

J'ai indiqué dans le cours de mon étude sur l'insurrection le rôle que Si-ben-Ali-Chérif a joué en 1871 ; je n'ai pas besoin d'y revenir.

Les conclusions auxquelles on peut s'arrêter à propos de ce personnage religieux me paraissent être les suivantes : d'une intelligence supérieure, capable de comprendre les rouages de notre administration et de se rendre compte de la puissance de la France, il a toujours prêché à ses coreligionnaires la soumission à notre autorité, mais il n'a jamais rendu à notre cause de services éminents ; il s'est attaché surtout à servir ses propres intérêts, recherchant les honneurs, mais fuyant les responsabilités et se créant une sorte d'indépendance.

Son influence religieuse était assez limitée ; dans tous les cas, en aucune circonstance il n'en a fait usage à notre profit ni même pour se défendre personnellement. S'il avait une certaine influence politique auprès des indigènes il la devait plutôt à ses relations avec nos grands chefs militaires ; lorsqu'une colonne opérait dans le pays on le voyait arriver pour intervenir, autant qu'il le pouvait, dans les mesures de répression et de réorganisation, et c'est là surtout ce qui lui formait une clientèle chez les Kabyles.

En 1871, sa manière d'agir a toujours été équivoque et tortueuse ; il n'a pas poussé à la révolte car il ne pouvait qu'y perdre et le triomphe de l'insurrection l'aurait mis sous la dépendance des fils de Chikh-ou-Haddad, ses ennemis détestés, mais il avait un pied dans chaque camp, de manière à être sûr de tirer toujours son épingle du jeu, quoi qu'il pût arriver. Il avait eu soin de se dégager en temps utile de toute responsabilité en donnant sa démission de bach-agha.

A cette époque difficile, il s'est montré absolument nul comme chef, il n'a su qu'envoyer des rapports et réclamer le secours d'une colonne.

Il s'est joint au caïd Ali-ou-Kassi auquel il paraît avoir servi de conseiller, mais il a eu bien soin de ne jamais écrire aux tribus en qualité de chef et de ne jamais faire, personnellement, acte d'hostilité.

Je ne lui fais pas un crime de son impuissance en face de l'insurrection et je trouve qu'il n'y aurait pas eu lieu de le traduire en cour d'assises; je demande seulement qu'on ne parle pas des services exceptionnels qu'il aurait rendus à la France et de l'immense influence religieuse qu'il aurait eue sur les Kabyles.

ANNEXE N° 2

Organisation en 1871 de l'annexe d'Alger et des subdivisions de Dellys et d'Aumale. Contributions de guerre imposées. Communes dont font actuellement partie les tribus.

ABRÉVIATIONS. — C^{ne} veut dire commune de plein exercice; C^{ne} M^{te}, commune mixte.

TRIBUS.	CHEFS INDIGÈNES.	EMPLOIS.	CONTRI-BUTIONS de GUERRE.	ORGANISATION ACTUELLE.
	Territoire civil de l'Alma.			
Divers douars..	»	»	240.000	
	Annexe d'Alger.			
Khachna-el-Djebel.	Saïd-ben-Mohamed-ou-el-hadj.	Caïd.	240.000	C^{ne} Ménerville, c^{ne} Souk-el-had, c^{ne} Courbet-Zamouri, c^{ne} Zatra.
Khachna de la plaine.	Lekehal-bou-Noua...	Id.	336.000	C^{ne} St-Pierre et St-Paul, c^{ne} Arbatach, c^{ne} Rivet, c^{ne} Larba.
Ammal........	El-hadj-Ahmed-ben-Dahman.	Id.	126.000	C^{ne} Palestro, c^{ne} m^{te} Palestro.
Zouatna du Nord	Chaban-ben-Hamimed	Id.	58.800	Partie c^{ne} Palestro
Zouatna du sud.	Hassen-ben-Tatar....	Id.	151.200	Partie c^{ne} m^{te} Palestro.
Beni-Amran....	Tahar-ben-Abd-Allah	Id.	126.000	
Cheurfa du nord	Youcef-ben-Ouchfoun	Id.	252.000	
Beni-Misra.....			»	C^{ne} m^{te} Tablat, c^{ne} Bouinan, c^{ne} Rovigo.
Beni-Moussa....	Ahmed-ben-Abd-el-Kader.	Id.	»	
Hammam Melouan.				
Beni-Sliman-Cheraga.	Saïd-ben-Rabia......	Id.	»	
Beni-Sliman-R'eraba.	Si-El-Mahfoud-ben-Mahi-ed-Din.	Id.	»	
Beni-Maloum (El Ouzana).	Si-Khemis-ben-Aïda.	Id.	»	
»	»	Id.	»	C^{ne} Rovigo.
Beni Silem.....	Ali-ben el-hadj-Kouider.	Id.	»	

TRIBUS.	CHEFS INDIGÈNES.	EMPLOIS.	CONTRI-BUTIONS de GUERRE.	ORGANISATION ACTUELLE.
Subdivision de Dellys.				
Territoire civil.				
Beni-Tour......	»	»	160.300	C^{ne} Dellys.
Taourga........	»	»	94.150	
Cercle de Dellys.				
Isser-el-Ouidan.	El-hadj-Mohamed-bel-Abbès.	Caïd.	56.000	C^{ne} Blad Guitoun, c^{ne} Courbet-Zamouri, c^{ne} m^{te} Palestro.
Isser-Drœu Oulad-Medjkan.	Ahmed-ou-el-hadj-Ali	Président de douar.	156.100	C^{ne} Isserville, c^{ne} Bordj-Menaïel.
El Guious...	Amar-ben-Taïeb.....	Id.		
Raïcha.....	Saïd-ben-Ahmed-ben-Mohamed.	Id.		C^{ne} Bordj-Menaïel
Oulad-Aïssa.	Aomar-ben-Ameïr...	Id.		C^{ne} Bois-Sacré.
Isser-Oulad-Smir.	El-Hadi-ben-Sokheri.	Caïd.	77.000	C^{ne} Bordj-Menaïel
Zmoul.........	Mohamed-bel-Hadi...	Id.	28.000	C^{ne} Isserville, c^{ne} Bordj-Menaïel, c^{ne} Rebeval.
Isser-el-Djedian.	Dali-Ahmed-ben-Hossein.	Id.	126.000	C^{ne} Bois-Sacré.
Sébaou-el-Kedim.	Ramdan-ben-Khaled..	Id.	7.000	C^{ne} Rebeval.
Beni-Slyim.....	Mohamed-ou-el-hadj.	Id.	56.000	C^{ne} Dellys.
Beni-Ouaguennoun.	Si-Ameur-ou-Mhamed	Amin-el-oumena-	343.000	C^{ne} m^{te} Dellys.
Flissat-el-Behar.	Si-Mhamed-ou-el-hadj	Id.	140.000	C^{ne} m^{te} Azefoun.
Flissat-Oum-el-Lil Oued-el-Kseub.	Saïd-Namara........	Id.	245.000	C^{ne} Mirabeau, c^{ne} Camp-du-Maréchal, c^{ne} m^{te} Dra-el-Mizan.
Beni-Amran.	Si-Aomar-ben-Zamoum.	Id.	210.000	C^{ne} Haussonvillers, c^{ne} Camp-du-Maréchal, c^{ne} Bordj-Menaïel, c^{ne} Isserville.

Cercle de Tizi-Ouzou.

TRIBUS.	CHEFS INDIGÈNES.	EMPLOIS.	CONTRI-BUTIONS de GUERRE.	ORGANISATION ACTUELLE.
Ameraoua	La tribu n'avait pas de chef; chaque zmala avait son amin.	»	384.160	Kaf-el-Aogab et Dra-ben-Khedda, c^{ne} Rebeval et c^{ne} Mirabeau. Bordj-Sebaou, El-Itama et Sidi-Namen, c^{ne} m^{te} Dellys. Oulad-bou-Khalfa, Tizi-Ouzou, c^{ne} Tizi-Ouzou. Abid-Chemlal, Timizar-Lor'bar, Tala-Atman et Sikh-ou-Meddour, c^{ne} Tizi-Ouzou. Tikobaïn, c^{ne} m^{te} Dellys. Tamda, c^{ne} m^{te} Haut-Sébaou. C^{ne} Mekla.
Beni-Khalifa	Mohamed-ou-Smaïl	Amin-el-oumena.	88.140	C^{ne} Mirabeau.
Betrouna	Ali-ou Saïd	Id.	26.140	C^{ne} Tizi-Ouzou.
R'andouça	Mohamed-ou-Ali-ou-Saïd.	Id.	76.580	C^{ne} Tizi-Ouzou.
Aït-Zaïm	Si-Sadok-ou-el-Arbi	Id.	192.160	C^{ne} m^{te} Dra-el-Mizan.
Beni-Zmenzer	Mohamed-Akli-naït-Chila.	Id.	189.700	C^{ne} Tizi-Ouzou.
Beni-Aïssi	Mhamed-naït-Mohamed-ou-Sliman.	Id.	152.600	C^{ne} m^{te} Fort-National.
Beni-Mahmoud	Lounès naït Bouzid	Id.	125.500	Id. Id.
Beni-Douala-Amalou.	Amar-ben-Mohamed-ou-Ramdan.	Id.	35.560	Id. Id.
Beni-Douala-Açameur.	Amar-ou-el-hadj-Mezian.	Id.	53.900	Id. Id.
Beni-Fraoucen	Si-Mhamed-Acheurfa	Id.	175.420	C^{ne} Mekla et c^{ne} m^{te} Fort-National.
Beni-Khelili	Amar-naït-Ahmed-Ichennoufen.	Id.	88.340	C^{ne} m^{te} Fort-National.
Beni-bou-Chaïb	El-hadj-Mohamed-Saïd-naït-el-hadj.	Id.	112.980	C^{ne} m^{te} Haut-Sébaou.

Grande Kabylie.

TRIBUS.	CHEFS INDIGÈNES.	EMPLOIS.	CONTRI-BUTIONS de GUERRE.	ORGANISATION ACTUELLE.
Cercle de Tizi-Ouzou (Suite).				
Beni-Robri	Si-Saïd-naït-el-hadj	Amin-el-oumena.	264.800	C^{ne} m^{te} Haut-Sébaou.
Beni-Flik	Boudjema-ou-el-hadj.	Id.	122.640	C^{ne} m^{te} Azeffoun.
Ir'il-Nzekri	El-hadj-Mohamed-ou-Ahmed.	Id.	98.980	C^{ne} m^{te} Azeffoun.
Beni-Hassaïn	El-hadj-Saïd-ou-hassaïn.	Id.	75.510	Id. Id.
Azzouza	Amar-ou-Khodja	Id.	78.260	Id. Id.
Tigrin	Si-el-hadj-Saïd-Ibah-rizen.	Id.	49.560	Id. Id.
Zerkhfaoua	El-hadj-Mohamed-ou-Saadi.	Id.	203.700	Id. Id.
Beni-Djennad de l'est.	Amar-naït-Ali-ou-Amar.	Id.	132.700	C^{ne} m^{te} Haut-Sébaou.
Beni-Djennad-el-Behar.	El-hadj-Aomar	Id.	79.100	C^{ne} m^{te} Azeffoun.
Beni-Djennad de l'ouest.	Mohamed-ou-el-hadj.	Id.	158.300	C^{ne} m^{te} Azeffoun.
Beni-Ouaguen-noun (Oulad-Aïssa-Mimoun).	Hammadi-ou-Yahia	Id.	75.900	C^{ne} m^{te} Dellys.
Cercle de Fort-National.				
Beni-Raten	»	»	642.950	C^{ne} Fort-National. C^{ne} m^{te} Fort-National.
Beni-Yahia. / Taka	El-Arbi-naït-Chikh	Amin-el-oumena.		
Djebel	Ali-Amzian-naït-ou-Azzouz.	Id.	203.700	C^{ne} m^{te} Djurdjura.
Sahel	Boudjema-naït-Ramdan.	Id.		
Beni-Itourar' \ Sahel	Si-Mohamed-Cherif	Id.	201.180	C^{ne} m^{te} Djurdjura.
/ Djebel	Si-Hammou-bou-Dia	Id.		
Beni-Menguellat	El-hadj-Saïd-ou-Meddour.	Id.	150.368	C^{ne} m^{te} Djurdjura.
Beni Yenni	Ali-ou-Mohamed-Arab	Id.	188.300	C^{ne} m^{te} Fort-National.
Beni-Attaf	Bou-Saad-naït-Kassi	Id.	82.600	C^{ne} m^{te} Djurdjura
Beni-Ouassif	El-Haoussin-naït-el-hadj-Arab.	Id.	202.300	Id. Id.
Beni-bou Drar	Hammou-naït-el-Mokhtar.	Id.	221.200	Id. Id.
Akbil	Saïd-ou-Zennouch	Id.	119.420	Id. Id.

TRIBUS.	CHEFS INDIGÈNES.	EMPLOIS.	CONTRI-BUTIONS de GUERRE.	ORGANISATION ACTUELLE.
		Cercle de Fort-National (Suite).		
Beni-bou-Akkach.	Mohamed-bel-hadj...	Amin - el - oumena.	110.600	C^{ne} m^{te} Djurdjura.
Beni-bou-Youcef	Ali-naït-si-Sliman....	Id.	116.200	Id. Id.
Beni-Illilten....	Mohamed-naït-Ameur	Id.	120.820	Id. Id.
Illoula-ou-Malou	Ali-Amzian-naït-ou-Kezzouz.	Id.	127.960	C^{ne} m^{te} Haut-Sébaou.
Beni Ziki.......	Mohamed - ou - Smaïl-naït-Yahia.	Id.	15.680	Id. Id.
Beni-Idjeur. { Tifrit.......	Chikh-Tahar........			
Sahel.......	Mohamed-ou-Arech..			
Imesdourar.	Mohamed - Saïd - naït-el-hadj.	»	170.950	C^{ne} m^{te} Haut-Sébaou.
Djira-el-Maan.	Ahmed-Ibarkouchen.			
		Cercle de Dra-el-Mizan.		
Beni-Khalfoun..	Si-Saïd-ben-Ali......	Amin - el - oumena.	185.220	C^{ne} Palestro, c^{ue} m^{te} Palestro.
Nezlioua	Ali-ben-Tallach......	Caïd.	128.660	C^{ne} m^{te} Dra-el-Mizan.
Harchaoua.....	Ahmed-ben-Aïssa....	Id.	28.000	C^{ne} Ben-Haroun, c^{ue} m^{te} Palestro.
Oulad-el-Aziz,..	Mohamed-ben-Zouggar.	Chikh.	9.100	Id. Id.
Abid..........	Mohamed-ben-Toubal	Caïd.	11.760	C^{ue} Dra-el-Mizan, c^{ne} m^{te} Dra-el-Mizan.
Flissa..........	Si-Ahmed-ou-bel Kassem.	Amin - el - oumena.	247.020	C^{ue} Dra-el-Mizan, c^{ne} Tizi-Renif, c^{ue} m^{te} Dra-el-Mizan.
Guechtoula. { Frikat......	Hammouch - ben - Mohamed.	Id.	82.600	C^{ne} m^{te} Dra-el-Mizan.
Beni-Smaïl.	Mohamed-ou-el-hadj-bel-Kassem.	Id.	89.880	C^{ne} m^{te} Dra-el-Mizan, c^{ue} Bouïra.
Beni-Koufi...	Sliman-naït-Mammar	Id.	47.320	C^{ue} m^{te} Dra-el-Mizan.
Beni-Mendès	Sliman-naït-Chaban..	Id.	53.480	Id. Id.
Beni-bou-R'erdane.	El-hadj-Kassi-ou-Ali.	Id.	59.080	Id. Id.
Beni-bou-Addou.	Mohamed - naït-Moussa.	Id.	33.460	Id. Id.
Mechtras...	Rabia-ben-Ali-el-Amraoui.	Id.	75.740	Id. Id.
Ir'il-Imoula.	Chaban-naït-el-Arbi..	Amin.	21.490	Id. Id.
Cheurfa-Ir'il Guiken.	Si-Ali-naït-Ali.......	Amin - el - Oumena.	18.270	Id. Id.

TRIBUS.	CHEFS INDIGÈNES.	EMPLOIS.	CONTRI-BUTIONS de GUERRE.	ORGANISATION ACTUELLE.
Cercle de Dra-el-Mizan (Suite).				
Beni-Sedka. Tagmount-el-Djedid.	Arab-naït-Amar-ou-Ali.	Amin.	20.240	C^{ne} m^{te} Fort-National.
Ouadia	Achour-naït-bou-el-Khoubs.	Amin-el-oumena.	49.910	Id. Id.
Beni-bou-Chenacha.	Kassi-ou-Ramdan	Id.	27.720	Id. Id.
Beni-Chebla.	Si-el-Mahfoud-ben-Amar.	Id.	20.160	Id. Id.
Beni-Irguen.	Messaoud-naït-Amara	Id.	19.250	Id. Id.
Ogdal	Mohamed-naït-Ali-ou-Saïd.	Id.	37.590	C^{ne} m^{te} Djurdjura.
Oulad-Ali-ou-Houl.	Mohamed-Ihaddaden.	Id.	21.350	Id. Id.
Beni-Ahmed	Ali-naït-Aoudih	Id.	37.800	Id. Id.
Subdivision d'Aumale.				
Cercle d'Aumale.				
Dira-Supérieur.	Ahmed-ould-el-bey-bou-Mezrag.	Agha.	»	C^{ne} Aumale, c^{ne} m^{te} Aumale.
Aghalik du Dira-Supérieur. Oulad-Dris.	Salem-ben-Mohamed.	Caïd.	»	C^{ne} m^{te} Aumale.
Oulad-Barka	Bel-hadj-ben-el-Akhedar.	Id.	»	Id. Id.
Oulad-Ferah	Abd-el-Kader-ould-bel-Kassem.	Id.	»	Id. Id.
Oulad-bou-Arif.	El-Kherraz-ben-Kara.	Id.	»	Id. Id.
Oulad-Meriem.	Sliman-ben-Mekhelouf.	Id.	»	Id. Id.
Djouab	Moussa-ben-Yahia	Id.	»	Id. Id.
Oulad-si-Moussa.	El-hadj-Saadi-ben-Rabah.	Chikh.	»	Id. Id.
Oulad-Ridan	Mohamed-ben-es-Smati.	Id.	»	Id. Id.
Adaoura-R'eraba.	Ez-Zouaoui-ben-Messaoud.	Caïd.	»	Annexe de Sidi-Aïssa.
Adaoura-Cheraga.	Mohamed-ben-Ahmed-ould-el-Bey.	Id.	»	Id. Id.
Arib	Yahia-ben-Ferhat	Agha.	»	»
Aghalik des Arib. Sidi-Khalifa.	Ben-Arous-ben-es-Souissi.	Chikh.	»	
Sidi-Zouika.	Mohamed-ben-Brahim.	Id.	»	Partie c^{ne} Aïn-Bessem, partie c^{ne} Bir-Rabalou.
Koudiât-el-Hamra.	El-Akheder-ben-Dehebi.	Id.	»	
Aïn-Tiziret.	El-hadi-ben-bou-Kharouba.	Id.	»	
Aïn-Bessem.	Rabah-ben-Yahia	Id.	»	

DE LA GRANDE KABYLIE

Cercle d'Aumale (Suite).

TRIBUS.	CHEFS INDIGÈNES.	EMPLOIS.	CONTRIBUTIONS de GUERRE.	ORGANISATION ACTUELLE.
Bouïra.........	Si-Bouzid-ben-Ahmed	Agha.	»	»
Beni-Iddou..	Bibi-ben-Abed.......	Caïd.	»	C^{ne} m^{te} Aumale.
Oulad-el-Aziz.	Si-Mohamed-ben-Bouzid.	»	84.140	C^{ne} Bouïra.
Oulad-Bellil.			»	Id.
Merkalla...	Mhamed-ben-Mançour.	Caïd.	18.900	Id.
Beni-Medour.			31.780	Id.
Oulad-Salem	Saïdan-ben-el-Guerba	Id.	48.380	C^{ne} m^{te} Aumale.
Beni-Amar..	Mohamed-ben-Chennaf.	Id.	41.500	C^{ne} m^{te} Aïn-Bessem.
Oulad-Slama	Mohamed-ben-Yahia.	Id.	»	C^{ne} m^{te} Aumale.
Oulad-si-Ameur.	Kouider-ben-Ameur.	Id.	5.460	Id. Id.
Oulad-Abd-Allah.	Kaddour-ben-Bouzid.	Id.	»	Annexe de Sidi-Aïssa.
Oulad-ali-ben-Daoud	Ali-ben-Tounsi.......	Id.	2.240	Id. Id.
Oulad-sidi-Aïssa.	Si-Mohamed-ben-Mobarek.	Id.	»	Id. Id.
Oulad-sidi-Hadjerès.	El-Amri-ben-el-Amri.	Id.	26.110	Id. Id.
Sellamat.....	Ech-Chelali-ben-Doucen.	Id.	»	Id. Id.
Beni-Intacen	El-hadj-Mohamed-ben-Gueliel.	Id.	60.760	C^{ne} m^{te} Aumale.
Oulad-Msellem.	El-haddad-ben-Gueliel.	Id.	75.962	Id. Id.
Senhadja...	Ahmed-ben-Ali......	Id.	211.890	C^{ne} m^{te} Palestro.
El-Betam...	Si-Taïeb-ben-Zerrouk	Id.	»	C^{ne} Bir Rabalou.
Beni-bel-Hassen.	Mohamed-ben-Dahman.	Id.	»	C^{ne} m^{te} Palestro.
Oulad-Selim	Kerrouch-ben-Aïssa..	Id.	»	C^{ne} m^{te} Aïn-Bessem.
Metennan...	El-hadj-Sliman-bel-Khelladi.	Id.	»	Id. Id.
Cheurfa-du-Sud.	Si-Hammoud-ben-Arbia.	Id.	»	C^{ne} m^{te} Tablat.
Beni-Maned.	Ahmed-ben-Amar...	Id.	32.970	C^{ne} m^{te} Palestro.
Oulad-sidi-Salem.	Abd-er-Rahman-ben-Mohamed.	Id.	27.000	C^{ne} m^{te} Aïn-Bessem.

Row groupings (left margin brackets): Aghalik de Bouïra; Dira Inférieur; Ouennour'a; Beni-Djad.

TRIBUS.	CHEFS INDIGÈNES.	EMPLOIS.	CONTRI-BUTIONS de GUERRE.	ORGANISATION ACTUELLE.
Cercle d'Aumale (Suite).				
Beni-Sliman. Oulad-Meslem.	En-Naïli-ben-Salem..	Caïd.	»	C^{ne} m^{te} Tablat.
Oulad-Soultan.	Aïssa-ben-el-Arbi....	Id.	»	C^{ne} m^{te} Tablat, c^{ne} m^{te} Aumale.
Oulad-Zenim.	El-hadj-ben-Aïcha...	Id.	»	C^{ne} m^{te} Aumale.
Oulad-Taan.	El-hadj-Brahim-ben-Mhamed.	Id.	»	C^{ne} m^{te} Aumale.
Ahl-el-Euch.	Mohamed-ben-Ahmed-el-Isseri.	Id.	»	C^{ne} m^{te} Tablat.
Annexe des Beni-Mançour.				
Beni-Mançour..	Bel-Krichou-ben-Mohamed.	Amin.	27.440	C^{ne} m^{te} Beni-Mançour.
Sebkha........	Mohamed-ben-Cheddou.	Id.	39.060	Id. Id.
Ahl-el-Ksar....	El-hadj-Mohamed-ben-Ammar.	Amin.	79.870	C^{ne} m^{te} Beni-Mançour.
Beni-Yala......	Hammouch-ou-bou-Dehen.	Amin-el-oumena.	192.220	C^{ne} m^{te} Beni-Mançour et Hameau d'Adjiba.
Beni-Aïssi.....	Bel-Kassem-ou-Bahnoun.	Amin.	10.710	C^{ne} m^{te} Beni-Mançour.
Mecheddala. Beni-Ouakour. Irzer-Oua-kouren.	Kassi-naït-Yahia.....	Id.	24.780	Id. Id.
Taddert-el-Djedid.	Kassi-ou-ben-Salem..	Id.		Id. Id.
Icherkien...	Amar-ou-Mohamed..	Id.	69.230	Les Oulad-Brahim et Aït-Ikhelef, c^{ne} Maillot; le reste c^{ne} m^{te} Beni-Mançour.
Ir'arbien...	El-hadj-Ahmed......	Id.		
Beni-Kani. Selloum....	Hammou-ou-Kassi...	Id.	80.220	C^{ne} m^{te} Beni-Mançour.
Ir'il-ou-Kechrid.	El-hadj-Ahmed-naït-Amar.	Id.		
Beni-Hamdoun.	Saïd-Aknaoui........	Id.		
Bahlil.......	Mohamed-naït-Hamitouch.	Id.		
Takerboust.	Amar-ou-Ali.........	Id.		
Tiksiriden..	Si-el-Haoussin-naït-el-Arbi.	Id.		
Cheurfa........	Si-Ali-ou-Salah	Id.	37.800	Id. Id.

ANNEXE N° 3

Tableau des superficies allouées pour la colonisation européenne dans les nouveaux villages et dans les anciens centres agrandis.

(Ces renseignements complètent ceux du tableau de la page 533.)

NOMS DES CENTRES.	SUPERFICIE AVANT 1871.	SUPERFICIE APRÈS 1871.	SUPERFICIE TOTALE.
	hectares.	hectares.	hectares.
Saint-Pierre et Saint-Paul...............	623	598	1.221
Alma.....................................	1.127	1.506	2.633
Corso-Tahtani et Sainte-Marie-du-Corso......	7.762	371	8.133
Belle-Fontaine...........................			
Ménerville...............................	»	3.631	3.631
Souk-el-Had..............................			
Beni-Amran et Aïn-Nsara..................	»	1.225	1.225
Palestro.................................	546		
Bou-Hamoud (hameau)....................	»	5.201	5.747
Senhadja (fermes)........................			
Thiers (Oum-el-Aleug)...................	»	1.474	1.474
Ben-Haroun..............................	»	1.240	1.240
Bouïra...................................	»	5.692	5.692
El-Adjiba (hameau)......................			
Col-des-Pins (hameau)...................	»	1.787	1.787
Maillot..................................			
Blad-Guitoun (Félix-Faure)..............	»	1.694	1.694
Isserbourg (Aïn-Refaïa, Aïn-Legata)......	»	1.764	1.764
Bordj-Ménaïel............................	1.718	2.429	4.147
Cap-Djinet (hameau).....................	»	398	398
Haussonvillers...........................	»	2.568	2.568
Camp-du-Maréchal........................	»	1.931	1.931
Mirabeau (Dra-ben-Khedda)...............	»	2.546	2.546
Bou-Khalfa...............................	»	1.311	1.311
Tizi-Ouzou...............................	286	3.059	3.345
Sikh-ou-Meddour (fermes)................			
Report.................	12.062	40.425	52.487

NOMS DES CENTRES.	SUPERFICIE		SUPERFICIE TOTALE.
	AVANT 1871.	APRÈS 1871.	
	hectares.	hectares.	hectares.
A reporter............	12.062	40.425	52.487
Tamda..................	»	665	665
Mékla..................	»	2.296	2.296
Fréha..................	»	1.670	1.670
Azazga.................	»	2.631	2.631
Yakouren...............	»	408	408
Fort National..........	»	114	114
Michelet...............	»	»	»
Kouanin (hameau et fermes)........	»	1.052	1.052
Rébeval, fermes de Dar-Beïda et hameau du Tnin............	2.316	1.141	3.457
Oulad-Kheddach.........	»	655	655
Ben-N'choud............	501	516	1.017
Bois Sacré.............	»	2.486	2.486
Takdemt et Touabet.....	»	1.038	1.038
Dellys.................	9.173	»	9.173
Zaouïa (Beni-Slyim)....	»	1.006	1.006
Oulad-Mahd‚oub (fermes)............	»	424	424
Tigzirt................	»	812	812
Port-Gueydon (Azeffoun)............	»	598	598
Courbet et Isser-el-Ouïdan.........	»	2.350	2.350
Zaatra.................	»	1.409	1.409
Isserville et Chabet-el-Ahmeur.....	»	3.662	3.662
Tizi-Renif.............	»	1.620	1.620
Dra-el-Mizan et Beauprêtre (Bou-Faïma)......	683	3.330	4.013
Aomar..................	»	1.007	1.007
Pirette (Aïn-Zaouïa)...	»	2.619	2.619
Bor'ni.................	»	1.230	1.230
Hoche (Khabouzia)......	»	1.175	1.175
Aboutville (Aïn-Hadjeur)...........	»	1.297	1.297
Bertville (Aïn-bou-Dib)............	»	2.234	2.234
Aïn-Bessem.............	»	3.910	3.910
TOTAUX.................	24.735	83.780	108.515

TABLE DES MATIÈRES

CHAPITRE PREMIER

Objet de ce livre. — Situation de la subdivision de Dellys au moment de la guerre contre la Prusse.— Fonctionnement des institutions kabyles.— Organisation du commandement indigène, élections, sofs. — Impôts. — Juridiction des djemaas. — Justice répressive. — Organisation communale, commune subdivisionnaire de Dellys. — Travaux publics. — Instruction publique. — École des arts et métiers. — Colonisation, villages créés. — Communes mixtes. — Situation matérielle. — Situation politique. — Prosélytisme religieux chrétien. — Développement de la confrérie des rahmania. — Chikh-el-Haddad. — Si ben Ali Chérif, bach agha de Chellata; appréciation sur ce chef indigène. — L'agitateur Bou-Bekeur-ben-Khadouma................................. p. 5

CHAPITRE II

Déclaration de guerre à la Prusse. — Dispositions des indigènes de l'Algérie. — Proclamation de la République. — Expulsion du général Walsin Estherazy, gouverneur intérimaire. — Arrestation de diverses autorités. — Comités de défense. — Ils demandent le départ de toutes les troupes régulières, qui sont remplacées par des mobiles et des mobilisés. — Excès commis par la presse. — Enrôlement des indigènes. — Idées séparatistes émises par certains journaux. — Motifs de l'antipathie des colons pour le régime militaire. — Mouvement communaliste. — Officiers capitulés. — Désorganisation des services de l'Algérie par les décrets de la délégation de Tours. — Naturalisation des Israélites indigènes. — Organisation des cours d'assises et du jury. — Extension du territoire civil. — Déplacement des chefs-lieux de division. — Décret sur la hiérarchie et la responsabilité des bureaux arabes. — Généraux administrateurs. — Nomination de Gent comme gouverneur et du général Lallemand comme commandant des forces de terre et de mer. — Nomination de du Bouzet comme commissaire extraordinaire................................. p. 44

CHAPITRE III

Les indigènes commencent à entrevoir l'occasion d'essayer de nous chasser de l'Algérie. — Personnel du commandement français et personnalités indigènes à surveiller dans les cercles de Dellys, de Tizi-Ouzou, de Fort-National, de Dra-el-Mizan, dans la subdivision d'Aumale et l'annexe des Beni-Mançour, et dans l'annexe d'Alger. — Commandement de la division d'Alger. — Assassinat du colon Bordoulat, le 5 février 1871, à Tizi-Ouzou. — Un cavalier du bureau arabe de Tizi-Ouzou en service aux Oulad-Sidi-Ali-ou-Moussa est reçu à coups de fusil le 6 février. — Tournée du chef du bureau arabe de Tizi-Ouzou, du 2 au 8 mars. — Assassinat de quatre Européens dans la forêt du Tamgout, le 1er avril. — Le général Hanoteau demande de retarder le retour des tirailleurs en Algérie. — Il demande des renforts. — Effectif des troupes au commencement de 1871.. p. 70

CHAPITRE IV

Premiers soulèvements insurrectionnels. — Révolte des zmalas de spahis du Tarf, de Bou-Hadjar et d'Aïn-Guettar, le 27 janvier 1871. — Insubordination des spahis de la zmala de Moudjebeur. — Attaque du poste d'El-Milia, le 14 février. — Note sur la famille des Oulad-Mokran et sur le bach-agha de la Medjana-el-Hadj-Mohamed-ben-el-Hadj-Ahmed-el-Mokrani. — Rivalité des Oulad-Abd-es-Slam. — Le général Augeraud opère la réconciliation des deux sofs. — Le bach-agha Mokrani se rend à Akbou, le 5 janvier 1871, pour opérer la réconciliation du bach-agha de Chellata et de Chikh-el-Haddad. — Mokrani travaille à préparer l'insurrection. — Ses intermédiaires dans la subdivision d'Aumale et dans les cercles de Fort-National, Tizi-Ouzou et Dra-el-Mizan. — Agitation qui se produit dans le cercle d'Aumale, conciliabules, nefras sur les marchés. — Menées chez les Beni-Yala, le caravansérail d'El-Esnam, abandonné par son gardien, est incendié le 1er mars. — Arrestation de trente-trois des principaux coupables. — Le caravansérail est réoccupé et de petites garnisons sont envoyées dans ceux de l'Oued-Okheris et de Sidi-Aïssa. — Assassinat aux chantiers des Bibans; évacuation de ces chantiers. — Le bach-agha Mokrani envoie sa démission le 9 mars. — Il se déclare en insurrection le 15 mars et attaque Bordj-bou-Aréridj le 16. — Proclamations envoyées dans les tribus. — Lettre de Bou-Mezrag à l'agha de Bouïra.. p. 95

CHAPITRE V

Situation de la garnison d'Aumale. — Attaque du caravansérail de l'Oued-Okheris, le 16 mars. — Rapport du zouave Allemand. — Le capitaine Cartairade y est envoyé avec des chasseurs d'Afrique et un goum. — Il fait une reconnaissance, le 17, vers le Djebel-Affroun et est attaqué au retour. — Le lieutenant-colonel Trumelet se porte à l'Oued-Okheris, le 20 mars, avec 300 mobilisés de la Côte-d'Or. — Combat d'Es-Serroudj livré, le 21 mars, à Bou-Mezrag. — Bou-Mezrag porte son camp, le 5 avril, à Hammam-Zaïan. — Ravitaillement du caravansérail d'El-Esnam, le 6 avril. — Combat de l'Oued-Zaïan contre Bou-Mezrag, le 10 avril. — Attaque du bordj des Beni-Mançour, le 7 avril, blocus de ce fort.. p. 110

CHAPITRE VI

Difficultés rencontrées pour l'organisation des colonnes expéditionnaires. — Départ d'Alger de la colonne du général Cérez, destinée à Aumale, le 9 avril. — Départ de Boghari de la colonne des Oulad-Allane, le 11 avril. — Organisation définitive de la colonne Cérez, le 15 avril; note sur cet officier général. — Combat de Teniat-Oulad-Daoud, le 18 avril. — La colonne vide les silos des Oulad-Msellem et brûle leurs villages le 19. — Assaut de Soumma le 21 avril, soumission des Oulad-Dan, des Beni-Ilman, des Oulad-Salem et des Oulad-Msellem, le 21 et le 22 avril. — Insurrection de Chikh-el-Haddad et de ses khouan. —

Destruction du bordj de Bou-Mezrag à l'Oued-si-ben-Daoud, le 22 avril. — Le sud-est du cercle d'Aumale est entièrement pacifié. — La colonne du général Cérez rentre à Aumale le 25 avril.................................. p. 133

CHAPITRE VII

Si-ben-Ali-Chérif se rend à Alger pour donner sa démission de bach-agha; il est reçu par le général Lallemand le 18 mars. — Le 4 avril, il se présente avec le caïd Ali, au commandant supérieur de Tizi-Ouzou. — Mariage de Mohamed-Saïd-ben-bel-Kassem-ou-Kassi le 22 mars. — Le 6 avril, des envoyés de Mokrani vont demander à Chikh-el-Haddad de soulever ses khouan. — Proclamation de la guerre sainte le 8 avril. — Le même jour, les envoyés de Mokrani vont à Akbou. — Lettre de Mokrani aux gens des Illoula-Açameur. — Si-ben-Ali-Chérif prévient le commandement de l'insurrection des khouan. — Mesures prises pour renforcer les garnisons de la Kabylie. — Proclamation de la guerre sainte sur le marché des Beni-Idjeur, le 11 avril. — Nefra sur le marché des Beni-Itourar; pillage et destruction de la maison cantonnière de Tizi-el-Djema, le 12 avril. — Le capitaine Ravez fait une tournée pour protéger le rétablissement de la ligne télégraphique de Bougie, il convoque des contingents. — Combat de Tala-ou-Malou, le 16 avril; le capitaine Ravez se replie sur Fort-National. — Le fort est investi le 17. — Le lieutenant-colonel Maréchal a pris le commandement du cercle le 16. — Si-ben-Ali-Chérif appelle le caïd Ali à son secours. — Fort National demande l'arrestation d'Ali-Amziau-Naït-ou-Kezzouz, qui est chez le caïd Ali. — Fuite du caïd Ali. Combat de Tamda le 15 avril. Arrivée du commandant Letellier à Tizi-Ouzou. — M. Jannin, de Dellys, tente de ramener le caïd Ali à la soumission. — Le fort de Tizi-Ouzou est bloqué par les Kabyles le 17. — Evénements du cercle de Bougie. — Si-ben-Ali-Chérif appelle le général Lapasset à son secours le 16 avril. — Le 24 avril il rejoint le caïd Ali au siège de Tizi-Ouzou................................... p. 147

CHAPITRE VIII

Les insurgés de Tizi-Ouzou descendent la vallée du Sébaou le 17 avril. — Les colons de Rebeval fuient à Dellys le 17; sept d'entre eux sont assassinés. — Le 18, le village est mis à sac et incendié. — Les colons de Ben-Nechoud se réfugient également à Dellys le 17, l'un d'eux est tué le 18; le village est saccagé et incendié. — Pillage et incendie de la ferme Franceschi le 18. — Attaque et pillage de la ferme Jannin à Bou-Medas, le 17 avril, deux Khammès sont tués. — Attaque de Dellys. — Aomar-ben-Zamoum fait réfugier les colons d'Azib-Zamoum dans le caravansérail le 18. — Deux charretiers sont assassinés près du col des Beni-Aïcha le 18 avril. — Moussa-ben-Ahmed-ben-Mohamed donne asile aux colons de Bordj-Menaïel dans sa ferme de l'Oued-Chender le 18; le village est pillé et incendié. — Assassinat de Carbonne au hameau de l'Isser, fuite des colons, pillage et incendie de leurs maisons. — Assassinat du père André le 18. — Assassinat de deux cantonniers et de leurs femmes le 20. — Assassinat de Vincenti Gui et de Pepe Camarado. — Les villages et fermes sont pillés et incendiés jusqu'à l'Alma. — Pillage de Saint-Pierre et Saint-Paul, trois Espagnols sont blessés le 19 avril................................. p. 173

CHAPITRE IX

La proclamation de la guerre sainte est envoyée par Chikh-el-Haddad à l'oukil de la zaouïa de Si-Abd-er-Rahman-bou-Goberin, le 11 avril. — Réunion de mokoddems à Elma-Dinar, on décide l'appel aux armes. — Nefra sur le marché de Bor'ni le 16 avril; un poste de zouaves est envoyé au bordj turc. — Dans la nuit du 18 au 19, on fait replier sur Dra-el-Mizan le poste et les employés de l'usine Garro. — L'usine est incendiée dans la nuit du 19 au 20. — Attaque de Dra-el-Mizan le 20 avril, le goum fait défection. — Les rebelles s'emparent du village européen et l'incendient dans la nuit. — L'oukil El-Djadi donne le mot d'ordre aux mokoddems du cercle d'Aumale. — Réunion des conjurés au marché des Senhadja le 16 avril. — Réunion à l'arba des Beni Khalfoun, le 19 avril; l'attaque de Palestro est décidée. — Insurrection de diverses tribus du cercle d'Aumale et de l'annexe d'Alger. — Lettre d'El-Djadi à l'agha Si-Bouzid; ce dernier se réfugie dans le fort de Bouïra. — Situation de la division d'Alger après le soulèvement des khouan................................ p. 187

CHAPITRE X

Tournée à Palestro du sous-lieutenant Desnoyers, les 15 et 16 avril. — Cet officier rend compte du danger que court le village et demande l'envoi de troupes. — Mesures prises pour la défense de l'Alma; le capitaine de Balincourt y est envoyé avec des spahis et des chasseurs et arrive le 18 au soir. — Un demi-bataillon de tirailleurs arrive le 19 au matin. — Le sous-lieutenant Desnoyers est envoyé à l'Alma le 19 avril. — Comptes rendus des 20 et 21 avril. — L'ouverture du tunnel d'Adelia permet l'arrivée des troupes d'Oran. — Organisation de la colonne du colonel Fourchault. — Lettre du caïd Ali aux caïds des Isser. — Arrivée à l'Alma de la colonne Fourchault, combat du 22 avril. — Exécution de la famille Ben-Taïeb. — Une cour martiale condamne à mort une vingtaine d'indigènes arrêtés. — La fraction de Bou-Merdès demande à se soumettre. — Le colonel Fourchault part, le 23, pour secourir Palestro. — Inhumation des victimes du massacre le 24 avril. — Combat du 25 au retour de Palestro. — Rentrée à l'Alma le 26 et combat contre les Kabyles. — Félicitations du général en chef. — Combat soutenu, le 24 avril, par le commandant Cadet. — Aomar-Zamoum tente, le 24, de diriger sur Alger les Européens enfermés dans le caravansérail. — Le général Lapasset prend le commandement de la colonne le 26 avril, il a amené de nouvelles troupes. — Le colonel Fourchault demande à remettre son commandement. — Le général Lapasset promu divisionnaire. — Nouvelles des colons de Palestro échappés au massacre. — Le général Lallemand prend le commandement de la colonne de Kabylie................................ p. 199

CHAPITRE XI

La colonne Cérez arrive à Bouïra le 27 avril. — Combat du 28 avril chez les Oulad-el-Aziz. — Disparition de M. Montmarquet, vétérinaire. — La colonne Cérez campe à Ben-Haroun le 30 avril. — Le commandant supérieur de Dra-el-Mizan donne de ses nouvelles. — Le 1er mai, deux colonnes légères sous les ordres du lieutenant-colonel Trumelet et du colonel Goursaud ravagent les Harchaoua, les Oulad-Sidi-Salem et les Nezlioua en battant les contingents qui veulent s'y opposer. — Les Senhadja demandent à se soumettre. — Mokrani fait une pointe sur Bouïra, le 2 mai, après avoir razzié les Oulad-Salem. — Lettre de Mokrani à l'agha Si-Bouzid. — Le 3 mai, la colonne Cérez va camper à l'oued Soufflat. — Elle y séjourne le 4 pour attendre la soumission des Senhadja. — Combat de l'oued-Soufflat le 5 mai; mort de Mokrani: les contingents ennemis se dispersent. — Le 6 mai, dévastation des Oulad-Sidi-Salem. — La colonne campe le 7 mai à l'Oued-Magraoua. — Elle reçoit son ravitaillement.. p. 234

CHAPITRE XII

Organisation de la colonne Lallemand. — Reconnaissance du 2 mai. — Le 3 mai, revue du général Lallemand ; les insurgés attaquent le camp. — Nouvelle exécution d'indigènes arrêtés. — Le 5 mai, la colonne campe à Merkoud dans les Beni-Mestina. — Le 6 mai, la colonne se porte à Aïn-Soultane dans les Ammal. — Les Khachna de la montagne et les Zouatna se soumettent. — Le colon de Palestro Pourtauborde est remis au général par le caïd des Ammal. — Le colonel Fourchault brûle, le 7 mai, les villages des Ammal de la rive gauche de l'Isser. — Le 8 mai, la colonne va camper au col des Beni-Aïcha. — Les Kabyles attaquent le camp le 9 mai et sont repoussés. — Fuite des populations des tribus de l'Isser. — Effectifs de la colonne à la date du 9 mai. — La colonne se porte à Azib-Zamoum le 10 mai. — Remise des colons sauvés par Aomar-ben-Zamoum. — Nouvelles des colons de Palestro, prisonniers des Beni-Khalfoun. — Lettre du maire de Bordj-Menaïel, réfugié dans les Flissat-oum-el-Lil. — Débloquement de Tizi-Ouzou et combat du 11 mai............ p. 261

CHAPITRE XIII

Quelques mots sur la place de Tizi-Ouzou. — Rapport du commandant Letellier sur la défense de cette place et journal de siège du lieutenant Wolff. — Attaque des Kabyles le 18 avril. — Pillage et incendie du village français. — La conduite d'eau est coupée. — Le 19 avril, les Kabyles tentent de brûler la porte du bureau arabe. — Sortie du 20 avril. — Travaux d'approche des Kabyles. — Nos travaux de mine à la porte du bureau arabe. — On fabrique des grenades à pétrole et des boîtes de mitraille. — On approfondit le puisard de la poudrière et on creuse deux autres puits sans succès. — Essais de communications télégraphiques avec Fort-National. — Parlementaires envoyés par le caïd Ali. — Pertes de chevaux pendant le siège. — Le 6 mai, Si-ben-Ali-Chérif et le caïd Ali partent pour rejoindre Mokrani. — Orage du 6 mai. — Sortie du 11 mai. — Pertes éprouvées par la garnison................................ p. 280

CHAPITRE XIV

Un ordre général du 11 mai rétablit à Alger le siège de la division. — La place de Tizi-Ouzou est remise en état, approvisionnée, et sa garnison est renforcée. — Reconnaissances du 14 mai. — Programme du général Lallemand. — La colonne prend la route de Dellys le 15 et campe à Dar-Beïda. — Combat de Taourga le 16 mai ; la colonne campe à Bab-Enzaouat. — Séjour le 17 ; destruction des maisons des Oulad-Mahi-ed-Din. — Combat des Beni-Ouaguennoun le 18 mai ; arrivée de la colonne à Dellys................................ p. 307

CHAPITRE XV

Note sur la place de Dellys. — Difficultés de la défense. — Dispositions prises. — Dévastation de la banlieue de Dellys, le 18 avril. — Arrivée des premiers renforts, le 15, et du *Limier*, le 19 avril. — L'interprète Guérin est débarqué à l'embouchure de l'Isser et communique avec un caïd. — Reconnaissance du 20 avril. — Arrivée de mobiles de l'Hérault, le 22. — Les Kabyles attaquent la ville le 23, la marine concourt à la défense. — Conduites d'eau coupées. — Transport des meules de fourrage. — Mesures prises pour augmenter le nombre des cavaliers. — Arrivée de nouveaux renforts, le 24. — Main-d'œuvre employée. — Reconnaissances des 11, 12 et 13 mai. — Sorties des 15 et 17 mai. — Corps qui ont pris part à la défense........................ p. 316

CHAPITRE XVI

Proclamation du général Lallemand aux Kabyles. — Instructions de l'amiral de Gueydon, du 20 mai, au sujet de la répression de l'insurrection. — Difficultés dans les Flissat-oum-el-Lil. — La colonne Lallemand campe, le 20 mai, à l'oued-ou-Bey et, le 21, à Aïn-el-Arba. — Incendie de villages des Beni-Ouaguennoun et razzia du 22 mai; bivouac à Tifilkout. — Combat du Tleta des Flissat-el-Behar, le 23 mai; la colonne y séjourne. — Soumission des Beni-Ouaguennoun, des Flissat-el-Behar et des Beni-Djennad. — Démonstration des Kabyles contre Tizi-Ouzou, le 22 mai. — Attaque d'un bateau dans le port d'Azeffoun, le 23 mai. — Le 25 mai, la colonne campe à Tamda. — Destruction des maisons des Oulad-ou-Kassi à Tamda et à Mekla, le 26 mai, et bivouac à Freha. — Démonstration contre Djemaa-Sahridj, le 27 mai. — La colonne campe à Tazazereit, le 28 mai, et arrive à Tizi-Ouzou, le 29 mai. — Combat de Taksebt contre les Beni-Raten, le 31 mai. — Le colonel Barrachin remplace le colonel Fourchault dans le commandement de la 1re brigade. — Convois entre Tizi-Ouzou et Dellys.. p. 325

CHAPITRE XVII

Conséquences de la mort de Mokrani. — Les rebelles cherchent d'abord à cacher cet événement. — Bou-Mezrag prend la direction du mouvement insurrectionnel. — Nouvelles reçues le 7 mai des Beni-Mançour. — Le 8 mai, la colonne se transporte à Hanif, sur l'Isser, et, le 9 mai, à Mogta-Aïacha, sur la même rivière. — Soumission d'une partie des Senhadja. — Les 9, 10 et 11 mai, on sévit sur les fractions récalcitrantes. — Le 12 mai, la colonne campe au coude de l'Isser. — Les colons de Palestro, prisonniers des Beni-Khalfoun, sont amenés à la colonne le 13 mai. — La colonne campe, le 14, aux Cheurfa du Sud, le 15, aux Frênes et, le 16, elle rentre à Aumale. — Les prisonniers des Beni-Khalfoun sont dirigés sur Alger.. p. 343

CHAPITRE XVIII

Situation de Palestro. — Confiance des habitants. — Conciliabule du 19 avril où est résolue l'attaque du village. — Des rassemblements armés entourent le village, le 20 au matin, et commencent les hostilités. — Préparatifs de défense. — Les Kabyles font le pillage du village. — Attaque du 21 avril. — Les défenseurs du presbytère l'abandonnent et gagnent la gendarmerie. — Quatre colons prennent la fuite le vendredi soir. — Des propositions de capitulation sont faites, le 22, aux défenseurs de la gendarmerie qui sortent à l'extérieur. — Un incident amène le massacre des colons. — Le capitaine Auger et le fils Bassetti sont sauvés par l'amin-el-oumena des Beni-Khalfoun. — Attaque de la maison cantonnière. — Les colons, obligés de se rendre, sont emmenés par l'amin-el-oumena des Beni-Khalfoun. — Les principaux coupables sont envoyés devant la Cour d'assises d'Alger.. p. 350

CHAPITRE XIX

Les Oulad-Mokran recommencent leurs agissements dans la subdivision d'Aumale. — Réunion chez les Chikh-el-Haddad où les insurgés arrêtent le plan des opérations à exécuter. — Nouvelles du bordj des Beni-Mançour. — Situation de la subdivision. — La colonne d'Aïn-Boussif arrive, le 19 mai, à Sidi-Aïssa. — Le général Cérez se remet en route le 20 mai et arrive le lendemain à Bordj-Bouïra. — Reconnaissance de cavalerie dans les Merkalla et Beni-Meddour, le 23. — La colonne se porte à Adjiba, le 25 mai. — Combat d'El-Mergueb, le 26, débloquement du bordj des Beni-Mançour. — Attaque du village des Cheurfa, combat aux Beni-Abbès. — Exposé des faits survenus pendant le blocus. — Description du fort, garnison, population civile recueillie. — Ravitaillement en eau, le 6 mai. — Suicide de l'entrepreneur des vivres. — Les Kabyles font usage d'une voiture blindée pour approcher des murailles, et d'un canon. — Bou-Mezrag propose une capitulation, le 11 mai. — Le chef d'annexe se débarrasse, le 20 mai, des chevaux qu'il ne pouvait plus nourrir. — Le général Cérez fait remplir la citerne, remettre le bordj en état et raser le village des Aït-bou-Ali, dominant le bordj. — Il relève de ses fonctions le capitaine Mas et le remplace provisoirement par le capitaine Odon. — On apprend un succès du goum d'Aumale sur les insurgés de l'Ouennour'a. — La colonne reprend le chemin de Bouïra, le 29 mai.................................. p. 362

CHAPITRE XX

La colonne Cérez quitte les Beni-Mançour le 29 mai. — Attaque de Bou-Mezrag à Hanif. — Le général Lallemand appelle à lui la colonne Cérez; une colonne sera constituée pour contenir les tribus de l'oued Sahel. — Séjour de la colonne à Bouïra; les Beni-Maned et le reste des Senhadja font leur soumission. — Le 2 juin, la colonne campe au coude de l'Isser et, le 3 juin, elle est rejointe à l'oued Zeberboura par le convoi de ravitaillement destiné à Dra-el-Mizan. — Le 5 juin, marche sur Dra-el-Mizan, combat de Sidi-Rahmoun, débloquement de la place. — Journal du blocus de Dra-el-Mizan. — Travaux de défense. — Arrivée d'un parlementaire le 22 avril. — Attaque du 27, nouveau parlementaire, les Kabyles font usage d'un canon. — Une lettre du général Cérez est apportée le 30 avril. — Le blocus devient moins rigoureux et la garnison en profite pour faire des sorties. — Le commandant supérieur reçoit plusieurs communications du général Cérez. — Canonnades des Kabyles, les 28 et 29 avril. — Le 30, deux colons sont tués. — Le 5 juin, arrivée de la colonne Cérez. — Le 7 juin, organisation de la colonne Goursaud. — Le 8, départ de la colonne Cérez pour Azib-Chikh et de la colonne Goursaud pour Ben-Haroun. .... p. 377

CHAPITRE XXI

Plan des opérations pour la soumission du pâté montagneux situé entre l'oued Aïssi et l'oued Bougdoura. — Attaque des Beni-Khalifa et des Betrouna, le 6 juin, la colonne campe à Imezdaten. — Soumission des Beni-Khalifa, des Betrouna et d'une partie des Maatka, le 7 juin. — Le 8 juin, la colonne campe au Khemis des Maatka, après un petit combat. — Fusillade nocturne. — Les colonnes Lallemand et Cérez font leur jonction, le 9 juin; attaque et enlèvement de Tir'ilt-Mahmoud. — Le 10 juin, les colonnes vont camper à Tir'ilt-ou-Guemoun, combat d'Akala-Aberkan. — Ce point est occupé par deux bataillons. — Attaque de nuit des Kabyles. — Le 11 juin, des colonnes légères vont détruire les villages des environs; les Beni-Mahmoud, les Beni-Aïssi, les Beni-Douala, les Beni-Zmenzer et le reste des Maatka font leur soumission. — Le 12 juin, les colonnes campent à Ir'il-Aguelagal et, le 13, elles descendent à Tizi-Ouzou où elles établissent leur bivouac. — Soumission des Ameraoua-Tahta et des Abib-Chemlal. — Démonstration de la cavalerie vers Djemaa-Sahridj................. p. 395

CHAPITRE XXII

Plan adopté pour les opérations du débloquement de Fort-National; rôle de l'artillerie. — Attaque des Beni-Raten le 16 juin. — Enlèvement de la position de Souk-el-Had et des villages de la fraction d'Adeni par la colonne Lallemand. — Engagement de la colonne Cérez à Tala-Amara et assaut du village d'Ir'il-Guefri. — Concours donné par les contingents kabyles. — Sortie de la garnison de Fort-National. — Les colonnes se rejoignent au fort. — Pertes de la journée. — Les Kabyles qui s'étaient retranchés à Aboudid abandonnent cette position qui est occupée, le 18, par nos colonnes. — Ordres généraux du 18 juin. — Soumission des Beni-Yenni et d'une grande partie des Beni-Raten. — Apparition de Chikh-Aziz dans les Beni-R'obri. — Le 19 juin, destruction des villages des Aït-Atelli et de Tablabalt .... p. 410

CHAPITRE XXIII

Arrivée à Fort-National du lieutenant-colonel Maréchal. — Agissements des khouan et soulèvement des tribus. — Le capitaine Ravez cherche à arrêter le mouvement au moyen de contingents kabyles, il échoue et rentre au fort, qui est investi. — Mise en état de défense de l'école des arts et métiers. — Conditions présentées par Fort-National au point de vue de la défense, dispositions prises. — Attaque de l'école, le 17 avril. — Elle est abandonnée, le 18, et elle est pillée et incendiée. — Le 26, les rebelles proposent une capitulation. — Les Kabyles font usage d'un canon et exécutent des travaux de mine. — Le 1er mai, deux Kabyles qui apportaient des nouvelles du dehors sont arrêtés par les rebelles et mis à mort. — Le 8 mai, un nouvel essai pour communiquer avec le dehors échoue encore. — Sortie de la garnison, le 12 mai, avec le concours d'un contingent d'Azouza amené par Si-Lounis-Naït-ou-Amar. — Le 13, les biens de cet indigène sont pillés et dévastés. — Le 20 mai, entrée dans la place de Bou-Saad-Naït-Kassi, annonçant une attaque prochaine. — Attaque générale des Kabyles dans la nuit du 21 au 22 mai. — Les Imessebelen. — Sortie dans la nuit du 22 au 23. — Mauvais effet de la démonstration du 31 mai, contre les Beni-Raten, du colonel Fourchault. — Établissement d'un télégraphe aérien. — Sortie de la garnison, du 16 juin, pendant l'attaque des Beni-Raten par le général Lallemand .... p. 419

CHAPITRE XXIV

Les Kabyles veulent tenter un dernier effort à Icheriden avant que de s'avouer vaincus. — Préparation de la défense de cette position. — Combat d'Icheriden du 24 juin. — Pertes de la journée. — Soumission des Beni-Yahia, et des Beni-Menguellat. — Le 26 juin, le caïd Ali fait offrir la remise des Européens qu'il a emmenés aux Beni-Idjeur. — Le 27, les troupes vont camper aux Aït-Hichem. — Le 28, le caïd Ali remet, à Bou-Behir, 44 Européens au commandant Letellier. — Le 30, reddition des Oulad-ou-Kassi, des Oulad-Ahmed-ben-Mohamed et des Oulad-Mahi-ed-Din; reddition de Chikh-Aziz-ou-Haddad; tous sont traités comme prisonniers de guerre. — Soumission des Beni-R'obri, Beni-Khelili, Beni-bou-Chaïb, Beni-Fraoucen, Akbils, Beni-Attaf, Beni-bou-Drar et Beni-Ouassif. — Le 1er juillet les colonnes se portent à Tizi-bou-Iran, les contingents kabyles se retirent. — Le 1er juillet, reddition de Si-Mohamed-Saïd-ben-Ali-Cherif; il est traité en ami. — Soumission des Beni-Amar, des tribus de l'oued El-Hammam, des Beni-Our'lis, des Illoula-Açameur, des Beni-Mellikeuch, et des Beni-Kani. — La colonne Cérez se sépare le 6 juillet et reprend le chemin de Dra-el-Mizan. — Le 12 juillet, reconnaissance du chemin du col de Tirourda. — Le 14 juillet, la colonne d'observation du général Deplanque est organisée. — Combat de Tirourda, le 15 juillet, contre les contingents de Bou-Mezrag conduits par un fils d'Ali-bou-R'enan, on campe sans bagages au col de Tirourda. — Le reste de la colonne rejoint le 16 juillet........................ p. 431

CHAPITRE XXV

Soumission des Beni-Ouakour opérée par les Zouaoua. — La colonne va camper, le 18 juillet, à Aïn-Timetedit. — Soumission des Bou-Djelil et de presque tous les Beni-Abbès. — Le capitaine Odon se présente au général Lallemand, le 19. — La colonne se transporte, le 20, près d'Ir'il-Ali. — Elle campe, le 21, à Boni. — Les gens d'El-Kela font leur soumission. — Le 23, une colonne légère pénètre sans résistance dans El-Kela. — Description topographique de cette ville. — Razzia des maisons des Oulad-Mokran ; vente aux enchères du produit de cette razzia. — La colonne se met en marche pour Bougie ; l'arrière-garde est attaquée par les gens de Bou-Mezrag, elle campe à Tala-Mzita. — La colonne campe, le 25, à l'oued Bou-Selam, le 26, à Akbou, le 27, à Takeriet ; elle a rencontré à Azib-Chikh la colonne Thibaudin. — Elle s'arrête, le 28, à Taourirt-naït-ou-Gana et, le 29, à l'oued R'ir. — Le général Lallemand passe en revue la colonne et lui adresse un ordre du jour. — Le 30, la colonne commandée par le colonel Barrachin campe à Tizi et, le lendemain, près de Bougie. — La colonne est dissoute le 1er août, la plus grande partie des troupes est embarquée pour Alger, la cavalerie et le train rentrent par terre dans leurs garnisons. — Résultats de la campagne... p. 449

CHAPITRE XXVI

La colonne du colonel Goursaud campe, le 8 juin, à Ben-Haroun. — Elle arrive, le 10, à Aumale, où elle se remet en état. — Elle repart, le 12, pour les Beni-Yala. — Attaque du bordj des Beni-Mançour par les Beni-Abbès, le 13 juin. — Razzia de Bou-Mezrag sur les Beni-Amar, le 15 juin. — Le colonel Goursaud arrive, le 18, à l'oued Berdi ; il prépare l'attaque des Ahl-el-Ksar, de concert avec la colonne de Sidi-Aïssa du lieutenant-colonel Trumelet. — Situation de cette dernière colonne. — Combat des goums à l'oued Bou-Assakar et enlèvement des Ahl-el-Ksar, le 19 juin, par la colonne Goursaud. — La colonne Goursaud va prendre à Aumale, le 22, un ravitaillement pour les Beni-Mançour et elle arrive à ce poste le 27 juin. — Reconnaissance dans les Beni-Abbès. — La colonne Trumelet va se ravitailler à Aumale le 30 juin. — Le caïd des Oulad-Bellil, Mhamed-ben-Mançour, tombe sous les coups des Oulad-el-Aziz le 28 juin. — Le colonel Goursaud bat les Oulad-el-Aziz le 4 juillet. — La colonne s'établit en observation au Mehallet-Ramdan et y séjourne jusqu'au 18 juillet. p. 465

CHAPITRE XXVII

Le général Cérez arrive, le 7 juillet, au Had des Ouadia et le 8 à Aïn-Soultane des Mechtras. — Soumission de Chikh-el-Djadi, oukil de Si-Abd-er-Rahman. — Soumission de la presque totalité des Beni-Sedka et des Guechtoula. — Les fractions des Aït-Ali et d'Irzer-Nchebel, des Beni-Koufi, refusent les conditions imposées et il est nécessaire de marcher contre elles. — La colonne se transporte, le 10 juillet, dans les Beni-Smaïl, près de la zaouïa de Si-Abd-er-Rahman. — Attaque des Aït-Ali le 11 juillet, avec le concours de la colonne Goursaud. — Soumission des Beni-Koufi et des Beni-bou-R'erdane. — Soumission des Beni-Chebla et des Beni-Irguen, le 15 juillet. — La colonne Cérez se rend à Dra-el-Mizan le 16 juillet. — Soumission des Flissa. — La colonne Cérez quitte Dra el-Mizan le 19, elle arrive le 20 à Bouïra. — Soumission complète des Beni-bou-Addou. — La colonne Goursaud fait une razzia le 15 juillet sur les Merkalla. — Le départ de certains éléments de la colonne Goursaud la désorganise. — Elle est renforcée d'un bataillon du 81ᵉ par la colonne Cérez. — La colonne Cérez rentre à Aumale le 20 juillet.................... p. 479

CHAPITRE XXVIII

Le gouverneur général charge le général Cérez de faire le ravitaillement de Bou-Saada en mettant sous ses ordres la colonne du lieutenant-colonel Trumelet. — Composition de cette dernière colonne; elle se transporte à Grimidi le 8 juillet. — Razzias opérées sur les tribus d'Aumale par les goums de Saïd-ben-bou-Daoud. — Ce dernier attaque Bou-Saada le 23 juillet. — Organisation du convoi de ravitaillement. — Plan adopté par le général Cérez. — La colonne Cérez part d'Aumale le 1ᵉʳ août. — Le 5 août, avec une colonne légère, le général met en déroute les contingents de Saïd-ben-bou-Daoud à Kaf-el-Ogab. — Soumission des Beni-Ilman et des Oulad-Msellem le 6 août. — Soumission, le 8 août, de toutes les tribus de l'ancien commandement de Bou-Mezrag. — Le général Cérez arrive à Msila le 10 août. — Départ de la colonne Trumelet de Grimidi le 5 août. — Dispositions pour la marche et le bivouac. — Arrivée à Aïn-Khermam le 8 août; une colonne légère marche sur le Ksar de Ben-Nezouh. — Le 9 août, attaque du Ksar d'Ed-Dis. — La colonne arrive à Bou-Saada le 10 août. — Occasion manquée d'en finir avec les Oulad-Mokran. — Le général Cérez part de Msila le 14, achève la pacification de l'Ouennour'a et rentre à Aumale le 20 août, en même temps que le lieutenant-colonel Trumelet qui arrivait de Bou-Saada. — Ordre de la brigade du 22 août. — Le 7 septembre, attaque à Daïat-el-Atrous d'une caravane de colons se rendant à Bou-Saada; trois colons sont tués. — Les coupables sont condamnés par le conseil de guerre de Blida. — Agression des goums de Saïd-ben-bou-Daoud le 15 septembre.. p. 485

CHAPITRE XXIX

Dernières luttes contre l'insurrection dans la subdivision d'Aumale. — Situation des Beni-Yala. — Engagements du 31 juillet à Tir'eremt, du 2 août au col de Tamziant, du 4 août à Sameur. — La colonne campe sur ce point le 6 août. — Poursuite des rebelles à Taouialt le 10 août et soumission complète de la tribu. — Nomination du caïd Mohamed-ben-Dagma. — Mohamed-Bouzid-ben-Yahia, caïd des Oulad-Bellil. — La colonne Goursaud passe dans la vallée de l'Isser. — Ordre de licenciement des éclaireurs algériens du 9 septembre. — La colonne, réduite à un bataillon, est supprimée en novembre. — Levée de l'état de siège le 7 septembre. — Tentative faite par Bou-Mezrag pour enlever un convoi d'argent le 9 septembre. — Le capitaine Odon enlève le village des Oulad-Sidi-Brahim-bou-Bekeur le 25 septembre 1871. — Dernières tentatives de Bou-Mezrag dans les Beni-Abbès le 30 septembre et les 1 et 2 octobre; il est repoussé. — Prise de la zmala des Oulad-Mokran à Gueber-Slougui le 8 octobre; fuite de la famille vers le Sahara. — Soumission des derniers dissidents des Ahl-el-Ksar, des Sebkha et des Oulad-sidi-Hadjerès, au milieu d'octobre. — Suppression de la subdivision d'Aumale le 24 octobre 1871. — Capture de Bou-Mezrag près du Ksar de Rouïssat, le 20 janvier 1872. — Les Beni-Abbès et les Beni-Mellikeuch sont rattachés à la circonscription cantonale d'Akbou, le 12 avril 1872. p. 500

CHAPITRE XXX

La colonne Deplanque se transporte à Icheriden le 14 juillet et de là au Sebt des Beni-Yahia, où elle arrive le 1er août. — Le 11 août, elle se rend au khemis des Illoula-ou-Malou. — Combat du 16 août contre les Beni-Idjeur, soumission de cette tribu. — La colonne retourne au khemis des Illoula le 27 août, puis elle se rend à Djemaa-Sahridj, où elle séjourne jusqu'au 12 septembre. — Elle se rend alors chez les Beni-R'obri, les Beni-Flik puis aux Ir'il-Nzekri et elle arrive le 27 septembre à Azeffoun. — Le 30, elle se met en marche pour Dellys où elle arrive le 4 octobre. — La colonne retourne à Fort-National où elle arrive le 10 octobre. — Elle descend ensuite à Tizi-Ouzou où elle est licenciée au milieu de l'hiver. — Paiement des contributions de guerre dans le cercle de Fort-National et désarmement. — Ordre du jour de l'amiral de Gueydon, publié le 14 décembre 1871.. p. 513

CHAPITRE XXXI

Répression de l'insurrection algérienne de 1871. — Contributions de guerre. — Note sur la question du séquestre. — Séquestre individuel, séquestre collectif. — Institution des commissions de liquidation du séquestre. — Rachat de séquestre collectif. — Banditisme. — Poursuite devant les tribunaux des faits insurrectionnels et des crimes de droit commun qu'ils ont amenés. — Cours d'assises, conseils de guerre. — Indemnités allouées aux victimes de l'insurrection. — Développement de la colonisation........................... p. 518

CHAPITRE XXXII

Mesures prises pour remplacer, dans la région tellienne, les bureaux arabes par l'administration civile. — Création de districts civils, de circonscriptions cantonales, d'arrondissements-cercles. — Création des recenseurs et du service des contributions directes et du recensement. — Suppressions successives des bureaux arabes et organisation définitive du territoire en communes de plein exercice et en communes mixtes. — Pouvoirs disciplinaires des administrateurs des communes mixtes. — Impôts de la Kabylie. — Organisation judiciaire de la Kabylie. — Institution des djemaas de justice. — Leur suppression. — Les juges de paix et les tribunaux français restent seuls compétents pour tous les litiges, mais les anciennes coutumes doivent être appliquées. — Cadis-notaires.. p. 536

ANNEXES

N° 1. — Note sur Si-Mohamed-Saïd-ben-Ali-Chérif et sur les services qu'il a rendus à la cause française................................. p. 544

N° 2. — Organisation en 1871 de l'annexe d'Alger et des subdivisions de Dellys et d'Aumale. Contributions de guerre imposées. Communes dont font actuellement partie les tribus................................. p. 545

N° 3. — Tableau des superficies allouées pour la colonisation européenne dans les nouveaux villages et dans les anciens centres agrandis... p. 567

Paris et Limoges. — Imprimerie militaire Henri CHARLES-LAVAUZELLE.

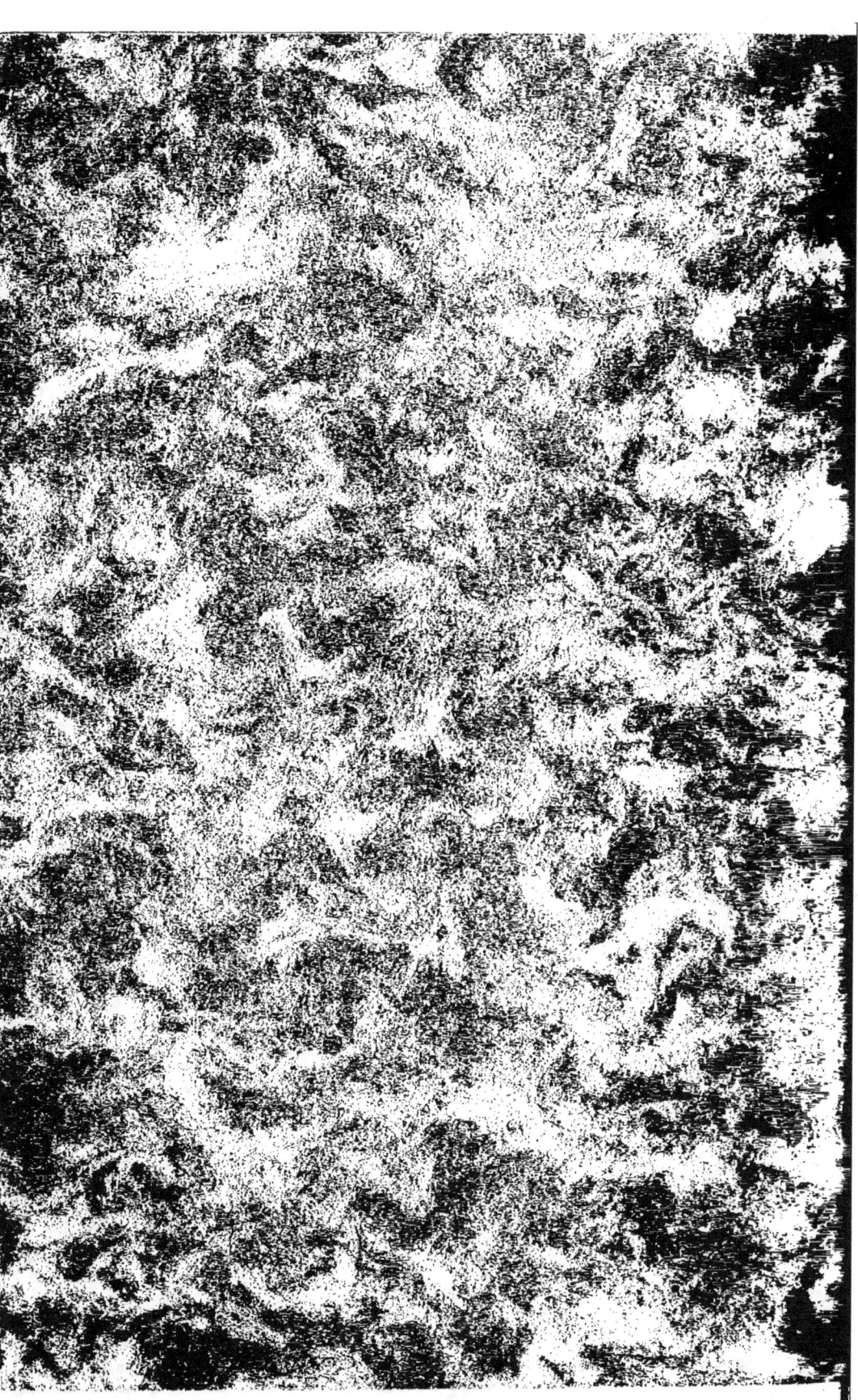

www.ingramcontent.com/pod-product-compliance
Lightning Source LLC
Chambersburg PA
CBHW070401230426

43665CB00012B/1199